Wachstum und Entwicklung

Theorie der Entwicklungspolitik

Von

Dr. Helmut Wagner

o. Professor für Volkswirtschaftslehre

R. Oldenbourg Verlag München Wien

Die Deutsche Bibliothek — CIP-Einheitsaufnahme

Wagner, Helmut:
Wachstum und Entwicklung : Theorie der Entwicklungspolitik
/ von Helmut Wagner. – München ; Wien : Oldenbourg, 1993
ISBN 3-486-22694-0

© 1993 R. Oldenbourg Verlag GmbH, München

Gesamtherstellung: R. Oldenbourg Graphische Betriebe GmbH, München

ISBN 3-486-22694-0

Inhaltsverzeichnis

Vorwort   XI
Einige Abkürzungen   XIV

1. Teil: Grundlagen   1

1. Kapitel: Konzeptionelle Grundlagen   1

I. *Objektbereich: Definitionen und Abgrenzungen*   1

   1. Entwicklung   1
     1.1 Definition   1
     1.2 Abgrenzung: Wachstum und Entwicklung   2
   2. Entwicklungsländer   4
     2.1 Definition   4
     2.2 Abgrenzungsprobleme   5
     2.3 Einordnung der postkommunistischen Transformationsländer   6
   3. Entwicklungspolitik   7
     3.1 Definition   7
     3.2 Abgrenzungen   8

II. *Funktionsbegründungen internationaler Entwicklungspolitik*   9

   1. Funktionsbegründungen aus Sicht der Geberländer   9
     1.1 Altruismus   9
     1.2 Eigennutzorientierung   12
   2. Funktionsbegründungen aus Sicht der Empfängerländer   14

III. *Kosten-Nutzen-Analyse*   16

   1. Grundlegende Aspekte   17
   2. Zu den Nutzen- und Kostenelementen internationaler
     Entwicklungspolitik   19
     2.1 Erläuterung der Nutzenargumente   19
     2.2 Erläuterung der Kostenelemente   22

IV. Zusammenfassung   25

ANHANG zum 1. Kapitel   27

   E-I. Einige Tabellen   27
   E-II. Konkurrenzsituation und Entwicklungshilfevolumen   29

2. Kapitel: Theoretische Grundlagen   33

Übersicht   33

I.   Andauernde Unterentwicklung   34

   1. Empirische Belege   34
     1.1 Offensichtliche Beweise   35
     1.2 Problemstellung   36
   2. Theoretische Erklärungsansätze   38
     2.1 Außerökonomische Erklärungsansätze   39
       2.1.1 Klimatheorien   39
       2.1.2 Sozialpsychologische Theorien   40
       2.1.3 Modernisierungstheorien   41
     2.2 Strukturalistische Ansätze   42
       2.2.1 Dualismus-Modelle   42
       2.2.2 Teufelskreis-Modelle   44
       2.2.3 Bevölkerungstheorien   46
       2.2.4 Außenhandelstheorien   47
       2.2.5 Abhängigkeitstheorien   49
     2.3 Neoklassische Ansätze   49
       2.3.1 Grundidee und Vorläufer   50
       2.3.2 Neoklassisches Standardmodell und Konvergenzthese   52
       2.3.3 Neue Wachstumstheorie   54
       2.3.4 Neuere politökonomische Erklärungsansätze   59

II.   Unfreiwilligkeit   65

   1. Zu Freiwilligkeit im Sinne der Präferenzen   65
   2. Zu Freiwilligkeit im Sinne mutwilliger (fahrlässiger) Verursachung   68

III. Zusammenfassung   68

ANHANG zum 2. Kapitel   70

   E-I.   Traditionelle neoklassische Wachstumstheorie   69
     1. Das SOLOW-Modell   69
     2. Optimales Wachstum   73
   E-II. Übergang zur Neuen Wachstumstheorie   77
     3. Rolle des technischen Fortschritts   77
     4. Konvergenz- und Divergenzthese   78
   E-III. Neue Wachstumstheorie   80
     1. Allgemeiner methodischer Ausgangspunkt   80
     2. Endogenisierung der Wachstumsrate   80
     3. Formale Modellansätze und Rechentechnik   82
     4. Methodische Kritikpunkte   87
     5. Globale Einschätzung   88
   Symbolverzeichnis   90

2. Teil: Strategien   93

3. Kapitel: Wirtschaftspolitische Auflagensetzung
(Zur Begründung der modernen Entwicklungsstrategien)   94

Übersicht   94

   I.   *Neoklassisch begründete Auflagenpolitik*   95
       1. Zur neoklassischen Renaissance   95
         1.1 Allgemeiner Umbruch in den 70er und 80er Jahren   95
         1.2 Inhaltliche Aspekte   96
       2. Zum Konzept der Auflagensetzung   97
       3. *Exkurs:* Zu notwendigen "Selbstauflagen" der Industrieländer   101

   II.   *Die Rolle der Ordnungspolitik*   103
       1. Grundsätzliches   103
       2. Privatisierung   106
         2.1 Effizienzbegründung *(NIE)*   107
         2.2 Einschränkungen   109
       3. Deregulierung und Liberalisierung   111
         3.1 Neue Begeisterung für Freihandel   112
         3.2 Erwartete Gewinne aus einer Handelsliberalisierung   113
         3.3 Einschränkungen: 'Neue Handelstheorie'   115
       4. Rechtlich-institutionelle Rahmenbedingungen   119

   III.   *Die Rolle der Prozeßpolitik*   120
       1. Zur Grundlagenkontroverse (Ein theoretisch relevanter Vorspann)   120
       2. Orthodoxe Strategie   126
         2.1 Ausgangsproblematik   127
         2.2 Politikkonsequenzen   131
       3. Heterodoxe Strategie   133
         3.1 Strategieunterschied   133
         3.2 Unterschiede in den theoretischen Ansichten   134
         3.3 Abwägung/Verbindung   136

   IV.   *Zur spezifischen Rolle der Einkommenspolitik*   139
       1. Einführung   139
       2. Empirische Erfahrungen   139
       3. Theoretische Aspekte und Argumente   141
       4. Zu den praktischen Anwendungen und nominellen Ankersetzungen   143

   V.   *Zusammenfassung*   147

ANHANG zum 3. Kapitel   148

   E-I.   Eine formale Analyse der Auflagensetzung   148
   E-II. Zur 'Neuen' Handelstheorie: Einige ergänzende Bemerkungen   153
   E-III. Moderne makroökonomische Theorieaspekte: 156
       1. Stichwort "Stabilitätspolitik"   156
       2. Stichwort "Zeitinkonsistenz"   159
       3. Stichwort "Hysteresis(-Inflation)"   161

E-IV. Inflationsdynamik und Inflationsstabilisierung   163
E-V. Kosten der Inflation   177
E-VI. Die Weltbank zur Wirksamkeit von Reformprogrammen   184

3. Teil: Umsetzung   187

4. Kapitel: Organisatorische Träger *(Ein institutioneller Exkurs)*   188

Übersicht   188

I.   *Multilaterale Organisationen*   189
    1. Die Weltbank   189
      1.1 Entstehungsgeschichte   189
      1.2 Ziele und Aufgaben   190
      1.3 Organisation   191
      1.4 Entwicklungshilfepolitik und Finanzierung   191
    2. Internationaler Währungsfonds   193
      2.1 Entstehungsgeschichte   193
      2.2 Ziele und Aufgaben   194
      2.3 Organisation und Mitgliedschaft   194
      2.4 Entwicklungshilfepolitik und Finanzierung   195
    3. Regionale Entwicklungsbanken   197
      3.1 Asiatische, Afrikanische und Interamerikanische
          Entwicklungsbank   197
      3.2 Osteuropabank   199
    4. Das UN-System   201
      4.1 Das UN-Entwicklungsprogramm   201
      4.2 Die FAO   202

II.   *Bilaterale Organisationen*   203
    1. Die Organisation bilateraler Entwicklungshilfe in verschiedenen
       OECD-Ländern   204
    2. Die Organisation der bilateralen Entwicklungshilfe in der BRD   206
      2.1 Die Entstehungsgeschichte der deutschen Entwicklungshilfe   206
      2.2 Die Deutsche Gesellschaft für technische Zusammenarbeit   207
      2.3 Die Kreditanstalt für Wiederaufbau (KfW)   209
      2.4 Weitere deutsche Entwicklungsinstitutionen   210

III. *Zusammenfassung*   211

ANHANG zum 4. Kapitel   213

E-I. Fazilitäten und dazugehörige Auflagen des IWF   213
E-II. Die öffentliche Entwicklungshilfe der westlichen Industrieländer   215

5. Kapitel: Allgemeine Umsetzungsprobleme   217

Überblick   217

I.   *Politökonomische und soziokulturelle Erklärungen*   217
    A. Politökonomische Erklärungen   219

1. Konflikte (Koordinationsprobleme) über die Kostenverteilung   219
2. Strategisches Eigeninteresse der Politiker   224
B. Soziokulturelle Erklärungen   228
3. Fehlende institutionelle Infrastruktur   228
4. Heterogene Präferenzen und Strukturvorstellungen   233

II.   *Zeitstrukturprobleme*   235

1. Zeitstruktur von Stabilisierungspolitik und Liberalisierungspolitik   236
2. Zeitstruktur von Demokratisierung und ökonomischer
Liberalisierung/Stabilisierung   238
3. Tempo der Reformen   243

III.   *Zur Frage internationaler Koordinierung der Entwicklungspolitik*   245

IV.   *Zusammenfassung*   246

ANHANG zum 5. Kapitel   248

E-I.   Ergänzungen zum Grundansatz der 'Neuen Politischen
Ökonomie der makroökonomischen Politik'   248
E-II.   Zu den politökonomischen Erklärungen des Scheiterns
von Reformen: Anhaltende Ineffizienz des Steuersystems   251
1. Politische Instabilität und kollektive Kurzsichtigkeit
(Cukierman/Edwards/Tabellini)   252
2. Verteilungskonflikte und Koordinationsprobleme
(Alesina und Drazen)   254
E-III. Demokratie, Wachstumsunterschiede und Verteilung
(Zum Ansatz von *Alesina* und *Rodrick*)   259
E-IV. Politische Ökonomie des Entwicklungsprozesses aus der
Sicht der Weltbank   261

Schlußteil   267

Anhang: **Besondere Probleme der postkommunistischen
Transformationsländer**   267

Überblick   267

I.   *"Totalität" der Strukturanpassung und Sequenzproblematik*   269

1. Notwendige Strukturanpassungen in den Transformationsländern   269
2. Totalität des Wandels und Sequenzproblem   273

II.   *Geldüberhang und Stabilisierungspolitik*   274

1. Funktion der Stabilisierungspolitik   274
2. Grundlage des Geldüberhangs   275
3. Alternativen eines Abbaus des Geldüberhangs   275

III.   *Besondere politökonomische und soziokulturelle Voraussetzungen*   280

IV.   *Ausnahmestellung des ostdeutschen Transformationsprozesses*   282

Literaturverzeichnis   289
Sachregister   317

Vorwort

Die Industrieländer stehen derzeit vor riesigen entwicklungspolitischen Anforderungen. Im Zentrum steht die Wirtschaftshilfe für drei Problemgebiete: erstens die postkommunistischen Reformländer Osteuropas und der ehemaligen Sowjetunion, zweitens die Schuldnerländer vor allem in Lateinamerika, und drittens die ärmsten Länder, die sogenannten 4.-Welt-Länder insbesondere in Afrika und Asien, von denen viele erst vor einigen Jahrzehnten aus der kolonialen Abhängigkeit hervorgegangen sind und deren Welt-Bevölkerungsanteil immer größer wird.

Kaum eines dieser Länder wird in der Lage sein, ohne entwicklungspolitische Unterstützung - insbesondere ohne massive Kapitalzufuhr - aus den Industrieländern den Entwicklungs- oder Reformsprung zu schaffen. Nun haben sich die Rolle und die Möglichkeiten internationaler Entwicklungspolitik in den letzten Jahren durch die weltwirtschaftliche Verflechtung und den Zusammenbruch der Wirtschaftssystem-Konkurrenz zu ändern begonnen. Internationale Entwicklungspolitik beinhaltet in einer weltweiten, international verflochtenen Marktwirtschaft, mit der wir es heute zu tun haben, nicht nur staatliche Entwicklungs(hilfe)politik, sondern umfaßt auch und immer mehr private Kreditvergabe, die sich auf supranationalen Kapitalmärkten abspielt. Private Kreditvergabe an Entwicklungsländer ist jedoch meist nur im Zusammenhang mit staatlicher Entwicklungspolitik möglich. Sie erfordert als Voraussetzung die Kreditwürdigkeit der Entwicklungsländer. Diese Kreditwürdigkeit herzustellen ist die Aufgabe staatlicher, internationaler Entwicklungspolitik. So setzt sich heute (insbesondere im Zusammenhang mit der notwendigen finanziellen Unterstützung der Reformbewegung in Osteuropa und der GUS) zunehmend die Erkenntnis durch, daß die politischen Behörden der Industrieländer - wegen fehlender Masse an Finanzmitteln - allein gar nicht in der Lage sind, die Entwicklungs- oder Reformländer mit den notwendigen Mitteln auszustatten. Sie können nur in Kooperation mit den Entwicklungsländern versuchen, die Grundlagen dafür zu schaffen, daß diese bei privaten Kreditgebern, d.h. auf den internationalen Kapitalmärkten, kreditwürdig werden und so den notwendigen dynamischen Wachstumsprozeß finanzieren können. Unentgeltliche staatliche Entwicklungshilfe ist nur für die drängendsten Probleme der "4. Welt" möglich bzw. sinnvoll. Für die Schwellenländer der sogenannten "3. Welt" und für die osteuropäischen Reformländer der ehemaligen "2. Welt" kommt heutzutage nur wirtschaftspolitische Beratung sowie eine Anschubfinanzierung *unter Auflagen* in Frage. Die Erfüllung dieser Auflagen, in deren Mittelpunkt in den 1980er Jahren die *wirtschaftspolitischen* Rahmenbedingungen der Entwicklungsländer standen, sollen die Kreditwürdigkeit der Entwicklungsländer herstellen und Direktinvestitionen ausländischer Unternehmen auslösen. Insofern bilden sie die Grundlage für die private Kreditfinanzierung eines entwicklungsdynamischen Aufschwungs.

Die Analyse dieser neuartigen Rolle staatlicher internationaler Entwicklungspolitik steht im Zentrum dieses Buches. Internationale Entwicklungspolitik wird hierbei verstanden als der Versuch, anderen Ländern dabei zu helfen, ihre "Unterentwicklung" zu überwinden. Dabei wird nicht nur den möglichen Strategien der Entwicklungspolitik, sondern auch ihren Grundlagen zentrale Aufmerksamkeit geschenkt. Dahinter steckt die Vorstellung, daß angemessene (sinnvolle) Entwicklungsstrategien nur entwickelbar sind, wenn die "Motivation" der Industrie- oder Helferländer als *endogene Größe* mit in die Analyse einbezogen wird. Anders ausgedrückt, Entwicklungspolitik muß als strategisches "Spiel" zwischen Geber- und Empfängerländern aufgefaßt werden (wobei es sich um ein Spiel zwischen "ungleichen" Partnern handelt). Weniger Altruismus als Eigennutz ist die Basis dieses "Spiels". Außerdem werden auch die Umsetzungsprobleme der Entwicklungsstrategien näher analysiert - angesichts der Eigennutzorientierung staatlicher Akteure und ihrer Abhängigkeit von Interessengruppen oder Wählerpotentialen. Nur am Rande wird dagegen auf den Zusammenhang zwischen Umwelt und Entwicklung eingegangen, der derzeit in der Entwicklungstheorie ausgiebig diskutiert wird (siehe z.B. den "Weltentwicklungsbericht 1992" der Weltbank). Dies erscheint mir - trotz der unbestrittenen Relevanz dieses Zusammenhangs - aus folgenden Gründen angebracht. Zum einen hat dieser Zusammenhang bezüglich der oben beschriebenen, hier im Zentrum stehenden Aufgabe der Entwicklungspolitik, die Kreditwürdigkeit der Entwicklungsländer auf den internationalen Kapitalmärkten (wieder) herzustellen, bislang keine zentrale Rolle gespielt. Zum anderen beschränke ich mich in diesem Buch auf die wirtschaftstheoretische Begründung *wirtschafts*politischer Auflagen im engeren Sinne. Von daher werden auch andere relevante Entwicklungsdeterminanten, die nicht wirtschaftspolitischer Art sind, wie z.B. die Stellung der Frau und andere soziokulturelle Rahmenbedingungen, nur in Ansätzen behandelt.

Das Buch ist in vier Teile eingeteilt. Der *erste Teil* befaßt sich mit den **Grundlagen**. Im 1. Kapitel werden konzeptionelle Grundlagen (Definitionen, Abgrenzungen, sowie unterschiedliche Funktionsbegründungen und Kosten-Nutzen-Aspekte von Entwicklungspolitik) erläutert. Im 2. Kapitel werden dann die theoretischen Grundlagen (insbesondere Theorien andauernder Unterentwicklung als notwendige Bedingung für Entwicklungspolitik) analysiert. Der *zweite Teil* des Buches behandelt die **Strategien** der Entwicklungspolitik. Und zwar wird schwerpunktmäßig im 3. Kapitel die moderne Strategie einer *wirtschaftspolitischen Auflagensetzung*, die in der Theorie der Entwicklungspolitik der 80er und 90er Jahre dominiert, untersucht. Der *dritte Teil* des Buches beschäftigt sich mit der **Umsetzung** von Entwicklungsstrategien. Im 4. Kapitel werden zuerst in einem "institutionellen Exkurs" die bedeutendsten organisatorischen Träger der Umsetzung von internationaler Entwicklungspolitik dargestellt. Im 5. Kapitel werden dann die allgemeinen Umsetzungsprobleme in Entwicklungsländern analysiert. Im *Schlußteil* werden schließlich die besonderen Probleme der **postkommunistischen Transformationsländer** herausgearbeitet.

Der Schwerpunkt des Buches, in dem es sich auch von vielen anderen Büchern zur Entwicklungspolitik unterscheidet, liegt in der modernen wirtschaftstheoretischen Fundierung. Es handelt sich hier außerdem um eine rein positive Analyse internationaler Entwicklungspolitik. Der didaktische Aufbau des Buches ist so gehalten, daß jedes Kapitel in einen einfach gehaltenen Übersichtsteil und einen ANHANG mit modelltheoretischen Ergänzungsabschnitten eingeteilt ist. Dadurch wird es möglich, das Buch für unterschiedliche Stufen oder Ansprechpartner des Hochschulunterrichts und darüber hinaus einzusetzen. Der Haupttext (ohne Anhänge) beinhaltet nämlich eine in-sich-geschlossene Darstellung, die auf formale Modellableitungen einzelner Argumentationslinien verzichtet. Insofern bietet sich das Buch als ein moderner einführender Studientext an, der nicht nur für Studenten der Volkswirtschaftslehre, sondern auch für solche der Betriebswirtschaftslehre, der Rechtswissenschaft und anderer Sozialwissenschaften von Interesse sein dürfte. Darüber hinaus aber ermöglichen die vorwiegend modelltheoretisch gehaltenen ANHÄNGE den stärker an der volkswirtschaftlichen Theorie interessierten Studenten einen "vertieften" Einstieg in die wirtschaftstheoretischen Grundlagen der Entwicklungspolitik.

Dank und Widmung

Das Buch ist in einer ersten "groben" Fassung während meines Aufenthalts als 'Visiting Fellow' am Department of Economics der Princeton University 1991/92 entstanden. Dem Department möchte ich für die Einladung und die Gastfreundschaft danken. Zu Dank verpflichtet bin ich in diesem Zusammenhang einer ganzen Reihe von Kollegen am Economics Department und an der Woodrow Wilson School of Public and International Affairs der Princeton University, von denen ich einschlägige Hinweise und Kommentare erhalten habe, die recht nützlich für die vorliegende Buchproduktion waren. Erwähnen möchte ich vor allem William Baumol, Ben Bernanke, Alan Blinder, John Campbell, Avinash Dixit, Gene Grossman, Atul Kohli und Ben Schneider. Auch einigen inländischen Fachkolleg(inn)en sei recht herzlich gedankt dafür, daß sie Teile des Manuskripts gelesen und mir ihre Kommentare dazu gegeben haben. Und zwar waren dies Claudia Löhnig, Manfred Nitsch, Renate Schubert, Winfried Vogt und Thomas Ziesemer. Last not least gilt mein ganz besonderer Dank meiner Frau, die mir den notwendigen zeitlichen Freiraum geschaffen hat, der nötig ist, um so ein umfangreiches Buch in relativ kurzer Zeit fertigstellen zu können.

Widmen möchte ich dieses Buch meiner Tochter Laura, während deren ersten 'Wachstum und Entwicklung's-Schritte (vor und nach der Geburt) dieses Buch entstanden ist.

Helmut Wagner

Einige Abkürzungen

ADB:	Asiatische Entwicklungsbank
AfDB:	Afrikanische Entwicklungsbank
BIZ:	Bank für Internationalen Zahlungsausgleich
BMZ:	Bundesministerium für wirtschaftliche Zusammenarbeit (und Entwicklung)
DAC:	Development Assistance Committee (der entwicklungspolitische Ausschuß der OECD)
EBRD:	European Bank for Reconstruction and Development (Osteuropabank)
ECU:	European Currency Unit
F&E:	Forschung und Entwicklung
FAO:	Food and Agricultural Organization
GATT:	Das Allgemeine Zoll- und Handelsabkommen von Genf
GTZ:	Deutsche Gesellschaft für Technische Zusammenarbeit
GUS:	Gemeinschaft Unabhängiger Staaten (entstanden aus der ehemaligen Sowjetunion)
HIZ:	Handbuch für Internationale Zusammenarbeit
IBRD:	International Bank for Reconstruction and Development (Weltbank)
IDA:	International Development Association (siehe bei Weltbank)
IDB:	Interamerikanische Entwicklungsbank
IFC:	International Finance Corporation (siehe bei Weltbank)
IWF:	Internationaler Währungsfonds
KfW:	Kreditanstalt für Wiederaufbau
LLDC:	Least Developed Countries
MIGA:	Multilateral Investment Guarantee Agency (siehe bei Weltbank)
MSAC:	Most Seriously Affected Countries
OAU:	Organisation für Afrikanische Einheit
ODA:	Official Development Assistance
OECD:	Organisation für Wirtschaftliche Zusammenarbeit und Entwicklung
SZR:	Sonderziehungsrechte
TIP:	Tax Incomes Policy
UNCTAD:	United Nations Conference on Trade and Development
UNDP:	United Nations Development Programme (UN-Entwicklungs-programm)
UNO:	Organisation der Vereinten Nationen
WFP:	World Food Programme (siehe bei FAO)
WIDER:	World Institute for Development Economics Research
G-7:	die Gruppe der "größten" 7 Industrienationen (USA, Japan, BRD, Frankreich, Großbritannien, Italien, Kanada)

1. Teil:
Grundlagen

1. Kapitel:
Konzeptionelle Grundlagen

In diesem Einführungskapitel werden zuerst die Begriffe "Entwicklung", "Entwicklungsländer" und "Entwicklungspolitik" definiert und von verwandten Begriffen abgegrenzt. Anschließend werden im zweiten Abschnitt die beiden alternativen Funktionsbegründungen, nämlich "Altruismus" und "Eigennutz", als mögliche methodische Grundlagen einer Theorie der Entwicklungshilfepolitik analysiert. Schließlich werden im dritten Abschnitt die einem eigennutzorientierten Verhalten zugrundeliegenden "Kosten-Nutzen-Aspekte" behandelt.

I. Objektbereich: Definitionen und Abgrenzungen

1. Entwicklung

1.1 Definition

Entwicklung wird herkömmlicherweise mit "**Evolution**" und "**Fortschritt**" gleichgesetzt. Dementsprechend ist Entwicklung ein sehr komplexer, vielschichtiger Begriff, der nicht nur durch *ökonomische Indikatoren* wie das Bruttosozialprodukt- oder BSP-Wachstum (das sogenannte "Wirtschaftswachstum") pro Kopf, sondern auch durch soziale, sozio-kulturelle und politische Indikatoren bestimmt werden muß. *Soziale Indikatoren* beinhalten beispielsweise die Lebenserwartung und Kindersterblichkeit, die Ernährungslage und die Alphabetisierungsrate. Unter *politische Indikatoren* kann man zum Beispiel Phänomene wie politische Freiheit und Partizipation an gesellschaftlichen Entscheidungen mit einbeziehen. Schließlich umfassen *sozio-kulturelle Indikatoren* vor allem gesellschaftliche Normen hinsichtlich der Gleichheit bzw. Gleichbehandlung von Geschlechtern, Gruppen oder Rassen.

Diese Teilentwicklungen hängen nun selbst wieder miteinander zusammen. Man kann folglich auch feststellen, daß jede Entwicklung mit wirtschaftlichem, politischem

und soziokulturellem Wandel einhergeht bzw. diese Reform- oder Wandlungsprozesse selbst wieder voraussetzt.

Nichtsdestoweniger dominiert heute etwa in der Einteilung der "Entwicklungsländer" (siehe unten in Abschnitt 2) immer noch das ökonomische Kriterium des Pro-Kopf-Einkommens. Dies liegt nicht zuletzt an den statistischen Schwierigkeiten, qualitativ vergleichbare Daten bezüglich anderer Indikatoren über verschiedene Länder hinweg zu erhalten. [Anzumerken ist jedoch, daß es auch hinsichtlich des BSP-Indikators (je nach Entwicklungsland unterschiedlich große) Datenerhebungsprobleme gibt[1]. Auch ist die Aussagekraft des BSP beschränkt, existieren doch gerade in Entwicklungsländern ein großer Realtauschwirtschaftssektor sowie ein großer Subsistenz- oder Selbstversorgungsbereich, die in offiziellen Statistiken nicht erfaßt sind. Außerdem werden durch das Bruttosozialprodukt anerkanntermaßen wesentliche Umweltzustände, die erheblich das Wohlbefinden der Menschen beeinflussen, nicht mit erfaßt.] Trotz dieser Schwierigkeiten wird [eben wegen der genannten Probleme mit dem BSP-Indikator] beispielsweise in Entwicklungsgremien der Vereinten Nationen seit geraumer Zeit an der Ermittlung und Erhebung sogenannter sozialer oder Totalindikatoren gearbeitet, die in der Lage sein sollen, Entwicklung im Sinne globaler Wohlfahrtssteigerung zu fassen. Ein solcher Index ist der "Human Development Index"[2], der neben dem BSP pro Kopf auch die Lebenserwartung und den Bildungsstand (mithilfe einer Meßzahl aus Alphabetisierungsquote und durchschnittlicher Zahl der Schuljahre bestimmt) mit beinhaltet. [Einige Daten hinsichtlich dieser Teilindikatoren sind im statistischen ANHANG zum 1. Kapitel (in Abschnitt E-I) zusammengefaßt.]

1.2 Abgrenzung: Wachstum und Entwicklung

Entwicklung wird häufig synonym mit dem Begriff "Wachstum" verwendet. Dies ist damit begründbar, daß **Wachstum** einen wesentlichen Teil bzw. die *Voraussetzung* von Entwicklung darstellt. So ist wirtschaftliches Wachstum dann eine notwendige Voraussetzung für Entwicklung, wenn Entwicklung auch wirtschaftliche Wohlstandserzielung oder Aspekte wie Erhöhung der Lebenserwartung und Verbesserung der Ausbildung mit beinhaltet[3] (was theoretisch nicht unbedingt notwendig, praktisch jedoch Bestandteil fast jeden Entwicklungsgedankens in den Entwicklungsländern ist). Im Grunde drückt allerdings **Entwicklung** mehr als nur die quantitative Zunahme eines Index wie z.B. des Sozialprodukts (=wirtschaftliches Wachstum) oder eines Totalindikators aus. Entwicklung umfaßt auch dessen *strukturelle Verände-*

---

[1]   Hierzu und zu weiteren Problemen siehe z.B. Weltbank [1991b: 313ff.] oder Hemmer [1988: 13ff.].

[2]   Vgl. United Nations, Human Development Report, 1992.
      Ein anderer Totalindikator, der von der UN im Zusammenhang mit der Bestimmung der "Least Developed Countries" verwendet wird, wird im folgenden Abschnitt 2 dargestellt.
      Bei all diesen Totalindikatoren handelt es sich einfach um (meist ungewogene) arithmetische Mittel der jeweils einbezogenen Einzelindikatoren.

[3]   Letztere sind positiv korreliert mit einem Anstieg des Pro-Kopf-Einkommens. Dies gilt darüber hinaus auch für andere politische und soziokulturelle Indikatoren. Vgl. z.B. Weltbank [1991b].

rung[4]. Außerdem ist Entwicklung (im Sinne eines Handlungskonzeptes oder - bezuges) mit einer bestimmten *Zielvorstellung* verbunden. Allerdings ist umstritten, ob Entwicklung selbst (im Sinne des objektiven Prozesses) bestimmten erkennbaren, allgemeinen Gesetzmäßigkeiten folgt. Entwicklungstheorien im strikten Sinne, d.h. im Sinne der Postulierung allgemeiner Bewegungsgesetze, sind selten und konnten auch ihrem hochgesteckten Erklärungsanspruch bisher nicht gerecht werden. Die meisten Entwicklungstheorien, die in den fünfziger und sechziger Jahren in großer Anzahl aufgestellt worden sind (siehe einen Überblick im 2. Kapitel), haben deshalb auch einen begrenzten Raum-Zeit-Bezug. Dieser wurde vorwiegend in Richtung der heutigen Entwicklungsländer eingeengt. Dabei befassen sich die meisten dieser Entwicklungstheorien mit den spezifischen Bedingungen des wirtschaftlichen Wachstums in den Entwicklungsländern. Erst die "Neue Wachstumstheorie" hat in den letzten Jahren versucht, eine allgemeinere Theorie der Entwicklung zu begründen (siehe auch hierzu näher im 2. Kapitel).

Nichtsdestoweniger ist die Intention, die mit einem Entwicklungskonzept (Entwicklungspolitik) verfolgt wird, vielschichtiger und auch zielbezogener als bei einem reinen Wachstumskonzept (Wachstumspolitik).

Vielleicht ist es hilfreich, wenn ich meine Grundvorstellung bezüglich des **Verhältnisses zwischen Wachstum und Entwicklung** kurz in einigen Thesen zusammenfasse. Denn diese Grundvorstellung wird explizit und implizit auch meine Argumentationsstrukturen in diesem Buch bestimmen:

1. *Wirtschaftswachstum ist eine notwendige Voraussetzung für Entwicklung* (sofern letztere auch eine Verbesserung des wirtschaftlichen Wohlergehens oder davon abhängiger Lebensumstände beinhalten soll[5]). Denn durch reine Umverteilung allein kann kein dauerhafter Entwicklungsprozeß - wie er auch immer definiert sein mag - aufrechterhalten werden.

2. *Entwicklungspolitik bedeutet oder beinhaltet zumindest das Bejahen von Wirtschaftswachstum mit einer bestimmten Zielvorstellung.* Die Zielvorstellung selbst ist dabei sozio-kulturell unterschiedlich. Sie hängt ab von geschichtlichen Traditionen, Normen und Wertesystemen, insbesondere auch von bestimmten Vorstellungen über Verteilungsgerechtigkeit.

3. *Stetiges Wirtschaftswachstum ist nur bei Beachtung der Umweltverträglichkeit vorstellbar.* Von daher ist insbesondere eine allgemeine, weltweite Entwicklung im

---

4 Vgl. z.B. Walter [1983]. Schon H.W. Singer [1965] definierte Entwicklung als "Wachstum plus Wandel", wobei Wandel als gesellschaftlich umfassend und nicht nur quantitativ gefaßt wurde. Der wahrscheinlich bekannteste Ökonom jedoch, der eine entsprechende Unterscheidung schon Anfang dieses Jahrhunderts getroffen hatte, ist Schumpeter [1911]. Während "Wachstum" für Schumpeter den graduellen Prozeß einer Produktionsausdehnung mit denselben Produktionsmethoden darstellte, zeichnete sich "Entwicklung" demgegenüber für ihn durch die "Anwendung neuer Kombinationen von Produkionsmitteln" aus. Vgl. auch Hunt [1989].

5 Dahinter steckt die Idee der Existenz von Trade-offs zwischen der Erreichung verschiedener nicht-materieller und materieller Ziele. Siehe hierzu noch im Verlaufe des Buches.

Sinne eines gleichzeitigen Abbaus des Rückstandes aller unterentwickelten Länder (siehe in Abschnitt 2) nur bei umweltverträglichen Produktionsweisen möglich[6].

4. *Wirtschaftswachstum ist um so eher erreichbar, je stärker die spezifischen soziokulturellen Entwicklungsvoraussetzungen* (inklusive der spezifischen Zeitpräferenzen) *berücksichtigt werden.*

Daraus folgt für eine Entwicklungspolitik: Abstrakt ausgearbeitete und/oder an einem Land erfolgreich ausprobierte Entwicklungskonzepte sollten nicht wahllos unterschiedlichen Ländern aufgestülpt werden. Die Effizienz bzw. der Erfolg solcher Entwicklungsstrategien kann aufgrund der erwähnten **unterschiedlichen Ausgangsvoraussetzungen** nicht (systematisch) gleich sein. Insofern ist auch der Grundidee des "Strukturalismus"[7] zuzustimmen. Allerdings ist immer zu berücksichtigen (und dies kommt manchmal in strukturalistischen Ansätzen zu kurz), daß alle Länder - wenn sie sich entwickeln wollen - bestimmte gemeinsame oder allgemeingültige wachstumstheoretische Grundlagen zu beachten haben. Diese Grundlagen kann man als wirtschaftliche Konsistenzregeln (vor allem makroökonomischer sowie koordinationstheoretischer Art) oder auch als "Marktlogik" bezeichnen. Anders gesagt, eine bestimmte **wirtschaftstheoretische Grundlogik** muß beachtet werden, wenn Entwicklungspolitik erfolgreich betrieben werden soll.

2. Entwicklungsländer

2.1 Definition

Als Entwicklungsländer werden typischerweise die Länder bezeichnet, in denen große Bereiche der Wirtschaft (!) noch vergleichsweise **"unterentwickelt"** sind und die Mehrheit der Bevölkerung **"arm"** ist[8]. Vergleichskriterium sind dabei die westlichen Industrieländer.

Hinsichtlich der **Namensgebung** gab es einige Schwierigkeiten[9]. So wurden in den vergangenen vierzig Jahren nach- und nebeneinander die Begriffe arme Länder, rückständige Länder, unentwickelte Länder, unterentwickelte Länder, periphere Länder und Entwicklungsländer gebraucht. Mittlerweile hat sich jedoch - zum Teil aus diplomatischen Gründen (wie schon in der Fußnote 8 kurz erwähnt) - der Begriff "Entwicklungsländer" durchgesetzt.

---

6   Hiermit beschäftigt sich schwerpunktmäßig der 'Weltentwicklungsbericht 1992' der Weltbank (Titel: "Entwicklung und Umwelt"). Siehe aber auch Sautter [Hrsg., 1992] sowie das Sonderheft Nr. 4/1992 der Zeitschrift "World Development".

7   Siehe hierzu näher im 3. Kapitel, vor allem in Abschnitt III.

8   Vgl. Welsh und Butorin [1990: 309].
     Vom Wortsinn her würde es angebrachter sein, von "unterentwickelten" Ländern zu sprechen - so wie es ursprünglich auch gehandhabt wurde. Erst in den 1950er Jahren löste der Begriff der Entwicklungsländer den der unterentwickelten Länder ab. Der Hintergrund war vor allem der, daß der Begriff "unterentwickelte Länder" vielfach als diskriminierend und hochmütig angesehen wurde, währenddessen der Begriff Entwicklungsländer wertneutraler erschien.

9   Vgl. Ringer [1966]. Vgl. auch Hemmer [1990] oder Knall und Wagner [1986].

2.2 Abgrenzungsprobleme

Es besteht bei der obigen allgemeinen Definition das Problem, daß **keine eindeutige Grenze** ziehbar ist zwischen Industrie- und Entwicklungsländern, da es keine einheitlichen, allgemein akzeptierten Kriterien (Indikatoren) für Unterentwicklung und für Armut gibt. Die Indikatoren für Entwicklung, die wir in Abschnitt 1 betrachtet haben, sind natürlich auch die Indikatoren für Unterentwicklung. Wie wir dort gesehen hatten, gibt es unterschiedliche (Teil- und Total-)Indikatoren. Als die wesentlichen *wirtschaftlichen* Indikatoren oder **Strukturmerkmale für Unterentwicklung** werden in der Literatur die folgenden betrachtet[10]: (i) niedriges Pro-Kopf-Einkommen, (ii) geringe Spar- und Investitionstätigkeit, (iii) geringe Kapitalintensität und geringe Arbeitsproduktivität, (iv) niedriger technischer Ausbildungsstand sowie fehlendes Know-how in Technik und Management, (v) Dominanz des Primärsektors in der Produktionsstruktur, sowie (vi) eine mangelnde oder nicht ausreichende Infrastruktur. Es ist offensichtlich, daß eine Reihe dieser Strukturmerkmale nicht kausal unabhängig voneinander sind.

In der **entwicklungspolitischen Praxis** hingegen werden Entwicklungsländer meist lediglich auf der Grundlage ihres **Pro-Kopf-Einkommens** eingeteilt. So unterscheidet die *Weltbank* - entsprechend des BSP pro Kopf - zwischen Ländern mit niedrigem Einkommen (Low Income Countries), Ländern mit mittlerem Einkommen (Middle Income Countries) und Industrie- und ölexportierenden Ländern mit hohem Einkommen (High Income Countries)[11]. Die beiden ersten Gruppen werden von der Weltbank als Entwicklungsländer bezeichnet. Auch der entwicklungspolitische Ausschuß ("Development Assistance Committee" oder *DAC*) der *OECD* unterscheidet die Entwicklungsländer nach dem Pro-Kopf-Einkommen (PKE). Er bildet dabei folgende Gruppen: (i) die Least Developed Countries (LLDC), (ii) die Low Income Countries (PKE bis 700 US-$ durchschnittliches Jahreseinkommen), (iii) die Lower Middle-Income Countries (PKE mit durchschnittlichem Jahreseinkommen von 700 $ bis 1.300 $), die Upper Middle-Income Countries (PKE mit mehr als 1.300 $ Jahreseinkommen) und (iv) die Newly Industrialized Countries, für die allerdings keine eindeutige Definition besteht, von denen aber angenommen wird, daß sie die typischen Strukturmerkmale eines Entwicklungslandes in absehbarer Zeit überwinden können[12].

Auch die *Entwicklungsausschüsse der Vereinten Nationen* ziehen als allgemeines Definitionskriterium das Einkommen pro Kopf heran. Ein Land gilt nach dieser Definition als Entwicklungsland, wenn das durchschnittliche Pro-Kopf-Einkommen der Bevölkerung nicht mehr als 25 % des Pro-Kopf-Einkommens der hochentwickelten Länder beträgt. Darüber hinaus unterscheiden sie aber innerhalb der Entwicklungs-

---

[10]   Vgl. z.B. Nohlen [1984].

[11]   Vgl. Weltbank [1991a].

[12]   Vgl. OECD [1991].
       Die DAC betrachtete noch Ende der 1980er Jahre folgende Länder als Entwicklungsländer:
       - in Afrika: alle Länder außer der Republik Südafrika
       - in Asien: alle Länder außer Japan
       - in Amerika: alle Länder außer den USA und Kanada
       - in Ozeanien: alle Länder außer Australien und Neuseeland
       - in Europa: Gibraltar, Griechenland, Jugoslawien, Malta, Portugal, Türkei und Zypern.

länder noch die Least Developed Countries (LLDC) und die Most Seriously Affected Countries (MSAC), wobei hier weitere wirtschaftliche *und* soziale Indikatoren berücksichtigt werden[13]. Die letzteren beiden Gruppen werden manchmal auch als "Vierte Welt" bezeichnet - in Abgrenzung zu den anderen Entwicklungsländern, die als "Dritte Welt" tituliert werden. Im Grunde dürften jedoch "Dritte Welt" oder "Süden" immer noch die gebräuchlichsten allgemeinen Sammelbegriffe für die Entwicklungsländer sein.

2.3 Einordnung der postkommunistischen Transformationsländer

Noch vor kurzem wurde die Welt - so z.B. in den Statistiken der Vereinten Nationen - eingeteilt in drei Klassen:

"1. Welt"   (westliche Industriestaaten, sprich: USA, Kanada, Westeuropa, Japan, Australien, Neuseeland und Südafrika),

"2. Welt"   (Staatshandelsländer, sprich: die kommunistischen Staaten Osteuropas und Ostasiens),

"3. Welt"   (Entwicklungsländer, sprich: alle übrigen Länder).[14]

In den 1990er Jahren nun ist die sogenannte "2. Welt", zumindest was das sie vereinende Strukturmerkmal (die kommunistische Ordnung) anbelangt, zusammengebrochen. Folglich stellt sich die Frage, wo diese Länder heute eingeordnet werden sollen. Zieht man die oben genannten **sozialen Indikatoren** heran, so zeigt sich, daß die postkommunistischen Reformländer (die in diesem Buch auch als *Transformationsländer* bezeichnet werden[15]) zwischen den Entwicklungsländern mittleren Einkommens und den Industrieländern (der "1. Welt") anzusiedeln sind (siehe auch im ANHANG zum 1. Kapitel, Abschnitt E-I).   So betrug die durchschnittliche Lebenserwartung 1988 in den Transformationsländern 70 Jahre, während sie in den OECD-Ländern 76 Jahre, dagegen in den Entwicklungsländern mittleren Einkommens nur 66 Jahre war[16]. Was den Prozentsatz der Bevölkerung, der eine weiterführende Schule besuchte, anbelangt, so lag er in den Transformationsländern zwischen 70 und 80 %,

---

[13] So zieht das "United Nation Committee of Development Planning" (CDP) zur Bestimmung der LLDCs folgende Indikatoren heran: Als erstes Kriterium dient das Bruttoinlandsprodukt pro Kopf, für das derzeit eine Grenze von 600 $ gilt. (Die Zahlen hier und weiter oben beziehen sich auf das Jahr 1991.) Darüber hinaus wird noch ein "Augmented Physical Quality of Life Index" (APQLI) und ein "Economic Diversification Index" (EDI) verwendet. Der APQLI setzt sich zusammen aus den Indikatoren Lebenserwartung bei Geburt, Nahrungsangebot in Kalorien pro Kopf, Schulabschluß im Verhältnis zur Bevölkerungsgröße und Alphabetisierungsrate der Erwachsenen. Der EDI beinhaltet als Faktoren den Anteil der Industrieproduktion am BIP, den Anteil der in der Industrie beschäftigten Arbeitnehmer, den Stromverbrauch pro Kopf und den Anteil des Exports an der Gesamtproduktion. Ein Land gilt für die CDP als ein LLDC (und nicht als ein MSAC), wenn es eine der drei festgelegten Obergrenzen der Indizes sowie des BIP pro Kopf überschreitet.

[14] Daneben gab es -wie gesagt- noch den Begriff der "4. Welt", um die ärmsten der Entwicklungsländer gesondert zusammenzufassen.

[15] Ich beschäftige mich mit diesen Ländern gesondert im Schlußteil!

[16] Vgl. WHO: World Health Statistics; UN Development Programme: Human Development Report; World Bank: World Development Report.

während er in den Entwicklungsländern mit mittlerem Einkommen durchschnittlich 54 % betrug[17].

Orientiert man sich dagegen an den **wirtschaftlichen Indikatoren**, so zeigt sich ein ganz anderes Bild[18]. Hier sind die Transformationsländer eher den Entwicklungsländern zuzuordnen. So liegen die Pro-Kopf-Einkommen der osteuropäischen Transformationsländer ungefähr auf der gleichen Höhe wie die der Entwicklungsländer mittleren Einkommens. Deshalb sind auch einschlägige Studien des IWF, der Weltbank und der OECD zu dem Ergebnis gekommen, daß diese Staaten als Entwicklungsländer mittleren Einkommens angesehen werden müssen[19]. Zwar unterscheiden sie sich hinsichtlich ihrer Wirtschaftsstruktur von den traditionellen Entwicklungsländern dadurch, daß ein höherer Prozentsatz ihres Sozialprodukts in der Industrie produziert wird und der Agrarsektor nicht so dominant ist. Doch weisen sie insgesamt entwicklungsländertypische Strukturdefizite auf[20]. Dementsprechend wird auch die bilaterale Hilfe für diese Länder in einigen Geberländern wie z.B. in den USA oder in Schweden bereits wie die "normale" Entwicklungshilfe organisiert. (Siehe hierzu näher im 4. Kapitel!)

3. Entwicklungspolitik

3.1 Definition

Der Begriff "Entwicklungspolitik", so wie er in diesem Buch gebraucht wird, bezieht sich auf die wirtschaftliche Entwicklung von Entwicklungsländern[21]. Im Grunde kann "Entwicklungspolitik" dabei aus verschiedener Sicht heraus gefaßt werden, einmal aus der Sicht der Entwicklungsländer und zum anderen aus der Sicht der Helferländer. **Aus der Sicht der Entwicklungsländer** ist "Entwicklungspolitik" nichts

---

17 Vgl. UNESCO, Statistical Yearbook. Siehe auch Krueger [1992: 165] sowie Schweitzer [1990].

18 Doch auch innerhalb der traditionellen Entwicklungsländer offenbart sich ein sehr gemischtes Bild, wenn man die Länder einmal nach den sozialen Indikatoren und zum anderen nach den wirtschaftlichen Indikatoren (rang)ordnet. Siehe hierzu z.B. den jährlich erscheinenden "Weltentwicklungsbericht" der Weltbank.

19 Hierbei ergeben sich natürlich Probleme hinsichtlich der genauen Bestimmung der wirtschaftlichen Kennzahlen in den Transformationsländern - zum einen weil die Preise durch umfangreiche Subventionen verzerrt sind, und zum anderen durch die Umrechnung in konvertible Währungen.

20 Siehe hierzu oben. Vgl. auch Krueger [1992].

21 Dies ist nicht zwangsläufig so. Man könnte Entwicklungspolitik auch allgemeiner als Politik der Entwicklung von Nationen schlechthin fassen. Vgl. in diese Richtung gehend z.B. Walter [1983]. Auch innerhalb der "Klassischen Politischen Ökonomie" wurde dieser Begriff so verstanden. Vgl. als dogmenhistorischen Überblick z.B. Arndt [1987: 9-48] oder Bell [1987]. Das Verständnis von Entwicklungspolitik als der Politik der Entwicklung von "unterentwickelten" Ländern hat sich dagegen erst seit den 1950er Jahren durchgesetzt. In dieser Zeit, d.h. nach dem Abbau des Kolonialismus, hat sich dann auch erst Entwicklungspolitik als selbständiges wissenschaftliches Forschungs- und Unterrichtsgebiet etabliert (vgl. hierzu z.B. Arndt [1987: 49ff.] oder Bell [1987]. Als politischen Beginn der Beschäftigung mit dem Unterentwicklungsproblem kann man die Regierungserklärung des amerikanischen Präsidenten Truman im Jahre 1949 ansehen, in der dieser den größten Teil der Welt zu unterentwickelten Gebieten erklärte (vgl. z.B. Hemmer [1991]).

anderes als deren **Wirtschaftspolitik**. Analyse von Entwicklungspolitik ist hier folglich gleichbedeutend mit Theorie der Wirtschaftspolitik. Wie wir noch im Laufe des Buches sehen werden, sind die speziellen Probleme der Entwicklungsländer häufig mehr politischer und soziokultureller als ökonomischer Natur, so daß es nicht sinnvoll erscheint, in der wirtschaftstheoretischen Analyse eine künstliche Trennung zwischen Entwicklungs- und Industrieländern einzuführen. Nichtsdestoweniger ist eine gewisse Schwerpunktsetzung nötig, die sich allerdings aus der Interdependenz der ökonomischen Verhaltensweisen bzw. Strukturen mit den politischen und soziokulturellen Rahmenbedingungen ergibt. Dies begründet letztlich auch die *strukturellen Besonderheiten der Entwicklungsländer*, auf die in der Entwicklungsökonomie immer wieder hingewiesen wird.

Zum anderen kann "Entwicklungspolitik" auch **aus der Sicht der Helferländer** definiert werden, und zwar als *aktive Hilfestellung zur "Entwicklung" anderer Länder*. Im Grunde fällt hierunter schon die Kreditvergabe privater Kapitalgeber, sofern dies für den Wirtschaftsaufschwung eines Landes unerläßlich ist. Im allgemeinen jedoch wird Entwicklungspolitik mit *staatlicher* Entwicklungspolitik gleichgesetzt. Letztere umfaßt im wesentlichen Projektförderungen (im Sinne technischer Hilfe, Beratung und finanzieller Förderung) sowie - immer stärker - allgemeine Kreditvergabe an ansonsten auf den internationalen Kapitalmärkten nicht-kreditwürdige Staaten. Letzteres läuft meist unter bestimmten "Auflagen" (wie z.B. makroökonomischer Stabilisierungsprogramme). Dies ist in neuerer Zeit im Zusammenhang mit der Reformunterstützung in der Sowjetunion und mit Umschuldungsaktionen hochverschuldeter lateinamerikanischer Länder in der Presse ausführlich diskutiert worden. (Hierzu siehe näher im 2. Teil dieses Buches.) Die Zielsetzung bzw. Funktion solcher (wirtschaftspolitischer) Auflagensetzung ist letztlich die (Wieder-)Herstellung der Kreditwürdigkeit der Entwicklungs- oder Reformländer auf den internationalen Kapitalmärkten. Diese Kreditwürdigkeit ist eine notwendige Voraussetzung für die Finanzierung und damit das Gelingen eines Entwicklungsprozesses.

Der Begriff "Entwicklungspolitik" wird **in diesem Buch** im zweiten Sinne, d.h. aus der Sicht der Helfer- oder Industrieländer, verwendet. Folglich ist Entwicklungspolitik hier **gleichbedeutend mit** "internationaler Entwicklungspolitik" oder "**internationaler Entwicklungshilfepolitik**"[22].

3.2 Abgrenzungen

"Entwicklungspolitik" ist verwandt, wenn auch nicht identisch mit den Begriffen "Wachstumspolitik" und "Weltwirtschaftspolitik"[23]. Die Abgrenzung zum Begriff "**Wachstumspolitik**" ergibt sich durch die Unterscheidung zwischen Entwicklung und Wachstum. (Siehe hierzu den Abschnitt 1 oben.) "**Weltwirtschaftspolitik**" dagegen wird hier gefaßt als die Beschreibung und Beeinflussung der wirtschaftlichen Beziehungen insbesondere zwischen den Industrieländern, die die Weltwirtschaft (gemessen am Anteil des internationalen Handels, der internationalen Kapitalströme

---

[22] Im deutschen Fach-Jargon spricht man auch von "**Entwicklungszusammenarbeit**".

[23] Vgl. als Lehrbuch zu "Weltwirtschaftspolitik": Wagner [1991].

u.a.) dominieren[24]. Im Unterschied dazu kennzeichnet "**Entwicklungspolitik**" - so wie hier definiert - die wirtschaftlichen Beziehungen zwischen den Industrieländern auf der einen Seite und den Entwicklungsländern auf der anderen Seite. "Entwicklungspolitik" als Untersuchungsbereich beschäftigt sich also mit den Wirtschaftsbeziehungen zwischen zwei ökonomisch nicht gleichgewichtigen "Partnern". Dagegen geht es bei "Weltwirtschaftspolitik" zum Großteil um die Wirtschaftsbeziehungen zwischen Ländern, die von der wirtschaftlichen Entwicklung her auf einer annähernd gleichen Stufe stehen.

II. Funktionsbegründungen internationaler Entwicklungspolitik

1. Funktionsbegründungen aus Sicht der Geberländer

In diesem Buch wird davon ausgegangen, daß internationale Entwicklungspolitik im wesentlichen ("im Durchschnitt") aus Eigennutz der Geberländer betrieben wird. Nun ist dies allerdings nicht die einzige mögliche Begründung. Die beiden Extreme der Funktionsbegründung internationaler Entwicklungspolitik sind

- (reiner) **Altruismus** und
- (reiner) **Eigennutz** .

Manche Aussagen von Entwicklungspolitikern mögen den Eindruck erwecken, daß Entwicklungspolitik weitgehend aus altruistischen Gründen geschieht. Letzteres ist, wie in diesem Abschnitt erläutert werden wird, keineswegs bzw. nur zum geringen Teil der Fall. Wenn man Altruismus als Motivation oder Funktionsbegründung für internationale Entwicklungspolitik gelten lassen möchte, dann am ehesten hinsichtlich der Hilfe für die allerärmsten Länder, doch keineswegs hinsichtlich der Hilfe für die große Anzahl der Schwellenländer und auch nicht für die osteuropäischen Reformländer. Doch selbst bei der Entwicklungshilfe für die ärmsten Länder sind Zweifel an der Altruismusbehauptung angebracht, wie im folgenden näher erläutert werden soll.

1.1 Altruismus

"Altruismus" bedeutet *"Selbstlosigkeit im Denken und Handeln"*. Als "altruistisches Verhalten" wird ein Verhalten bezeichnet, das sich "vorrangig auf die Wohlfahrt und das Glück anderer" richtet und "die Befriedigung der eigenen Bedürfnisse zugunsten dieses Zieles" zurückstellt[25]. Altruismus in der staatlichen Entwicklungshilfe[26] muß in einer Demokratie auf humanitären Beweggründen und internationalen Solidaritätsge-

---

24 So betrug beispielsweise der Anteil der Industrieländer am Welthandel 1992 über 70%.

25 Siehe das Stichwort 'Altruismus' im "Lexikon der Soziologie" (Opladen 1988).

26 Es ist üblich, nur solche Leistungen als "Entwicklungshilfe" zu bezeichnen, die im Vergleich zu den normalen Marktkonditionen einen sogenannten Hilfsanteil von mindestens 25 % enthalten.

fühlen der Bevölkerung basieren. Empirische Überprüfungen (vor allem durch Umfragen) haben wohl ergeben, daß solche Gefühle gegenüber den ärmeren Ländern herrschen[27], die Bereitschaft zu materieller Hilfe jedoch im Durchschnitt relativ begrenzt ist. Zudem besitzen die Regierungen einen gewissen Freiraum in der Ausgestaltung von Entwicklungshilfe. Dies kann u.a. damit begründet werden[28], daß der 'altruistische Auftrag' der Bürger im politischen Prozeß lediglich von einzelnen Interessengruppen überwacht wird, die nur einen relativ geringen politischen Einfluß besitzen. Dies bedeutet, daß der 'altruistische Auftrag' der Bürger auf der politischen Ebene - je nach den parteipolitischen Präferenzen der jeweiligen Regierungsparteien - verdünnt oder verstärkt werden kann.

Man ist geneigt anzunehmen, daß staatliche Entwicklungshilfe zumindest gegenüber den ärmsten oder "4.-Welt"-Ländern von Altruismus geprägt ist. Bisherige empirische Untersuchungen der Motive staatlicher Entwicklungshilfe konnten allerdings selbst dies nicht bestätigen. (Vergleiche hierzu z.B. Maizels und Nissanke [1984] oder Weck-Hannemann und Schneider [1989]; vgl. auch Weck-Hannemann und Frey [1987] speziell für die USA[29]. Einen anderen Ansatz wählte Mackscheidt [1988], der die Präferenzen der Bürger für staatliche Entwicklungshilfe in der BRD untersuchte. Er kam dabei zu dem Ergebnis, daß die Präferenzen von den individuell wahrgenommenen *Nutzen* der Entwicklungshilfe abhängig sind.)

Doch selbst wenn aus den obigen Untersuchungen herausgekommen wäre, daß das, was man dort unter "Altruismus" gefaßt hat, das grundlegende Motiv für Entwicklungshilfe darstellte, müßte man die Frage aufwerfen, ob nicht "schlechtes Gewissen" hinter einem solchen Verhalten steckt[30]. Angesichts großer Armut und Hunger(tod) in der Dritten Welt entsteht in den Wohlstandsgesellschaften leicht ein Unbehagen wegen der ungerechten Verteilung. Entwicklungshilfe dient dann der **Gewissensberuhigung**. [Dies wiederum basiert auf bestimmten Verteilungsgerechtigkeitsnormen, die auch bei Menschenrechtsdebatten eine gewichtige Rolle spielen. Bestimmte Normen oder Wertvorstellungen weisen ein Verhalten als verwerflich aus, das andere (ver)hungern läßt, während man selbst im Überfluß lebt. Es ist jedoch wichtig, hierbei anzumerken, daß diese Moral- oder Wertvorstellungen nicht allgemeingültig, sondern sozio-kulturell begründet sind. So gilt das eben Formulierte nur für die westlich-abendländische Ethik. Dagegen fehlt das, was im Neuen Testament in der Geschichte des "Barmherzigen Samariters" geschildert und zum christlichen Lehrsatz wurde, in der chinesisch-japanischen (konfuzianischen) Ethik vollkommen. Von daher kommen oft auch die gegenseitigen Verständnisschwierigkeiten bei internatio-

---

[27] So hat z.B. kürzlich eine 'Infas'-Umfrage ergeben, daß 54 % der Deutschen für einen Solidarbeitrag für die Dritte Welt sind.

[28] Vgl. z.B. Frey [1985]. Vgl. auch Claus u.a. [1989].

[29] Ein Problem dieser empirischen (ökonometrischen) Ansätze besteht darin, daß die gewählte Aggregation zu hoch ist. Wichtiger erscheint allerdings noch, daß verschiedene Trade-offs bzw. Interaktionen zwischen Motiven bestehen, die vernachlässigt worden sind. (Zu den Problemen dieser empirischen Ansätze siehe näher Weck-Hannemann und Schneider [1989].)

[30] Anders gesagt: Was in den dortigen Untersuchungen überprüft worden ist, ist nicht unbedingt "wahrer" Altruismus, sondern sind fragwürdige Proxies (=Ersatzgrößen für die nicht direkt empirisch meßbare Variable "Altruismus"). Die empirische Fassung des Konzepts "Altruismus" in den obigen Ansätzen ist folglich sehr fragwürdig.

nalen Koordinierungsversuchen von Entwicklungshilfepolitik zum Beispiel zwischen Japan und "dem Westen". Zur grundsätzlichen Bedeutung internationaler Koordinierungsversuche siehe im 5. Kapitel unten.]

Es ist äußerst fraglich, ob Entwicklungshilfe aus Gewissensberuhigung noch als Altruismus im strengen Sinne bezeichnet werden kann. Vielmehr kann man Gewissensberuhigung schon als (Übergang zu) Eigennutzorientierung ansehen und im Sinne eines Kosten-Nutzen-Vergleichs interpretieren: Die Kosten der Entwicklungshilfe werden dem Nutzen einer Gewissensberuhigung gegenübergestellt.

Falls es zudem nicht nur um eine Gewissensberuhigung, sondern um die **Vermeidung sozialer Sanktionierung** geht, ist die obige Interpretation noch zwingender. So weiß man aus der politischen Soziologie, daß Staaten, die von einer historisch entstandenen internationalen "sozialen Norm" (wie z.B. der Verfolgung der 'Menschenrechte') abweichen, international eine gewisse soziale Sanktionierung erwarten müssen. Diese Sanktionierung kann indirekt sein, in der Form, daß das Prestige oder die soziale Anerkennung eines Landes in den Augen der anderen Völker oder Länder sinkt. (Es ist bekannt, daß auch Staaten, wie Individuen, nach sozialer Anerkennung streben. Das Beispiel Japans, das in den letzten Jahren sprunghaft zum größten Entwicklungshilfegeber aufgestiegen ist, kann so interpretiert werden.) Soziale Sanktionierung kann aber auch direkt erfolgen, indem die anderen Länder politischen oder wirtschaftlichen Druck ausüben, um die Befolgung der "sozialen Norm" zu erreichen. Dies geschieht heutzutage vor allem auf den vielen "Gipfeltreffen" der einzelnen Länder auf Minister- wie auch auf Regierungschef-Ebene[31].

Wichtig für unsere Zwecke hier ist nur die Erkenntnis, daß Staaten wie auch Individuen soziale Anerkennung anstreben und diese unter anderem dadurch erhalten können, daß sie sich altruistisch geben. Altruismus wäre in diesem Fall **verkappter Eigennutz**. Und es spricht vieles dafür, daß diese Verhaltensstruktur - auch bezogen auf Entwicklungshilfe - weitverbreitet ist[32].

Von daher wäre zumindest diese Art von (vorgeschobenem) Altruismus in der Entwicklungshilfe in den ökonomischen Ansatz der Eigennutzorientierung integrierbar; und zwar als eine Haltung, mit der das Gewissen beruhigt oder vielleicht sogar "soziales Prestige" gewonnen werden kann. Wenn ein ruhiges Gewissen bzw. soziales Prestige mit in der Nutzenfunktion der Menschen und Politiker steht, kann es ohne weiteres in einen Ansatz, wie sie ihn zum Beispiel die "Neue Politische Ökonomie"[33] verwendet, einbezogen werden. Ein Problem bleibt wohl der genaue empirische Nachweis. Die logische Stringenz des Arguments dagegen dürfte unbestreitbar sein.

---

31 Zu diesen Gipfeltreffen siehe z.B. Wagner [1991: 2. Teil].

32 Vgl. auch Bellers [1988], Claus u.a. [1989] und BMZ [1990: 28ff.]. Gerade in den 70er und 80er Jahren hat sich eine bestimmte soziale Norm bezüglich der Vergabe von Entwicklungshilfe herausentwickelt. Als Beispiel kann hier die 1992 auf dem Umweltgipfel von Rio de Janeiro bestätigte "Selbstverpflichtung" der Industriestaaten angeführt werden, mindestens 0,7 % ihres Bruttosozialprodukts als Entwicklungshilfe an ärmere Länder abzugeben. Diese Norm wurde schon in den 1960er Jahren in einer UN-Resolution aufgestellt und seitdem häufig in anderen Veranstaltungen und Gremien wie auf dem Umweltgipfel von Stockholm 1971 und im Entwicklungsausschuß der OECD (der DAC) bestätigt. In der Praxis allerdings ist diese Norm nur in den seltensten Fällen eingehalten worden.

33 Der Ansatz der "Neuen Politischen Ökonomie" wird näher im 5. Kapitel beschrieben.

1.2 Eigennutzorientierung

Eigennutz im Zusammenhang mit internationaler Entwicklungspolitik bedeutet, daß
Geber- oder Helferländer **eigene nationale Interessen** verfolgen. Diese Interessen
können verschiedener Art sein. Ich unterscheide und erläutere im folgenden kurz

(1) **außenpolitische Interessen** und

(2) **andere Interessen**, vor allem wirtschaftliche, innenpolitische und ökologische
Interessen.

(1) Außenpolitische Interessen

Die außenpolitischen Interessen haben in den letzten Jahrzehnten im Zusammenhang
mit eigennutzorientierter Entwicklungshilfe eindeutig dominiert, auch wenn im Laufe
der letzten Jahrzehnte zunehmend andere Interessen mit in den Vordergrund gerückt
sind. Betrachten wir dies kurz im Kontext der Entstehung und des Wandels der entwicklungspolitischen Motive. Die primäre Grundlage für die Entstehung von Entwicklungshilfe **nach dem Ende des 2. Weltkriegs** wird allgemein im "Ost-West-
Konflikt" gesehen. In der Systemkonkurrenz zwischen Sozialismus und Kapitalismus
versuchten die verschiedenen Geberländer, Einflußzonen in der durch die Auflösung
des Kolonialismus entstandenen Dritten Welt zu gewinnen[34]. Im ideologisch bestimmten **"Wettlauf der Systeme"** ging es darum, die Ausbreitung der jeweils anderen Wirtschafts- und Gesellschaftsordnung zu verhindern bzw. die eigene Ordnung zu
verteidigen. Entwicklungshilfe wurde so zu einem wichtigen Teil der Außen- und
Sicherheitspolitik. (Dies spiegelt sich auch darin wider, daß Entwicklungspolitik in
den meisten Ländern traditionell dem jeweiligen Außenministerium zugeordnet ist.
Siehe näher im 4. Kapitel.)[35]

Über diese mehr allgemeine Aussage hinaus lassen sich **für jedes Land spezifische Ausgangsmotivationen** für Entwicklungshilfe aufzeigen. Diese sind von der jeweiligen historischen innen- und außenpolitischen Entwicklung, der wirtschaftlichen
Stellung und den früheren Beziehungen zu den Staaten der heutigen Dritten Welt
bestimmt. So spielten in Großbritannien und Frankreich die früheren kolonialen Beziehungen eine große Rolle, während die USA sich selbst als ehemalige Kolonie verstanden und ihre Vorstellungen einer autonomen Entwicklungsmöglichkeit von ihren
eigenen damaligen Erfahrungen geprägt waren (wie Sewell und Mathiesen [1982] näher ausführen). Folglich waren ihre Motivationen vor allem außen- und sicherheits-
politischer Art. Auch in der Bundesrepublik Deutschland war Entwicklungshilfe bei
ihrer Entstehung primär außenpolitisch motiviert. Sekundär spielten auch wirtschaftspolitische Interessen eine Rolle. Entwicklungshilfe sollte vordringlich der Abwehr des
Kommunismus dienen und daneben unter Gesichtspunkten der langfristigen Förde-

---

[34] Man kann als Beginn der Entwicklungspolitik aber schon die "Marshallplanhilfe" der USA an
die damals weitgehend zerstörten und verarmten Länder Westeuropas und Japans betrachten.
Auch hier steckten eigennützige Gründe der USA dahinter.

[35] Bezeichnend ist hier auch der Ausspruch des damaligen Außenministers der USA, Alexander
Haig, der betonte, die USA könne sich "keine Philantropie ohne strategischen Wert" mehr
leisten.

rung der eigenen Außenwirtschaftsinteressen vergeben werden[36]. Die Aufnahme und der Aufbau von Entwicklungshilfe geschah dabei vornehmlich erst auf Drängen der westlichen alliierten Mächte des 2. Weltkriegs[37].

Die außenpolitische Motivation für Entwicklungshilfe muß dabei aber nicht immer systemkonkurrenzpolitisch bzw. ideologisch begründet, sondern kann auch einfach **machtpolitisch** sein. So kann Entwicklungshilfe, über die Verbesserung des internationalen Image des Geberlandes oder (direkter) über die materielle Abhängigkeit vieler Entwicklungsländer von Entwicklungshilfe[38], dazu dienen, mehr Einfluß in internationalen Organisationen zu bekommen. Die japanische Offensive in der Entwicklungshilfepolitik der 1980er Jahre wird gelegentlich so begründet[39].

(2) Andere Interessen

Neben außenpolitischen Interessen hat es natürlich auch andere Motivationen für Entwicklungspolitik gegeben, die in den letzten Jahren immer stärker in den Vordergrund getreten sind. Dazu zählen

- **wirtschaftliche Motive**
- **innenpolitische Motive** und
- **ökologische Motive**.

Die *wirtschaftlichen Motive* spielten in den entwicklungspolitischen Programmen der Geberländer seit jeher eine große Rolle[40]. Dabei haben die Aspekte der **Exportförderung** und der **Rohstoffsicherung** im Vordergrund gestanden[41].

Auch *innenpolitische Motive* spielen zunehmend eine Rolle, wobei es darum geht, mithilfe von internationaler Entwicklungspolitik das **Migrationsproblem** in den Griff zu bekommen. In den Bevölkerungen der (relativ) reichen Industrieländer herrscht Angst vor einem unbegrenzten Zuzug von von Hunger und Armut geplagter Massen aus den Entwicklungsländern[42]. Aus der Befürchtung der daraus folgenden innenpolitischen Destabilisierung durch "Überfremdung", zunehmender Gewaltakte usf. heraus wird auf Politikerebene immer stärker darüber nachgedacht, Entwicklungshilfe bzw. - allgemeiner - koordinierte internationale Entwicklungspolitik gezielt als ein Mittel gegen eine drohende Einwanderungsflut einzusetzen.

Auf einer ähnlichen Ebene sind die *ökologischen Motive* für die Vergabe von Entwicklungshilfe gelagert. So standen auf den letzten Weltwirtschaftsgipfeln der sie-

---

36 Vgl. näher Bellers [1988].

37 So drängten vor allem die USA auf einen 'Lastenausgleich' bei der Eindämmung des Kommunismus. Vgl. ebda.

38 In fast der Hälfte der Least Developed Countries (LLDS's) macht die erhaltene Entwicklungshilfe mehr als 20% des dortigen Sozialprodukts aus. Vgl. OECD [1990: 26].

39 Vgl. z.B. Cassen u.a. [1982: 16].

40 Vgl. hierzu z.B. Bellers [1988].

41 Diese wie auch die folgenden Aspekte werden hier nur kurz aufgeführt und in Abschnitt III dann inhaltlich näher erläutert.

42 Bereits heute finden große Wanderungsbewegungen statt. Allerdings beschränken sich diese bislang noch weitgehend auf die Entwicklungsländer untereinander.

ben führenden Industrieländer[43] Aspekte der **globalen Umweltverschmutzung** mit im Vordergrund der Diskussionen. Dabei wird zunehmend der Vorschlag diskutiert, Entwicklungshilfe oder Schuldenerlaß (was auf dasselbe hinausläuft) im Tausch gegen das Versprechen von Entwicklungsländern, die Umwelt zu schützen, z.B. Regenwälder nicht abzuholzen, zu verwenden. Zum Teil läuft dies auch darauf hinaus, die Entwicklungsländer zu drängen, auf ein Nachholen der wirtschaftlichen Entwicklung zu verzichten. Dem liegt die Erkenntnis zugrunde, daß die Umwelt und damit die Lebensbedingungen auf der Erde zerstört würden, wenn alle Entwicklungsländer den gleichen materiellen Wohlstand, verbunden mit der gleichen Güterpalette wie die heutigen Industrieländer, erzielen würden[44].

Die eben erläuterten innenpolitischen und ökologischen Motive für das Betreiben internationaler Entwicklungspolitik zeigen, daß immer stärker wahrgenommen wird, daß Entwicklungspolitik eigennützig eingesetzt werden kann, um bestimmte internationale Kollektivgüter wie saubere Umwelt, Sicherheit und Stabilität herzustellen oder zu erhalten.

Spezielle Anmerkung: Besonders hinsichtlich der außenpolitischen Motive ist zu berücksichtigen, daß die **Geberländer** bei ihrer Entwicklungshilfepolitik selbst **häufig in Konkurrenz zueinander** stehen. Diese Konkurrenzsituation hat selbst wieder *positive Auswirkungen auf das Entwicklungshilfevolumen.* [Zur wirtschaftstheoretischen Begründung dieses Zusammenhangs siehe im ANHANG zum vorliegenden Kapitel, dort in Abschnitt E-II.] Durch den Abbau des ideologisch begründeten Ost-West-Konflikts hat sich diese Konkurrenzsituation in den letzten Jahren drastisch entschärft. Von daher ist die Befürchtung der Entwicklungsländer, daß sich die Entwicklungshilfetätigkeit der Industrieländer nunmehr verringern wird, nicht völlig von der Hand zu weisen[45]. Dies gilt insbesondere für die Entwicklungsländer, die früher durch ein taktisch geschicktes Neutralitätsverhalten Hilfeleistungen von den verschiedenen Seiten der Konkurrenzblöcke erhalten konnten.

2. Funktionsbegründungen aus Sicht der Empfängerländer

Auch hier ist es sinnvoll, zwischen moralischen und weniger moralischen (rein ökonomischen) Argumentationen zu unterscheiden. Zu den mehr **moralischen Argumentationen** gehören zum Beispiel Appelle an die internationale Solidarität. Das Hauptargument der Entwicklungsländer selbst ist allerdings das folgende: Die Industrieländer seien moralisch verpflichtet, eine Art **"Wiedergutmachung"** an die ehemaligen Kolonien zu leisten. Dieses Argument hatte 1963 Nasser öffentlich bei der Gründung der Organisation für Afrikanische Einheit (OAU) angeführt. Es ist seither

---

[43] Zur Institution der Weltwirtschaftsgipfel siehe z.B. Wagner [1991: 78-96].

[44] Man denke hier nur an ein Szenario, in dem alle Länder der Erde die gleiche Autodichte pro Kopf wie heute die BRD oder die USA (bei der gegenwärtig damit verbundenen Schadstoffemission) haben.

[45] Allerdings steht dem ein verstärkter Druck zu Hilfeleistungen gegenüber, der aus den geschilderten innen- und umweltpolitischen Gründen entsteht. (Siehe näher in Abschnitt III.) Dadurch kann der außenpolitisch motivierte Rückgang der Hilfeleistungen sehr wohl überkompensiert werden.

Bestandteil praktisch jeder offiziellen Erklärung der Entwicklungsländer. (In diesem Zusammenhang wurde inzwischen von der OAU auch ein Ausschuß ins Leben gerufen, der die Industrieländer zur Zahlung von "Sklaverei-Reparationen" veranlassen soll. Die Argumentation der schwarzafrikanischen Staaten läuft so: Der jahrhundertelange Handel mit Neger-Sklaven hat den afrikanischen Kontinent ausgeblutet[46]. Wenn die Staaten Schwarzafrikas heute rückständige Entwicklungsländer sind, dann nur deshalb, weil der Kontinent durch diesen Aderlaß ins Hintertreffen geraten mußte[47]. Der Norden soll nun für die Sünden vergangener Generationen "Wiedergutmachung" leisten.)

Ein anderes, in gewissem Sinne ähnliches Argument, das auch von Bürgervertretern der ostdeutschen Bundesländer im Zusammenhang mit den von Westdeutschland geforderten Subventionszahlungen gebraucht worden ist, bezieht sich auf das "Abgelten des glücklichen Vorzugs durch den Zufall". Bezogen auf den Verteilungskonflikt zwischen den alten und den neuen Bundesländern bedeutet dies, daß die alten Bundesländer dafür bezahlen sollen, daß sie weniger Reparationszahlungen an die Siegermächte des 2. Weltkriegs leisten mußten. Bezogen auf den Nord-Süd-Konflikt würde ein entsprechendes Argument lauten, daß die Industrieländer dafür zahlen sollen, daß sie in der Vergangenheit zufällig in entscheidenden Situationen für ihre Entwicklung günstigere Umstände angetroffen haben als die heutigen Entwicklungsländer.

Andere **weniger moralische** und nicht-vergangenheitsbezogene **Argumentationen** sollen den Eigennutz der Industrieländer ansprechen. Hierunter fallen Behauptungen oder Versprechungen, daß eine Ausweitung staatlich subventionierter Direktinvestitionen in den Entwicklungsländern für die Geberländer **profitabel** sei. Dies wird häufig auch mit der theoretischen Aussage untermauert, daß die Kapitalrendite in den Entwicklungsländern höher sei, da dort mit einer höheren Arbeitsintensität produziert würde und folglich das Lohnniveau in diesen Ländern geringer sei[48]. Damit wird versucht, die Industrieländer zu größerem entwicklungspolitischem Engagement zu bewegen.

Daneben sollte aber nicht vergessen werden, daß es **auch Entwicklungsländer** gibt oder gab, **die Entwicklungshilfe ablehn(t)en.** Der Hauptgrund ist der, daß sie Entwicklung hin zu westlichem Wohlstand ("Modernisierung") nicht für erstrebenswert hielten. Als Paradebeispiel hierfür kann man den Iran unter der Herrschaft der Muslims anführen. Aber auch China unter der Herrschaft Maos wird manchmal dazu gezählt. Doch ist das maoistische China eher als ein Land anzusehen, das die mit (konditionaler) Entwicklungspolitik verbundene Abhängigkeit von den westlich-kapi-

---

46 Die Zahl der als Sklaven und damit als billige Arbeitskräfte verschleppten Schwarzafrikaner wird von der OAU auf 130 Millionen geschätzt.

47 Vgl. hierzu auch die Artikel in der Sektion "The Origins of Uneven Development: The Rise of the West and the Lag of the Rest" in der Mai-1992-Ausgabe der 'American Economic Review'.

48 Der Haken an diesem Argument ist der, daß ein niedriger Arbeitslohn allein noch nichts über die Kapitalrendite aussagt. Entscheidend für die Kapitalrendite sind vor allem die Faktorproduktivitäten. Letztere hängen jedoch in erster Linie von den Faktorqualitäten, der sozialen Infrastruktur und dem politisch-ökonomischen Investitionsrisiko und nur sekundär von den Faktorentlohnungen ab.

talistischen Industrieländern abgelehnt hat, nicht jedoch den Entwicklungsprozeß selbst[49].

III. Kosten-Nutzen-Analyse

Es geht im folgenden darum, nachzuvollziehen, welche rationalen Überlegungen ein Industrieland vollzieht, wenn es vor der Entscheidung steht, Entwicklungspolitik zu betreiben oder nicht zu betreiben. Da wir ein eigennütziges Industrieland unterstellen (zur Begründung siehe in Abschnitt II oben), ist es angebracht, die getroffenen Überlegungen in Form eines Kosten-Nutzen-Vergleichs modellhaft darzustellen. Die *hinreichende Voraussetzung*[50] *für das Betreiben von Entwicklungspolitik* lautet dann: *Der erwartete Nutzen muß höher sein als die erwarteten Kosten.*[51]

In diesem Abschnitt werden das zugrundegelegte Nutzen-Kosten-Kalkül sowie die wichtigsten Nutzen- und Kostenargumente dargestellt. Der Analyse liegt folgende verhaltenstheoretische Annahme zugrunde: Eine Politikänderung (sagen wir, die Entscheidung, "keine Entwicklungspolitik mehr zu betreiben") verändert die Ausgangsbedingungen für den Nutzenmaximierungsprozeß der einzelnen Gesellschaftsmitglieder und -gruppen, und zwar nicht nur im eigenen Land, sondern auch in anderen Ländern. Die Politikbehörde, die sich die Frage stellt, ob eine solche Politikänderung sinnvoll ist oder nicht, muß davon ausgehen, daß die dadurch geänderten Ausgangsbedingungen für diese Akteure zu Verhaltensänderungen im In- **und** Ausland führen. Diese Verhaltensänderungen ändern wiederum die Ausgangsbedingungen für den Nutzenmaximierungsprozeß der Politikbehörde. Es gilt also, diese Rückwirkungen ("feedbacks") mit in das Kalkül einzubeziehen, d.h. ihren Einfluß auf die dem Nutzenmaximierungsprozeß zugrundeliegenden Nutzen- und Kostenerwartungen zu berücksichtigen[52,53].

---

[49] Vgl. hierzu Arndt [1987: 154ff.].

[50] Die **notwendige** Voraussetzung, nämlich das Vorliegen andauernder unfreiwilliger Unterentwicklung, wird gesondert im 2. Kapitel analysiert.

[51] In einer Grenznutzenanalyse lautet die Bedingung dafür, daß sich der Einsatz (die Investition) einer zusätzlichen Geldeinheit in Enwicklungshilfe lohnt, daß der Grenznutzen (GE) größer als die Grenzkosten (GK) sind. Im Optimum muß gelten: GE=GK.

[52] Bei einer Grenznutzenanalyse wären diese Aspekte weniger entscheidend. (1 DM mehr oder weniger Entwicklungshilfe wird nicht zu Verhaltensänderungen im Ausland führen.) Dagegen sind die obigen Zusammenhänge bei einer Politik**regime**änderung zentral. Es macht also einen Unterschied, ob man von einer marginalen oder von einer Politikregime-Änderung ausgeht. Dies liegt ja auch der berühmten "Lucas-Kritik" in der empirischen Makroökonomie zugrunde. Vgl. Lucas [1976].

[53] Dies ist effizient vielleicht nur in koordinierter Aktion der Industrieländer durchsetzbar. Vgl. näher im 5. Kapitel.

1. Grundlegende Aspekte

Wir gehen im folgenden davon aus, daß der betrachtete Industriestaat, der vor der Entscheidung steht, Entwicklungspolitik zu betreiben oder sie nicht zu betreiben, eine Art gesellschaftlicher Wohlfahrts- oder Nutzenfunktion zu maximieren sucht - zumindest in dem Sinne, daß er zentrale Bedürfnisse in der (Wahl-)Bevölkerung, die er durch Umfrage oder wie auch immer ermittelt, zu den entscheidenden Argumenten oder Zielaspekten seiner Politik macht. Sicherlich macht es nicht viel Sinn, den besagten Industriestaat als allmächtigen Zentralstaat, der nur das ominöse Gemeinwohl im Auge hat, zu unterstellen. Er ist in der Realität eher ein Gebilde aus einzelnen Parteien, Politikern und Bürokraten, die alle ihre Eigeninteressen verfolgen[54]. Allerdings wäre es ebenso unsinnig, die letztlich von den jeweiligen Entscheidungsträgern (insbesondere der Regierung) getroffenen Entscheidungen als unabhängig von den Bedürfnissen der Gesellschaftsmitglieder und Wähler anzusehen. Dabei ist klar, daß diese Bedürfnisse nicht einheitlich oder homogen sind. Nichtsdestoweniger können vor allem per Umfragetechniken zentrale Stimmungen und Ziele ermittelt werden, an denen sich Politiker orientieren. So dürfte unstrittig sein, daß es einige sehr allgemeine **Ziele** oder **Bedürfnisse** gibt, die den meisten Gesellschaftsmitgliedern am Herzen liegen. Hierzu kann man die folgenden Ziele zählen:

- **(1)** "materiellen Wohlstand",
- **(2)** "Arbeitsqualität",
- **(3)** "äußere Sicherheit",
- **(4)** "innere Sicherheit" - und neuerdings immer mehr auch -
- **(5)** "Umweltqualität".

Genauso dürfte unstrittig sein, daß Politikänderungen wie zum Beispiel die Entscheidung, keine Entwicklungspolitik mehr zu betreiben, über die oben angesprochenen Rückwirkungen die Erreichung der genannten Ziele beeinflussen. Oder anders und direkter formuliert, das Betreiben oder Nichtbetreiben internationaler Entwicklungspolitik kann als ein Mittel angesehen werden, um die obigen Ziele eher zu erreichen. Insofern die Zielerreichung positiv korreliert mit den Wahl- und Beschäftigungschancen der Politiker, besteht auch von Seiten der Politiker bzw. der Regierungen ein Interesse, diese Ziel-Mittel-Analyse durchzuführen. Daß die Politiker hierbei einen gewissen Freiraum besitzen, wurde schon in Abschnitt II oben angesprochen. Dies impliziert auch, daß die Ziel-Mittel-Analyse nicht unbedingt von den Gesellschaftsmitgliedern oder Wählern selbst durchgeführt werden muß. Diese sind mehr an den Ergebnissen, sprich der Zielerreichung, interessiert.

Konkret gesprochen, kann internationale Entwicklungspolitik die oben angeführten Ziele wie folgt beeinflussen:

Zu (1): Sie kann zur Steigerung des materiellen Wohlstands im Inland beitragen, wenn es ihr gelingt, die Wachstumschancen in den Entwicklungsländern zu steigern, und dies wiederum positive Rückwirkungen auf das Inland hat.

---

54 Wie wir in Abschnitt II oben diskutiert haben, können darunter sehr wohl altruistisch verbrämte oder vielleicht auch wirklich altruistische Elemente sein.

Zu (2): Sie kann eine Verschlechterung der Arbeitsbedingungen im Inland verhindern, wenn es ihr gelingt, eine lawinenartige Migration aus den Entwicklungsländern zu verhindern und dadurch ein (häufig befürchtetes) Herunterkonkurrieren der Löhne und der Arbeitsbedingungen für die inländischen Beschäftigten zu vermeiden.

Zu (3): Sie kann zur Steigerung der äußeren Sicherheit beitragen, wenn sie - wie in Abschnitt II oben beschrieben - Entwicklungshilfe als Mittel einsetzt, um Verbündete auf der weltpolitischen Bühne zu gewinnen.

Zu (4): Sie kann zur inneren Sicherheit beitragen, wenn sie durch Entwicklungspolitik beispielsweise eine schon unter (2) angesprochene Migrationsbewegung vermeiden hilft und so aus der Migration folgende (befürchtete) soziale Unruhen im Inland vermeidet.

Zu (5): Sie kann zur Erhaltung der Umwelt beitragen, wenn es ihr gelingt, unterentwicklungsbedingte Umweltzerstörung aufzuhalten.

Man sieht an den obigen (hypothetischen) Beispielen - zur inhaltlichen Erläuterung siehe unten in den Abschnitten 2 und 3 -, daß Entwicklungspolitik eingesetzt werden kann, um ein gesellschaftliches Ziel eher zu erreichen oder aber um die Verletzung eines Ziels zu vermeiden[55]. Entsprechend spricht man auch von einem Nutzenmaximierungs- oder einem Kostenminimierungsansatz, was im obigen Fall auf das Gleiche hinausläuft. (Kosten sind hier negativer Nutzen.)

Zu beachten ist auch, daß die Erreichung der obigen Ziele häufig abhängig ist von der Produktion **internationaler Kollektivgüter** wie dem internationalen ökonomischen, politischen, militärischen und ökologischen Gleichgewicht. Internationale Kollektivgüter können jedoch in der Regel nicht durch isoliert oder national betriebene Entwicklungshilfe produziert werden, sondern nur durch eine internationale Koordinierung der Entwicklungshilfe leistenden Industrieländer. (Zur näheren Begründung sowie zu den Schwierigkeiten siehe im 5. Kapitel.)

Im folgenden Unterabschnitt werden die einzelnen Kosten- und Nutzenargumente näher erläutert. Hieraus allgemeine Schlüsse hinsichtlich der Erfüllung der hinreichenden Bedingung (s.o.) für ein einzelnes Land zu ziehen, ist nicht möglich. Dies könnte nur im konkreten Kontext einer länderbezogenen Studie erfolgen. Jedes Entwicklungshilfe-gebende Land wird nämlich *zum einen* die unten aufgeführten Nutzen- und Kostenelemente gewichten

(i) mit der "Bedeutung" des jeweiligen Entwicklungslandes für die eigene Wirtschaft bzw. für die Erreichung der obigen Ziele[56] und

(ii) mit der Wahrscheinlichkeit des Erfolgs der Entwicklungspolitik im Empfängerland.

---

[55] Daß hierbei "Trade-offs" zwischen den einzelnen Ziel(annäherung)en bestehen, erschwert einen effizienten Einsatz dieses Politikmittels, stellt jedoch kein Gegenargument dar.

[56] Wenn das Geberland in die Weltwirtschaft integriert ist, ist auch die Bedeutung des jeweiligen Entwicklungslandes für die Weltwirtschaft bzw. die Weltwirtschaftspolitik wichtig (wegen der indirekten Rückwirkungen).

Zum anderen sind die Nutzen- und Kostenargumente **subjektive Erwartungsgrößen**. Dies ist mit ein Grund dafür, daß die letztliche Entscheidung bezüglich einer Vorteilhaftigkeit internationaler Entwicklungspolitik - selbst bei gleichen faktischen Ausgangslagen - zwischen den verschiedenen Entwicklungshilfe-gebenden Ländern unterschiedlich ausfallen kann. Dies kann auf unterschiedlichen Informationen oder Kalkülen oder auch auf unterschiedlicher Risikoaversion gründen. Außerdem ist die Entscheidung auch abhängig von den **unterschiedlichen Zeitpräferenzraten** der einzelnen Länder. Diese Zeitpräferenzraten spielen eine Rolle, da die einzelnen Nutzen- und Kostenelemente nicht gleichzeitig wirksam werden, sondern erst nach unterschiedlichen Zeitverzögerungen, die selbst wieder unvorhersehbar variabel sind. Nichtsdestoweniger müssen sich Regierungen bei ihrer Entscheidung unter Unsicherheit auf diese erwarteten Nutzen-Kosten-Größen stützen. Diese werden im folgenden einzeln erläutert.

2. Zu den Nutzen- und Kostenelementen internationaler Entwicklungspolitik (für die Helfer-/Geberländer)

Ich analysiere im folgenden zuerst die meines Erachtens **wichtigsten Ertrags- oder Nutzenelemente**. Diese betreffen:

a) den Aufbau bzw. das Erhalten von Exportmärkten

b) den Aufbau bzw. das Erhalten von Rohstoffquellen

c) die Vermeidung der Folgen einer Migrationsbewegung aus den Entwicklungsländern in die Industrieländer

d) die Vermeidung (der Folgen) globaler Umweltverschmutzung

e) positive externe Effekte einer wirtschaftlichen und politischen Stabilisierung der Entwicklungsländer

f) positive externe Effekte einer Verringerung der Ungleichverteilung in den Entwicklungsländern.

Anschließend erläutere ich die meines Brachtens **wichtigsten Kostenelemente**. Diese beziehen sich auf

g) den anfänglichen Ressourcenverlust für die eigene Weiterentwicklung

h) das Heranzüchten von Konkurrenten auf dem Weltmarkt und in der Weltpolitik

i) die mögliche Destabilisierung des internationalen Koordinierungsprozesses

j) das Risiko der Verschwendung knapper Ressourcen in den Entwicklungsländern.

2.1 Erläuterung der Nutzenargumente

a) Aufbau/Halten von Exportmärkten

Entwicklungshilfe trägt häufig dazu bei, daß inländische Unternehmen des Entwicklungshilfe-gebenden Landes Exportaufträge erhalten. Dies wird oftmals durch eine sogenannte "Lieferbindung" abgesichert. Wie verschiedene Berechnungen ergeben haben[57], übertreffen die Exporterlöse, die sich auf die Wirkung der Entwicklungshilfe zurückführen lassen, häufig schon über einen kürzeren Zeitraum hinweg die ursprünglichen Entwicklungshilfeleistungen. Darüber hinaus können sich auch längerfristige und breitere Exportbeziehungen ergeben (Aufbau eines Exportmarktes), z.T. dadurch, daß durch die Entwicklungshilfetätigkeit die "politische und psychologische Aufnahmebereitschaft"[58] für die Produkte des Geberlandes in den Entwicklungsländern verbessert wird, so daß diese gegenüber Produkten aus Drittländern bevorzugt werden. Dadurch kann die gesamtwirtschaftliche Nachfrage und damit tendenziell auch die Beschäftigung und der materielle Wohlstand im Inland erhöht werden.

b) Aufbau/Halten von Rohstoffquellen

Die meisten Industrieländer sind sehr stark von Rohstoffimporten aus der Dritten Welt abhängig. Durch Entwicklungshilfe an bestimmte Rohstoff-exportierende Länder kann dreierlei erreicht werden. *Erstens* kann die Abhängigkeit kontrollierbar gemacht werden. Das heißt, die Rohstoffzufuhr in die Geberländer kann für die Zukunft sicherer gemacht, d.h. subjektiv verläßlicher werden (im Vertrauen auf den "Dank" der Nehmerländer in Übernachfragezeiten). Dies ist für stark Rohstoff-abhängige Länder wie z.B. Japan sehr bedeutend. *Zweitens* verringert Entwicklungshilfe, die die Eindämmung des Bevölkerungswachstums in den Entwicklungsländern verfolgt, die Ausbeutung der Rohstoffe durch diese Länder selbst. Steigende Bevölkerungszahlen und eine zunehmende Industrialisierung in den Entwicklungsländern lassen nämlich die ohnehin knappe Ressourcenbasis in zunehmendem Maße schrumpfen[59]. *Drittens* kann zumindest versucht werden, über Entwicklungshilfe die Preise für bestimmte Rohstoffe auf oligopolistischen Märkten zu stabilisieren oder zu senken. Letzteres kann geschehen, indem Druck auf in Kartelle eingebundene Nehmerländer ausgeübt wird.

[a) und b) sind beides rein ökonomische Aspekte, während die folgenden Punkte politisch-ökonomische Aspekte beschreiben. a) und b) sind auch die hauptsächlichen Funktionsbegründungen von Direktinvestitionen.[60]]

c) Vermeidung der Folgen einer Migrationsbewegung

Es wird häufig befürchtet, daß eine weitere Ausdehnung der Wohlfahrtsschere zwischen den Industrie- und den Entwicklungsländern dazu führen würde, daß eine so starke Migrationswelle einsetzt, daß die Industrieländer damit überfordert wären. Der relevanteste Faktor dürfte dabei der schon in Abschnitt II erwähnte Aspekt sein, daß es nämlich zu starken sozialen Spannungen zwischen Einheimischen und Zugewanderten käme, die die innere Sicherheit eines Landes bedrohten. Hintergrund ist zum einen, daß es schon heute in Ländern wie der Bundesrepublik Deutschland und Japan *Überfremdungsängste* gibt. Durch die Öffnung der osteuropäischen Staaten hat sich diese Überfremdungsangst in der Bundesrepublik, aber auch in benachbarten Ländern, drastisch verstärkt. Diese Überfremdungsangst wird noch ergänzt durch die

---

[57]   Vgl. z.B. Angerer [1990] oder Schumacher [1988].

[58]   Schumacher [1988: 11].

[59]   Zu den "Lebenserwartungen" einzelner mineralischer Ressourcen vgl. z.B. Barney [1980].

[60]   Vgl. z.B. Wagner [1991: 6f.].

Angst unter den einheimischen Arbeitnehmern, daß die zugewanderten Menschen ihnen den Arbeitsplatz streitig machen, auf jeden Fall aber das allgemeine Lohnniveau wie auch die Arbeitsplatzqualität herunterkonkurrieren könnten[61]. Die Folge wären zunehmende soziale Konflikte. Global gesehen wird eine Destabilisierung der 1. Welt befürchtet. Man spricht hierbei auch vom "Mexikosyndrom"[62].

Internationale Entwicklungspolitik kann nun als eine Möglichkeit angesehen werden, die zentrale Grundlage für eine solche Migrationsbewegung - nämlich die Unterentwicklung, sprich die Armut in den Entwicklungsländern - einzudämmen und somit diese Wanderungsbewegung zu verhindern.

d) Vermeidung der Folgen globaler Umweltverschmutzung

Die Umweltproblematik hat in den letzten Jahren in den Industrieländern einen immer bedeutenderen Stellenwert gewonnen. Dabei hat sich auch zunehmend die Erkenntnis durchgesetzt, daß es *internationale Abhängigkeiten* gibt und daß Umweltschädigungen in den Entwicklungsländern auch die Industrieländer bedrohen[63]. So sind beispielsweise geschlossene Waldformationen in niederschlagsreichen Tropenregionen von besonderer Bedeutung für die Erdatmosphäre, also auch für die natürliche Umwelt in den Industrieländern. Der Treibhauseffekt, den die Entwicklungsländer durch ihre Energiestruktur und das Abholzen der Regenwälder beschleunigen, läßt in den Industrieländern gesundheitliche Kosten entstehen[64]. Außerdem sind diese, je nach geographischer Lage, von den Folgen dieser Erderwärmung, wie z.B. dem Abschmelzen der polaren Eiskuppen und daraus resultierenden Überschwemmungen, bedroht[65].

Durch Entwicklungshilfe (in direkter Form oder in Form von Schuldenerlassen), die konditional an den Erhalt solcher Waldformationen gebunden wird, versuchen die Industrieländer nun seit einigen Jahren, das beschriebene Szenario und die dadurch auftretenden Kosten zu vermeiden[66]. Entwicklungshilfe kann hier an zwei Stellen ansetzen. Einmal kann sie den Entwicklungsländern finanzielle und technische Hilfe bei der Verfolgung ihrer nationalen Umweltpolitik zukommen lassen. Zum anderen kann sie versuchen, den "sich gegenseitig verstärkenden Zirkel"[67] der ökonomischen und der ökologischen Krise in den Entwicklungsländern zu durchbrechen. Dieser Zirkel

---

[61] Vgl. hierzu auch Straubhaar [1990].

[62] Vgl. z.B. Nuscheler [1988: 117f.].

[63] Vgl. z.B. die Schwerpunktsetzungen auf den Weltwirtschaftsgipfeln der letzten Jahre (siehe Wagner [1991]) oder die Erklärung der zuständigen Minister der DAC-Länder (siehe OECD [1989]).

[64] So wird davon ausgegangen, daß erhöhte Ozonwerte die Zahl der Hautkrebserkrankungen erhöht. Vgl. z.B. Barney [1980: 37].

[65] Vgl. ebda.

[66] Vgl. hierzu Weltbank [1992]. Auch im Auswärtigen Amt der BRD wurden Empfehlungen ausgegeben, Entwicklungspolitik strikt mit Debt-for-Nature-Swap-Strategien zu verbinden. Außerdem wurden auch Debt-for-welfare-swaps (die den Aufbau eines effizienten Sozialversicherungssystems moderner Prägung zur Auflage machen) vorgeschlagen. Vgl. 'Handelsblatt' vom 24.12.1991, S. 6.

[67] Simonis [1984: 5].

besteht darin, daß die Unterentwicklung und damit einhergehende Defizite der Zahlungsbilanz die Entwicklungsländer zwingen, kurzfristigen ökonomischen Interessen
den Vorzug zu geben gegenüber langfristigen ökologischen Interessen. Durch die dadurch bewirkte dauerhafte Zerstörung der Umwelt wird jedoch ihre ökonomische Situation weiter verschlechtert[68].

e) Positive externe Effekte einer wirtschaftlichen und politischen Stabilisierung der Entwicklungsländer

Man kann davon ausgehen, daß eine wirtschaftliche und politische Stabilisierung der
Entwicklungsländer positive Effekte für das ökonomische und politische Gleichgewicht in der Welt hat, u.U. sogar notwendige Voraussetzung für den Weltfrieden in
der Zukunft ist. Es geht um nicht weniger als die Vermeidung einer Destabilisierung
des weltwirtschaftlichen und weltpolitischen Systems, wobei der Hintergrund die
starke weltwirtschaftliche Verflechtung darstellt[69]. Dadurch werden nicht nur die außenpolitische Sicherheit in den Industrieländern, sondern auch (damit zusammenhängend) die wirtschaftlichen Entwicklungschancen dort gefördert. Entwicklungspolitik
kann hierzu einen Beitrag leisten, wenn sie zur politischen Stabilisierung der Entwicklungsländer beiträgt.

Der erwartete Nutzen aus Entwicklungshilfe oder internationaler Entwicklungspolitik ist dabei umso größer, je geringer die Wahrscheinlichkeit eingeschätzt wird, daß
sich die Entwicklungsländer von selbst aus ihrer Misere befreien können.

f) Positive externe Effekte einer Verringerung der Ungleichverteilung in den Entwicklungsländern

Ich gehe hier von der Hypothese aus, daß es einen dynamischen Verteilungs-Wachs-
tums-Tradeoff gibt: Je größer die Ungleichverteilung in (und zwischen) den Entwicklungsländern ist, umso größer sind die nationalen und (als Folge davon) auch die internationalen Konflikte. ("Nord-Süd-Konflikt", Golfkrieg und Drogenmafia können
als typische Folgeerscheinungen hiervon angesehen werden.) Internationale Konflikte
reduzieren jedoch das weltwirtschaftliche Wachstum, das selbst ein internationales
Kollektivgut darstellt.

Hieran knüpft auch der Vorschlag an, Entwicklungshilfe mit dem Aufbau eines effizienten Sozialversicherungssystems moderner Prägung zu verbinden ("debt-for-wel-
fare-swap")[70].

2.2 Erläuterung der Kostenelemente

Je risikoaversiver die Politiker (bzw. die Wähler) in den Industrieländern sind, um so
höher werden sie die folgenden Risiken oder Negativszenarien der angeführten Kosten und ausbleibenden Nutzen bewerten.

---

[68] Vgl. hierzu z.B. Kohout u.a. [1988].

[69] Vgl. Wagner [1991].

[70] Dies war, wie oben gesagt, u.a. auch ein Vorschlag aus dem Auswärtigen Amt der BRD.

g) Anfänglicher Ressourcenverlust für die eigene Weiterentwicklung

Die unmittelbaren oder direkten Kosten, die mit internationaler Entwicklungspolitik verbunden sind, fallen einmal in Form der Entwicklungshilfeleistungen selbst sowie in Form von Administrationskosten an. ("Administrationskosten" entstehen bei der Durchführung konkreter Entwicklungshilfeprojekte wie auch beim Aufbau und für den Erhalt von Behörden, die mit entwicklungspolitischen Aufgaben beschäftigt sind. Zu letzteren siehe im 4. Kapitel.)

Die "eigentlichen Kosten" für das Geberland können nun aber über diese rein rechnerischen Kosten hinausgehen. Sie stellen nämlich einen mit Preisen bewerteten Ressourcenverlust in Form von Arbeit, Kapital und technischem Wissensvorsprung für das Geberland dar, den dieses (bei "dynamischer" Betrachtungsweise) grundsätzlich auch für die eigene Weiterentwicklung benutzen könnte. Entscheidend sind also diese "Opportunitätskosten" und weniger die direkten, rechnerischen Kosten.

h) Heranzüchten von Konkurrenten auf dem Weltmarkt und in der Weltpolitik

Vielleicht noch entscheidender kann für potentielle Geberländer die Überlegung sein, daß sie sich mit einer Entwicklungshilfe für die bislang unterentwickelten Länder Konkurrenten auf dem Weltmarkt heranziehen und sich so selbst langfristig Schaden zufügen. Solche Befürchtungen waren auch schon in der Diskussion um den Marshallplan zum Wiederaufbau im 2. Weltkrieg zerstörter Länder in den USA und anderswo geäußert worden. Diese Befürchtungen werden noch dadurch verstärkt, daß einer wirtschaftlichen Erstarkung mehr oder weniger zwangsweise eine Stärkung der politischen Machtposition in der Welt folgt, wie am Beispiel Japans gesehen werden kann. Das Geberland muß also auch davon ausgehen, daß es seine politische Machtposition mit den dann entwickelten Ländern teilen muß.

i) Mögliche Destabilisierung des internationalen Koordinierungsprozesses

Man kann davon ausgehen, daß noch weitere Kostenaspekte in das Abwägungskalkül der Industrieländer eingehen. (Durch eine Auswertung politischer Dokumente kann dies leicht erhärtet werden.) So muß damit gerechnet werden, daß die weltwirtschaftspolitische Koordination zwischen den Industrieländern schwieriger wird, wenn immer mehr bislang unterentwickelte Länder die Entwicklungsschwelle überschreiten und in den Kreis der Industrieländer aufsteigen. Je entwickelter ein Land ist, um so mehr Mitbestimmungsansprüche wird es nicht nur anmelden, sondern auch durchsetzen können[71]. Es ist in den letzten Jahren die Erkenntnis herangereift, daß aufgrund der zunehmenden weltwirtschaftlichen Verflechtung eine Zusammenarbeit zwischen den Industrieländern unerläßlich ist, wenn man einen offenen Weltmarkt erhalten und die Gefahr des Zurückfallens in Protektionismus vermeiden will[72]. Gleichzeitig hat sich auch die Erkenntnis durchgesetzt, daß eine Zusammenarbeit oder Koordinierung nationaler Politiken um so einfacher ist, je geringer der Kreis der Teilnehmer ist. Dies ist auch die Philosophie des seit 1975 jährlich stattfindenden Weltwirtschaftsgipfels

---

[71] Der Kampf um Mitbestimmungsrechte der Entwicklungsländer wird heute schon von Politikwissenschaftlern wie Krasner [1985] als das zentrale Destabilisierungsmoment auf der weltpolitischen Bühne angesehen.

[72] Vgl. näher Wagner [1991].

der sieben führenden Industrienationen[73]. Hieraus kann abgeleitet werden, daß die Industrieländer in ihr Kalkül hinsichtlich einer Entwicklungspolitikentscheidung auch diesen externen Effekt einer erwartbaren Destabilisierung des bisherigen Koordinierungsprozesses und dadurch möglicherweise des davon abhängigen weltwirtschaftlichen Entwicklungsprozesses mit einbeziehen.

j) Risiko der Verschwendung knapper Ressourcen

Viele Entwicklungspolitiker stehen heute der Forderung nach einer Ausdehnung der Entwicklungshilfe skeptisch wenn nicht ablehnend gegenüber. Das Hauptargument lautet, daß Entwicklungshilfe dazu führt, daß Entwicklungsländer notwendige Reformen ihrer gesamtwirtschaftlichen Politik und die Mobilisierung heimischer Ressourcen aufschieben[74]. In der theoretischen Fundierung dieses Arguments   (vor allem innerhalb des "Public Choice"-Ansatzes[75]) wird darauf rekurriert, daß durch Entwicklungshilfe der Anreiz der Politiker in den Entwicklungsländern vermindert wird, Reformen konsequent weiterzuverfolgen und notwendige soziale Härten in Kauf zu nehmen[76].

Außerdem hätten die bisherigen Erfahrungen gezeigt - so ein anderes Argument -, daß Entwicklungshilfe in den Entwicklungsländern weitgehend verschwendet, d.h. unproduktiv verwendet worden sei. Letzteres wird selbst wieder auf die politischen Strukturen in diesen Ländern zurückgeführt, die von Korruption, selbstsüchtigen Diktatoren und dem mangelnden Willen zur Reform geprägt seien (siehe näher auch im ANHANG, Abschnitt E-IV, des 5. Kapitels). Schon früh wurde (unkonditionale) Entwicklungshilfe von Ökonomen wie Jacob Viner [1953: 119ff.] und P.T. Bauer [1971] als Verschwendung knapper Ressourcen kritisiert[77]. Auch heute wird in der Auflagendiskussion allgemein (siehe näher im 3. Kapitel) sowie konkret zum Beispiel in der Diskussion um die Hilfe für die osteuropäischen Reformländer immer wieder

---

73 Vgl. hierzu ebda. Zum wirtschaftstheoretischen Hintergrund siehe z.B. Olson [1968].

74 Vgl. z.B. Weltbank [1991a: 57].

75 Zum "Public Choice"-Ansatz allgemein siehe näher im 5. Kapitel, Abschnitt I.2. Siehe auch - bezogen vor allem auf internationale Organisationen - Vaubel und Willett [Hrsg., 1991].

76 Nach der "Public Choice"-Theorie handelt es sich auch bei Politikern und Parteien um rational handelnde Individuen, die - im Gegensatz zu der landläufigen Auffassung, sie würden ausschließlich zum Wohle des Volkes agieren - Eigeninteressen verfolgen. Da mit den Reformen tiefe Einschnitte für die Bevölkerung verbunden sind, ist eine konsequente Verfolgung des Reformkurses nicht immer mehrheitsfähig. Es kann nämlich durch die permanente Entwicklungshilfe bei der Bevölkerung in den Entwicklungsländern allzu leicht der Eindruck entstehen, externe Finanzierung (Entwicklungshilfe) könne ein Ersatz für die notwendige Anpassung sein. Folglich können Politiker verleitet sein, sich im Interesse ihrer Wiederwahl von der konsequenten Verfolgung der Reformen abzuwenden und kurzfristige Erfolge einer umfassenden strukturellen Umwandlung vorzuziehen. Entwicklungshilfe kann sich mithin als ein retardierendes Moment im Entwicklungsprozeß erweisen. Siehe hierzu auch im Schlußteil hinsichtlich der osteuropäischen Reformländer.

77 Bauer beispielsweise sieht Entwicklungshilfe als Subvention von einem Staat an andere Staaten an. Sie stärke notwendigerweise die Macht, die Ressourcen und die Begünstigung der jeweiligen Regierung in der Gesellschaft. Die Regierungen in den Entwicklungsländern seien jedoch häufig korrupt oder unfähig, den notwendigen Reformprozeß einzuleiten. Siehe näher hierzu Bauer [1971] sowie auch im 5. Kapitel.

das Argument von Politikern der Industriestaaten angeführt, daß man nicht bereit sei, Geld in ein "Faß ohne Boden" zu stecken.

Zudem sind allgemein die Bedenken gewachsen, ob man wirklich gezielt helfen kann, oder ob nicht schon generell die *Wirksamkeit* von solchen Hilfen *unprognostizierbar ist.* Analytisch begründbar sind solche Argumente beispielsweise mithilfe der sogenannten "Chaos-Theorie", die in den letzten Jahren auch Eingang in die Ökonomie gefunden hat[78]. Demnach sind die Auswirkungen von Eingriffen gar nicht vorhersehbar oder prognostizierbar, da der Prozeß selbst als nicht steuerbar betrachtet wird. Auch die sogenannte "Lucas-Kritik"[79], die die Endogenität und daher Variabilität der Strukturgrundlagen betont, liefert hierfür eine analytische Grundlage. Die logische Folge dieser Einwände könnte im günstigsten Fall auf die Empfehlung eines entwicklungspolitischen "piecemeal-engineering"[80] hinauslaufen. Doch selbst diese Möglichkeit kann man, wenn man die beiden eben angeführten analytischen Argumentationslinien ernst nimmt, bezweifeln - angesichts dann nicht ausreichender Steuerungskapazität des politischen Systems in den Entwicklungsländern[81]. Wenn diese Steuerungskapazität jedoch nicht ausreichend sein sollte, bliebe nur das Vertrauen auf den Marktmechanismus[82], der jedoch, wie wir im nächsten Kapitel sehen werden, allein nicht unbedingt ausreicht, um die Entwicklungslücke zu beseitigen. Ausführlich werden diese Punkte im 3. Kapitel diskutiert werden.

IV. Zusammenfassung

Wir haben in diesem Einführungskapitel die Begriffe Entwicklung, Entwicklungsländer und Entwicklungspolitik folgendermaßen gefaßt. Entwicklung wird als Evolutions- oder Fortschrittsprozeß betrachtet, wobei im Prinzip keine festliegenden Ziel- oder Richtungsnormen angegeben werden können. Die herrschende Definition von Entwicklungsländern als "unterentwickelte Länder" gibt jedoch implizit eine solche Norm vor, und zwar in dem Sinne, daß die wirtschaftlichen und politischen Entwicklungsstandards in den westlichen Industriestaaten als Vergleichskriterium dienen. Schließlich wird Entwicklungspolitik als die Strategie von Industrieländern aufgefaßt, Entwicklungsländern zu helfen, ihre so definierte Rückständigkeit oder Unterentwicklung zu überwinden.

---

78 Vgl. hierzu z.B. Kelsey [1988]. Die obige Aussage bedeutet jedoch nicht, daß die Anwendung der Chaos-Theorie in den Sozialwissenschaften auch als sinnvoll anzusehen ist.

79 Vgl. hierzu Lucas [1976]. Die "Lucas-Kritik" ist in den letzten Jahren zu einem Standardargument in der Nationalökonomie geworden. Vgl. hierzu z. B. Wagner [1992: 29-30]

80 Vgl. Popper [1970].

81 Eine solche unzureichende Steuerungskapazität unterstellt auch Luhmann in seiner Theorie selbstreferentieller Systeme (Luhmann 1984).

82 Dies wird auch von einer Reihe von Ökonomen empfohlen. Vgl. z.B. P.T. Bauer als bekanntesten Vertreter dieser Richtung.

Wie im zweiten Abschnitt dieses Kapitels erläutert wurde, gibt es hierfür zwei mögliche Funktionsbegründungen. Die eine ist Altruismus, die andere Eigennutz. Ich habe in diesem Abschnitt erklärt, warum es mir sinnvoll erscheint, Eigennutz als Grundmotivation für (internationale) Entwicklungspolitik zu unterstellen.

Im dritten Abschnitt wurde die "hinreichende Voraussetzung" für eigennutzorientierte internationale Entwicklungspolitik untersucht. Diese besteht darin, daß der erwartete Nutzen für die Geberländer höher sein muß als die erwarteten Kosten. Es wurden das zugrundegelegte Nutzen-Kosten-Kalkül sowie die wichtigsten Nutzen- und Kostenargumente dargestellt.

Im folgenden ANHANG werden zuerst (in Abschnitt E-I) - in Tabellenform gehaltene -Vergleichsbetrachtungen zwischen Industrie- und Entwicklungsländern hinsichtlich einiger wichtiger Entwicklungsindikatoren vorgenommen. Anschließend wird (in Abschnitt E-II) die in Abschnitt II oben angesprochene These, daß das Entwicklungshilfevolumen u.a. von der Konkurrenzsituation zwischen den Industrieländern abhängt, modellmäßig veranschaulicht.

ANHANG zum 1. Kapitel

Inhalt

E-I. Einige Tabellen

E-II. Konkurrenzsituation und Entwicklungshilfevolumen

E-I. Einige Tabellen

Tabelle 1.1: **Vergleich verschiedener Regionen nach bestimmten Entwicklungsindikatoren**

Regionen	Bevölkerung in Mill., 1988	BIP pro Einwohner in 1.000 $
OECD	824	17,1
Osteuropa	423	2,2
Asien - pazifischer Raum	380	1,6
Asien - Planwirtschaften	1244	0,3
Südasien	1062	0,3
Afrika südlich der Sahara	489	0,5
Naher Osten/Nordafrika	237	2,0
Lateinamerika/Karibik	425	2,1

Quelle: Weltwirtschaft in Zahlen [1991], S. 16f. und S. 30.

Tabelle 1.2:   Globale Wirtschaft 1989, Prozentsätze vom Ganzen

Rangfolge	Einkommen	Handel	Investitionen*	Ersparnis**
Ärmsten 20%	1,40	0.95	1,25	0,98
Zweiten 20%	1,85	1,35	2,62	2,53
Dritten 20%	2,30	2,53	2,92	2,59
Vierten 20%	11,75	13,94	12,65	13,39
Reichsten 20%	82,70	81,23	80,56	80,51

* inländische Investitionen

** inländische Ersparnis

Quelle: UNDP [1992: 36].

Tabelle 1.3: Nord-Süd-Disparitäten in 1990

	Norden	Süden
Lebenserwartung (Jahre)	74,5	62,8
Alphabetisierung (Erwachs.), %	97	64
Kindersterblichkeit*	18	112
Schuljahre (im Durchschnitt)	10,0	3,7
Wissenschaftler+Techniker **	81	9
Ausgaben für F&E ***	434	18

* pro 1.000 Lebendgeburten

** pro 1.000 Leute

*** in Mrd. $

Quelle: UNDP [1992: 37].

Tabelle 1.4: *Vergleich verschiedener Regionen nach weiteren Entwicklungsindikatoren*

Regionen	Lebenserwartung		Schulbesuch in % *		Analphabetismus **
	Männer	*Frauen*	*Primar-S.*	*Sek.-S.*	
OECD	72	78	104	91	USA: 4,0
Osteuropa	66	74	104	90	Jugoslawien: 10,4
Asien - pazifischer Raum	59	62	110	52	Indonesien: 32,7
Asien - Planwirtschaften	67	70	131	43	China: 34,5
Südasien	57	57	88	35	Indien: 59,2
Afrika südlich der Sahara	49	52	70	20	Nigeria: 57,0
Naher Osten/Nordafrika	62	64	96	53	Iran: 49,0
Lateinamerika/Karibik	64	69	107	50	Brasilien: 22,2

* Werte von mehr als 100 zeigen an, daß Kinder und Jugendliche teilnehmen, die schon außerhalb dieser Altersgruppe sind, denn in vielen Entwicklungsländern gehen Kinder im Sekundarschulalter immer noch in Primarschulen.

** In %. Es werden hier nur einzelne Länder angeführt, und zwar jeweils das bevölkerungsgrößte Land der Region, für die Daten verfügbar waren.

Quelle: Weltwirtschaft in Zahlen [1991]; S. 214f., 204f., 210.

E-II. Konkurrenzsituation und Entwicklungshilfevolumen

Man kann die oben angeführten Gedankengänge hinsichtlich der Eigennutzorientierung der Entwicklungspolitik(er) auch ökonomisch-handlungstheoretisch stringent fundieren, indem man Eigennutzorientierung im internationalen Bereich gleichsetzt mit Maximierung des nationalen Nutzens. Der Nationalstaat wird dabei als nutzen- oder "gewinn"maximierender Agent betrachtet, wobei jedoch der "Staat" selbst ein Gebilde aus einzelnen Parteien, Politikern und Bürokratien ist, die alle ihre Eigeninteressen verfolgen. Dies ist der Ausgangspunkt der sogenannten 'Neuen Politischen Ökonomie'. Danach versuchen Politiker in wahldemokratischen Systemen, durch den persönlichen Einsatz für die Entwicklungshilfe ihr eigenes Image oder das ihrer Partei zu verbessern, um damit vor allem die Chancen für ihre Wiederwahl zu erhöhen. (Letzteres ist natürlich nur möglich, wenn Entwicklungshilfe entweder aus humanitären Gründen heraus von den Wählern gefordert oder als ein Mittel betrachtet wird, um die sonstigen politischen Ziele besser erreichen zu können. Vgl. hierzu oben in Abschnitt III.)

Mit diesem Analyseansatz werden wir uns insbesondere im 5. Kapitel noch näher beschäftigen. Im folgenden will ich nur kurz darlegen, wie man die in Abschnitt II formulierte **These**, *daß eine Konkurrenzsituation (um außenpolitischen Einfluß) zwischen den Geberländern das Entwicklungshilfevolumen positiv beeinflußt,* mithilfe gängiger wirtschaftstheoretischer Methodik präziser fassen/begründen kann. (Siehe hierzu die Arbeit von Dudley [1979], der mithilfe eines solchen Modellkonzepts die obige These analysiert, empirisch getestet und bestätigt hat[83].) Im folgenden soll nur das theoretische Grundkonzept zur Analyse einer solchen Fragestellung erläutert werden.

Wir gehen von einem sehr einfachen **2-Länder-Modell** aus, wobei die Staaten als homogene Einheiten betrachtet werden. (Auf eine Einbeziehung strategischen Handelns innerhalb des politischen Systems wird hier also verzichtet. Siehe hierzu im 5. Kapitel.) Die Nutzenfunkion beider Länder bezüglich der Entwicklungshilfeausgaben sei wie folgt bestimmt:

(I) $U = H_1 + xH_2$,

wobei

U = den aus der Vergabe von Entwicklungshilfe gezogenen Nutzen des betrachteten Landes

H_1 = die von dem betrachteten Land gegebene Hilfe

H_2 = die vom anderen Land gegebene Hilfe (jeweils in einheitlichen Recheneinheiten)

x = den relativen Gewichtungsfaktor hinsichtlich des Nutzens aus der Entwicklungshilfe des anderen Landes und der eigenen Hilfe

ausdrücken.[84]

Ist $x>0$, so zieht das betrachtete Land nicht nur Nutzen aus seiner eigenen Entwicklungshilfe, sondern auch aus der des anderen Landes *(positive Externalität)*.[85]

Dagegen drückt ein $x<0$ aus, daß der Nutzen des betrachteten Landes aus der Entwicklungshilfe sinkt, wenn das andere Land auch Entwicklungshilfe gibt bzw. deren Entwicklungshilfe überproportional stark zunimmt *(negative Externalität)*.[86]

Letzterer Fall ($x<0$) beschreibt die oben erwähnte **Konkurrenzsituation** (um aussenpolitischen Einfluß) zwischen den Geberländern[87].

---

[83] Zu einer Zusammenfassung siehe auch Frey [1985: 5. Kapitel].

[84] Man kann (I) auch wie folgt schreiben:
(II) $U^* = x_1H_1 + x_2H_2$,
wobei x_1 und x_2 die jeweiligen Nutzenparameter bezogen auf H_1 und H_2 ausdrücken und wo $x_1 > 0$, $x_2 \geq$ oder ≤ 0, $x = x_2 / x_1$ und $U^* = x_1U$.

[85] Im Fall $x=1$ (bzw. $x_1=x_2>0$) ist Entwicklungshilfe ein *reines* öffentliches Gut, das die Eigenschaften der Nicht-Rivalität und der Nicht-Ausschließbarkeit aufweist.

[86] Hier wäre also $x_2<0$ in (II).

[87] Je größer die Konkurrenzsituation, um so größer ist $|x_2|$ bei $x_2<0$.

Die (beiderseitige) Konkurrenzsituation drückt sich in der **Figur 1** aus in Form der *positiven* Steigung der Reaktionsfunktionen für beide Länder[88]. Wir nehmen aus Vereinfachungsgründen an, daß beide Länder ein gleiches Pro-Kopf-Einkommen aufweisen. Land 2 sei jedoch größer als Land 1 [89]. Desweiteren wird angenommen, daß beide Länder ihre Entwicklungshilfe unter der Annahme festlegen, daß die Entwicklungshilfe des jeweils anderen Landes unverändert bleibt. (Dies entspricht dem Nash-Gleichgewichtskonzept in der Spieltheorie.) Das Gleichgewicht wird hier durch den Schnittpunkt der beiden Reaktionsgeraden angegeben. In diesem Schnittpunkt B, d.h. im Gleichgewicht, hat dann keines der beiden Länder mehr einen Anreiz, seine Entwicklungshilfeleistungen zu ändern[90].

Wenn wir die Entwicklungshilfeleistungen der beiden Länder in diesem Gleichgewicht, H_1^* und H_2^*, vergleichen mit der Entwicklungshilfe, die die beiden Länder geben würden, wenn keine Konkurrenzsituation (keine negative Externalität bzw. x=0) bestünde, so sehen wir die positiven Effekte der Konkurrenzsituation auf das Entwicklungshilfevolumen. Das Gleichgewicht im Fall x=0, in dem keine Nutzeninterdependenz herrscht, wird in der Figur 1 durch den Punkt A beschrieben. Hier ist die *Pro-Kopf*-Entwicklungshilfe H/N in beiden Ländern gleich groß[91]. ("OO" ist in Figur 1 die Linie, die eine gleiche Pro-Kopf-Entwicklungshilfe angibt.[92]) Man sieht, daß die Hilfeleistung beider Länder aufgrund der Konkurrenzsituation größer ist, als sie ohne diese Nutzeninterdependenz wäre ($H_1^* > H_1^0$ und $H_2^* > H_2^0$). Das kleinere Land gibt dabei pro Kopf dort mehr Entwicklungshilfe als das große Land.

Wird nun der Konkurrenzdruck (um außenpolitischen Einfluß) abgeschwächt, wie nach dem Zusammenbruch des "Ostblocks", so verringern sich ceteris paribus auch die Gleichgewichtsniveaus der Entwicklungshilfeleistungen beider Länder (H_1^* und

---

[88] Die Steigung der Reaktionsfunktion des Landes 1 ist durch -x gegeben. Dies ist aus dem totalen Differential über (I) und durch Nullsetzen von dU ableitbar. Hieraus folgt: $dH_1/dH_2 = -x > 0$. Entsprechend läßt sich auch die Steigung der Reaktionsfunktion des Landes 2 bestimmen. Während die Steigung der Reaktionsgeraden des Landes 1 mit zunehmender Konkurrenzsituation immer größer wird, verläuft die Reaktionsgerade des Landes 2 mit zunehmender Konkurrenzsituation in der obigen Figur immer flacher. Zur Aufrechterhaltung eines Gleichgewichts ist es jedoch erforderlich, daß die Reaktionsgerade des Landes 2 steiler verläuft als die des Landes 1, weil es ansonsten keinen Schnittpunkt (kein Gleichgewicht) gibt.

[89] H_2^0 ist folglich größer als H_1^0. Beide Länder müssen jedoch "große" Länder sein in dem Sinne, daß Aktionen des einen Landes Reaktionen des anderen Landes auslösen. Dies wird durch die positive Steigung der Reaktionskurven *beider* Länder garantiert. Wenn dagegen Land 1 "klein" wäre, würde die Reaktionsfunktion des Landes 2 eine Senkrechte zur Abszisse über H_2^0 darstellen. Das große Land würde dann auf Aktionen des kleinen Landes gar nicht reagieren (weil dieses eben zu klein wäre, um spürbare Auswirkungen auf seinen Nutzen haben zu können).

[90] Das obige nicht-kooperative Nash-Gleichgewicht ist stabil. Der Anpassungsprozeß - ausgehend von einem Ungleichgewichtszustand X - wird in Figur 1 durch die dort eingezeichneten Pfeile angegeben und konvergiert zum Gleichgewicht B. Es handelt sich hier um eine *gegenseitige* Annäherung zum Gleichgewichtspunkt B.

[91] N = Anzahl der Bevölkerung.

[92] Punkt A ergibt sich als Gleichgewichtspunkt bei x=0 auch graphisch dadurch, daß die Reaktionsgeraden bei x=0 jeweils Senkrechte über den Ausgangspunkten auf den jeweiligen Abszissen sind. Punkt A ist dann der Schnittpunkt dieser Senkrechten.

H_2^*).[93] Die obige Modellanalyse zeigt also, daß die Entwicklungsländer von Konkurrenzsituationen zwischen den Industrienationen, wie dem Ost-West-Konflikt, profitieren.

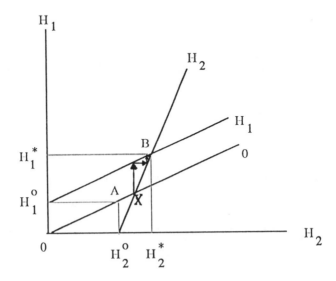

Figur 1

93 x sinkt ja dann, da |x_2| geringer wird und x = x_2/x_1. Die Steigung der Reaktionsfunktion des Landes 1 beträgt jedoch gerade -x, wie wir oben gesehen haben. Die Reaktionsgerade des Landes 1 wird also flacher (während die Reaktionsgerade des Landes 2 gleichzeitig steiler wird). Entsprechend wird sich dann der Schnittpunkt B nach links unten verschieben mit sinkenden H_1^* und H_2^*. Bei einem völligen Abbau der Konkurrenzsituation landet man schließlich im Schnittpunkt A mit H_1^o und H_2^o.

2. Kapitel:
Theoretische Grundlagen

Übersicht

Ausgaben für Entwicklungshilfe bedeuten einen Verbrauch knapper Ressourcen, die alternativ auch für andere sinnvolle Zwecke verwendet werden könnten. Von daher müssen gewisse Bedingungen erfüllt sein, die hier mit dem Ausdruck "notwendige Voraussetzungen" gekennzeichnet werden[1], um von einem rationalen oder sinnvollen Einsatz von (internationaler) Entwicklungspolitik sprechen zu können. Als Minimalbedingung kann man ansehen, daß die Empfängerländer einen Nutzen aus der Entwicklungshilfe ziehen. Dabei bleibt jedoch dann immer noch die Frage, *wer* in den Entwicklungsländern diesen Nutzen empfängt, die Regierungsschicht oder die breite Bevölkerung. Deshalb und auch aus analytischen Gründen wird hier eine andere (stärkere) Bedingung zugrundegelegt, die man mit "Vorliegen einer andauernden unfreiwilligen Unterentwicklung" umschreiben kann. Das bedeutet, daß der Sinn oder die Rationalität einer internationalen Entwicklungspolitik davon abhängt, daß die Problemgrundlage, die die Politik mit dem Einsatz knapper Ressourcen zu bekämpfen versucht, auch wirklich vorliegt. Die Art von Entwicklungspolitik, über die hier in diesem Buch geschrieben wird, ist der Versuch "entwickelter" Staaten, anderen "unterentwickelten" Staaten dabei zu helfen, aus ihrer Unterentwicklung herauszukommen. Es geht also nicht um die rein humanitäre Hilfe zur vorübergehenden (!) Linderung der Armut von Menschen und Völkern (die vom Autor sehr wohl als moralisch-ethisch relevant empfunden wird), sondern um den langfristigen (!) Aspekt einer systematischen Herausführung dieser Länder aus dem Zustand der Armut oder "Unterentwicklung". Die Frage lautet: was sind die *notwendigen* Voraussetzungen, um diese Aufgabe sinnvollerweise anzupacken und hierfür Hilfe in Form knapper Ressourcen bereitzustellen. Die hier gegebene Antwort darauf ist eben: das Vorliegen andauernder unfreiwilliger Unterentwicklung in den Empfängerländern. Um dies zu untersuchen, müssen zuerst die möglichen Ursachen einer andauernden Unterentwicklung erforscht werden. Insbesondere geht es hier darum, die schon existierenden zahlreichen Theorien der Unterentwicklung auf ihre Konsistenz und Überzeugungskraft hin zu untersuchen. Weiterhin muß dann die Frage gestellt werden, inwieweit Unterentwicklungen als unfreiwillig gekennzeichnet werden können. Beides wird in diesem Kapitel analysiert.

Wir beginnen zuerst (im Teil I) mit dem Aspekt "andauernde Unterentwicklung" und kommen dann (im Teil II) zum Kennzeichen der "Unfreiwilligkeit". Es geht darum zu prüfen, ob es in der Entwicklungsökonomie hinreichende Erklärungen für

---

[1] Die "hinreichende Voraussetzung" ergibt sich dagegen aus dem in Abschnitt III des 1. Kapitels erläuterten Kosten-Nutzen-Vergleich. Sie besagt, daß bei Eigennutzorientierung der Geberländer und ihrer politischen Akteure - die wir ja oben unterstellt hatten - auf *beiden* Seiten ein Nutzen entstehen muß, **und** der Nutzen der einzelnen Geberländer von diesen höher als die Kosten ihrer Entwicklungspolitik eingeschätzt werden muß.

das Vorliegen von *andauernder* Unterentwicklung (oder theoretisch-prägnanter ausgedrückt: von "Unterentwicklungsgleichgewichten") gibt, und ob bzw. unter welchen Bedingungen diese als "unfreiwillig" gekennzeichnet werden können.

I. Andauernde Unterentwicklung

"Unterentwicklung" ist ein komplexes, vielschichtiges Phänomen, wie wir im 1. Kapitel gesehen hatten. Deswegen wird es in der Entwicklungstheorie häufig als ein nichtwohldefiniertes Konzept angesehen. Dies kann als ein Hauptgrund für die tendenzielle Umorientierung in der Entwicklungsökonomie (während der 1970er und 1980er Jahre) hin zum Mikrobereich angesehen werden. Die Aufgabe des Anspruchs, Unterentwicklung definieren oder als Analysekonzept verwenden zu wollen, erscheint allerdings als eine zu radikale Antwort auf die Komplexität. Wiewohl eine solche Reaktion verständlich ist, läßt sie erkennen, daß entweder der Erklärungsanspruch höher als notwendig angesetzt oder in Erkenntnis der eigenen engen Fachausbildung vor einer Analyse der dynamischen Interdependenz ökonomischer, politischer und soziokultureller Faktoren zurückgeschreckt wird.

Es wird im folgenden ein sicherlich einfacherer und für ein Lehrbuch auch angebrachterer Weg gewählt, indem der Erklärungsanspruch nicht zu hoch gesetzt wird. (So werden wir uns zum Beispiel auf die Erklärungsansätze für *ökonomische* Unterentwicklung beschränken.) Zuerst werden wir einige empirische "Belege" für andauernde Unterentwicklung betrachten und hieran anknüpfend die Frage nach der theoretischen Untermauerung stellen. Anschließend werden kurz die gängigen Theorien einer Unterentwicklung - einschließlich ihrer Strategieimplikationen - dargestellt. Dabei wird vor allem auf die ökonomischen Theorien und dort näher auf die sogenannte "Neue Wachstumstheorie" eingegangen. Um den Überblicksteil nicht zu überfrachten, werden wesentliche Teile der letzteren Betrachtung auf den ANHANG zu diesem Kapitel auslagern.

1. Empirische Belege

Wenn man sich die empirischen Belege zum Beispiel im jährlichen "Weltentwicklungsbericht" der Weltbank hinsichtlich einer andauernden Wohlstands- oder Entwicklungslücke vieler '3.-Welt'-Länder ansieht, scheint die Frage nach der Notwendigkeit internationaler Entwicklungspolitik auf den ersten Blick überflüssig, ja sogar zynisch zu sein (siehe auch die Tabellen 2.1 und 2.2 unten). Auf den zweiten Blick jedoch zeigt sich, daß punktuelle empirische Daten ohne hinreichende theoretische Begründung nur sehr beschränkte Aussagekraft haben.

1.1 Offensichtliche Beweise

Die folgenden Zahlen aus dem "Human Development Report 1992" der UNDP[2] deuten auf eine Ausweitung der Disparität hinsichtlich wichtiger Entwicklungsindikatoren zwischen Industrie- und Entwicklungsländern während der letzten Jahrzehnte hin. So hat sich seit 1960 die absolute Disparität hinsichtlich solch wichtiger Entwicklungsindikatoren wie Ausbildung (gemessen an 'durchschnittlichen Schuljahren' und 'tertiärer Ausbildungsquote') und Investition in technischen Fortschritt (gemessen an den 'Ausgaben für Forschung und Entwicklung' und der 'Rate der Wissenschaftler und Techniker an der Bevölkerung') erweitert[3]. Siehe hierzu die Tabelle 2.1.

Tabelle 2.1:   *Nord-Süd-Disparität , 1960-90*
(gemessen anhand einiger Entwicklungsindikatoren)

	Absolute Disparität	
	1960	*1990*
Schuljahre, im Durchschnitt (Jahre) [a]	5,6	6,3
Tertiäre Ausbildungsquote (%) [b]	15	29
Wissenschaftler und Techniker (pro 1.000 Einwohner) [c]	45	72
Ausgaben für Forschung und Entwicklung (Mrd. US-$) [d]	183	416

a. 1980; b. 1965; c. 1980-85; d. 1980

Quelle: UNDP [1992], S. 37.

Außerdem hat die globale Einkommensdisparität in den letzten drei Jahrzehnten stark zugenommen. Dies gilt insbesondere, wenn man die Industrieländer mit den am wenigsten entwickelten Ländern vergleicht. Siehe hierzu die Tabelle 2.2.

---

2   UNDP steht für "United Nations Development Programme". Hierzu und zu weiteren Entwicklungsorganisationen siehe im 4. Kapitel.

3   Dagegen steht eine Abnahme der absoluten Disparität bei den Indikatoren 'Lebenserwartung', 'Ernährung', 'Kindersterblichkeit' und 'Lese- und Schreibfähigkeit der Erwachsenen' (siehe ebda). Dies ist allerdings nicht verwunderlich angesichts der dort nur mehr langsam steigerbaren Verbesserungen in den Industrieländern.

Tabelle 2.2:   Globale Einkommensdisparität, 1960-89
Prozentsätze des globalen Einkommens
Einkommensdisparität zwischen den reichsten und ärmsten 20% der Weltbevölkerung

Jahr	Einkommensdisparität	Gini-Koeffizient *
1960	30 : 1	0,69
1970	32 : 1	0,71
1980	45 : 1	0,79
1989	59 : 1	0,87

* "Gini-Koeffizient" ist ein bekanntes Konzentrationsmaß (siehe zur genauen Konstruktion näher in einem Lehrbuch zur "Deskriptiven Statistik").

Quelle: UNDP [1992], S. 36.

Doch auch bezüglich anderer ökonomischer Indikatoren wie Handelsvolumen, kommerzielle Bankkredite, inländische Investitionen und inländische Ersparnis hat sich die Disparitätsrate über diesen Zeitraum zum Teil drastisch erhöht (siehe ebda).

1.2 Problemstellung

So eine eindeutige Sprache die obigen Zahlen auf den ersten Blick sprechen mögen, so vieldeutig sind sie auf den zweiten Blick.

Zum einen sind die vielfältigen **statistischen Erhebungsprobleme** und die **relativ kurzen Untersuchungsperioden** für das hier zu untersuchende Langfristphänomen "andauernde Unterentwicklung" zu betonen. So bestehen trotz beträchtlicher Bemühungen um eine Standardisierung der Daten erhebliche Unterschiede zwischen den Ländern hinsichtlich der statistischen Verfahren wie auch des Geltungsbereichs, der Praktiken und der Definitionen (vgl. z.B. Weltbank [1991b: 313ff.]). Hinzu kommt, daß die Statistik in vielen Entwicklungsländern immer noch unzulänglich ist, was die Verfügbarkeit und die Verläßlichkeit der Daten beeinträchtigt. Was die Zeitspanne der Untersuchungsperioden anbelangt, so kann man (vielleicht etwas überspitzt) sagen: 3 Jahrzehnte zählen bei langfristigem Wachstum und "andauernder" Unterentwicklung statistisch gesehen nur wie 3 Beobachtungspunkte, was nicht gerade einen großen Stichprobenumfang darstellt. (Allerdings ist auch zu sehen, daß die häufige Gleichstellung von "langfristig/andauernd" und "unendlich lang" eine Nichtüberprüfbarkeit und damit eine "Immunisierung" von Aussagen impliziert.)

Zweitens ist die starke **Entwicklungsdivergenz** *innerhalb* der Entwicklungsländer zu berücksichtigen. Während man in den Industrieländern, in einigen Schwellenländern wie auch in den zentralverwalteten Ländern eine Konvergenztendenz festgestellt hat, gilt dies für die Entwicklungsländer nicht. So fanden beispielsweise Baumol u.a. [1986: 1073], daß in den Industrieländern "there is a strong inverse correlation between a country's productivity standing in 1970 and its average rate of productivity growth since then. Postwar data suggest that the convergence phenomenon also extends to both 'intermediate' and centrally planned economies. *Only poorer less developed countries show no such trend.*"[4] Die festgestellten Konvergenz- oder Divergenzphänomene beziehen sich auch auf das Pro-Kopf-Einkommen. Dabei zeigt sich, daß vor allem die ostasiatischen Entwicklungsländer ihren Entwicklungsstand wesentlich verbessern konnten, während die afrikanischen und die lateinamerikanischen Entwicklungsländer deutlich zurückblieben.

Drittens verbleibt ein **theoretisches Erklärungsdefizit**. Wie Sir W.Arthur Lewis, kürzlich verstorbener Nobelpreisträger der Wirtschaftswissenschaft und lange Zeit eine der führenden Größen in der Entwicklungsökonomie, 1983 auf einer Konferenz der American Economic Association über das Thema "Der Niedergang der Entwicklungsökonomie" betont hatte, ist ein Grund für den besagten Niedergang gewesen, daß die Entwicklungsökonomie ein theoretisches Defizit aufwies (vgl. Lewis 1984). Es gab eine Vielzahl von empirischen Analysen und auch eine große Reihe von Entwicklungsstrategien und Hypothesen zum Entwicklungsablauf; was es dagegen kaum gegeben hat, ist eine ökonomisch-konsistente Erklärung für die andauernde Unterentwicklung vieler Länder. Eine solche Erklärung wäre jedoch notwendig, um die Sinnhaftigkeit oder Notwendigkeit einer bestimmten Entwicklungsstrategie als auch von internationaler Entwicklungspolitik schlechthin feststellen zu können. Auf unseren obigen Kontext bezogen heißt dies, daß die Herausarbeitung der notwendigen Voraussetzungen für das Betreiben von internationaler Entwicklungspolitik vernachlässigt worden ist. Man hatte sich weitgehend auf die - nur auf den ersten Blick überzeugenden - empirischen Belege verlassen. Folglich konnten sich auch in den 1980er Jahren die Stimmen mehren, die internationaler Entwicklungspolitik jeglichen Nutzen absprachen. (Dabei wurde aber - wie in Abschnitt III.2.2j des 1. Kapitels schon beschrieben - auch das Argument herangezogen, daß Entwicklungshilfe kontraproduktiv sein kann in dem Sinne, daß sie den Anreiz zu eigenständiger Entwicklung einschränkt. Dieser Aspekt kann jedoch sinnvoller im Zusammenhang mit der Auflagendebatte im 3. Kapitel aufgegriffen werden. Siehe näher dort.)

Hinter der obigen Theoriedefizit-Kritik steckt die Vorstellung, daß nur dann eine richtige Entwicklungsstrategie getroffen werden kann, wenn die Ursachen andauernder Unterentwicklung eindeutig festliegen. Ansonsten ist alles mehr oder weniger ein Ratespiel ("Versuch und Irrtum") mit dem Risiko, alles nur noch zu verschlimmern. Entsprechend ist dann internationale Entwicklungshilfe mit einer gewissen Wahrscheinlichkeit - wie viele inzwischen behaupten - "hinausgeworfenes Geld".

Diese Kritik mag (auf den ersten Blick) verwundern angesichts der vielen theoretischen Erklärungsansätze, die in der Ökonomie und in den benachbarten Sozialwissenschaften vor allem während der 1950er und 1960er Jahre entwickelt worden sind. Die Kritik bezieht sich jedoch - wie wir im nächsten Abschnitt näher sehen werden - zum einen auf eine zu große "Unschärfe" und damit Untestbarkeit der Theorien (insbesondere bezogen auf die außerökonomischen Ansätze, siehe unten) und zum anderen auf die nicht hinreichend begründete Ad-hoc-Annahme bestimmter struktu-

---

4   Hervorhebung von mir, H.W. Zu dem letztgenannten Aspekt vgl. aber auch Barro und Sala-I-Martin [1992] sowie Blomström, Lipsey und Zejan [1992], die auch für die ärmeren Entwicklungsländer eine (weitergefaßte) "konditionale" Konvergenztendenz nachweisen. Vgl. - bezogen vor allem auf den Konvergenztrend in den Industrieländern - auch Abramovitz [1979], Chenery [1986], Goldsmith [1985] und Maddison [1982, 1987].

reller Rigiditäten. Aus diesem Defizitgefühl heraus entstand dann - nach einer langen Zeit entwicklungstheoretischen "Stillstands" - in der zweiten Hälfte der 1980er Jahre eine neoklassische Renaissance der Entwicklungstheorie, die in Abschnitt 3 dargestellt werden wird.

Bevor wir uns dieser neueren Theorierichtung näher zuwenden, werden zuerst die wichtigsten "älteren" Erklärungsansätze skizzenhaft dargestellt.

2. Theoretische Erklärungsansätze

Die in diesem Abschnitt dargestellten Erklärungsansätze sind im folgenden Übersichtsschema zusammengefaßt.

Tabelle 2.3:   Übersichtsschema zu Unterentwicklungserklärungen

Außerökonomische Erklärungsansätze	Klimatheorien Sozialpsychologische Theorien Modernisierungstheorien
Ökonomische Erklärungsansätze	*Strukturalistische Erklärungsansätze* Dualismus-Modelle Teufelskreis-Modelle Bevölkerungstheorien Außenhandelstheorien Abhängigkeitstheorien *Neoklassische Erklärungsansätze* Traditionelle Wachstumstheorie 'Neue' Wachstumstheorie Politökonomische Ansätze

Wir betrachten zuerst sogenannte "außerökonomische" Ansätze, bevor wir dann zu den hier im Zentrum stehenden ökonomischen Erklärungen übergehen. (Dabei sollte berücksichtigt werden, daß die Unterscheidung 'ökonomischer versus außerökonomischer Ansatz' nicht immer ganz eindeutig zu treffen ist. Es gibt sicherlich Grauzonen und Überschneidungen. Trotzdem belasse ich es bei dieser in der Didaktik der Entwicklungstheorie häufig getroffenen Unterscheidung[5], ohne allerdings den Oberbegriff "ökonomische Erklärungsansätze" bei der folgenden Einteilung nochmals explizit zu verwenden.) Die außerökonomischen Ansätze liegen dabei sozusagen eine Ebene oberhalb der weiter unten beschriebenen Dichotomie zwischen Plan- und Marktwirtschaften. Sie müßten also im Prinzip für beide Ordnungsformen sowie auch für parallel bestehende Gruppen von Plan- und Marktwirtschaften gelten.

Das Ziel ist nicht, sämtliche Theorien hier vollständig wiederzugeben. Sondern es werden in einer subjektiven Auswahl die bekanntesten Ansätze dargestellt[6]. Im Anschluß an die Darstellung der Ursachenerklärung werden auch jeweils kurz die hieraus folgenden entwicklungspolitischen Strategien[7] angeführt[8].

2.1. Außerökonomische Erklärungsansätze

Unter "außerökonomische Erklärungsansätze" werden hier folgende Theorien gefaßt:

1. Klimatheorien,

2. sozialpsychologische Theorien,

3. sogenannte Modernisierungstheorien.

Wichtig ist in diesem Zusammenhang darauf hinzuweisen, daß außerökonomische Faktoren nicht unbedingt exogen sein müssen, sondern sehr wohl als endogene Grössen in einer ökonomischen Entwicklungstheorie behandelt werden können.

2.1.1 Klimatheorien

Die Ansicht, daß das Klima einen entscheidenden Einfluß auf die Entwicklung oder Unterentwicklung eines Landes hat, wurde insbesondere in früheren Zeiten häufiger vertreten. So betonte zum Beispiel Montesquieu Mitte des 18. Jahrhunderts, daß die

---

[5] Vgl. z.B. Knall [1979]. In Knall und Wagner [1986] und in Wagner, Kaiser und Beimdieck [1989] wird von "*nicht*ökonomischen" versus "ökonomischen" Entwicklungstheorien gesprochen. In der Strukturierung der "älteren" Erklärungsansätze folge ich diesem Zweig der Didaktik der Entwicklungstheorie.

[6] Die Darstellung der außerökonomischen und der strukturalistischen Theorien ist dabei eher knapp gehalten. Für viele wird der eine oder andere Ansatz auch "zu (oder unangemessen) verkürzt" dargestellt erscheinen (oder auch sein). Von daher wird den an diesen Ansätzen näher interessierten Lesern auch empfohlen, entweder die jeweils angegebene Originalliteratur anzusehen oder Lehrbücher, die diese Ansätze ausführlich darstellen, zu Rate zu ziehen. Neuere solcher Lehrbücher sind z.B. Todaro [1989], Hunt [1989] oder auch Wagner, Kaiser und Beimdieck [1989].

[7] "**Entwicklungspolitische Strategien**" werden im folgenden verstanden als das, was die Geberländer tun bzw. tun können oder sollten, um die Entwicklung in den Entwicklungsländern zu fördern.

[8] Dies mag vielleicht etwas erstaunlich klingen, da der 2. Teil des Buches mit "Strategien" überschrieben ist. Doch können/sollten erstens Entwicklungsstrategien m.E. nicht von den Ursachenerklärungen getrennt werden, da sie nur hieraus logisch erklärbar oder bewertbar sind. Zweitens werden im 2. Teil die wirtschaftstheoretischen Begründungen der *modernen* Entwicklungsstrategien der 80er/90er Jahre im Zentrum stehen. Hier in diesem Kapitel geht es dagegen erstmal um eine Art "dogmenhistorischer" Zuordnung bekannter Entwicklungsstrategien zu bekannten Entwicklungstheorien.

Arbeitsbereitschaft um so stärker ausgeprägt sei, je weiter man sich vom Äquator entferne. Der Geograph E. Huntington knüpfte 1915 hieran an und entwickelte die These, daß sich heißes Klima ungünstig auf die menschliche Leistung auswirke. Dagegen zwinge kaltes Klima die Menschen, sich an ihre Umwelt anzupassen, was Verhaltensweisen wie Sparsamkeit, Vorsorge usw. fördere, die sich günstig auf die Entwicklung auswirkten. In neuerer Zeit dagegen wurde mehr die Auswirkung des Klimas auf die Qualität des Bodens, der Lagerhaltungsmöglichkeiten u.ä. betont (vgl. z.B. Lee [1957]).

Diese "Theorien" werden heute zumeist mit dem Argument abgelehnt, daß es auch zwischen Entwicklungsländern mit gleichen klimatischen Bedingungen sehr unterschiedliche Entwicklungsniveaus gibt. Diese pauschale Ablehnung kann aber natürlich nur monokausale Wirkungsbehauptungen treffen. Solange ein Argument plausibel oder besser gesagt theoretisch-konsistent ist, kann generell nicht ausgeschlossen werden, daß die behauptete Wirkung einen Einfluß im multikausalen Wirkungskomplex besitzt. Worauf es ankommt, ist nur, die quantitative Bedeutung dieses Faktors zu bestimmen. Einseitige (monokausale, deterministische) Erklärungen sind hingegen grundsätzlich kritisierbar - aber nur wegen ihrer Einseitigkeit. Dies gilt auch für die im folgenden aufgeführten Wirkungsfaktoren.

Strategieimplikationen

Keine; denn das Klima läßt sich ja nicht [wirtschafts]politisch beeinflussen.

2.1.2 Sozialpsychologische Theorien

Hier werden nur kurz zwei Ansätze erwähnt. So erklärt der Sozialpsychologe D.C. McClelland [1961] Unterentwicklung vor allem mit dem Fehlen des individuellen *Bedürfnisses nach Leistung.* Sein Ansatz geht zurück auf Max Weber's These [1904], daß der asketische Protestantismus (Kalvinismus) die ökonomische Leistung sehr stark stimulieren würde, es so also zu unterschiedlichen Entwicklungsdynamiken kommen kann.

Der Wirtschaftswissenschaftler E. Hagen führte dagegen in seiner Theorie sozialen Wandels [1962] Unterentwicklung auf das Fehlen unternehmerischer Persönlichkeiten mit schöpferischen Fähigkeiten für technologische Neuerungen zurück. In traditionellen Gesellschaften würden aufgrund der dort vorherrschenden Methoden der Kindererziehung sowie der geistigen Umwelt, in der die Kinder lebten, eher nichtschöpferische, initiativ-arme Persönlichkeitstypen herangezogen. Voraussetzung für Wirtschaftswachstum seien jedoch gerade schöpferische und unternehmerische Persönlichkeiten. Die Anlehnung an Schumpeter's Theorie ist hier ganz offensichtlich (vgl. Schumpeter [1911]).

Strategieimplikationen

Direkte *Entwicklungsstrategien* lassen sich aus den sozialpsychologischen Theorien ebensowenig gewinnen wie aus den Klimatheorien. Aus den sozialpsychologischen Theorien könnte man höchstens die historisch auch gelegentlich verfolgte Strategie der "Änderung des Menschen" ableiten. Zur Gefährlichkeit eines solchen Unterfangens - falls es auf Zwang beruht - siehe jedoch die bekannte Schrift von Karl Popper: "Die offene Gesellschaft und ihre Feinde" [1970].

2.1.3 Modernisierungstheorien

Der Begriff Modernisierung wird heute in der Entwicklungstheorie vorwiegend so verstanden, daß sich die Entwicklungsländer in Richtung der modernen Industrieländer entwickeln (sollen). Im globaleren Sinne wird der Begriff Modernisierung häufig mit "Kulturwandel", "sozialer Wandel" oder "Verwestlichung" gleichgesetzt. Unter Modernisierungstheorien werden sowohl der Evolutionsansatz (vertreten u.a. von den Soziologen Parsons, Levy und Moore), die Theorie der politischen Modernisierung (von Almond, Pye, Coleman u.a.), die Theorie der sozialen Mobilisierung (entwickelt von dem Politikwissenschaftler K.W. Deutsch) als auch die Wirtschaftsstufentheorie (von Rostow) gefaßt[9]. Ich erläutere im folgenden kurz einige dieser Ansätze.

Die **Evolutionstheoretiker** unterstellen einen weitgehend linearen, gleichgerichteten Wandel, der durch eine zunehmende Differenzierung von sozialen Funktionen und gesellschaftlichen Institutionen gekennzeichnet ist. In einem Aufsatz [1969] führt Parsons den Begriff "evolutionäre Universalien" ein, unter dem er "jede in sich geordnete Entwicklung" oder "Erfindung" versteht, "die für die weitere Evolution so wichtig ist, daß sie nicht nur an einer Stelle auftritt, sondern daß mit großer Wahrscheinlichkeit mehrere Systeme unter ganz verschiedenen Bedingungen diese 'Erfindung' machen."[10] Parsons zählt dabei zehn "evolutionäre Universalien" auf, unter anderem - als für die Struktur moderner Gesellschaften entscheidend - Bürokratie, Geld und Marktorganisation, generelle(s) universalistische(s) Normen (Rechtssystem) und die demokratische Assoziation mit gewählter Führung und allgemeinem Wahlrecht[11].

In der **Theorie der politischen Modernisierung** wird der Wandel im politischen System als eine wichtige Voraussetzung für Entwicklung gesehen. Wandel im politischen System bedeutet, daß bestimmte Handlungskapazitäten entwickelt und vergrößert werden. Wenn jedoch Erwartungen und Bedürfnisse geweckt werden, die das politische System nicht erfüllen kann, kommt es zu Spannungen und Krisen und damit zu Rückschlägen im Entwicklungsprozeß[12]. Interessant ist dabei der Nachweis von Almond und Coleman [1960], daß ein positiver Zusammenhang besteht zwischen der ökonomischen Entwicklung und dem Übergang von einer autoritären zu einer wahldemokratischen Politik. Hierauf wird im 5. Kapitel dieses Buches näher eingegangen.

Rostow unterscheidet in seiner bekannten **Wirtschaftsstufentheorie**[13] mehrere Stadien, die eine traditionelle Gesellschaft seiner Meinung nach auf dem Weg in die

---

[9] Vgl. z.B. Knall [1979].

[10] Parsons [1969: 55].

[11] Parsons verwandte diese Theorie auch direkt für die Erklärung bzw. Prognose der Instabilität kommunistischer Gesellschaftsorganisationen. Vgl. hierzu Wagner [1991 b].

[12] Man kann hier auch eine Verbindung zu Luhmann's Evolutionstheorie herstellen (vgl. ebda). Auch bei Luhmann können Legitimationsprobleme auftreten, wenn das politische System nicht hinreichend komplex strukturiert ist, in seinen Verfahren also nicht jeweils genug Alternativen erzeugen kann, um flexibel genug auf Umwelteinflüsse zu reagieren (vgl. Luhmann [1969]).

[13] Rostow ist einer der jüngsten Vertreter der Wirtschaftsstufentheorie, die vor ihm in unterschiedlichen Varianten von bekannten Ökonomen wie Friedrich List, Karl Marx, Gustav Schmoller und Werner Sombart vertreten wurde.

Moderne durchläuft[14]. Die ersten vier Stadien sind: 1. die traditionelle Gesellschaft (gekennzeichnet durch Dominieren der Landwirtschaft, hierarchische Gesellschaftsstruktur, geringe vertikale Mobilität und Fatalismus), 2. das Anlaufstadium (charakterisiert durch einen Anstieg der Investitionsquote sowie durch entwicklungsfördernde Veränderungen der sozialen Verhaltensweisen), 3. den wirtschaftlichen Aufschwung oder "take-off" (von Rostow als entscheidend für die Entwicklung in der Dritten Welt betrachtet und gekennzeichnet durch den Anstieg der Investitionsquote auf mindestens 10 %, erstmaliges Auftreten moderner Schlüssel-Sektoren mit relativ hohen Wachstumsraten und dynamisches Unternehmertum), und 4. das Reifestadium (in dem die Ressourcen mit Hilfe moderner Techniken effizient genutzt werden). Auf die Kennzeichnung der Stadien 5 und 6 wird hier verzichtet. Als Hauptproblem dieses Erklärungsansatzes wird in der Regel das dahintersteckende mechanistische Weltbild hinsichtlich der Entwicklungsdynamik wie auch das Fehlen einer *hinreichenden Erklärung* für längerfristige Unterentwicklung angesehen.

Strategieimplikationen

Modernisierungstheorien weisen auf die Notwendigkeit **struktureller Anpassungsprogramme** zur Beschleunigung des sozialen Wandels (der Modernisierung) hin. Diese strukturellen Anpassungsprogramme können dabei ökonomischer Art (Schaffung ökonomischer Anreiz- oder Steuerungssysteme), politischer Art (Demokratisierung) oder sozio-kultureller Art (Schaffung eines stabilen Rechtsrahmens) sein. Sie bilden ein Hauptelement der entwicklungspolitischen Strategie des IWF und der Weltbank seit Ende der 70er Jahre (siehe näher in den folgenden Kapiteln).

2.2 Strukturalistische Erklärungsansätze

Als strukturalistische Ansätze/Theorien werden hier ökonomische Erklärungen bezeichnet, die bestimmte strukturelle Rigiditäten unterstellen, ohne allerdings diese hinreichend als rationale Verhaltensweisen (im klassischen, ökonomischen Sinne der Vereinbarkeit mit Nutzen- und Gewinnmaximierung der Wirtschaftssubjekte) zu erklären. Strukturalistische Ansätze haben bis vor kurzem in der ökonomischen Entwicklungstheorie dominiert.

2.2.1 Dualismus-Modelle

Dualismus-Theorien versuchen Unterentwicklung dadurch zu erklären, daß innerhalb eines Landes ein traditionelles Wirtschafts- und Gesellschaftssystem zusammentrifft mit einem fremden, oft von außen kommenden System, das auch längerfristig von dort bestimmt wird. Während der moderne Bereich wächst und sich entwickelt, stagniert oder schrumpft der traditionelle Bereich. Dies führt zu sozialen und ökonomischen Spannungen[15]. Dem liegt die Vorstellung zugrunde, daß der moderne Bereich nicht in die Gesellschaft integrierbar ist. Vor allem wird angenommen, daß die Arbeitskräfte aus dem traditionellen Bereich nicht im modernen, produktiveren Bereich

---

[14] Rostow's Stufentheorie wird teilweise auch den ökonomischen - speziell den strukturalistischen - Erklärungsansätzen zugeordnet.

[15] Je nachdem, ob die entscheidenden Strukturunterschiede in den Wirtschaftssektoren, Regionen, Techniken oder Sozialsystemen gesehen werden, spricht man von ökonomischem, regionalem, technologischem oder sozialem Dualismus.

beschäftigt werden können. (Daraus wird oft eine längerfristige strukturelle oder technologische Arbeitslosigkeit abgeleitet.)

Unterstellt werden dabei - an der fehlenden mikrotheoretischen Fundierung knüpfen dann die Kritikpunkte an - bestimmte Rigiditäten wie

- starre Produktionsweisen und Konsumgewohnheiten im traditionsgeleiteten Subsistenzsektor,
- geringe Möglichkeiten der Faktorsubstitution über die beiden Bereiche hinweg,
- regionale Abgeschottetheit des traditionellen Bereichs auf dem Land vom modernen Bereich in den Städten und Industriezentren durch fehlende Verkehrs- und Handelswege.

Während zum Beispiel in den bekannten Modellen von Lewis [1954] und von Fei und Ranis [1964][16] Dualismus nur vorübergehende Unterentwicklung erklärt, scheint das Modell von Jorgenson [1961] grundsätzlich eine mögliche Erklärung langfristiger Unterentwicklung zu liefern. Allerdings stellt das Jorgenson-Modell, wenn man es näher betrachtet[17], letztlich nur eine moderne Variante des alten Ricardo-Modells dar, und ist den gleichen Kritikpunkten wie dieses ausgesetzt (nicht-endogen-erklärter technischer Fortschritts-Pessimismus). Vergleiche hierzu näher in Abschnitt 2.3.1.

Strategieimplikationen

Mit den Dualismus-Modellen läßt sich am ehesten eine **binnenmarktorientierte Strategie** in Einklang bringen, insofern die Außenbeziehungen mit Industrieländern für das Entstehen des "fremden" Systems innerhalb der Entwicklungsländer verantwortlich gemacht werden. Die bekanntesten solcher binnenmarktorientierter Strategien sind einmal die **Strategie der Importsubstitution** und die des **Autozentrismus**.

Die Entwicklungsstrategie der **Importsubstitution** läßt sich sehr weit zurückverfolgen. So hat sich schon vor mehr als 150 Jahren Friedrich List für die Einführung von Importzöllen ("Erziehungszölle") ausgesprochen. Im Schutz dieser Zölle sollte sich die deutsche Industrie so lange entwickeln können, bis sie wettbewerbsfähig geworden ist. In den Entwicklungsländern wird diese Strategie der Importsubstitution seit langem angewandt, wobei sie dort bislang fast ausschließlich als eine Industrialisierungsstrategie aufgefaßt wurde[18]. Die bisherigen Erfahrungen in den meisten Entwicklungsländern mit dieser häufig als Allheilmittel gepriesenen Entwicklungsstrategie sind jedoch eher ernüchternd gewesen und haben deshalb zu einer Umorientierung in den 70er und 80er Jahren geführt (siehe näher im 3. Kapitel)[19].

Autozentrismus bedeutet, daß sich die Entwicklungsländer von den Industrieländern (vom "Weltmarkt") wirtschaftlich abkoppeln und dadurch eine eigenständige, eben "autozentrierte"

---

16   Vgl. zur näheren Darstellung ein Lehrbuch zur Entwicklungstheorie, z.B. Timmermann [1982: 110ff.]. Dualismus-Modelle werden heute vorwiegend noch von Soziologen verwendet zur Erklärung andauernder Unterentwicklung.

17   Vgl. z.B. Ziesemer [1987].

18   Dies hängt vor allem damit zusammen, daß Industrialisierung mit Entwicklung gleichgesetzt wurde. Außerdem bestanden die Einfuhren der Entwicklungsländer überwiegend aus Industriegütern.

19   Vgl. zu der Entwicklungsstrategie der Importsubstitution und den Erfahrungen mit ihrer Anwendung z.B. Bruton [1989].

Entwicklung verfolgen[20]. Dadurch soll es ihnen ermöglicht werden, eine binnenmarktorientierte Wirtschaftsstruktur aufzubauen und die aus der Abhängigkeit abgeleiteten strukturellen Defizienzen abzubauen. Daß dabei auf Vorteile aus dem Außenhandel verzichtet werden muß, liegt nahe (siehe hierzu näher in Abschnitt II.3 des 3. Kapitels).

Daneben werden aber auch *noch andere Strategievorstellungen* mit den Dualismusmodellen verbunden, wie z.B. Bildungsinvestitionen oder andere Anpassungsinvestitionen im traditionellen Sektor[21].

2.2.2 Teufelskreis-Modelle

Teufelskreis-Modelle bauen auf dem Konzept sich selbst verstärkender Prozesse ("kumulativer, zirkulärer Verursachung") auf. Sie behaupten, daß sich soziale und ökonomische Ungleichgewichte in Entwicklungsländern, unter deren besonderen Bedingungen, durch die Wirkung solcher sich selbst verstärkender Prozesse noch vergrößern. Dieser Gedanke der zirkulären und kumulativen Verursachung geht zurück auf Myrdal [1944, 1957], und wurde von ihm zuerst angewandt auf die Rassenfrage in den USA.

Das wahrscheinlich bekannteste Teufelskreis-Modell ist das von Nurske [1962], das sich auf die Kapitalknappheit in den Entwicklungsländern bezieht und das in der folgenden Abbildung anschaulich dargestellt wird.

Der kritische Punkt hierbei ist, daß dieser Teufelskreis nur ökonomisch-zwingend ist, wenn bestimmte Verhaltens- oder Preisrigiditäten sowie fehlende Faktorsubstituierbarkeit unterstellt werden. Demgegenüber löst sich der beschriebene Teufelskreis tendenziell auf, wenn Preisflexibilität und Faktorsubstituierbarkeit wirksam werden[22]. (So führt beispielsweise eine "zu geringe" Kapitalausstattung der Arbeitskräfte tendenziell zu einem Ansteigen der Kapitalrenditen und damit bei offenen Märkten zu Kapitalimporten.)

---

[20] Vgl. z. B. Senghaas [1974].

[21] So heben z.B. Lewis sowie Fei und Ranis vor allem die Bedeutung der Förderung des Produktivitätswachstums im landwirtschaftlichen/traditionellen Sektor hervor. Dadurch soll es dort zu einem Arbeitskräfteüberschuß sowie zu einem Produktionsüberschuß mit einem damit verbundenen Sparüberschuß kommen, der dann für Investitionen im industriellen/modernen Sektor verwendet werden könnte.

[22] Die gleichen Anforderungen müssen auch an eine ökonomische Theorie eines Unterbeschäftigungsgleichgewichts gestellt werden. Vgl. zur Begründung Wagner [1990a].

Andererseits kann es - wie oben schon angemerkt - für die Erfüllung der notwendigen Voraussetzung einer Entwicklungspolitik auch ausreichen, zu zeigen, daß mittelfristig eine sehr kostspielige Unterentwicklung stattfindet, wobei die Ursache beispielsweise in mittelfristig wirksamen Preisinflexibilitäten, zurückführbar auf Marktunvollkommenheiten, liegen könnte.

Abbildung 2.4: *Das Teufelskreis-Modell von Nurske*

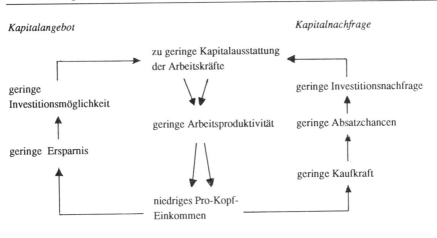

Strategieimplikationen

Mit den **Teufelskreis-Modellen** lassen sich die unterschiedlichsten Entwicklungsstrategien in Einklang bringen, wenn man bedenkt, daß man an unterschiedlichen Gliedern eines Teufelskreises entwicklungspolitische Maßnahmen ansetzen kann, um den Teufelskreis zu durchbrechen. So läßt sich das dargestellte Teufelskreis-Modell von Nurske auch als Grundlage für die meistdiskutierten "globalen" Entwicklungsstrategien der 50er und 60er Jahre[23] betrachten. Diese sind zum einen die "Strategie des gleichgewichtigen Wachstums" und zum anderen die "Strategie des ungleichgewichtigen Wachstums".

Die **Strategie des gleichgewichtigen Wachstums**[24] beinhaltet, daß aufeinander abgestimmte, komplementäre Investitionsvorhaben auf breiter Front geplant und durchgeführt werden. Als Problemursache wird dabei eine unzureichende Kapitalausstattung sowie die Enge der nationalen Märkte von Entwicklungsländern gesehen. Die Ansicht, daß man zur Überwindung der Unterentwicklung einen **"big push"** bräuchte[25], ist neuerdings in der Literatur wieder aufgegriffen und als Ergebnis moderner theoretischer Analysen abgeleitet worden (siehe z.B. Murphy, Shleifer und Vishny [1989]). Die Hauptkritik an dieser Strategie bezieht sich weniger auf deren Inkonsistenz als auf deren Nichtumsetzbarkeit (aufgrund des Fehlens hierfür notwendiger institutioneller Infrastruktur; siehe hierzu im 5. Kapitel)[26].

23　Von "globalen" Entwicklungsstrategien sind die "komplementären" oder ergänzenden Entwicklungsstrategien wie z.B. Importsubstitution oder Exportdiversifizierung zu unterscheiden.

24　Hauptvertreter dieser Strategie sind Rosenstein-Rodan, Lewis und vor allem Nurske.

25　Man kann das Problem theoretisch-analytisch auch als das Problem multipler stabiler Gleichgewichte, konkret des Übergangs von einem zum anderen Gleichgewicht, betrachten.

26　Ein anderer häufig gebrauchter Kritikpunkt ist der der Unmöglichkeit für ein Entwicklungsland, die hierfür nötigen Investitionsmittel selbständig aufbringen zu können. Wenn dies jedoch wirklich der Hauptaspekt wäre, wäre Entwicklungspolitik relativ einfach. Finanzielle Hilfen würden dann ausreichen. Anders gesagt, der oben angeführte Aspekt fehlender Infrastruktur dürfte viel gravierender sein.

Die **Strategie des ungleichgewichtigen Wachstums** (vertreten insbesondere von Albert O. Hirshman[27]) besagt dagegen, daß Wirtschaftswachstum in Entwicklungsländern am besten durch wirtschaftliche Ungleichgewichte ausgelöst werden kann. Engpässe oder Überkapazitäten in einzelnen Sektoren würden für die Unternehmer einen Anreiz zu verstärkter Investitionstätigkeit darstellen. Hirshman sieht dabei die Problemursache weniger in unzureichendem Kapitalangebot als vielmehr im Mangel an der Fähigkeit zu investieren, die die Grundlage für eine ungenügende Kapital*nachfrage* sei. Die Hauptkritikpunkte an dieser Strategie beziehen sich auf die wahrscheinlich nicht ausreichende Zahl von risikofreudigen und leistungsfähigen Unternehmern, das wahrscheinlich nicht ausreichende Kapitalangebot und die Gefahr der allgemeinen Destabilisierung und Vergrößerung der Ungleichgewichte durch Spillover-Effekte. Es sei jedoch angemerkt, daß dieser Ansatz interessanterweise den Anknüpfungspunkt für Strategiefolgerungen aus der Neuen Wachstumstheorie bildet (siehe unten).

2.2.3 Bevölkerungstheorien

Die klassische Theorie der "**Bevölkerungsfalle**", mit der vor zwei Jahrhunderten eine Stagnationstendenz (bezogen auf die damaligen Industrieländer) prognostiziert wurde, beruht auf der Bevölkerungstheorie von Malthus [1798]. Malthus ging davon aus, daß das Bevölkerungswachstum exponentiell ausfalle, die Nahrungsmittelproduktion aufgrund der Begrenztheit des Produktionsfaktors Land dagegen nur in arithmetischer Folge zunehme. Folglich seien Hungersnöte, Epidemien und Kriege unvermeidlich, - außer die Menschen würden durch Enthaltsamkeit und Geburtenbeschränkung für eine ausgeglichene Entwicklung sorgen (was Malthus für unrealistisch hielt).

Auch moderne Wirtschaftswissenschaftler wie z.B. Leibenstein und Nelson sprechen von einer "Bevölkerungsfalle" in dem Sinne, daß ein Entwicklungsland in einem niedrigen Gleichgewichtseinkommen gefangen ist, wenn relativ rasches Bevölkerungswachstum eine Erhöhung des Pro-Kopf-Einkommens unmöglich macht. So hat Nelson [1956] in einem einfachen Modell gezeigt, daß wirtschaftlich unterentwickelte Gesellschaften, die nur einen geringen Teil ihrer Produktion der Kapitalbildung zuführen, in einem Unterentwicklungsgleichgewicht (bei niedrigem Pro-Kopf-Einkommen) gefangen sein können. Sobald sich das Volkseinkommen nur etwas vom Subsistenzniveau entfernt, wächst die Bevölkerung. Folglich fällt das Pro-Kopf-Einkommen wieder auf das alte Niveau zurück.[28]

Das Problem mit diesem Ansatz liegt darin, daß er auf Rigiditätsannahmen bezüglich des (als exogen unterstellten) technischen Fortschritts aufbaut, die angesichts der Nichtvorhersehbarkeit des (exogenen Teils des) technischen Fortschritts letztlich willkürlich sind[29].

---

[27] Vgl. Hirshman [1958].

[28] Ein neuerer Modellansatz, der in die gleiche Richtung geht, ist Becker, Murphy und Tamura [1990].

[29] Technischer Fortschritt ist grundsätzlich zu einem gewissen Teil unvorhersehbar und damit exogen. Auch die Endogenisierung in der 'Neuen Wachstumstheorie' bezieht sich nur auf die Investitionen in den technischen Fortschritt, nicht jedoch auf das *Ergebnis* dieser Investitionen, d.h. den technischen Fortschritt selbst (siehe unten).

Strategieimplikationen

Aus den Bevölkerungstheorien lassen sich direkt **bevölkerungspolitische Ansätze** ableiten. Solche Strategien können auf ökonomische und soziale Anreizstrukturen und/oder auf Zwang bauen. Das bekannteste Beispiel für die Anwendung dieser Entwicklungsstrategie dürfte die Propagie der Ein-Kind-Familie in China in den achtziger Jahren sein.

Von Vertretern der Theorie der Bevölkerungsfalle wurde darüber hinaus auch die oben angesprochene Strategie des "big push", d.h. eines breit angelegten Investitionsprogramms, ins Spiel gebracht, um so die Bevölkerungsfalle zu überwinden (vgl. z.B. Leibenstein [1957]).

2.2.4 Außenhandelstheorien

In das, was üblicherweise als "Außenhandelstheorien" in der (deutschen) Entwicklungstheorie bezeichnet wird, werden externe Faktoren als die wesentliche Ursache für die Unterentwicklung in der Dritten Welt angesehen.

So hat Perroux [1948] hervorgehoben, daß es in den Außenhandelsbeziehungen zwischen den Industrie- und den Entwicklungsländern "asymmetrische" und "irreversible" Austauschbeziehungen zuungunsten der Entwicklungsländer gibt. Auch wenn Spezialisierung und internationaler Austausch (freier Handel) grundsätzlich für beide Handelspartner (also auch für die Entwicklungsländer!) vorteilhaft sind, kann es zu einer **ungleichen Verteilung der Außenhandelsgewinne** kommen. Dies wiederum kann sich so auswirken, daß die Einkommens- oder Wohlstandslücke zwischen den Industrieländern und den Entwicklungsländern immer größer wird. Der Grund dafür, daß die Industrieländer den größeren Vorteil aus der internationalen Arbeitsteilung ziehen, liegt nach Perroux in deren Verhandlungsstärke und Größe. Er plädiert dafür, in die Analyse der Austauschbeziehungen Begriffe wie Macht, Herrschaft und Zwang einzuführen.

Statt die Begründung der obigen These mit Hilfe solcher soziologischen Begriffe, die relativ schwer empirisch festmachbar bzw. meßbar sind, zu führen, wurde in den Wirtschaftswissenschaften versucht, den gleichen Sachverhalt mit dem mathematisch-ökonomischen Begriff der Elastizität faßbar zu machen. So teilt Prebisch [1950, 1959] die Welt in ein Zentrum (die hochindustrialisierten Länder) und eine Peripherie (die Entwicklungsländer) ein, wobei er beide ökonomisch-strukturell unterscheidet durch unterschiedliche Preis- und Einkommenselastizitäten der Nachfrage nach Grundstoffen (Agrarprodukte und Rohstoffe) und Industrieprodukten. So sei (a) die Einkommenselastizität der Nachfrage nach Grundstoffen, die die Hauptexportgüter der Peripherie darstellten, in den Industrieländern niedrig. Dagegen sei (b) die Einkommenselastizität der Nachfrage nach Industrieprodukten, die die wichtigsten Ausfuhrgüter der Industrieländer darstellen, in den Entwicklungsländern hoch. Ersteres (a) führe zu einem Defizit in der Leistungsbilanz der Entwicklungsländer und damit zu tendenziell sinkenden Preisen für Grundstoffe. Letzteres (b) schlage sich in steigenden Preisen für die Industrieprodukte nieder. Dies werde noch dadurch verstärkt, daß die Produktivitätsfortschritte in den Industrieländern gegenüber den Entwicklungsländern weniger über niedrigere Preise (sondern über erhöhte Löhne) weitergegeben würden. Hintergrund ist der unterstellte höhere Wettbewerbsgrad auf den Güter- und Arbeitsmärkten in den Entwicklungsländern. Daraus ist die bekannte

"Prebisch-Singer-These" abgeleitet[30], die eine **säkulare Verschlechterung der Terms of Trade**[31] für die Entwicklungsländer (die Peripherie) vorhersagt. Dies würde bedeuten, daß die Aufteilung der Außenhandelsgewinne und die relative Vorteilhaftigkeit der internationalen Arbeitsteilung zu Lasten der Entwicklungsländer geht, so daß die Einkommens- oder Wohlstandslücke zunimmt. (Es findet ein kontinuierlicher Realeinkommenstransfer in die Industrieländer statt.)[32]

Die Einwände in der Literatur beziehen sich zum einen auf die Vereinfachung, daß Industrieländer nur Industrieprodukte und Entwicklungsländer nur Grundstoffe produzieren. Zweitens wird auf statistische Probleme der dem 'Terms of Trade'-Konzept zugrundliegenden Preisindizes hingewiesen, die nur eine beschränkte Aussagefähigkeit zuließen. Drittens wird betont, daß es unterschiedliche 'Terms of Trade'-Konzepte gibt, und daß es folglich unzulässig sei, sinkende Terms of Trade automatisch mit Wohlfahrtsverlusten gleichzusetzen. Viertens wird darauf verwiesen, daß induzierte Veränderungen der Güterstruktur und Qualitätsänderungen nicht in die 'Terms of Trade'-Berechnungen mit eingehen.

Strategieimplikationen

Mit den Außenhandelstheorien läßt sich *zum einen* die **Strategie der Exportdiversifizierung** in Einklang bringen[33]. Diese Strategie hat die Ausweitung des Exportangebots von traditionellen wie auch von neuen Gütern zum Ziel. Durch die Eingliederung des Entwicklungslandes in die weltwirtschaftliche Arbeitsteilung wird eine Beschleunigung der wirtschaftlichen Entwicklung angestrebt. Als wesentlich wird angesehen, eine allzu einseitige Abhängigkeit von einem oder wenigen Exportprodukten zu vermeiden. Als wirtschaftspolitische Maßnahmen dienen u.a. Exportprämien, Subventionen, Steuernachlässe, Exportrisikogarantien usf. Eine wichtige institutionelle Voraussetzung für die angestrebte Exportsteigerung ist eine funktionsfähige Exportinfrastruktur, sprich Transportwege und Hafenanlagen, Auslandsmarktforschung usw.

Zum anderen lassen sich mit den Außenhandelstheorien auch die Forderungen nach einer **"Neuen Weltwirtschaftsordnung"** verbinden, die in den 70er und 80er Jahren insbesondere durch das Sprachrohr der UNCTAD verbreitet worden sind[34]. Dies beinhaltete unter anderem die Forderung nach Gewährung einseitiger Zollerleichterungen, günstigerer Verschuldungsmöglichkeiten und Schaffung weltweiter Rohstoffabkommen.

---

[30] Prebisch [1950] und Singer [1950] hatten unabhängig voneinander diese These aufgestellt und begründet.

[31] Als **"Terms of Trade"** bezeichnet man in der Regel das Verhältnis von Exportpreis-Index zu Importpreis-Index. Veränderungen der Terms of Trade drücken dann aus, ob mit denselben Exportmengen mehr oder weniger Importgüter "bezahlt" werden können. Falls sich die Preise der betrachteten Güter direkt aus den Produktionskosten ableiten lassen, entsprechen die Terms of Trade dem Kostenverhältnis.

[32] Zur Veranschaulichung siehe z.B. Dornbusch [1988b].

[33] Prinzipiell läßt sich aus den Außenhandelstheorien natürlich auch die oben erläuterte Strategie der *Importsubstitution* folgern. Dies wurde ursprünglich auch vorwiegend gemacht. Siehe jedoch zur Kritik oben sowie näher im 3. Kapitel.

[34] Vgl. hierzu z.B. Addicks und Bünning [1979].

2.2.5 Abhängigkeitstheorien

Auch die Abhängigkeits- oder Dependenztheorien[35] verweisen auf externe Faktoren als Ursache der Unterentwicklung. Das System internationaler Beziehungen ist nach Ansicht der Abhängigkeitstheoretiker gekennzeichnet durch die strukturelle Abhängigkeit der Entwicklungsländer (der "Peripherie") von den hochentwickelten Industrieländern (den "Metropolen"). Neben wirtschaftlichen Abhängigkeiten (vgl. z.B. Baran [1957]) werden auch soziale, politische und kulturelle Abhängigkeiten hervorgehoben. Armut und Unterentwicklung entstehen nach der Dependenztheorie dadurch, daß innerhalb eines Landes strukturell heterogene Sektoren, die zum einen kapitalistische und zum anderen feudale Produktionsweisen verwenden, aufeinandertreffen und gesellschaftliche Deformationen erzeugen. (Im Unterschied zur Dualismustheorie sind die beiden Bereiche eben nicht unverbunden. Das heißt, aus der unterstellten Verbindung basiert gerade die obige Begründung.) Die strukturelle Theorie des Imperialismus von Galtung begründet Unterentwicklung damit, daß die Metropole im Zentrum der Peripherie einen "Brückenkopf" besitze, und zwar in Gestalt einer nationalen, kollaborierenden Führungsschicht. Diese habe die westlichen Lebensweisen und Wertvorstellungen übernommen und habe ein Interesse daran, die bestehenden, für die Entwicklungsländer ungünstigen Verhältnisse aufrechtzuerhalten. Unterentwicklung ist nach den Abhängigkeitstheorien das Ergebnis der kapitalistischen Entwicklung und des "Imperialismus".

Strategieimplikationen

Mit den Abhängigkeitstheorien lassen sich *zum einen* die schon oben beschriebenen Strategien des **Autozentrismus**[36] und der **Importsubstitution** in Verbindung bringen. *Zum anderen* wird hieraus auch häufig die Überwindung des angeprangerten "Imperialismus" durch eine soziale Revolution im Inneren sowie anschließend einen **Systemwandel** von Kapitalismus (und Marktwirtschaft) zu Sozialismus (und Planwirtschaft) gefordert.

2.3 Neoklassische Ansätze

Entwicklungsökonomie im Sinne der Erklärung der Unterentwicklung bzw. der Nichtkonvergenz in bestimmten Ländern hat bis vor kurzem gewissermaßen ein Eigenleben (eine Außenseiterposition) innerhalb der Volkswirtschaftslehre gespielt (innegehabt)[37]. Dies lag daran, daß innerhalb des herrschenden - nämlich des neoklassischen - Denkmusters Unterentwicklung nicht als Problem (d.h. als unfreiwilliges Phänomen) abgeleitet werden konnte. Dies hat sich mit der Neuen (neoklassischen)

---

35 Hierzu gehören die strukturelle Theorie des Imperialismus von Galtung [1976] wie auch die Abhängigkeitstheorien von Sunkel, Furtado, Cardoso, Dos Santos und anderen (vgl. z. B. Cardoso und Faletto [1976]). Zur näheren Erläuterung siehe auch Arndt [1987: Chapter 5] oder Hunt [1989].

Der Dependenzansatz wurde vor allem in und für Lateinamerika entwickelt.

36 "Autozentrismus" wäre dabei interpretierbar als eine Art "Trotzreaktion" auf die ungleiche und von daher von den Entwicklungsländern als ungerecht empfundene Verteilung der Handelsgewinne, die mit einer "Selbstschädigung" einhergeht. (Voraussetzung für die Stichhaltigkeit dieser Interpretation ist natürlich, daß für *beide* Seiten Handelsgewinne auftreten.)

37 Dies gilt zumindest oder insbesondere für die 70er und 80er Jahre.

Wachstumstheorie geändert. Dadurch hat plötzlich die Entwicklungsökonomie eine
ganz zentrale Stellung innerhalb der herrschenden (mainstream) Volkswirtschaftslehre eingenommen.

Dies soll gedanklich im folgenden nachvollzogen werden. Dies geschieht - wie
auch in den anderen Abschnitten dieses Kapitels - erstmal sehr kurz und überblicksmäßig. Angesichts der zentralen Relevanz dieser Entwicklung innerhalb der
modernen Volkswirtschaftslehre als auch im Selbstverständnis der Entwicklungsökonomie wird dies jedoch dann im ANHANG noch näher erläutert.[38]

2.3.1 Grundidee und Vorläufer

Zum Konzept der Neoklassik

Neoklassik wird hier als eine *Methodik* verstanden. Neoklassische Theorien zeichnen
sich dadurch aus, daß sie eine mikrotheoretische Fundierung auch von Makroaussagen beinhalten im Sinne des Nachweises der Vereinbarkeit mit Nutzen- und Gewinn-
maximierungsverhalten individueller Akteure im wirtschaftlichen wie auch im politischen Geschehen. Neoklassische Theorien hinterfragen jede empirische Rigidität hinsichtlich ihrer endogenen Rationalität. Dabei kommen sie meist zu dem Ergebnis, daß
Rigiditäten das Resultat staatlicher Regulierungen sind. Die Überlegung ist dabei folgende: Rigiditäten, sofern sie Ursache für (wohlfahrtssenkende) Probleme wie Unterentwicklung sind, können in einer nicht-regulierten Wirtschaft nicht Bestand haben,
da der paretoinferiore Zustand den individuellen Agenten Möglichkeiten an die Hand
gibt, diesen Zustand zu verbessern und damit auch individuelle Nutzensteigerungs-
möglichkeiten auszunutzen, indem sie die Rigiditäten abbauen. Folglich wird argumentiert, daß eine gute Theorie marktendogener Prozesse nicht auf der Annahme von
Rigiditäten aufbauen darf[39]. In der Neuen Keynesianischen Makroökonomie wurde
dies allerdings in den letzten Jahren zunehmend angegriffen, indem Rationalitäts-
theorien für strukturelle Rigiditäten wie z.B. Preisinflexiblitäten entwickelt wurden.
Diese rekurrieren vielfach auf Koordinierungsprobleme, die beim Versuch der Internalisierung von Externalitäten auftreten. Da diese Theorie jedoch ansonsten auf neo-

---

[38] Die ausführlichere Darstellung der - insbesondere der modernen - neoklassischen Ansätze sollte
nicht als eine A-priori-Wertung des Autors verstanden werden, sondern als die notwendige Ver-
mittlung moderner - in die politische Praxis einfließender - Theorieentwicklungen (!). Dagegen
sind die vorliegenden "älteren" strukturalistischen Ansätze wie auch die außerökonomischen
Erklärungsansätze schon in zahlreichen anderen Publikationen ausführlicher didaktisch
aufbereitet worden.

[39] Dies ist auch der neoklassische Einwand gegen die früheren **keynesianischen**
"Wachstums"modelle von Harrod und Domar. Man kann z. B. Harrod in gut keynesianischer
Manier so interpretieren, daß er annahm, daß der Zinssatz nicht weit genug sinkt, um den
Kapitalkoeffizient k auf das Gleichgewichtsniveau k* zu drücken. Solange jedoch die
mikroökonomische Fundierung dieser Behauptung fehlt, ist die ganze Theorie anzweifelbar.
Außerdem ist man im Geiste der 'neoklassischen Synthese' geneigt, die Harrod-Domar-Modelle
von ihrer Essenz her mehr als mittelfristige Konjunkturmodelle als als langfristige
Wachstumsmodelle zu interpretieren.

klassischen Fundamenten aufbaut, könnte man sie als 'neue neoklassische Synthese' bezeichnen[40]. Vergleiche hierzu genauer im 3. Kapitel.

Stagnationstheorien der Klassik

Als "Klassik" bezeichne ich hier die klassische Markttheorie oder "Klassische Politische Ökonomie" von Adam Smith über David Ricardo bis hin zu John Stuart Mill. Die klassische Markttheorie zeichnet sich einmal dadurch aus, daß sie einen für damalige Verhältnisse revolutionären - auf Freiheit und Individualität beruhenden - Gegenentwurf zu der bis dahin dominierenden zentralistischen Ordnung des Absolutismus vorstellte. Zentrales Element ist hier der erstmals von Adam Smith herausgearbeitete Markt- oder Preismechanismus als Ordnungs- und Stabilisierungsinstrument im augenscheinlich komplexen, ja chaotisch erscheinenden Wirrwarr millionenfacher ökonomischer Beziehungen. Zum anderen war aber auch der "Entwicklungspessimismus" ein Charakteristikum der (vor allem späten) Klassik. Dieser Entwicklungspessimismus beruhte auf der Idee der Knappheit bestimmter Produktionsfaktoren (insbesondere des Bodens). Zusammen mit der Annahme abnehmender Grenzerträge führte dies zu dem bekannten Stagnationsglauben der Klassischen Politischen Ökonomie[41]. Dieser Entwicklungspessimismus bezog sich aber auf die Entwicklung *aller* Marktwirtschaften - auch insbesondere der schon weiter entwickelten. Er hat also nichts zu tun mit dem hier analysierten Problem der Unterentwicklung in bestimmten Teilregionen oder Ländergruppen.

Die Verbindung zwischen der klassischen Theorie der Stagnationstendenz und dem Problem der regionalen Unterentwicklung wurde eigentlich erst in diesem Jahrhundert hergestellt[42]. Hier ist insbesondere der Ansatz von Jorgenson [1961] hervorzuheben, der diese Verbindung innerhalb des neoklassischen Ansatzes herausarbeitete. Die Grundlage der Unterentwicklung im Jorgenson-Modell ist die Annahme, daß Land ein nichtausdehnbarer Produktionsfaktor ist. In das Solow-Modell übertragen, würde man von abnehmenden Skalenerträgen sprechen. Es handelt sich beim Dualismus-Modell von Jorgenson[43] um eine moderne, elegantere Version der alten Ricardo-Theorie[44].

---

[40] Die Begrifflichkeit der 'neoklassischen Synthese' bezieht sich insbesondere auf die Trennung und unterschiedliche Erklärung langfristiger Angebotstrends und kurzfristiger Nachfrageschwankungen. Die 'alte neoklassische Synthese' der 50er/60er Jahre betrachtete das private Marktwirtschaftssystem - im Gegensatz zur Keynes'schen Behauptung - als grundsätzlich oder langfristig stabil. Siehe näher z.B. Tobin [1980].

[41] Die zwei bekanntesten klassischen Stagnationstheorien dürften einmal die Bevölkerungstheorie von Malthus (siehe oben in Abschnitt 2.2.3) und die Entwicklungstheorie von Ricardo [1812] sein.

[42] Das Problem der regionalen Unterentwicklung wurde ja, wie im 1. Kapitel erläutert, erst analytisch nach dem 2. Weltkrieg aufgegriffen. Dadurch fand dann auch erst eine Uminterpretierung des Begriffs Entwicklungstheorie statt.

[43] Dualismus-Modelle im neoklassischen Rahmen sind immer Theorien multipler Gleichgewichte. Solche Theorien multipler Gleichgewichte dominieren in der modernen Makroökonomie. Siehe z.B. Wagner [1992: 1. Kapitel].

[44] Eine kurze Darstellung des Jorgenson-Modells findet man z.B. in Ziesemer [1987] oder in Timmermann [1982].

Die Hauptkritik, die man an diesem Ansatz wie auch schon an der Stagnationsprognose der Klassischen Politischen Ökonomie (einschließlich der sich kritisch abgrenzenden Variante von Marx) üben kann, gründet auf der Ad-hoc-Annahme unzureichenden technischen Fortschritts[45]. Solange der technische Fortschritt ein gewisses Niveau erreicht, braucht die oben behauptete Stagnationstendenz nicht einzutreten. Dies hat die neoklassische Wachstumstheorie gezeigt (siehe das Solow-Modell im ANHANG, Abschnitt E-I.1). Doch während sich die Klassik einem unbegründeten Pessimismus hinsichtlich des technischen Fortschritts hingab, frönte die neoklassische Wachstumstheorie weitgehend einem theoretisch-unbegründeten Optimismus ("theoretisch-unbegründet", weil der technische Fortschritt exogen eingeführt wurde). Erst in der sogenannten "Neuen Wachstumstheorie" wurde dieses Ad-hoc-Element selbst zum Gegenstand endogener analytischer Betrachtungen gemacht. Siehe zu diesen Punkten im folgenden sowie näher im ANHANG.

2.3.2 Neoklassisches Standardmodell und Konvergenzthese

Das neoklassische Standardmodell zur Erläuterung von Entwicklungsphänomenen ist das Wachstumsmodell von Robert Solow [1956]. (Siehe die Darstellung im ANHANG, dort in Abschnitt E-I.1.) In der Entwicklungsökonomie ist dieser Ansatz bis vor kurzem nur wenig berücksichtigt worden. (Eine der wenigen Ausnahmen ist wie eben erwähnt das Jorgenson-Modell.) Dies ist wiederum nicht sehr erstaunlich: Es gibt nämlich in der neoklassischen Wachstumstheorie Solow'scher Prägung keine Möglichkeit der Erklärung unfreiwilliger Unterentwicklung (siehe genauer im ANHANG). Die neoklassische Wachstumstheorie basiert auf einer *langfristigen* Gleichgewichtsbetrachtung. Dies impliziert, daß 1. der technische Fortschritt zum zentralen Punkt der Betrachtung wird, 2. das Problem der Arbeitslosigkeit in den Hintergrund tritt, da sich Wachstums- und Entwicklungstheorien mit langfristigen Entwicklungen beschäftigen und in der langen Frist Marktungleichgewichte - wie in der modernen mainstream-Makroökonomie heute durchgehend akzeptiert - sich voraussichtlich auflösen[46], und 3. auf die lange Frist Preisflexibilität und Faktorsubstituierbarkeit angenommen werden müssen. (Die Argumente der traditionellen Entwicklungstheorien können dabei ergänzend herangezogen werden. Siehe unten.)

Das neoklassische Standardmodell weist folgende Kennzeichen auf (vgl. zu folgendem näher im ANHANG):

a) Das Modell betont die Kapitalakkumulation. Die Wachstumsrechnung (growth accounting) ordnet jedoch den größten Teil des Wachstums dem exogenen technischen Fortschritt zu (dem sogenannten Solow-Residuum)[47].

b) Technischer Fortschritt wird benötigt, um die Kapitalakkumulation am Laufen zu halten.

c) Es gibt keine andauernden Wachstumsunterschiede in Wirtschaften mit Zugang zu denselben Technologien.

---

[45] Insofern könnte man diese Ansätze auch den strukturalistischen Theorien zuordnen.

[46] Zu einer eingehenden Beschäftigung mit dieser Auffassung siehe Wagner [1992: 1. Kapitel].

[47] Siehe z.B. Solow [1957] sowie Denison [1974]. Siehe jedoch auch methodenkritisch dazu z.B. Kendrick [1980] und Maddison [1982].

d) Es kann (bei Kapitalmobilität) nur andauernde Niveauunterschiede in solchen Wirtschaften geben, die sich hinsichtlich Präferenzen oder Steuersystemen von den anderen unterscheiden. Wenn wir solche Präferenz- und Steuersystem-Unterschiede ausschließen, müßte Konvergenz vorherrschen.

e) In Abwesenheit von Steuern ist das Gleichgewicht pareto-optimal.

c) und d) zeigen, daß Unterentwicklung im neoklassischen Standardmodell nur als **freiwillig** erklärt werden kann; denn Präferenzen werden in dieser Theorie als Ausdruck freigewählter Entscheidungen über Wertsysteme angesehen[48]. (Präferenzen sind *exogen* in dieser Theorie.) Genauso werden Unterschiede in den Steuersystemen - national gesehen - als frei gewählt und als nicht unvermeidbar-unfreiwillig betrachtet. Anders gesagt, wenn ein Steuersystem als ineffizient und deshalb als Ursache für Unterentwicklung anzusehen ist, dann ist es rational (d.h. es besteht ein Anreiz und eine Möglichkeit der Nutzensteigerung) für das betroffene Land, das Steuersystem so zu ändern, daß die Unterentwicklung beseitigt wird. Diese Aspekte werden noch genauer in Abschnitt II unten behandelt.

Strategieimplikationen

Entsprechend der eben skizzierten Ursachenanalyse erschöpfen sich die Strategieimplikationen darin, die Entwicklungsländer aufzufordern, ihre **Zeitpräferenzen zu ändern**, sprich mehr zu sparen[49], und/oder **strukturelle Anpassungsprogramme durchzuführen** (ineffiziente Steuersysteme abzubauen, Verteilungskämpfe zu reduzieren bzw. wirtschaftspolitisch nicht weiter zu unterstützen[50] sowie Kapitalmobilitätsschranken abzubauen). Dies steht mit im Zentrum moderner entwicklungspolitischer Strategien, wie unten noch näher ausgeführt wird.

Kritik und Erweiterung

Nun gibt es jedoch in der Realität anscheinend Divergenz oder Polarisierungstendenzen - sowohl bezüglich der Wachstumsraten als auch bezüglich der Pro-Kopf-Einkommensniveaus[51]. Dies wurde auch von neoklassischen Ökonomen in den letzten Jahren als bislang (von ihnen) ungelöstes Erklärungsproblem (wieder)aufgegriffen (Romer 1986, Lucas 1988) und zum Ausgangspunkt der Entwicklung einer 'Neuen Wachstumstheorie' genommen[52]. In dieser Theorie wurde der unterschiedliche Zugang zu Technologien zum Hauptperklärungselement gewählt (siehe unten). Daneben

---

[48] Ausgangspunkt der Theorie ist also der sogenannte "methodische Individualismus".

[49] Dies impliziert gesamtwirtschaftlich eine erwünschte Umorientierung von konsumtiven zu investiven Ausgaben.

[50] Letzteres zielt auf den Abbau der Inflationsfinanzierung solcher Verteilungsauseinandersetzungen. Siehe im einzelnen in den Abschnitten III.2 und III.3 des 3. Kapitels sowie im 5. Kapitel.

[51] Vgl. hierzu z.B. Weltbank [1991b] sowie Fischer [1987]. Vgl. auch den Abschnitt I.1 oben.

[52] Dagegen haben Mankiw, Romer und Weil [1992] gezeigt, daß auch innerhalb des um Humankapitalakkumulation erweiterten Solow-Modells Divergenz erklärt werden kann, von daher -ihrer Meinung nach- der Übergang zur 'Neuen Wachstumtheorie' nicht unbedingt notwendig gewesen wäre. So können dort Unterschiede in Ersparnis, Erziehung und Bevölkerungswachstum Unterschiede im Pro-Kopf-Einkommen über die Länder hinweg erzeugen.

gibt es einen anderen Zweig der neoklassischen Ökonomie, der versucht, unterschiedliche Zeitpräferenzen und unterschiedliche Steuersysteme mikroökonomisch als "unfreiwillig" bzw. als "rational" zu begründen. Dieser Zweig, den ich hier mit 'Neuere politökonomische Ansätze' bezeichne, rekurriert dabei im wesentlichen auf Verteilungskonflikte und Koordinationsprobleme. Ich werde im folgenden zuerst die Neue Wachstumstheorie näher charakterisieren und anschließend zu den Neuen politökonomischen Ansätzen kommen. Eine genauere Darstellung der Neuen Wachstumtheorie (wie auch der neoklassischen Standard-Wachstumstheorie) erfolgt allerdings erst im ANHANG. Ebenso werden die theoretischen Grundlagen der Neuen politökonomischen Ansätze detaillierter erst später, und zwar im 5. Kapitel, beschrieben.

2.3.3 Neue Wachstumstheorie

Neuere (neoklassische) Theorien der Unterentwicklung lassen sich in Anknüpfung an die "Neue Wachstumstheorie" gewinnen, die Mitte der 1980er Jahre, angestoßen insbesondere durch die Arbeit von Romer [1986], ihren Ausgangspunkt nahm. Die Neue Wachstumstheorie baut auf der traditionellen neoklassischen Wachstumstheorie von Solow auf, endogenisiert jedoch den technischen Fortschritt.

Grundaussagen

Die Neue Wachstumstheorie betont vor allem

   (i) spillovers, und

   (ii) konstante oder steigende Erträge in der Produktionsfunktion.

Zu (i): Es wird angenommen, daß private Kapitalakkumulation den technischen Fortschritt positiv beeinflußt (wie auch anders herum). Wenn nun alle Produzenten in gleicher Weise von der verbesserten Technologie profitierten, d.h. "spillovers"[53] wirksam sind, wäre dies eine allgemeine (positive) Externalität[54]. Anders gesagt, technisches Wissen wäre ein öffentliches Gut[55]. Wenn/da jedoch Kosten der Inanspruchnahme und/oder der Produktion des neuen technischen Wissens auftreten, können sich bei unterschiedlicher Anfangsausstattung mit Ressourcen dies nicht alle Länder in gleichem Ausmaß leisten. Spillovers werden somit auch nicht überall gleich produktiv wirksam. Folglich kann es zu unterschiedlichen Wachstumsraten über die Volkswirtschaften hinweg kommen. [Wissensfortschritte werden in der Neuen Wachstumstheorie als das Ergebnis einer Konkurrenzaktivität (in Forschung und Entwicklung, in der Verbesserung der Produktqualität der Arbeitnehmer usf.) betrachtet.] Länder, die mit einem ursprünglich niedrigen Niveau an Humankapital

---

[53] **'Spillovers'** im Forschungs- und Entwicklungsbereich bedeuten zum Beispiel, daß Forschungsteams der Industrie (oder des Landes) i sich von den Forschungsergebnissen der Industrie (oder des Landes) j Ideen borgen.

[54] Unter **Externalität** versteht man in der Volkswirtschaftslehre allgemein die Auswirkung individuellen Handelns auf den Nutzen anderer. Externalitäten sind somit Ausdruck der Interdependenz zwischen Nutzenfunktionen oder Produktionsfunktionen.

[55] Ein **öffentliches Gut** ist dadurch gekennzeichnet, daß andere vom Konsum nicht ausgeschlossen werden können, und daß mehrere oder viele Wirtschaftssubjekte es verwenden können, ohne daß seine Menge spürbar abnimmt.

(Erziehung/Ausbildung) ausgestattet sind, können möglicherweise niemals zu den reichen Ländern aufschließen.

Zu(ii): Konstante oder steigende Erträge in der Produktionsfunktion treten auf, sobald spillovers einbezogen werden.

Zentrale Ergebnisse, die von der traditionellen Wachstumstheorie abweichen, sind folgende[56]:

- In fast allen Modellen der Neuen Wachstumstheorie bleibt das gleichgewichtige Wachstum wegen der unterstellten positiven Externalitäten unter dem optimalen Wachstum.
- Eine Erhöhung der Investitionen wirkt vielfach wachstumsbeschleunigend.
- An die Stelle der Konvergenz tritt die Möglichkeit polarisierender Entwicklung[57]. Es besteht die Möglichkeit mehrerer stabiler Entwicklungsgleichgewichte. Dies kann auf Niveaus oder auf Raten bezogen sein. Je nachdem vergrößert sich die Entwicklungsschere oder bleibt gleich.
- Unterschiede in den Kapitalrenditen müssen sich nicht ausgleichen.
- Kapital kann aus den ärmeren Ländern abgezogen werden, und der Außenhandel nützt dann primär denen mit der besseren Ausgangslage.
- Zur Entwicklungsanpassung bedarf es i.d.R. mehr als irgendwelcher Transfers von finanziellem oder physischem Kapital.
- Technischer Fortschritt kann nicht ohne weiteres transferiert werden. Er muß wenigstens zum Teil selbst erarbeitet werden; und dies erfordert den Verbrauch von knappen Ressourcen.

In diesem Theorierahmen gewinnen Erziehungszölle und andere industrie- und strukturpolitische Argumente plötzlich im neoklassischen Modell einen ganz anderen Stellenwert (siehe unten).

Grundzweige

Man kann die Neue Wachstumstheorie in zwei unterschiedliche Zweige einteilen. Der *eine Zweig* baut auf Modellen der "Erfindung" auf (z.B. Grossman und Helpman [1989], Romer [1990], Segerstrom u.a. [1990]) und betrachtet technischen Wandel als einen kostspieligen und wohlüberlegten Prozeß. Die Modelle der Erfindung konzentrieren sich dabei auf Faktoren, die den Anreiz, bewußt zu erfinden, beeinflussen, wie z.B. den institutionellen Rahmen und die Marktgröße (siehe z.B. Grossman und Helpman [1990], Rivera-Batiz und Romer [1989] und Segerstrom u.a. [1990]). Der *andere Zweig* der Neuen Wachstumstheorie basiert auf Modellen des "learning by doing" (z.B. Arrow [1962], Lucas [1988]) und sieht technischen Wandel als das nichtintendierte Nebenprodukt der Güterproduktion an. Die dabei verwendeten Lernmodelle haben Faktoren im Blickpunkt, die den Anreiz, verschiedene Güterarten zu produzieren, beeinflussen, wie z.B. das Muster des komparativen Vorteils (siehe z.B. Bardhan [1970], Lucas [1988] und Young [1991a]).

---

56 Ausführlicher siehe im ANHANG , Abschnitt E-III.

57 Vgl. z.B. Prescott und Boyd [1987], Romer [1987] oder Lucas [1988: Abschnitt 4].

Die beiden Zweige lassen sich auch miteinander verbinden. So spricht vieles dafür (vgl. Young [1991b]), daß "learning by doing" in der Praxis endlich und begrenzt ist. Nur durch ein fortwährendes Angebot an neuen Erfindungen scheint in diesem Fall ein Lernprozeß aufrechterhaltbar zu sein[58]. Dies beeinträchtigt oder schmälert aber nicht notwendigerweise die Relevanz, den Lernprozeß selbst zu modellieren. Folglich müßte ein realistisches Wachstumsmodell die Anreize für die bewußte und kostspielige Erfindung neuer Güter und Produktionsprozesse miteinbeziehen. Gleichzeitig aber ist anzuerkennen, daß "learning by doing" anscheinend ein empirisches Phänomen ist, das zu enormen Verbesserungen bestehender Technologien führt[59]. Hinzu kommt, daß angenommen werden muß, daß "learning by doing" die Anreize für weitere Erfindungen beeinflußt. Denn indem sie vielleicht die Kosten der Erfindung und Produktionskosten nach der Erfindung beeinflußt[60], bestimmt "learning by doing" die Profitabilität und folglich die Rate der Erfindungen. Dies bedeutet, daß anzunehmen ist, daß *eine dynamische Interaktion zwischen Lernen und Erfindung* besteht: Lernen hängt ab von Erfindungen, insofern Lernen als die nichtintendierte Erforschung des endlichen produktiven Potentials erfundener Technologien betrachtet wird. Gleichzeitig hängt die Profitabilität kostspieliger Erfindung vom Lernen ab, insofern als die Produktionskosten abhängen von der aggregierten geschichtlichen Lernerfahrung einer Gesellschaft.

Die beiden Zweige der Neuen Wachstumstheorie müßten von daher eigentlich miteinander verbunden werden, um die besagte dynamische Interaktion zwischen Lernen und Erfindung fassen zu können. Auch dürfte es dann leichter sein, so ist zu vermuten, Unterentwicklung in dieser Art von Theorien überzeugend(er) zu erklären.

Young [1991b] stellt einen ersten solchen Versuch dar. In seiner Modelluntersuchung ging Young von einer Gesellschaft aus, die zu jedem Zeitpunkt weiß, wie eine gegebene Gütermenge produziert werden kann. Jedes dieser Güter erfährt begrenztes "learning by doing". Das so erzeugte Wissen ist von den Firmen nicht-aneigenbar und breitet sich über Sektoren hinweg aus; d.h. das Wissen, das eine Firma in der Indu-

---

[58] Die meisten Wachstumsmodelle des zuerst im Blickpunkt gestandenen "learning by doing" haben bislang angenommen, daß die möglichen Produktivitätsgewinne aus dem "learning by doing" im wesentlichen unbegrenzt sind. In den einfachsten Modellen mit unbegrenztem "learning by doing" ließen sich deshalb die anhaltenden Perioden der Stagnation und Unterentwicklung (zumindest die der vor-modernen Periode) nicht erklären. Wenn man die Geschichte bzw. wirtschaftsgeschichtliche Studien betrachtet, so zeigt sich jedoch, daß die Möglichkeit des Lernens im Produktionsprozeß tatsächlich endlich und begrenzt ist. Wenn ein neuer technischer Prozeß zuerst erfunden wird, setzt schnelles Lernen ein, da - mittels Erfahrung - die produktive Möglichkeit dieses Prozesses erforscht wird. Nach einiger Zeit jedoch nähert man sich der inhärenten (physischen) Grenze der Produktivität einer Technologie. Das Lernen wird sich dann verlangsamen und vielleicht letztlich gar aufhören. Wenn nicht neue technische Prozesse eingeführt werden, ist es unwahrscheinlich, daß "learning by doing" aufrechterhalten werden kann.

[59] Vgl. zu näheren empirischen Hinweisen bzw. Untersuchungen z.B. Young [1991b].

[60] Die spezifische Produktionserfahrung eines Produkts wird, kombiniert mit technischen spillovers, die sie vom "learning by doing" erhält, den Zeitpfad der Produktionskosten nach dessen Erfindung beeinflussen. Zudem sollte aggregiertes soziales Lernen auch die anfänglichen Prduktionskosten eines Gutes im Zeitpunkt der Erfindung beeinflussen. Wie kostspielig es ist, ein neues Produkt zu produzieren, ist wenigstens teilweise davon abhängig, wieviel Erfahrung eine Gesellschaft im Produzieren ähnlicher Produkte hat.

strie A erworben hat, findet Anwendung in den Industrien B und C. Unternehmer erfinden neue Güter und erhalten darauf ein unendlich lange laufendes Patent als Kompensation für ihre Leistung. Außerdem gibt es freien Zugang zum Erfindungsprozeß. Das erzeugte Wissen hat zwar positive externe Effekte oder spillovers über die Sektoren hinweg, doch die Endgüterproduktion findet unter Bedingungen monopolistischer Konkurrenz statt. Schließlich werden die Präferenzen so spezifiziert, daß kein Gut wesentlich ist, sondern für jede gegebene Preisverteilung die Nachfrage einkommenselastisch vom Grad 1 ist.

Young kommt in diesem Modell zu dem Ergebnis, daß der entscheidende diskriminierende Faktor die *Marktgröße ist.* In kleinen Märkten ist die Profitabilität von Erfindungen gering, da diese mit fixen Kosten in Form von Forschungsaufwand verbunden sind. Von daher wird dort die Erfindungsrate der begrenzende Faktor für das Wachstum sein, während Lernen hier wenig oder keinen (begrenzenden) Effekt hat. [Eine Subvention für Erfindungen würde hier die soziale Wohlfahrt verbessern.] In großen Märkten hingegen ist Erfindung sehr profitabel. Das Wachstum wird hier begrenzt von der Rate des Lernens, die selbst wieder vom Muster der Konsumnachfrage abhängt. [Eine Steuer auf Erfindungen, die Ressourcen für die Produktion freigibt, würde hier die soziale Wohlfahrt verbessern.] Young findet auch Gleichgewichte, in denen der Erfindungsprozeß weitgehend irrelevant wird, in dem Sinne daß eine Subvention oder Steuer für/auf Erfindungen keinen Einfluß auf die steady-state-Wachstumsrate der Wirtschaft hätte. [Die obigen Ergebnisse sind natürlich modellabhängig. So ist klar, daß es in einem Modell, in dem zwei Aktivitäten (hier Lernen und Erfindungen) notwendig sind für das Wachstum, aber nur eine vergütet wird (hier Erfindungen), leicht zu überschüssigen Aktivitäten in dem Sektor kommen kann, in dem die Aktivität vergütet wird, und dies obwohl dieser Sektor positive Externalitäten produziert.]

Insofern man unterentwickelte Länder als solche mit kleinen Märkten gleichsetzt und gleichzeitig das empirische Phänomen von protektionistischen internationalen Marktschranken heranzieht, kann das Modell von Young eine Erklärung für längerfristige Unterentwicklung liefern. In globalen Marktwirtschaften mit freiem Güter-, Kapital- und Erfindungsverkehr jedoch dürfte die Marktgröße einen wesentlich geringeren begrenzenden Einfluß auf das Wachstum einer Wirtschaft haben[61]. Doch selbst in globalen, freien Marktwirtschaften kann man das Phänomen andauernder Unterentwicklung sehr wohl im Kontext der Neuen neoklassischen Wachstumstheorie ableiten. Dies haben kürzlich Grossman und Helpman [1991] gezeigt, die dort die Möglichkeit von "Hysteresis"[62] nachweisen[63]. Zu weiteren Ansätzen der Neuen Wachs-

---

61 Auch Murphy, Shleifer und Vishny [1989] gehen in ihrer Neubegründung der "big-push-Theorie" von Rosenstein-Rodan (die besagt, daß viele Sektoren in einer Volkswirtschaft gleichzeitig industrialisieren sollten) davon aus, daß Unterentwicklung darauf zurückgeführt werden kann, daß die heimischen Märkte zu klein und der Welthandel nicht frei und kostenlos ist. Firmen werden dann u.U. nicht in der Lage sein, genügend zu verkaufen, um die Anwendung steigender Ertrags-Technologien profitabel zu machen. Folglich wird die Industrialisierung aufgehalten (wegen der privaten Nichtinternalisierbarkeit von positiven Nachfrageexternalitäten aufgrund von Koordinationsschwierigkeiten).

62 "Hysteresis" bedeutet, daß vorübergehende (Politik-)Maßnahmen permanente Wirkungen zeitigen. Oder anders gesagt, Geschichte spielt eine Rolle. Vgl. genauer - am Beispiel des Inflationsproblems - im ANHANG, Abschnitt III.3 des 3. Kapitels.

tumstheorie und den daraus folgenden Unterentwicklungserklärungen sowie zu methodischen Kritikpunkten an diesem Theorieansatz siehe im ANHANG, Abschnitt E-III.

Empirische Vorgehensweise

Die empirische Arbeit, die von diesem neuen Ansatz ausging, ist ganz unterschiedlich gewesen im Vergleich zu der Arbeit, die das Solow-Modell induziert hat. Die neue Theorie hat versucht, die Wachstumsdeterminanten direkt zu schätzen, ohne künstlich die Produktivität der beiden Produktionsfaktoren von einem 'Residual'-Maß der Gesamt-Produktivität zu trennen. Die zentrale Frage, die uns hier beschäftigt, ist eine, die die Konvergenzhypothese betrifft. Unter welchen Umständen kann ein armes Land zu einem reicheren aufschließen? Barro [1991] zeigte, daß Humankapital (d.h. Ausbildung/education) der Schlüsselfaktor ist, der es einem armen Land möglich macht, zu den reicheren aufzuschließen/zu konvergieren. Konkreter: Er hat gezeigt, daß die negative Korrelation zwischen Wachstum und Ausgangseinkommen (was die statistische Version der Konvergenzhypothese ausdrückt) nur dann erhalten wird, wenn der Grad der Ausbildung in einem Land in Betracht gezogen wird. Sonst ist die Roh-Korrelation zwischen Wachstum und Ausgangs-Pro-Kopf-Einkommen nicht negativ[64].

Strategieimplikationen

Die Entwicklungsstrategie, die aus der Neuen Wachstumstheorie abgeleitet werden kann, impliziert, daß (neben den oben genannten Strategieableitungen aus der traditionellen Wachstumstheorie) nach dem jeweiligen Theoriezweig Folgendes erfolgen sollte.

Zum einen sollten Bedingungen für ein "learning by doing" geschaffen werden, was **Technologietransfer** - inklusive *Beratung und technischer Hilfe* - von den Industrieländern sowie **Infrastrukturinvestitionen** in die Ausbildung beinhaltet. (Dies ist auf den "learning by doing"-Ansatz der Neuen Wachstumstheorie ausgerichtet.) Die Grundidee ist hierbei die folgende: Technologische Transfers werden erst dann produktiv, wenn mit diesen neuen Technologien gearbeitet wird und hierbei Learning by doing im Sinne der Imitation oder gar der Weiterentwicklung der transferierten Technologie stattfindet. Dies geschieht jedoch nur dann bzw. um so eher, wenn die

---

63 Vgl. auch Rebelo [1992], der allerdings zu zeigen versucht, daß der Nachweis andauernder Wachstumsratenunterschiede im Falle *vollkommener Kapitalmobilität* nur dadurch gelingen kann, daß wieder Zeit-Präferenzunterschiede zwischen den unterschiedlich schnell wachsenden Volkswirtschaften unterstellt werden. Die Annahme *vollkommener* Kapitalmobilität dürfte jedoch im Zusammenhang zwischen Industrie- und Entwicklungsländern zu restriktiv sein, angesichts der empirischen Fakten unvollkommener Kapitalmärkte und erheblicher Humankapitalrückstände sowie politischer Risiken in den Entwicklungsländern. Vgl. auch Lucas [1990].

64 Dies ist eine gute Nachricht für die osteuropäischen Länder, deren Arbeitnehmer relativ gut ausgebildet sind (siehe näher im Schlußteil). Die schlechte Nachricht ist allerdings, daß die Konvergenz nur mit einer sehr geringen Geschwindigkeit abläuft. So zeigten z.B. Barro und Sala-i-Martin [1991], daß es 25 Jahre oder länger dauern kann, bis ein armes Land den Entwicklungsstand zu den reichen auch nur halb aufholt.

infrastrukturellen Bedingungen (insbesondere der Ausbildungsstand und damit die Lernfähigkeit der Arbeitskräfte[65]) hierfür gegeben sind bzw. je besser diese sind.

Zum anderen sollten in Entwicklungsländern die notwendigen Bedingungen für rentable Investitionen in technischen Fortschritt geschaffen werden. Dies umfaßt zusätzlich zu den oben genannten beiden Punkten auch eine **Markterweiterung**[66] - zum Beispiel durch die *Schaffung von Freihandelszonen* und durch eine *Öffnung der Märkte der Industrieländer* - sowie u.U. die Ausrichtung des gelernten/anzueignenden technischen Fortschritts auf die jeweils eigenen Bedürfnisse eines Landes. (Dies ist auf den "Erfindung"-Ansatz der Neuen Wachstumstheorie ausgerichtet.) Darüberhinaus gewinnen hier auch interventionistische Elemente wie Erziehungszölle, industrie- und strukturpolitische Maßnahmen neue Relevanz[67]. Hintergrund ist die herrschende Sichtweise, daß Subventionen oder Steuern die Standardantwort auf Externalitäten sind. Man spricht hier auch von der Politikantwort auf "Marktversagen". Dagegen ist aber auch die Gefahr des Politik- oder "Staatsversagens" zu berücksichtigen. Vgl. näher hierzu in Abschnitt III des 3. Kapitels sowie im 5. Kapitel unten.

2.3.4 Neuere politökonomische Erklärungsansätze

In den neoklassischen Ansätzen der Entwicklungstheorie geht es - modelltheoretisch gesehen - durchweg um den Versuch, Unterentwicklung logisch-konsistent in einem Modell mit so wenig wie möglich Ad-hoc-Annahmen (insbesondere was Rigiditäten und Inflexibilitäten anbelangt) zu erklären. Dies ist auch theoretisch sinnvoll. Jedoch sollte man dies nicht so überinterpretieren, daß in der Realität keine Rigiditäten und Inflexibilitäten vorherrschten, die mit für die Unterentwicklung verantwortlich sind (so wie in den strukturalistischen Ansätzen unterstellt). Da jedoch neoklassische Ökonomen von der prinzipiellen Funktionsfähigkeit des Marktmechanismus ausgehen, müßten diese Inflexibilitäten demnach politisch oder sozio-kulturell begründet werden. Dies ist dann auch der Ausgangspunkt der Neuen politökonomischen Ansätze, die übersichtsartig in diesem Abschnitt und näher im 5. Kapitel beschrieben werden. Diese Ansätze kann man auch so interpretieren, daß sie in gewissem Sinne ein Verbindungsglied zwischen den strukturalistischen Ansätzen und der herkömmlichen neoklassischen Erklärung bieten, indem sie mikroökonomische Fundierungen für einige der strukturalistischen Annahmen liefern.

---

[65] Gepaart mit der Arbeits- und Innovationsmotivation kann man dies als die Hauptdeterminante der Entwicklung ansehen! Sie ist jedoch, wie gesagt, zu ergänzen um Beratung und technische Hilfe von seiten der Industrieländer, um (schnelle) Wirksamkeit zu erzeugen.

[66] Vgl. hier die Parallele zur oben erläuterten Strategie des gleichgewichtigen Wachstums.

[67] Zumindest werden sie in diesem Kontext neu diskutiert. Vgl. z.B. Rodrick [1992].
Die Effizienz protektionistischer Maßnahmen wie z.B. von Exportsubventionen ist allerdings sehr sensitiv gegenüber Modellannahmeänderungen, wie moderne Forschungen (z.B. Grossman und Helpman [1991]) gezeigt haben. Außerdem ist die Bestimmung der optimalen Höhe der Subvention(en) schwierig, weil die Externalitäten quantifiziert werden müßten. Eine exakte Messung der Externalitäten dürfte allerdings in der Praxis unmöglich sein (wegen des Informationsproblems).

Erklärungsansätze im Kontext der Neuen Wachstumstheorie

Wenn eine besonders große Einkommens- und Vermögensungleichverteilung als Besonderheit der Entwicklungsländer angesehen wird, kann man auch neuere Ansätze, die Verteilungsaspekte in Modelle endogenen Wachstums einführen und damit spezifische Wachstumsbesonderheiten erklären, für eine Theorie der Unterentwicklung heranziehen. Dabei konzentriert sich eine Reihe dieser Ansätze auf Investitionen in Humankapital als Entwicklungsmaschine. So stützen sich zum Beispiel Galor und Zeira [1989] auf Kreditmarktunvollkommenheiten[68]. Die Armen sind - so lautet die Annahme - kreditrationiert und können deshalb nicht in Ausbildung investieren. Folglich können in Entwicklungsländern mit sehr vielen Armen relativ wenige eine (Schul- und Berufs-)Ausbildung erhalten, und das Wachstum ist deshalb relativ gering. Auch Persson und Tabellini [1991] diskutieren ein Modell mit Investition in Humankapital und Umverteilung über Steuern.

Alesina und Rodrick [1991] entwickeln eine ähnliche Argumentation wie Galor und Zeira, wobei sie allerdings auf Vermögensverteilung statt auf Einkommensverteilung (wie Galor und Zeira) abstellen. Sie versuchen, eine Brücke zu bauen zwischen der endogenen Wachstumsliteratur und der Literatur zu Mehrheitswahlen über Steuersätze (zu letzterer siehe z.B. Romer [1975], Roberts [1977] und Meltzer und Richards [1981]). Sie zeigen, wie Verteilungsaspekte die Wahl der Wachstumsrate in einem politischen Gleichgewicht berühren. Sie endogenisieren Regierungspolitik in ein Modell endogenen Wachstums und konzentrieren sich auf den politischen Konflikt zwischen Individuen, die ihr Einkommen aus Kapital erhalten, und denen, die ihr Einkommen aus Arbeit bekommen. Sie zeigen so zuerst, daß es (in ihrem Modell) für eine Regierung nur dann optimal ist, die volkswirtschaftliche Wachstumsrate zu maximieren, wenn sie sich ausschließlich um die Interessen der Kapitalbesitzer kümmert. Anders gesagt, Wirtschaftswachstum und Wohlfahrt gehen nicht Hand in Hand. Wichtiger für unsere Fragestellung ist, daß aus ihrem Modell folgt, daß Demokratien mit einer ungleichen Vermögensverteilung ein geringeres Wachstum aufweisen als Demokratien mit gleichmäßiger verteiltem Vermögen. Dies ist so, weil eine große Arbeiterklasse mit wenig Kapital für höhere Steuern auf Kapital votieren würde; der positive Effekt auf das Realeinkommensniveau der Arbeiter würde gegen den negativen Wachstumseffekt aufgewogen werden. Eine genauere Darstellung dieses Ansatzes wird im ANHANG des 5. Kapitels (dort in Abschnitt E-III) geliefert.

Verteilungsaspekte hat auch Ziesemer [1987] in seinem Modell der Unterentwicklung ins Zentrum gestellt. Dort wird technischer Fortschritt als abhängig von Humankapital betrachtet, das von einer repräsentativen Firma gekauft wird. Die Haushalte produzieren dieses Humankapital mit ihrer Arbeit in Verbindung mit den öffentlichen Gütern der Grundschulausbildung und der Grundlagenforschung, die vom Staat zur Verfügung gestellt und durch Steuern finanziert werden. Ziesemer zeigt, daß eine stärkere Berücksichtigung der Interessen der wohlhabenden Bürger zu einem geringeren Umfang an öffentlichen Gütern führt, da die Wohlhabenderen für geringere Steuern votieren als die weniger Begüteteren. Dies führt zur Erzeugung von weniger Humankapital und damit weniger technischem Fortschritt.

---

[68] Siehe hierzu auch Stiglitz [1988].

Einige allgemeine methodische Ansätze

Es gibt mehrere moderne politökonomische Ansätze, deren Argumentationsstrukturen im folgenden nur skizziert werden sollen und auf die genauer im 5. Kapitel eingegangen wird - dort im Zusammenhang mit der Erklärung der Umsetzungsschwierigkeiten von Entwicklungsprogrammen. Es ist bei dieser Theorierichtung zu unterscheiden zwischen Ansätzen, die auf (1) strategische Entscheidungen eigeninteressengeleiteter Politiker, oder auf (2) nationale Verteilungskonflikte bzw. (3) internationale Verteilungskonflikte und - bezogen auf (2) und (3) - jeweils heterogene, nicht-kooperativ handelnde politische Akteure rekurrieren.

Ausgangspunkt all dieser Ansätze ist, daß es keinen allmächtigen Diktator gibt, der den effizienten Einsatz wirtschaftspolitischer Instrumente vornehmen könnte (bzw. vornimmt). Da jede Korrektur nicht-(mehr-)optimaler Wirtschaftspolitik mit Umverteilungseffekten verbunden ist, kommt es tendenziell zu Verteilungskonflikten. Folglich ist ein weiterer Ausgangspunkt der hier angegebenen Ansätze, daß es Koordinationsschwierigkeiten bei der Überwindung dieser Verteilungskonflikte gibt.

In der Realität dürften sich die strukturellen Probleme, die in den folgenden drei Ansätzen angesprochen sind, überlagern.

(1) Strategische Entscheidungen eigeninteressengeleiteter Politiker

Ein Ansatz, den man der sogenannten "Neuen Politischen Ökonomie" oder "Public Choice"-Theorie zuordnen kann, verweist auf Eigeninteressen von Politikern, d.h. von Akteuren im politischen System. Die strategische Verfolgung dieser Interessen kann dazu führen, daß bewußt paretoinferiore, das Gemeinwohl nicht maximierende, Strategien gewählt werden. Die jeweiligen politischen Amtsinhaber haben ja eine gewisse Freiheit hinsichtlich der Wahl wirtschaftspolitischer Instrumentarien wie z.B. des Steuersystems oder der Staatsausgaben[69]. Der strategische Einsatz wirtschaftspolitischer Instrumente mit dem Ziel beispielsweise der Wiederwahl oder der politischen Umsetzung von Ideologien (basierend auf subjektiven Weltanschauungen) vermag zu gesamtwirtschaftlich "irrationalen" oder ineffizienten Handlungen und Ergebnissen führen. Da politische Akteure, die wiedergewählt werden wollen, die Interessen partikularer Bevölkerungsgruppen im Auge haben (müssen), sind Verteilungskonflikte sowie allgemein der Grad der Instabilität des politischen Systems (z.B. in Form der Häufigkeit der Regierungswechsel) entscheidend für die (gesamtwirtschaftliche) Effizienz des Einsatzes von wirtschaftspolitischen Instrumenten und für die davon abhängige wirtschaftliche Entwicklung. So kann z.B. im Falle einer hohen politischen Instabilität in einem Land eine Regierung oder eine Parlamentsmehrheit geneigt sein, freiwillig ein ineffizientes Steuersystem zu wählen, um so die Handlungsfähigkeit zukünftiger Regierungen, mit denen sie in grundsätzlichen Punkten nicht übereinstimmt, zu beschränken. (Diese Erklärungsmöglichkeit wird näher im 5. Kapitel, dort im Abschnitt I.A.2 sowie im ANHANG, erläutert werden.)[70] Ein solches Verhalten würde dann auch eine wirtschaftspolitische Unterentwicklung

---

[69] Dies gilt zumindest unter der realistischen Annahme unvollkommener Information bzw. vorhandener Informationskosten.

[70] Man kann hier auch von einem Spannungskonflikt zwischen individueller Rationalität und gesamtwirtschaftlicher Rationalität als Leitmotiv des Politikerhandelns sprechen.

begründen können, vorausgesetzt es werden keine Korrekturmöglichkeiten im politischen System wirksam in Form effizienter Bestrafungsmechanismen durch die betroffenen Wirtschaftssubjekte über etwa ihre Wahlzettel. Letzteres setzt allerdings ein gewisses Ausmaß an Transparenz und eine entwickelte Informationsstruktur sowie einen bestimmten Ausbildungsstand der jeweiligen Bevölkerung voraus. Wenn/da Entwicklungsländer auch diesbezüglich im Rückstand sind (siehe nur die niedrigen Alphabetisierungsraten), kann ein solcher Korrekturmechanismus selbst nach (noch bei weitem nicht überall) eingeführter Demokratie nicht in Gang kommen.[71]

Strategieimplikationen

Dieser Ansatz würde es nahelegen zu versuchen, den Politikern "die Hände zu binden". Dies impliziert auf der wirtschaftspolitischen Ebene, **Regelbindungen** festzuschreiben und Sanktionen für Abweichungen von Regelversprechen[72] einzuführen, so daß eigennütziges Abweichen weniger erstrebenswert ist. (Zur Diskussion dieser Strategie vgl. Wagner [1990b; 1992: 124ff.].)

(2) Koordinierungsprobleme bezüglich der Verteilung der Entwicklungskosten

Doch selbst wenn die Politiker nicht versuchen (würden), strategisch Eigeninteressen durchzusetzen auf Kosten des Gesamtwohls, verbliebe die Möglichkeit des zeitweiligen Hinauszögerns von Korrekturmaßnahmen aufgrund eines Konflikts über die Verteilung der Kosten des Anpassungsprozesses. (Zur Erläuterung dieses spieltheoretisch formulierten Ansatzes siehe näher im 5. Kapitel, dort in den Abschnitten I.A.1 und E-II.2!) Jeder politische Anpassungsprozeß (wie z.B. die Änderung eines ineffizienten Steuersystems) ist mit einer Umverteilung von Einkommen und/oder Vermögen verbunden. Solange kein effizienter (einkommenspolitischer) Koordinationsmechanismus[73] gefunden bzw. politisch durchgesetzt werden kann, wird eine Korrektur ineffizienter Zustände hinausgezögert oder gar verhindert. Dies wird insbesondere dann möglich sein, wenn es (im Gegensatz zum wirtschaftspolitischen Leitbild der älteren neoklassischen wie auch keynesianischen Theorien) keinen allmächtigen wohlwollenden (gemeinwohlmaximierenden) Diktator gibt, sondern die Regierungen "schwach" sind. Die besagte Schwäche ist bezogen auf die fehlende Durchsetzungs- oder Koordinationskraft und gründet darin, daß die Regierung nur ein Teil heterogener, nicht-kooperativ handelnder politischer Akteure ist, bzw. aus solchen besteht.

Auch mit diesem Erklärungsansatz läßt sich prinzipiell eine Unterentwicklung begründen. Die Frage ist auch hier, ob sich diese Unterentwicklung als eine andauernde erklären läßt. Dies würde wiederum voraussetzen, daß sich im politischen System

---

[71] Man kann den Argumentationskern dieses Ansatzes (1) - etwas verkürzt - auch auf den folgenden Funktions- oder Kausalzusammenhang reduzieren:
Entwicklung (Wachstum) = f{politische Instabilität[Ungleichverteilung(Ausbildung)]}
$$+ \qquad\qquad - \qquad\qquad + \qquad\qquad -$$

[72] Sanktionen müßten aber auch bei der Behinderung notwendiger institutioneller Reformen (z.B. zur Installierung eines modernen Finanzsystems) zum Tragen kommen. Siehe zu diesem Aspekt z.B. Saint-Paul [1992] und Roubini und Sala-I-Martin [1992].

[73] Zu Vorschlägen solcher einkommenspolitischer Koordinationsmechanismen siehe im 3. Kapitel!

keine Korrektur über die Abwahlmöglichkeit der "schwachen" Politiker durch die betroffenen Wirtschaftssubjekte/Wähler und ihren Ersatz durch "starke" Politiker realisieren läßt. Der einfache Ersatz von Demokratien durch Diktaturen, der auch häufig in Entwicklungsländern als Korrekturmaßnahme gewählt wird (meistens jedoch weniger durch die Wähler, als durch die Militärs initiiert), ist allerdings auch keine Garantie für die Behebung wirtschaftlicher Unterentwicklung, wie im 5. Kapitel näher erläutert werden wird.

Strategieimplikationen

Auch aus diesem Ansatz könnte man die oben für (1) genannte Strategie folgern. Eine überlegene Strategie wäre hier allerdings der **Aufbau von Koordinationsmechanismen** (wie Einkommenspolitik), mithilfe derer man die für das Ausgangsproblem verantwortlichen Koordinationsprobleme grundsätzlich überwinden könnte.

Die Ansätze (1) und (2) stehen auch im Einklang mit der bekannten **Grundbedürfnisstrategie**. Dies ist eine Strategie, die die Bereitstellung der Gegenstände des Grundbedarfs in den Entwicklungsländern sichern soll. (Grundbedarf orientiert sich hier - entsprechend der bahnbrechenden Studie der ILO [1976] zu diesem Thema - an bestimmten Mindestanforderungen des Konsums, der öffentlichen Güter und Dienstleistungen sowie der Partizipation.) Vertreter dieser Strategie sehen das Grundproblem der Unterentwicklung (das selbst gemessen wird an einem breiteren als dem BSP/Kopf-Indikator) darin, daß selbst bei den zum Teil bemerkenswerten Erfolgen in der Dritten Welt mit den obengenannten Entwicklungsstrategien nur eine kleine Schicht der Bevölkerung vom Wirtschaftswachstum profitierte. Der oft behauptete "Durchsickereffekt" (von den Reichen zu den Armen innerhalb eines Entwicklungslandes) fand vielfach nicht statt. Von daher wurde auf die Notwendigkeit hingewiesen, vordringlich das Problem der ungleichen Einkommensverteilung und insbesondere der absoluten Armut sowie der Befriedigung elementarer Bedürfnisse in der Bevölkerung zu lösen bzw. zum Strategiekriterium zu machen. Reine Transferzahlungen zugunsten der Armen, die normalerweise mit dieser Strategie verbunden sind, werden jedoch - so das typische Gegenargument - vorwiegend für Konsumzwecke verwendet, so daß kaum Finanzmittel für Investitionszwecke übrigbleiben. Dies wiederum führt - so kann man folgern - gegenüber einer direkten Investitionsförderung zu Wachstumseinbußen*. Von daher (und weil es den Eigeninteressen der politisch dominierenden Schicht in den Entwicklungsländern zuwiderläuft) hat sich diese Entwicklungsstrategie, obwohl noch stark in den internationalen Organisationen und den Industrieländern diskutiert, bislang nicht durchgesetzt.

[* *Kritische Anmerkung:* Die Folgerung, daß die Verwendung von Entwicklungshilfe für Konsumzwecke *notwendigerweise* zu Wachstumseinbußen (gegenüber Alternativverwendungen) führt, ist jedoch nicht richtig. Der Grund ist folgender: In Entwicklungsländern kann dem Konsum teilweise eine andere Qualität als in Industrieländern zugemessen werden, bedeutet doch ein Mehr-Konsum durch von Armut und Hunger geplagten Menschen gleichzeitig auch eine Verbesserung des "Humankapitals" im Sinne größerer Produktivität (da stärkerer physischer Belastbarkeit) der Arbeitnehmer im Produktionsprozeß. Anders gesagt, Mehr Konsum erzeugt dort eine positive Externalität. Man kann diese Verbesserung des "Humankapitals" nun wiederum als Ausdruck oder Grundlage technischen Fortschritts fassen, der nach den oben beschriebenen neoklassischen Erklärungsvarianten ja entscheidend für den Entwicklungsprozeß ist![74]]

(3) Internationale Verteilungskonflikte und Koordinierungsprobleme

Selbst wenn es auf nationaler Ebene keine Verteilungskonflikte gäbe bzw. allmächtige gemeinwohlmaximierende Regierungen bestünden[75], könnte es nichtsdestoweniger zu *internationalen* Verteilungskonflikten kommen beim Versuch, die internationale Wirtschaftsordnung zu ändern/effizienter zu gestalten[76]. Auch hier gilt, daß fast jede wirtschaftspolitische Änderung zu (internationalen) Umverteilungen und folglich tendenziell zu (internationalen) Verteilungskonflikten führt. Auch hier gibt es ein Koordinationsproblem, da auf internationaler Ebene überhaupt kein übergeordneter Staat, d.h. kein Gewaltmonopol, existiert und die "private" internationale Koordination auf Schwierigkeiten stößt. (Dies ist ausführlich in Wagner [1991] behandelt.) So ist beispielsweise der Abbau protektionistischer Hürden der Industrieländer untereinander und auch gegenüber den Entwicklungsländern nur sehr zögerlich vorangekommen - trotz der offiziellen Einsicht (fast) aller Politiker, daß ein solcher Abbau paretoeffizient wäre (d.h. den allgemeinen bzw. Gesamt-Nutzen steigern würde). [Allein der Nutzen aus dem Abbau der protektionistischen Hürden der Industrieländer gegenüber den Entwicklungsländern wird auf das Zehnfache der Gesamtsumme der internationalen Entwicklungshilfeleistungen geschätzt; vgl. den "Human Development Report" der Vereinten Nationen (UNDP) von 1992.]

Ein solcher Abbau protektionistischer Hürden gegenüber den Entwicklungsländern erscheint jedoch als erforderlich, um die Entwicklungslücke zwischen Industrie- und Entwicklungsländern schließen zu können (vgl. hierzu näher im 3. Kapitel, Abschnitt I.3).

Daneben kann man die Unterentwicklung in Entwicklungsländern teilweise auch als negative Externalität der über protektionistische Verfahren laufenden Verteilungsauseinandersetzungen *zwischen den Industrieländern* interpretieren[77]. Wenn beispielsweise, wie Anfang der 1980er Jahre, die Industrieländer "Aufwertungswettläu-

---

[74] Dies kann man im Kontext der 'Neuen Wachstumstheorie' genauer zeigen, wenn man den technischen Fortschritt als abhängig vom Konsum (innerhalb bestimmter Grenzen) faßt. Dies deutet darauf hin, daß ein Vorteil der 'Neuen Wachstumstheorie' darin liegt, daß sie theoretisch mit vielen Argumenten der obigen strukturalistischen Ansätze verbunden werden und damit deren Aussagekraft analytisch erhärten kann. Zumindest wird so der manchmal aufgebaute "Gegensatz" von neoklassischem und strukturalistischem Ansatz aufgeweicht.

[75] Wie gesagt, spreche ich hier bestimmte strukturelle Probleme für sich, d.h. einzeln, an. In der Praxis überlagern sich natürlich diese Probleme.

[76] Es gibt keine gleichbleibende optimale Wirtschaftspolitik. Im Zuge sich laufend ändernder dynamischer Wirtschaftsbeziehungen muß sich auch die inhaltliche Form der Wirtschaftspolitik ändern. Ein Grenzfall wäre die Haltung, generell auf jede Wirtschaftspolitik zu verzichten. Da dies jedoch auch kein Status quo ist, bedürfte auch die Herbeiführung dieser Verhaltensvariante einer Politikänderung.

[77] Die Neue Wachstumstheorie hat, wie oben geschildert, ebenso wie die 'Neue Handelstheorie' wieder einen positiven Stellenwert protektionistischer Maßnahmen entdeckt. So werden Erziehungszölle und andere industrie- und strukturpolitische Maßnahmen (wieder) als Möglichkeit betrachtet, um im internationalen Wettbewerb komparative Vorteile zu erzielen. Vergleiche näher hierzu im 3. Kapitel, Abschnitt II.3.

fe" veranstalten, um so national/gegenüber den Konkurrenzländern einen schnelleren Inflationsabbau zu erreichen, so trifft der dadurch produzierte Realzinsanstieg die nicht-unmittelbar beteiligten Entwicklungsländer (insbesondere die hochverschuldeten unter ihnen[78]) besonders hart und schränkt deren Möglichkeiten eines Abbaus des Entwicklungsgefälles ein. (Vgl. zur Analyse dieses Szenariums Wagner [1992: 279ff.].)

Strategieimplikationen

Dieser Ansatz steht in Einklang mit Forderungen nach **Abbau** und koordinierter moralischer Ächtung **des Protektionismus** (ganz allgemein, d.h. auch und insbesondere in Industrieländern) sowie einer Stärkung internationaler Organisationen wie des GATT.

II. Unfreiwilligkeit

Die zum Schluß besprochenen neueren politökonomischen Ansätze kann man wie gesagt so interpretieren, daß sie in gewissem Sinne ein Verbindungsglied zwischen den strukturalistischen Ansätzen und der herkömmlichen neoklassischen Erklärung bieten, indem sie mikroökonomische Fundierungen für einige der strukturalistischen Annahmen liefern.

Nun stellt sich aber die Frage, wenn man solche politisch oder soziokulturell begründeten Rigiditäten festgestellt hat, ob man dann daraus nicht schließen müßte, daß zuerst die politischen und soziokulturellen Hindernisse abgebaut werden sollten, bevor (anstatt daß) Entwicklungshilfe gefordert bzw. betrieben wird. Anders ausgedrückt: Müßte dann nicht - solange dies nicht geschieht - die festgestellte Unterentwicklung als "freiwillig" betrachtet werden? (Dies ist eine nicht selten anzutreffende Interpretation von -zumeist neoklassischen- Ökonomen.) Eine freiwillige Unterentwicklung wäre jedoch augenscheinlich ein Anlaß, internationale Entwicklungspolitik als nicht notwendig zu betrachten.

Beschäftigen wir uns jedoch einmal etwas näher mit der notwendigen Voraussetzung der "Unfreiwilligkeit". **Unfreiwilligkeit** kann so gefaßt werden, daß sie

(1) den **Ausschluß von Freiwilligkeit im Sinne der Präferenzen**

oder

(2) den **Ausschluß der mutwilligen (oder fahrlässigen) Verschuldung**
der ökonomischen Unterentwicklung

ausdrückt.

1. Zu Freiwilligkeit im Sinne der Präferenzen

Freiwilligkeit einer Unterentwicklung im Sinne der Präferenzen läßt sich einmal auf zu hohe *Zeitpräferenzen* und zum anderen auf wachstumshinderliche *Verteilungsprä-*

---

[78] Siehe näher im 3. Kapitel.

ferenzen zurückführen. Letzeren Präferenzen liegen bestimmte Verteilungsgerechtigkeitsnormen zugrunde, so daß man generell hier von einer *soziokulturellen* Begründung der Unterentwicklung sprechen kann.

Man weiß, daß eine - immer verglichen mit anderen Ländern - hohe Zeitpräferenz
zu einer geringeren Sparbildung und damit zu einer geringeren Kapitalakkumulation[79]
führt. Dies wiederum bewirkt, wie im ANHANG im einzelnen gezeigt wird, im neoklassischen Wachstumsmodell ein geringeres langfristiges Pro-Kopf-Einkommensni-
veau und in der neuen Wachstumstheorie auch eine niedrigere langfristige Wachstumsrate. Damit wäre eine andauernde Unterentwicklung präferenztheoretisch
erklärt.

Präferenzen werden nun in der Volkswirtschaftslehre in der Regel als etwas Indi-
viduelles und damit Freiwilliges interpretiert. Von daher wird dann auch eine auf zu
hohen Zeitpräferenzen beruhende Unterentwicklung als freiwillig betrachtet.

Man kann sich demgegenüber aber auf den Standpunkt stellen, daß diese Interpretation vielleicht für Industrieländer sinnvoll sein kann[80], nicht jedoch für Entwicklungsländer. In Entwicklungsländern, so kann man argumentieren, ist die
(vergleichsweise) hohe Zeitpräferenzrate gerade durch den niedrigen Entwicklungsstand bzw. das dadurch gegebene geringe Einkommensniveau (der breiten Bevölkerung) festgelegt. Anders gesagt, bei einem Leben am Rande des Existenzminimums
bleibt keine Möglichkeit, geringen Zeitpräferenzen durch hohe Ersparnis nachzukommen. Andererseits ist eine geringe Zeitpräferenz der kleinen begüterten Schicht in
Entwicklungsländern nicht hinreichend, um genügend Kapitalakkumulation zu begründen (nicht zuletzt auch angesichts der durch die Armut der breiten Bevölkerung
eingeengten Absatzverhältnisse). Dies heißt, die schiefe Verteilung in Entwicklungsländern produziert oder erzwingt die durchschnittlich hohe Zeitpräferenz. Die schiefe
Verteilung kann jedoch selbst als ein Ergebnis der Unterentwicklung angesehen werden[81], da/wenn Unterentwicklung mit geringer Ausbildung der breiten Bevölkerung
korreliert. (Ein geringer Ausbildungsstand korreliert selbst wieder mit der Unfähigkeit, mit Geld umzugehen bzw. rationale Erwartungen zu bilden, d.h. Lernprozesse in
Richtung herrschendes ökonomisches Modellwissen einzuleiten.) Demnach bestünde
also eine gegen- bzw. **beiderseitige Kausalität** zwischen Unterentwicklung und hohen Zeitpräferenzen. Eine Interpretation in Richtung "freiwillig" oder "unfreiwillig"
ist hier nicht sinnvoll.

Diese Argumentationslinie kann auch gegenüber der zweiten präferenztheoreti-
schen, soziokulturellen Begründung einer Freiwilligkeit der Unterentwicklung herangezogen werden. Die zweite Begründungslinie lautet: Unterentwicklung ist das Ergebnis zu häufiger Verteilungsauseinandersetzungen, die selbst wieder auf bestimmte
Verteilungsgerechtigkeitsnormen zurückgeführt werden können. Es ist aus der Erfahrung lateinamerikanischer und auch anderer Entwicklungsländer bekannt, daß eine zu

---

[79] - inklusive Humankapitalakkumulation.

[80] - obwohl auch hier auf das **gesellschaftlich-politische Entstehen** von Wertesystemen und (über
Sozialisationsprozesse) von individuellen Präferenzen hinzuweisen ist!

[81] Dies impliziert allerdings eine Ungleichgewichts-Interpretation (d.h. hier eine Nicht-steady-
state-Betrachtung). Denn erst innerhalb einer solchen Betrachtung außerhalb des Steady State
ist das obige Problem analytisch faßbar.

ausgeprägte Verteilungskonflikt-Kultur für das Wirtschaftswachstum schädlich ist (siehe näher im 5. Kapitel). Letzteres kann so interpretiert werden, daß die Gleichgewichtsbedingungen des soziokulturellen Systems dort nicht mit denen des marktökonomischen Systems harmonieren. Daraus abzuleiten, die hieraus folgende Unterentwicklung sei freiwillig, ist jedoch wiederum angreifbar mithilfe der obigen Argumentation der gegen- oder beiderseitigen Kausalität. Unterentwicklung und Verteilungsgerechtigkeitsnormen können sich gegenseitig kausal beeinflussen. Man spricht hier auch von **gemeinsamer Endogenität**. Inwieweit das empirische Beispiel der ostasiatischen Staaten ein zwingendes Gegenbeispiel bieten kann, bleibt offen. Darauf wird im 5. Kapitel noch näher eingegangen.

Allen Entwicklungsländern zu unterstellen, daß ihre Unterentwicklung freiwillig ist (da ihre Zeitpräferenzrate zu hoch oder ihre Verteilungsgerechtigkeitsnormen wachstumsbehindernd seien[82]), wäre vermessen und zu extrem bzw. "ideologisch". Nichtsdestoweniger ist es sinnvoll, diese Möglichkeit im Einzelfall zu prüfen. Denn theoretisch gibt es diese Möglichkeit zweifelsohne. Allgemein ist hierbei jedoch zu berücksichtigen, daß es ebenso **Koordinationsprobleme** geben kann, die verhindern, daß Entwicklungsländer aus eigener Kraft in angemessener Zeit die Entwicklungslücke schließen können. Insofern sollte man die notwendige Voraussetzung für internationale Entwicklungspolitik im Zweifelsfall als gegeben ansehen. Angesichts der Unsicherheit über die wahre Ursache stellt dies letztlich auch eine moralisch-ethische Verpflichtung dar. Überhaupt spielen in diesem Kontext moralisch-ethische Überlegungen immer mit eine Rolle. So kann man bezweifeln, ob der *Einzelne,* der (ver)hungert, einen entscheidenden Einfluß bezüglich einer Veränderung der durchschnittlichen Zeitpräferenzrate oder der Verteilungsgerechtigkeitsnormen seines Landes hätte ausüben können. Wenn nicht, so ist das Problem eher eines der fehlenden Koordination (z.B. ein Gefangenendilemma; siehe näher im 5. Kapitel). Ein Sippenhaft-Argument würde hier eher zynisch und ethisch bedenklich klingen. Die notwendige Voraussetzung für Entwicklungshilfe im Sinne der Unfreiwilligkeit der Unterentwicklung kann man demnach tendenziell immer als gegeben betrachten. Auch wenn das Argument nicht ganz zwingend ist hinsichtlich einer systematischen Entwicklungspolitik (wohl aber hinsichtlich einer Katastrophenhilfe), erscheint mir die Position, im Zweifelsfall die notwendige Voraussetzung für internationale Entwicklungspolitik als erfüllt anzusehen, als analytisch akzeptabel und moral-ethisch angebracht. Dies heißt jedoch noch nicht, daß damit auch schon die hinreichende Bedingung für das Betreiben von internationaler Entwicklungspolitik gegeben ist. Damit hatten wir uns aber schon im 1. Kapitel, dort in Abschnitt III beschäftigt.

---

[82] Eine weitere Begründung könnte die offensichtliche **Existenz korrupter Regierungen** sein. Auch hier könnte man argumentieren, daß jede Bevölkerung sich ihre eigene Regierung wählt bzw. ja korrupte Regierungen abwählen oder stürzen könnte. Folglich könnte man eine aus der Existenz korrupter Regierungen folgende Unterentwicklung wiederum als freiwillig bezeichnen. Doch liegt dem eine etwas unrealistische Beurteilung der Ausgangslage zugrunde. Das Stürzen insbesondere von Militärregierungen ist nicht ohne große Transaktionskosten (für Leib und Leben) vorstellbar. Von daher kann man das Nichtauflehnen gegen eine solche korrupte, entwicklungsbehindernde Diktatur sehr wohl als individuell rational bezeichnen. Nichtsdestoweniger braucht diese Lösung (das Hinnehmen einer Militärdiktatur) nicht freiwillig im Sinne von erwünscht zu sein. Außerdem gibt es auch hier eine *gemeinsame Endogenität*. Korrupte Regierungen sind vielleicht erst das Ergebnis von Unterentwicklung (transformiert auch durch die niedrige Ausbildung der Bevölkerung in unterentwickelten Staaten). Siehe auch hierzu näher im 5. Kapitel.

2. Zu Freiwilligkeit im Sinne mutwilliger (fahrlässiger) Verursachung

Häufig wird den Entwicklungsländern im Zusammenhang mit ihrer Ordnungs- und Prozeßpolitik vorgeworfen, daß sie ihre andauernde Unterentwicklung auch fahrlässig, wenn nicht gar mutwillig, herbeiführen. Hintergrund ist, daß entgegen besserer Einsicht, oder vielleicht auch wegen des Beharrens auf eigenen sich als falsch erwiesenen Ansichten, ineffiziente Ordnungsstrukturen (wie Regulierungen bis hin zu einer zentralverwalteten Planwirtschaft) oder inkonsistente Politiken zementiert werden. Auch diese Aspekte werden im 5. Kapitel näher erläutert. Hier soll nur darauf hingewiesen werden, daß die logische Schlußfolgerung hieraus nicht die ist, (deswegen) keine Entwicklungshilfe zu geben, sondern die Entwicklungshilfe dann nur unter bestimmten **Auflagen** bezüglich eines Abbaus dieser ineffizienten oder inkonsistenten Struktur- und Politikelemente zu vergeben. Dies ist in den letzten Jahren in der internationalen Entwicklungspolitik ja auch zunehmend gemacht worden und steht im Zentrum unserer Analyse im 3. Kapitel.

III. Zusammenfassung

In diesem Kapitel wurden die sogenannten "notwendigen Voraussetzungen" für internationale Entwicklungspolitik analysiert, wobei diese durch die Indikatoren "andauernde Unterentwicklung" und "Unfreiwilligkeit" gekennzeichnet wurden. Ein Schwerpunkt der Betrachtung lag auf der Darstellung der unterschiedlichen Entwicklungstheorien und der daraus ableitbaren Unterentwicklungserklärungen.

Die in Wissenschaft und Politik vertretenen Ansichten über die Entwicklung haben sich während der vergangenen vier Jahrzehnte wiederholt geändert. Früher glaubte man, daß Klima, Kultur und natürliche Ressourcen sowie Kapitalknappheit die Hauptbestimmungsgrößen der ökonomischen Entwicklung darstellen. In den letzten beiden Jahrzehnten wuchs dagegen die Überzeugung, daß Faktoren wie Marktoffenheit, Wettbewerb und technischer Fortschritt die entscheidenden Determinanten zur Erklärung der Wachstumsunterschiede zwischen den Ländern sind. Hierbei gilt es allerdings zu berücksichtigen, daß diese Faktoren von den zuerst genannten mit geprägt werden. So wird der technische Fortschritt von der Geschichte, der Kultur, der Erziehung, den Institutionen und der Öffnungspolitik in Entwicklungs- *und* Industrieländern beeinflußt. Die Verbreitung von Technologie geschieht wiederum durch Investitionen in physisches und Humankapital sowie durch den internationalen Handel.

Die neuere Sichtweise wird theoretisch untermauert durch die neoklassische Wachstumstheorie, insbesondere in ihrer "neuen" Variante. Deshalb werden im folgenden ANHANG auch die entwicklungstheoretischen und -politischen Implikationen der neoklassischen Wachstumstheorie, sowohl der alten wie auch der neuen, modelltheoretisch näher analysiert. Zuerst wird das Solow-Modell mit exogener wie mit endogener Sparrate vorgestellt und hieraus die Konvergenzthese bzw. die Bedingungen für Entwicklungsdivergenz abgeleitet. Anschließend wird der zentrale Unterschied in der 'Neuen (neoklassischen) Wachstumstheorie' näher herausgearbeitet.

ANHANG zum 2. Kapitel

Inhalt

E-I.   Traditionelle neoklassische Wachstumstheorie

    1. Das SOLOW-Modell
    2. Optimales Wachstum

E-II.   Übergang zur Neuen Wachstumstheorie

    3. Rolle des technischen Fortschritts
    4. Konvergenz- und Divergenzthese

E-III. Neue Wachstumstheorie

    1. Allgemeiner methodischer Ausgangspunkt
    2. Endogenisierung der Wachstumsrate
    3. Formale Modellansätze und Rechentechnik
    4. Methodische Kritikpunkte
    5. Globale Einschätzung

Symbolverzeichnis

E-I. Traditionelle neoklassische Wachstumstheorie

1. Das SOLOW-Modell[83]

Das Solow-Modell geht von einer Volkswirtschaft aus, die Arbeit und Kapital verbindet, um ein einziges homogenes Gut Y herzustellen. Dieses Gut kann von Haushalten konsumiert oder von Firmen als feste Ausstattung benutzt (d.h. kostenlos in eine Kapitaleinheit umgewandelt) werden. Die Technologie, mit der Y produziert wird,

---

[83] Die Grundlage ist Solow [1956]. Hier wird eine etwas vereinfachte, didaktische Darstellung gewählt, da es hier nur um die Ableitung der Konvergenzthese der traditionellen neoklassischen Wachstumstheorie und des Übergangs zur sogenannten Neuen Wachstumstheorie geht. So wird erstmal vom Bevölkerungswachstum wie auch von Abschreibungen abstrahiert, um den Kern der Argumentation so einfach und anschaulich wie möglich machen zu können. Bei Bedarf wird dann auf die Abweichungen bei Einbeziehung des Bevölkerungswachstums und der Abschreibungen hingewiesen. Ausführlichere Darstellungen des Solow-Modells findet man in den meist schon "älteren" Wachstumstheorie-Büchern, z.B. Vogt [1968] oder Wan [1971], sowie in einigen Makroökonomie-Lehrbüchern. Doch auch in den noch wenigen neueren Büchern zur Neuen Wachstumstheorie wird auf das Solow-Modell mehr oder weniger ausführlich eingegangen; vgl. z.B. Grossman und Helpman [1991].

weist konstante Skalenerträge[84] und abnehmende Erträge bezüglich der einzelnen Inputs auf. Außerdem weist sie rein arbeitsvermehrenden exponentiellen technischen Fortschritt auf. Die Arbeitsproduktivität wächst über die Zeit hinweg exogen, so daß $1/A(t)$ Arbeitseinheiten zum Zeitpunkt t erforderlich sind, um die Produktion durchzuführen, für die zum Zeitpunkt t=0 eine Arbeitseinheit benötigt wurde.

Die Outputmenge ist dann so mit den Inputfaktoren Kapital und Arbeit verbunden, daß gilt

(1) $Y_t = F(K_t, A_tN)$,

wobei K_t den Kapitalstock und N den (festen) Arbeitsbestand einer Volkswirtschaft bezeichnet. $F(\cdot)$ ist konkav und linear homogen, und A steigt monoton mit der Zeit. Wir können in diesem Fall die Technologie in der folgenden sogenannten "intensiven Form" ausdrücken[85]:

(1a) $y = f(k) \equiv F(k,1)$ mit $f'(k) > 0$ und $f''(k) \leq 0$,

wobei $y := Y/AN$ den Output pro effektiver Arbeitseinheit und $k := K/AN$ die eingesetzte Kapitalmenge pro effektiver Arbeitseinheit bezeichnen.

Außerdem wird vereinfachend angenommen, daß die Arbeitsproduktivität mit der konstanten Rate λ wächst:

(2) $A_t = e^{\lambda t}$.

Wenn wir nun annehmen, daß jeder Hauhalt einen konstanten Anteil s seines gesamten Einkommens spart, so beträgt die gesamtwirtschaftliche Ersparnis sY:

(3) $S = sY$.

Die Ersparnisse werden in dem vorliegenden Modell alle benutzt, um Investitionen zu finanzieren, die zum Kapitalstock der Wirtschaft beitragen[86]. Folglich gilt

(3a) $S = I = \Delta K$ bzw. mit (3)

(3b) $\Delta K = sY$.

Dies zusammen mit (1) und (1a) impliziert, daß

(4) $\Delta K = sANf(k)$.

Dies zusammen mit (1a) und (2) sowie unter Berücksichtigung der Wachstumsrate von k ergibt[87]:

---

[84] "Konstante Skalenerträge" bedeutet einfach gesagt, daß eine Verdoppelung aller Faktorinputs auch zu einer Verdoppelung des Outputs führt.

[85] Im folgenden werden Zeitindizes weggelassen, außer sie werden zur Klarstellung benötigt.

[86] Für eine Langfristanalyse, wie es die Wachstumstheorie darstellt, erscheint diese Annahme auch angebracht.

[87] Die Wachstumsrate von k ist $(\Delta K/K) - (\Delta A/A) - (\Delta N/N)$, wobei wir oben unterstellt hatten, daß $(\Delta N/N) = 0$ und $(\Delta A/A) = \lambda$. "Δ" bezeichnet hier und im folgenden kleine (absolute) Änderungen in der Zeit. Alternativ könnte man dies auch als erste Ableitungen nach der Zeit schreiben.

(5) $\Delta k = sf(k) - \lambda k$,

was eine Version der berühmten Solow-Gleichung ist, die die Entwicklung des Kapitals pro effektiver Arbeitseinheit beschreibt[88].

In Figur 2 sind die Bewegungen von k eingezeichnet.

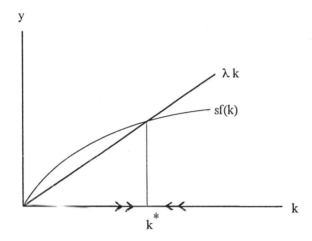

Figur 2

Man kann die Ausdrücke auf der rechten Seite der Gleichung (5) so interpretieren, daß sf(k) die Sparfunktion und λk die Investition, die erforderlich ist um k konstant zu halten, wiedergibt[89].

Wenn sf(k) größer (kleiner) als λk ist, steigt (fällt) k. Die Figur beinhaltet als weitere Annahme, daß zwischen 0 und k* die sf(k)-Kurve steiler, für k>k* dagegen flacher als die λk-Linie verläuft. Dies impliziert die Annahme, daß das Grenzprodukt des Kapitals größer (kleiner) als λ/s ist, wenn k klein (groß, größer als k*) ist. [Das Grenzprodukt des Kapitals ist hier f'(k), während $\lambda/s = \lambda Y/\Delta K$ (siehe (3b)).]

Wenn diese Restriktionen erfüllt sind, schneiden sich die obige Kurve und die Gerade irgendwo im positiven Orthanten. Die Wirtschaft erreicht hier einen Steady State (d.h. einen langfristigen Gleichgewichtszustand) bei einem k*, wo k konstant ist.

Da k im Steady State eine Konstante ist, muß K langfristig mit derselben Rate wachsen wie die Arbeitsproduktivität A.[90] Folglich wird auch die langfristige Wachs-

---

88 Wenn wir hier Bevölkerungswachstum und Abschreibungen mit berücksichtigen wollten, brauchen wir in Gleichung (5) nur λ als Summe aus der Rate des technischen Fortschritts, der Bevölkerungswachstumsrate und der Abschreibungsrate auf den Kapitalstock zu fassen. Vgl. hierzu z.B. ein Lehrbuch der Makroökonomie, etwa Dornbusch und Fischer [1990: 19. Kap.].

89 Vgl. zu einer näheren Erläuterung diesbezüglich z.B. ebda.

tumsrate des Pro-Kopf-Einkommens durch λ gegeben[91], das hier eine exogene Konstante ist, die die Geschwindigkeit des technischen Fortschritts reflektiert. Hingegen kann in diesem Modellaufbau einer Solow-Wirtschaft weder das Haushaltsverhalten (sprich: die Sparentscheidung der Haushalte) noch die Einführung von staatlicher Wirtschaftspolitik einen Effekt auf die langfristige Wachstumsrate haben[92].

Wenn es keinen technischen Fortschritt gibt, kann das Wachstum in einer durch das obige Solow-Modell beschriebenen Wirtschaft nicht aufrechterhalten werden[93]. Bei den unterstellten abnehmenden Kapitalerträgen erzeugt jede neue Kapitaleinheit weniger Output als die vorhergehende. Da annahmegemäß ein konstanter Anteil des mit der Grenzeinheit des Kapitals erzeugten Einkommens gespart wird, sinkt die Ersparnis aus dem abnehmenden Grenzprodukt des Kapitals. Folglich ist auch der Investitionszuwachs (der aus dieser Ersparnis gespeist wird) geringer als der vorhergehende, was noch weniger zusätzliches Kapital erzeugt, usf. Letztlich geht so die Outputwachstumsrate gegen Null, wenn das Grenzprodukt des Kapitals f'(k) sich Null nähert während k größer wird.

Formal kann man dies zeigen, wenn man (1) differenziert und in den sich daraus ergebenden Ausdruck die Gleichung (4) substituiert[94]. Man erhält dann

(7) $\Delta Y/Y = sf'(k)$.

Dieser Ausdruck geht gegen Null, wenn f'(k) mit steigendem k stetig abnimmt. (s ist hier ja konstant gesetzt.)

Solow [1956] betrachtete eine Wirtschaft, in der die Bevölkerung mit der exogenen Rate n wächst. In einer solchen Wirtschaft hört das Pro-Kopf-Einkommen zu wachsen auf, wenn es keinen technischen Fortschritt gibt und das Grenzprodukt des Kapitals letztlich unter n/s fällt[95]. Wenn wir außerdem unterstellen, daß sich das Kapital mit der konstanten Rate q entwertet, dann gilt für $\lambda=n=0$, daß die langfristige Wachstumsrate Null ist, wenn f'(k) < q/s für große k. Das obige Resultat ist ein Spezialfall für n=q=0.

---

[90] Dies folgt wiederum aus der Wachstumsrate von k unter Berücksichtigung, daß wir vom Bevölkerungswachstum abstrahiert haben. Allgemein gilt oben, daß $\Delta K/K = \lambda$, wobei hier λ wie schon angemerkt im allgemeinen auch die Bevölkerungswachstumsrate sowie die Abschreibungsrate mit umfaßt.

[91] Dies folgt aus der Wachstumsrate von y unter Berücksichtigung, daß auch $\Delta y=0$ wenn $\Delta k=0$.

[92] Ein Anstieg der Sparrate, s, beispielsweise bewirkt hier nur eine schnellere Kapitalakkumulation für eine Weile, bis ein neuer Steady State mit einem größerem k und einem höheren Pro-Kopf-Einkommens*niveau* erreicht ist. Während dieses Prozesses senkt sich jedoch die Akkumulations*rate* wieder auf die durch das exogene Produktivitätswachstum vorgegebene Rate.

[93] Voraussetzung hierfür ist, daß die sogenannten **Inada-Bedingungen** erfüllt sind. Diese besagen, daß die technologische Restriktion derart ist, daß
$f'(k) \to \infty$, wenn $k \to 0$, und $f'(k) \to 0$, wenn $k \to \infty$.

[94] Durch Differenzieren von (1) erhält man (1*) $\Delta Y/Y = [f'(k)k/f(k)]\Delta K/K$, wenn $\lambda=0$.

[95] Letzteres sieht man, wenn man beide Seiten von (7) mit "-n" erweitert und $\Delta Y/Y - n \geq 0$ setzt.

Allerdings ist - wie Solow [1956: 64-6] selbst erkannte - anhaltendes Wachstum des Pro-Kopf-Einkommens auch ohne Produktivitätswachstum möglich, wenn das Grenzprodukt von unten durch eine positive Zahl begrenzt ist.

In einer Wirtschaft mit positivem Bevölkerungswachstum erfordert anhaltendes Wachstum bei Abwesenheit von technischem Fortschritt entsprechend, daß das Grenzprodukt des Kapitals von unten durch eine Zahl begrenzt wird, die n/s überschreitet (siehe die vorhergehende Fußnote). Diese untere Begrenzung ist augenscheinlich um so höher, je höher das Bevölkerungswachstum und je niedriger die Sparrate ist.

Wenn das Grenzprodukt, f'(k), zu der Konstanten z>0 tendiert (während k gegen ∞ geht), tendiert auch das Durchschnittsprodukt des Kapitals, f(k)/k, zur Konstanten z. In diesem Fall nehmen die langfristigen Kapitalerträge nicht ab, sondern sind konstant. Hier impliziert dann (5) ein proportionales Wachstum des Kapitals per effektiver Arbeitseinheit mit der Rate Δk/k=sz, wenn λ=0. Dies gibt auch die langfristige Wachstumsrate des Kapitalstocks an, da effektive Arbeit in der Abwesenheit von Bevölkerungswachstum und Produktivitätswachstum konstant ist[96]. Output und Pro-Kopf-Einkommen wachsen dann auch mit dieser Rate[97]. Bei konstanten Kapitalerträgen verbessert in diesem Fall ein Anstieg der Sparrate die langfristige Wachstumsleistung. Diese Einsicht kann man sozusagen auch als Anknüpfungs- oder Ausgangspunkt der "Neuen Wachstumstheorie" (siehe unten) betrachten[98].

Als **Ergebnis** des Obigen kann man festhalten, daß das Wachstum in einer Solow-Wirtschaft dann und nur dann anhält, wenn das Grenzprodukt des Kapitals mit zunehmendem Kapitaleinsatz nicht zu sehr sinkt. Entscheidend hierfür scheint die Entwicklung des technischen Fortschritts zu sein[99]. Zur Rolle des technischen Fortschritts kommen wir in Abschnitt 3 näher. Vorher erfolgt noch ein Einschub, in dem die Ad-hoc-Annahme einer konstanten Sparrate aufgegeben wird. Dabei wird gezeigt, daß auch bei einer Endogenisierung der Sparrate das eben erhaltene Ergebnis aufrechterhalten werden kann.

2. Optimales Wachstum

Die Annahme einer konstanten Sparrate im obigen Solow-Modell war eine reine Ad-hoc-Annahme, die ökonomisch durch nichts begründet ist. Stattdessen müßte man ei-

---

[96] k ist ja gleich K/AN.

[97] Siehe (1*), wobei hier f'(k) = f(k)/k.

[98] So haben eine Anzahl von neueren Arbeiten (wie Jones und Manuelli [1990], King und Rebelo [1990] und Rebelo [1991]) auf dieser Idee aufgebaut, daß langfristiges Wachstum des Pro-Kopf-Einkommens aufrechterhalten werden kann, falls die Kapitalerträge zu einer Konstanten tendieren, wenn die Kapitalintensität k groß wird.
Konstante langfristige Kapitalerträge erhält man beispielsweise, wie Solow [1956. 77-8] schon angemerkt hat, wenn die Produktionsfunktion F(·) eine konstante Substitutionselastizität zwischen Arbeit und Kapital besitzt, die größer als Eins ist.

[99] Formal gesprochen, kann nur ein Ansteigen von A eine Zunahme von k und damit eine Abnahme des Grenzprodukts des Kapitals, bedingt durch die technologische Restriktion f'(k)<0, aufhalten. Hierzu braucht man sich nur die Definition von k nochmals vor Augen zu führen: k:=K/AN; ein Ansteigen von K/N kann nur durch ein Steigen von A so ausgeglichen werden, daß k nicht steigt.

gentlich unterstellen, daß auch die Entscheidung, wieviel aus dem Einkommen gespart wird, aus einem Nutzenmaximierungskalkül unter Berücksichtigung der Budgetbedingungen getroffen wird. Wenn man diesen Weg verfolgt, kommt man zur sogenannten **Theorie optimalen Wachstums.** Im folgenden soll gezeigt werden, daß sich auch im Fall unendlich lange lebender Konsumenten[100], die über die Wahl von Konsum und Ersparnis ihren Nutzen maximieren, das obige Ergebnis hinsichtlich der Dominanz des technischen Fortschritts bei der Wachstumsbestimmung bestätigen läßt. Hierbei soll von einer zeitteilbaren intertemporalen Nutzenfunktion mit einer konstanten Elastizität des Grenznutzens des Konsums ausgegangen werden. In einer solchen Wirtschaft wird *das langfristige Wachstum nur dann aufrechterhalten, wenn der Realzins langfristig oberhalb der subjektiven Diskontierungsrate bleibt.* Da jedoch bei Abwesenheit von Kapitalentwertung der Realzins gleich dem Grenzprodukt des Kapitals ist, folgt, daß das Pro-Kopf-Einkommen langfristig dann und nur dann wächst, *wenn das Grenzprodukt des Kapitals höher als die subjektive Diskontierungs- oder Zeitpräferenzrate ausfällt.* In diesem Fall ist die langfristige Wachstumsrate um so höher, je niedriger die subjektive Zeitpräferenzrate und je höher die intertemporale Substitutionselastizität ist. Auch hier gilt, daß ein Absinken des Grenzprodukts des Kapitals bei zunehmendem Kapitaleinsatz unter die subjektive Zeitpräferenzrate langfristig nur durch *technischen Fortschritt* verhinderbar ist. Im folgenden werden diese Aussagen modelltheoretisch hergeleitet. Die Darstellung wird wieder so einfach wie möglich gehalten.

Ableitung der obigen Aussagen

Wenn wir die optimale Wachstumsrate für eine Wirtschaft bei den dort vorliegenden Präferenzen und technologischen Restriktionen finden wollen, können wir wie gesagt keine feste Sparrate mehr unterstellen, sondern müssen selbst das optimale Sparen (mit)bestimmen. Letzteres geschieht, indem man die Optimierungsentscheidung der Wirtschaftssubjekte bezüglich der Konsum-Ersparnis-Aufteilung ihres Einkommens modelliert.

Hierzu gehen wir von der folgenden Nutzenfunktion

$$(*) \quad \int_0^\infty U(c)e^{-\rho t}dt \text{ , wobei } U'(c)>0 \text{ und } U \text{ strikt konkav ist}[101],$$

aus und fragen uns, wann der Nutzen maximiert wird, wenn gleichzeitig die Nebenbedingung

$$(5') \quad \Delta k = f(k) - c - \lambda k$$

zu berücksichtigen ist.

---

[100] Dieser Fall ist als analytisches Konzept gar nicht so unrealistisch, wie es auf den ersten Blick erscheinen mag. Siehe hierzu z.B. Neumann [1990: 39-41].

[101] Um die Konvergenz dieses Integrals zu sichern, muß ein hinreichend großes ρ unterstellt werden. [ρ = Diskontierungs- oder Zeitpräferenzrate (ρ>0).] Außerdem unterstellen wir, daß der anfängliche Kapitalstock K(0) gegeben ist.

Die Nebenbedingung (5') erhält man aus (5) oben, wenn man mit einbezieht, daß sf(k) = sy ≡ y - (y -sy) = y - c, wobei c := C/AN mit C := Konsum.[102]

Das formale **Problem** lautet also: Maximiere (*) unter der Nebenbedingung (5'). Die **Lösung** dieses Problems - zur Lösungstechnik siehe gleich im Anschluß - besteht in zwei Differentialgleichungen, nämlich der obigen Gleichung (5') und der folgenden Gleichung (6):

(6) $\Delta c = [f'(k) - (\lambda+\rho)] \, c / \varepsilon(c)$, wobei $\varepsilon = -cU''(c)/U'(c) \geq 0$.

(ε drückt hier die Elastizität des Grenznutzens des Konsums aus, und $1/\varepsilon$ entspricht der intertemporalen Substitutionselastizität. ε ist auch der Koeffizient der relativen Risikoaversion (siehe Pratt [1964]). Dieser wird hier als konstant angenommen. Es wird üblicherweise unterstellt, daß $\varepsilon \leq 1$. Wenn $\varepsilon > 1$ wäre, würde U(c)<0 sein. Dies impliziert, daß der Gesamtnutzen bei der Verlängerung des Zeithorizonts um eine Periode kleiner wird. Ein Individuum mit der obigen Nutzenfunktion und endlichem Zeithorizont würde folglich eine Verlängerung des Lebens negativ bewerten. Wenn $\varepsilon = 1$, erhält man die logarithmische Nutzenfunktion U(c) = lnc.)

Zur Lösungstechnik

Zur Lösung des obigen Problems verwendet man üblicherweise das Maximumprinzip von Pontrjagin (zur näheren Erläuterung siehe z.B. Dixit [1990: Kap. 10] oder Romer [1989]). Die *Hamiltonfunktion* lautet für das obige Problem:

L = $U(c)e^{-\rho t} + \psi[f(k) - c - \lambda k]$.

Notwendig für ein Maximum sind $\partial L/\partial c = 0$ und $\Delta \psi = -\partial L/\partial k$.

Führt man diese Operationen aus, so erhält man Gleichung (6) oben.

Berechnung

(7) $\partial L/\partial c = U'(c)e^{-\rho t} - \psi = 0 \quad \Rightarrow \quad U'(c)e^{-\rho t} = \psi$.

(8) $\Delta \psi = -\partial L/\partial k = -\psi[f'(k) - \lambda]$.

Differenzieren wir (7), so erhalten wir

(7') $\Delta \psi = [U''(c)\Delta c - \rho U'(c)] \, e^{-\rho t}$.

Wenn wir dies in (8) einsetzen und ψ aus (7) aussubstituieren, kommen wir zu Gleichung (6).

Folgende Schritte sind dabei zu berücksichtigen:

(8) $\Delta \psi$ = $-\psi$ $\cdot [f'(k) - \lambda]$

(7') ↓

$[U''(c)\Delta c - \rho U'(c)] \, e^{-\rho t}$ = $-\psi$ $\cdot [f'(k) - \lambda]$

---

[102] Entsprechend ist c dann der Konsum pro effektiver Arbeitseinheit.

$$(7)\downarrow$$

$$= - U'(c)\, e^{-\rho t}\, [f'(k) - \lambda] \qquad |:e^{-\rho t}$$

$$\Rightarrow$$

$$U''(c)\Delta c - \rho U'(c) = - U'(c)[f'(k) - \lambda] \qquad\qquad |+\rho U'(c)$$

$$U''(c)\Delta c = - U'(c)[f'(k) - \lambda] + \rho U'(c) \qquad\qquad |:U''(c)$$

$$\Delta c = - [U'(c)/U''(c)][f'(k) - \lambda] + \rho U'(c)/U''(c)$$

$$= - [U'(c)/U''(c)][f'(k) - \lambda - \rho]$$

$$= (c/\varepsilon) \cdot [f'(k) - \lambda - \rho] \quad,\ \text{wobei}\ \ \varepsilon = -c U''(c)/U'(c) \ . \qquad (6)$$

Graphische Darstellung

Die Lösung des obigen Problems, bestehend aus (5') und (6), ist graphisch in der Figur 3 veranschaulicht:

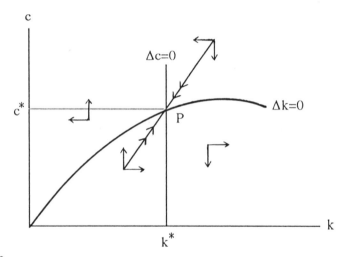

Figur 3

Es sind die Gleichgewichtskurven für $\Delta k = 0$ und für $\Delta c = 0$ eingezeichnet, durch die vier Felder entstehen, in denen Pfeile die Veränderungsrichtung der Variablen k und c angeben. Die Gleichgewichtskurven schneiden sich im Punkt P, der ein steady-state-Gleichgewicht mit den Gleichgewichtswerten k* und c* darstellt. Letztere ergeben sich - abgeleitet aus (5') und (6) - als Lösung der Gleichungen

(9a) $f(k) - \lambda - \rho k = 0$

und

(9b) $f'(k) = \lambda + \rho$.

Erläuterung

Da k* = (K/AN)* eine Konstante ist, erhöht sich der Kapitalstock pro Kopf, K/N, mit der Rate des technischen Fortschritts, $\lambda := \Delta A/A$. Auch die Produktion pro Kopf nimmt mit der gleichen Rate zu. Da c* := (C/AN)* konstant ist, steigt auch der Konsum pro Kopf, C/N, mit der Rate des technischen Fortschritts[103].

Bei Abwesenheit von technischem Fortschritt (d.h. bei λ=0) ist im Gleichgewicht das Grenzprodukt des Kapitals, f'(k), wie auch dessen Durchschnittsprodukt, f(k)/k, konstant gleich der subjektiven Zeitpräferenzrate, ρ. Das Wachstum des Pro-Kopf-Einkommens ist dann gleich Null. Ein andauerndes Wachstum ist nur möglich, wenn das Grenzprodukt des Kapitals, f'(k), höher als die subjektive Zeitpräferenzrate, ρ, ist. Dies wiederum ist nur möglich, wie man aus (9b) sieht, wenn λ>0, d.h. wenn technischer Fortschritt vorliegt. Die Frage ist nun, wie dieser technische Fortschritt erklärt werden kann.

E-II. Übergang zur Neuen Wachstumstheorie

3. Rolle des technischen Fortschritts

In Gleichung (1) oben bezeichnet A den Zustand der Produktionstechnologie. Technischer Fortschritt, der in (1) als arbeitsvermehrend dargestellt ist, steigert A und dadurch das Grenzprodukt des Kapitals. Ein höheres Grenzprodukt des Kapitals führt ceteris paribus zu einem höheren Realzins und dadurch (bei der durch (6) beschriebenen Bestimmung des Konsumwachstums) zu einer höheren Konsumwachstumsrate. Dem steht jedoch ein anderer gegenläufiger Effekt gegenüber. Kapitalakkumulation senkt nämlich - aufgrund der abnehmenden Grenzproduktivität - ceteris paribus den Realzins und daher die Konsumwachstumsrate, wie oben schon erläutert. Im Steady State (wo k:=K/AN konstant ist) ist die Kapitalakkumulationsrate (bei gegebener Arbeitsbevölkerung) gleich der Rate des technischen Fortschritts, während der Realzins konstant bleibt. Dies beschreibt den Fall exogenen technischen Fortschritts und führt zu exogenem langfristigen Wachstum.

---

103 Da das Grenzprodukt wie auch das Durchschnittsprodukt des Kapitals im steady-state-Gleichgewicht konstant sind, bleiben die funktionale Einkommensverteilung, die Kapitaleinkommensquote, f'(k)k/f(k), und die dazu gehörige Lohnquote unverändert. Der Lohnsatz ändert sich mit der Rate des technischen Fortschritts. Letzteres sieht man aus der Definition der Lohnquote. Die Lohnquote ist gleich dem Verhältnis zwischen dem Lohnsatz und der Produktion pro Kopf. Die Produktion pro Kopf steigt aber wie gesagt mit der Rate des technischen Fortschritts.

Es gibt jedoch einen Zweig in der neoklassischen Wachstumstheorie, der der "learning by doing"-Analyse von Arrow folgend den Zustand der Technologie mit kumulativen Investitionserfahrungen verbunden hat. Dementsprechend wird dann der Technologiezustandsparameter A eine Funktion des Kapitalstocks der Wirtschaft: A = A(K).[104] Mit dieser Form endogenen technischen Fortschritts kann eine Wirtschaft ein langfristiges Wachstum so lange aufrechterhalten, wie der Technologiestand hinreichend auf die Kapitalakkumulation reagiert.

Hieran knüpft ein Zweig innerhalb der "Neuen Wachstumstheorie" an, wie im Übersichtsteil oben schon kurz erläutert worden ist. Der Hauptgedanke ist zusammengefaßt der folgende: Langfristiges Wachstum kann nur dann aufrechterhalten werden, wenn der durch die Kapitalakkumulation hervorgerufene (und vom Investor wahrgenommene) Rückgang der Grenzproduktivität des Kapitals durch gegenläufige Effekte kompensiert werden kann. Im Modell des learning by doing stellt Lernen so eine kompensierende Einrichtung dar. Jedoch wird dieser Mechanismus nicht hinreichend sein, wenn die Geschwindigkeit des Lernens nicht schnell genug ist, oder Lernen begrenzt ist. Hier kommt dann der Aspekt der Erfindung neuer Güter als zusätzliche notwendige Bedingung ins Spiel, wie im Übersichtsteil oben (in Abschnitt I.2.3.3) schon erläutert worden ist.

4. Konvergenz- und Divergenzthese

Aufgrund unserer Fragestellung in diesem Kapitel interessiert uns vor allem, ob bzw. wie in dem obigen Modellrahmen andauernde Unterentwicklung erklärt werden kann. Allgemein kann man, wie im Übersichtsteil oben schon kurz dargestellt, aus der traditionellen neoklassischen Wachstumstheorie eher eine Konvergenzthese ableiten. Dagegen ist die Neue Wachstumstheorie in der Lage, Polarisierungstendenzen neoklassisch (d.h., auch unter Beibehaltung des Nutzenmaximierungskalküls) zu begründen.

Traditionelle Wachstumstheorie	*Exogene* Erklärung des TF	Konvergenzthese
Neue Wachstumstheorie	*Endogene* Erklärung des TF	Divergenzthese

TF := technischer Fortschritt

Konvergenzthese der traditionellen neoklassischen Wachstumstheorie

Aus dem obigen Solow-Modell und der Darstellung optimalen Wachstums folgt:

(1) Es kann in einer solchen Welt keine permanenten Unterschiede in den Wachstumsraten über Volkswirtschaften hinweg geben - d.h., die steady-state-Wachs-

---

[104] Siehe z.B. Sheshinski [1967]. Die Wirkung des Kapitals auf die Produktivität wird dabei als nicht vom individuellen Investor bestimmbar angesehen.

tumsrate ist in allen Ländern dieselbe -[105], wenn alle Länder (sofortigen und kostenlosen) Zugang zu denselben Technologien haben. Letzteres wird jedoch in der traditionellen Wachstumstheorie implizit unterstellt; denn die Annahme exogenen technischen Fortschritts (technischer Fortschritt fällt hier überall gleichmäßig verteilt wie "Manna vom Himmel") läßt sich nicht vereinbaren mit systematischen Unterschieden im Zugang zu diesen Technologien.

(2) Es kann nur dann permanente Unterschiede in den Einkommens*niveaus* geben, wenn die Volkswirtschaften sich in ihren Präferenzen (insbesondere in ihren subjektiven Zeitpräferenzen) oder in ihren Steuersystemen unterscheiden. Wie wir oben gesehen haben, läßt sich andauerndes Wachstum nur dann aufrechterhalten, wenn das Grenzprodukt des Kapitals die subjektive Zeitpräferenzrate übersteigt. Zu hohe Zeitpräferenzen können dies in bestimmten Ländern unmöglich machen. Ebenso können ineffiziente Steuersysteme in einigen Ländern das Grenzprodukt des Kapitals unter die Zeitpräferenzrate drücken. Insofern können auch in der traditionellen neoklassischen Wachstumstheorie Begründungen für Entwicklungspolarisierung bzw. andauernde Unterentwicklung in einem Teil der Welt gefunden werden. Allerdings wird diese Unterentwicklung dann in diesem Theorieverständnis als letztlich "freiwillig" interpretiert, so daß sie auch kein Anlaß für internationale Entwicklungspolitik sein kann. Als freiwillig wird sie deshalb interpretiert, da die Zeitpräferenzen letztlich als frei gewählt betrachtet werden (methodischer Individualismus als Ausgangspunkt) und die Aufrechterhaltung ineffizienter Steuersysteme letztlich als "irrational" und damit selbst verschuldet angesehen wird.

Sieht man von solchen freiwilligen oder irrationalen Momenten ab, so sollte Konvergenz in der Entwicklung vorherrschen.

Divergenzthese in der Neuen neoklassischen Wachstumstheorie

Nun gibt es jedoch, wie oben schon erwähnt, in der Realität anscheinend Divergenz oder Polarisierungstendenzen - sowohl bezüglich der Wachstumsraten als auch bezüglich der Pro-Kopf-Einkommensniveaus. Dies wurde auch von neoklassischen Ökonomen in den letzten Jahren als bislang (von ihnen) ungelöstes Erklärungsproblem (wieder)aufgegriffen und zum Ausgangspunkt der Entwicklung einer 'Neuen Wachstumstheorie' genommen. In dieser Theorie wurde der unterschiedliche Zugang zu Technologien zum Haupterklärungselement gewählt (siehe unten).

---

[105] Wenn wir Nicht-steady-state-Verhalten zulassen, ist eine weitere Implikation, daß ärmere Länder dann schneller wachsen müßten als reichere Länder. Die Welt konvergiert so hin zu einem Steady State, in dem jedes Land die selbe Pro-Kopf-Wachstumsrate aufweist.

Die *ökonomische Begründung* ist wie folgt: Ärmere Volkswirtschaften haben weniger Kapital pro Arbeiter. Dies impliziert nach dem Gesetz abnehmender Grenzerträge, daß sie dann auch eine höhere Ertragsrate auf Kapital haben. Falls es keine Beschränkung hinsichtlich der Kapitalmobilität gibt, wird Kapital von den reicheren zu den ärmeren Ländern wandern. Dies wiederum impliziert, daß arme Länder schneller wachsen als reiche Länder und diese in der Produktivität einholen.

E-III. Neue Wachstumstheorie

1. Allgemeiner methodischer Ausgangspunkt

Die Neue Wachstumstheorie läßt sich in das im Abschnitt 2 des ANHANGs darge-stellte Konzept "optimalen Wachstums" einorden. Dieses methodische Konzept geht von der Tradition her zurück auf Frank Ramsey [1928][106]. Das "optimale Wachs-tum"-Problem läßt sich dort als eine Planungsaufgabe behandeln. Es wird gefragt, wie sich die Volkswirtschaft verhalten *sollte,* wenn ihr Ziel wäre, eine zeit-additive Nut-zenfunktion, die nur vom Zeitpfad des Pro-Kopf-Konsums abhängig ist, zu maximie-ren. Dies wird in Abschnitt 3 als "Problem des sozialen Planers" bezeichnet.

Es ist nun unter den meisten Anhängern der Neuen Wachstumstheorie modern ge-worden, das Ramsey-Modell als beschreibend zu behandeln. Das bedeutet, es wird angenommen, die Volkswirtschaft sei von einer einzigen repräsentativen unsterbli-chen Handlungseinheit oder Dynastie bevölkert, deren privates Ziel es sei, ein abdis-kontiertes Nutzenintegral zu maximieren. Die Produktionsseite der Volkswirtschaft führt dagegen nur die Wünsche dieses repräsentativen Haushalts aus. "Koordinati-onsprobleme" tauchen hier gar nicht erst auf[107].

2. Endogenisierung der Wachstumsrate

Durch die Endogenisierung der Rate des technischen Fortschritts gelingt es der Neuen neoklassischen Wachstumstheorie, sich aus der Zwangsjacke der Konvergenz hin zu einer gegebenen steady-state-Wachstumsrate zu befreien. Es gibt zumindest zwei Wege, um dadurch die steady-state-(Pro-Kopf-)Wachstumsrate zu endo-genisieren: *einmal* durch die Erweiterung des Standardmodells, so daß die Investition in technischen Fortschritt explizit als ökonomisch motiviert behandelt wird; *andererseits* durch die Einführung steigender Skalenerträge, mit zumindest der Möglichkeit, daß gewöhnliche Spar-Investitions-Entscheidungen die Steigung und nicht nur das Niveau des steady-state-Wachstumspfades beeinflussen können.

Auch wenn die von den Pionieren der Neuen Wachstumstheorie getroffene und von der "Neuen Außenhandelstheorie"[108] inspirierten Annahme steigender Skalener-träge der Intuition besser entsprechen mag, bringt sie doch auch einige Probleme mit sich[109]. So ist die Annahme steigender Skalenerträge unvereinbar mit der vollkom-menen Wettbewerbs. Als naheliegenden Ausweg könnte man sich vorstellen, in "keynesianischer" Manier direkt zu einem Modell unvollkommener (monopolisti-

---

[106] Zu einer analytischen Betrachtung des Grundkonzepts siehe z.B. Blanchard und Fischer [1989: 2. Kap.].

[107] Dies betrifft die modernere Version. Die alte Version schloß dieses Problem explizit aus. Von daher könnte man typische "keynesianische" Probleme auch gar nicht mit einem solchen Konzept analysieren - geht man davon aus, daß "keynesianische" Systeme als "Systeme mit Koordinationsmängeln" umschreibbar sind (Ramser [1991: 306]).

[108] Siehe hierzu im 3. Kapitel, Abschnitt II.3.

[109] Vgl. hierzu näher auch Solow [1991].

scher) Konkurrenz überzugehen. Die meisten der Vertreter der Neuen Wachstumstheorie (einschließlich ihrer Pioniere: Paul Romer und Robert Lucas) verblieben jedoch erstmal innerhalb des Ansatzes der vollkommenen Konkurrenz und erklärten stattdessen steigende Skalenerträge über eine technologische *Externalität*[110]. Dies löst das technische Problem, erscheint aber irgendwie unbefriedigend (obwohl der Modellansatz vollkommener Konkurrenz bei der Analyse von Wachstumsphänomenen noch *relativ* realistischer ist als bei einer Analyse von Konjunkturphänomenen[111]). Zumindest stellt sich in gut-neuklassischer Art die Frage, warum denn die Externalität über Institutionenbildung nicht internalisierbar sein soll.

Zum anderen reicht die Annahme steigender Skalenerträge allein nicht aus, um die Wachstumsrate zu endogenisieren[112]. Dementsprechend unterstellen Romer [1986] und Lucas [1988] als zusätzliche Annahme, daß der technische Fortschritt eine echte ökonomische Größe ist. Technischer Fortschritt wird von ihnen identifiziert mit der Akkumulation von Humankapital. Die aggregierte Produktionsfunktion wird geschrieben als F(K,AN), wobei A den akkumulierten Bestand an Humankapital pro Kopf bezeichnet[113]. Für den repräsentativen Haushalt stellt die Investition in A eine Alternative zu einer Investition in K und zum Konsumieren dar. A wird dabei mehr als ein Wissensbestand modelliert denn als ein Bestand an Fähigkeiten. Es wird auch angenommen, daß dieser Wissensbestand seinen Investor oder Erfinder überlebt.

Sowohl Romer als auch Lucas modellieren die Technologie so, daß sich die individuelle Firma *konstanten* Skalenerträgen in den von ihr kontrollierbaren Inputs gegenübersieht. Da jedoch der Humankapital-Input für-andere-Firmen-günstige spillover-Effekte liefert, treten im Aggregat (d.h., gesamtwirtschaftlich) *steigende* Skalenerträge auf. Im einzelnen unterscheiden sich allerdings Romer und Lucas. Romer unterstellt, daß der repräsentative Haushalt physisches Kapital und Humankapital in zusätzliches Humankapital verwandeln kann mithilfe einer Technologie, die abnehmende Erträge hinsichtlich der einzelnen Inputs sowie konstante Skalenerträge aufweist. Allein in der aggregierten Produktionsfunktion erbringt hier Humankapital steigende soziale Erträge. Lucas hingegen geht von der herkömmlichen Annahme abnehmender Erträge hinsichtlich des Humankapitals aus. Er nimmt aber an, daß die Technologie für die Produktion neuen Humankapitals mithilfe von Arbeitszeit und schon akkumuliertem Humankapital konstante Skalenerträge separat hinsichtlich beider Inputs aufweist und daher homogen vom Grad zwei ist.

Es gibt inzwischen unzählige Modelle der Neuen Wachstumstheorie, die zum Teil unvollkommene Konkurrenz in Teilsektoren (wie einem Zwischenproduktsektor)

---

[110] Die Idee, vollkommenen Wettbewerb mit steigenden Skalenerträgen in Einklang zu bringen, indem die Produktions- oder Kostenfunktion der individuellen Firma als parametrisch abhängig von aggregierten Industrievariablen (wie Output oder Kapital) modelliert wird, geht auf Edgeworth und noch früher zurück (siehe als Überblick zu der früheren Literatur Chipman [1965] und [1970]).

[111] Vgl. hierzu näher Wagner [1992]; siehe auch Abschnitt III.1 im 3. Kapitel unten.

[112] Vgl. auch Solow [1991].

[113] A entspricht hier dem A in Gleichung (1) des Abschnitts 1. Jedoch ist A hier im Gegensatz dazu eine *endogene* Variable.

oder auch unvollkommene Konkurrenz und Externalitäten zusammen[114] unterstellen. Auf eine detaillierte Darstellung all dieser Ansätze wird hier jedoch verzichtet[115].

3. Formale Modellansätze und Rechentechnik

In diesem Abschnitt möchte ich die Grundstruktur des Modells der Neuen Wachstumstheorie formal interpretieren, wobei ich von zwei typischen, verschiedenen Varianten ausgehen werde. Die erstere bezeichne ich als einfache Romer-Typ-Variante, die zweite als Lucas-Variante. Es geht mir hier - neben einer exemplarischen Veranschaulichung der formalen Modellansätze und der verwendeten Rechentechnik - vor allem darum, den zentralen Unterschied zur älteren oder "traditionellen" neoklassischen Wachstumstheorie formal herauszuarbeiten.

3.1 Neoklassisches Modell mit einem Spillover-Effekt
   (Einfache Romer-Typ-Variante)

----

(1) $Y_t = A_t^\alpha K_t^{1-\alpha}$

(2) $A^*_t = G \cdot A^*_{t-1}$ Traditioneller

(3) $K_{t+1} = K_t + Y_t - C_t$ Kernteil

(4) $\text{Max } E_t \sum\limits_{i=0}^{\infty} \beta^i C_{t+i}^{1-\gamma}/1-\gamma$

(5^A) $A_t = A^*_t$ Traditionelle Ergänzung

(5^N) $A_t = A^*_t K_t^\theta$ "Neue" Ergänzung

Der "traditionelle Kernteil" ist beiden Ansätzen, der älteren neoklassischen Wachstumstheorie sowie der Neuen Wachstumstheorie (in der hier betrachteten Romer-Variante) gemeinsam.

(1) drückt die in Abschnitt 1 erläuterte Produktionsfunktion, hier in Cobb-Douglas-Form, aus. Aus Vereinfachungsgründen wurde N_t auf 1 normiert.

(2) kennzeichnet den *exogenen* Teil der Entwicklung der Arbeitsproduktivität (ausgedrückt hier durch das "Sternchen" bei A).

---

[114] Vgl. z.B. Romer [1990] und Aghion und Howitt [1992].

[115] Zu einem (begrenzten) Überblick siehe z.B. Sala-I-Martin [1990] oder Stolpe [1992].

(3) beschreibt die Investitions- oder Kapitalakkumulationsgleichung. Sie entspricht der Gleichung (3b) in Abschnitt 1. (K_t ist hier als Kapitalstock einer repräsentativen Firma zu interpretieren.)

(4) bezeichnet die intertemporale Nutzen- oder Zielfunktion. Sie entspricht der Gleichung (*) in Abschnitt E-I.2 oben, hier allerdings in diskreter und Cobb-Douglas-Form geschrieben[116]. (β bezeichnet hier den Zeitdiskontierungsfaktor und γ den Risikoaversionsgrad.)

Die Neue Wachstumstheorie (in der hier betrachteten Variante) unterscheidet sich von der traditionellen Wachstumstheorie nur durch die unterschiedliche Bestimmung der Technologie A. Während die traditionelle Wachstumstheorie A als exogen bestimmt betrachtet (Gleichung 5^A), unterstellt die Neue Wachstumstheorie (in der hier betrachteten Variante) einen Einfluß der Kapitalakkumulation auf den technischen Fortschritt (ausgedrückt in Gleichung 5^N). θ bezeichnet einen externen Effekt, wobei hier angenommen wird, daß $\theta<1$ (gesellschaftlicher Kapitalstock)[117].

Die hierauf basierenden Spillovers produzieren nun einen *Multiplikatoreffekt des exogenen technischen Fortschritts*. Dies sieht man, wenn man die Wachstumsrate über (5^N) bildet und berücksichtigt, daß in einem Steady State die Wachstumsraten der obigen Variablen (C,Y,K,A) gleich sein müssen.

Durch Bildung der Wachstumsraten über (5^N) erhalten wir:

$$g_A = g_{A*} + \theta g_K \qquad \text{(g steht hier für die jeweilige Wachstumsrate)}$$

Im Steady State ist aber $g_A = g_K = g_C = g_Y = g$.

Hieraus folgt: $\quad \boxed{g = g*/(1-\theta)} .$

Demgegenüber gilt in der traditionellen Wachstumstheorie $g=g*$ (da dort ja $\theta=0$).

Wenn wir nun die Problemlösung eines sozialen Planers mit der Lösung eines dezentralisierten Marktgleichgewichts vergleichen, können wir hieraus Aussagen über die diesbezüglichen Wachstumsunterschiede ableiten[118]. Und zwar läßt sich zeigen, daß im Falle des sozialen Planers (bei $0<\theta<1$) das Outputniveau, nicht jedoch das Outputwachstum, größer ist als im Falle des dezentralisierten Marktgleichgewichts (wo $\theta=0$). In der anschließend folgenden Lucas-Variante dagegen ist auch das Outputwachstum höher.

Im folgenden werde ich die diesbezüglichen Beweise skizzieren. Da die Lösungstechnik hier die gleiche ist wie in Abschnitt E-I.2 oben, verzichte ich auf die Angabe der detaillierten Ableitungsschritte und beschränke mich auf die Wiedergabe der wesentlichen Zwischenschritte und -ergebnisse.

Das Problem eines sozialen Planers

Substituieren wir (5^N) in (1), so erhalten wir

---

[116] Hier steht C statt c, da wir N=1 gesetzt haben.

[117] Zur Erläuterung siehe weiter unten.

[118] Zur Methodik vergleiche nochmals Abschnitt E-III.1 oben.

(1') $Y_t = A^*_t{}^\alpha K_t{}^{1-(1-\theta)\alpha}$.[119]

Die "first-order-condition"[120] des Maximierungsproblems über (4) unter den Nebenbedingungen (3) und (1')[121] lautet:

$$U'(C_t) = \beta E_t[U'(C_{t+1})\{(1-(1-\theta)\alpha)A^*_{t+1}K_{t+1}{}^{-(1-\theta)\alpha} + 1\}]$$

Im Steady State gilt $G^\gamma = \beta R$, wobei R = der Ausdruck in der geschweiften Klammer oben. Wenn wir dies lösen, erhalten wir als den Steady-State-Kapitalstock:

$$K_t{}^{SP} = A^*_t{}^{1/(1-\theta)} \left[\frac{G^{*\gamma/(1-\theta)}/\beta - 1}{1-(1-\theta)\alpha} \right]^{-1/(1-\theta)\alpha} .$$

Dezentralisiertes Marktgleichgewicht

Hier ist G_A als exogen zu behandeln und folglich die Rückwirkung von der Kapitalakkumulation auf G_A zu ignorieren.

Nun wissen wir aus der obigen Betrachtung, daß im Gleichgewicht[122] $G = G_A = G^{*1/(1-\theta)}$, genauso wie im Problem des sozialen Planers. Aus der Steady-State-Analyse des traditionellen neoklassischen Modells [wo (5^A) statt (5^N)] folgt:

$$K_t{}^M = A_t \left[\frac{G^\gamma/\beta - 1}{1-\alpha} \right]^{-1/\alpha} = A^*_t K_t{}^\theta \left[\frac{G^{*\gamma/(1-\theta)}/\beta - 1}{1-\alpha} \right]^{-1/\alpha} =$$

$$= A^*_t{}^{1/(1-\theta)} \left[\frac{G^{*\gamma/(1-\theta)}/\beta - 1}{1-\alpha} \right]^{-1/(1-\theta)\alpha} .$$

Wenn wir nun die Logarithmen über $K_t{}^{SP}$ und $K_t{}^M$ und anschließend die Differenz hieraus bilden, erhalten wir:

$$\log K_t{}^{SP} - \log K_t{}^M = \frac{1}{(1-\theta)\alpha} \log\left(1 + \frac{\theta\alpha}{1-\alpha}\right) \approx \frac{1}{(1-\theta)\alpha} \frac{\theta\alpha}{1-\alpha} = \frac{\theta}{1-\theta} \frac{1}{1-\alpha} .$$

Betrachten wir nun den Zusammenhang zwischen logK und logY - abgeleitet aus der (logarithmierten) Produktionsfunktion -, so erhalten wir:

$$\log Y_t{}^{SP} - \log Y_t{}^M = [1-(1-\theta)\alpha](\log K_t{}^{SP} - \log K_t{}^M) \approx \frac{\theta}{1-\theta} \text{ für kleine } \theta .$$

Das Marktgleichgewicht ergibt hier *einen geringeren Output, jedoch kein geringeres Outputwachstum* als im Fall des sozialen Planers.

---

[119] Hieraus sieht man, daß die obige Wahl eines $\theta < 1$ impliziert, daß der soziale Planer immer noch *abnehmenden* Erträgen gegenübersteht.

[120] "First-order-condition" bedeutet die notwendige Bedingung für ein Optimum. Man erhält sie, allgemein gesagt, durch Nullsetzen und anschließende Umformulierung der ersten Ableitung.

[121] (3) und (1') kann man zusammenfassen als Gleichgewichtsbedingung
Nachfrage   =   Angebot
C + ΔK   rechte Seite von (1')
= Y   = Y

[122] Wir hatten oben abgeleitet, daß im Steady State: $g = g_A = g^*/(1-\theta)$. Nun ist zu berücksichtigen, daß g hier der Logarithmus von G ist.

Wichtige Anmerkung: Die obige Analyse bricht zusammen, wenn $\theta > 1$. In diesem Fall weist die Produktionsfunktion ein *steigendes* Grenzprodukt des Kapitals auf. Das Modell oben besitzt dann keinen stabilen Steady State. Um ein "Ausreißer"-Modell mit unaufhörlich-steigendem Wachstum zu vermeiden, schlägt *Romer* vor, Gleichung (3) zu ersetzen durch

(3') $K_{t+1}/K_t = f((Y_t - C_t)/K_t)$, wobei $f(\cdot)$ nach oben beschränkt ist.

Die Wachstumsrate paßt sich dieser oberen Grenze asymptotisch an.

Romer rechtfertigt (3') dadurch, daß er K_t als *Wissen* statt als Kapital interpretiert. Wenn jedoch K_t Wissen ist, bedarf es vielleicht eher *Zeit* als Output, um es zu erwerben. Dies ist dann der Kern der folgenden Lucas-Variante.

3.2 Lucas-Variante

(1^L) $Y_t = (A_t u_t H_t)^\alpha K_t^{1-\alpha}$

(5^L) $A_t = H_t^\theta$

(6) $H_{t+1} = H_t + \tau(1-u_t)H_t = H_t[1+\tau(1-u_t)]$

(3) $K_{t+1} = K_t + Y_t - C_t$ wie zuvor

(4) $\operatorname{Max} E_t \sum_{i=0}^{\infty} \beta^i C_{t+i}^{1-\gamma}/1-\gamma$ wie zuvor

----

Die Lucas-Variante unterscheidet sich von der obigen einfachen Romer-Typ-Variante durch die ersten 3 Gleichungen:

In der Produktionsfunktion (1^L) bezeichnet H_t das Humankapital und u_t den Anteil an Zeit, der für Arbeit verwendet wird. ($1-u_t$ kennzeichnet den Anteil an Zeit, der für Ausbildung verwendet wird. Das heißt, der Gesamtumfang an Zeit, der nicht für Freizeit einschließlich Regeneration aufgebracht wird, ist hier auf 1 normiert.)

(5^L) beschreibt die Produktion von Arbeitsproduktivität durch Humankapital.

(6) beschreibt die Humankapitalakkumulation.[123]

Wir vergleichen im folgenden wieder die Problemlösung des sozialen Planers mit der dezentralisierten Marktlösung.

---

[123] Siehe zur näheren Erläuterung Lucas [1988].

Problem des sozialen Planers

Substituiert man (5^L) in (1^L), so erhält man

(1") $Y_t = u_t{}^\alpha H_t{}^{(1+\theta)\alpha} K_t{}^{1-\alpha}$.

Die "first-order-condition" des Maximierungsproblems (über (4) unter den Neben-bedingungen (3) und (1")[124]) lautet:

(7) $U'(C_t) = \beta E_t[U'(C_{t+1})\{(1-\alpha)(A_{t+1}u_{t+1}H_{t+1})^\alpha K_{t+1}{}^{-\alpha} + 1\}]$

(8) $\alpha(A_t H_t)^\alpha K_t{}^{1-\alpha} u_t{}^{\alpha-1} = \tau H_t \Phi_t$, wobei Φ_t = Preis in t (in Gütern) eines extra H_{t+1}

(9) $U'(C_t)\Phi_t = \beta E_t[U'(C_{t+1})\{\Phi_{t+1}(1+\tau(1-u_{t+1}))+\alpha(A_{t+1}u_{t+1})^\alpha K_{t+1}{}^{1-\alpha} H_{t+1}{}^{\alpha-1}\}]$

(7) und (8) sind die Ableitungen der Hamiltonfunktion nach C und u.

(9) ist wie folgt zu interpretieren: Auf der rechten Seite steht der Nutzen (in Werteinheiten) einer Einheit zusätzlichen Humankapitals. Auf der linken Seite ist die Aufgabe von Konsum aufgeführt, die einer Einheit zusätzlichen Humankapitals äquivalent ist.

Dieses Modell kann Steady-State-Wachstum sogar mit konstanter Technologie produzieren. Betrachten wir hierfür den Spezialfall $\theta=0$, so daß $A_t=1$ (konstant)[125]. Außerdem nehmen wir $\gamma=1$ an, um die Algebra zu erleichtern. Wir suchen einen Steady State mit $u_t = u$ (konstant) und H_t, Y_t, C_t, K_t, die mit einer gemeinsamen Rate G wachsen.

Wir definieren nun x := H_t/K_t (konstant). Nun können wir zeigen, daß der Schattenpreis von Humankapital auch eine Konstante ϕ im Steady State sein wird. Wir erhalten

$G = 1 + \tau(1-u)$ aus (6)

$G = \beta[(1-\alpha)u^\alpha x^\alpha + 1]$ aus (7)   [Kapital-'first-order-condition']

$\alpha u^{\alpha-1} x^{\alpha-1} = \tau\phi$ aus (8)

$G = \beta(1 + \tau(1-u)) + \phi^{-1}\beta\alpha u^\alpha x^{\alpha-1}$ aus (9) .

Wenn wir das Gleichungssystem lösen, erhalten wir

$u = \tau^{-1}(1+\tau)(1-\beta)$ und $G = \beta(1+\tau)$.

Hier beeinflußt die Zeitdiskontierungsrate β nicht nur das Outputniveau (wie in der obigen einfachen Romer-Typ-Variante), sondern auch das Outputwachstum G.[126]

---

[124] (3) und (1") lassen sich wiederum zusammenfassen als Gleichgewichtsbedingung (siehe oben).

[125] Dies folgt aus (5^L).

[126] Wenn wir einige realistische Werte unterstellen, erhalten wir für
$\beta = 0,95$ und $\tau = 0,05$ $\Rightarrow$ $u = 1,05$ (>1, kein Gut)
$\beta = 0,95$ und $\tau = 0,075$ $\Rightarrow$ $u = 0,72$, $G = 1,021$
$\beta = 0,95$ und $\tau = 0,10$ $\Rightarrow$ $u = 0,55$, $G = 1,045$
$\beta = 0,95$ und $\tau = 0,125$ $\Rightarrow$ $u = 0,45$, $G = 1,069$.

Das heißt, wenn wir Spillovers in das Modell zurückpacken ($\theta > 0$), können wir zeigen, daß der Unterschied zwischen der Lösung des sozialen Planers und der Marktlösung ein Wachstumsunterschied und nicht bloß ein Niveauunterschied ist. Wir können außerdem zeigen, daß x in τ und β ansteigt ("Verstand über Muskeln").

4. Methodische Kritikpunkte

Einen der möglichen Kritikpunkte an der methodischen Vorgehensweise der Neuen Wachstumstheorie habe ich schon in Abschnitt 2 erwähnt. Weitere - darunter auch häufiger geübte - Kritikpunkte sind, kurz zusammengefaßt, die folgenden[127]:

(1) Die Neuen neoklassischen Wachstumsmodelle gehen wohl von wichtigen Fragestellungen aus. Sie modifizieren jedoch das Standardmodell in einer Weise, die eher von Gesichtspunkten der technischen Handhabbarkeit als von relevanten Annahmen geleitet wird. (Voraussetzung der Analyse dieser Modelle waren eben erst methodische Forschritte der modernen Makroökonomie im Bereich der Gleichgewichtsanalyse dynamischer Modelle bei Störungen; siehe hierzu Romer [1989: 70ff]. Es drängt sich dabei der Verdacht auf, daß für - in anderen Gebieten entwickelte - Methoden eine Erweiterung der Anwendungsgebiete gesucht wird statt umgekehrt.)

In diesem Kontext wird dann häufig die mangelhafte Abbildung wachstumstheoretisch wichtiger Zusammenhänge durch diese Modelle kritisiert.

(2) Bislang sind Anpassungsprozesse noch zu wenig berücksichtigt worden. Es findet weitgehend nur eine Diskussion im Steady State statt, obwohl doch die Modellierung der Dynamik des Anpassungspfades empirisch wichtiger erscheint[128]. Implizit wird damit unterstellt, daß diese Anpassungsprozesse sehr schnell ablaufen. Andererseits haben jedoch empirische Untersuchungen (vgl. z.B. Barro und Sala-I-Martin [1991]) darauf hingewiesen, daß die Anpassung sehr lange dauern kann.

(3) Die Modelltechnik, so wird manchmal beklagt, hat inzwischen eine solche Kunstfertigkeit erreicht, daß offenbar jedes Ergebnis oder jede Liste von stilisierten Fakten als mikrofundiertes Modellergebnis dargestellt werden kann. Die Güte des Modells sollte daher heute weniger an den Modellergebnissen abgeleitet werden. Vielmehr müßte (deshalb) die Relevanz der Modellannahmen stärker ins Zentrum des Interesses rücken[129]. Diesbezüglich hat die neue Wachstumstheorie - wie oben schon erwähnt - noch starke Mängel.

(4) Bestimmte industrieökonomische Überlegungen[130] deuten darauf hin, daß die Rolle externer Skalenerträge und generell externer Effekte (insbesondere in bezug auf Forschung und Entwicklung) möglicherweise überschätzt wird. Auch zeugt die implizite Annahme im "learning by doing"-Ansatz, daß Lernen quasi-automatisch aus

---

[127] Zu weiteren Kritikpunkten siehe z.B. Ramser [1990] und Tichy [1991]. Auf eine eingehendere Kritikabwägung wird hier aus Platzgründen verzichtet. Siehe hierzu z.B. die Aufsätze in Gahlen, Hesse und Ramser [Hrsg. 1991].

[128] Neuerdings gibt es allerdings erste Versuche, den Übergangsprozeß auch zu modellieren. Vgl. z.B. Mulligan und Sala-I-Martin [1992].

[129] Dieser Kritikpunkt ist eng verwandt mit dem erstgenannten Punkt.

[130] Vgl. z.B. Dasgupta und Stiglitz [1983].

Tun folgt, u.U. von einer falschen Einschätzung der Tatsachen. Empirische Erfahrungen weisen nämlich eher darauf hin, daß Lernen *nur innerhalb einer geeigneten Umgebung* eine Funktion des Tuns ist[131].

(5) Abschließend soll noch ein Aspekt näher betont werden, auf den kürzlich auch Solow [1991] hingewiesen hat. Dies betrifft das Wesen des technischen Fortschritts und die Frage, ob nicht doch ein größerer Teil dieses technischen Fortschritts exogener, zumindest nicht-geplanter, Natur ist[132]. Folglich könnte man die Frage stellen, ob es überhaupt strategisch weise ist, starke Annahmen über die Erzeugung neuen Wissens oder neuen Humankapitals zu machen. So technisch blendend und beeindruckend die Ansätze von Romer, Lucas und ihrer Nachfolger auch sein mögen, ist man geneigt, Solow's Einschätzung zu folgen, der schreibt: "... the resulting models are ingenious and suggestive and valuable, but I do occasionally wonder why I should buy a car with so much horsepower to drive on such a dark and winding road." [1991: 16].

5. Globale Einschätzung

Für Marktwirtschaft-"Hardliner" wird auch die Neue Wachstumstheorie *keine letztlich konsistente, zwingende Erklärung* für eine andauernde unfreiwillige Unterentwicklung liefern können. Die umstrittene Frage wird immer die sein, ob denn ein Unterentwicklungszustand wirklich mit rationalem Verhalten vereinbar sein kann? *Unfreiwillige* Unterentwicklung stellt einen *pareto-inferioren* Zustand dar. Anders gesagt, es bestehen Möglichkeiten, zusätzliche Gewinne abzuschöpfen durch Verhaltens- bzw. Institutionenänderungen. Wieso sollten rationale Individuen nicht die Chance erkennen und diese Änderungen durchführen, sobald der Staat sie läßt[133], sprich entgegenstehende staatliche Verbote/Gebote (Regulierungen) abbaut? Der Anreiz hierfür müßte vorhanden sein, und zwar für alle Seiten, da sich die Gewinne aus der überlegenen Lösung ja prinzipiell auf alle aufteilen ließen. Die Vermutung, die sich hier sofort aufdrängt - angesichts der vielen empirischen Belege langfristiger Unterentwicklung -, ist die des Vorliegens von *Koordinationsproblemen* (vielleicht aufgrund antizipierter Konflikte über die Verteilung der Gewinne), weswegen die paretooptimale Lösung nicht erreicht wird. Letzteres ist allerdings bislang noch nicht hinreichend modelliert worden, um allgemein überzeugend zu wirken. Dies wird näher im 5. Kapitel erläutert.

Es gibt *allerdings überzeugende empirische Hinweise* dafür, daß staatliche Hindernisse häufig nicht abgebaut werden bzw. auch dem Anreiz der gemeinsamen Gewinnerzielung nicht gefolgt wird. Indirekt folgt dies aus den obigen empirischen Belegen andauernder Unterentwicklung. (Allerdings ist hierbei zu berücksichtigen, daß die meisten der zurückgebliebenen Entwicklungsländer lange Zeit planwirtschaftlichen Denkmustern in ihrer Wirtschaftsorganisation gefolgt sind. Insofern ist eine

---

[131] Vgl. Bhagwati [1990: 108ff.].

[132] Dies wurde schon weiter oben erwähnt. Es geht darum, daß ein gewisser Teil des technischen Fortschritts, nämlich das *Resultat* von Innovationsinvestitionen, immer exogen ist und damit unvorhersehbar bleibt.

[133] Falls der Staat sie nicht läßt, haben wir es mit einem *politischen* Systemproblem zu tun.

empirische Widerlegung des obigen Arguments so nicht möglich. Zu erklären wäre höchstens, wieso viele Länder auf lange Zeit einem eindeutig unterlegenen Wirtschaftssystem gefolgt sind. Sind die Individuen hierzu gezwungen worden? Von wem? Warum? Aus welchen Motiven heraus? Man kommt so sehr schnell auf eine politikwissenschaftliche Schiene, und man sieht, daß sich Ökonomie und Politik nicht trennen lassen. Dies ist ja auch der Ausgangspunkt der neuen politökonomischen Theorien, die im Übersichtsteil oben schon kurz skizziert wurden.)[134]

Der **Hauptpunkt** ist allerdings der folgende: Daß langfristige Unterentwicklung *in der Praxis* existiert, ist unbestritten. Umstritten ist nur, ob diese auch *in einem globalen freien Marktsystem* existieren würde. Da aber in der Vergangenheit viele zurückgebliebene Staaten eher planwirtschaftlichen Modellen oder zumindest Teilelementen folgten, und auch nicht zu erwarten ist, daß auf einen Schlag ein vollkommener Systemwandel stattfindet, ist internationale Entwicklungspolitik oder -hilfe derzeit notwendig, wenn man die Folgen der Unterentwicklung mildern will. Selbst wenn man glaubt, daß in einem globalen Marktsystem keine andauernde, unfreiwillige Unterentwicklung vorkommen kann, kann man nichtsdestoweniger Entwicklungspolitik oder -hilfe zumindest für den Transformationsprozeß zur Marktwirtschaft als notwendig erachten - dann allerdings nur mit der Auflage (Konditionalität) einer Systemtransformation, so daß die Entwicklungshilfe nicht ein Dauerzustand, sondern eine Hilfe ist, um von Entwicklungshilfe wegzukommen. Dieser Zusammenhang und diese Strategie werden im folgenden 3. Kapitel ausführlich behandelt.

---

[134] Es gibt hier eine gewisse Parallelität zu der Diskussion um Stabilisierungspolitik (siehe Wagner 1992). Mikrofundierungen hinsichtlich einer konsistenten, zwingenden Theorie staatlicher Interventionen im Sinne der Anforderungen der Neuen Klassischen Makroökonomie gibt es noch nicht und wird es vielleicht auch nicht geben. Nichtsdestoweniger sprechen "stilisierte empirische Fakten" dafür, daß Erklärungen mit einigen plausiblen, von empirischen Belegen gestützten Hilfsannahmen das einzig Erreichbare und wahrscheinlich auch Sinnvolle sind, um Stabilisierungspolitik zu begründen. Nur auf diese Weise scheint auch die Möglichkeit von Unterentwicklungsgleichgewichten in globalen Marktwirtschaften begründbar zu sein. Man kann sich damit aber durchaus zufrieden geben für den Nachweis der notwendigen Voraussetzungen für Entwicklungspolitik. Dies wird im folgenden auch gemacht.

Symbolverzeichnis[135]

A: Arbeitsproduktivität

C: Konsum

E: Erwartungsoperator

F: ein Funktionswert

G: Wachstumsfaktor

H: Humankapital

I: Investition

K: Kapitalstock

L: Hamiltonfunktion

N: Arbeitsbestand

S: gesamtwirtschaftliche Ersparnis

U: Nutzen

Y: Output

c: Konsum pro effektiver Arbeitseinheit

e: Basis der natürlichen Logarithmen

f: ein Funktionswert

g: Wachstumsrate (Logarithmus von G)

k: Kapitalmenge pro effektiver Arbeitseinheit

log: Logarithmus

ln: Symbol für 'natürlicher Logarithmus'

n: Wachstumsrate der Bevölkerung

q: Rate der Kapitalentwertung

s: Sparanteil

t: Zeitindex

u: der Anteil an Zeit, der für Arbeit verwendet wird

$x := H/K$

y: Output pro effektiver Arbeitseinheit

z: eine Konstante

α: (partielle) Produktionselastizität des Kapitals

β: Zeitdiskontierungsfaktor

---

[135] Im Symbolverzeichnis sind nur Kurzkennzeichnungen angegeben. Siehe näher im Text.

γ: Risikoaversionsgrad

ε: Elastizität des Grenznutzens des Konsums

φ: eine Konstante

Φ: Preis (in Gütern) eines extra H

λ: Wachstumsrate der Arbeitsproduktivität

θ: externer Effekt

ρ: Zeitdiskontierungsrate

τ: ein "Multiplikator"-Ausdruck

ψ: Ko-Zustandsvariable

Δ: Symbol für 'absolute Änderung' in der Zeit

2. Teil:
Strategien

Im ersten Teil des Buches haben wir uns schwerpunktmäßig mit den verschiedenen Unterentwicklungstheorien beschäftigt. Dabei haben wir dort auch schon die unterschiedlichen Strategieimplikationen aus diesen Theorien abgeleitet. Nun werden wir uns im zweiten Teil auf die Entwicklungsstrategien konzentrieren, die der entwicklungspolitischen Praxis der 1980er und 1990er Jahre zugrundeliegen, und werden die analytischen Grundlagen dieser Strategien herausarbeiten. Bezeichnend für diese modernen Strategien ist, daß internationale Entwicklungshilfe nur unter bestimmten **wirtschaftspolitischen Auflagen** vergeben wird. Die Auflagensetzung selbst ist begründet durch die im 1. Kapitel erläuterten Eigeninteressen der Geberländer. Die Art der Auflagen dagegen ist durch die jeweils dominierende wirtschaftstheoretische Sichtweise bestimmt. Die inhaltlichen wirtschaftstheoretischen Begründungen für die modernen entwicklungspolitischen Auflagen werden im folgenden herausgearbeitet.

Dabei wird sich zeigen, daß sich die modernen entwicklungspolitischen Auflagen an zweierlei orientieren: *zum einen* an den aus der neoklassischen Theorie der Unterentwicklung folgenden notwendigen Bedingungen für die Überwindung von Unterentwicklung, nämlich der *Änderung von ineffizienten Strukturen* sowie (soweit möglich) von Zeitpräferenzen. Dies begründet auch die zentrale Betonung der **Strukturanpassung** in den heutigen Entwicklungsprogrammen. *Zum anderen* richten sich die Auflagen auf die Vermeidung von unerwünschten negativen Externalitäten für die Geberländer aus den Handlungen der Entwicklungsländer. Insbesondere geht es hierbei darum, die Entwicklungsländer zu einer *Änderung ihrer Zeit- und Risikopräferenzen* zu bewegen. Letztere sind nämlich nicht als exogen (wie in der neoklassischen Theorie früher unterstellt worden war), sondern als abhängig vom Einkommensniveau zu betrachten. Je ärmer ein Land ist, um so weniger wird es sich leisten können und wollen, 1. auf die kurzfristige Ausbeutung der Natur zu verzichten (Beispiel: das Abholzen der Regenwälder, das mit *globalen*, d.h. auch die Industrieländer betreffenden, Umweltauswirkungen verbunden ist), oder 2. auf risikobehaftete Entwicklungsstrategien zu verzichten (Beispiel: die Inbetriebnahme oder Inbetriebhaltung nicht-mehr-sicherer Kernkraftwerke mit wiederum *globalen*, d.h. auch die Industrieländer betreffenden, Gesundheitsrisiken). Dies kann als strategischer Hintergrund für Entwicklungshilfe und insbesondere für die Art der (z.B. umweltpolitischen) Auflagen in der heutigen Entwicklungspolitik angesehen werden[1]. Entwicklungshilfe wäre in diesem Fall ein Mittel, um diese Präferenzen zu ändern und dadurch die genannten negativen Externalitäten abzubauen.

Jedoch wird Entwicklungshilfe nur effektiv sein, wenn sie gleichzeitig mit Strukturanpassungsmaßnahmen in den Entwicklungsländern Hand in Hand geht. Letzteres begründet die wirtschaftspolitische Auflagensetzung im Zusammenhang mit Entwicklungshilfe, die im folgenden 3. Kapitel näher besprochen wird.

3. Kapitel:
Wirtschaftspolitische Auflagensetzung
Zur Begründung der modernen Entwicklungsstrategien

Übersicht

In *Abschnitt I* wird die neoklassische Renaissance der 70er und 80er Jahre und ihr Eingang in die Entwicklungstheorie und die entwicklungspolitische Praxis beschrieben. Anschließend wird die moderne Auflagenpolitik konzeptionell und vor allem ökonomisch-inhaltlich analysiert. Dabei werden die ökonomisch-inhaltlichen Auflagen nach den zentralen wirtschaftspolitischen Bereichen der Auflagensetzung gegliedert. Wirtschaftspolitik läßt sich - nach einer gebräuchlichen Systematik - in Ordnungspolitik und Prozeßpolitik einteilen. In *Abschnitt II* wird die Rolle der Ordnungspolitik und in *Abschnitt III* die Rolle der Prozeßpolitik analysiert. Da im Kontext des entwicklungspolitischen Strategiestreits der letzten Jahre die Rolle der Einkommenspolitik mit im Zentrum gestanden hat, wird sie gesondert (in *Abschnitt IV*) behandelt. Grundsätzlich jedoch kann man auch Einkommenspolitik den Oberbegriffen Ordnungs- und Prozeßpolitik zuordnen (siehe näher z.B. Wagner [1992: 5. Kapitel]).

---

[1]   Vgl. Weltbank [1992]. Natürlich gab es immer schon Auflagen im Zusammenhang mit Entwicklungshilfepolitik. Wie in den vorhergehenden Kapiteln beschrieben, waren die zentralen Auflagen in den früheren Jahrzehnten vor allem außenpolitischer Natur sowie wirtschaftlicher Art (z.B. Lieferbindung).

I. Neoklassisch begründete Auflagenpolitik

1. Zur neoklassischen Renaissance

1.1 Allgemeiner Umbruch in den 70er und 80er Jahren

Die Entwicklungsstrategien, die sich in den entwicklungspolitischen Programmen von IWF, Weltbank und OECD-Ländern seit Ende der siebziger Jahren widerspiegeln, weisen ganz klar eine neoklassische Renaissance im vorherrschenden wirtschafts- und entwicklungstheoretischen Denkmuster auf. Strukturalistische Theorien sind weitgehend in den Hintergrund gedrängt worden. Die wissenschaftsimmanente Grundlage hierfür kann in deren impliziten "Ad-hoc"-Annahmen gesehen werden (siehe hierzu auch schon die entsprechenden Hinweise im 2. Kapitel bei der Darstellung der verschiedenen Unterentwicklungstheorien). Wie an anderer Stelle ausführlich vom Autor dargestellt worden ist[2], hat sich in den letzten Jahren in der Makroökonomie eine Art "neue Revolution" abgespielt. "Ad-hoc"-Annahmen werden heute als unwissenschaftlich zurückgewiesen. Eine mikroökonomische Fundierung aller (Verhaltens-)Annahmen ist dagegen angesagt. Dies betrifft in der Theorie der Wirtschafts- und hier speziell der Entwicklungspolitik insbesondere die Annahmen über bestimmte Elastizitäten oder Verhaltensstrukturen. Zudem wird die frühere Annahme der Exogenität von Politikinstrumenten nicht mehr akzeptiert, sondern auf eine explizite Modellierung der Endogenität der Politikinstrumente (und des dahinterstehenden Politikverhaltens als ein als rational zu begründendes) gepocht. Hierauf wird noch im Laufe dieses Kapitels näher eingegangen. Auf jeden Fall ist so die traditionelle keynesianische Theorie der Wirtschaftspolitik in den Hintergrund gedrängt worden, die ja auch die Basis der meisten strukturalistischen Ansätze gewesen ist. Erst in den letzten Jahren ist der Versuch einer Neu- oder Mikrofundierung dieses Ansatzes festzustellen und (zumindest ansatzweise) gelungen - was auch Auswirkungen auf die zukünftige Theorie der Entwicklungspolitik haben dürfte, wie im weiteren Verlauf dieses Kapitels herausgearbeitet werden wird.

Wenn wir von einer neoklassischen Renaissance im Bereich der Theorie der Entwicklungspolitik sprechen, so sollte dabei doch nicht ein wesentlicher Unterschied zu früher übersehen werden. (Dieser Unterschied spiegelt sich vielleicht stärker in der praktischen Anwendung als in der Theorie selbst wider.) So wird die Nichterfüllung der notwendigen Voraussetzungen für Entwicklungspolitik (siehe im 2. Kapitel) in der neoklassischen Wachstumstheorie nicht mehr zwingend als freiwillig angesehen. Sondern es wird zunehmend anerkannt, daß die Kausalität beiderseitig sein kann: d.h. ein gewisser Entwicklungsstand kann die Ursache für die Nichterfüllung der notwendigen Bedingungen sein. (Siehe hierzu das obige Beispiel über die hohen Zeitpräferenzen in Entwicklungsländern.)

---

2   Siehe Wagner [1992].

Doch selbst wenn weiterhin auf der Freiwilligkeitsinterpretation von Unterentwicklung beharrt wird[3], ist durch die Debatte der letzten Jahre über internationale
Politik-Koordinierung (siehe Wagner [1991]) der Aspekt ins Zentrum der Betrachtung gerückt, daß es sich bei anscheinend nationalen Problemen in Wirklichkeit um
internationale oder besser gesagt um **globale** Probleme handelt. Das bedeutet im
Kontext des Unterentwicklungsproblems: Die Industrieländer sind von der wie auch
immer begründeten Unterentwicklung in Entwicklungsländern sehr viel stärker betroffen als sie es früher wahrhaben wollten. Von daher wird heute verstärkt versucht,
Strategien zu entwickeln, um die Unterentwicklung in Entwicklungsländern abzubau-
en - *oder* zumindest aber die negativen Externalitäten aus der Unterentwicklung für
die Industrieländer so gering wie möglich zu halten.[4] Daran knüpfen auch die weiteren Ausführungen an.

1.2 Inhaltliche Aspekte

Konkret geht es bei den modernen Strategien der heutigen Entwicklungsprogramme
um die Anbindung von Entwicklungshilfe an ein bestimmtes Politikverhalten der
Empfängerländer. Dieses geforderte Politikverhalten umfaßt kurz gesagt folgendes:
ein "konsistentes" Wirtschaftspolitik-Paket und die Bereitstellung der für die Entwicklung als notwendig angesehenen Infrastruktur. Letzteres schließt nicht nur ökonomische, sondern auch bestimmte politische und rechtliche Rahmenbedingungen mit
ein. [Zu letzteren zählen insbesondere Glaubwürdigkeit von Politik (z.B. durch Demokratie[5] und Abbau von Korruption), und vor allem Rechtssicherheit.] Was die
wirtschaftlichen Rahmenbedingungen angeht, so wird heutzutage die Einführung einer Marktwirtschaftsordnung als unverzichtbar angesehen.

Insbesondere seit Ende der 70er Jahre wird die **Notwendigkeit marktwirtschaftlicher Ordnungspolitik** (und exportorientierter Wachstumsstrategie) als
notwendige Voraussetzung für eine erfolgreiche Entwicklungspolitik betont[6]. Dies
firmiert auch unter den Begriffen **"Liberalisierung"** und **"Strukturanpassung"**.
Dabei ist die Bedeutung der Ordnungspolitik gestiegen durch das (Wieder-)Ent-
decken der Relevanz der Angebotsseite in der Makroökonomie und durch die Zeitinkonsistenztheorie und andere "Reaktionen" im Rahmen der erwähnten "neuen
Revolution" innerhalb der Makroökonomie. Insbesondere durch die Zeitinkonsistenz-

---

[3]   - was die Annahme der Funktionsfähigkeit des Preismechanismus in einer (völlig) offenen
      Weltwirtschaft voraussetzt.

[4]   Was auch immer die letztliche Zielsetzung ist (d.h. in beiden obigen Fällen), sind
      entwicklungspolitische Aktivitäten aus Eigennutzinteressen für die Industrieländer geboten.
      Daß dies aus Eigennutzinteressen der Industrieländer geschieht, bedeutet jedoch nicht, daß es
      nicht auch für die Entwicklungsländer Vorteile mit sich bringen kann.

[5]   Der Zusammenhang zwischen Demokratie und Entwicklung ist umstritten. Manchmal werden
      auch autoritäre politische Systeme als Entwicklungsnotwendigkeit betrachtet (siehe näher im 5.
      Kapitel, Abschnitt II.2). Siehe hierzu auch Nelson [Hrsg., 1990].

[6]   Dies läuft zeitlich parallel mit der Wahl einflußreicher konservativer Regierungen, wie die von
      Margaret Thatcher in England und die von Ronald Reagan in den USA.

      Hinzugefügt werden sollte, daß diese Umorientierung natürlich auch auf Kritik gestoßen ist -
      auch innerhalb von Teilen der Nationalökonomie; vgl. z.B. Banuri [Hrsg., 1991]. Genauer
      kommen wir hierauf im Abschnitt II.3 zu sprechen.

theorie wie auch durch die konkreten Erfahrungen mit der Strukturanpassungspolitik der achtziger Jahre wurde in den letzten Jahren immer deutlicher, daß es nicht ausreicht, die makroökonomischen Politiken auf das richtige "Maß" zu setzen, sondern daß es auch darum geht, den *zukünftigen* Kurs der Politiken durch Ordnungs- oder Institutionenpolitik zu stabilisieren. (Letzteres ist für die **Glaubwürdigkeit** eines Politikkurses entscheidend. Glaubwürdigkeit wiederum - so die heutige Überzeugung - ist der entscheidende Input im politischen Produktionsprozeß.) Doch auch hierzu mehr im Verlaufe dieses Kapitels.

Folglich kann man heute ohne Bedenken von einem "Primat" der Ordnungspolitik in der Theorie der Wirtschafts- und Entwicklungspolitik sprechen. Welcher Stellenwert hier noch der Prozeßpolitik zufällt, ist umstritten, und wird Gegenstand ausführlicher Betrachtungen in Abschnitt III.1 sein. Auf jeden Fall erkannte man seit Ende der siebziger Jahre, daß das (Unter-)Entwicklungsproblem mehr strategisch-konzeptioneller und -politischer Art und weniger mechanistischer oder rein machtpolitischer Art ist.

Die **Hauptforderung der modernen Entwicklungsstrategie(n)** lautet dementsprechend, folgende Alternativentscheidungen zu treffen[7]:

(1) Marktkräfte statt Industriepolitik

(2) Marktöffnung statt Importsubstitution

(3) Makroökonomische Regeln statt Diskretionarität.

Die einzelnen wirtschaftstheoretischen Begründungen werden in den Abschnitten II bis IV sowie im ANHANG näher erläutert und diskutiert. Zuerst sollen aber noch einige Aspekte zur Auflagen- oder Konditionalitätensetzung behandelt werden.

2. Zum Konzept der Auflagensetzung

Die Vorstellung, daß Entwicklungshilfe nur dann erfolgreich ist, wenn die Empfängerländer ein bestimmtes "konsistentes" Wirtschaftspolitikpaket sowie gewisse politische und rechtliche Rahmenbedingungen installieren[8], kann diesen auf unterschiedliche Weise nahegebracht werden. Die zwei wesentlichen Arten, mit denen dies in den letzten Jahren versucht worden ist, sind

a) (Politik-)Beratung ("Überzeugungsarbeit")

und

b) Auflagensetzung ("Zwang").

---

[7] Siehe auch Fishlow [1991].

[8] Man sollte jedoch darauf hinweisen, daß Auflagen nicht nur wirtschaftspolitischer Art sein können/müssen, sondern auch bevölkerungspolitischer, verteilungspolitischer, sozialpolitischer, umweltpolitischer, außenpolitischer und innenpolitischer Art sein können und in der Praxis häufig auch sind.
Außerdem ist wichtig zu unterscheiden zwischen Konditionalitäten, die entwicklungsfördernd sind, und solchen, die nur den Interessen der Geberländer dienen.

Zu a): In den letzten Jahren wurde von verschiedenen Seiten, so auch vom deutschen Bundesministerium für wirtschaftliche Zusammenarbeit, verstärkt die Notwendigkeit eines "Politikdialoges" mit den Entwicklungsländern betont, um dadurch die Wirksamkeit der Entwicklungshilfe zu erhöhen[9]. Nun ist Politikdialog keineswegs eine völlig neue Erscheinung in der Entwicklungspolitik[10]. Sie wurde schon immer betrieben, vor allem (aus Sicht der Geberländer) unter dem Aspekt der "Beratung". Gegen Beratung kann man auch schlecht etwas einzuwenden haben, solange man sie nicht als eine Art "Mogelpackung" betrachtet, die angeboten wird, um den anderen zu "übervorteilen". Die Frage ist nur, ob sie hinreichend ist, um die Empfängerländer auch zu den notwendigen Verhaltensänderungen zu veranlassen. Wenn keine Friktionen aufgrund vor allem von Informationsproblemen und Transaktionskosten bestünden, es also auch zu keinen Koordinationsproblemen beim Versuch der Internalisierung von Externalitäten käme, würde Beratung sicherlich ein hinreichendes Konzept zur Durchsetzung der notwendigen Anpassungsmaßnahmen sein. Nur, wenn die obigen Bedingungen vorherrschten, bedürfte es nicht einmal einer Beratung. Das für alle optimale Ergebnis mit der Folge eines Konvergenzprozesses müßte sich dann von selbst einstellen. Daß der Bedarf einer Beratung gesehen wird, deutet darauf hin, daß zumindest Informations- und Transaktionskosten vorliegen.

Wenn es sich lediglich um ein Problem der Informationskosten handelte, könnte man sicherlich mit Beratung das Problem beheben. Allerdings ist damit noch nicht das Informationsproblem hinsichtlich der wahren Absichten und des Wahrheitsgehalts der übertragenen Informationen durch den Berater gelöst. Hierfür dürften keine strategischen Unsicherheiten vorherrschen (d.h. Unsicherheiten über die Absichten und Präferenzen, sprich die Strategie des Beraters). Auch dürften keine grundlegenden Informationsverarbeitungsprobleme beim Informationsempfänger vorliegen, da die Beratungsinhalte dann nicht verstanden werden. Informationsverarbeitsprobleme können durch Verständnisschwierigkeiten aufgrund unterschiedlicher Kulturkreise und damit Denkmuster auftreten, aber auch aufgrund unterschiedlicher Ausbildungsniveaus, die nicht durch Beratung überwunden werden können. Folglich können auch oft Beratungsgespräche nur wenig bezwekken.

Nun wird man davon ausgehen können, daß viele Politiker der Entwicklungsländer in Industrieländern ausgebildet worden sind, so daß auf der Politikerebene diese Art von Verständigungsschwierigkeiten nur in Ausnahmefällen der Grund für eine befürchtete Beratungsineffizienz sein dürften. Dagegen kann es sehr wohl zu einer solchen Beratungsineffizienz auf der breiten Bevölkerungsebene kommen. Diese Diskrepanz begründet zum Teil auch die Durchsetzungsschwierigkeiten von auf Politikerebene akzeptierten Anpassungsmaßnahmen (siehe näher im 5. Kapitel).

Zu b): Der Hauptgrund für die heute weitgehend akzeptierte Bevorzugung der zweiten Variante (der **Auflagensetzung**)[11] dürfte eher darin liegen, daß befürchtet wird,

---

[9] Vgl. hierzu Raschen [1989] sowie BMZ [1991].

[10] Vgl. hierzu z.B. Radke [1985: 46-57].

[11] Vgl. hierzu auch Williamson [1988], Polak [1991] oder Bery [1990]. So schreibt z.B. Bery: "As has been pointed out by numerous observers (for example, Nelson, 1990), the scale and perceived legitimacy of external intervention in the form of policy conditionality linked to financial assistance are probably unprecedented." (S. 1123)

daß Politiker in Entwicklungsländern sich die Beratung anhören, ihre Zustimmung signalisieren und danach doch wieder versuchen, kurzfristige Entwicklungshilfegewinne zu erzielen, ohne die geforderten (meist schmerzhaften) Anpassungsprozesse durchzuführen.

Letzteres muß nicht aus "Halsstarrigkeit" oder aus "Irrationalität" geschehen, sondern kann beispielsweise auf innenpolitischen Zwängen oder Durchsetzungsschwierigkeiten basieren, denen die Politiker in den Entwicklungsländern unterliegen. (Dies wird näher im 5. Kapitel beschrieben.) Dies ist interessanterweise selbst für Vertreter von Entwicklungshilfe-empfangenden Ländern wie Rußland ein Anlaß gewesen, offiziell nach strengen Auflagen der Industrieländer zu rufen, um eben dadurch den innenpolitischen Zwängen zu einem frühzeitigen Abbruch der vorgeschlagenen, notwendigen Anpassungsmaßnahmen eher entweichen bzw. widerstehen zu können[12].

Das Abweichen von vorherigen Zusagen kann aber auch auf bestimmten Zeitpräferenzstrukturen beruhen, die ein sogenanntes "Zeitinkonsistenzproblem" begründen (siehe hierzu im ANHANG die Abschnitte E-I und E-III.2).

Hieraus kann man folgern: Auflagensetzung ist in der Regel notwendig, da ansonsten die Erfolgsaussichten hinsichtlich des Durchhaltens einer als notwendig angesehenen Anpassungsstrategie zu gering sind, Entwicklungshilfe sich also voraussichtlich - für die Geberländer, aber auch allgemein - als eine Verschwendung knapper Ressourcen erweisen wird. Diese Einschätzung liegt auch der Auflagensetzung von IWF und Weltbank zugrunde[13]. So vergibt zum Beispiel der IWF wesentliche Finanzhilfen nur im Verbund mit bestimmten Auflagen, auf die sich die Empfängerländer in einem sogenannten "letter of intent" verpflichten müssen (siehe näher im 4. Kapitel sowie IWF [1991])[14]. Die Begründung lautet dabei wie folgt: Ausgangspunkt der Finanzhilfen sind außenwirtschaftliche Ungleichgewichte, die es mit den Finanzhilfen

---

Doch auch schon die **Marshallplan-Hilfe** der USA für Westeuropa nach dem 2. Weltkrieg kann als eine gelungene und für Osteuropa derzeit vielleicht vorbildhafte Entwicklungspolitik unter wirtschaftspolitischen Auflagen angesehen werden. Siehe hierzu z.B. DeLong und Eichengreen [1991].

[12] Vgl. verschiedene Berichte in der Presse (z.B. im 'Handelsblatt') über derartige Äußerungen des damaligen russischen Premierministers Gajdar während des Jahres 1992.

[13] Zur wirtschaftspolitischen Konditionalitäten- oder Auflagensetzung des IWF vgl. z.B. Guitian [1981], Walter [1983] oder Polak [1991]; zur Auflagensetzung der Weltbank siehe Mosley, Harrigan und Toye [1991]. Zu den zahlreichen (indirekten) wirtschaftspolitischen Auflagensetzungen in der bilateralen Entwicklungshilfe in den letzten Jahren siehe am besten die Fachpresse. Vergleiche hier z.B. die Berichte über wirtschaftspolitische Auflagen der USA gegenüber Israel (siehe 'Handelsblatt' vom 24.7.1992).

[14] Dies gilt im Prinzip auch für die *Weltbank*. So betonen Mosley, Harrigan und Toye [1991: 27] in einer neueren Studie über die Weltbank-Politik, daß "the World Bank has never made unconditional loans. Even when virtually all of its loans were for development projects ... these loans carried conditions to which the borrower had to agree; and, more importantly, some of these conditions required policy changes." Ein wesentlicher Unterschied ist allerdings der, daß die Weltbank-Auflagen nicht in gleichem Maße wie die des IWF (zeitlich) festgelegt sind; d.h. sie sind weniger regelgebunden. Ein anderer Unterschied besteht darin, daß sich die Auflagen des IWF mehr auf makroökonomische Anpassung beziehen, während sich die Auflagen der Weltbank eher auf strukturelle Anpassung richten. Inzwischen hat jedoch auch hier ein gewisser Angleichungsprozeß im Sinne der gleichzeitigen Betonung makroökonomischer *und* struktureller Anpassungsreformen bei beiden Institutionen stattgefunden.

kurz- bis mittelfristig zu überwinden gilt. Um jedoch die Abhängigkeit von Finanzhilfen zeitlich zu begrenzen, müßten die Ursachen der außenwirtschaftlichen Ungleichgewichte selbst beseitigt werden. Hierzu müßten die Nehmerländer bestimmte, in den Auflagen festgelegte, wirtschaftspolitische Anpassungen - und zwar sowohl makroökonomischer wie auch struktureller Art - vornehmen. Außerdem geht es auch darum, daß durch eine (glaubwürdige) Konditionierung von Krediten an bestimmte Einkommensverwendungen die Rückzahlbarkeit und damit die Gewährung von Krediten gesteigert werden kann. (Siehe hierzu den Abschnitt E-I im ANHANG.)

Darüber hinaus werden manchmal auch **politische** Auflagen gefordert - so z.B. für Entwicklungsländer Schwarzafrikas, die dort auf eine Änderung des politischen Systems von einer "patrimonialen" zu einer marktwirtschaftlich-demokratischen Struktur zielen. Dies wird vor allem damit begründet, daß diese politische Strukturänderung eine notwendige Voraussetzung für die Umsetzung der in diesem Kapitel diskutierten wirtschaftsstrukturellen Auflagen darstellt (siehe z.B. Waller [1991]). Dabei spricht dann auch vieles dafür, solche politischen Auflagen international zwischen den Geberländern zu koordinieren (siehe ebda; siehe auch im 5. Kapitel).

Den gerade genannten Argumenten für eine Auflagen- oder Konditionalitätensetzung stehen folgende **Argumente von Entwicklungsländer-Vertretern** gegenüber:

Zum einen wird angeführt, daß die Modellvorstellungen der Berater aus den Industrieländern für die Entwicklungsländer nicht angemessen seien, da die Menschen dort noch nicht "mündig" seien im westlichen Rationalitäts- und Demokratieverständnis. Dies impliziere, daß dort auch die Erwartungsbildung nicht rational sein könne. Überdies ist der Begriff der "Rationalität" in unterschiedlichen Kulturen auch verschieden interpretierbar. Da das Gelingen oder Funktionieren der Marktwirtschaft nur bei einem Mindestmaß an allgemeiner (westlicher) Rationalität vorstellbar ist, diese aber in vielen Entwicklungsländern noch nicht erreicht sei (die Entwicklungsstufe hierfür also noch "zu niedrig" sei[15]), würde es auch keinen Sinn machen, Entwicklungshilfe an die oben spezifizierten wirtschaftspolitischen Auflagen zu binden.

Diese Argumentation wendet sich nicht nur gegen Auflagensetzung, sondern letztlich auch gegen "Politikberatung" durch die Industrieländer, weil sie die Ausgangslage der Beratung für die Entwicklungsländer als falsch erachtet. Die zweite folgende (mehr moralische) Argumentation wendet sich dagegen teilweise nur gegen die Auflagensetzung.

Die *zweite Argumentationslinie* betont, daß Auflagensetzung Zwang bzw. Fremdbestimmung im Sinne eines Eingriffs in die "nationalstaatliche Souveränität" bedeute und schon von daher abzulehnen sei[16]. Weiter wird kritisiert, daß die westlichen (oder "nördlichen") Berater in ihren Wohlfahrtsanalysen von der derzeitigen Ausgangs(verteilungs)situation als nicht hinterfragtem Status quo ausgehen würden. Letztere müsse jedoch als ungerecht betrachtet werden, da sie das Ergebnis von Ausbeutung (Kolonialismus) sei. Folglich dürften den Entwicklungsländern nicht die Kosten des Anpassungsprozesses aufgebürdet werden.

---

[15] - oder solch ein Entwicklungsweg dort bewußt nicht erwünscht sei -

[16] Vgl. dagegen z.B. Waller [1991].

Demgegenüber stehen die oben schon erläuterten **Argumentationen** *für* **eine Auflagensetzung**. Sie laufen darauf hinaus, daß über die Kostenverteilung geredet werden könnte, aber nicht über die notwendigen Anpassungsmaßnahmen. Ohne diese sei eben jeder Entwicklungsversuch zum Scheitern verurteilt[17], und jede investierte Mark in Entwicklungshilfe sei dann eben eine Verschwendung von knappen Ressourcen. Außerdem könnte durch Auflagen auch den Menschenrechten in Entwicklungsländern eher zum Durchbruch verholfen werden. Diese werden dort häufig unter Berufung auf den Anspruch "staatlicher Souveränität" verletzt. Und schließlich könnte durch eine Auflagensetzung die Glaubwürdigkeit von Wirtschaftspolitik erhöht werden (wie z.B. aus der Zeitinkonsistenztheorie hervorgehe)[18].

Im folgenden werden wir auf die wirtschaftstheoretischen Begründungen für die einzelnen inhaltlichen Auflagen näher eingehen. Dabei werden die zentralen wirtschaftspolitischen Bereiche der Auflagensetzung als Systematisierungsschema gewählt. Zuerst wird die Rolle der Ordnungspolitik, dann die Rolle der Prozeßpolitik, und schließlich die Rolle der Einkommenspolitik aus moderner wirtschaftstheoretischer Sichtweise analysiert. Vorher soll jedoch noch ein kurzer, jedoch *wichtiger Exkurs zur Aufgabe der Industrieländer* stehen.

3. *Exkurs:* Zu notwendigen "Selbstauflagen" der Industrieländer

Für eine erfolgreiche Entwicklungspolitik ist es natürlich nicht allein wichtig, daß die Entwicklungsländer gewisse notwendige Anpassungsmaßnahmen durchführen. Auch die Industrieländer könnten durch ähnliche Anpassungsprozesse (insbesondere Deregulierungsmaßnahmen) die Wirksamkeit von Entwicklungspolitik beträchtlich steigern. So z.B. sollte die Verpflichtung zu Freihandel, d.h. zum **Abbau von Handelsschranken**, nicht nur den Entwicklungsländern auferlegt werden, sondern auch - im Zuge von "Selbstauflagen" - für die Entwicklungshilfe gebenden Industrieländer selbst gelten. Wenn das Ziel ist, die Entwicklungsländer in die Weltwirtschaft zu integrieren und in diesen Ländern ein nachhaltiges Wachstum in Gang zu setzen, um über Exportsteigerung und Importsubstitution einen Schuldenabbau zu erreichen, so sind auch die Kapitalgeber gefordert, ihren ordnungspolitischen Beitrag zu leisten. Erst eine **Öffnung der Märkte für die Entwicklungsländer** ermöglicht diesen, sich über Exporterlössteigerungen selbst aus dem Sumpf der Unterentwicklung zu ziehen[19]. Abschottungen der Märkte (insbesondere der Agrarmärkte und der Märkte für

---

[17] Die dahinterstehende Argumentation ist im folgenden nochmals kurz zusammengefaßt: Es wird von einer Kosten-Nutzen-Abwägung der Empfängerländer ausgegangen. Da ein Anpassungsprozeß kostspielig ist, würden Entwicklungsländer die notwendigen Reformen nur durchführen, wenn sie dazu "gezwungen" würden (durch positive oder negative Anreizsysteme). Die langfristig optimale Lösung setze sich dagegen nicht automatisch durch, da (aufgrund der oben erläuterten Informationsprobleme und Transaktionskosten) Koordinationsprobleme aufträten.

[18] Vgl. zu letzterem Punkt z.B. Calvo/Frenkel [1991b:18].

[19] Dies war auch ein Hauptargument bei der Uruquay-Runde der GATT-Verhandlungen.

Fertigwaren) der Industrieländer gegen die Produkte aus den Entwicklungsländern zementiert dagegen deren Unterentwicklung[20].

Beispiele für **weitere Verfehlungen der Industrieländer** sind vor allem die *umweltbelastende Technologiewahl* und die mit für die Schuldenkrise verantwortliche *leichtsinnige Schuldenvergabe* in den 70er Jahren. Als ganz gravierende negative Rahmenbedingung für den zukünftigen Entwicklungsprozeß (i.e., für die Überwindung der Unterentwicklung in den Entwicklungsländern) dürfte sich die erwähnte Technologiewahl erweisen. Die damit bis heute verbundene *weltweite Umweltbelastung* dürfte es den Entwicklungsländern unmöglich machen, das gleiche materielle Einkommensniveau (wohlgemerkt bei dem heutigen Technikstand) wie die Industrieländer zu realisieren. Schon auf dem Wege dahin würde das ökologische Gleichgewicht auf der Erde insgesamt "zusammenbrechen". (Man stelle sich nur vor, die Autodichte würde in China genauso groß wie in Europa.)

Daneben führt eine inflationäre bzw. eine stark *haushaltsdefizitäre Politik* in den Industrieländern, die das nominale bzw. reale Zinsniveau auf den internationalen Kapitalmärkten steigen läßt, dazu, daß der Schuldendienst der Entwicklungsländer ansteigt und deren Exporterlöse tendenziell auffrißt. (Auch *unkoordinierter Wettlauf im Inflationsabbau* in den Industrieländern kann die Entwicklungsländer schädigen, wenn dadurch die Währung, in denen die Schulden zurückgezahlt werden müssen, dadurch überproportional stark erhöht wird. Dies war Anfang der 1980er Jahre der Fall, als so der Kurs des US-Dollars drastisch anstieg und die Schuldendienste der Entwicklungsländer (in Inlandskosten) stark erhöhte. Zum Hintergrund siehe z.B. Wagner [1991].) Entwicklungshilfeleistungen sind in diesem Fall letztlich hinausgeworfenes Geld. Folglich gab auch die Weltbank den Industrieländer den Rat[21], durch eine sparsame Haushaltspolitik die Zinsen niedrig zu halten und ihre Märkte zu öffnen, um den Exporten der Entwicklungsländern eine Chance zu geben. Dann könnten nach Berechnungen der Weltbank die Exporteinnahmen des Südens im Jahr um mindestens 55 Mrd. $ steigen (andere offizielle Schätzungen gehen sogar von 120 Mrd. $ aus), i.e. um genausoviel (mehr als das Doppelte), als ihnen an internationaler staatlicher Entwicklungshilfe zufließt. Die Reduzierung der Haushaltsdefizite könnte durch eine Reduzierung der Rüstungsausgaben geschehen, wie der IWF neulich vorschlug. Und die Öffnung der Märkte für die Entwicklungsländer könnte in den Industrieländern durch eine Reduzierung der jährlich rund 100 Mrd. $ Subventionen an die Landwirtschaft erfolgen. Dies erscheint als der ordnungspolitisch sicherste Weg, um die Entwicklungsländer von Entwicklungshilfe unabhängig zu machen. Dies bedeutet allerdings eine Selbstbindung der Industrieländer. Eine einseitige konditionale Verpflichtung der Entwicklungsländer bringt hier nicht so viel.

---

[20] Eine neuere Studie des deutschen Bundeswirtschaftsministeriums über die "Konsequenzen eines Protektionismusabbaus der EG für die Entwicklungsländer" (Bonn 1993) kommt allerdings zu dem Ergebnis, daß Hauptnutznießer einer Liberalisierung des EG-Außenhandels unter den Entwicklungsländern die asiatischen und lateinamerikanischen Schwellenländer wären, weniger dagegen die armen Länder Afrikas, im karibischen und pazifischen Raum (AKP). Letztere würden daher weiterhin primär auf Entwicklungshilfe angewiesen bleiben. Als Hauptgrund wird in der Studie angegeben, daß die AKP-Staaten weitgehend Rohstoffexporteure seien, Rohstoffe aber derzeit schon kaum Handelsbeschränkungen unterlägen.

[21] Siehe z.B. Weltbank [1991a].

Noch einige Zahlen zur Anreicherung der obigen Argumentation: Wenn man die Entwicklungshilfe, Spenden, Direktinvestitionen (ohne Abzug der Gewinnentnahmen) und Bankkredite für 1990 zusammenfaßt, so flossen 142,4 Mrd. $ von Nord nach Süd. Dagegen erreichte der Schuldendienst 162,3 Mrd. $, so daß für die Entwicklungsländer ein Negativsaldo von rund 20 Mrd. $ blieb. [Es muß allerdings angemerkt werden, daß diese Zahlen nur bedingt aussagefähig sind. So ist insbesondere der Nutzen der technischen Hilfen nur begrenzt in Geldgrößen ausdrückbar. Beispielsweise kann eine Beratung vor Ort, die nur vergleichsweise wenig kostet, wesentlich mehr an Nutzen erbringen als eine große Summe an Finanzmitteln. Dies wird auch in den osteuropäischen Reformländern immer wieder deutlich (vgl. im Schlußteil).]

Wichtig ist es jedoch darauf hinzuweisen, daß wirtschaftspolitische Verfehlungen der Industrieländer für die Entwicklungsländer **kein Freibrief** sein können, sinnvolle wirtschaftspolitische Kurskorrekturen nicht durchzuführen. Das heißt, mit parallelen Schritten der Industrieländer wäre das Ganze noch wirksamer. Doch auch ohne diese sind wirtschaftspolitische Korrekturen in den Entwicklungsländern sinnvoll. Darum geht es im folgenden.

X II. Die Rolle der Ordnungspolitik

1. Grundsätzliches

In den letzten Jahren wurde zunehmend die Bedeutung der Marktordnung als unabdingbare Grundlage für einen erfolgreichen Entwicklungsprozeß betont und auch immer breiter akzeptiert. Dies war nicht immer so. Im Gegenteil, in den 1950er und 1960er Jahren dominierte in der Entwicklungstheorie die Ansicht, daß marktwirtschaftliche Ordnung mit Überwindung von Unterentwicklung nicht vereinbar sei (siehe z.B. Rodenstein-Rodan [1951] oder Myrdal [1957]). Es wurde argumentiert, daß die geringe private Sparfähigkeit, die fehlende Infrastruktur und die stark verzerrte Einkommens- und Vermögensverteilung in den Entwicklungsländern staatliche Planung und einen staatlichen Unternehmenssektor unabdingbar machten. Hinzu trat die Vermutung, daß sozio-kulturelle Normensysteme und Wertvorstellungen in vielen Entwicklungsländern ökonomisch-rationale Verhaltensweisen nicht zur Entfaltung kommen ließen. (Damit wurden beispielsweise auch beobachtete inverse Angebots- und Nachfragereaktionen auf Preisänderungen begründet. Vgl. hierzu auch Abschnitt III unten!) Folglich wurde überhaupt - für Entwicklungsländer - die Funktionsfähigkeit von Märkten mit freier Preisbildung bezweifelt und hieraus die Schlußfolgerung gezogen, daß staatliche Lenkung des Wirtschaftsprozesses erforderlich sei[22].

Dem wird von den immer zahlreicher werdenden Befürwortern einer marktwirtschaftlichen Ordnungskonzeption heute in erster Linie die Erfahrung mit den zentralverwaltungswirtschaftlichen Ordnungsversuchen entgegengehalten[23]. Der Zusammenbruch der kommunistischen Länder Osteuropas mit ihrer zentralverwaltungswirtschaftlichen Organisationsstruktur wirkt natürlich auch sehr stark in die Entwicklungsländer sowie in die Entwicklungstheorie hinein. Allerdings geht es nach den Ansichten der meisten Befürworter einer Marktordnungsstruktur gar nicht darum, eine pure Marktordnung durchzusetzen, sondern eine "angemessene" Kombination privatwirtschaftlicher Initiativen (betreffs innovativer Investitionsentscheidungen, Ersparnisbildung aus Unternehmensgewinnen, Suche nach besser entlohnten Arbeitsplätzen) und staatlicher Gestaltung (hinsichtlich staatlicher Ersparnisbildung durch Steuerpolitik und staatliche Kapitalimporte, Aufbau einer wachstumsfördernden Infrastruktur, Einkommens- und Vermögensverteilung) herzustellen[24]. Die ordnungspolitische Aufgabe des Staates wird dabei darin gesehen, die Rahmenbedingungen funktionsfähiger Güter- und Faktormärkte zu sichern, den privaten Leistungswettbewerb zu überwachen bei Garantie wirtschaftlicher Entscheidungsfreiheit privater Unternehmen und Haushalte, sowie seinen Beitrag zur Entwicklung eines funktionsfähigen Systems von Kreditmärkten zu leisten[25]. Hierauf wird im folgenden auch näher eingegangen, wenn die Rolle derjenigen **Elemente der ordnungspolitischen Auflagen** erläutert wird, die in den heutigen Entwicklungsprogrammen der nationalen und internationalen Entwicklungshilfegeber im Zentrum stehen[26]. Letztere betreffen die

- **Privatisierung**

- **Deregulierung** und **Liberalisierung**

- Schaffung bestimmter **rechtlich-institutioneller Rahmenbedingungen.**

---

[22] Sofern hier die staatliche Lenkung zur Durchsetzung eines *Industrialisierungsprozesses* angesprochen ist (was die zentrale Botschaft in den 1950er und 1960er Jahren in den Entwicklungsländern war), so sind dabei *zwei Varianten* zu unterscheiden: Die *eine Variante* ist das sog. "Indische Modell", das die heimische Produktion von Kapitalgütern zu fördern versuchte bei gleichzeitiger Beschränkung der Konsumtion. *Demgegenüber* stand das "lateinamerikanische Modell" der Importsubstitution, das sehr wohl auf Marktnachfrage aufbaute, aber hierfür ausländische Investitionen brauchte. Beide Strategievarianten benutzten Handelsbarrieren als ein Hauptmittel, um die heimische Produktion zu schützen und anzuregen. Vgl. hierzu auch Fishlow [1991].

[23] Gerade die aufgedeckten Erfahrungen mit den Entwicklungen in den inzwischen weltweit zusammengebrochenen Zentralverwaltungssystemen bieten hierfür einen großen Erfahrungsschatz.

[24] Vgl. z.B. Clapham [1973] oder Dürr [1977].

[25] Vgl. auch Bender [1985].

[26] Vgl. z.B. IWF [1991: 15, 30].

Zuerst soll jedoch noch kurz der theoretische Rahmen der heute noch immer uneingeschränkt relevanten **Diskussion um "Markt versus Staat"** umrissen werden[27].

Die wirtschaftstheoretische Begründung der Überlegenheit einer Marktordnung basiert auf der sogenannten **Markttheorie**. Diese wiederum gründet im wesentlichen auf den Ergebnissen der *neoklassischen Gleichgewichtstheorie*. Insbesondere in den Theoremen der Wohlfahrtsökonomie hat diese Theorie gezeigt, daß es eine Anzahl von Bedingungen gibt, unter denen Adam Smith's Vermutung hinsichtlich der Rolle der "unsichtbaren Hand" (einige) Gültigkeit hat[28]. Ob diese Anzahl von Bedingungen in der Realität auch vorherrscht, ist generell bestreitbar, insbesondere aber bezogen auf die Entwicklungsländer. Im einzelnen gibt es keine vollkommene Menge an Märkten - ganz gleich ob für Risiken, Kapital, oder Produkte -, die ja die besagten Theoreme für ihre Gültigkeit erfordern. Die Information ist alles andere als vollkommen. Die Annahme einer festen und bekannten Technologie scheint besonders mit den Prozessen nicht übereinzustimmen, mit denen die Entwicklungsländer fortgeschrittenere Technologien zu übernehmen bemüht sind und wie sich diese neuen Technologien über die Wirtschaft ausbreiten. Schließlich erfordern die frühen Stadien der Entwicklung die Bereitstellung von Infrastruktur, die ein öffentliches Gut ist, und/oder die durch strenge Nichtkonvexitäten gekennzeichnet ist[29].

Die eben aufgelisteten Probleme werden seit langem unter dem Stichwort "**Marktfehler**" diskutiert. Nach den liberalen Doktrinen der 60er und 70er Jahren konnte der (als gemeinwohlorientiert verstandene) Staat diese Mängel im Marktprozeß durch einige Reparaturdienste heilen. Mit diesen begrenzten Interventionen - so die damalige Vorstellung - würde die Marktwirtschaft wohl in der Weise funktionieren, wie es die klassische Theorie hervorgesagt hatte.

---

[27] Es geht ja bei der Diskussion wirtschaftspolitischer Konzepte nicht um die Entweder-Oder-Entscheidung "Nur Marktelemente" versus "Nur-Planungselemente", sondern um die Frage der optimalen "Politikmischung". Hierbei ist heutzutage auch in der Entwicklungstheorie eine starke Befürwortung von mehr Markt- und weniger Planungselementen zu beobachten.

[28] Das Erreichen des *'first best optimum'* würde - wie die allgemeine Gleichgewichtstheorie gezeigt hat - allerdings voraussetzen, daß

(1) keine Externalitäten auftreten, was nur möglich wäre, wenn die Spezifikation von Eigentumsrechten an allen Gütern und deren Nutzungsströmen exakt und kostenlos erfolgen könnte,

(2) alle Wirtschaftssubjekte vollkommene Information besitzen,

(3) die Einrichtung von Märkten kostenlos ist,

(4) die einzelnen Transaktionen kostenlos abgewickelt werden können,

(5) keine Kosten der Marktanpassung bestehen (manchmal auch ausgedrückt durch die bildliche Vorstellung, daß ein *Auktionator* die Preise kostenlos koordinieren kann),

(6) auf keinem Markt Eintrittskosten oder Austrittskosten anfallen (ausgedrückt auch durch die Annahme des *vollkommenen Wettbewerbs*).

[29] Diese Probleme tauchen auch in entwickelten Ländern auf. Während jedoch die Relevanz des "Arrow-Debreu-Modells" für entwickelte Länder diskutierenswürdig erscheinen mag, sind die besagten "Marktfehler" in den Entwicklungsländern so groß, daß die Diskussion hierüber offensichtlich weitgehend überflüssig ist. Vgl. hierzu z.B. Stiglitz [1988] und Stern [1991]. Die Überlegenheit einer Marktordnung muß also zumindest für die Entwicklungsländer unterschiedlich begründet werden.

Für diejenigen Ökonomen jedoch, die weiterhin unbeirrt an die uneingeschränkte Funktionsfähigkeit des Marktmechanismus glaubten, waren die Phänomene, die von den Kritikern als Marktfehler eingestuft wurden, in Wirklichkeit keine Marktfehler, sondern die Folge von Hindernissen, die der Staat aufgebaut hatte. So wurde das Nichtvorhandensein von Märkten nicht als Fehler des Marktsystems angesehen, sondern als Folge staatlicher Regulierungen, die die Transaktionskosten so hoch trieben, daß diese höher als die Gewinne aus der Etablierung von Märkten waren[30]. Der Unterschied zwischen Entwicklungsländern und entwickelten Ländern war von daher für diese Ökonomen immer nur ein gradueller gewesen, der sich möglicherweise letztlich nur auf die *größere Ineffizienz des Staatssektors in den Entwicklungsländern* zurückführen läßt. (Mit diesem Aspekt beschäftigen wir uns näher im 5. Kapitel! Zu einer Anwendung dieses Theorieansatzes siehe auch schon im nächsten Abschnitt 2.)

Diese staatlichen Hemmnisse wurden in der Literatur unter dem Stichwort **"Staatsfehler"** behandelt. Dabei wurde auch von der traditionellen These des Staates als Gemeinwohlmaximierer abgerückt (siehe schon oben im 2. Kapitel unter "neuere politökonomische Ansätze", genauer aber im 5. Kapitel). Insbesondere in den letzten Jahren hat diese Theorievariante großen Auftrieb in der Nationalökonomie erhalten. Von daher ist es nicht verwunderlich, daß (auch unabhängig von den empirischen Erfahrungen) die Marktordnung in der Entwicklungstheorie (und in den Entwicklungsländern selbst) immer stärkere Akzeptanz gefunden hat.

Im folgenden werden die zentralen Funktionselemente einer Marktordnung, die heute auch im Zentrum der Transformationsdiskussion im Zusammenhang mit den postkommunistischen Ländern des "Ostens" stehen (siehe hierzu im Schlußteil) und für die Auflagenpolitik bei den Hilfen für diese Länder die entscheidende Rolle spielen, besprochen. Die wesentlichen dieser Funktionselemente lassen sich wie gesagt unter den Stichworten "Privatisierung", "Deregulierung und Liberalisierung" sowie "rechtlich-institutionelle Rahmenbedingungen" zusammenfassen.

2. Privatisierung

Ein Kennzeichen der Entwicklungsländer ist darin zu sehen, daß sie bislang relativ große verstaatlichte Unternehmensbereiche gehabt haben. Die traditionelle entwicklungstheoretische Begründung hierfür ist in Abschnitt 1 oben erläutert worden. (Hinsichtlich des Umfangs der verstaatlichten Bereiche gibt es allerdings große Unterschiede zwischen den einzelnen Entwicklungsländern. So ist der Umfang des verstaatlichten Bereichs in den lateinamerikanischen Ländern im Durchschnitt geringer als in den afrikanischen Ländern oder gar in den postkommunistischen Transformationsländern Osteuropas.)

---

[30] Unter dieser Sichtweise können dann selbst Nichtkonvexitäten von der Größe, daß sie Monopole im Gleichgewicht begründen, als mit der Effizienz einer Marktwirtschaft vereinbar betrachtet werden. Dies ist die Idee, der auch hinter der Analyse "bestreitbarer Märkte" *(contestable markets)* von Baumol, Panzer und Willig [1982] stand.

2.1 Effizienzbegründung

An eine Reduzierung dieses als relativ ineffzient ausgewiesenen staatlichen Unternehmungsbereiches in Entwicklungsländern (siehe hierzu den Abschnitt E-IV des ANHANGs im 5. Kapitel) knüpft eine der wesentlichen ordnungspolitischen Auflagen der heutigen Entwicklungspolitik an. Durch eine Forcierung der Privatisierung in den Entwicklungsländern wird sich eine höhere Effizienz und eine stärkere Kapitalbildung und mithin ein höheres Wachstum sowie auch eine größere Stabilität in diesen Ländern versprochen. Eine heute dominierende wirtschaftstheoretische Begründung dieser Erwartung wird im folgenden vorgestellt[31]. Dabei sollte hervorgehoben werden, daß - zumindest im Kontext dieser Theorie, die auch als **"Neue Institutionelle Ökonomie"** bezeichnet wird - die Fragen der Eigentumsordnung und ihrer Funktionen systematisch erst Anfang der 1960er Jahre aufgegriffen worden sind. Der bekannteste Pionier auf diesem Gebiet war Ronald Coase [1960]. In diesem Theorierahmen lauten die wirtschaftsordnungstheoretischen Grundfragen wie folgt: Wie erhalten die Wirtschaftssubjekte in einer durch Knappheit der Güter gekennzeichneten Welt die zum wirtschaftlich rationalen Handeln notwendigen Informationen, und welche Bedingungen regen sie zu dieser Handlungsweise an?[32] Im Zentrum der Antwort der "Neuen Institutionellen Ökonomie" steht dabei das Konzept der **"Transaktionskosten"**.

Wirtschaftliches Handeln bedarf nach dieser modernen Ordnungstheorie in einer arbeitsteiligen Gesellschaft der Koordination. Jede Art von Koordination verursacht jedoch Kosten. Diese Kosten, eben "Transaktionskosten" genannt, entstehen aus den Aktivitäten, Partner zu finden, sich über die zu tauschenden Güter oder Leistungen zu einigen, Verträge auszuhandeln und die Einhaltung dieser Verträge zu kontrollieren[33]. Die Höhe dieser Kosten steht in entscheidendem Zusammenhang mit dem Nutzen, den knappe Güter stiften. Je geringer die Transaktionskosten sind, desto ökonomisch vorteilhafter ist die Handlungskoordination. Deshalb werden die Wirtschaftssubjekte jene Koordinationsformen bevorzugen, die vergleichsweise niedrige Transaktionskosten nach sich ziehen. In einem privaten Eigentumsrechts-Regime sind nun diese Kosten, wie die "Neue Institutionelle Ökonomie" im einzelnen begründet, tendenziell geringer als in einem System, das auf Gemeineigentum aufbaut. Das Hauptargument lautet: Unter Gemein- oder Staatseigentum sind die Entscheidungsträger weniger direkt mit den Kosten und Nutzen der Entscheidung konfrontiert[34].

Die Höhe der Transaktionskosten wird dabei wesentlich durch die Ausgestaltung der privaten Handlungs- und Verfügungsrechte mitbestimmt. Je klarer die Eigentums-

---

31 Wie auch in den anderen Abschnitten, kann hier nur ein Überblick gegeben werden. Zu einer genaueren Betrachtung der theoretischen Grundlagen einer Privatisierungsforderung siehe z.B. Vickers und Yarrow [1988] sowie Bös [1991].

32 Hierin kann man auch die beiden grundsätzlichen Probleme *jeder* Wirtschaftsordnung sehen.

33 Transaktionskosten beschreiben deshalb die Kosten der Aufrechterhaltung und Durchsetzung von Handlungs- und Verfügungsrechten.

34 Vgl. Alchian [1965]. Folglich konstatiert auch Williamson [1985: 17]: "Die ökonomischen Institutionen des Kapitalismus haben den Hauptzweck und den Effekt, Transaktionskosten zu ökonomisieren." (Übersetzung durch den Autor)

rechte definiert sind und je eindeutiger sie folglich Handlungs- und Verfügungsrechte abgrenzen, desto geringer sind die Transaktionskosten und um so eher kommt es zur Handlungskoordination. Private Eigentumsrechte erlauben es, über wirtschaftliche Güter frei zu verfügen, sie zu ändern, aus ihnen Nutzen zu ziehen, andere vom Gebrauch auszuschließen und die Rechte auf Dritte zu übertragen. Allerdings verpflichten diese Rechte auch, Verluste aus dem Besitz von Gütern zu tragen.

Private Nutzungs- und Verfügungsrechte garantieren diesen Freiraum allerdings nur, wenn Eigentum

(i) eindeutig,

(ii) dauerhaft, und

(iii) verläßlich

zugeordnet wird, wozu es im Vorfeld gewisser institutioneller Vorkehrungen bedarf (siehe auch im Punkt 2.2 unten).

Zu (i): Erst eindeutig zugeordnete private Eigentumsrechte veranlassen die Wirtschaftssubjekte dazu, sich ökonomisch rational zu verhalten und knappe Ressourcen effizient zu nutzen. Denn erst dann bekommen die Individuen die Tragweite ihres Handelns unmittelbar zu spüren, indem ihr Vermögen vergrößert oder verkleinert wird. Falls die Eigentumsrechtedefinition so durchgehend und vollkommen ist, daß generell das Verursacherprinzip gilt[35], werden die Wirtschaftssubjekte auch die Folgen ihrer wirtschaftlichen Aktivität auf Dritte in ihrem Handeln berücksichtigen und in ihren individuellen Rechnungszusammenhang einbeziehen. Auf jeden Fall regen private Eigentumsrechte die Eigentümer an, knappe Güter dort einzusetzen, wo die höchsten Einkommen zu erzielen sind. Privateigentum hat also eine ökonomische Anreizfunktion.

Zugleich wird behauptet, daß Privateigentum die gesamtwirtschaftlich optimale Verwendung der Ressourcen garantiert. Dies wird damit begründet, daß sich mit der Existenz von privaten Eigentumsrechten (Markt-)Preise bilden können, in denen sich die Knappheit der Güter und Leistungen widerspiegelt. Die (relativen) Preise informieren dann die Wirtschaftssubjekte über diese Knappheitsverhältnisse und damit über die Ertragsmöglichkeiten aus bestimmten Handlungen oder Vermögensanlagen. Diese Aussage ist allerdings nicht unumstritten. Denn: Das oben Gesagte gilt so problemlos höchstens auf Konkurrenzmärkten und bei (relativer) Preisniveaustabilität[36]. Folglich kann Privateigentum nur dann die erwarteten positiven Ergebnisse produzieren, wenn gleichzeitig - über zusätzliche ordnungspolitische Vorkehrungen (siehe in Abschnitt 4 unten) - Wettbewerb garantiert und (zu hohe) Inflation vermieden wird. Zur Inflationsvermeidung sind zudem ergänzende prozeßpolitische und unter Umständen einkommenspolitische Absicherungen erforderlich (siehe hierzu in den Abschnitten III und IV unten).

Zu (ii): Erst eine dauerhafte Zuordnung gewährleistet, daß Güter nicht nur für den Moment, sondern über den Zeitablauf ökonomisch effizient genutzt werden. Der

---

[35] Ob dies in der Praxis möglich ist, ist allerdings umstritten.

[36] Vgl. Wagner [1983, 1985]. Bei fehlender Konkurrenz hingegen kommt es zu dem, was manchmal als "X-Ineffizienz" bezeichnet wird (Leibenstein 1978). Hierunter ist das Abweichen vom Zustand (kosten)effizienter Produktion zu verstehen.

Markt-Wert eines Gutes ist durch den Gegenwartswert des künftigen Nutzenstroms bestimmt, den der Eigentümer aus dem Gut ziehen kann. Wenn die Dauerhaftigkeit des Eigentums nicht gesichert ist, wird die Funktion der Kapitalmärkte, die darin liegt, die effiziente Verwendung von Ressourcen im Zeitablauf zu koordinieren, zerstört. Die Folge ist, daß Gegenwartskonsum bevorzugt wird, Investitionen dagegen unterbleiben und die dynamische Effizienz der Marktwirtschaft verloren geht. Auf jeden Fall werden dann kurzfristige Investitionen (und Spekulation!) gegenüber langfristigen Investitionen vorgezogen.

Zu (iii): Verläßliche Zuordnung besagt, daß es ein staatliches Gewaltmonopol gibt, das für stark und zuverlässig genug gehalten wird, die eindeutige und dauerhafte Zuordnung von Eigentumsrechten auch zu garantieren. Sobald der Staat bzw. die Politiker selbst als Eigennutzmaximierer eingeschätzt werden, wie in der Neuen Politischen Ökonomie, reicht ein staatliches Gewaltmonopol an sich nicht aus, um eine verläßliche bzw. (besser:) glaubwürdige Zuordnung sicherzustellen. Sondern es müssen geeignete rechtlich-institutionelle Rahmenbedingungen dafür geschaffen werden, daß der Staat von seiner Garantiezusage nicht wieder abweicht. Diese müssen gewisse Anreiz- und Sanktionsmechanismen gegenüber staatlichem Abweichen von Zusagen beinhalten. Diese Problematik wird in der Nationalökonomie neuerdings unter dem Namen "Zeitinkonsistenztheorie" diskutiert und betrifft Prozeß- und Ordnungspolitik gleichermaßen. Im Kontext von Prozeßpolitik ist dies der Auslöser für den Ruf nach einer Regelbindung der Politik. Genauer wird darauf im Abschnitt III sowie im ANHANG E-III eingegangen.

Das inhaltliche Problem, um das es hier geht, besteht darin, daß ohne Verläßlichkeit die Erwartungen der Wirtschaftssubjekte instabil bzw. inkonform zu den Strategie-Ankündigungen der Politik werden. Der Grund ist, daß die Politik dann nicht glaubwürdig ist. Die Wirtschaftssubjekte würden folglich von risikoreichen Transaktionen und/bzw. von langfristigen Investitionen absehen, wodurch dynamische Effizienz und Wachstum in der Wirtschaft gebremst würden. Zudem würde es - im Kontext der Prozeßpolitik - zu einem Inflationsbias kommen. Siehe hierzu wiederum näher im Abschnitt III sowie (detaillierter) im ANHANG E-III.

2.2 Einschränkungen

Die Anzahl der Ökonomen, die an der Sinnhaftigkeit oder wirtschaftlichen Effizienz einer Privatisierung als Strategieelement in einem langfristig angelegten Entwicklungsprozeß zweifeln, ist nach dem Zusammenbruch der kommunistischen Planwirtschaften stark gesunken. Geblieben ist allerdings eine weitgehende Unsicherheit über das **Ausmaß** und das einzuschlagende **Tempo** einer Privatisierung.

Zum Ausmaß: Hier dreht es sich letztlich um die Frage, welche bzw. wieviele der zur Privatisierung anstehenden Produktionsbereiche "öffentliche Güter" herstellen oder den Charakter eines "natürlichen Monopols" aufweisen (siehe hierzu auch in Abschnitt 4 unten). Allerdings ist hierbei zu beachten, daß zu den originären Staatsaufgaben nur die Bereitstellung, nicht unbedingt die Herstellung öffentlicher Güter gehört. Auch ist es nicht unbedingt notwendig, daß ein natürliches Monopol[37] einem Staatsunternehmen zugewiesen wird. Öffentliche Güter wie auch natürliche Monopole begründen deswegen nur bestimmte staatliche Regulierungen, nicht jedoch automatisch staatliche Unternehmen. Außerdem kommt hier als Alternative zu staatlicher Regulierung und Produktionsübernahme auch die Schaffung neuer (fehlender) Märkte zur Internalisierung der öffentliche-Güter-kennzeichnenden Externalitäten in Frage. Doch bedarf es hierfür einer hinreichenden ökonomisch-politisch-soziokulturellen Infrastruktur, damit solche Märkte überhaupt geschaffen werden können. Diese Infrastruktur bezieht sich auf rechtliche, personelle ("Humankapital"), finanzielle wie auch technische ("Know-how") Voraussetzungen. Diese Voraussetzungen sind jedoch gerade in Entwicklungsländern meist nicht gegeben (siehe hierzu näher im 5. Kapitel, Abschnitt I.3). Überhaupt geht es in den Entwicklungsländern vorrangig um den Aufbau der Infrastruktur, die überwiegend "öffentlichen Gut"-Charater hat. Von daher sind die Entwicklungsländer besonders auf staatliche Aktivitäten angewiesen. Wie gesagt, impliziert dies jedoch nicht unbedingt staatliche Unternehmen, sehr wohl aber staatliche Regulierungen und Subventionen (siehe auch in Abschnitt 3).

Zum Tempo: Hierzu sollen im folgenden nur einige grundlegende Aspekte aufgeführt werden, da wir uns mit dem Punkt 'Tempo des Reformprozesses' im 5. Kapitel (dort in Abschnitt II.3) näher beschäftigen. Wenn - wie im Extremfall sehr "rückständiger" Entwicklungsländer oder auch postkommunistischer Transformationsländer (zu letzteren siehe im Schlußteil) - noch sehr wenige der für einen effizienten Aufbau einer Marktwirtschaft notwendigen infrastrukturellen Vorleistungen vorhanden sind, kann eine *sofortige umfassende* Privatisierung das Gesamtsystem überfordern. [Zu den notwendigen institutionellen Voraussetzungen zählen beispielsweise ein stabiles Rechtssystem, ein wirksames Wettbewerbsüberwachungssystem und ein funktionierendes Finanzwesen; siehe näher auch im Schlußteil.] Anders gesagt, eine sofortige umfassende Privatisierung würde in diesem Fall eher **ineffizient** sein. Dies beschreibt ein typisches Problem des **Übergangs**- oder **Entwicklung**sprozesses. Die in Abschnitt 2.1 erläuterten positiven Effizienzwirkungen eines Privatisierungsprozesses kommen dagegen erst *nach* einem (politisch) gelungenen Übergang oder nach einem institutionell-qualitativen Entwicklungssprung so richtig zum Tragen. Dies sollte genau auseinandergehalten werden. Implizit wird dies auch von Vertretern der "(neo-)strukturalistischen Schule" (siehe näher in Abschnitt III unten) betont, wenn sie auf die unterschiedliche Angemessenheit oder Nützlichkeit von bestimmten Entwicklungsstrategien für verschiedene Entwicklungsländer hinweisen[38]. Dies ist natürlich kein Gegenargument gegen die These der Notwendigkeit einer Privatisierung für eine langfristige Entwicklung, sondern betrifft nur die Frage, wann und mit welcher Dynamik ein Privatisierungsprozeß einsetzen soll. Nichtsdestoweniger kann sich ein falsch

---

[37]   Von einem "natürlichen Monopol" spricht man, wenn ein einziger Anbieter die gesamte Marktnachfrage nach einem Gut kostengünstiger befriedigen kann als mehrere oder viele Anbieter. Dies kann auf technischen oder organisatorischen Gründen beruhen.

[38]   So schreiben beispielsweise Mosley u.a. [1991: 304] als Resümee ihrer umfangreichen Feldstudien unter anderem: "privatisation works better if there exists a private sector able and willing to take over the public sector's assets." Die Ausgangsbeziehungen diesbezüglich sind jedoch, wie sie auch betonen, sehr unterschiedlich in den einzelnen Entwicklungsländern.

gewähltes Tempo fatal für einen Entwicklungsprozeß auswirken, wie im 5. Kapitel näher erläutert wird.

3. Deregulierung und Liberalisierung

Die Entwicklungsländer waren in den vergangenen Jahrzehnten nicht nur durch mehr oder weniger weite Bereiche staatlicher Unternehmen gekennzeichnet, sondern noch prägnanter durch einen hohen Grad an staatlichen Regulierungen sowie Marktabschottungen gegenüber in- und ausländischer Konkurrenz (siehe hierzu überblicksmäßig Krueger [1992: 1. Teil]). Hierauf wird heutzutage, vor allem vom IWF, ein Großteil der Ineffizienz der Entwicklungsversuche dieser Länder zurückgeführt[39]. (Dagegen sehen andere Ökonomen zum Beispiel Importsubstitution als notwendige Vorstufe einer Exportstrategie an[40]. Zur Grundlagendiskussion siehe u.a. das 'Frühjahr 1991'-Heft des "Journal of Economic Perspectives".)

Die zentralen auflagenpolitischen Folgerungen hieraus beziehen sich vor allem auf

(a) eine **Liberalisierung der Preise** (Produktpreise, Faktorpreise und Wechselkurse)

(b) eine **Liberalisierung des Außenhandels**

(c) eine **Liberalisierung des Kapitalverkehrs**.

Mit (a) beschäftigen wir uns gesondert in Abschnitt IV unten im Zusammenhang mit der Diskussion von Einkommenspolitik.

Der Fall (c) wird im 5. Kapitel im Kontext der Erläuterung der Hindernisse für eine Liberalisierung der Finanzmärkte behandelt.

Hier in diesem Abschnitt analysieren wir die auflagenpolitische Forderung einer Liberalisierung des Außenhandels, d.h. Punkt (b). Im Grunde steht dies auch im Mittelpunkt dessen, was wir oben in Abschnitt I.1 mit "**Marktöffnung**" bezeichnet hatten[41]. Zuerst wird die allgemeine Trendwende hin zu einer Liberalisierung des Handels beschrieben. Dann werden die theoretischen Argumente für Freihandel skiz-

---

[39] Folglich sind Deregulierung und Liberalisierung ein zentraler Schwerpunkt in den wirtschaftspolitischen Auflagen der heutigen Entwicklungshilfepolitik.

Regulierungen stellen im übrigen nichts anderes als eine mildere Form von staatlicher Lenkung dar. Folglich treffen die obigen Einwände gegen staatliche Unternehmen im Grunde auch gegen eine Regulierung privater Unternehmen (und allgemein der Wirtschaft) zu. Allerdings sind hier die Ausführungen in Abschnitt 2.2 oben zur Notwendigkeit staatlicher Regulierungen im Kontext von öffentlichen Gütern und natürlichen Monopolen zu berücksichtigen. Wie dort hervorgehoben, ist gerade in Entwicklungsländern der Bedarf an Infrastrukturaufbau (d.h. von öffentlichen Gütern) sehr groß.

Allgemein zielt eine Politik der Deregulierung darauf ab, marktwidrige Eingriffe in den Wettbewerbsprozeß in Form von staatlichen Regelungen, Vorschriften und Auflagen abzubauen.

[40] Siehe z.B. Krugman [1984]. Auch die (neo-)strukturalistische Schule erhebt wesentliche Einwände gegen eine undifferenzierte Empfehlung einer Marktöffnung (siehe hierzu in Abschnitt III).

[41] Dort hatten wir ja auf die folgenden 3 zentralen Elemente der modernen Enwicklungstrategie(n) hingewiesen: Vertrauen auf die Marktkräfte, Marktöffnung und makroökonomische Regeln.

ziert. Schließlich wird kurz auf die Einschränkungen eingegangen, die durch die
'Neue Handelstheorie' sowie andere Überlegungen in die Diskussion gebracht worden
sind.

3.1 Neue Begeisterung für Freihandel

Die Entwicklungsländer zogen es während der 50er und 60er Jahre vor, dem Beispiel
der Industrieländer, die damals ihre Märkte stärker zu öffnen begannen, *nicht* zu folgen [42]. Die vorherrschende Sichtweise, insbesondere in Lateinamerika, war die, daß
Entwicklungsländer einer Importsubstitutions-Industrialisierungsstrategie folgen sollten, um das Problem einer säkularen Verschlechterung ihrer Terms of Trade zu vermeiden. (Vgl. Prebisch [1959].[43] Hierzu und hinsichtlich weiterer Argumente siehe in
Abschnitt 1 oben sowie im 2. Kapitel, dort in Abschnitt I.2.2.4.)

Schon in den 70er Jahren begannen jedoch einige Entwicklungsländer, von dieser
Strategie etwas abzuweichen. Sie erkannten, daß Protektionismus in Form von Zöllen
und Kontingenten nicht nur Importe geringhielt, sondern daß der hieraus
resultierende Nachfragerückgang für ausländische Währung zu einer Aufwertung
ihrer eigenen Währung führte und sie so folglich mit einer unerwünschten "Steuer"
auf Exporte traditioneller Güter wie auch aufkommender Industriegüter konfrontiert
waren. Der entscheidende Durchbruch zu liberaleren Handelspraktiken setzte jedoch
erst in den letzten Jahren und meist erst unter Druck von seiten der Industrieländer
(im Kontext der Entwicklungshilfeauflagen) ein. Dies muß im Zusammenhang mit der
schon oben erwähnten breiten intellektuellen Trendwende in den achtziger Jahren
weg von der kritiklosen Befürwortung staatlicher Interventionen hin zu einer
Renaissance des Marktvertrauens (oder vielleicht besser gesagt: hin zu einem
Staatsmißtrauen) gesehen werden. Außerdem lag ein weiterer Beweggrund für den
Umbruch und die neuerlich starke Betonung einer Marktöffnung einfach in den
enttäuschenden wirtschaftlichen Ergebnissen vieler Entwicklungsländer in den
achtziger Jahren. (Man spricht hier auch von einem "verlorenen Jahrzehnt" für die
Entwicklungsländer.[44]) Folglich wird auch nach dem Strohhalm "**Marktöffnung**"
gegriffen. Daneben gab es aber auch fundierte wissenschaftliche Forschungs-
ergebnisse, die die Probleme von nach-innen-gerichteten Handelsstrategien offen-
legten und die Erfolge von Ländern, die auf eine Handelsliberalisierung
(Marktöffnung) vertrauten, belegten[45]. Diese wiederum dienten der Weltbank und
dem IWF als Grundlage, um Marktöffnung als eine zentrale ordnungspolitische
Auflage in ihrer Vergabepolitik zu installieren.

---

[42] Doch auch die Industrieländer verfolgten nach dem Zweiten Weltkrieg erstmal selbst restriktive
      Handelspolitiken, bevor sie sich in den 50er und 60er Jahren allmählich der Marktöffnungs-
      strategie zuwandten. Nichtsdestoweniger gibt es auch heute in den Industrieländern immer noch
      gravierende künstliche Schranken, insbesondere auch gegenüber den Entwicklungsländern, wie
      oben schon ausgeführt worden ist.

[43] Die intellektuelle Gegenströmung, die für Freihandel eintrat, wurde damals vor allem von Jacob
      Viner [1952] und Gottfried Haberler [1959] vertreten.

[44] Vgl. Weltbank [1991b]. Ein zusätzlicher Beweggrund mag in den Erfolgen einiger
      ostasiatischer Entwicklungsländer, die eher "außenorientiert" waren, gelegen haben.

[45] Vgl. z.B. Balassa [1989]; Bhagwati [1978]; Bruton [1989]; Krueger [1978, 1990]; Michaely u.a.
      [1991] und Pack [1988].

3.2 Erwartete Gewinne aus einer Handelsliberalisierung

Obwohl die bisherigen Versuche, den Nutzen aus einer Handelsliberalisierung *empirisch* festzumachen, manchmal als "enttäuschend" betrachtet werden[46], kann man zumindest die Kanäle, durch die Handelsliberalisierung Nutzen bringen kann, festmachen. Diese sind denn auch die Basis für die theoretische Begründung der auflagenpolitischen Forderung nach einer Marktöffnung der Entwicklungsländer. Als die zentralen Kanäle kann man die folgenden bezeichnen:

(a) *eine verbesserte Ressourcenallokation*

(b) *Zugang zu besseren Technologien, Inputs und Zwischengütern*

(c) *bessere Möglichkeiten, aus Skalen- und Größeerträgen Vorteile zu ziehen*

(d) *Wachstumsexternalitäten wie Transfer von Know-how*

(e) *eine Umorganisation der Industrie, die eine Schumpeterianische Wachstumbegünstigende Umgebung erzeugen kann.*

Im folgenden wird auf die einzelnen Kanäle kurz eingegangen.

Zu (a): Die statischen Gewinne, die aus einer verbesserten Ressourcenallokation gezogen werden können, sind die klassische Quelle eines Gewinns aus Freihandel[47]. Unter vollkommener Konkurrenz kann ein kleines Land, das sich als Mengenanpasser verhält, einen Gewinn daraus erzielen, daß es Zölle beseitigt. Die Konsumenten sind besser gestellt, weil ihr Einkommen steigt; und die Ressourcen werden effizienter genutzt, weil nicht länger Güter produziert werden (müssen), die billiger importiert werden könnten. Harberger [1959] schätzte seinerzeit die Wohlfahrtskosten der Protektion in Chile auf einen Betrag von 2,5 % des BSP. Neuere Untersuchungen kommen beispielsweise für die USA zu (inländischen) Wohlfahrtskosten in Höhe von rund 1 % (vgl. Krugman [1990]). Doch sind bei großen Ländern auch noch die Wohlfahrtskosten zu berücksichtigen, die *anderen* Ländern aufgebürdet werden. Diese können - insbesondere wenn die Folgen hierdurch induzierter Handelskriege einbezogen werden - um ein Vielfaches höher sein (siehe z.B. Feenstra [1992])[48].

---

[46] Vgl. hierzu wie auch zu folgendem Dornbusch [1992]. Vgl. dagegen auch Baldwin [1989, 1992b]. Ich benutze im folgenden die Begriffe Gewinne und Nutzen synonym.

Dies ist aber nur Teil der insgesamten Enttäuschung hinsichtlich der Wachstumsrechnung, d.h. im wesentlichen hinsichtlich des Versuchs, die Solow'sche Residualkomponente zufriedenstellend zu erklären. Hieran knüpfte ja auch die Neue Wachstumstheorie an (siehe im 2. Kapitel).

[47] Die Aufdeckung dieser klassischen Quelle aus Freihandel wird üblicherweise auf Ricardo [1815] zurückgeführt. Ricardo's Langfrist-Vision war bekanntlich die einer Stagnation - abgeleitet aus einem Modell mit abnehmenden Grenzerträgen. Handel verhinderte folglich dort nicht die Stagnation, verzögerte aber den Zeitpunkt ihres Eintritts.

[48] Eine neuere Simulationsstudie der OECD [1992] kommt zu dem Ergebnis, daß eine völlige Liberalisierung des Welthandels einen Wohlfahrtszuwachs von insgesamt 477 Mrd. $ über 10 Jahre hinweg erbrächte.

Zu (b): Handelsliberalisierung steigert die Vielfalt von Gütern und erhöht die Produktivität dadurch, daß billigere und gleichzeitig qualitätsmäßig bessere Zwischenprodukte eingesetzt werden. Durch die größere Vielfalt von Gütern erweitert sich auch der potentielle Markt, und ein breiteres Spektrum technologischer Anwendungsmöglichkeiten wird ausprobiert. Diese Überlegungen sind auch in die Neue Wachstumstheorie eingegangen (vgl. z.B. Romer [1989]). Sie besagen, daß durch die Verfügbarkeit billigerer und qualitätsmäßig besserer importierter Zwischengüter und importierter Technologien (ob über Lizenzen oder in den importierten Kapitalgütern "einverleibt") eine wichtige zusätzliche Quelle von Gewinnen aus einer Handelsliberalisierung entsteht.

Zu (c): Handelsliberalisierung kann zu einer Marktvergrößerung führen und von daher Gewinne aus Skalenerträgen u.a. hervorrufen. Außerdem werden durch die Marktöffnung - über hereinströmende Konkurrenz - Monopolgewinne abgeschöpft. (Voraussetzung für die Stichhaltigkeit dieses Arguments ist allerdings, daß wir von dem klassischen Modell mit seiner unrealistischen Annahme der vollkommenen Konkurrenz Abstand nehmen.) Protektionismus erzeugt Marktmacht für heimische Firmen, die sich in höheren Preisen, aber auch in geringerer Güterqualität und -vielfalt auswirkt. Folglich besteht eine weitere Nutzenquelle aus einer Handelsliberalisierung darin, daß die Preise sinken, folglich die Kaufkraft steigt, und zudem auch die Güterqualität und -vielfalt zunimmt.

Zu (d): Eine weitere Gewinnquelle aus Handelsliberalisierung entsteht durch den Transfer von Know-how (Technologie und Wissen), der mit Handel immer auch verbunden ist[49]. Letzteres wird ja auch in der Neuen Wachstumstheorie betont, insbesondere in ihrer Ausrichtung auf globale Märkte (vgl. Grossman und Helpman [1991]). Folglich wird heute auch der Beitrag der multinationalen Konzerne für die Entwicklungsländer von internationalen Organisationen wie der UNO durchweg positiv eingeschätzt[50].

Zu (e): Schließlich ist auch das gesamte Potential *dynamischer* Nutzen einer Handelsliberalisierung in Betracht zu ziehen. So ergab die Studie von Chenery u.a. [1986], daß Perioden der Handelsliberalisierung mit Perioden einhergingen, in denen

---

Eine wichtige Einschränkung sollte hier allerdings erwähnt werden: Die Gewinne aus Freihandel können unter Umständen überkompensiert werden durch die mit dem Handel verbundenen *Transportkosten*, die in Form direkter Kosten, aber auch in Form von *zusätzlicher Umweltverschmutzung* anfallen. Dies gilt zumindest bei unzureichender Umweltpolitik. Siehe hierzu z.B. Pethig [1976], Siebert [1977] und - im Kontext unvollkommener Konkurrenz - Soete und Ziesemer [1992].

49 Vgl. hierzu Haberler [1959]; vgl. auch Baumol u.a. [1989] sowie Edwards [1992]. Dies ist auch schon in (b) oben mit erwähnt worden. Der Transfer von Know-how wird hierbei zum Teil durch die erhöhte Konkurrenz erst erzwungen.

50 Vgl. z.B. UNO, World Investment Report, New York 1992.

Die Einschätzung war beileibe nicht immer so. Erst durch die in der Neuen Wachstumstheorie aufgegriffenen Argumente (vor allem das obige Argument) trat ein Bewertungsumschwung ein. (Die UNO spricht dabei neuerdings von "transnationalen" Unternehmen, wohl um den negativen Beigeschmack, der mit dem Begriff multinationale Unternehmen in Entwicklungsländern immer noch verbunden ist, zu umgehen.)

das gesamte Faktorproduktivitätswachstum ungewöhnlich hoch war[51]. Dies kann so interpretiert werden, daß sich eine "aggressive" Handelsöffnung als ein Schumpeterianischer Wachstumsschub erweisen kann[52]. Nach Schumpeter ist "Entwicklung" ja durch das "Durchführen neuer Kombinationen" definiert[53]. Ein neues Wachstumsklima wird durch *Veränderungen* geschaffen. Veränderungen sind für Schumpeter selbst die Quelle von Produktivitätssteigerungen. Insbesondere die Einführung neuer Güter, neuer Produktionsmethoden, die Umorganisation von Industrien und die Eröffnung neuer Märkte - alles Begleiterscheinungen oder Folgen einer Handelsliberalisierung - können ein Entwicklungsland durch die hierbei hervorgerufene und sich verbreiternde Wirtschaftsdynamik auf einen höheren Wachstumspfad hieven[54].

3.3 Einschränkungen: 'Neue Handelstheorie'

Neuere Entwicklungen in der Außenhandelstheorie haben Zweifel aufkommen lassen, ob der Ruf nach einer (völligen) Handelsliberalisierung so ohne weiteres gerechtfertigt ist. Durch die Analyse von Handelspolitik unter **unvollkommener Konkurrenz**, und unter Konzentrierung auf die speziellen Eigenschaften von Hochtechnologie-Industrien, haben Ökonomen in den letzten Jahren neue theoretische Argumente[55] für staatliche Interventionen (vor allem in Form von Steuern und Subventionen) herausgearbeitet[56]. Diese Argumente sollen aufzeigen, daß es in gewissen Fällen ein einseitiges ökonomisches Motiv für eine interventionistische Handelspolitik, genauer gesagt: für Produktionssubventionen, gibt. Dies steht in scharfem Kontrast zu den Standardresultaten der (mainstream) internationalen Handelstheorie, die auch als theoretische Begründung für die obige Auflagenpolitik in der Entwicklungshilfe gedient haben. (Siehe näher zu dieser 'neuen' Außenhandelstheorie im ANHANG, dort in Abschnitt E-II.)

In dieser modernen Begründung für die behauptete fallweise Adäquanz von Handelsregulierungen wird vor allem auf folgende spezielle Eigenschaften von Hochtech-

---

[51] Ähnliche Ergebnisse erhielten Harrison [1991] und Salvatore und Hatcher [1991]. Siehe auch Weltbank [1991b: 120].

[52] Hier muß man allerdings immer berücksichtigen, daß die Kausalität auch umgekehrt oder beiderseitig sein kann.

[53] Vgl. Schumpeter [1911].

[54] Im Hayek'schen Sinne kann man (umgekehrt) auch sagen, daß marktwidrige Regulierungen den Wettbewerb als ein überlegenes Such- und Entdeckungsverfahren für neue Produkte und Produktionsverfahren behindern.

[55] Ob diese Argumente wirklich neu sind, wird allerdings von manchen traditionellen Handelstheoretikern wie z.B. Baldwin [1992] in Frage gestellt. Vgl. Baldwin [1992] auch für einen ausführlichen Überblick über die Relevanz dieser neuen Theorierichtung. Ein Teil der Originalliteratur ist in Grossman [Hrsg., 1992] gesammelt.

[56] In Gang gebracht wurde diese Debatte durch Theoretiker der Industrieorganisation (Brander und Spencer [1981, 1983]), weshalb diese Richtung auch als "Industrieorganisationsansatz" (I-O approach) der Handelstheorie bezeichnet wird. Neuerdings wird auch der Begriff "Neue Handelstheorie", eingeführt von Helpman und Krugman [1989], hierfür verwandt.

Dieser Forschungsansatz hat auch eine große Verwandtschaft zur "Neuen Wachstumstheorie", die wir ja im 2. Kapitel dargestellt hatten. Die direkteste Verbindung dieser beiden Ansätze ist in dem Buch von Grossman und Helpman [1991] zu finden.

nologie-Industrien rekurriert: große Forschungs- und Entwicklungsausgaben für neue Produkte; Beeinflussung der Kostenstrukturen durch starke Learning-by-doing-Effekte; hohe Risiken bei der Produktion und Vermarktung neuer Produkte; Transfer (spillovers) von Wissen oder Know-how. (Die ersten zwei Eigenschaften begründen auch schon eine Beschränkung der Firmenzahl; von daher auch das Ausgehen von unvollkommener Konkurrenz auf den Gütermärkten in diesem Theorieansatz.) Die Betonung solcher Eigenschaften liefert dann neue Argumente, warum eine selektive Regierungsunterstützung - in Form einer Steuer- und Subventionspolitik - auf der Grundlage von Marktunvollkommenheiten und Externalitäten gerechtfertigt sein mag. So macht beispielsweise das erwähnte Risiko bei der Produktion neuer Güter den Erfolg der innovativen Firmen abhängig vom Funktionieren der Kapitalmärkte. (Hier gibt es vor allem in den Entwicklungs- und Transformationsländern große strukturelle Defizite; siehe auch im Schlußteil!) Außerdem bedeutet die Existenz von Wissensexternalitäten in der Regel, daß die Forschungsausgaben geringer sind als ihr gesellschaftlich-optimales Niveau[57].

Auch wenn dieser Theorieansatz auf den ersten Blick als auf den internationalen Handel zwischen den Industrieländern zugeschnitten erscheinen mag, sehen führende Vertreter der 'Neuen Handelstheorie' wie Paul Krugman die **Entwicklungsländer** sogar als prädestiniertes Untersuchungsobjekt, da "Skalenerträge und unvollkommener Wettbewerb für Entwicklungsländer wahrscheinlich in gewissem Maße wichtiger sind als für Industrieländer"[58].

Während man die obigen Argumente hinsichtlich einer Handelsreform in großen Industrieländern nicht überbewerten sollte - insbesondere nicht wegen der Gefahr eines durch einseitige Regierungsinterventionen ausgelösten Handelskrieges[59] -, stellt sich die Frage etwas differenzierter bezüglich der Entwicklungsländer[60]. Doch auch hier muß gesehen werden, daß Staatsinterventionen immer nur eine zweit- oder eher drittbeste Lösung darstellen können. Der erst-beste Weg wäre sicherlich der zu versuchen, die Grundlagen für das Motiv interventionistischer Handelspolitiken zu beseitigen, stellen diese doch eine marktwirtschaftliche Verzerrung dar[61]. Dies würde

---

[57] Diese Aussagen sind teilweise in unterschiedlichen Modellansätzen herausgearbeitet worden. Einige nähere Erläuterungen zur 'neuen' Außenhandelstheorie siehe wie gesagt im ANHANG, dort in Abschnitt E-II!

[58] Krugman [1989: 363; Übersetzung von mir, H.W.].

[59] Daneben sind auch negative Anreizeffekte sowie Retardierungstendenzen zu berücksichtigen. Dies hat auch der deutsche 'Sachverständigenrat zur Begutachtung der gesamtwirtschaftlichen Entwicklung' in seinem Jahresgutachten 1989/90 (auf S. 39) hervorgehoben. Er betont dort "die Gefahr, daß sich Interessengruppen dieser (theoretischen Modelle) als zusätzliche Argumente bedienen, um verstärkten Druck auf die politischen Entscheidungsträger auszuüben. Geben diese dem Druck nach, dann ist zu befürchten, daß die Unternehmen ihre Anstrengungen zunehmend auf die Erlangung staatlicher Hilfen und nicht auf die Verbesserung der Konkurrenzfähigkeit aus eigener Kraft konzentrieren. Auch muß bezweifelt werden, daß ein Abbau protektionistischer Maßnahmen erfolgt, wenn ihre ursprüngliche Begründung obsolet geworden ist."

[60] Letztere sind ja eher kleine, weltwirtschaftlich zumeist "unbedeutende" Länder.

[61] Hiermit wird natürlich implizit unterstellt, daß eine Marktordnung einer planwirtschaftlichen Ordnung überlegen ist. Einige Gründe für eine solche Überlegenheit wurden ja oben in den Abschnitten 1 und 2 schon genannt.

bedeuten, Institutionen zu schaffen, mithilfe derer die Externalitäten internalisiert und die Marktunvollkommenheiten beseitigt werden könnten. Dies ist natürlich leichter gesagt als getan. Der zweitbeste Weg wäre daher, internationale Vereinbarungen zu treffen, um einseitige Regierungsinterventionen zu unterlassen. Der Grund ist, daß durch einseitige strategische Regierungsinterventionen wohl kurzfristige Gewinne erzielt werden können, mittel- und langfristig dagegen - aufgrund eines so entfachten Handels- oder Subventionskrieges - in der Regel alle schlechter dastehen, als wenn sie die Interventionen unterlassen hätten. Für die Fälle allerdings, in denen sich einige Länder berechtigte Hoffnungen machen können, auf Kosten anderer von solchen Interventionen, selbst bei nachfolgenden Handelskriegen, profitieren zu können, sieht die Situation anders aus[62]. Entwicklungsländer dürften jedoch kaum zu diesen Ländern zählen. Jedoch können Entwicklungsländer davon ausgehen, daß sie weltwirtschaftlich zu unbedeutend sind, um auf begrenzte (!) Interventionen hin Handelsreaktionen der anderen, insbesondere der größeren (Industrie-)Länder, erwarten zu müssen[63]. (Insofern wird man der 'neuen' Außenhandelstheorie eine besondere Relevanz für die Entwicklungsländer zubilligen müssen.) Andererseits allerdings muß auch berücksichtigt werden, daß die Industrieländer ihrerseits schon keine offenen Märkte gegenüber den Entwicklungsländern aufweisen (vgl. näher in Abschnitt I oben). Die praktische Ausgangslage ist also komplexer, als in den traditionellen oder auch in den neuen Handelstheorien in der Regel unterstellt wird.

Im allgemeinen ergeben sich, wie Rodrick [1991] übersichtsmäßig zeigt, aus solchen Optimierungsmodellen bei unvollkommener Konkurrenz *keine eindeutigen Voraussagen hinsichtlich des Nutzens einer Handelsliberalisierung für die Entwicklungsländer:* Handelsprotektionismus kann in diesen Modellen den technischen Fortschritt behindern, aber auch fördern. Dies gilt übrigens auch hinsichtlich der 'Neuen Wachstumstheorie' (siehe näher im 2. Kapitel). Auch dort zeigt sich, daß die Effekte einer Handelsliberalisierung ambivalent, d.h. hier modellabhängig, sind[64].

Was ich damit nur aussagen will, ist, daß in der internationalen Handelstheorie die Nützlichkeit einer (völligen) Handelsliberalisierung nicht hinreichend geklärt ist - insbesondere was die Entwicklungsländer anbelangt. Dies kann allerdings (zum Teil) als ein theoretisches Problem der formalen Modellierbarkeit einzelner, oben vorgestellter Gewinnquellen (insbesondere von (e)) betrachtet werden. Außerdem geht es bei der uns hier interessierenden auflagenpolitisch festgemachten Forderung nach einer Handelsliberalisierung im Entwicklungsprozeß gar nicht so sehr um die Frage, ob eine vollkommene oder nur eine unvollkommene Handelsliberalisierung stattfindet, son-

---

[62] Der Industrieorganisationsansatz der Handelstheorie hat auch neue Einsichten geliefert, warum es - in der Abwesenheit internationaler Umverteilungsschemata - so schwierig ist, Übereinstimmung in Situationen zu erzielen, in denen Änderungen in der Handelspolitik die weltweit aggregierte ökonomische Wohlfahrt steigern, jedoch einzelne Länder schlechter stellen. Vgl. hierzu Canzoneri und Henderson [1991] und zur allgemeinen Diskussion hier Baldwin [1992].

Dies kann man im übrigen als einen theoretischen Grund für die Befürwortung internationaler Organisationen wie des GATT o.ä. betrachten. Siehe hierzu Wagner [1991].

[63] Vgl. in diesem Kontext Krugman [1989].

[64] So werden beispielsweise in Romer [1987, 1989] eher positive Effekte einer Handelsliberalisierung für die Entwicklungsländer gefolgert, während Young [1991a] negative Effekte hervorhebt.

dern daß überhaupt von der planwirtschaftlichen Orientierung abgerückt und stattdessen grundsätzlich der Weg zu einer (vielleicht auch nur unvollkommenen) Marktöffnung beschritten wird. (Wie gesagt, auch in den Industrieländern gibt es keine völlige Marktöffnung.)

Nichtsdestoweniger bleibt eine gewisse Ungeklärtheit hinsichtlich der Frage einer *generellen* Nützlichkeit einer (vollkommenen) Handelsliberalisierung für die Entwicklungsländer. Dies rührt aber auch daher, daß die neueren *empirischen* **Belege**, obwohl in die besagte Richtung gehend, ebenfalls nicht "glasklar" sind[65]. Hierunter fallen auch die positiven Erfahrungen, die Länder wie Süd-Korea, Brasilien oder Japan mit protektionistischen Strategien in der Periode von 1965 bis 1980 gemacht haben[66]. Man kann wohl diese Erfolge auf günstige (politische und außenwirtschaftliche) Rahmenbedingungen in diesen Ländern während dieser Zeit zurückführen[67]. Doch bleibt selbst dann ein noch nicht zufriedengestellter Erklärungsbedarf. (Dies wird im 5. Kapitel, dort vor allem im Kontext der Frage optimaler zeitlicher Reformabfolgen, nochmals aufgegriffen.) Deshalb wird häufig davor gewarnt, Handelsliberalisierung als ein Allheilmittel zu verkaufen (vgl. z.B. Rodrick [1992]; vgl. auch Taylor [1988] oder Mosley, Harrigan und Toye [1991]). Dabei wird vor allem von Vertretern der (neo-)strukturalistischen Schule - auf dem Hintergrund empirischer Feldstudien - betont, daß strukturelle Anpassungsprogramme in Richtung auf mehr Privatisierung und Abbau protektionistischer Maßnahmen für einige (vor allem sehr arme) Entwicklungsländer schädlich, für andere (vor allem Schwellenländer) dagegen nützlich sein können[68].

Ein **weiteres Problem** taucht dadurch auf, daß bei einer Handelsliberalisierung erstmal die Einnahmen aus der Besteuerung des internationalen Handels, die für viele Entwicklungsländer einen bedeutenden Anteil der gesamten Staatseinnahmen ausmachen, zurückgehen (vgl. hierzu z.B. Greenaway und Milner [1991]). Dies kann - unter ungünstigen polit-ökonomischen Umständen - selbst wieder ein bedeutendes Hin-

---

[65]   Vgl. z.B. Dornbusch [1992], Weltbank [1991b: 119ff.] und Banuri [Hrsg., 1991].

[66]   Zu weiteren Erfahrungen siehe z.B. die 18 WIDER-Länderstudien, die in Taylor [1988] ausgewertet wurden.

Speziell in Asien läuft derzeit auch eine breitangelegte Diskussion darüber, ob "westliche Werte" und Konzepte wie Individualismus und Demokratie überhaupt zur soziokulturellen Basis des Konfuzianismus - der derzeit selbst in China eine Renaissance sondergleichen erlebt - passen (vgl. hierzu auch die Diskussion im 5. Kapitel, dort in Abschnitt II.2). Dies scheint die These des Autors (vgl. z.B. Wagner [1992: Einleitung]) zu bestätigen, daß wirtschaftliches Wachstum und wirtschaftliche Stabilität vom Harmoniegrad der Gleichgewichtsbedingungen des ökonomischen, politischen und soziokulturellen Systems mit abhängen.

[67]   So kann man auf die kluge Wechselkurspolitik, auf die positive Rolle externer Kredite und auf die hinreichende Selektivität des Handelsregimes in diesen Ländern während dieser Zeit rekurrieren (so z.B. Dornbusch [1992]; vgl. auch Sachs [1989] und Westphal [1990]). Doch völlig zufriedenstellen mag eine solche Hilfserklärung auch nicht.

[68]   So schreiben beispielsweise Mosely u.a. [1991: 304] "that structural adjustment policies of the (World) Bank's chosen variety constitute in very poor countries a gratuitous obstruction, just as in the NICs [Newly Industrialized Countries] they constitute a welcome acceleration ... [I]n very poor countries, privatisation and removal of infant-industry protective structures are at best an irrelevance. True structural adjustment requires the buidling up of the country's export sectors and associated infrastructure, which in the short term may require more rather than less state intervention."

dernis bei der Umsetzung des Gesamtreformprogramms darstellen. Siehe hierzu auch die Abschnitte III und IV dieses Kapitels sowie das 5. Kapitel.

4. Rechtlich-institutionelle Rahmenbedingungen   230

Um die erhofften Wirkungen zu erzeugen, muß eine Deregulierungspolitik - genauso wie eine Privatisierungspolitik - dauerhaft angelegt und verläßlich sein. Nur dann erzeugt sie Erwartungsstabilität und ist glaubwürdig. Hierzu allerdings ist eine Ankündigung allein in der Regel nicht hinreichend, sondern es müssen rechtlich-institutionelle Rahmenbedingungen geschaffen werden, die ein Abweichen von der Ankündigung als unwahrscheinlich erscheinen lassen. Dies wurde schon im Abschnitt über Privatisierung andiskutiert.

Zuallererst ist **Rechtssicherheit** erforderlich, was der Installierung und Überwachung (Einhaltung) eines modernen Rechtssystems bedarf (zumindest in einer Marktordnung). Hieran mangelt es in vielen Entwicklungsländern und vor allem in den postkommunistischen Reformländern (siehe näher hierzu im Schlußteil).

Ein Rechtssystem aufzubauen bedeutet, einer Institution, die in der Regel als "Staat" bezeichnet wird, das Gewaltmonopol zuzubilligen, das diese auf andere (Sub-)Institutionen aufgabenbedingt weiterdelegieren kann. So bedarf es zur Überwachung öffentlicher Aufgaben, die sich im allgemeinen auf die Herstellung **öffentlicher Güter**[69] beziehen, bestimmter Behörden. Welche und wieviele Aufgaben oder Güter als "öffentlich" zu bezeichnen sind und deshalb einer staatlichen Überwachung oder Produktion/Finanzierung bedürfen, ist umstritten[70]. Relativ unumstritten dürfte hierbei die Aufrechterhaltung der inneren und äußeren Sicherheit sein. Auch die Überwachung des wirtschaftlichen Wettbewerbs (der Vermeidung der Konzentrationsbildung) und folglich die Notwendigkeit der Einrichtung einer Wettbewerbsüberwachungsbehörde wird heute in (für) Marktwirtschaften allgemein akzeptiert. Schließlich ist auch die Aufgabe der Steuereintreibung als eine öffentliche anerkannt und folglich die Notwendigkeit der Errichtung einer Steuerbehörde und eines geregelten Besteuerungssystems unumstritten. Alles andere steht zur Disposition und ist in der Wissenschaft umstritten. [Darin gründet auch die Unterscheidung von "öffentlichen Gütern" und "meritorischen Gütern". Bei letzteren liegt kein "Marktversagen" vor. Gleichwohl findet ein - politisch begründeter, auf der Wahrnehmung positiver Externalitäten beruhender - Staatseingriff statt. Ein gängiges Beispiel für meritorische Güter ist die Schulpflicht der Kinder.] Vielleicht mit am wenigsten umstritten ist die makroökonomische Aufgabe der Aufrechterhaltung der Geldversorgung und der Überwachung der Preisniveaustabilität, wozu eine Zentralbankbehörde als erforderlich erscheint[71]. (Zu letzterem und zu weiteren rechtlich-

---

69 *Öffentliche Güter* sind solche, bei denen die Teilbarkeit gering ist, so daß Nichtzahler von der Nutzung der Güter nur schwer ausgeschlossen werden können, und bei denen häufig Größenvorteile auftreten, die zu "natürlichen Monopolen" führen. Der private Sektor wird deshalb nur in Ausnahmefällen solche Güter in ausreichendem Umfang anbieten.

70 Dies ist ein klassisches Thema der Finanzwissenschaft. Zur näheren Erläuterung siehe ein Lehrbuch der Finanzwissenschaft mit weiterführenden Literaturhinweisen.

71 Zu einer kurzen Diskussion gelegentlich geäußerter Einwände siehe z.B. Wagner [1992: 18ff.].

institutionellen Rahmenbedingungen siehe im nächsten Abschnitt III sowie im Schlußteil, dort in Abschnitt I[72]!)

Am Rande bemerkt: Die **Weltbank** bezeichnet in ihrem "Weltentwicklungsbericht
1991" bei der Vorstellung ihres "marktfreundlichen" entwicklungspolitischen Ansatzes folgende Aufgaben als "unverzichtbare" Interventionsgebiete für den Staat:

"die Aufrechterhaltung von Gesetz und Ordnung,

die Bereitstellung öffentlicher Güter,

Investitionen in das Humankapital,

den Aufbau und die Instandsetzung der physischen Infrastruktur, und

den Schutz der Umwelt"[73].

Eines sollte vielleicht noch einmal zum Schluß dieses Abschnitts klargestellt werden: Diese Rahmensetzungen wie auch die anderen ordnungspolitischen Maßnahmen
sind in erster Linie deshalb entwicklungspolitisch relevant, da sie die inländischen *und*
insbesondere die ausländischen (Direkt-)Investitionen beeinflussen, und zwar indem
sie die Höhe der in die Berechnung der Gewinnrate eingehenden Risikoprämie wesentlich bestimmen[74]. Dadurch wird ja letztlich der Wachstumsprozeß in einer
Marktwirtschaft bestimmt[75]. Hierauf wird näher noch im Schlußteil eingegangen.

III. Die Rolle der Prozeßpolitik

1. Zur Grundlagenkontroverse (Ein theoretisch relevanter Vorspann)

Enwicklung ist ein langfristiges Phänomen. Von daher ist davon auszugehen, daß sie
am ehesten (oder vielleicht auch nur) von langfristiger Struktur- und Ordnungspolitik
beeinflußt werden kann. Zumindest sollte diese im Zentrum der Entwicklungspolitik
stehen. Die Frage, mit der wir uns im folgenden beschäftigen, lautet: Bleibt denn hier

---

[72] Die systematische Auflistung und zusammenfassenden Begründungen der obigen sowie weiterer
m.E. notwendiger struktureller Reformmaßnahmen - die Entwicklungsländer im allgemeinen
und postkommunistische Transformationsländer im besonderen betreffen - werden dorthin
verlagert, da es im folgenden erstmal darum geht, die ökonomisch-inhaltlichen Grundlagen für
die Begründungen herauszuarbeiten.

[73] Weltbank [1991b: 158].

[74] Vgl. hierzu z.B. Wagner [1983: 144f.].

Dadurch wird es beispielsweise auch erst möglich, die umfangreichen "Fluchtgelder", die in
manchen (z.B. lateinamerikanischen) Ländern die Auslandsverschuldung weit überschritten
haben, wieder zurückzuführen.

[75] Denn auch die "Produktion" technischen Fortschritts hängt entscheidend von diesen institutionellen Rahmensetzungen ab (siehe im 2. Kapitel).

überhaupt noch Platz für Prozeßpolitik[76]? Dies ist in der modernen ökonomischen Theorie umstritten, nicht dagegen in der politischen Praxis. Eine mögliche und naheliegende Pro-Antwort könnte lauten: Selbst wenn Prozeßpolitik an sich keinen Einfluß auf die langfristige Wachstumsrate hat oder hätte - eine These der neoklassischen Theorie, auch der Neuen Wachstumstheorie -, kann sie unter Umständen doch im Entwicklungsprozeß nutzensteigernd-unterstützend wirken. Und zwar hat sie dann ihren sinnvollen Platz in einer Entwicklungsstrategie, wenn

(X) die Umsetzung ordnungs- und strukturpolitischer Reformen eine Weile dauert, und

(XX) der Ausgangspunkt in den Entwicklungs- und Transformationsländern von großen makroökonomischen Ungleichgewichten geprägt ist, die es erstmal abzubauen gilt.

In diesem Fall wäre Prozeßpolitik im Sinne von makroökonomischer Stabilisierungspolitik[77] unerläßlich. Die Frage wäre dann nur, welcher Art und "Mischung" (von Geld-, Fiskal- und Währungspolitik) sie sein sollte. Dies steht denn auch im Zentrum der praktisch-politischen Diskussion und wird in der ökonomischen Theorie unter dem Stichwort "orthodoxe" versus "heterodoxe" Strategie diskutiert.

Zuerst gehen wir im folgenden auf die theoretische Grundsatzkontroverse um den Einsatz von Prozeßpolitik ein. Anschließend beschäftigen wir uns mit dem Stellenwert und der Begründung der Anwendung von Prozeßpolitik in der politischen Praxis.

Zur theoretischen Grundsatzkontroverse

In der ökonomischen Theorie wird die obige Schlußfolgerung bezüglich der Nützlichkeit von Prozeßpolitik wie auch schon das obige Annahmenbündel **(X)** und **(XX)** nicht allgemein akzeptiert. Genauer gesagt: Annahme **(X)** ist kaum umstritten; dagegen wird die Annahme **(XX)** sehr kontrovers diskutiert. (Andererseits wird aber auch die obige Annahme, daß Prozeßpolitik keinen Einfluß auf die langfristige Wachstumsrate hätte, unterschiedlich eingeschätzt. Siehe hierzu jedoch weiter unten!) Diese Kontroverse steht im Zentrum der modernen (angewandten) Makroökonomie und teilt diese gewissermaßen in zwei Lager. Sie betrifft nicht nur die Theorie der Entwicklungs- und Wachstumspolitik, sondern auch und noch viel stärker die Theorie der Stabilitätspolitik. Genau genommen gibt es dabei zwei sehr **kontrovers diskutierte Fragen: (1)** ob es überhaupt Marktungleichgewichte geben kann, und **(2)** ob solche Marktungleichgewichte, wenn es sie denn gäbe, prozeßpolitische Eingriffe des Staates rechtfertigen könnten. (Vergleiche hierzu Wagner [1992] sowie den Überblick im Stichwort "Stabilitätspolitik" im ANHANG, Abschnitt E-III!).

---

[76] Unter "Prozeßpolitik" wird hier eine punktuelle oder kurz- bis mittelfristig angelegte Politik gefaßt, die - über die Setzung institutioneller Rahmenbedingungen (=Ordnungspolitik) hinaus - aktiv in den Wirtschaftsprozeß eingreift. Sofern der Wirtschaftsprozeß durch die makroökonomische Theorie abzubilden versucht wird, und das Ziel die Stabilisierung der Wirtschaft ist, läßt sich hierfür auch der Begriff "makroökonomische Stabilisierungspolitik" verwenden.

[77] Siehe die vorhergehende Fußnote.

Wie lautet nun die Hauptargumentation derjenigen, die Prozeßpolitik als unnötiges, wenn nicht gar schädliches, Beiwerk in einer Entwicklungsstrategie (oder entwicklungspolitischen Auflagenstrategie) betrachten? Die **typische Argumentation** läuft wie folgt:

Die vielen marktinkonformen Regulierungen und Rigiditäten, die in Entwicklungsländern in ganz besonderem Ausmaß vorherrschen, bräuchten ja nur abgebaut zu werden. Dann könnten auch die angeblichen "Ungleichgewichte" (und letzlich auch die Unterentwicklung) beseitigt werden. Die Tatsache, daß sie nicht abgebaut werden, spreche dafür, daß sie und damit die daraus folgenden "Ungleichgewichte" sowie die *wirtschaftliche* Unterentwicklung "gewollt" sind im Sinne eines hingenommenen (zu akzeptierenden) Nebeneffektes zur Erreichung eines Nutzenmaximums. (Dabei ist zu beachten, daß in der Nutzenfunktion ja nicht nur ökonomische oder besser: materielle, sondern auch nichtmaterielle Argumente eine Rolle spielen, und zudem Tradeoffs berücksichtigt werden müssen zwischen der Erreichung materieller und nichtmaterieller Ziele![78] Folglich könne man Unterentwicklung auch als **"freiwillig"** bezeichnen[79]. Aus der Unterentwicklung folge mithin keine Notwendigkeit für den Einsatz von Prozeßpolitik. [Die Neue Wachstumstheorie unterscheidet sich hier von der alten neoklassischen Wachstumstheorie nur dadurch, daß sie Externalitäten aufspürt und folglich Aussagen darüber treffen muß, ob sie glaubt, daß diese privat internalisierbar sind oder nicht. Doch auch das hat unmittelbar nichts mit Prozeßpolitik zu tun, da eine staatlich unterstützte Internalisierung der Externalitäten sinnvollerweise über Institutionenpolitik geschehen müßte.[80]]

Die **logische Konsistenz** des obigen Arguments ist kaum angreifbar. Sie ist so naheliegend - insbesondere bei der Existenz von Tradeoffs zwischen materiellen und nichtmateriellen Gütern bzw. Zielen -, daß man sie, formal gar nicht erst groß zu modellieren braucht. So sind natürlich die empirischen Phänomene der Inflation und der außenwirtschaftlichen Bilanzsalden theoretisch als Gleichgewichtsphänomene interpretierbar. Es gibt z.B. die Möglichkeit multipler Inflationsgleichgewichte. Geld und Inflation sind ja in der traditionellen neoklassischen Theorie (super-)neutral, haben also keinen Einfluß auf die realen Größen[81]. Auch Bilanzsalden (Leistungs- und Kapitalbilanzüberschüsse bzw. -defizite) können als Gleichgewichtsphänomene gefaßt werden, indem man auf unterschiedliche Zeitpräferenzraten der Nationen für Gegenwarts- und Zukunftskonsum rekurriert[82]: Einige Nationen entscheiden sich demnach dafür, heute (mehr) zu konsumieren und später (mehr) zu sparen, während andere Nationen das Umgekehrte wählen. Schließlich können auch Beschäftigungsschwan-

---

[78] Diese Hinzufügung ist mehr eine Erläuterung des Autors als daß sie in den Aussagen der referierten Gleichgewichtstheoretiker (an zentraler Stelle) auftauchen würde.

[79] Dies gilt natürlich nur in demokratischen politischen Systemen, wo es Wahlfreiheit gibt. Siehe hierzu auch im 2. Kapitel oben; siehe dort vor allem die Fußnote 82.

[80] Vgl. Wagner [1992: Kap. 5].

[81] Zu einer kurzen kritischen Diskussion siehe unten; zu einer ausführlicheren Analyse siehe Wagner [1985].

[82] Vgl. hierzu nochmals die verwandte Diskussion im ANHANG zum 2. Kapitel (zur neoklassischen Wachstumstheorie).

kungen logisch-konsistent als Gleichgewichtsschwankungen begründet werden, wie es ja in der 'Gleichgewichtstheorie realer Konjunkturschwankungen'[83] geschieht.

Auch wenn die logische Konsistenz der obigen Begründung kaum zu widerlegen ist, kann man dagegen anführen, daß sie mit vielen sogenannten "stilisierten Fakten", i.e. empirischen Regelmäßigkeiten, nicht übereinstimmt. Zudem (allerdings) ist sie selbst nur schwer empirisch überprüfbar (widerlegbar), insbesondere wenn man wie bei der obigen Erläuterung auf Tradeoffs zwischen materiellen und nichtmateriellen Zielen rekurriert. Von daher besteht das Hauptargument gegen die obige Erklärung, Unterentwicklung sei letztlich freiwillig und Prozeßpolitik überflüssig, darin, darauf hinzuweisen, daß diese Erklärung nicht die einzig mögliche logisch-konsistente Erklärung darstellt und die Alternativerklärungen eher mit den "stilisierten Fakten" übereinstimmen. Dies steht denn auch im Zentrum der heutigen Makroökonomie.

Eine mögliche (und wahrscheinlich auch die einzig zwingende) Antwort auf die obige Erklärungslinie der Prozeßpolitik-für-unwichtig-haltenden Gleichgewichtstheoretiker[84] lautet, kurz gefaßt, wie folgt: Es gibt - auch in einer globalen Marktwirtschaft - **Koordinationsschwierigkeiten** beim Abbau der für die Unterentwicklung letztlich verantwortlichen Regulierungen und Rigiditäten. Die grundlegende Schwierigkeit besteht darin, hierfür notwendig werdende Kontraktneuverhandlungen so zu synchronisieren, daß keine Umverteilungen stattfinden. Sonst könnten diese Neuverhandlungen von den potentiellen Verlierern im Umverteilungsprozeß blockiert werden. Diese Koordinationsschwierigkeiten zwischen den einzelnen Entscheidungsakteuren und -gruppen sind um so größer, je größer die Verteilungsantagonismen und die hieraus folgende politische Instabilität sind. (Vgl. hierzu näher im 5. Kapitel!)

Ein **Beispiel**: Rein logisch müßte die obige Gleichgewichtsargumentation von ihren Vertretern auch auf ineffizient wirtschaftende **Transformationsländer** (wie derzeit in Osteuropa) angewandt werden. Der "zwingende" Schluß wäre dann der folgende: Sobald der Abbau der politischen Diktatur in diesen Ländern die freie Entscheidung zuläßt, bräuchten diese ja nur die notwendigen ordnungspolitischen Rahmenbedingungen zu schaffen, um den Entwicklungsprozeß in Gang zu setzen. (Wenn sie nicht wüßten, welche diese sind, könnte ihnen diese ja beispielsweise der IWF oder die Weltbank nennen.) Auch hier wäre Prozeßpolitik überflüssig. Jedoch - und das ist hier der entscheidende Einwand - können die ordnungspolitischen Rahmenbedingungen vielleicht nur in einem politökonomischen Umfeld hergestellt werden, das nicht die Bürde der vorgefundenen "Ungleichgewichte"[85] (wie Inflation, außenwirtschaftliche "Bilanzdefizite" und geringere Beschäftigung) zu bewältigen hat, deren Grundlagen zum großen Teil schon unter politischen Diktaturen ohne Wahlfreiheit aufgebaut worden sind. Prozeßpolitik erscheint hier anscheinend doch als unerläßlich, um erst einmal diese Bürden abzubauen.

Doch müßte noch ein anderes Argument geprüft werden, bevor der Einsatz von Prozeßpolitik empfohlen werden kann. Man kann es methodisch wie folgt umschrei-

---

83 Vgl. zu einer Zusammenfassung z.B. Plosser [1989].

84 Dies heißt jedoch nicht, daß *jeder* Gleichgewichtstheoretiker Prozeßpolitik für unwichtig hält.

85 - die ja vielleicht auch nur "Ineffizienzen" sind, wenn man die Interpretation der neuklassischen Theorie zugrundelegt.

ben. Es geht nicht nur darum, die *notwendige* **Bedingung** für Prozeßpolitik aufzuzeigen (die durch das Vorliegen eines Marktungleichgewichts oder vielleicht auch nur einer Ineffizienz gegeben ist[86]), sondern gleichzeitig auch das Vorliegen der *hinreichenden* **Bedingung** zu prüfen. Letztere besteht im Aufzeigen der "Effizienz" des Mitteleinsatzes. Wenn zum Beispiel die Kosten des Einsatzes höher sind als dessen Nutzen, kann man davon ausgehen, daß es nicht sinnvoll ist, das politische Mittel (hier: Prozeßpolitik) anzuwenden.

Nun ist in der ökonomischen Theorie stark umstritten, ob Prozeßpolitik effizient ist. Dies betrifft insbesondere die traditionelle Form, in der Prozeßpolitik bislang betrieben worden ist, nämlich die diskretionäre Form. Hiergegen können dann alte und neue theoretische Geschütze - wie das Argument langer und ungewiß variabler Wirkungsverzögerungen oder das der Zeitinkonsistenz diskretionärer Politik - aufgefahren werden. Damit setzen wir uns gesondert weiter unten auseinander. Hier soll auf ein anderes Argument eingegangen werden, das lautet: Die Auswirkungen von Prozeßpolitik bei noch nicht funktionierenden ordnungspolitischen Rahmenbedingungen (und das trifft alle Entwicklungsländer, insbesondere aber die postkommunistischen Transformationsländer!) sind so, daß sie die vorhandenen Ungleichgewichte (oder Ineffizienzen) noch verstärken. Dies ist ein ganz zentrales Argument, das nicht ohne weiteres von der Hand zu weisen ist. Am besten kann man es an einem **Beispiel** erläutern.

Gehen wir davon aus, ein Entwicklungsland möchte eine gegebene geringe Ressourcen- oder Faktorauslastung durch eine expansive staatliche Ausgabenpolitik steigern. (Ein alternatives Szenarium ist das folgende: Ein Entwicklungsland möchte die für seine Entwicklung als notwendig angesehene Infrastrukturausweitung mit expansiven staatlichen Ausgaben finanzieren.) Solange die heimischen Kapitalmärkte in den Entwicklungsländern noch nicht hinreichend aufgebaut sind und die Bonität auf den internationalen Kapitalmärkten nicht gegeben ist (u.a. wegen der noch nicht institutionalisierten ordnungspolitischen Rahmenbedingungen), müßten die staatlichen Ausgabensteigerungen eigentlich über Steuererhöhungen oder über Ausgabenkürzungen auf anderen Gebieten[87] finanziert werden. Wenn aber aufgrund von Verteilungskonflikten und/bzw. Koordinationsschwierigkeiten, die im 5. Kapitel näher erläutert werden, Widerstände gegen Steuererhöhungen wie auch gegen kompensierende Ausgabenkürzungen auftauchen, verbleibt nur mehr der Weg der Inflationsfinanzierung (siehe genauer hierzu in Abschnitt 2 unten). Es kommt dann aber zu einer verhängnisvollen Dynamik, die sich wie folgt kennzeichnen läßt[88]: Inflationsfinanzierung ⇒ höhere Inflation ⇒ höheres Budgetdefizit ⇒ höhere Inflationsfinanzierung ⇒ höhere Inflation ⇒ höheres Budgetdefizit usf. Durch diese Inflations-Verschuldungs-Dynamik wird auch der Wachstumsprozeß[89] negativ beeinträchtigt.

---

[86] Die unterschiedliche Interpretation von Problemsituationen wie Inflation und geringe Faktorauslastungen als Marktungleichgewicht oder als Ineffizienz macht den zentralen Unterschied zwischen der (neu)keynesianischen und der (neu)klassischen Ökonomie aus.

[87] - z.B. durch Subventions- und Transferkürzungen -

[88] Siehe zur Begründung in Abschnitt 2.

[89] - zumindest der kurz- bis mittelfristige Wachstumsprozeß -

Die naheliegende **Schlußfolgerung** hieraus ist die, daß eben kein Weg daran vorbeiführt, zuerst die ordnungspolitischen Rahmenbedingungen zu installieren (auch wenn es einige Zeit dauert und die während dieser Zeit sich möglicherweise noch verstärkenden Marktungleichgewichte oder Ineffizienzen hingenommen werden müssen). Es gebe eben keinen dritten Weg. Dies basiert auf einer ökonomisch sauberen Analyse (vorausgesetzt man unterstellt die Notwendigkeit oder Rationalität bestimmter Regulierungen wie eines Geldausgabemonopols der Zentralbank, da sonst das Inflationsfinanzierungsargument nicht begründet werden kann![90]). Sie läßt **allerdings die dynamische Interdependenz zwischen dem ökonomischen und dem politischen System** völlig außer Augen. Das Festhalten an einer (ceteris paribus) ökonomisch-'first-best'-Strategie führt u.U. zum Abgleiten in eine politisch instabile Zone. Dies wiederum kann negative Rückwirkungen auf das ökonomische System haben, wegen der dann Nicht-Durchsetzbarkeit der ordnungspolitischen Rahmenbedingungen. Zum anderen führt das Festhalten an einer politisch-'first-best'-Strategie u.U. zum Abgleiten in eine ökonomisch instabile Zone, sprich in eine Zone ineffizienten Produzierens und sich kumulierender makroökonomischer Ungleichgewichte. Das gleichzeitige Gleichgewicht des ökonomischen *und* des politischen Systems (unter Beachtung der soziokulturellen Rahmenbedingungen in dem jeweiligen Entwicklungsland) einzuhalten, ist aber gerade die Kunst der Wirtschaftspolitik. Rein ökonomische Analysen können keine hinreichenden Bedingungen hierfür angeben. Die Forderung einer alleinigen Durchführung ordnungs- und strukturpolitischer Anpassungen, deren Realisierung eine bestimmte Zeit dauert, währenddessen sich makroökonomische Ungleichgewichte verstärken können, sind politisch in aller Regel nicht durchführbar, ohne den Entwicklungs- und Transformationsprozeß als Ganzen zu gefährden. Sich auf dem schmalen Pfad eines gleichzeitig stabilen ökonomischen und stabilen politischen Systems zu halten, erfordert von daher schon eine gemischte Strategie gemeinsamer Anwendung von Ordnungs-/Strukturpolitik und prozeßpolitischer Stabilisierungspolitik.

Außerdem könnte - was manchmal auch gemacht wird - gegen die Ablehnung von Prozeßpolitik in einer Entwicklungsstrategie (begründet durch das obige Inflationsbiasargument, das auch von der Zeitinkonsistenztheorie gestützt wird) vorgebracht werden, daß Inflation ja gar nicht so ein gravierendes Problem darstelle. Schließlich würden ja die neoklassischen Gleichgewichtstheoretiker selbst argumentieren, daß Geld und Inflation weitgehend (super-)neutral seien. Reale Größen wie das Sozialprodukt bzw. die Wachstumsrate würden demnach langfristig nicht beeinträchtigt. Warum also die ganze Aufregung? Zwei Punkte sind hier zu betonen: *Zum einen* geht es im entwicklungspolitischen Prozeß nicht nur um die langfristigen Effekte: *Auch die mittelfristigen Effekte sind hier gravierend* - zumindest für die Durchsetzbarkeit von Entwicklungsstrategien (siehe hierzu genauer im 5. Kapitel). *Zum anderen* ist überhaupt *nicht sicher, daß die langfristige Wachstumsrate nicht doch von Inflation beeinträchtigt wird.* Die entscheidenden Pro- und Contra-Argumente sind in Abschnitt E-V des ANHANGs zusammengefaßt. Hier weise ich nur auf eine logische Wirkungskette hin, die sich teilweise aus der Neuen Wachstumstheorie ableiten läßt. Wenn die langfristige Wachstumsrate vom technischen Fortschritt, der technische Fortschritt (wie in der Neuen Wachstumstheorie unterstellt wird) von der Kapitalak-

---

[90] Dies wird in Abschnitt 2 bzw. im ANHANG E-IV im einzelnen begründet.

kumulation, und die Kapitalakkumulation negativ von der Inflation abhängig ist, so hängen langfristige Wachstumsrate und Inflation kausal negativ miteinander zusammen. Der kritische Punkt ist hier die Abhängigkeit der Kapitalakkumulation von der Inflationsrate, die von Neuklassikern grundsätzlich bestritten wird (siehe z.B. Sala-I-Martin [1992]). Durch die portfoliotheoretische Herstellung des Zusammenhangs von Produktivität und Inflation (siehe Wagner [1985], siehe auch Gregory [1991]) scheint jedoch ein gewisser negativer Zusammenhang begründet werden zu können. (Siehe näher, wie gesagt, in Abschnitt E-V des ANHANGs).

Zur Fragestellung in der politischen Praxis

Die obigen Ausführungen behandelten die moderne theoretische Grundsatzkontroverse über die Rolle der Prozeßpolitik in einer Entwicklungsstrategie. In der politischen und ökonomischen Praxis (z.B. im IWF, in der Weltbank und in bilateralen Entwicklungspolitikbehörden) hingegen werden Phänomene wie hohe Inflation, hohe Arbeitslosigkeit und hohe Leistungsbilanzdefizite, die fast alle Entwicklungsländer heimsuchen, sehr wohl als **makroökonomische Ungleichgewichte** angesehen, die mit Hilfe von makroökonomischer Prozeßpolitik gelöst werden sollten. Denn die makroökonomischen Ungleichgewichte werden als Anzeichen volkswirtschaftlicher Verluste angesehen, die es zu beseitigen gilt. So ist die IWF-Strategie (so wie in den IWF-Statuten festgelegt) von Anfang an makroökonomisch-prozeßpolitisch begründet gewesen. Dies heißt nicht, daß nicht inzwischen die obigen kritischen Überlegungen hinsichtlich eines Einbezugs der Prozeßpolitik in eine Entwicklungsstrategie mit berücksichtigt worden wären. Sowohl IWF als auch Weltbank betonen heute die gleichzeitige Relevanz von makroökonomischer Stabilisierungspolitik (Prozeßpolitik) *und* struktureller Anpassungspolitik (Ordnungspolitik). Von daher sind sich die beiden internationalen Organisationen ja auch seit einigen Jahren ins Gehege gekommen (siehe hierzu auch im 4. Kapitel).

Die Hauptdiskussion in der politischen Praxis dreht sich also nicht so sehr um die theoretisch-sinnvolle Klärung, ob Prozeßpolitik in einer funktionierenden globalen Marktwirtschaft oder aber in einem politisch-luftleeren Übergangsszenarium notwendig oder sinnvoll ist. Sondern sie beschäftigt sich mit der **Frage nach der richtigen Politikmischung** zwischen Strukturanpassungspolitik und makroökonomischer Stabilisierungspolitik zum einen und zwischen Geld-, Fiskal- und Währungspolitik und eventuell Einkommenspolitik zum anderen. Dies erfolgt mit dem Ziel, den Entwicklungsprozeß so weit wie möglich zu fördern, ohne gleichzeitig das politische System zu destabilisieren und damit den Entwicklungs- und Reformprozeß insgesamt zum Scheitern zu bringen. Diese Diskussion läuft vorwiegend unter dem Stichwort **"orthodoxe" versus "heterodoxe" Strategie**, und auf diese Strategiediskussion werde ich mich im folgenden auch konzentrieren.

2. Orthodoxe Strategie

Ich werde zuerst das Ausgangsproblem und anschließend die hieraus gezogenen Politikkonsequenzen darstellen.

2.1 Ausgangsproblematik

Makroökonomische Ungleichgewichte[91] zeigen sich vor allem im Auftreten von Inflation, Arbeitslosigkeit und Leistungsbilanzungleichgewichten. Dabei ist zu berücksichtigen, daß diese Ungleichgewichtsphänomene nicht nur konjunkturell, sondern mehr oder weniger stark auch strukturell bedingt sein können. Folglich muß auch die Politikkonsequenz je nachdem unterschiedlich sein. Im Prinzip bestehen die konjunkturellen und die strukturellen Verursachungsfaktoren nicht bloß nebeneinander, sondern sind miteinander verknüpft (siehe unten). Von daher bedarf es auch eines abgestimmten Politikpaketes (eines "Policy-Mix") aus Prozeß- *und* Struktur- oder Ordnungspolitik zur Beseitigung makroökonomischer Ungleichgewichte.

Was ist nun das **makroökonomische Grundproblem in den Entwicklungsländern**, das prozeßpolitische Interventionen erforderlich macht. Es ist letztlich das **Inflationsproblem**[92]. Die vor allem *endogene* Tendenz zur Inflationierung (siehe unten) erfordert immer wieder sogenannte Stabilisierungsprogramme in diesen Ländern. Da die Inflationierung selbst wieder außenwirtschaftliche Ungleichgewichte nach sich zieht, ist regelmäßig der IWF damit befaßt. Die IWF-Politik[93] ist daher auch der Zankapfel bezüglich einer adäquaten Stabilisierungspolitik in Entwicklungsländern, wobei der Streit unter dem Stichwort "orthodoxe versus heterodoxe Strategie" geführt wird.

Ausgangspunkt der neueren Diskussion waren jedoch *exogene Schocks*, die die Entwicklungsländer in den letzten eineinhalb Jahrzehnten getroffen haben. Es ist relativ einfach, das Entstehen makroökonomischer Ungleichgewichte in Entwicklungsländern auf exogene Schocks zurückzuführen. Der bedeutendste exogene Schock für die Entwicklungsländer, der einen Großteil der makroökonomischen Ungleichgewichte während der achtziger Jahre ausgelöst hat, ist die **Ölkrise** in den siebziger Jahren einschließlich der folgenden Anpassungspolitik der Industrieländer gewesen. Kurz gesagt, verlief der Prozeß wie folgt[94]: Die Ölkrise verteuerte die Öleinfuhren und damit die Importe der (zumeist ölabhängigen) Länder. Auf die dadurch weltweit ausgelöste Inflation wurde Ende der siebziger, Anfang der achtziger Jahre in nahezu allen Industrieländern mit einer drastischen monetären Desinflationspolitik reagiert, die zu einer künstlichen Verknappung des Geldangebots und folglich zu einem Zinsanstieg führte. Bedingt durch den von den USA initiierten Aufwertungswettlauf kam

---

91 Ich unterstelle im folgenden, daß es sich hier auch um Ungleichgewichte (und nicht nur um Ineffizienzen) handelt.

92 Die **neuere Inflationsgeschichte** der (in sich wieder sehr heterogenen) Gruppe der Entwicklungsländer kann man aus der folgenden **Tabelle** ersehen:

Zeitraum/Jahr	1971-80	1981	1985	1989
Inflationsrate	20,6 %	28,7 %	35,5 %	78,0 %

Quelle: Weltbankdaten (übernommen aus: Commander [Hrsg., 1991], S. 30).

93 Implizit ist auch die Weltbank-Politik davon betroffen, wie wir unten noch sehen werden. Zur Beschreibung der Politik wie auch der Organisation des IWF, der Weltbank und anderer entwicklungspolitisch tätiger Institutionen siehe im 4. Kapitel.

94 Vgl. zum folgenden näher in Wagner [1991]; vgl. auch Sachs [Hrsg., 1990] sowie - einführend - Dornbusch und Marcus [Hrsg., 1991].

es noch dazu zu einem Dollar-Kursanstieg, der die Ölimporte (die in Dollar fakturiert waren) noch weiter verteuerte und die Inflation in den Entwicklungsländern noch weiter anheizte.

Ölexportierende Entwicklungsländer (wie Mexiko), die anfangs Exporterlössteigerungen erzielten, begingen dagegen den strategischen Fehler (ex post gesehen), die - damaligen und für die Zukunft irrtümlich weiterhin erwarteten - Erlössteigerungen als Grundlage (Absicherung) für eine hohe externe Verschuldung zur Finanzierung gigantischer Entwicklungsprojekte zu verwenden. (Doch auch viele andere, nicht-ölexportierende Länder hatten einen Anreiz und auch die Möglichkeit, an externe Finanzierungsmittel zu kommen und sich so zu überschulden. Der Anreiz war gegeben durch zum Teil negative Realzinsen in der zweiten Hälfte der siebziger Jahre; und die Möglichkeit war vorhanden angesichts der den internationalen Kapitalmarkt überschwemmenden "Exporterlöse" der ölproduzierenden Nahost-Länder.) Da - wie oben beschrieben - Anfang der achtziger Jahre der Dollarkurs und die (meist in Dollars zu bezahlenden) Zinsen drastisch stiegen, konnten viele Entwicklungsländer die hohe Verschuldung zinslich nicht mehr bedienen, und es kam zur berühmt-berüchtigten "**Schuldenkrise**", die bis heute anhält bzw. nachwirkt. Um die Schulden (teilweise) zurückzahlen und ein Minimum an Importen für Ersatzinvestitionen aufrechterhalten zu können, mußte sich der Großteil der Entwicklungsländer noch mehr verschulden. Da jedoch die Quelle der externen Finanzierung allmählich versiegte (nicht zuletzt wegen der hohen Verschuldung und der dadurch gesunkenen Bonität dieser Länder[95]), mußten diese auf die interne Finanzierung zurückgreifen, was - wie im Anschluß erläutert wird - in ein "Schulden-Inflations-Karussell" ausartete.

Wichtiger noch als die Betonung solcher exogener Schocks ist jedoch der Nachweis *endogener* **Inflationstendenzen in Entwicklungsländern**. Eine solche endogene Inflationstendenz kann man auch für Industrieländer mit parlamentarischer Demokratie begründen (siehe z.B. Wagner [1990a]). Noch viel stärker jedoch ist die Tendenz in den Entwicklungsländern[96], in denen das Sparvolumen vergleichsweise geringer, der Kapitalmarkt wesentlich unterentwickelter und das Steuersystem sehr ineffizient organisiert ist[97]. *Jeder Versuch der Entwicklungsfinanzierung ist dort latent inflationär.* [98]

Dies läßt sich am besten anhand der **staatlichen Budgetgleichung** erläutern. Diese für alle Länder in gleicher Weise geltende Identitätsbeziehung lautet in der hier gewählten einfachen Einperioden-Form:

(0) $G \equiv T + \Delta B + \Delta(B^*e) + \Delta M$,

wobei

---

[95] Ein weiterer wichtiger Aspekt war die zunehmende Zurückhaltung der Banken, die hohe Verluste aus den früheren Entwicklungsländerfinanzierungen abzuschreiben hatten.

[96] - einschließlich der postkommunistischen Reformländer; zu letzteren siehe im Schlußteil.

[97] Zu einem breiten Überblick siehe die beiden Bände des 'Handbook of Development Economics' (Chenery und Srinivasan [Hrsg., 1988, 1989]).

[98] Von daher kann man auch sagen: Solange diese Inflationstendenz nicht erfolgreich bekämpft wird, bleiben auch die Entwicklungsanstrengungen der Entwicklungsländer nur begrenzt erfolgreich. Hintergrund ist die negative Korrelation zwischen Inflationsdynamik und Wachstum. Zu diesem zentralen Tradeoff siehe näher im ANHANG, Abschnitt E-V!

G: Staatsausgaben (incl. Transfers und Zinszahlungen auf frühere
        staatliche Schuldverschreibungen)
T: Steuereinnahmen (einschließlich Abgaben)
B: inländische Schuldverschreibungen des Staates
B*:   ausländische Schuldverschreibungen des Staates
e: Wechselkurs (=Preis der Auslandswährung, ausgedrückt in
        Inlandswährung)
M: nominelle (Außen-)Geldmenge .

Entwicklungsfinanzierung ist immer mit steigenden Staatsausgaben (G) verbunden.
Die Frage ist, wie diese finanziert werden sollen oder können. Industrieländern steht
in der Regel sowohl der heimische als auch der internationale Kapitalmarkt zur Verfügung; und auch das Steuersystem funktioniert dort vergleichsweise gut. Dagegen
stehen den Entwicklungsländern diese Finanzierungsmöglichkeiten nur begrenzt und
zum Teil überhaupt nicht offen. [Zur Begründung siehe im 5. Kapitel] Folglich sind
sie oft auf die letzte der Finanzierungsmöglichkeiten angewiesen, und das ist
Seigniorage- oder Geldfinanzierung.

Zum Konzept der "Seigniorage":

'Seigniorage' ist ein bestimmter Betrag an Einkommen, den eine Regierung aus der Geldproduktion
erzielt. Sie ist eine der Quellen staatlichen Einkommens, die in industrialisierten Niedrigin-
flationsländern auf 0,3-1% des BSP und in Hochinflationsländern und Ländern mit wenig entwic-
keltem Bankensystem (Entwicklungsländer, osteuropäische Länder) auf ein Vielfaches hiervon geschätzt wird[99]. In extremen Hyperinflationen wird Seigniorage praktisch zur einzigen Quelle
staatlichen Einkommens.

Die Seigniorage-Analyse wird auch "Inflationssteuer-Analyse" genannt. Die **Inflationssteuer** ist die
Steuer, die den Geldhaltern als ein Ergebnis der Inflation auferlegt wird. Sie ist verwandt, aber nicht
notwendigerweise identisch mit Seigniorage. Die aktuelle, tatsächliche Steuer, die den Geldhaltern
auferlegt wird, ist der Verlust an Wert ihrer Realkasse, d.h. $\pi(M/P)$, wobei π die Inflationsrate und
M/P die Realkasse bezeichnet. **Seigniorage** dagegen drückt den Realwert des Geldes, das von der
Regierung zusätzlich gedruckt wird, aus, i.e. $\Delta M/P = m(M/P)$, wobei m die Wachstumsrate der
nominellen Geldmenge ($:= \Delta M/M$) und P das Preisniveau bezeichnet. Nur wenn $\pi = m$, sind die
beiden gleich. Dies ist in einem Steady State der Fall, wenn es kein Outputwachstum gibt, aber nicht
generell.

"Seigniorage", so wie eben definiert[100], mißt den aktuellen Wohlstandstransfer, den der private
Sektor in einer Volkswirtschaft zu erbringen hat, um Notenbankgeld im Umfang von ΔM von der
Notenbank zu erhalten. Mit dieser Finanzierungsvariante ist somit eine (in Teilen der Öffentlichkeit

---

[99] Vgl. z.B. Barro [1982], Fischer [1982], Kiguel und Liviatan [1988] und Cardoso [1989].

[100] Neben dieser gebräuchlichsten Art der Seigniorage-Definition gibt es in der Literatur auch noch
ein anderes Konzept, das auf die Zinsersparnis der Regierung abstellt, die diese dadurch erhält,
daß sie unverzinste Schuldanleihen in Form von Währung oder Außengeld in Umlauf bringen
kann. Formal gefaßt, entspricht Seigniorage dann dem Ausdruck $i(M/P)$, wobei i den
nominellen Zinssatz (i.d.R. auf Regierungsanleihen) bezeichnet. Vgl. zu den Bedingungen der
Übereinstimmung beider Konzepte z.B. Klein und Neumann [1990].

oft unbemerkte[101]) **Umverteilung zugunsten des Staates** verbunden. (Man spricht diesbezüglich auch von "kalter Besteuerung".)

Daß viele Länder dem Anreiz einer Seigniorage-Finanzierung ausgiebig gefolgt sind, zeigt die Geschichte[102]. Insbesondere unterliegen Länder mit extremen Finanzbelastungen diesem Anreiz[103] - so z.b. während und nach (vor allem verlorenen) Kriegen oder nach Umweltkatastrophen (großen negativen Angebotsschocks) oder einem Systemwandel (z.B. von einer Plan- zu einer Marktwirtschaft).

Das **Problem** stellt sich nun wie folgt: Seignioragefinanzierung erzeugt eine endogene, *sich kumulierende Inflations- und Schuldendynamik* (siehe zur genauen Analyse im ANHANG, Abschnitt E-IV). Die **Mechanismen**, die hier grundsätzlich eine Rolle spielen, sind:

(a) der Inflationseffekt,

(b) der Olivera-Tanzi-Effekt,

(c) der Währungssubstitutionseffekt, sowie

(d) der Wechselkurseffekt.

Zu (a): Der **Inflationseffekt** drückt aus, daß die mit einer Seignioragefinanzierung verbundene Zunahme der Geldproduktion eine Inflation nach sich zieht. (Oder anders gesagt: Inflation ist monetär bestimmt.) Dies kann man aus der bekannten Quantitätsgleichung ableiten. Die "Quantitätsgleichung" drückt die Identität $MV \equiv PY$ aus, wobei M die nominale Geldmenge, V die Geldumlaufgeschwindigkeit, P das Preisniveau und Y das reale Sozialprodukt bezeichnet. Umgestellt kann man auch schreiben: $P \equiv (MV)/Y$. Dies besagt, daß es zu Preissteigerungen (Inflation) kommt, wenn die umlaufende Geldmenge (MV) stärker steigt als das reale Sozialprodukt wächst. Da nun Inflation in aller Regel die Geldumlaufgeschwindigkeit erhöht (da sie die Opportunitätskosten der Geldhaltung steigert), setzt so eine "automatische" Dynamik ein, wenn ein bestimmtes Seigniorageniveau aufrechterhalten werden soll.

Zu (b): Der **Olivera-Tanzi-Effekt** besagt, daß - während die (nominalen) Regierungsausgaben tendenziell mit der Inflationsrate zunehmen - der Realwert der Regierungseinnahmen während einer Inflationsperiode sinkt[104]. Dies ist bedingt durch nichtvermeidbare Einsammlungs-Verzögerungen (Verzögerungen zwischen der Erhebung und der Einnahme von Steuern). Höhere Inflationsraten verringern also den Realwert der Regierungseinnahmen und vergrößern so das Budgetdefizit. Höhere Inflationsraten steigern daher die finanziellen Nöte einer Regierung und erfordern somit eine steigende Seigniorage zur Aufrechterhaltung eines geplanten realen Ausgabenniveaus. Der damit verbundene Anstieg des Geldangebots verstärkt den Inflationsprozeß und kann letztlich eine Hyperinflation herbeiführen. Das Geldangebot geriete so-

---

[101] Hinreichende Voraussetzung hierfür ist ein Informations(verarbeitungs)problem oder kognitive Dissonanz bei bestimmten Wählerschichten.

[102] Vgl. hierzu z.B. Dornbusch und Fischer [1986].

[103] Ein neueres Beispiel 1991 in Europa war Jugoslawien (Serbien).

[104] Zur näheren - analytischen - Erläuterung siehe z.B. Tanzi [1991a: 106ff.].

zusagen auf einen instabilen Pfad - und zwar bei nunmehr schon geringeren Inflationsraten (als ohne den Olivera-Tanzi-Effekt).

Zu (c): Seignioragebedingte einseitige Inflationierung führt zu einer **Währungssubstitution** von inflationärer Inlandswährung zu weniger inflationärer Auslandswährung. (Die Inlandswährung wird immer weniger als Zahlungsmittel akzeptiert, je höher die Inflation ist[105].) Hiermit sinkt aber die Inflationssteuerbasis. Folglich müßte das Geldmengenwachstum und damit die Inflationsrate erhöht werden, um ein gewisses Seigniorageniveau sicherzustellen[106]. Die dynamische Wirkung ist hier die gleiche wie unter (a) beschrieben.

Zu (d): (Einseitige) Inflation führt bei Kapitalmobilität zu **Abwertungstendenzen**. Die Importe werden dadurch verteuert und die Inflation so weiter angeheizt[107]. Außerdem werden sich bei einer Abwertung die üblicherweise in Fremdwährung zu zahlenden Schuldendienste erhöhen. Sofern noch eine Möglichkeit der Auslandsverschuldung besteht, wird dies (inflationsbedingt) zu einer Erhöhung der Verschuldung führen. Wenn keine Möglichkeit der Auslandsverschuldung (mehr) besteht, wird dadurch nur noch die Seignioragefinanzierung gesteigert. (Zur genaueren Analyse siehe im ANHANG, Abschnitt E-IV)

2.2 Politikkonsequenzen

Die wirtschaftpolitische Konsequenz aus diesem Dilemma ist ganz eindeutig. Man kann an den unterschiedlichen Elementen der obigen Budgetgleichung anpacken, wozu zum einen prozeßpolitische und zum anderen ordnungspolitische Kraftanstrengungen notwendig sind.

Zum ordnungspolitischen Teil: Wie wir oben erklärt haben, entsteht der Zwang zur Inflationsfinanzierung von Entwicklungsprojekten aus den Schwierigkeiten, die notwendigen Ausgabensteigerungen (finanziellen Vorleistungen) anders zu finanzieren (aufzubringen). Es bräuchte zu keiner Inflationsfinanzierung zu kommen, wenn die anderen Finanzierungsmöglichkeiten vorhanden wären. Um diese jedoch zugänglich zu machen, erfordert es ordnungspolitischer oder institutioneller Anstrengungen.

Hierzu zählt insbesondere der Aufbau eines effizienten Steuersystems, die Institutionalisierung eines effizienten Finanz- oder Kapitalmarktes, sowie - über die Schaffung von Rechtssicherheit und Standortverbesserungen - die Schaffung der für externe Finanzierung notwendigen Bonität. Hiermit hätte man auch wesentliche Bedingungen für einen stärkeren Fluß von in der Regel dringend benötigten ausländischen (Direkt-)Investitionen geschaffen. (Der Grund ist, daß durch die Verbesserung und

---

[105] Auch als Wertaufbewahrungsmittel wird Inlandswährung dann immer weniger benutzt (siehe zur analytischen Begründung z.B. Wagner [1982; 1985]).

[106] Eine Währungssubstitution - manchmal auch "Dollarisierung" genannt (siehe hierzu z.B. Melvin [1988]) - ist eine Art Finanzinnovation, die aufgrund eines durch Inflation ausgelösten Vertrauensverlusts in die Inlandswährung ab einem gewissen Inflationsniveau unweigerlich auftritt. Der beschriebene Prozeß kann aber auch durch andere Finanzinnovationen ausgelöst werden, die zu einer Substitution nichtverzinslicher Geldbasis durch verzinsliche Geldsubstitute führen (finanzielle Liberalisierung oder Deregulierung).

[107] Das heimische Preisniveau läßt sich ja als eine gewichtete Summe von Import- und Inlandspreisen ausdrücken.

Verstetigung der Rahmenbedingungen auch die für die Gewinnrate der Investitionen mitentscheidende Risikoprämie verringert wird. Die zu erwartende risikoangepaßte Gewinnrate kann man als den letztlich alles entscheidenden Anreizmechanismus für diese Investitionen fassen.)

Zum prozeßpolitischen Teil: Gehen wir - realistischerweise - davon aus, daß die eben beschriebenen, notwendigen ordnungspolitischen Voraussetzungen für eine Vermeidung des Anreizes der Inflationsfinanzierung nicht ganz oder zumindest nicht sofort umsetzbar sind. (Zu den besonderen Schwierigkeiten der Umsetzung in Entwicklungsländern siehe im 5. Kapitel!) Dann bedarf es auf jeden Fall prozeßpolitischer Anstrengungen. Wenn es das Ziel ist, Inflation zu vermeiden oder zurückzudrängen, so ist es unabdingbar, die Seignioragefinanzierung einzudämmen. Dies kann prozeßpolitisch *zum einen* dadurch geschehen, daß die "Ursache", im obigen Beispiel die Ausgabensteigerung, rückgängig gemacht wird. (Durch die inzwischen angesammelten Schuldendienste wird die benötigte Ausgabensenkung allerdings größer sein als die ursprüngliche Ausgabensteigerung.) Dies muß nicht unbedingt bedeuten, daß die in Angriff genommenen Entwicklungsprojekte gestoppt werden müßten; die Einsparung kann auch über eine *Umschichtung* in den Ausgaben geschehen. So kann man sich zum Beispiel hierbei folgendes vorstellen: den Abbau von Subventionen an nicht wettbewerbsfähige Industrien, die Aufgabe unproduktiver Entwicklungs- und Prestigeobjekte, die Kürzungen von Rüstungsausgaben, aber auch u.U. von bestimmten Sozialleistungen und Transfers, sowie die Reduzierung staatlicher Personalausgaben. Zudem könnten durch Privatisierung staatlicher und halbstaatlicher Unternehmen die Einnahmen erhöht werden. Die Frage ist nur, ob für die notwendigen Umschichtungen insgesamt genügend Manövriermasse vorhanden ist und ob diese Umschichtungen (verteilungs)politisch durchsetzbar sind (zu letzterem siehe wiederum ausführlich im 5. Kapitel).

Zum anderen kann Seignioragefinanzierung prozeßpolitisch dadurch eingedämmt werden, daß (alternativ oder gleichzeitig) die Geldmenge(nsteigerung) begrenzt wird. Dies führt tendenziell zu steigenden Realzinsen und damit zu einer rezessiven Konjunkturentwicklung mit Unternehmenszusammenbrüchen und Arbeitslosigkeit[108]. Auch hier stellt sich die Frage, ob dies politisch umsetzbar ist. (Dies ist auch der Ausgangspunkt der Diskussion über Einkommenspolitik in Abschnitt IV unten.) Zumindest sind große gruppenegoistisch begründete Widerstände zu erwarten. Dies wiederum macht ein solches angekündigtes Stabilisierungsprogramm nicht sehr glaubwürdig, folglich auch nicht sehr wirksam. (Wenn es nicht glaubwürdig ist, werden die Individuen ihre Inflationserwartungen auch nicht im erwünschten Umfange zurücknehmen. Das Programm wird also unwirksam sein bzw. höhere Kosten als erwartet produzieren. Zur Erläuterung siehe das Stichwort "Zeitinkonsistenz" in Abschnitt E-III des ANHANGs.) Dies ist der Ausgangspunkt für die Forderung nach einer *Regelbindung* der (Geld-)Politik in der modernen angewandten Makroökonomie (siehe hierzu ebda).

Die Ankündigung einer Regelbindung ist jedoch selbst wiederum nicht glaubwürdig, wenn sie nicht ordnungspolitisch gestützt wird. Institutionelle Voraussetzung hierfür ist eine autonome Zentralbank und/oder eine konstitutionelle Festschreibung

---

[108] Siehe hierzu genauer z.B. Wagner [1992: 5. Kapitel] oder Wagner [1990c].

einer Geldmengenregel[109]. Wie die Geldmengenregel im einzelnen auszusehen hat, ist selbst wieder eine Frage des unterstellten Systemmechanismus und der erwarteten zukünftigen Schockursachen (vgl. hierzu ausführlich Wagner [1992: 3. Kapitel]). Alternativ kommen auch noch institutionelle Anreiz- oder Sanktionsmechanismen zum Abbau des Anreizes der Seignioragefinanzierung in Frage (vgl. ebda). Auf jeden Fall bedarf es einer Koppelung von Prozeß- *und* Ordnungspolitik, um makroökonomische Ungleichgewichte - in diesem Fall: Inflation - effizient bekämpfen zu können.

3. Heterodoxe Strategie

Die eben beschriebene orthodoxe Strategie wird insbesondere dem IWF und der Weltbank zugeschrieben. Dem wird im folgenden eine andere Strategievariante gegenübergestellt, die als "heterodox" bezeichnet und von Anhängern des "(Neo-)Strukturalismus" - wozu vor allem Ökonomen in den Entwicklungsländern wie auch Teile der Keynesianer in den Industrieländern zu zählen sind - vertreten wird. Die heterodoxe Strategievariante ist auch in der Praxis schon häufiger angewandt worden, so in den letzten Jahren in mehreren lateinamerikanischen Ländern sowie in Israel. Die Erfolge sind "gemischt" (genauso wie bei der Anwendung der orthodoxen Strategie). Genaueres zu den empirischen Erfahrungen siehe im nächsten Abschnitt IV.

Im folgenden wird zuerst der Strategieunterschied deutlich gemacht. Anschließend wird die Frage gestellt, worin sich die hinter den unterschiedlichen Strategien steckenden theoretischen Ansichten unterscheiden und inwieweit sie sich verbinden lassen.

3.1 Strategieunterschied

Es wird hier versucht, den Unterschied auf den zentralen Nenner zu bringen[110]. Hierbei ist es sinnvoll, zwischen dem Unterschied von früher und heute (seit den achtziger Jahren) zu unterscheiden. Früher gab es eine klare Alternative zwischen orthodoxer und heterodoxer Strategie. Die **prozeßpolitische Alternative** hieß restriktive Geld- und Fiskalpolitik auf der einen Seite gegenüber Einkommenspolitik auf der anderen Seite als Mittel der Inflationsbekämpfung. Heute dagegen haben sich diese beiden Varianten streckenweise angeglichen und vermischt. Am besten kann man heute heterodoxe Strategie wie folgt von orthodoxer Strategie abgrenzen: *Die heterodoxe Variante entspricht der um Einkommenspolitik erweiterten orthodoxen Variante*[111]. Der wesentliche Unterschied läuft also darauf hinaus, Position zu

---

[109] Bei geeigneter Gestaltung der institutionellen Rahmenbedingungen wird es aber dann u.U. gar nicht mehr notwendig sein für eine (glaubwürdige) Zentralbank, sich einer Regelbindung zu unterwerfen. Siehe hierzu Wagner [1990a oder 1991b].

[110] Dabei muß natürlich von Detailunterschieden abstrahiert werden. Insbesondere kann hier nicht auf die tatsächlich praktizierten Politiken des IWF und der Weltbank im einzelnen eingegangen werden. Diese haben sich überdies auch im Laufe der Zeit geändert, worauf an anderer Stelle schon hingewiesen worden ist.

[111] Vgl. auch Cardoso [1989] und Kappel [1990].

beziehen zu der Frage, ob Einkommenspolitik für den Abbau makroökonomischer Ungleichgewichte, aber darüberhinaus auch für den Entwicklungsprozeß insgesamt, hilfreich ist oder nicht. Angesichts des zentralen Stellenwerts dieser Fragestellung wird sie in einem gesonderten Abschnitt behandelt (siehe den folgenden Abschnitt IV).

Die genannte Abgrenzung gilt allerdings nur für den prozeßpolitischen Teil der jeweiligen Strategien. Denn der **ordnungspolitische Teil** der orthodoxen Strategie, wozu vor allem Deregulierung und Liberalisierung zählen, wird - zumindest als *allgemeine* Empfehlung - von den meisten Neo-Strukturalisten kritisiert[112]. Hierbei wird auf die positiven Erfahrungen verwiesen, die Länder wie Südkorea und Brasilien mit öffentlichen Investitionen, Exportsubventionen, expansiver Geldpolitik sowie mit Wechselkurs- und Importkontrollen gemacht haben. (Diese positiven Erfahrungen bezogen sich allerdings nur auf bestimmte Zeitperioden und waren mit Sonderfaktoren verbunden, wie schon oben in Abschnitt II.3.3 angemerkt worden ist. Weitere positive Erfahrungen mit staatlichen Regulierungen aus anderen Ländern werden in den sogenannten WIDER-Studien berichtet[113]. Zu einer Zusammenfassung und Auswertung dieser Länderstudien siehe Taylor [1988].) Zudem wird auf die theoretisch "wackeligen Grundlagen"[114] der Ableitung einer allgemeinen Empfehlung hingewiesen. In diesem Kontext wird dann auch immer wieder die Gefahr einer Kapitalflucht bei einer Liberalisierung betont. (Zu einer differenzierteren Betrachtung siehe im 5. Kapitel, dort in Abschnitt II.[115])

3.2 Unterschiede in den theoretischen Ansichten

Man kann die wesentlichen Theorie-Unterschiede an den folgenden vier Kriterien festmachen: an der Erklärung der Inflationsursachen, der Preisbildung und der Stabilisierungsnotwendigkeit sowie an dem Analyserahmen[116].

Einkommenspolitik ist dabei der staatlich unterstützte Versuch der Preis-, Lohn- und Wechselkursstabilisierung. Siehe näher unten in Abschnitt IV.

[112] Vgl. z.B. Banuri [Hrsg., 1991].

[113] Es handelt sich hier um 18 Länderstudien, die vom World Institute for Development Economics Research (WIDER) gefördert worden waren, um die Erfahrungen der Entwicklungsländer mit Stabilisierungsprogrammen zu erforschen.

Das allgemeine Ergebnis dieser Studien war, daß man nicht mehr von einem für alle Länder optimalen Standardansatz zur Entwicklung von Stabilisierungs- und Anpassungsprogrammen ausgehen sollte. Die einzelnen Länder würden sich zu stark unterscheiden, sowohl ökonomisch als auch politisch und sozio-kulturell.

[114] Taylor [1988: 177]. Vgl. auch Taylor [1991].

[115] Dort wird der springende Punkt eher in einer falschen zeitlichen Abfolge von einzelnen Reformpolitikschritten gesehen.

[116] Vgl. zu einzelnen Argumenten auch Taylor [1988; 1991].

	Orthodoxe Strategie	Heterodoxe Strategie
(1) *Inflationsursachen*	monetär	Verteilungskonflikte
(2) *Preisbildung*	Marktpreisbildung	Mark-up-Preissetzung
(3) *Stabilisierungsbedarf*	wegen Seignioragefinanzierung	wegen Devisenknappheit und Verteilungskämpfe
(4) *Analyserahmen*	Ökonomisches System	Ökonomisch-politisch-soziokultureller Systemkomplex

Zu (1): Die **Inflationsursachen** werden in der orthodoxen Strategiebegründung *monetär* erklärt (siehe hierzu die Erläuterung der Quantitätsgleichung in Abschnitt 2 oben!). Dagegen gehen die Vertreter der heterodoxen Strategie in der Regel davon aus, daß Inflation zum einen aus sozialen *Verteilungskonflikten* entsteht und zum anderen über ein Aufschlags- oder "Mark-up"-Preissetzungsverfahren, das Angebotsrigiditäten ausdrückt, verbreitet wird[117]. Geldmenge und Geldumlaufgeschwindigkeit paßten sich dagegen an die Inflation an.

Zu (2): Die neoklassisch-monetaristische Erklärung der **Preisbildung**, die der orthodoxen Strategie zugrundeliegt, geht von flexiblen Preisen und damit von einem Funktionieren des Preis- oder Marktmechanismus aus *("Marktpreisbildung")*. Dagegen unterstellt die keynesianisch-strukturalistische Begründung der heterodoxen Strategie Lohn- und Preisinflexibilitäten oder - wie eben schon erwähnt - ein *Mark-up-Preissetzungsverhalten*. Preise setzen sich hiernach zusammen aus den Inputkosten für Arbeit und Zwischenprodukte plus einem prozentualen ("monopolgradabhängigen") Gewinnaufschlag. Zudem wird - aufgrund empirischer Erfahrungen - angenommen, daß in Entwicklungsländern die Löhne normalerweise an die vergangene Inflation gebunden (indexiert) sind. Eine solche Ex-post-Indexierung verschärft noch die Inflation, da sie die Lohn-Preis-Spirale zeitlich beschleunigt. Man spricht hier dann auch von "strukturalistischer Inflation"[118]. Vergleiche näher auch im nächsten Abschnitt IV.

Zu (3): Die **Notwendigkeit einer politischen Stabilisierung** wird in der orthodoxen Strategiebegründung auf die vorhergehende *Seignioragefinanzierung* von Staatsausgaben zurückgeführt. Das Problem der Seignioragefinanzierung wird darin gesehen, daß sie - wie oben beschrieben - eine endogene Inflationsdynamik auslöst. Dagegen sieht die heterodox-strukturalistische Begründungsvariante den Ausgangspunkt in erster Linie in einer *Devisenknappheit*[119] sowie in den durch Inflation ausgelösten *Verteilungskämpfen,* die - wenn sie nicht politisch abgefedert oder verhindert

---

[117] Vgl. zur näheren Erläuterung ebda.

[118] Vgl. hierzu z.B. Frisch [1980: Kapitel III].

[119] Die Ursache für die Devisenknappheit wird in dem hohen Bedarf an Importgütern für den Entwicklungsprozeß gesehen. Auf die Devisenknappheit wird dann häufig mit Abwertungen der heimischen Währung reagiert, da man sich dadurch höhere Exporterlöse und mithin höhere Deviseneinnahmen erwartet. Dies löst jedoch seinerseits wieder inflationäre Tendenzen aus, da mit der Abwertung die Importgüterpreise ansteigen.

werden - zu einem Produktivitätsrückgang und einer politischen Krise führen[120]. Inflation löst nach Ansicht der Neo-Strukturalisten deshalb Verteilungskämpfe aus, weil die unvollkommene Indexierung gewisser Aktiva bzw. der Einkommen bestimmter Gruppen zu Umverteilungen führt, die von den (negativ) Betroffenen als ungerecht empfunden werden. Grundlage dieser Umverteilungen sind unter anderem "Einkommensverzögerungen" sowie "erzwungenes Sparen"[121].

Zu (4): Der **Analyserahmen** wurde in der neoklassisch-monetaristischen Theorie bislang weitgehend auf die Analyse des *ökonomischen* Systems eingeschränkt. (Erst in den letzten Jahren wurden auch hier erste Erweiterungsschritte durchgeführt, wie im 2. Kapitel schon erwähnt worden ist und im 5. Kapitel näher ausgeführt wird.) Dagegen betonten die strukturalistische wie auch die neo-strukturalistische Schule schon immer die *Interdependenz von ökonomischem, politischem und sozio-kulturellem System*[122]. Hierbei kommt es insbesondere auf die strukturellen Unterschiede im politischen und im sozio-kulturellen System an, die sich in unterschiedlichen Inflationsursachen und in unterschiedlichen Wirkungsweisen *derselben* Stabilisierungsprogramme niederschlagen. Die Besonderheiten jeden Landes erklären dann auch im Verständnis der neo-strukturalistischen Schule die teilweisen Erfolge und teilweisen Mißerfolge ähnlich gelagerter orthodoxer Programme[123].

3.3 Abwägung/Verbindung

Es spricht vieles dafür - und manche Vertreter des Neostrukturalismus betonen auch, daß es darum gehe -, **die beiden Ansätze miteinander zu verbinden**[124]. Dies würde auch bedeuten, daß sich die Entwicklungsökonomie aus ihrer bis vor kurzem wenig beachteten Außenseiterposition innerhalb der Nationalökonomie befreien

---

[120] Die Begründung ist wie fast immer in strukturalistischen Ansätzen aus empirischen Erfahrungen ("stilisierte Fakten") - oder besser gesagt: aus gewissen Interpretationen empirisch-statistischer Wahrnehmungen - abgeleitet. [Siehe hierzu die oben angesprochenen WIDER-Länderstudien.] Man muß dabei nur bedenken, daß jede Interpretation theoriegeleitet ist. Man kommt also um eine theorieimmanente Konsistenz- oder Rationalitätsüberprüfung nicht herum. Diesbezüglich wird in strukturalistischen Ansätzen nicht immer sorgfältig oder gründlich genug gearbeitet.

[121] Zur näheren Erläuterung solcher "Einkommensverzögerungen" siehe z. B. Wagner [1983: 2. Kap.].

[122] Von daher wird auch der Einfluß der Politik mit in den Mittelpunkt der Analyse gerückt. Vergleiche z.B. Lance Taylor [1988: 20], der betont: "Politics impinges on stabilization at all levels."

[123] So ist zum Beispiel der Dominanz-Grad der Preisflexibilität sehr unterschiedlich in verschiedenen Ländern, wie die WIDER-Studien betonen. Beispielsweise ermöglichte die Dominanz der Flexpreismärkte auf den Philippinen und in afrikanischen Ländern den Erfolg orthodoxer Stabilisierungsprogramme - so die Schlußfolgerung aus den WIDER-Studien von Taylor [ebda: 64].

[124] So schreibt beispielsweise Lance Taylor [1988: 13]: "some blend of the two approaches makes sense, since neither theory can claim to be decisively correct". Eine solch allgemeine Feststellung bringt aber natürlich gar nichts, solange man nicht die Schwachstellen der beiden Ansätze genau aufzeigen kann. Dies wird im folgenden kurz versucht.

kann[125]. Das **Grundproblem** war **bislang, daß** die (neo-)strukturalistische Schule wie überhaupt weite Teile der Entwicklungsökonomie sich geweigert hatten, sich der methodischen Prüfungsinstanz des neoklassischen Rationalitätspostulats (der "Mikrofundierung") zu unterwerfen. Durch die oben beschriebene "Revolution" in der Makroökonomie der letzten Jahre, als Folge derer sich die Keynesianer heute weitgehend dem Anspruch der methodischen Notwendigkeit dieser Prüfungsinstanz freiwillig unterwerfen (siehe ausführlich hierzu Wagner [1992]), beginnt nunmehr auch die Front innerhalb der Entwicklungsökonomie aufzuweichen. Dies wird noch verstärkt durch die im 2. Kapitel beschriebene Offensive der "Neuklassik" auf dem entwicklungstheoretischen Feld (innerhalb der "Neuen Wachstumstheorie").

Nichtsdestoweniger kann es nicht darum gehen, den oft kritisierten neoklassischen "Methodenimperialismus" so weit zu treiben, daß die Annäherung nur einseitig bleibt, daß also die orthodoxe Position nicht auch lern- oder annäherungsbereit ist. So darf nicht übersehen werden, daß die heterodox-neostrukturalistische Erklärungsvariante zumindest einen ganz großen Vorteil hat: Sie grenzt das Analysefeld nicht künstlich auf das ökonomische System ein, sondern sie zeigt die dynamische Interdependenz zwischen den gesellschaftlichen Subsystemen (dem ökonomischen, politischen und sozio-kulturellen System) auf. Sie weist damit darauf hin, daß viele "first-best" Lösungen der orthodoxen Theorie nur "first-best" innerhalb des künstlich abgetrennten ökonomischen Systemrahmens (des jeweiligen Makromodells) sind. Bezieht man die Interdependenzbeziehungen zum politischen und soziokulturellen System mit ein, können sich die wohlfahrtstheoretischen Aussagen hinsichtlich bestimmter Lösungsvorschläge drastisch ändern. Vorher nur dritt- oder viertbeste Lösungen können dann auf einmal first-best Lösungen innerhalb der auch durchsetzbaren Lösungsmenge sein. Und da sich die politischen und soziokulturellen Rahmenbedingungen in verschiedenen Ländern unterscheiden, können für verschiedene Länder auch jeweils verschiedene Strategien first-best sein.

Dies heißt allerdings nicht, daß man deswegen die ökonomische Konsistenzprüfung vernachlässigen darf - ein Vorwurf, der häufig und zurecht (neo-)strukturalistischen Theoretikern gemacht wird. Die heterodox-neostrukturalistische Position zieht sich in aller Regel auf ihr starkes Feld zurück, nämlich auf die **"stilisierten Fakten"**. Dies sind häufig festgestellte empirische (zeit-raum-beschränkte) Regelmäßigkeiten, die jedoch theoretisch noch nicht völlig konsistent erklärt werden können. Da jedoch die Interpretation solcher empirischer Erfahrungen selbst immer theoriegeleitet ist, gilt es die dahintersteckende Theorie (Modellwelt) auch ganz klar aufzudecken und auf ihre theoretische Konsistenz überprüfen zu lassen[126]. Hier zeigt sich jedoch sehr schnell, daß (neo-)strukturalistische Theorien wie auch die früheren keynesianischen Theorien auf vielen **Ad-hoc-Annahmen** beruhen, die ihrerseits nur durch (subjektive) empirische Beobachtungen gestützt sind. Dies wird zurecht innerhalb der Nationalökonomie nicht mehr ohne weiteres als ein wissenschaftlich-zufriedenstellendes

---

[125] Zum Teil ist dies ja auch schon in den letzten Jahren geschehen. Hierauf deutet unter anderem auch die oben beschriebene inhaltliche Wandlung des Konzepts der "heterogenen Strategie" hin. Siehe hierzu z.B. Cardoso [1989], Kappel [1990], Sell [1990] oder Bruno u.a. [1991].

[126] Ansonsten läßt sich so gut wie alles durch den Hinweis auf empirische Beobachtungen "erklären". Wie wir jedoch wissen, hat jeder so seine eigenen Beobachtungen, die sich nicht unbedingt anderen in gleichem Ausmaß offenbaren.

Vorgehen akzeptiert; und wie gesagt: auch die große Mehrheit der Keynesianer hat dies inzwischen eingesehen. Mikrofundierung von Makroaussagen ist deshalb heutzutage angesagt.

Doch kann es auch nicht zufriedenstellend sein, wenn man sich - wie häufig in der neuklassischen Ökonomie - mit konsistenten Theorieerklärungen begnügt, wenn man gleichzeitig weiß, daß sie mit vielen "stilisierten Fakten" nicht vereinbar sind. Insofern ist Forschung unter gewissen (wenn auch möglichst wenigen) nur durch stilisierte Fakten begründeten Ad-hoc Annahmen - zum Beispiel bezüglich der Erklärung bestimmter soziokultureller "Gegebenheiten" - nicht von vornherein als nicht-wissenschaftlich abzulehnen. Einen Mittelweg zu finden - d.h. den "gordischen Knoten" zwischen dem Wunsch nach durchgehend rational-erklärten Theorieannahmen und -aussagen und dem naheliegenden Bedürfnis, empirische Regelmäßigkeiten nicht zu vernachlässigen, zu durchschlagen - ist nicht einfach. Dies kennzeichnet ja gerade das Spannungsverhältnis zwischen den beiden heute in der Nationalökonomie dominierenden Positionen, der Neuklassik und dem Neukeynesianismus[127]. Dieses Spannungsverhältnis dürfte innerhalb der Entwicklungsökonomie noch stärker als in anderen Gebieten der Nationalökonomie sein und bleiben. Der Grund hierfür ist, daß die bisher (und wahrscheinlich auch zukünftig) nicht völlig zufriedenstellend erklärbaren politischen und soziokulturellen Unterschiede zwischen den Industrie- und den Entwicklungsländern als auch zwischen den verschiedenen Entwicklungsländern wesentlich größer sind als die zwischen den Industrieländern oder gar innerhalb eines Industrielandes. Hierbei spielt nicht zuletzt auch die geringe (vergleichbare) Datenbasis in den Entwicklungsländern eine Rolle.

Ein Fehler sollte jedoch vermieden werden, der in der älteren Entwicklungstheorie immer wieder begangen worden ist - nämlich zu meinen, daß man deswegen eine *andere (oder vielleicht auch gar keine) ökonomische Theorie* für die Entwicklungserklärung brauche[128]. Die entscheidenden strukturellen Unterschiede scheinen nämlich eher auf der politischen und soziokulturellen Ebene zu bestehen, und weniger oder nicht auf der mikroökonomischen Ebene. Was man jedoch sicherlich braucht (und das gilt auch für den Neukeynesianismus), ist eine entsprechend dem Rationalitätspostulat konsistente Theorie der unvollkommenen Konkurrenz als Mikrofundierung solcher makroökonomischer Aussagen und Konzepte, die sich mit "stilisierten Fakten", nicht jedoch mit der orthodox-neuklassischen Theorie der vollkommenen Konkurrenz vereinbaren lassen[129]. Erst eine Theorie der unvollkommenen Konkurrenz kann nämlich Phänomene wie

---

[127] Hier erweist es sich als die Hauptaufgabe für die Neukeynesianer, ihre Erklärungen in eine erst noch zufriedenstellend zu entwickelnde Theorie der *unvollkommenen Konkurrenz* einzubetten. Solange dies nicht gelingt (zu ersten vielversprechenden Ansätzen siehe die zweibändige Aufsatzsammlung von Mankiw und Romer [Hrsg., 1991]), belassen es die Neuklassiker lieber bei der "Als-ob"-Annahme *vollkommener Konkurrenz* auf allen Märkten - inklusive den politischen und soziokulturellen Gebieten, soweit sich überhaupt darum bemüht wird, diese mit einzubauen. So ist zumindest dem Postulat der theoretischen Konsistenz Genüge getan. (Vgl. hierzu auch die kritischen Betrachtungen in Wagner [1992: 59f.]).

[128] Dadurch hat sich ja gerade die Entwicklungsökonomie teilweise selbst ins Abseits innerhalb der Nationalökonomie katapultiert gehabt.

[129] Siehe hierzu die vorvorhergehende Fußnote.

Marktmacht und Verteilungskämpfe, die in der Realität augenscheinlich vorliegen, sinnvoll erklären (vgl. hierzu näher im 5. Kapitel).

IV. Zur spezifischen Rolle der Einkommenspolitik

1. Einführung

Kritiker der orthodoxen Strategie haben eingewandt, daß diese Strategie *zum einen* bei der Stabilisierung und Entwicklung der Entwicklungsländer nicht geholfen habe (empirisches Argument), und *zum anderen* auch gar nicht helfen könne, bzw. wenn dann nur unter unnötig hohen Wohlfahrtskosten (theoretisches Argument). Wir werden auf beide Argumente nacheinander eingehen. Orthodoxe Strategie umfaßt, wie schon erwähnt, prozeß- und ordnungspolitische Elemente. Wir beschränken uns im folgenden auf die inhaltliche Kritik an der prozeßpolitischen Seite, da wir uns mit der Kritik am ordnungspolitischen Teil - sprich insbesondere an der *generellen* Forderung nach Deregulierung und Liberalisierung - schon in Abschnitt II.3 befaßt haben.

Hierbei muß wiederum unterschieden werden zwischen der "älteren" Kritik, die die Notwendigkeit einer die Armut vorübergehend vergrößernden "Stabilisierungskrise" (über restriktive Fiskal- und Geldpolitik) bestritten hat, und der "neueren" Kritik, die die Notwendigkeit einer solchen "Stabilisierungskrise" anerkennt, jedoch die stabilisierungspolitischen Instrumente der orthodoxen Strategie für nicht hinreichend hält. In beiden Kritikvarianten spielt *Einkommenspolitik* die zentrale Rolle. (**Einkommenspolitik** ist der Versuch staatlicher Preisniveaustabilisierung.) In der älteren Kritik an der orthodoxen Strategie wurde Einkommenspolitik als eine wohlfahrtstheoretisch überlegene *Alternative* zu restriktiver Fiskal- und Geldpolitik angesehen. Die neuere Kritik dagegen betrachtet Einkommenspolitik als notwendige mikroökonomische **Ergänzung** zum prozeßpolitischen Teil der orthodoxen Strategie.

2. Empirische Erfahrungen

Die empiriebezogene Ausgangsbehauptung der Befürworter von Einkommenspolitik lautet, daß die orthodoxe Strategie nichts geholfen hat. (In diesem Sinne sind auch die Ergebnisse der oben erläuterten WIDER-Länderstudien zu verstehen - obwohl dort nur als "Durchschnittsaussage" zutreffend[130]). Alternativ könnte man auch behaupten, daß sie mit zu hohen Wohlfahrtskosten verbunden waren[131]. Da pure Kritik ohne das Anbieten von Alternativen in der Regel nicht weiterführt, ist es wichtig, sich auch die Erfolge oder Mißerfolge heterodoxer Strategien, d.h. hier der

---

[130] Das heißt, in einzelnen Fällen haben auch die WIDER-Studien einen Erfolg orthodoxer Strategien nachgewiesen. Diese werden dort allerdings als die eher untypischen Fälle angesehen, in denen Flexpreis-Märkte dominierten und keine Indexierung institutionalisiert war (zu letzterem vergleiche näher unten).

[131] Auch in diese Richtung gehen verschiedene Kritiken, wobei hier vor allem auf die Zunahme der Arbeitslosigkeit, der Unternehmenszusammenbrüche usf. rekurriert wird.

Stabilisierungsversuche mit Einkommenspolitik, anzusehen. Hierbei kann man, global ausgedrückt, nur feststellen, daß die Ergebnisse sehr "gemischt" sind. (Mehr als dies will aber die neuere Kritik an der orthodoxen Strategie auch gar nicht ausdrücken. Es geht ihr mehr um die Kritik an dem Allgemeinheitsanspruch der Orthodoxie. Deswegen pocht sie ja auf die strukturellen Unterschiede als dem Ausgangspunkt unterschiedlicher Strategien für unterschiedliche Länder. Nur muß eben dabei auch gesehen werden, daß viele grundsätzliche Probleme in allen Ländern in gleicher Weise vorliegen, von daher auch auf gewisse grundsätzliche Strategieelemente wie z.B. restriktiver Fiskal- und Geldpolitik in einer Desinflationsphase nicht verzichtet werden kann. Es kann nur darum gehen, zu hinterfragen, ob zusätzliche Politikelemente konsistent und hilfreich bei der Inflationsbekämpfung sind.)

Einkommenspolitik - in ihrer *alt-traditionellen Form* staatlicher **Lohn- und Preiskontrollen** oder -stopps[132] - ist sehr häufig in Entwicklungsländern, und nicht nur in diesen, benutzt worden. Sie war auch in den letzten Jahren Bestandteil mehrerer Stabilisierungsprogramme, und zwar sowohl Bestandteil von erfolgreichen Programmen wie in Israel (1985) und in Mexiko (1989-90), aber auch von gescheiterten Programmen wie in Argentinien (1985-89), Peru (1985-87) und Brasilien (1986). In der erfolgreichen Stabilisierung in Bolivien (1985) wie auch in den erfolgreichen Stabilisierungen der 1920er Jahre spielte dagegen Einkommenspolitik keine Rolle.

Nun bedeutet die Eingebundenheit von Einkommenspolitik in ein gescheitertes Stabilisierungsprogramm noch nicht, daß die Ursache des Scheiterns in der Einkommenspolitik selbst liegen muß. Die eigentliche Ursache kann sehr wohl auch in einer ungenügenden Befolgung der anderen Programmbestandteile (wie Fiskal- und Gelddisziplin) liegen. Denn wie heute generell (auch von den Befürwortern heterodoxer Programme) anerkannt wird, kann Einkommenspolitik allein - d.h. ohne fiskal- und geldpolitische Disziplin - auch nichts bewirken[133]. In diesem Sinne kann das Scheitern heterodoxer Programme auch interpretiert werden. (Dies dürfte insbesondere im Falle Brasiliens und Argentiniens eine angemessene Interpretation sein, wie sich auch aus neueren Länderstudien ergeben hat[134].) Andererseits ist Einkommenspolitik - insbesondere in ihrer alt-traditionellen, imperativen Form - keineswegs problemlos anwendbar; ganz im Gegenteil. Um dies zu sehen und den Stellenwert von Einkommenspolitik besser einschätzen zu können, ist es wichtig, sich mit den theoretischen Aspekten näher auseinanderzusetzen.

---

[132] Neuere Formen werden unten besprochen. Die "alt-traditionelle" Form wird hier auch als **imperative Einkommenspolitik** bezeichnet.

[133] Umgekehrt - so steht die Behauptung im Raum - kann Geld- und Fiskaldisziplin ohne Einkommenspolitik nur unter sehr günstigen Umständen (eben nur bei einer Dominanz von Flexpreismärkten und keiner Ex-post-Indexierung) wirksam sein.

[134] Vgl. Bruno u.a. [1991] oder Dornbusch, Sturzenegger und Wolf [1990].

Nichtsdestoweniger haben gerade Brasilien und Argentinien nach dem vorhergehenden Scheitern der heterodoxen Stabilisierungsprogramme in ihren neuen Programmen Anfang der neunziger Jahre bewußt auf Einkommenspolitik verzichtet.

3. Theoretische Aspekte und Argumente

Die wesentlichen theoretischen **Argumente *für* den Einbezug von Einkommenspolitik** in ein Stabilisierungsprogamm lauten wie folgt:

(1) Das zentrale Problem der Hochinflationsländer - und fast alle Hochinflationsländer sind Entwicklungsländer[135] - liegt in der *Trägheit* der Inflation, wobei diese Trägheit auf eine (explizite oder implizite) Indexierung der Löhne an Vergangenheitspreise zurückzuführen ist. Orthodoxe Stabilisierungsprogramme, die nur auf restriktive Geld- und Fiskalpolitik setzen[136], rufen in einer solchen Umgebung - durch den plötzlichen Inflationsrückgang im Kontext der Stabilisierung - außergewöhnlich hohe Realzinsen hervor, die viele Schuldner (i.e., in der Regel Unternehmen) in den Bankrott treiben, was wiederum hohe Arbeitslosigkeit produziert. (Das zentrale theoretische Ausgangselement hierbei ist die gleichgerichtete Bewegung der Geldumlaufgeschwindigkeit mit der Inflationsrate[137].) Einkommenspolitik würde diesen Prozeß vermeiden helfen.

(2) Einkommenspolitik könne dabei helfen, das **Koordinationsproblem** zwischen verschiedenen Verteilungsgruppen, das hinter dem Problem der Inflationsträgheit und hinter der Indexierung steht (siehe genauer hierzu im 5. Kapitel), zu lösen, indem sie "echte" Preisniveaustabilität administrativ herstellt.[138]

(3) Ein drittes Argument betrifft das Budget. So kann man nach dem "Olivera-Tanzi-Effekt" (siehe oben) erwarten, daß mit plötzlicher Preisniveaustabilisierung - qua Einkommenspolitik - ein sofortiger Gewinn in Form **höherer realer Staatseinnahmen** eintritt. Höhere Staatseinnahmen bedeuten jedoch ein geringeres Budgetdefizit und damit eine geringere latente Inflationsdynamik[139].

(4) Eine sofortige Stabilisierung mithilfe von Einkommenspolitik würde für den Moment eine große Rezession vermeiden. Dies wiederum würde den reformwilligen Regierungen eine **Atempause** verschaffen, während der sie die notwendigen fiskalpolitischen Reformen - einschließlich der hierfür notwendigen ordnungspolitischen Rahmenbedingungen (wie die Schaffung eines effizienten Steuersystems u.a.) - in Angriff nehmen können. Ohne die ordnungspolitischen Rahmenbedingungen, deren Institutionalisierung wie oben erläutert eine Weile dauert, bleibt dagegen jede Stabilisierung nur ein kurzfristiger Erfolg.

---

[135] Dagegen gilt nicht der Umkehrschluß, daß alle Entwicklungsländer Hochinflationsländer sind (obwohl eine endogene Tendenz hierzu in diesen Ländern gegeben ist, siehe oben).

[136] Solche Programme können natürlich unter günstigen Rahmenbedingungen erfolgreich sein, wie oben geschildert wurde. Dabei ist allerdings erforderlich, daß beides (Geld- *und* Fiskaldisziplin) gleichzeitig angewandt wird. Eine Reduktion von Budgetdefiziten (=restriktive Fiskalpolitik) ohne eine Begrenzung der Geldmenge würde die Inflation nicht reduzieren können wegen "Zeitinkonsistenzproblemen" (siehe unten). Alleinige Geldmengenbegrenzung würde dagegen die Realzinsen so hoch treiben, daß eine verheerende Schuldendynamik entstünde, die sich nicht lange durchhalten ließe.

[137] Je höher die Inflationsrate ist, umso höher sind die Opportunitätskosten der Geldhaltung. Siehe auch z.B. Wagner [1985].

[138] Siehe genauer hierzu z.B. Dornbusch und Simonsen [1987].

[139] Siehe zum Zusammenhang in Abschnitt III oben sowie im ANHANG, Abschnitt E-III.

Die beiden Hauptargumente *gegen* die Anwendung von Einkommenspolitik sind folgende:

(1*) Die administrative Ausschaltung der (offenen) Inflation führt dazu, daß die zentrale Aufgabe einer Stabilisierung, nämlich die Ausschaltung der langfristigen Inflationserwartungen durch eine Änderung des politökonomischen Systems der Ausgabenfinanzierung[140], in den Hintergrund gedrängt wird. **Die notwendigen institutionellen Reformen** wie auch die Fiskaldisziplin schlechthin **werden vernachlässigt** zugunsten der Bekämpfung anderer offener Probleme wie beispielsweise Arbeitslosigkeit. Sobald die Lohn- und Preiskontrollen aufgehoben werden - und sie müssen in einer Marktwirtschaft nach einer bestimmten Zeit aufgehoben werden, wie im folgenden Punkt (2*) erläutert wird -, tritt die Inflationsdynamik mit einer noch stärkeren Wucht als vorher wieder auf.

(2*) Imperative Einkommenspolitik (ein administratives Verbot von Lohn- und Preiserhöhungen) ist mit **negativen Allokations- und Wachstumseffekten** verbunden. Das heißt, die knappen Ressourcen in der Volkswirtschaft werden weniger effizient verwendet, weswegen auch weniger produziert werden kann. Der Grund ist, daß ein Verbot von Lohn- und Preiserhöhungen den marktwirtschaftlichen Preismechanismus administrativ ausschaltet. Der Preismechanismus hat jedoch - wie schon in Abschnitt II erläutert - in einer Marktwirtschaft eine wichtige Informationsfunktion für Investoren und Konsumenten. Wenn dieser in seiner Funktion behindert wird, kommt es zu mikroökonomischen Verzerrungen (gegenüber der markt-optimalen Lösung bei funktionierender Konkurrenz). Außerdem führt ein *Verbot* von Preiserhöhungen zu **Ausweichverhalten**, und zwar zu (privaten) Kosteneinsparungen beispielsweise in Form einer systematischen Verschlechterung der Qualität der Produkte. Zudem ziehen Preisstopps **Angebotsrationierungen** nach sich, die wiederum Warteschlangen und Schwarzmärkte hervorrufen, wie die Erfahrungen in Planwirtschaften sehr deutlich zeigen.

Das klassische Gegenargument (2*) war Anlaß für die **Suche nach weniger kostspieligen oder allokationsverzerrenden** einkommenspolitischen **Alternativen.** Hierbei wurden neben informatorischen Varianten wie Maßhalteappellen, Informationsaustausch und konzertierten Aktionen, die alle wegen des Trittbrettfahrer-Verhaltenssyndroms wenig wirksam sind, in den letzten Jahren neue "marktkonforme" Anreizsysteme diskutiert. Diese entsprechen den in der Umweltpolitik auch diskutierten nicht-imperativen Politikvarianten. Hierbei kann man *zwei Arten* unterscheiden: einmal die *steuerpolitische* Anreizvariante (steuerliche Bestrafung oder Belohnung des individuellen Abweichens von einer gesamtwirtschaftlich optimalen Norm, die sektoral differenziert vom Staat festgelegt wird) und die *Marktinnovations*variante (die Schaffung eines neuen Marktes, auf dem Nutzungsrechte oder Preisanhebungsrechte, die den Individuen bzw. Unternehmen zugewiesen werden, frei gehandelt werden[141]). Beide Varianten haben ihre Vor- und Nachteile, die vom Autor an anderer Stelle ausführlich diskutiert worden sind[142]. Insgesamt aber

---

[140] - d.h. des Unterlassens der Seignioragefinanzierung und des Übergangs zu anderen Finanzierungsformen, was zuerst eine Änderung der institutionellen Rahmenbedingungen (Schaffung eines effizienten Steuersystems, eines effizienten Kapitalmarktes usf.) voraussetzt.

[141] Zum Vorzug einer solchen "Privatisierungsstrategie" siehe in Abschnitt II.2 oben.

[142] Siehe Wagner [1992: 5. Kapitel]. Siehe dort auch ausführliche Erläuterungen zu den obigen imperativen und informatorischen Varianten der Einkommenspolitik.

sind sie wesentlich weniger mit allokationsverzerrenden Wirkungen behaftet als die obigen imperativen Alternativen. Ihr Hauptproblem ist jedoch die politische Um- oder Durchsetzbarkeit[143].

Daneben kann man noch ein drittes Gegenargument anführen.

(3*) In einer **Hyperinflation**[144], von der manche Entwicklungsländer wie auch Transformationsländer immer wieder heimgesucht werden, treffen die obengenannten Pro-Argumente (1) und (2) nicht zu. In einer Hyperinflation ist so gut wie jede inflationäre "Trägheit" ausgelöscht. Dies liegt daran, daß das in Punkt (2) angesprochene Koordinationsproblem aufgrund der großen privaten Kosten in einer Hyperinflation überwindbar wird (durch Änderung oder Beseitigung hinderlicher Institutionen). Von daher dürfte es auch *vergleichsweise* leicht(er) sein, eine Hyperinflation mithilfe eines orthodoxen Stabilisierungsprogramms auf ein Hochinflationsniveau von sagen wir 50 % Jahresrate zu senken.

Die Betonung liegt hier auf "vergleichsweise". Denn auch die Rückführung einer Hyperinflation auf ein Hochinflationsniveau klappt nicht immer (vgl. z.B. Makinen [1984]), obwohl viele Hyperinflationen auf einen Schlag mithilfe eines Reformprogramms und ohne längere ökonomische Erschütterungen beendet werden konnten (siehe z.B. Sargent [1982]). Der Hauptgrund dürfte darin liegen, daß es für Regierungen oft schwer ist, die Einkünfte aus der Geldproduktion durch andere Finanzierungsquellen zu ersetzen oder ohne diese politisch zu überleben. Erfolgreiche Reformen beinhalteten immer eine Reorganisation der Staatsfinanzierung - um Ausgaben zu kürzen und Steuern zu erhöhen - und eine Stärkung der legalen Autorität bzw. Autonomie der Zentralbank gegenüber Finanzierungsansprüchen der Fiskalbehörde. Dagegen hatte die Einführung einer neuen Währung meist nur einen symbolischen Charakter, der die "Entschlossenheit" der Regierung zu einem Regimewechsel bekunden sollte.

In Hochinflationen (die noch nicht das Hyperinflationsniveau erreicht haben), sind die institutionellen Trägheiten oder Rigiditäten noch bzw. wieder vorhanden. Folglich reicht hier ein orthodoxes Stabilisierungsprogramm in der Regel nicht aus, um die Inflation weiter auf sagen wir eine Jahresrate von 5 % dauerhaft zu senken. Hierzu bedarf es zusätzlich der Bekämpfung der Rigiditäten durch heterodoxe Ergänzungsstrategien sowie natürlich ordnungspolitische Maßnahmen (die allerdings längere Zeit in Anspruch nehmen). Doch sind zu diesem Punkt weitere Differenzierungen notwendig. Angesichts der Komplexität und anderseits der Relevanz dieses Punktes wird die weitere Diskussion hierzu in den ANHANG ausgelagert. Siehe dort den Abschnitt E-IV.5!

4. Zu den praktischen Anwendungen und nominellen Ankersetzungen

Während man in ökonomischen Modellstudien zeigen kann, daß die Anwendung insbesondere von imperativer Einkommenspolitik nur unter bestimmten Rahmenbedin-

---

143 Siehe ebda.

144 "Hyperinflation" bedeutet allgemein gesagt eine extrem hohe Inflation. Wenn wir eine letztlich willkürliche, jedoch gebräuchliche Zahl annehmen wollen, so sei Hyperinflation ein Inflationsstadium mit einer monatlichen Rate von mehr als 50 % über mindestens 6 Monate hinweg.

Zu weiteren Kennzeichnungen sowie zu neueren empirischen Erfahrungen mit "Hyperinflation" vgl. z.B. Dornbusch, Sturzenegger und Wolf [1990].

gungen rational ist (siehe näher im ANHANG, Abschnitt E-IV.4)[145], stellt sich das
Problem in der polit-ökonomischen Praxis anders. Dort wird Einkommenspolitik -
vor allem in Entwicklungsländern und dort insbesondere in der allokationsverzerrenden imperativen Form - deswegen immer wieder angewandt, weil sie kurzfristigen
Erfolg verspricht[146]. Dies ist insbesondere wichtig für diejenigen parlamentarisch-
demokratischen Regierungen, die sich einerseits aufgrund fehlender Regelbindungen
oder/bzw. fehlender Glaubwürdigkeit auf keine zeitkonsistenten langfristigen Strategien[147] festlegen können und andererseits sich politisch keine tiefen und langen Re-
zessionen leisten können.

Einkommenspolitik wurde oben als "Versuch staatlicher Preisniveaustabilisierung"
definiert. Die staatliche Preisniveaustabilisierung muß dabei, wie wir gesehen hatten,
nicht unbedingt direkt oder imperativ erfolgen. Es gibt auch marktkonforme
Varianten in Form der Zurverfügungstellung institutioneller Rahmenbedingungen
(sozusagen als Koordinationshilfe). Daneben ist auch zu beachten, *daß*
Einkommenspolitik an verschiedenen gesamtwirtschaftlichen Indizes festgemacht
werden kann. Einkommenspolitik bedeutet ja allgemein nur staatliche oder staatlich
unterstützte Preisstabilisierung. Unter dem Oberbegriff "Preis" kann man natürlich
verschiedene Preise fassen, wobei es sich allerdings immer um aggregierte
Preisindizes handeln muß. So kann man neben dem Güterpreis und dem Lohn[148] auch
den Wechselkurs in Betracht ziehen. Hier handelt es sich ja auch um einen Preis, und
zwar den Preis der Auslandswährung - ausgedrückt in Inlandswährung. Folglich kann
man auch den staatlichen Versuch der Wechselkursstabilisierung als eine einkommenspolitische Variante fassen. Gerade diese Variante ist als Beiwerk sowohl in
neuere heterodoxe als auch in neuere orthodoxe Strategien mit aufgenommen
worden. (Von daher sprach ich oben auch von einem Aufeinanderzugehen der Vertreter orthodoxer und heterodoxer Strategien.) Wenn dies auf marktwirtschaftlichem
Wege mithilfe der Geldpolitik bei frei konvertibler Währung versucht wird, ist dies
nichts anderes als eine Form eines "nominellen Ankers", über den Vertreter beider
Strategien auch vorurteilsfrei diskutieren können.

Ein **"nomineller Anker"** bedeutet, daß es ein nominelles Ziel gibt, das die Regierung bzw. die Geldbehörde zu erreichen sucht. Hiermit versucht die Politikbehörde,
das *Problem der Preis- oder Inflationsindeterminiertheit* zu beseitigen (zu einer Dis-

---

[145] Siehe auch Wagner [1992b]. Entscheidend ist hier der Grad der Stabilität/Instabilität des Wirtschaftssystems.

[146] Siehe hierzu auch Stanley Fischer's Beschreibung der politischen Hintergründe bei der
heterodoxen Programmwahl in Israel Mitte der achtziger Jahre [1990b: 66]: "For a long time,
the fear of a massive recession had stood between the government and a stabilization program.
The government was finally moved to stabilize by the argument that wage and price controls
would enable the economy to move rapidly to the new noninflationary equilibrium without
generating much unemployment." Es sollte vielleicht angemerkt werden, daß Fischer damals
offizieller Berater der israelischen Regierung war.

[147] Der theoretische Hintergrund ist die *Endogenität* der Regierungspolitiken, die solche Ankündi-
gungen als "zeitinkonsistent" erscheinen läßt. (Siehe das Stichwort "Zeitinkonsistenz" im AN-
HANG, Abschnitt E-III. Siehe dort auch das Stichwort "Hysteresis-Inflation".)

[148] - von daher auch der Begriff Preis- und Lohnstopp.

kussion dieses Problems siehe z.B. Wagner [1992: 3. Kapitel][149]). Es gibt verschiedene Formen eines nominellen Ankers. Hierzu zählen neben einer Wechselkursstabilisierung auch eine Geldmengenstabilisierung, eine Zinsstabilisierung, eine nominelle BSP-Stabilisierung wie auch eine (direkte) Preisniveaustabilisierung. Jede dieser Formen hat bestimmte Output- und Preiseffekte (bei diversen Schockursachen u.a.), so daß man die unterschiedlichen nominellen Anker nach bestimmten Überlegenheitskriterien untersuchen kann (siehe dazu Wagner [1992: 3. Kapitel]).

Im folgenden sollen nur kurz die beiden in der Praxis der neueren Stabilisierungsprogramme für Entwicklungsländer **am häufigsten angewandten** oder propagierten **Varianten** gegenübergestellt werden. Es handelt sich dabei um die Strategie der Geldangebotsstabilisierung und die der Wechselkursstabilisierung. Während die Strategie einer Wechselkursstabilisierung sowohl mit der heterodoxen als auch mit der orthodoxen Stabilisierungsvariante in Übereinklang gebracht werden kann, harmoniert die Strategie einer Geldangebotsstabilisierung im Grunde nur mit der orthodoxen Stabilisierungsvariante. Beide nominellen Anker haben ihre negativen Nebeneffekte, die es zu beachten gilt, und über die in der Strategiediskussion im IWF und in den 3.-Welt-Ländern sowie in den postkommunistischen Transformationsländern in den letzten Jahren heftig gestritten worden ist.

Zuerst zur Variante der **Geldangebotsstabilisierung**[150]: Wenn die Politikbehörde versucht, das (nominale) Geldangebot zu stabilisieren, muß sie natürlich erlauben, daß der Wechselkurs frei schwanken kann. Geldangebotsstabilisierung bei Inflation bedeutet jedoch, daß das Zinsniveau im Inland steigt[151], so daß es tendenziell zu einer sofortigen Überbewertung (realen Aufwertung) der heimischen Währung kommt[152]. Dies senkt (ceteris paribus, d.h. für sich gesehen) die Exportnachfrage[153] und steigert so das (oben schon erläuterte) Risiko einer tiefen und andauernden Rezession. Dies wiederum würde die fiskalische Stabilisierung (den angestrebten und notwendigen Budgetdefizitabbau) durch den konjunkturellen Effekt auf die Staatseinnahmen und durch das Risiko politischer Kehrtwendungen unterlaufen.

Ein ähnliches Risiko ist jedoch auch mit der Alternative einer **nominellen Wechselkursstabilisierung** verbunden: Wenn die Preise nicht sofort zu steigen aufhören, nachdem der Wechselkurs fixiert wird, kommt es - gemessen am administrativ festgelegten Ausgangs- oder Zielniveau - zu einer progressiven "Überbewertung" (*realen*

---

[149] In früheren Jahrzehnten wurde dieses Problem (zu) wenig beachtet, so daß auch von daher eine stetige Inflationsdynamik begründet war.

[150] Man spricht hier auch - wenn sie in Regelform gebunden ist - von einer "Friedman-Regel", entsprechend des Vorschlags von Milton Friedman [1960].

[151] Im Falle eines großen Landes wird auch das Weltzinsniveau steigen, allerdings weniger stark. Siehe zur theoretischen Analyse Wagner [1992: Schlußteil].

[152] Hier und im folgenden wird vorausgesetzt, daß die Ausgangsinflation im Inland höher ist als im Ausland, was in der Empirie tendenziell auch zutrifft, wenn man 'Inland' mit "Entwicklungsländer" und 'Ausland' mit "Industrieländer" gleichsetzt.

[153] Von möglichen transitorischen Effekten wie dem 'J-Kurven-Effekt' (siehe ebda, S. 105) wird hier abstrahiert.

Aufwertung) der Währung[154] mit den oben schon beschriebenen Folgen. Um dies zu vermeiden, müßte die Währung nominell eigentlich weiter abgewertet werden (aufgrund der nicht-sofort zurückgehenden Inflation, die annahmegemäß immer noch höher ist als im Ausland). Doch der Wechselkurs ist ja schon fixiert. Die Gefahr eines zu niedrig angesetzten Wechselkurses ist also groß. Abgesehen von den oben erläuterten negativen Nebenwirkungen ist das Aufrechterhalten eines zu niedrigen Wechselkurses auch nicht lange durchhaltbar - insbesondere nicht für "devisenarme" Entwicklungsländer und Transformationsländer. Die Aufrechterhaltung einer "Überbewertung" der Währung (sprich, eines zu niedrigen Wechselkurses)[155] erfordert ja einen großen Topf an Währungsreserven, aus dem heraus ein zu niedriger Wechselkurs gegen die Markttendenzen einer Abwertung gestützt werden könnte (man spricht hier auch von "Stabilisierungfonds"[156]). Über solche großen Reservebestände verfügen die wenigsten Entwicklungsländer. (Eine Ausnahme sind bestimmte Schwellenländer wie Taiwan.)

Aufgrund der eben beschriebenen negativen Nebeneffekte und der faktischen Unmöglichkeit der langen Aufrechterhaltung eines solchen Kurses sind in den letzten Jahren viele Entwicklungsländer (vor allem in Lateinamerika sowie in den osteuropäischen Transformationsländern) dazu übergegangen, ihre Währung am Anfang zu fixieren, dann aber bald zu einem **"crawling peg"-System** zu wechseln. (Unter einem "crawling peg"-System versteht man ein Wechselkursregime, bei dem die Währung in sehr häufigen Intervallen um jeweils relativ kleine Beträge abgewertet wird.) Hiermit soll der *reale* Wechselkurs fixiert werden. Diese Maßnahme steigert jedoch den Inflationsdruck in der Volkswirtschaft, da es die Spekulationstätigkeit anheizt[157]. Folglich wird der Druck auf die Regierung, das Budgetdefizit zu reduzieren, um so größer.

"Crawling peg" ist - wie wir gesehen haben - ein staatlicher Versuch, den **realen** Wechselkurs zu stabilisieren. Im Prinzip werden staatliche Versuche, *reale* Preise zu stabilisieren, als **Indexierung** bezeichnet. Indexierung zählt folglich auch zu Einkommenspolitik. (Wir haben ja in unserer obigen Definition Einkommenspolitik nicht

---

[154] Genauer: Wenn das inländische Preisniveau, P, weiterhin stärker steigt als das ausländische Preisniveau, P^f, gleichzeitig aber der nominelle Wechselkurs, e, schon fest ist, so sinkt der **reale Wechselkurs**, eP^f/P, was eine reale *Aufwertung* der inländischen Währung bedeutet (siehe die obige Definition des Wechselkurses). [Der reale Wechelkurs stellt einen Ausdruck für die Wettbewerbsfähigkeit des Inlandes dar. Er kann auch als das Verhältnis zwischen den Importpreisen, eP^f, und den Exportpreisen, P, d.h. als "Terms-of-trade"-Verhältnis, interpretiert werden.]

[155] Von "**Überbewertung**" spricht man im allgemeinen, wenn der aktuelle reale Wechselkurs *unterhalb* des realen Gleichgewichts- oder Zielwechselkurses liegt.

[156] Bei dem von den 'G7'-Ländern für Rußland kürzlich bereitgestellten und vom IWF (unter wirtschaftspolitischen Auflagen) abzuwickelnden 'Stabilisierungsfonds' geht es um eben dieses Problem.

[157] Um die Spekulationsgefahr niedrig zu halten, könnte man versuchen, jede Abwertung zeitlich nach dem Zufallsprinzip zu legen und auch den Änderungsbetrag nach dem Zufallsprinzip zu wählen. Ganz eindämmen wird dies die Spekulationstendenz aber auch nicht können.

Trotz der oben erwähnten Schwierigkeiten kann ein 'crawling peg' immer noch dann als ein nützliches Wechselkurskonzept betrachtet werden, wenn ein Land höhere Inflationsraten aufweist als seine Haupthandelspartner und es daher seinen Wechselkurs nicht glaubhaft fixieren kann, jedoch seinen Exporteuren und Importeuren eine *relative* Sicherheit über die zukünftigen Wechselkurse geben möchte.

auf die nominelle Preisstabilisierung begrenzt.) Die bekannteste und am häufigsten angewandte Indexierungsform stellt eine Lohnindexierung am laufenden Preisniveau dar. Dies ist eine Reallohnstabilisierungstrategie. Hier ist ein interessantes Phänomen zu beobachten! Wir betonten ja, daß die Vertreter einer heterodoxen Strategie Einkommenspolitik für eine Stabilisierung in Entwicklungsländern als in der Regel notwendig erachten. Gleichzeitig begründen sie dies, wie wir oben erläutert haben, in erster Linie mit der Inflationsträgheit (Punkt (1) der Pro-Argumente in Abschnitt 3), die sie selbst wieder auf die in Entwicklungsländern vorherrschende Lohnindexierung (also auf eine Einkommenspolitik) zurückführen. Besteht hier ein Widerspruch? Betrachten wir uns einmal die unterschiedlichen Auswirkungen einer Stabilisierung realer und nominaler Preisniveaus. Eine Stabilisierung realer Preisniveaus erhöht das Inflationsrisiko[158], während eine Stabilisierung nominaler Preisniveaus es definitionsgemäß reduziert! Von daher gehört zur modernen heterodoxen Strategie neben der Forderung nach Einkommenspolitik im Sinne der Stabilisierung des nominalen Preisniveaus immer auch die **Forderung nach einer De-Indexierung**, d.h. nach einem Verzicht auf eine Stabilisierung eines realen Preisniveaus. Bei der Empfehlung eines "crawling peg"-Systems wird man sich hier allerdings wieder untreu. Also doch ein gewisser **Widerspruch**!

V. Zusammenfassung

Im 3. Kapitel beschäftigten wir uns mit den entwicklungspolitischen Strategien zur Überwindung von Unterentwicklung. Dabei konzentrierten wir uns auf die moderne - heute entwicklungspolitisch dominierende - Strategie, die von der Weltbank mit dem Etikett "marktfreundlicher Ansatz"[159] gekennzeichnet wird. Diese Strategie läuft darauf hinaus, daß mithilfe von Auflagensetzung versucht wird, wirtschaftspolitische Hemmnisse für eine anhaltende wirtschaftliche Entwicklung in den Entwicklungsländern abzubauen. Die Hemmnisse werden dabei vor allem in marktverzerrenden ineffizienten Strukturen sowie in inflationärer Ausgabenpolitik gesehen. Der Schwerpunkt der Betrachtung in diesem Kapitel lag auf den wirtschaftstheoretischen Begründungen für diese moderne entwicklungspolitische Strategie.

Während im obigen Übersichtsteil nur die groben Begründungslinien dargestellt werden konnten, werden im folgenden ANHANG einige Aspekte (modelltheoretisch) näher erläutert.

---

[158] - zumindest beim Auftreten expansiver Schocks; vgl. z.B. Wagner [1992: 192ff.].

[159] Weltbank [1991b: III].

ANHANG zum 3. Kapitel

Inhalt

E-I. Eine formale Analyse der Auflagensetzung

E-II. Zur 'Neuen' Handelstheorie: Einige ergänzende Bemerkungen

E-III. Moderne makroökonomische Theorieaspekte: Einige Stichwörter

1. Stichwort "Stabilitätspolitik"
2. Stichwort "Zeitinkonsistenz"
3. Stichwort "Hysteresis(-Inflation)"

E-IV. Inflationsdynamik und Inflationsstabilisierung

1. Zur Begrenztheit der Steady-State-Seigniorage
2. Möglichkeit einer politökonomisch begründeten Inflationsdynamik
3. Möglichkeit einer ökonomisch-endogenen Inflationsdynamik
4. Modellbezogene Folgerungen hinsichtlich der Anwendung von Einkommenspolitik
5. Unterschied zwischen Hoch- und Hyperinflationen

E-V. Kosten der Inflation

E-VI. Die Weltbank zur Wirksamkeit von Reformprogrammen

E-I. Eine formale Analyse der Auflagensetzung

Im Abschnitt I.2 des Übersichtsteils wurde angeführt, daß eine Entwicklungshilfeorganisation wie die Weltbank oder der IWF die Kreditvergabe an Entwicklungsländer dadurch steigern kann, daß sie neue Kredite an bestimmte Einkommensverwendungen der Nehmerländer bindet ("konditioniert"). Dies soll hier - zur reinen Veranschaulichung - mithilfe einer sehr einfachen **Modelldarstellung der Funktion von Auflagen bei internationaler Kreditvergabe** begründet werden[160].

Gehen wir von einem 2-Perioden-Ansatz (t=1,2) aus und unterstellen wir ein kleines offenes Entwicklungsland, dessen Regierung einem Allokationsproblem hinsichtlich der Einkommens- oder Ressourcenverwendung zwischen Konsum und Investition gegenübersteht: In der ersten Periode kann die Regierung C_1 konsumieren und/oder I_1 investieren, unter Beachtung der Budgetrestriktion, daß die gesamten

---

[160] Vgl. zum ersten Szenarium näher Sachs [1984, 1989a].

Die Symbole sind nochmals am Ende des Abschnitts E-I zusammenhängend aufgeführt.

Ausgaben, C_1+I_1, dem heimischen Output[161], Y_1, plus den Auslandsanleihen, D_1, gleich sein müssen:

(1) $C_1 + I_1 = Y_1 + D_1$.

Die Auslandsanleihen unterliegen einem Zinssatz r (Weltmarktzins[162]). Folglich belaufen sich die Rückzahlungen des Nehmerlandes in der 2. Periode auf $(1+r)D_1$.

Der Output in der 2. Periode ist eine Funktion der Investition in der 1. Periode. Nehmen wir der Einfachheit halber eine lineare Technologie an mit

(2) $Y_2 = Y_1 + (1+g) I_1$,

und unterstellen wir weiter, daß die Investitionsmöglichkeiten durch

$I_1 \le \bar{I}$ gebunden sind.

Die Nutzenfunktion sei gegeben durch

(3) $U = C_1 + C_2/(1+\rho)$,

wobei ρ die (reine) Zeitpräferenzrate bezeichnet.

Aus Veranschaulichungsgründen werden folgende Parameterrelationen unterstellt:

$\rho > g > r$.

Dies bedeutet: Investitionen sind dann profitabel, wenn sie zum Weltzinssatz, d.h. zu r, abgezinst werden, jedoch nicht, wenn sie entsprechend der subjektiven Zeitdiskontierungsrate, ρ, diskontiert werden.

Nehmen wir an, das Land zahle alle seine Auslandsschulden zurück, solange der verbleibende Konsum, C_2, ein gewisses Minimumniveau, C^M, das politisch oder ökonomisch bestimmt sein mag, erreicht. Falls die Schulden so groß sind, daß eine volle Rückzahlung (inklusive Zinsendienst) nur mit einem geringeren Konsum $C_2 < C^M$ möglich ist, zahle das Land so viel wie möglich zurück und verweigere weitere Rückzahlungen und konsumiere $C_2 = C^M$. Unter Bedingungen der Sicherheit werden dann die kommerziellen Kreditgeber den Kredit so rationieren, daß[163]

(4) $D_1 \le Y_2 / (1+r)$.

Nun können wir die Rolle der oben genannten Auflage erkennen, wenn wir unterstellen, daß kommerzielle Kreditgeber Ausleihungen tätigen müssen, *bevor* das Nehmerland das Investitionsniveau in der 1. Periode festlegt, während Entwicklungshilfeorganisationen wie die Weltbank oder der IWF dagegen Ausleihungen an ein be-

---

[161] Alternativ könnte man auch sagen: dem heimischen Anfangsvermögen.

Der tiefgestellte Index '1' steht hier für die 1. Periode. Entsprechend kennzeichnet der Index '2' die 2. Periode.

[162] Es handelt sich hier, wie auch bei den anderen Ausdrücken, um reale Größen.

[163] Es ist dabei zu berücksichtigen, daß die Rückzahlungen, $(1+r)D_1$, aus Y_2-C^M erfolgen müssen. Es wird hier der Einfachheit halber angenommen, daß $C^M=0$ ist und daß C_2 nur handelbare Güter umfaßt. Letzteres spielt eine Rolle, da nur handelbare Güter zur Finanzierung von Schuldendiensten verwendet werden können.

stimmtes Investitionsniveau konditionieren können[164]. Ein kommerzieller Kreditgeber muß bestimmen, wieviel Investitionen das Nehmerland durchführen wird, wenn es einmal den Kredit erhalten hat, da die sichere Kreditrestriktion $D_1 \leq Y_2/(1+r)$ die aufrechterhaltbare Schuld D_1 an das Niveau von Y_2 bindet.

Nun ist leicht nachzuweisen, daß das Nehmerland für jedes Schuldenniveau D_1 immer ein Investitionsniveau von Null ($I_1=0$) präferieren wird, solange die Ungleichheit $\rho > g$ gilt. Denn ein Anstieg der Investitionen um 1 Einheit reduziert die Wohlfahrt in der 1. Periode um 1 Einheit und steigert sie in der 2. Periode um $(1+g)/(1+\rho)$ in Einheiten der Güter der 1. Periode[165]. Deshalb ist der Gesamtwohlfahrtsertrag einer Investitionszunahme ΔI_1 negativ. Da/wenn sich das Land für $I_1=0$ entscheidet, wird Y_2 gleich Y_1 sein[166], und die Kreditgrenze für kommerzielle Banken (ohne Konditionierungsmöglichkeiten) ist durch $Y_1/(1+r)$ gegeben[167].

Für die Weltbank oder den IWF (oder auch für andere, z.B. öffentliche bilaterale Entwicklungsorganisationen) ist es jedoch möglich, mehr Kredite als diesen Betrag sicher zu vergeben, wenn die neuen Kredite an die Einkommensverwendung, d.h. hier an die Investitionsausgaben, der Nehmerländer konditioniert werden können. Nehmen wir an, die Weltbank oder auch der IWF seien in der Lage, eine glaubwürdige Zusage des Nehmerlandes zu erhalten, im Gegenzug für eine Stabilisierungs- oder Anpassungsanleihe $0 < I_1 \leq \bar{I}$ zu investieren. In solch einem Fall wird das Nehmerland in der Lage sein, Auslandsschulden im Umfang von $[Y_1+(1+g)I_1]/(1+r)$ zu finanzieren[168]. Dieser Betrag ist um $(1+g)I_1/(1+r)$ größer, als er bei Abwesenheit des Auflagenprogramms wäre.[169]

Die Frage ist, ob das Nehmerland einem solchen Auflagenprogramm zustimmen wird. Im obigen Modellkontext ist die Antwort klar 'ja', da der Konsum in der 1. Periode um $(1+g)I_1/(1+r) - I_1$ steigt[170], und der Konsum in der 2. Periode unverändert bleibt (da der Einkommensanstieg, $(1+g)I_1$, gleich dem Anstieg des Schuldendienstes ist)[171]. Man kann sich aber (auch realistischere) Modellvarianten vorstellen, wo dies

---

[164] Es wird also unterstellt, daß kommerzielle Kreditgeber ihre Kredite nicht an eine Investitionsauflage binden können, internationale Organisationen dagegen schon. Dies ist letztlich die zentrale Annahme hinter der obigen These (innerhalb des ersten Szenariums).

[165] - abgeleitet aus (2) und (3).

[166] Siehe Gleichung (2).

[167] - abgeleitet aus (4) unter Berücksichtigung, daß $Y_2=Y_1$.

[168] Dies ergibt sich aus (2) unter Berücksichtigung der Abdiskontierung, da die Auslandsanleihen ja aus Y_2 zurückgezahlt werden müssen.

[169] Es dürfte in diesem Szenario für die Weltbank oder den IWF nicht einmal notwendig sein, Konditionalitätsanleihen wirklich im Umfang von $(1+g)I_1/(1+r)$ auszugeben. Im Prinzip sollte schon jede kleinere Anleihe zusätzliche private Ressourcen anziehen, die den Unterschied wettmachen. Die Funktion der Weltbank und des IWF besteht nämlich nicht nur darin, Kredite zu vergeben, sondern auch darin, den Kreditnehmern (durch ihre Kreditvergabe) den "Siegel der guten Haushaltsführung" zu verschaffen.

[170] Dies folgt aus (1) unter Berücksichtigung, daß das verfügbare (Kredit-)Einkommen D_1 um $(1+g)I_1/(1+r)$ gestiegen ist, wie eben erläutert wurde.

[171] Der Einkommensanstieg läßt sich aus (2) ableiten, während der Anstieg des Schuldendienstes aus der Rückzahlung $(1+r)D_1$ unter Beachtung der Aussage der vorhergehenden Fußnote folgt.

nicht unbedingt gegeben ist, und wo auch die Gläubiger grundsätzliche Bedenken gegenüber einer entsprechend hohen Kreditvergabe haben, da keine glaubwürdigen Zusagen der Nehmerländer vergeben werden können.

Insbesondere wenn man die obige künstliche Annahme der Sicherheit aufgibt, spielen Phänomene wie das "Herrscherrisiko" und das "moralische Risiko" eine gravierende Rolle. Das **Herrscherrisiko** besteht darin, daß ein Herrscher[172] sich nicht verbindlich verpflichten kann, seine Auslandsschulden zurückzuzahlen (da er nicht mit Sicherheit weiß, wie lange er noch Herrscher sein wird). Das **moralische Risiko** (moral hazard) beinhaltet, daß ein souveräner Kreditnehmer sich nicht glaubhaft festlegen kann, die Erträge aus seinen Kreditnahmen zu investieren (statt zu konsumieren). Folglich können dann die Ausleihebedingungen augenscheinlich auch nicht an die Investitionstätigkeit konditioniert werden[173]. Doch folgt aus dem eben Gesagten nicht, daß man deswegen auf eine Auflagensetzung verzichten sollte, und auch nicht, daß sie nichtmachbar ist. Das oben beschriebene Szenarium wie insbesondere auch die bisherigen und die in Kapitel 5 folgenden Ausführungen zeigen ja gerade, daß eine Auflagensetzung oftmals unverzichtbar ist (hinsichtlich der Überwindung von Unterentwicklung). Außerdem zeigen moderne Studien auch, daß Auflagensetzung - über Glaubwürdigkeits- oder Reputationserzeugung in Verbindung mit externen Sanktionen -, im Prinzip realisiert werden kann[174].

Glaubwürdige Verpflichtungen sind natürlich **nur** möglich, **wenn** die erwartbaren Sanktionen bei Nichtrückzahlung für die Regierung des Nehmerlandes kostspieliger sind als der Gewinn aus der Nichtrückzahlung der Kredite. Letzteres ist ausdrückbar in Form einer weiteren Budgetrestriktion des Nehmerlandes:[175]

$$(X) \qquad C_2 = Max[Y_2 - rD_1 , (1-q)Y_2] ,$$

wobei rD_1 hier den Gewinn aus einer Nichtrückzahlung und qY_2 die erwartete Strafe (aus externen Sanktionen) bei einer Nichtrückzahlung für die Regierung des Nehmerlandes bezeichnen.

Die Gleichgewichtsbedingung lautet folglich:

$$(X') \qquad D_1{}^* \leq qY_2{}^{min}/r ,$$

---

[172] Statt "Herrscher" kann man auch "Regierung" sagen.

[173] Siehe hierzu z.B. Gertler und Rogoff [1989].

[174] Zur Untersuchung der Rolle von Reputation und externen Sanktionen für das Anhalten der Rückzahlungen von Auslandsschulden siehe z.B. Grossman und Van Huyck [1988] sowie Bulow und Rogoff [1989a,b].

Moderne Studien im Kontext der im 5. Kapitel näher beschriebenen "Neuen Politischen Ökonomie der makroökonomischen Politik" machen überdies anschaulich, wie politische Institutionen (die z.B. politische Instabilität und Polarisierung prägen) gleichgewichtigen Kreditkontrakten bindende Anreizrestriktionen auferlegen (siehe hierzu z.B. Ozler und Tabellini [1991]). Siehe näher auch unten im Abschnitt E-I des 5. Kapitels.

[175] Hier sind (im Unterschied zum obigen Szenarium) die Alternativen einer vollständigen Rückzahlung und überhaupt keiner Rückzahlung unterstellt.

wobei Y_2^{min} den niedrigeren Wert von Y_2 darstellt im Falle, daß Y_2 eine Zufallsvariable ist, die 2 Werte, Y_2^{max} und $Y_2^{min}<Y_2^{max}$, mit den Wahrscheinlichkeiten H und (1-H) annehmen kann[176].

Anders ausgedrückt, kann das **moralische Risiko** allgemein nur dadurch ausgeschaltet werden, daß die Kreditgeber nur solche Kontrakte akzeptieren, die *"anreizkompatibel"* sind, d.h. die den Kreditnehmern nur dann den maximalen (zustandsabhängigen) Gewinn erbringen, wenn sie die Wahrheit hinsichtlich ihrer Präferenzen bzw. der Umweltzustände sagen. Letztere sind aufgrund asymmetrischer Informationen nur den Kreditnehmern bekannt.

Entscheidend für den Umfang der Kreditzusagen ist jedoch nicht nur das moralische Risiko, sondern - wie oben schon erwähnt - auch das **"Herrscherrisiko"**. Kreditzusagen im obigen Umfang kommen nur dann zustande, wenn gleichzeitig auch dieses Risiko beseitigt wird. Das heißt, es muß sichergestellt sein, daß die festgelegten Sanktionen genauso eventuelle *Nachfolgeregierungen binden*. Bei internationalen Kontrakten mag dies allerdings (noch) schwieriger sein als bei nationalen[177].

---

[176] (X') folgt auch aus der Euler-Gleichung für die optimale intertemporale Allokation des Konsums, die hier - für den betrachteten allgemeinen Fall - lautet:

(x) $U_C (Y_2+D_1^* -I_1^*) = \rho'r$,

wobei U_C die erste partielle Ableitung von U nach C bezeichnet und $\rho' = 1/(1+\rho)$.

(Mit " * " werden hier Gleichgewichtswerte gekennzeichnet.)

Die Gleichung (x) ist die 'first order condition' aus dem Maximierungsproblem

Maximiere $U(C_1) + \rho'EC_2$,   (E =Erwartungsoperator) ,

unter den Nebenbedingungen

$H = Z(I_1, \cdot \,)$ mit $Z_I > 0$ und $Z_{II} < 0$

und (X).

Die Gleichgewichtsinvestition, I_1^*, ergibt sich aus der anderen 'first order condition'

$Z_I (Y_2^{max} - Y_2^{min}) = r$.

Diese Bedingung gilt für den risikolosen Fall, d.h. bei Ausschaltung von moral hazard. Moral hazard bewirkt dagegen, daß der Zinssatz entsprechend höher liegt, um das Risiko aufzufangen. Entsprechend wird dann I_1^* niedriger ausfallen.

[177] Zu den grundsätzlichen Schwierigkeiten und Lösungsversuchen bei nationalen Kontrakten siehe z.B. Wagner [1992]. Die Diskussion dreht sich hierbei vor allem um die Frage "Diskretionarität versus Regelbindung" - einer Fragestellung, die im folgenden Abschnitt E-III näher angesprochen wird.

Symbolverzeichnis (zu Abschnitt E-I):

C: Konsum

D: Auslandsanleihen

E: Erwartungsoperator

H: Wahrscheinlichkeitsparameter

I: Investition

U: Nutzen

Z: Funktionswert

q: Bestrafungsparameter bei einer Nichtrückzahlung von Schulden

r: Realzins (Weltmarktzins)

ρ: Zeitpräferenzrate

E-II. Zur 'Neuen' Handelstheorie: Einige ergänzende Bemerkungen

Die traditionelle Außenhandelstheorie geht davon aus, daß sich der industrielle Warenhandel auf atomistischen Wettbewerbsmärkten abspielt und das Muster der internationalen Spezialisierung allein von komparativen Vorteilen bestimmt ist. Demgegenüber betont die 'neue' (Außen-)Handelstheorie die Unvollkommenheit des Wettbewerbs und stellt den intra-industriellen Handel mit hochdifferenzierten Industriegütern, bei deren Produktion **Skalenerträge** stark ins Gewicht fallen, in den Mittelpunkt[178]. Es ist ihr so gelungen, zahlreiche zusätzliche[179] Situationen und Szenarien zu identifizieren, in denen reiner Freihandel nicht paretooptimal ist. Insbesondere zeigt sie neue Möglichkeiten auf, in denen mittels Handelspolitik nationale Interessen gefördert werden könn(t)en.

Der folgende Überblick kennzeichnet den Unterschied zwischen traditioneller und "neuer" Außenhandelstheorie etwas genauer[180]:

---

[178] Dies heißt jedoch nicht, daß die 'neue' Außenhandelstheorie den komparativen Vorteil als eine Bestimmungsgröße internationalen Handels ignoriert; sondern sie ergänzt ihn nur durch die obengenannten Faktoren. Vgl. z.B. Krugman [1989: 349].

[179] - zusätzlich im Vergleich zur traditionellen Theorie. Auch die traditionelle Außenhandelstheorie gibt verschiedene Gründe an, die in bestimmten Fällen ein Abweichen von einer Freihandelspolitik nahelegen können. Dies sind zum einen übergeordnete politische Motive (wie nationale Sicherheit, Selbstversorgungsmotiv, Einsicht in die Gefahr einer Importabhängigkeitsposition) und zum anderen künstlich eingeführte Abweichungen von den idealtypischen Annahmen der traditionellen Theorie (wie z.B. Ausgehen von einem großen Land mit monopolistischer Marktmacht).

[180] Siehe hierzu Landmann und Pflüger [1992].

	Traditionelle Theorie	'Neue' Theorie
Vorherrschende Marktstruktur	atomistischer Wettbewerb	monopolistischer und oligopolistischer Wettbewerb
	homogene Güter	heterogene Güter
Motivation des Außenhandels	komparative Vorteile Produktdifferenzierung	Skalenerträge
Spezialisierungsmuster	definiert durch Unterschiede in Präferenzen, Technologie, Faktorausstattung	indeterminiert, bzw. abhängig von historischen Anfangsbedingungen
Wirkungen der Protektion	kleines Land: reiner Effizienzverlust	Änderung der Wettbewerbsintensität und u.U. der Marktstruktur
	großes Land: terms-of trade-Effekt	Skaleneffekte, Rentenumlenkung
	Importbeschränkung schädigt Exportwirtschaft	Importbeschränkung kann Exportförderung bedeuten

Es ist wichtig zu betonen, daß die "neue" Außenhandelstheorie nicht aus einem einheitlichen Modellansatz besteht, sondern die Realität mit einer differenzierten **Modellvielfalt** abzubilden versucht. Folglich ist auch die Theorie der Handelspolitik durch das Abrücken von der Prämisse vollkommenen Wettbewerbs sehr komplex geworden - was nicht zuletzt daran liegt, daß es bislang noch keine einheitliche, ausgearbeitete Theorie der unvollkommenen Konkurrenz gibt. Dies bedeutet andererseits auch, daß bestimmten handelspolitischen Instrumenten keine eindeutigen Wirkungen mehr zugeordnet werden können, wie dies bei Annahme vollkommener Konkurrenz noch möglich war.

Weiterhin erscheint es wichtig darauf hinzuweisen, daß die 'neue' Außenhandelstheorie *nicht* als ein theoretisches Fundament eines 'neuen' Protektionismus interpretiert werden darf (sollte). Wohl kann sie zeigen, wie die Höhe der Wohlstandseinbuße, die die inländischen Verbraucher bei protektionistischen Maßnahmen erleiden, durch handelspolitische Instrumente beeinflußt werden kann. Auch macht sie deutlich, wie die Handelspolitik unter oligopolistischen Verhältnissen in die Anreizstrukturen und in die strategische Interaktion der Marktteilnehmer eingreifen kann[181]. Und nicht zuletzt kann sie Bedingungen angeben, unter denen Handelspolitik die strategische Ausgangslage inländischer Unternehmen im Wettbewerb um oligopolistische Weltmärkte verbessern kann[182]. Jedoch ist die 'neue' Außenhandelstheorie nicht in der Lage, überzeugende und robuste Handlungsanweisungen für staatliche Interventionen zu formulieren. *Zum einen* treten die behaupteten Wohlfahrtsgewinne nur auf, wenn ein Land allein Handelspolitik einsetzt. Wenn dagegen alle gleichzeitig versuchen, sich gegenseitig Weltmarktanteile abzujagen, oder Vergeltungsreaktionen der anderen einsetzen, mündet aktive Handelspolitik in der Regel in einen Handelskrieg, in dem am Ende alle als Verlierer hervorgehen, d.h. alle Wohlfahrtverluste erleiden. *Zum anderen* wird häufig vernachlässigt, daß Protektion grundsätzlich die Vorteile intra-industriellen Handels (den gestiegenen Wettbewerbsdruck, die stärkere Kostendegression und das breitere Gütersortiment) reduziert[183]. *Außerdem* hat sich gezeigt, daß die Modellimplikationen der 'neuen' Außenhandelstheorie äußerst sensibel auf geringfügige Änderungen der unterstellten Verhaltensprämissen reagieren[184]. *Schließlich* ist anzumerken, daß es sich bei den Modellen der strategischen Handelspolitik noch weitgehend um Partialmodelle handelt.

Überhaupt scheint es auch für die Zukunft sehr fraglich zu sein, ob es dieser 'neuen' Theorie gelingen kann, ein zuverlässiges Rezept zu entwickeln, wie strategische oder sonstige Handelspolitik wohlfahrtssteigernd eingesetzt werden kann[185]. Allerdings kann man den Eindruck gewinnen, daß dies auch gar nicht das Ziel vieler Vertreter dieser Theorie ist. Vielmehr scheint es wie in der oben beschriebenen neostrukturalistischen Theorie der Stabilisierung[186] vor allem darum zu gehen, den vermeintlichen Allgemeinheitsanspruch der traditionellen Theorie aufzuweichen und dafür zu plädieren, daß eine bestimmte Strategie nicht für jedes Land und jede Situation die

---

181 *Beispiel:* Anbieterkartelle stehen immer vor dem Problem, dafür zu sorgen, daß sich kein Anbieter über die Kartellvereinbarung hinwegsetzt (Problem der Kartellstabilität; vgl. hierzu z.B. Tirole [1989]). Nun läßt sich zeigen, daß dies durch die Einführung einer Importquote unter bestimmten Bedingungen beeinflußt werden kann, indem so die Anreizverträglichkeit des Kartellvertrags geändert wird (vgl. Helpman und Krugman [1989: Kap. 3]).

182 *Beispiel:* In einer Duopolsituation können u.U. Monopolrenten vom Ausland ins Inland umgelenkt werden, wenn es gelingt, durch Produktions- oder Exportsubventionen die Produktionsanreize der inländischen Unternehmung so zu verändern, daß diese sich glaubhaft an die Produktionsmenge des Stackelberg-Führers festlegt. (Ausgangsannahme ist hier, daß die kooperative Kartellösung nicht erreichbar und die Ankündigung einer verbindlichen Vorausfestlegung auf eine höhere Ausbringungsmenge, die Position eines Stackelberg-Führers kennzeichnet, sonst nicht glaubhaft ist.)

183 Zur großen Bedeutung der positiven Wettbewerbseffekte siehe z.B. die empirischen Untersuchungsergebnisse von Richardson [1989].

184 Dies gilt vor allem bezüglich des unterstellten Wettbewerbsverhaltens auf dem jeweiligen Markt (z.B. ob Cournot- oder Bertrand-Verhalten o.a. dominant ist). Vgl. z.B. Eaton und Grossman [1986].

185 Hinsichtlich der wirtschaftspolitischen Implikationen ist vor allem das **Informationsproblem** bei der Bestimmung der optimalen Politik(en) zu berücksichtigen. Hier erscheint es fraglich, ob ein optimaler Instrumenteneinsatz überhaupt möglich ist. Vgl. hierzu auch Bletschacher und Klodt [1991].

186 Siehe in Abschnitt III.3 des Übersichtsteils.

beste sein muß. Anders gesagt, die 'neue' Außenhandelstheorie liefert eine Warnung vor vorschnellen Pauschalierungen.

E-III. Moderne makroökonomische Theorieaspekte: Einige Stichwörter

Die folgenden Stichworte geben einen kurzen, lexikalisch-gefaßten Überblick über einige Aspekte, die im Übersichtsteil (in den Abschnitten III und IV) im Kontext verschiedener Erklärungslinien angesprochen, dort jedoch nicht näher ausgeführt worden sind - und von denen auch nicht ausgegangen werden kann, daß sie allen Lesern bekannt sind.

Es handelt sich dabei um die Stichworte

- **Stabilitätspolitik**

- **Zeitinkonsistenz**

- **Hysteresis** (bezogen hier auf Inflation).

1. Stichwort "Stabilitätspolitik"[187]

"Stabilitätspolitik" ist ein Sammelbegriff für *die politischen Bemühungen, die Stabilität des ökonomischen Systems zu verbessern oder u. U. auch erst zu gewährleisten.* Zielsetzung einer solchen Politik ist es folglich, *zu verhindern, daß resistente Ungleichgewichte im ökonomischen System* (im Mengen- und/oder Preissystem) *entstehen oder fortbestehen.*

Der Begriff "Stabilität" umfaßt hier mehr als nur Preisniveaustabilität. Dies entspricht auch dem allgemeinen Verständnis von Stabilität, wie es sich z.B. im deutschen "Stabilitätsgesetz"[188] von 1967 ausgedrückt hat. Es ist sinnvoll, Inflation *und* Arbeitslosigkeit als die Hauptindikatoren für eine mögliche Instabilität des ökonomischen Systems zu betrachten. Stabilitätspolitik zielt somit in erster Linie auf die Vermeidung von Inflation und Arbeitslosigkeit.

Stabilitätspolitik erfordert die Aufwendung knapper Ressourcen. Sie ist folglich nur dann angebracht, wenn ihr Nutzen größer ist als ihre Kosten. Nun ist selbst der **Nutzen** von Stabilitätspolitik (zumindest was das Ziel der Vermeidung von Arbeitslosigkeit anbelangt) in der modernen Volkswirtschaftslehre **umstritten**. Ein Nutzen tritt ja nur dann auf, wenn es im bestehenden Wirtschaftssystem Instabilitätstendenzen gibt, die sich immer wieder in Marktungleichgewichten - verbunden mit nichtbeschäftigtem Ressourcenangebot oder nichtbefriedigter Nachfrage - niederschlagen. Es besteht heute ein weitgehender Konsens in der Makroökonomie, daß

---

[187] Zu den einzelnen Begründungslinien siehe ausführlich Wagner [1992].

[188] 'Gesetz zur Förderung der Stabilität und des Wachstums der Wirtschaft'.

eine langfristige Instabilität des Marktsystems eher unwahrscheinlich ist (in einem funktionierenden, nicht durch staatliche Regulierungen behinderten Marktsystem). Dagegen ist umstritten, ob es kurz- bis mittelfristige Instabilitätstendenzen gibt, die stabilitätspolitische Eingriffe rechtfertigen könnten. Die sogenannte "Neue Keynesianische Makroökonomie" glaubt Lohn- und Preisinflexibilitäten nachweisen zu können, und zwar - was für die moderne Volkswirtschaftslehre als ganz bedeutsam gilt - als das Ergebnis nutzenmaximierender Entscheidungen der Wirtschaftssubjekte ("Mikrofundierung"). Dagegen unterstellen Vertreter der sogenannten "Neuen Klassischen Makroökonomie" vollkommene Lohn- und Preisflexibilität und folglich stetig geräumte Märkte. Konjunktur- und Beschäftigungsschwankungen werden hier auf Angebotsreaktionen als Folge von unerwarteten Präferenz- oder Technologieänderungen zurückgeführt. Ein Beschäftigungsrückgang hat hier nichts mit unfreiwilliger Arbeitslosigkeit zu tun.

Hingegen wird die Notwendigkeit von Stabilitätspolitik im Sinne der Inflationsvermeidung durch angemessene Geldmengenpolitik in der modernen Volkswirtschaftslehre weitgehend akzeptiert.

Umstritten ist dagegen, in welcher **strategischen Form** Stabilitätspolitik betrieben werden soll (siehe hierzu auch in Abschnitt 2). Die traditionelle Art, in der Stabilitätspolitik betrieben wird, ist "diskretionär". Eine **diskretionäre Politik** beruht auf Fall-zu-Fall- oder Ermessensentscheidungen der jeweiligen Politiker; sie wird in jeder Periode aufgrund der jeweils vorliegenden Informationslage neu bestimmt, weswegen sie auch manchmal als "aktivistische" Politikvariante bezeichnet wird. Das bekannteste Beispiel ist die traditionell-keynesianische antizyklische Konjunkturpolitik. Seit dem Ende der 1960er Jahre ist diese Politik heftiger Kritik ausgesetzt. Die entscheidenden Einwände beziehen sich zum einen auf die Möglichkeit, daß der Staat durch sein diskretionär-aktivistisches Eingreifen die Konjunkturschwankungen noch verstärkt, was mit langen und instabilen Wirkungsverzögerungen der Politikeingriffe begründet wird. Zum anderen wird die früher dominierende Sichtweise des Staates als Gemeinwohlmaximierer angegriffen und ersetzt durch die realistischer anmutende Bezugnahme auf ihren-Eigennutz-maximierende Berufspolitiker, die in Wahldemokratien selbst einen "politischen Konjunkturzyklus" auslösen können. Außerdem wird heutzutage die mögliche "Zeitinkonsistenz" diskretionärer Wirtschaftspolitik (siehe in Abschnitt 2 unten) hervorgehoben, die einen Inflationsbias in der Volkswirtschaft begründen kann.

Diese Einwände gegen eine diskretionäre Stabilitätspolitik münden häufig in den Vorschlag einer **Regelbindung**, bei der sich die Politikbehörden auf eine langfristige Strategie, sprich eine Regel, festlegen sollen. Dies wird auch durch folgende Argumente oder Behauptungen begründet: Ein Regelbindung

- stabilisiere die Erwartungen der privaten Wirtschaftssubjekte

- versetze die Politikbehörden eher in die Lage, politischem Drängen von Interessengruppen nach expansiver Ausgabenpolitik zu widerstehen

- gebe den privaten Individuen bessere Kriterien an die Hand, um die Leistungen der Politikbehörden beurteilen und wenn nötig kritisieren zu können.

Die gewählte Regel kann dabei entweder passiver oder aktiv(istisch)er Art sein. Eine **passive Regel** zeichnet sich dadurch aus, daß die Steuerungsvariable mit der Zwischenzielvariablen der Politik zusammenfällt (wie bei der Regel konstanten Geldmengenwachstums, auch "Friedman-Regel" genannt). Dagegen stellt eine **aktive Regel** eine feedback-Variante dar. Dabei wird versucht, die Schwankungen einer Endzielvariablen (wie des Sozialprodukts oder des Preisniveaus) direkt oder über die Stabilisierung einer Zwischenzielvariablen (wie z.B. des Zinsniveaus oder des Wechselkurses) zu minimieren. Als Steuerungsvariable stehen die Geldmenge (inklusive Devisenreserven), die Staatsausgaben und die Steuerparameter zur Verfügung. Es spricht vieles dafür, die Geldmenge als die zentrale Steuerungsvariable zu wählen, da hier die Wirkungsverzögerungen und die politischen Widerstände von Interessengruppen noch am geringsten sind.

Die Frage nach der inhaltlichen Art der Regel stellt jedoch nur die eine Seite des stabilitätspolitischen Entscheidungsproblems dar. Die andere und von vielen Ökonomen derzeit als noch wichtiger angesehene Seite ist die Frage nach der **Fristigkeit** einer Regelbindung. Soll die Regel langfristig-starr festgelegt oder eher flexibel gehalten werden? Diese Frage ist heute in der Volkswirtschaftslehre stark umstritten. Für eine langfristig-starre Festlegung spricht das "Zeitinkonsistenz"-Argument diskretionärer Wirtschaftspolitik (siehe in Abschnitt 2). Für eine eher flexible Festlegung spricht der Nutzen der Flexibilität bei größeren Schockeinwirkungen und nicht-sofort-wirksamen Preisanpassungen. Eine Lösung dieses Entscheidungsproblems wird heute zunehmend in institutionellen Anreizstrukturen und Sanktionsmechanismen gesucht, die das Zeitinkonsistenzproblem bei diskretionärer Politik abschwächen sollen (siehe ebda).

Wenn auch mit dem Begriff Stabilitätspolitik meist die makroökonomischen Varianten der Geld- und Fiskalpolitik verbunden werden, sind jedoch auch **mikroökonomische Varianten** mitzuberücksichtigen. Wie schon angemerkt, wird in der "Neuen Keynesianischen Ökonomie" die dort unterstellte kurz- bis mittelfristige Instabilität des bestehenden Marktsystems auf rational-begründbare Lohn- und Preisinflexibilitäten zurückgeführt. Die Lohn- und Preisinflexibilitäten selbst werden dabei mit Koordinationsproblemen, sprich der privaten Nichtinternalisierbarkeit von Externalitäten, begründet. Demzufolge spricht vieles für die staatliche Bereitstellung der notwendigen institutionellen Vorkehrungen zur Überwindung dieser Koordinationsprobleme und damit zum Abbau von Lohn- und Preisinflexibilitäten. Hierbei könnte man am ehesten an die Förderung oder Institutionalisierung von effizienten Indexierungsvarianten (bis hin zu Gewinnbeteiligungsschemata) oder von marktkonformer Einkommenspolitik denken.

Schließlich stellt sich die Frage, ob Stabilitätspolitik **international koordiniert** werden sollte, und wenn ja, wie dies am besten/effizientesten geschehen kann. Die weltweit gewachsene ökonomische Interdependenz erfordert zweifelsohne zusätzliche stabilitätspolitische Anstrengungen oder Vorsichtsmaßnahmen auf nationaler Ebene. So werden beispielsweise aufgrund der Integration nationaler Finanzmärkte monetäre Schocks schneller und direkter von einem Land zum anderen weitergegeben. Das heißt, die spillover-Effekte nehmen an Gewicht zu. Folglich besteht sicherlich ein Bedarf an international koordinierter Stabilitätspolitik. Die Frage ist nur, welcher Art diese Koordination sein sollte. Der Vorteil eines institutionalisierten Informationsaustauschs als auch marktordnungspolitischer Koordination ist unbestritten. Dagegen bestehen Bedenken hinsichtlich der Effizienz und der Durchsetzbarkeit international koordinierter feingesteuerter Pozeßpolitik -

dies sowohl aus theoretischen Überlegungen als auch aus den Erfahrungen früherer Versuche heraus.

2. Stichwort "Zeitinkonsistenz"

"Zeitinkonsistenz" bedeutet, daß eine zukünftige Handlung, die Teil eines heute formulierten optimalen Plans ist, vom Blickwinkel eines zukünftigen Zeitpunkts nicht mehr optimal ist - und dies obwohl inzwischen keine wichtigen neuen Informationen aufgetreten sind. Dies ist - unter dem Stichwort "Zeitinkonsistenz optimaler Wirtschaftspolitik" - Ende der siebziger, Anfang der achtziger Jahre in die Theorie der Wirtschaftspolitik integriert worden und stellt seitdem ein Hauptkriterium für die Bewertung wirtschaftspolitischer Vorschläge dar.

Die Bedeutung dieser Theorie für die Volkswirtschaftslehre ist insbesondere im Kontext der alten "Regel- versus Diskretionarität"-Debatte zu verstehen. "Diskretionarität" heißt, daß die Instrumentenvariablen der Politik jede Periode neu bestimmt werden. Dies entspricht weitgehend der Praxis der Prozeßpolitik in allen Ländern. Demgegenüber steht die Forderung nach einer *Regelbindung*, die schon im 19. Jahrhundert von den Vertretern der sogenannten "currency school" und später von Ökonomen wie Henry Simons und Milton Friedman aufgestellt wurde. Die hauptsächlichen Argumente für eine Regelbindung der Politikbehörden waren damals - wie schon in Abschnitt 1 oben angeführt - die folgenden:

- sie verschaffe den privaten Wirtschaftssubjekten Erwartungssicherheit über die staatlichen Aktivitäten und erhöhe dadurch ihre Planungssicherheit;

- sie erleichtere es dem Staat, Pressionen von seiten privater Interessengruppen zu widerstehen;

- sie liefere den privaten Wirtschaftssubjekten erst die Kriterien, um die Leistung einer Politik bzw. ihrer Träger hinreichend einschätzen zu können.

Verteidiger eines diskretionären Politikverhaltens hatten der Forderung nach einer Regelbindung insbesondere folgendes entgegengehalten: einer sich-diskretionär-verhaltenden Politikbehörde stünde es ja frei, sich im Bedarfsfall - wenn oder solange eine Regelorientierung die optimale Politikstrategie darstellen sollte - dementsprechend zu verhalten. Grundsätzlich sollte sie sich jedoch die Flexibilität bewahren, von der Regel abzuweichen, wenn es notwendig wäre, z.B. nach größeren Angebotsschocks. Es wurde also angenommen, daß Diskretionarität eine Regelbindung "dominiere". Erst die neuere Literatur zur "Zeitinkonsistenz optimaler Wirtschaftspolitik" könnte dieses Argument der Befürworter einer diskretionären Politikstrategie entscheidend schwächen. Sie zeigte, daß es - bei Vorliegen gewisser Marktunvollkommenheiten - für eine Politikbehörde einen ex-post-Anreiz gibt, bei einem ungebundenen Regelversprechen von der ex-ante-optimalen Lösung (sprich: der Regel) abzuweichen[189]. Dies gilt selbst für eine Politik, die nur das Gesamtinteresse (Gemeinwohl) im Auge hat. Folglich kann es selbst für einen das Gemeinwohl maximierenden Staat rational sein,

---

[189] Vgl. hierzu als inzwischen "klassische" Literatur: Kydland und Prescott [1977] und Barro und Gordon [1983].

von einer angekündigten Regelpolitik später wieder abzuweichen, d.h. sich diskretionär zu verhalten. Wenn die privaten Wirtschaftssubjekte diese Anreizstruktur erkennen, werden sie dies in ihre Erwartungsbildung über den politikökonomischen Prozeß
mit einbeziehen. Das gesamtwirtschaftliche Ergebnis ist dann eines, das schlechter
sein wird, als wenn sich die Politiker von vornherein durch eine Regelbindung die
Hände gebunden hätten, so daß sie der Versuchung nicht hätten nachgeben können.

Das grundsätzliche **Strategieproblem**, das in der Zeitinkonsistenztheorie mithilfe
der Methoden der "Spieltheorie" und der "rationalen Erwartungstheorie" herausgearbeitet wird, betrifft alle Gebiete der (Wirtschafts-)Politik. Im folgenden soll es an einem **Beispiel** aus der Stabilisierungspolitik[190] anschaulich gemacht werden. Angenommen, die Politiker versprechen in einer inflationären Ausgangssituation, zukünftig
Preisniveaustabilität herzustellen. Nehmen wir weiter (nur der Einfachheit halber) an,
sie seien auch in der Lage, dieses Versprechen einzuhalten, wenn sie wollten. Wenn
die privaten Wirtschaftssubjekte diesem Versprechen Glauben schenken, werden sie
daraufhin vorhandene Inflationserwartungen abbauen. In die Lohn- und Preisverträge
gehen dann auch keine Inflationserwartungen mehr ein. Nach vollzogenen Erwartungsanpassungen und entsprechenden Lohn- und Preiskontrakten hat aber die Politikbehörde einen Anreiz, doch entgegen ihrer Ankündigung mithilfe ihrer Geldpolitik
weiterhin Inflation zu erzeugen/zuzulassen. Der Grund ist, daß dadurch
(annahmegemäß) die gesamtwirtschaftliche Produktion und das Volkseinkommen
steigen (vermittelt über die durch Inflation erzeugten Reallohnsenkungen bei länger-
laufenden Lohnkontrakten).

Diese Strategie des "den-Leuten-etwas-Vormachens" erweist sich so anscheinend
als gesamtwirtschaftlich rational. Denn sie bringt den privaten Wirtschaftssubjekten
insgesamt in der nächsten Periode einen größeren gesamtwirtschaftlichen Nutzen.
Das Problem ist nur, daß diese letztlich das Spiel bzw. die beschriebene Anreizstruktur durchschauen. Folglich werden sie sich in Zukunft (gegebenenfalls schon von
vornherein) mit ihren Erwartungen dem anpassen und entsprechend versuchen, trotz
der Preisniveaustabilitätsankündigung der Politikbehörde Inflationszuschläge in den
Lohnverträgen durchzudrücken. Wenn dies gelingt, wovon in der Regel auszugehen
ist, ist die Politikbehörde unter Zugzwang. Sie hat dann zwei Alternativen. Sie kann
entweder diese Lohnkontrakte (mit den integrierten Inflationserwartungen) geldpolitisch akkommodieren. Dadurch würde sie die erwartete Inflation erzeugen, ohne allerdings nun die anfangs erhofften Produktions- und Nutzensteigerungen realisieren
zu können. *Oder* sie kann die Inflation vermeiden, indem sie Arbeitslosigkeit, verbunden mit Produktionsrückgängen, erzeugt. In beiden Fällen stellt sich eine gesamtwirtschaftliche Nutzenverschlechterung ein gegenüber der Strategie einer *Bindung* der Politikbehörde an ihr Stabilitätsversprechen.

Die grundsätzliche wirtschaftspolitische **Frage**, die sich aus der Zeitinkonsistenztheorie ergibt, ist die, **ob sich hieraus** *zwingend* **die Forderung nach einer Regelbindung ableiten läßt.** Bei genauerer Betrachtung erkennt man, daß dies *nur* dann
allgemein der Fall ist, *wenn* die folgenden sechs Annahmen, die das Prototyp-Modell
der Zeitinkonsistenztheorie kennzeichnen, die Realität zutreffend beschreiben:[191]

---

[190] Dies ist das im Übersichtsteil (in Abschnitt III) oben angesprochene Problemfeld.

[191] Vgl. näher Wagner [1990a; 1992: 124ff.].

(1) Die Politiker interessieren sich nur für das Ergebnis der folgenden Zeitperiode *(Einperiodenansatz)*;

(2) es herrscht keine Unsicherheit *(deterministischer Ansatz)*;

(3) die Inflationsrate ist durch das Zentralbankgeldangebot präzise steuerbar;

(4) es besteht die Möglichkeit, die Arbeitslosigkeit kurzfristig auf Kosten von mehr Inflation zu verringern *(Existenz einer Phillipskurve)*;

(5) diese Verringerung der Arbeitslosigkeit - unter die sogenannte "natürliche" oder inflationsstabile Rate - ist sozial auch erwünscht *(Vorliegen von privat-nicht-internalisierbaren Externalitäten)*;

(6) die privaten Wirtschaftssubjekte erkennen die Anreizstruktur der Politikbehörde *(rationale Erwartungsbildung)*.

Sobald eine dieser Annahmen aufgegeben wird, ist die Schlußfolgerung, daß eine Regelbindung unverzichtbar ist, da sie allein zeitkonsistent sei, nicht mehr allgemein gültig. Wenn wir zum Beispiel einen Mehrperiodenansatz wählen, so besteht für die Politikbehörde nur dann ein Anreiz, von ihrem Regelversprechen abzuweichen, wenn ihre Zeitdiskontierungsrate hinreichend hoch ist und/oder sie glaubt, keine hinreichend starke Bestrafung (z.B. in Form eines langwierigen Glaubwürdigkeitsentzugs durch die privaten Wirtschaftssubjekte) befürchten zu müssen. Dies zeigt, daß erst genaue empirische Untersuchungen des jeweiligen politökonomischen Umfeldes Aufschlüsse über die mögliche Zeitinkonsistenz einer politischen Entscheidung und die daraus zu ziehenden strategischen Maßnahmen geben können[192].

3. Stichwort "Hysteresis(-Inflation)"

"Hysteresis(-Inflation)" bedeutet, daß sich die Inflation nach einem transitorischen expansiven Schock über den Zeitverlauf nicht wieder voll abbaut. Anders gesagt, die Gleichgewichtsinflation hängt - direkt oder indirekt - von der Inflation der Vergangenheit ab[193]. Die **Inflationsgeschichte** ist mithin bedeutsam als Bestimmungsgröße der gegenwärtigen und zukünftigen Kern- oder Gleichgewichtsinflation. Mithilfe einer solchen These kann ein Anstieg der Gleichgewichtsinflationsrate erklärt werden. Ein solcher Anstieg ist augenscheinlich in den achtziger Jahren in den Entwicklungsländern zu verzeichnen gewesen.

---

[192] Vgl. näher ebda sowie Fischer [1990a].

[193] Ein verwandter, jedoch nicht synonymer Begriff zu Hysteresis ist *Persistenz* oder Beharrung. Persistenz von Inflation tritt schon dann auf, wenn die aktuelle Inflation von der Inflation der Vergangenheit abhängig ist, wobei die aktuelle Inflation nicht unbedingt mit der Gleichgewichtsinflation übereinstimmt. Persistenz von Inflation ergibt sich in allen traditionellen makroökonomischen Modellen mit autoregressiver Inflationserwartungsbildung. Aber auch in modernen makroökonomischen Modellansätzen mit rationaler Erwartungsbildung kann zum Beispiel bei überlappenden Lohnverträgen mit diskreten Laufzeiten Persistenz von Inflation begründet werden. Auch hier ist der Abbau von Inflation kostspielig - selbst bei vollkommener Glaubwürdigkeit der Regierung.

Die Abhängigkeit der Gleichgewichtsinflationsrate von der Inflationsgeschichte kann im **Kontext** der These der "Zeitinkonsistenz" diskretionärer Wirtschaftspolitik erklärt werden. Entsprechend der Zeitinkonsistenztheorie (siehe Abschnitt 2 oben) gibt es einen tendenziellen Anreiz für die Politikbehörden, von einem Regelversprechen - wie zum Beispiel dem Versprechen, in Zukunft stetig Preisniveaustabilität zu produziercn - nach der erwünschten Erwartungsanpassung der privaten Wirtschaftssubjekte wieder abzuweichen.

Ob die Politikbehörde diesem Anreiz folgt, ist letztlich davon abhängig, wie hoch ihre Zeitpräferenzen sind (d.h. wie stark sie die erwarteten Zukunftsergebnisse bewertet oder "abzinst") und wie sie die "Bestrafung" durch die getäuschten privaten Akteure/Wähler einschätzt[194]. Diese Bestrafung besteht zumindest in einem bestimmten Verlust an Glaubwürdigkeit hinsichtlich zukünftiger Politikversprechen. Glaubwürdigkeit ist jedoch ein Hauptinput im politischen Prozeß, um ein gewünschtes - (da) mit gesamtwirtschaftlichen Zielen konformes - Verhalten der privaten Akteure erreichen zu können. Da die privaten Akteure keine sicheren Informationen über die Erwartungen und die Präferenzen der Politikbehörde besitzen (asymmetrische Informationen), werden sie sich damit behelfen, die Glaubwürdigkeit eines Politikversprechens vor allem danach zu bestimmen, welche Erfahrungen sie in der Vergangenheit mit Zielverletzungen, hier der Inflationsproduktion, dieser Politikbehörde gemacht haben. (Hierbei dürfte die Inflationsproduktion selbst für die Glaubwürdigkeit entscheidender sein als die wahrgenommenen Abweichungen von Stabilitätsversprechen, da die Ursachen für die Abweichungen für den Einzelnen in den wenigsten Fällen konkret nachvollziehbar sein werden.)

Hieraus kann man schließen, daß die Ankündigung, in Zukunft Preisniveaustabilität zu garantieren, um so weniger glaubwürdig sein wird, je häufiger und/oder länger Inflation in der Vergangenheit von der Politikbehörde produziert bzw. geduldet worden ist. Je geringer die Glaubwürdigkeit der für die Herstellung einer Preisniveaustabilität zuständigen Politikbehörde ist, um so höher wird die (Gleichgewichts-)Inflationsrate sein. Denn um so weniger werden dann die privaten Akteure bereit sein, auf das reine Preisniveaustabilitätsversprechen hin ihre Inflationserwartungen abzubauen. Folglich wird die Politikbehörde eine bestimmte Arbeitslosenrate nur bei einer vergleichsweise höheren Inflationsrate stabilisieren können (als bei einer Inflationserwartungssenkung, die mit einer höheren Glaubwürdigkeit verbunden gewesen wäre).

Dies deutet auch darauf hin, daß die **Höhe der Desinflationskosten abhängig** ist **von der Anfangsreputation der Geldbehörde**, die wiederum (mit) abhängig ist von den Vergangenheitserfahrungen bezüglich der Inflationsproduktion. So dürften die Desinflationskosten für ein Land mit traditionell hohen Inflationsraten und folglich einer geringen Reputation und damit geringen Glaubwürdigkeit der Geldbehörde hoch sein. Die Inflationsgeschichte produziert hier tendenziell immer wieder erneut hohe Inflation, da die Kosten des Inflationsabbaus (in Form der hierfür notwendigen Arbeitslosigkeitsproduktion) um so höher sind, je geringer die Reputation der Geldbehörde ist. Länder mit traditionell hoher Inflation bleiben deswegen in der Regel auch gefangen in einem hohen Inflationsgleichgewicht ("Gefangenendilemma"). Ein Entrinnen gibt es hier nur durch drastische Maßnahmen wie eine strenge Spar- oder

---

[194] Vgl. näher ebda.

Austeritätspolitik, verbunden mit Einkommenspolitik und/inklusive einer Wechsel-
kursbindung an eine stabile ausländische Währung. Dabei könnte es hilfreich sein,
wenn diese Maßnahmen zumindest teilweise in Form einer gesetzlichen Regelbindung
verankert würden[195].

E-IV. Inflationsdynamik und Inflationsstabilisierung

Ich hatte im Übersichtsteil argumentiert, daß der Anreiz wie auch der strukturelle
Druck in Entwicklungsländern, Entwicklungsaufgaben über Seigniorage oder Geldproduktion zu finanzieren, eine permanente Gefahr für die Stabilität und damit auch
für die Entwicklung in diesen Ländern bedeutet. Geld- oder Seignioragefinanzierung
von Entwicklungsaufgaben kann zu einer Inflationsdynamik führen, die sich letztlich
in Hyperinflation und einem Zusammenbruch des Geldwesens niederschlägt. Denn
Seignioragefinanzierung produziert Inflation, und Inflation wiederum schafft einen
"Druck" zu weiterer Seignioragefinanzierung (siehe in Abschnitt III.2 des Überblicks-
teils oben). Im folgenden sollen einige theoretische Grundlagen zu diesem Zusammenhang sowie zu seinem Aufbrechen (d.h. zur Inflationsstabilisierung) dargestellt
werden[196]. Hierbei wird auch die Abhängigkeit dieser Inflationsdynamik von den
Stabilitätseigenschaften des jeweiligen Wirtschaftssystems und von der Erwartungsbildung der Wirtschaftssubjekte betont.

In *Abschnitt 1* wird die tendenzielle Begrenztheit (oder "Laffer-Kurven-Eigenschaft") der Steady-State-Seigniorage betrachtet.

In *Abschnitt 2* wird "politökonomisch" begründet, daß selbst bei einer solchen Begrenztheit der Steady-State-Seigniorage eine Hyperinflation entstehen kann.

In *Abschnitt 3* wird dargelegt, daß eine Inflationsdynamik auch "ökonomisch-en-
dogen", d.h. ohne eine "übermäßig" expansive Geldmengenpolitik, zustandekommen
kann - und zwar dann, wenn das Wirtschaftssystem dynamisch instabil und die Erwartungsbildung adaptiv ist.

In *Abschnitt 4* wird gefolgert, daß bei rationaler Erwartungsbildung sowie bei adaptiver Erwartungsbildung und dynamischer Instabilität eine heterodoxe Strategie unter Einbeziehung von Einkommenspolitik erforderlich sein kann.

In *Abschnitt 5* wird der im Übersichtsteil angesprochene Unterschied zwischen
Hoch- und Hyperinflationen bezüglich der notwendigen Strategie einer Inflationsstabilisierung genauer gefaßt.

Aus Übersichtsgründen wird von sehr einfachen Modellstrukturen ausgegangen.

---

[195] Vgl. näher hierzu auch den folgenden Abschnitt E-IV.

[196] Siehe auch Wagner [1992c]. Dort ist die Darstellung allerdings etwas anders aufgebaut.

Die **makroökonomische Grundstruktur** sei wie folgt beschrieben:[197]

(1) $y = \gamma(m-\pi) + \rho\dot{\pi}^e$ *Nachfragegleichung*

(2) $y = \bar{y} + \sigma(\pi-\pi^e)$ *Angebotsgleichung*

(3) $\dot{\pi}^e = \delta(\pi-\pi^e)$ *Erwartungsbildungsgleichung*

   wobei y=Outputwachstumsrate; $\bar{y}$=stationäres (autonomes) Angebotswachstum; m=Geldwachstumsrate; π=Inflationsrate; π^e= Inflationserwartung; $\dot{\pi}$=dπ/dt.

   δ=0 beschreibt statische Erwartungen, $\delta=\infty$ rationale Erwartungen und $0<\delta<\infty$ adaptive Erwartungen.

   (1) ist die reduzierte Form eines in Wachstumsraten formulierten 'ISLM-Systems'[198], abgeleitet aus der IS-Gleichung: $y = -\zeta(\dot{i} - \dot{\pi}^e)$ und der LM-Gleichung: $m-\pi = y - \beta i$ mit $\gamma=\zeta/(\zeta+\beta)$ und $\rho=\beta\gamma$. Alle Parameter sind positiv. (Die einzelnen Symbolerklärungen sind am Ende des Abschnitts E-IV nochmals zuammengefaßt.)

1. Zur Begrenztheit der Steady-State-Seigniorage

In diesem Abschnitt soll kurz erläutert werden[199], daß die Steady-State-Seigniorage[200] unter bestimmten realistischen Gegebenheiten "Laffer-Kurven-Eigenschaft" aufweist. D.h. sie nimmt (bei gegebenem Geldangebotswachstum, m) ab einem gewissen "kritischen" Inflationsniveau wieder ab. Dies gilt vor allem,

(i)   wenn die Steuerrate (t) mit der Inflationsrate abnimmt ("Olivera-Tanzi-Effekt")

---

[197] In der Regel wird der Zusammenhang zwischen Inflationsdynamik und Budgetdefizit-finanzierung in der Literatur mithilfe einer (noch) einfacheren Modellstruktur, bestehend aus einer Geldnachfragegleichung und einer Erwartungsbildungsgleichung, analysiert - entsprechend der neoklassischen Dichotomie, nach der das Preisniveau von der Geldpolitik und der Realzins von der Fiskalpolitik bestimmt wird. Dagegen betont der Keynesianismus gerade die Interdependenz dieser Bestimmung. Die Geldbehörde bestimmt das Geldangebot, die Fiskalpolitik die Geldumlaufgeschwindigkeit; hingegen ist die Aufteilung des nominellen Einkommens (d.h. der anderen Seite der Quantitätsgleichung) in Preisniveau und reales Volkseinkommen abhängig vom Zustand der Wirtschaft. Demnach ist nur bei Hyperinflationen das Preis- bzw. Inflationsniveau aus den Geldmarktbedingungen heraus ableitbar (da in Hyperinflationen eben die Geschwindigkeit von Mengenänderungen relativ zu der von Preisänderungen verschwindend gering und deswegen eine Mengenänderung vernachlässigbar ist).

[198] Zur Methodik des "ISLM-Systems" vergleiche irgendein gutes Makroökonomie-Lehrbuch. Eine Kurzdarstellung sowie die Ableitung der obigen Nachfragegleichung sowie die Herleitung und Interpretation der obigen Angebotsgleichung wie auch der Erwartungsbildungsgleichung siehe in Wagner [1992]. Die griechischen Buchstaben γ, ρ, σ, δ, ζ und β drücken unterschiedliche Verhaltensparamter bzw. (gleichbedeutend) die Reaktionsstärke der abhängigen Variablen bei Änderungen der jeweiligen unabhängigen Variablen aus.

[199] Zu einer ausführlicheren Erläutertung siehe Wagner [1992c].

[200] Zur Erinnerung: "Steady State" ist ein Zustand, in dem die endogenen Variablen alle ihr geplantes Niveau erreicht haben, so daß es zu keinen Fehlerwartungen und zu keinen Anpassungsprozessen (mehr) kommt.

(ii) wenn ab einem gewissen Inflationsniveau eine Währungssubstitution einsetzt ("Dollarisierung").

Beides wurde schon in Abschnitt III.2.1 des Übersichtsteils oben näher erläutert.

Die Steady-State-Seigniorage weist aber auch dann eine Laffer-Kurven-Eigenschaft auf,

(iii) wenn die Geldnachfragefunktion exponentieller Art ist ("Cagan-Nachfragefunktion")

und/oder

(iv) wenn die Inflationselastizität der Geldnachfrage (β) mit der Inflationsrate zunimmt.

Erläuterung zu (iii) und (iv):

Gleichung (1) oben liegt eine exponentielle Geldnachfragefunktion zugrunde. Sie lautet $M/(PY) = \alpha \exp(-\beta\pi^e)$.[201] Wenn wir dies mit der in Abschnitt III.2.1 oben angeführten staatlichen Budgetbeschränkung (0) zusammenbringen, können wir daraus die Steady-State-Beziehung zwischen Inflation und Budgetdefizit -- $g-t = \pi\alpha\exp(-\beta\pi)$ -- ableiten. Wenn man dies, wie in Figur 4, graphisch darstellt, sieht man die in These (iii) behauptete Laffer-Kurven-Eigenschaft der Steady-State-Seigniorage ebenso wie die in These (iv) aufgestellte Behauptung anschaulich bestätigt[202].

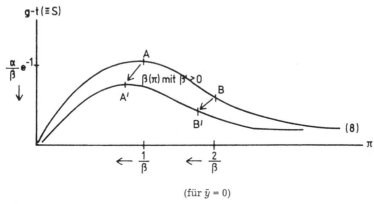

(für $\bar{y} = 0$)

Figur 4

---

[201] Der Realzinseffekt ist hier in α enthalten. Aus der Wachstumsratenbildung über diese Geldnachfragefunktion läßt sich die oben angegebene LM-Gleichung ableiten, die zusammen mit der obigen IS-Gleichung die Nachfragegleichung (1) ergibt.

[202] These (iv) läßt sich aber auch bei einer linearen Geldnachfragefunktion ableiten; siehe Wagner [1992b: 345].

Zur Ableitung der obigen Steady-State-Beziehung zwischen Inflation und Budgetdefizit:

Wir gehen von der staatlichen Budgetbeschränkung (0) aus, die wir aus Abschnitt III.2.1 des Übersichtsteils kennen. Nun setzen wir allerdings (aufgrund der Begründung dort) ΔB und $\Delta(B^*e)$ gleich Null. Dann lautet bei der somit unterstellten "Nur-Seignioragefinanzierung" die staatliche Budgetbeschränkung (für eine Periode) wie folgt:

$$\Delta M = G\text{-}T \qquad \text{oder (umformuliert)}$$

(4) $\Delta M/(PY) = g\text{-}t$ *"Seigniorage-Gleichung"*

wobei $g := G/PY$ und $t := T/PY$ mit PY = nominelles Sozialprodukt.[203]

Gleichung (4) läßt sich umformulieren zu

(5) $m = (g\text{-}t)PY/M$, wobei m wiederum die Wachstumsrate der nominellen
          Geldmenge ($:=\Delta M/M$) bezeichnet.

Hieraus und aus der (1) zugrundeliegenden Geldnachfragefunktion $M/(PY) = \alpha\exp(\text{-}\beta\pi^e)$ folgt

(6) $m = (g\text{-}t)\alpha^{-1}\exp(\beta\pi^e)$ bzw.

(6') $g\text{-}t = m\alpha\exp(\text{-}\beta\pi^e)$.

Nun gilt im Steady State $\dot{\pi}^e=0$ und $\pi^e=\pi$, so daß aus (2) $y=\bar{y}$ und aus (1)

(1') $\pi^e = \pi = m$ folgt.[204]

Wenn wir m aus (6) in (1') substituieren, erhalten wir

(7) $\pi = (g\text{-}t)\alpha^{-1}\exp(\beta\pi)$.

(7) gibt die Gleichgewichts- oder Steady-State-Beziehung zwischen Inflation und Budgetdefizit an.

Entsprechend erhalten wir, wenn wir (7) umstellen, die *oben unterstellte Steady-State-Beziehung zwischen Inflation und Budgetdefizit* :

(8) $g\text{-}t = \pi\alpha\exp(\text{-}\beta\pi)$.

Außerdem können wir auch die maximale Steady-State-Seigniorage angeben. Wenn wir π aus (1') in (8) substituieren, erhalten wir

(8') $g\text{-}t = m\alpha\exp(\text{-}\beta m)$.

Die **maximale Steady-State-Seigniorage** wird nun erzielt bei $m^*=1/\beta$ und $\pi^*=1/\beta$ und beträgt

$(g\text{-}t)^* = (\alpha/\beta)\exp(\text{-}1)$. [205]

---

[203] Die Symboliken sind hier die gleichen wie im Übersichtsteil oben; d.h. G = Staatsausgaben; T = Steuereinnahmen und M = nominelle Geldmenge. "G-T" bezeichnet das Budgetdefizit; folglich kann man "g-t" als die *Budgetdefizitrate* fassen.

[204] Ich normiere hier und im folgenden aus Vereinfachungsgründen $\bar{y}=0$.

[205] Abgeleitet aus: $(g\text{-}t)^* = \max_{\{m\}} m\alpha\exp(\text{-}\beta m)$, wobei m als exogene und g-t als endogene Variable betrachtet wird.

2. Möglichkeit einer politökonomisch begründeten Inflationsdynamik

Seigniorage-Finanzierung von Budgetdefiziten kann selbst bei einer Laffer-Kurven-Eigenschaft der Seigniorage-Funktion zu Hyperinflation führen, dann nämlich, wenn die Geldbehörde per **Inflationsüberraschungen** (über Geldproduktion) die im Steady State höchstens mögliche Seigniorage [(g-t)*] zu übertreffen versucht[206].

Genauer können wir dies wie auch das Vorliegen *multipler Inflationsgleichgewichte* zeigen, wenn wir in unserem obigen Modell m (das Geldangebotswachstum) endogenisieren und S (die Seigniorage) als exogen betrachten. Dies ist in Figur 5 unterstellt.[207]

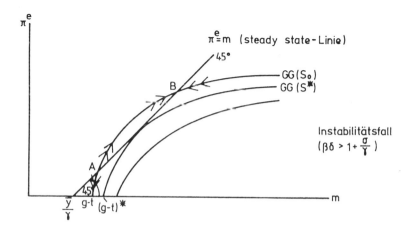

Figur 5

Erläuterung der Figur 5:

Die GG-Kurven stellen eine Schar von "Isoquanten" dar, die die Kombinationen von Inflationserwartung und Geldmengenwachstum angeben, die bestimmte konstante Budgetdefizit- oder Seignioragniveaus ergeben. (Sie spiegeln Gleichung (6') und die damit verbundene Budgetbeschrän-

---

[206] Der geldpolitische Versuch, eine höhere als die im Steady State höchstens mögliche Seigniorage zu erzielen (was natürlich nur außerhalb des Steady-State-Gleichgewichts möglich ist), ist sehr wohl - entgegen häufiger Ansicht - als rationales wirtschaftspolitisches Verhalten ableitbar. So ist ein solches Verhalten vereinbar mit rationaler Erwartungsbildung, wenn angenommen wird, daß Informationsvorteile der Politikbehörde bezüglich ihrer eigenen Inflationierungsabsichten (Präferenzen) vorliegen, der Lernprozeß der privaten Wirtschaftssubjekte hinsichtlich des zeitlichen Änderungsmusters dieser Inflationierungsabsichten langsam abläuft, und die Zeitpräferenzrate der Politikbehörde hoch ist. Vgl. hierzu auch Cukierman [1988].

[207] Vgl. hierzu Bruno und Fischer [1990]. Vgl. auch Kiguel [1989].

kung wider[208]. Die Steigung der Kuven ist $d\pi^e/dm = 1/\beta m$.) Je weiter rechts einzelne Isoquanten liegen, um so höher ist das Budgetdefizit- oder Seigniorageniveau, das sie darstellen. Der Tangentialpunkt der Kurve GG*(S*) mit der Steady-State-Geraden (der 45°-Linie) gibt die maximale Steady-State-Seigniorage an. Für jede S<S*-Isoquante gibt es zwei Schnittpunkte mit der Steady-State-Geraden und damit zwei Inflationsgleichgewichte (die Punkte A und B in Figur 5). Welches dieser beiden Gleichgewichte stabil und welches instabil ist, hängt vor allem vom Erwartungsbildungsprozeß ab.

Bei adaptiven Erwartungen ist - wie unten in Abschnitt 3 erläutert - zu unterscheiden zwischen dem Fall dynamischer Stabilität und dem Fall dynamischer Instabilität. Im Fall dynamischer Stabilität (Instabilität) des Wirtschaftssystems ist das niedrige Inflationsgleichgewicht A stabil (instabil) und das hohe Inflationsgleichgewicht B instabil (stabil). Bei rationalen Erwartungen dagegen ist das hohe Inflationsgleichgewicht B immer das stabile Gleichgewicht und das niedrige Inflationsgleichgewicht A stets das instabile.

Dies kann man aus den Gleichungen (9) und (10) unten ableiten, die selbst die Dynamik des Systems bei adaptiven Erwartungen (wo $\delta<\infty$ und $\pi \neq \pi^e$) bzw. bei rationalen Erwartungen (wo $\delta=\infty$ und $\pi=\pi^e$) ausdrücken. Gleichungen (9) und (10) sind die reduzierten Formen aus (1) und (2) unter den verschiedenen Erwartungsbildungsannahmen.

(9) $\dot{\pi}^e = (\gamma-\delta\rho+\sigma)^{-1}\delta\gamma[m-\pi^e]$ **Dynamik bei adaptiven Erwartungen**

(10) $\dot{\pi} = -\beta^{-1}[m-\pi]$ **Dynamik bei rationalen Erwartungen**

Der Ausdruck in den eckigen Klammern ist jeweils im Steady State gleich Null (siehe Gleichung (1') oben). Dies spiegelt sich in der in Figur 5 eingezeichneten 45°-Linie wider. Folglich kann man aus (9) und (10) sofort die Stabilität bzw. Instabilität der Inflationsgleichgewichte A und B in Figur 5 erkennen.

Im adaptiven Erwartungsbildungs-Fall muß man wieder die Fälle dynamischer Stabilität und dynamischer Instabilität unterscheiden. Dies geschieht, indem man das Vorzeichen des Ausdrucks vor der eckigen Klammer in (9) als positiv oder als negativ unterstellt. [Dieser Ausdruck entspricht ja dem negativen Wert der Ableitung $d\dot{\pi}^e/d\pi^e$ aus der Gleichung (9).] Die dynamischen Stabilitätsbedingungen sind hier genau die gleichen, die unten in Abschnitt 3 abgeleitet werden (siehe dort).

Im rationalen Erwartungsbildungs-Fall braucht man die obige Unterscheidung zwischen dynamischer Stabilität und Instabilität nicht zu treffen, wie man aus Gleichung (10) ersieht. [Die Ableitung $d\dot{\pi}/d\pi$ ist hier eindeutig positiv.] Jedoch tritt bei rationalen Erwartungen ein anderes Problem auf, nämlich das der Vielfalt von RE-Gleichgewichten (RE=rationale Erwartungen). Alle Punkte auf der GG-Kurve sind RE-Gleichgewichte. Ohne Angabe eines spezifischen Lernprozesses ist hier kein Selektionsprinzip zwischen den einzelnen RE-Gleichgewichten möglich.

Für S>S*-Isoqanten existiert kein Schnittpunkt mit der Steady-State 45°-Linie und damit kein Gleichgewicht. Man befindet sich sozusagen außerhalb des Steady State. Wenn die Politikbehörde eine dieser Isoquanten ansteuert - was sie mittels Inflationsüberraschungspolitik kann -, so erzeugt sie einen instabilen Inflationsprozeß. Die

---

[208] Anders gesagt: Die GG-Kurven zeigen die Rate, mit der das Geldangebot gesteigert werden muß, um ein gegebenes Budgetdefizit bei jedem Niveau der Inflationserwartung, π^e, zu finanzieren. Das Budgetdefizit selbst wird durch den Schnittpunkt der GG-Kurve mit der m-Achse gemessen. Die Volkswirtschaft befindet sich immer auf einer dieser Kurven, da die Regierung arithmetisch gebunden ist durch seine Budgetbeschränkung.

Wirtschaft steuert so direkt in eine Hyperinflation. Der Hintergrund ist folgender: Die Politikbehörde druckt Geld mit einer stetig steigenden Rate, und zwar so schnell, daß die Inflationserwartung nie mit der tatsächlichen Inflation Schritt halten kann. Auch wenn die Geldbasis schließlich sehr klein wird, kann dies durch das steigende Geld-mengenwachstum so ausgeglichen werden, daß es möglich ist, ein S>S* zu finanzie-ren[209]. Letzteres ist natürlich systematisch nur bei adaptiven Erwartungen mög-lich[210]. [Bei adaptiven Erwartungen gibt es (im Fall dynamischer Stabilität und exo-gener Seigniorage) oben 2 Instabilitätstendenzen hin zu Hyperinflation: zum einen wenn der Ausgangspunkt auf der GG-Kurve rechts von B liegt (- B ist ja dann ein instabiles Gleichgewicht -), und zum anderen wenn wirtschaftspolitisch ein höheres als das langfristig maximal mögliche Seigniorageniveau (S*) angestrebt wird.]

3. Möglichkeit einer ökonomisch-endogenen Inflationsdynamik

Während eine auf Seignioragefinanzierung zurückführbare Inflationsdynamik letztlich nur politökonomisch oder politisch-endogen erklärt werden kann, gibt es auch die Möglichkeit einer ökonomisch-endogenen Erklärung einer Inflationsdynamik. Anders gesagt: Geldpolitik braucht selbst bei einer reinen Seigniorage-Finanzierung von Bud-getdefiziten nicht "schuld" an einer Inflationsdynamik zu sein, und zwar dann nicht, **wenn das Wirtschaftssystem "dynamisch instabil" ist.** Letzteres hängt selbst wie-der von gewissen empirischen Struktur- oder Verhaltensparameterkonstellationen ab. Insbesondere wenn die Zinselastizität der Geldnachfrage (β) und/oder die Erwar-tungsanpassungsgeschwindigkeit (δ) hoch sind, tendiert das System - bei adaptiver Erwartungsbildung[211] - zu Instabilität, so daß Geldpolitik in diesem Fall nicht für eine Inflationsdynamik hin zu einer Hyperinflation "verantwortlich" zu sein braucht. Dies kann aus der oben angeführten makroökonomischen Grundstruktur abgeleitet wer-den. Das dort durch (1)-(3) beschriebene Wirtschaftssystem ist "dynamisch insta-bil"[212], wenn (bei gegebenem Geldangebotswachstum, m)[213] $d\pi/d\pi^e < 0$ ist. Aus (1)-(3) folgt, daß $d\pi/d\pi^e = (\sigma-\rho\delta)/(\sigma-\rho\delta+\gamma)$. Die Instabilitätsbedingung ist hier $\beta\delta > 1+(\sigma/\gamma)$ oder (aufgelöst) $\delta > (\sigma/\zeta)+(1+\sigma)/\beta$. In diesem Fall könnte eine Hyperinfla-tion auch ohne instabiles Geldmengenwachstum ausgelöst werden. (Bei Vollbeschäf-

---

[209] Hier wird unterstellt, daß die Politikbehörde Inflation nur aus dem Motiv der Seigniorage-Erzie-lung heraus produziert. Ein zweites wichtiges (hier nicht analysiertes) Motiv ist das der Beschäftigungssteigerung. Siehe hierzu z.B. Wagner [1990a].

[210] Die Annahme adaptiver Erwartungsbildung erscheint auch für Entwicklungsländer tendenziell angemessen oder zumindest angemessener als für Industrieländer. Vgl. hierzu ansatzweise Wagner [1992: 31ff.].

[211] Siehe die vorhergehende Fußnote.

[212] Dies bedeutet, daß das System bei einer Abweichung vom Steady-State-Gleichgewicht sich ten-denziell weiter davon entfernt.

Eine alternative Ableitung der obigen Instabilitätsbedingung erhält man aus $d\dot\pi^e/d\pi^e > 0$, wobei $d\dot\pi^e/d\pi^e = -\gamma\delta/(\sigma-\rho\delta+\gamma)$ [abgeleitet aus (1) bis (3)].

[213] Ein "gegebenes m" entspricht formell einer konstanten Geldmengenwachstumsregel ("Friedman-Regel").

tigung bzw. in Hyperinflationen ist σ=0 und folglich reduziert sich dort die obige Instabilitätsbedingung auf βδ>1.)

Der eben beschriebene Instabilitätsfall ist in Figur 6 graphisch ausgedrückt[214].

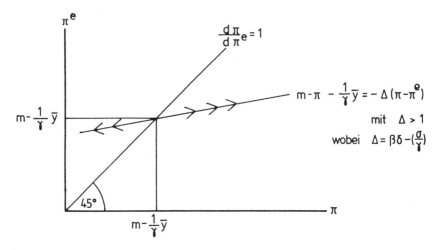

Figur 6

Ökonomische Interpretation der Instabilitätsbedingung

Wenn δ groß ist, führt eine höhere Inflation dazu, daß die Geldhalter ihre Inflationserwartungen schnell revidieren und damit versuchen, ihre Geldhaltung zu reduzieren. Bei gegebenem Geldmengenwachstum (m) führt dies zu weiterer Inflation, weiteren Revisionen (Erwartungsanpassungen) und akzelerierender Inflation.

Wenn β groß ist, so hat ein Anstieg der Inflation, der zu einer Aufwärts-Revision der Inflationserwartung führt, eine stark negative Wirkung auf die Geldnachfrage. Dies wiederum führt - bei gegebenem Geldangebotswachstum, m - zu akzelerierender Inflation.

Wenn σ gering ist, - wie in Hyperinflationen -, verringert sich der Stabilitätsgrad oder -bereich. Der Grund hierfür ist, daß sich induzierte nominelle Einkommensänderungen nun in geringerem Maße auf Preis- **und** Mengenänderungen aufteilen, sondern hauptsächlich in Preisänderungen auswirken.[215] (σ>0 bedeutet: variables Angebot)

Wenn ζ sehr groß ist, reagiert die Nachfrage sehr stark auf eine Veränderung des Realzinses. Da wie anzunehmen der Realzins bei steigenden Inflationserwartungen

---

[214] Je nach den Anfangsbedingungen ergibt sich hier eine akzelerierende Inflation oder eine akzelerierende Deflation.

[215] Anders gesagt, wenn σ sehr gering ist, entfallen weitgehend die stabilisierenden Effekte einer einkommensinduzierten Geldnachfrageänderung.

tendenziell zurückgeht[216], steigt mithin - inflationsbedingt - die Nachfrage an, was zusätzliche Preiserhöhungen (zum Abbau der so produzierten Übernachfrage) und somit akzelerierende Inflation nach sich zieht[217].

Folglich ist es für den Fall, daß die Individuen adaptive Erwartungen haben, möglich, daß eine Hyperinflation nicht aus akzelerierendem Geldmengenwachstum, sondern eher aus einem selbst-erzeugenden instabilen Prozeß resultiert.

4. Modellbezogene Folgerungen hinsichtlich der Anwendung von Einkommenspolitik

Wie wir gesehen hatten, spielte bei der obigen modelltheoretischen Analyse die Unterscheidung zwischen Systemstabilität und Systeminstabilität sowie zwischen adaptiver Erwartungsbildung und rationaler Erwartungsbildung eine zentrale Rolle. Dementsprechend müßte eigentlich auch bei einer theoretischen Betrachtung der geeigneten wirtschaftspolitischen Vorkehrungen gegen die Gefahr einer Inflationsdynamik unterschieden werden nach der Art der Erwartungsbildung und bei adaptiver Erwartungsbildung auch nach dynamischer System(in)stabilität. Die Politikbehörde braucht nämlich hierüber gewisse Kenntnisse oder Annahmesetzungen, um theoretisch-konsistent begründbare Entscheidungen treffen zu können. Im folgenden werden hierüber einige grundsätzliche Betrachtungen angestellt[218].

Beginnen wir mit dem **Fall** *adaptiver Erwartungsbildung* :

Bei adaptiver Erwartungsbildung müssen wir unterscheiden zwischen den Fällen dynamischer Stabilität und dynamischer Instabilität (siehe oben). In beiden Fällen besteht die *notwendige* wirtschaftspolitische *Vorkehrung* zur Vermeidung einer Inflationsdynamik (von der oben beschriebenen Art) darin, daß die Politikbehörde einen *nominellen Anker* setzt in Form einer inflationsbegrenzenden Geldangebotspolitik.

Im Falle *dynamischer Stabilität* dürfte dies (bei sonstigen konsistenten marktordnungspolitischen Rahmenbedingungen) *auch hinreichend* sein - zumindest zur Aufrechterhaltung von Preisniveaustabilität[219] (ausgehend von Preisniveaustabilität). Sofern im Ausgangspunkt schon hohe Inflation herrscht, wird natürlich zudem die Rückführung der diese Inflation auslösenden Budgetdefizite zur unabdingbaren Not-

---

[216] Vgl. Mundell [1963] sowie auch Wagner [1987b: 179f.].

[217] Dies kann auch als theoretische Basis für das (zunehmende) Vorziehen von Käufen bei (steigenden) Inflation(serwartungen) angesehen werden. Für eine portfoliotheoretische Erklärung siehe Wagner [1982].

[218] Diese Betrachtungen sind relativ kurz gehalten und sollen hier auch nur einen Diskussionsanstoß bieten. Die Diskussion in der Literatur zu dieser Thematik ist noch nicht weit genug vorangeschritten, um schon "fertige Ergebnisse" im Lehrbuch-Stil liefern zu können.

[219] - nicht jedoch unbedingt zur Sicherung von Vollbeschäftigung. Vgl. hierzu Wagner [1992]. Doch selbst bezüglich der Erreichung von Preisniveaustabilität ist - falls der Ausgangspunkt nicht schon Preisniveaustabilität ist - zur Minimierung von Desinflationskosten eine mikropolitische Ergänzung von orthodoxer Makropolitik überlegenswert. Siehe ebda: 5. Kapitel; siehe auch unten!

wendigkeit. Dies ist - wie im obigen Übersichtsteil erläutert - der Kern der sogenannten "orthodoxen Stabilisierungsstrategie", die der IWF im Zuge seiner Auflagenpolitik bislang favorisiert hat (vgl. hierzu auch Kiguel und Liviatan [1989]).

Im Falle *dynamischer Instabilität* allerdings reicht eine solche nominelle Ankersetzung **nicht** aus. Hier müßte erstmal versucht werden, die Verhaltensstrukturen zu ändern, um stabile Bedingungen zu erreichen. Ansonsten würde jeder positive Preisschock die Wirtschaft auf einen instabilen Preispfad bringen. Konkret heißt dies (in unserem obigen Modellzusammenhang), daß die Parameterwerte von δ, β und ζ erstmal hinreichend gesenkt werden müßten[220]. Falls schon Inflation im Ausgangspunkt herrscht, kann dies durch Senken der Inflationsrate erreicht werden, da/wenn - wie aufgrund auch der obigen Ausführungen anzunehmen ist - δ, β und ζ positiv mit der Inflationsrate korreliert sind. Wenn man sich im Ausgangspunkt auf einem instabilen Pfad GG(S>S*) oder auf dem Pfad GG(S$_0$) rechts von B (siehe Figur 5) befindet, hilft es allerdings u.U. nur mehr, wenn die obige orthodoxe makroökonomische Stabilisierungsstrategie (inflationsbegrenzende Geldangebotspolitik in Kombination mit einer Reduzierung des Budgetdefizits) ergänzt wird durch Einkommenspolitik - wie z.B. zeitweilige Preis- und Lohnstopps und/oder eine geldpolitisch abgesicherte Wechselkursstabilisierung als nominellen Anker sowie Deindexierung, um Verhaltensänderungen und darüber Preisniveaustabilität zu erreichen[221]. Anders gesagt: Für eine Erwartungsstabilisierung oder -umkehr reicht bei Systeminstabilität makroökonomische Stabilitätspolitik allein in der Regel nicht aus. Eine Ergänzung um mikropolitische Elemente erscheint hier unverzichtbar. Eine solche erweiterte Politikmischung ist - wie im Übersichtsteil oben beschrieben - unter dem Namen **"heterodoxe Strategie"** bekannt.

Kommen wir nun zum **Fall** *rationaler Erwartungsbildung* :

Hier ist $d\dot{\pi}^e/d\pi^e = d\dot{\pi}/d\pi = 1/\beta > 0$.[222] Insofern ist auch hier die **dynamische Instabilitätsbedingung erfüllt. Allerdings** wird im Zusammenhang mit rationalen Erwartungen meist impliziert, daß die Wirtschaft sich - wegen der Bekanntheit oder der Erlernbarkeit der (deterministischen) Systemstruktur - systematisch im Steady State befindet. D.h., die instabilen Pfade GG(S>S*) "entfallen" dann. Dies schließt jedoch unerwartete Schockeinflüsse und damit kurzfristige Abweichungen vom Steady State nicht aus. Folglich ist auch hier eine Stabilitätsanalyse wichtig - insbesondere wenn von Anpassungsrigiditäten ausgegangen werden kann. Es ist auch hier nicht gesagt, daß eine rein makroökonomisch konzipierte Stabilisierungspolitik (ein sog. "orthodoxes Stabilisierungsprogramm") hinreichend ist. [Vergleiche die Erläuterung zu 'adaptiver Erwartungsbildung und dynamischer Instabilität' im vorhergehenden Absatz.]

Allerdings erlaubt bei rationaler Erwartungsbildung eine *glaubwürdige nominelle Ankersetzung* der Politikbehörde eine **sofortige Stabilisierung der Erwartungen**

---

[220] Der Versuch, δ zu senken, könnte allerdings als ein Versuch der (erneuten) "Verdummung" der Wähler aufgefaßt werden!

[221] Vgl. zur näheren Begründung in Abschnitt IV.3 im Übersichtsteil oben.

[222] Siehe aus Gleichung (10) oben.

und damit (bei Abwesenheit von Preisrigiditäten) auch eine sofortige Inflationsstabilisierung. Dies ist bei adaptiver Erwartungsbildung anders, da sich eine Politikänderung dort erst über tatsächliche Inflationsänderungen auf die Erwartungsbildung und zurück auswirken kann. Es ist jedoch bei rationaler Erwartungsbildung der privaten Wirtschaftssubjekte gar nicht so einfach für die Politikbehörde, einen *glaubwürdigen* nominellen Anker zu setzen - angesichts vorherrschender Lohn- und Preisinflexibilitäten und insbesondere angesichts des Zeitinkonsistenzproblems (siehe hierzu in Abschnitt E-III oben). Insofern ist Inflationsstabilisierungspolitik selbst bei rationaler Erwartungsbildung gar nicht so einfach. Sie **bedarf** auf jeden Fall **institutioneller Vorkehrungen** gegen das Zeitinkonsistenzproblem. (Siehe hierzu näher Wagner [1990a,b]).

5. Unterschied zwischen Hoch- und Hyperinflationen

Wie schon im Übersichtsteil angemerkt, sind die strukturellen Eigenschaften in Hoch- und Hyperinflationen unterschiedlich. Dies hat auch Auswirkungen auf die jeweils geeignete oder notwendige Stabilisierungsstrategie, wie im folgenden im Kontext des vorhergehenden Abschnitts zu erläutern versucht wird.

Zwischen Hochinflations- und Hyperinflationssituationen lassen sich sowohl

(i) Niveau-Unterschiede bezüglich des Seigniorageausmaßes

als auch

(ii) Struktur-Unterschiede bezüglich des Wirtschaftssystems

festmachen.

Zu (i): In Hochinflationsländern ist das Sesigniorageniveau (S) geringer als das im Steady State höchstens mögliche Seignorageniveau (S*). Dagegen ist in Hyperinflationsländern bei dynamischer Systemstabilität S größer als S*. Dies kann ausgelöst werden entweder durch den staatlichen Versuch, S stetig zu steigern (über ein gegebenes maximales Steady-State-Niveau S* hinaus), oder durch das Bestreben, ein bestimmtes Seigniorageniveau S aufrechtzuerhalten bei einem endogenen Sinken von S*. Letzteres kann den sogenannten "Olivera-Tanzi-Effekt" oder den Effekt einer Währungssubstitution ("Dollarisierung") widerspiegeln (siehe im Überblicksteil oben, dort in Abschnitt III.2). Im Falle dynamischer Systeminstabilität dagegen braucht die Geldpolitik, selbst bei einer reinen Seigniorage-Finanzierung, gar nicht an der zu Hyperinflation führenden Dynamik schuld zu sein. (Dieser Fall, den wir in Abschnitt 3 oben betrachtet haben, gilt allerdings nur für adaptive Erwartungsbildung.)

Zu (ii): In Hyperinflationen ist so gut wie jede inflationäre Trägheit ausgelöscht. Dagegen bestehen in Hochinflationsländern weiterhin explizite oder implizite nominelle, nicht-synchronisierte Kontrakte, die die Wirksamkeit von Verzögerungen im System tendenziell erhöhen.

Entsprechend dieser strukturellen Unterschiede sind auch **unterschiedliche Stabilisierungsprogramme** wirksam bzw. **empfehlenswert**. Wie im Übersichtsteil erwähnt, sind *in Hyperinflationen* so gut wie alle Rigiditäten beseitigt. Von daher ist es relativ leicht(er), eine Hyperinflation mithilfe eines *orthodoxen Stabilisierungspro-*

gramms auf ein Hochinflationsniveau von sagen wir 5 % Monatsrate zu senken. In dieser *Hochinflationssituation* sind allerdings die Rigiditäten wieder vorhanden, die es erschweren oder (politisch) schier unmöglich machen, mithilfe eines orthodoxen Stabilisierungsprogramms die Inflation dauerhaft auf eine Jahresrate von 5 % zu drükken. Hier setzt dann die Rolle von Einkommenspolitik an, wie oben schon erläutert.

Jedoch muß man im Grunde auch hier differenzieren. *Bei dynamischer Systemstabilität und adaptiver Erwartungsbildung* kann es nämlich theoretisch hinreichend sein, wenn die Politikbehörde einen nominellen Anker setzt in Form einer inflationsbegrenzenden Budget- und Geldangebotspolitik. D.h., orthodoxe Makropolitik im obigen Sinne wäre hier - unter "günstigen" Umständen politischer Stabilität (siehe hierzu näher im 5. Kapitel) - vielleicht ausreichend, was den Abbau von Inflation anbelangt[223]. Dagegen reicht *bei dynamischer Instabilität und adaptiver Erwartungsbildung* eine nominelle Ankersetzung nicht aus, um Inflation abzubauen. Es müßte hier gleichzeitig versucht werden, die Verhaltensstrukturen so zu ändern, daß stabile Bedingungen erreicht werden. Hier wäre eine heterodoxe Stabilisierungsstrategie sicherlich (aus den obigen modelltheoretischen Gesichtspunkten) angebrachter.

Letzteres gilt - wie oben schon beschrieben - im Grunde auch *bei rationaler Erwartungsbildung*, da dort die Bedingung dynamischer Instabilität erfüllt ist. (Dies folgt aus Gleichung (10) in Abschnitt 2 oben. Die Ableitung $d\dot{\pi}/d\pi$ ist dort ja $1/\beta$ und damit eindeutig positiv.) Allerdings erlaubt hier eine *glaubwürdige* nominelle Ankersetzung der Politikbehörde eine sofortige Stabilisierung der Erwartungen und damit (bei Abwesenheit von Preisrigiditäten) auch eine sofortige Inflationsstabilisierung. Im Lichte rational begründbarer Anpassungs- oder Preisrigiditäten und tendenzieller Zeitinkonsistenz der Wirtschaftspolitik stellt jedoch die Produktion von Glaubwürdigkeit gerade das Problem bei rationaler Erwartungsbildung dar.

Bei rationaler Erwartungsbildung kommt es zudem zum **Paradoxon**, daß eine allzu restriktive Geldpolitik entgegen ihrer Absichten die Inflationsrate *erhöhen* kann[224]. Eine "allzu restriktive Geldpolitik" - d.h. hier: eine Geldpolitik, die den

---

[223] Die Kosten in Form von Arbeitslosigkeit u.a. können dabei allerdings sehr hoch sein, wie man aus früheren Erfahrungen (z.B. in Chile) weiß. Die Ursachen liegen eben in der Langwierigkeit der Umsetzung der notwendigen (vor allem ordnungspolitischen) Reformen. Von daher sind die Chancen in einer (in Entwicklungsländern meist jungen) parlamentarischen Demokratie eher gering. Das Risiko des Populismus ist dagegen dort groß. Vgl. zu letzterem z. B. Dornbusch und Edwards [1990; Hrsg. 1991].

[224] "Umgekehrt" kann es im Zuge einer Politik, die Arbeitslosigkeit vermeiden will, indem sie den mit einem erfolgreichen Inflationsabbau einhergehenden Rückgang der Geldumlaufgeschwindigkeit durch eine Geldmengen*ausweitung* zu kompensieren versucht, bei unvollkommener Information der Politikbehörde zu einem **"Überschießen" der Geldmengenausweitung** und damit zu einem Wiedereinsetzen der Inflationsdynamik kommen. Deshalb kann es unter Umständen angeraten sein, den Prozeß der Deflation und damit der Arbeitslosigkeit für eine gewisse Dauer hinzunehmen, um die Inflationserwartungen zurückzudrängen und so die Chancen eines anhaltenden Erfolgs einer Desinflationspolitik zu erhöhen.

Zinssatz über die nominelle Wachstumsrate der Wirtschaft hinaus hochtreibt - treibt nämlich die Wirtschaft bei einer Mischfinanzierung des Budgetdefizits (oder bei bestehenden Altschulden) in einen *destabilen staatlichen Verschuldungsprozeß mit stetig zunehmenden Budgetdefizitraten.*

Beweisskizze: Aus der definitorischen Zusammensetzung von G (=G_0+iB, mit G_0 = Ausgangs- oder Primärdefizit und iB = laufender Zinsendienst) folgt durch Umformulierung und Ableitung nach der Zeit $\dot{g}=\dot{g}_0$+ib+i$\dot{b}$, wobei b=B/PY. Außerdem ergibt sich aus der Budgetbeschränkung[225] G=T+ΔB+ΔM durch einige algebraische Umformulierungen $\dot{b}$=b(i-(y+π))+(g-t)$_0$-mM/PY, wobei (g-t)$_0$ den zinsunabhängigen oder Primär-Budgetdefizitanteil und mM/PY die Seigniioragerate bezeichnet. Die Instabilität des Verschuldungsprozesses kann nur dann vermieden werden, wenn i unter (y+π) gedrückt, der Primär-Budgetdefizitanteil hinreichend gesenkt und/oder die Seigniioragerate hinreichend stark erhöht wird.

Da die privaten Wirtschaftssubjekte - bei rationalen Erwartungen - wissen, daß dieser Prozeß zunehmender Budgetdefizitraten nicht ewig fortdauern kann, hängt die Auswirkung auf die Wirtschaft davon ab, wie sich die Wirtschaftssubjekte die letztliche Stabilisierung des Prozesses durch die Politikbehörde vorstellen. Wenn sie davon ausgehen, daß der Staat letztlich das Budgetdefizit monetisiert (d.h. über Seigniiorage finanziert), werden sie die dadurch ausgelöste Inflation bereits in ihren heutigen Erwartungen vorwegnehmen, was sich schon in heute steigenden Inflationsraten auswirken wird ("**Sargent/Wallace** [1981]**-These**"). Eine zu restriktive Geldpolitik kann also dadurch, daß die privaten Wirtschaftssubjekte die Funktionsweise des Wirtschaftsprozesses *und* die mögliche Reaktion des Staates auf seine Budgetbeschränkung in ihre Erwartungsbildung miteinbeziehen, zu Inflation führen. Nur wenn die Wirtschaftssubjekte davon ausgehen, daß der instabile Verschuldungsprozeß durch eine Steuererhöhung (oder eine Ausgabenverminderung) stabilisiert wird, wird

---

Erläuterung: Inflation bedeutet ja, daß die Opportunitätskosten der Geldhaltung steigen. Folglich sinkt die Geldhaltung. Umgekehrt geht mit einem Inflationsabbau eine Zunahme der Geldnachfrage, oder anders ausgedrückt ein Rückgang der Geldumlaufgeschwindigkeit, einher. Wenn die Geldbehörde hierauf nicht angemessen reagiert - durch eine Ausweitung des Geldangebots -, kommt es zu einem Realzinsanstieg und folglich zu Rezessions- und Arbeitslosigkeitstendenzen.

Das Problem ist nur, daß die Geldbehörde auch über das notwendige Ziel - ungewollt - hinausschießen kann, wenn sie die durch den Inflationsabbau ausgelöste Zuwachsrate der Geldnachfrage überschätzt. Dies könnte den Erfolg des gesamten bisherigen Stabilisierungsprogramms zunichte machen, wenn dadurch die Inflation wieder angeheizt wird. Außerdem würde damit unter Umständen die Glaubwürdigkeit der Geldbehörde bei weiteren Stabilisierungsversuchen untergraben. Die Kosten in Form von langfristiger Arbeitslosigkeit wären in diesem Fall sehr hoch.

Von daher kann es sinnvoll sein, bei der Geldangebotserhöhung erstmal sehr vorsichtig vorzugehen. Dies allerdings impliziert, daß man unter Umständen (geringere) Arbeitslosigkeit für eine gewisse Dauer hinnimmt. Letzteres erscheint umso angebrachter, je geringer die korporatistischen Elemente in einer Gesellschaft sind. (Letztere begünstigen oder ermöglichen u.U. eine einkommenspolitische Absicherung des Kollektivguts 'Preisniveaustabilität'. Vgl. hierzu z.B. Cornwall [1987].)

[225] B steht hier für die *gesamten* Schuldverschreibungen des Staates. Ansonsten gelten hier - auch für das Folgende - die gleichen Symbolbedeutungen wie in den vorhergehenden Abschnitten und in Abschnitt III des Übersichtsteils oben.

es nicht zu dem beschriebenen Inflationsprozeß kommen. Was die Wirtschaftssubjekte allerdings für das wahrscheinlichere Vorgehen halten, kann nicht a priori
vorhergesagt werden und ist zum großen Teil von der Glaubwürdigkeit der Politikbehörde (und letztlich von den von den Politikbehörden gesetzten institutionellen Rahmenbedingungen) abhängig.

Dies weist darauf hin, daß ein **nomineller Anker unverzichtbar** ist. Ansonsten
überläßt man es der Fiskalpolitik (und implizit den dahinterstehenden Partei- oder
Gruppeninteressen), die Inflationsrate zu determinieren.

Symbolverzeichnis (zu Abschnitt E-IV):[226]

B:	inländische Schuldverschreibungen des Staates
B*:	ausländische Schuldverschreibungen des Staates
G:	Staatsausgaben
G-T:	Budgetdefizit
M:	nominelle Geldmenge
P:	Preisniveau
T:	Steuereinnahmen
V:	Geldumlaufgeschwindigkeit
Y:	reales Sozialprodukt
b:	Schuldverschreibungsrate
e:	nomineller Wechselkurs
(e:	Exponentialfunktion-Basis)
g:	Staatsausgabenrate
i:	nomineller Zins
m:	Wachstumsrate der nominellen Geldmenge
t:	Steuerrate
(t:	Zeitindex)
y:	Wachstumsrate des realen Sozialprodukts
$\bar{y}$:	stationäres Angebotswachstum
α:	nichtinflationäres Niveau der Geldnachfrage
β:	Zinselastizität der Geldnachfrage

---

[226] Im Symbolverzeichnis sind wiederum nur Kurzkennzeichnungen angegeben. Siehe näher im
Text. In Klammern sind Doppelkennzeichnungen angemerkt.

γ: Realkassenelastizität der Güternachfrage

δ: Anpassungsgeschwindigkeit der Inflationserwartungen an vorhergegangene Fehl-
        erwartungen

π: Inflationsrate

π^e: Inflationserwartung

ρ: Inflationselastizität der Güternachfrage

σ: Elastizität des Angebotswachstums bezüglich einer Inflationsfehlerwartung

ζ: Realzinselastizität der Investition

$\dot{\pi}$:   erste Ableitung von π nach der Zeit

Δ: Symbol für 'absolute Änderung' in der Zeit

$\dot{x} := dx/dt$

E-V. Kosten der Inflation

Wir haben oben im Übersichtsteil (insbesondere in Abschnitt III.1) mehrmals die moderne Kontroverse um die Wirkung von Prozeßpolitik auf die ökonomische Entwicklung angesprochen und dabei vor allem die Frage nach dem Einfluß von Inflation auf
die langfristige Wachstumsrate aufgeworfen. Im folgenden sollen einige nähere
Grundlagenbetrachtungen hierzu angeführt werden[227].

Abweichungen von der Neutralitätsthese

Unter **Inflation** wird ein stetiger Preisniveauanstieg verstanden. Das Preisniveau ist
der durchschnittliche, in Geld ausgedrückte, Wert der Güter. Folglich bedeutet Inflation auch stetige Geldentwertung. Nun spielt bekanntlich Geld in der allgemeinen
neoklassischen Gleichgewichtstheorie, d.h. in einer "Arrow-Debreu-Welt" perfekt
funktionierender Walrasianischer Märkte, die stets geräumt werden, keine (aktive)
Rolle. Geld ist dort nur ein "Schleier". Es wird allein in seiner Funktion als Re-
chenmittel (als "numéraire") betrachtet. Der Wirtschaftsprozeß wird von den realen
Faktoren gelenkt. Insofern spricht man auch von der (neo)klassischen Dichotomie
von Geld und Realwirtschaft. Geldpolitik ist dementsprechend "neutral" in dem
Sinne, daß Änderungen der Geldmenge die realen Variablen (oder die Gleichge-
wichtslösungen) nicht berühren. Umgekehrt wird daraus in der angewandten neo-

---

[227] Vgl. näher hierzu Wagner [1983, 1985]. Es wird in diesem Abschnitt bewußt auf spezifische
modelltheoretische Ausführungen verzichtet, um den ANHANG nicht zu "überfrachten". Zu
solchen mehr modelltheoretischen Analysen siehe z.B. (überblicksmäßig) Driffill, Mizon und
Ulph [1990]; siehe auch das Sonderheft Nr. 3/1991 des "Journal of Money, Credit and
Banking". Zum Zusammenhang von Inflation und Unsicherheit siehe auch Ball und Cecchetti
[1990].

klassischen Theorie (dem Monetarismus) abgeleitet, daß Inflation nur die Folge zu hoher Geldmengenproduktion sein kann.

Dadurch wird verständlich, daß Geld und damit auch Inflation im traditionellen neoklassischen Paradigma keinen Einfluß auf die Realkapitalbildung hat. Dies zeigt sich auch in der traditionellen ebenso wie in der Neuen neoklassischen Wachstumstheorie, in denen Geld gar nicht vorkommt (siehe oben im 2. Kapitel).

Gegenüber diesem traditionellen, realwirtschaftlichen Ansatz wurde seit Mitte der 1960er Jahre versucht, Geld in einem weiteren Sinne in die neoklassische Wachstumstheorie einzubauen[228]. Geld wird in diesen **neoklassischen monetären Wachstumsmodellen** auch in seiner Rolle als Tauschmittel und Wertaufbewahrungsmittel gefaßt. Solange dem Geld kein spezieller Nutzen (als Konsumgut oder als Produktionsgut) zugesprochen wird, kann man daraus in diesem Modell einen positiven Einfluß von (erwarteter) Inflation auf die Realkapitalbildung ableiten[229]. Es handelt sich dabei jedoch nur um einen Niveaueffekt. Die Wachstumsrate bleibt unverändert.

Gesteht man jedoch Geld einen besonderen Nutzen zu - wodurch Geldhaltung erst ökonomisch begründbar wird -, so ist der Einfluß von Inflation auf die Realkapitalbildung nicht mehr eindeutig bestimmbar. Dem obigen positiven Wachstumsteileffekt stehen dann die negativen (Wohlfahrts-)Effekte einer geringeren Realkassenhaltung gegenüber, die sich in der Verringerung der Ersparnis von realen Ressourcen bei der Abwicklung von Tauschvorgängen (Geld als Produktionsgut) bzw. in der Verringerung des Schutzes vor Illiquidität oder anderer immaterieller Nutzen des Geldbesitzes (Geld als Konsumgut) ausdrücken. Diese Effekte sind in der Literatur unter dem Namen **"Wohlfahrtskosten der Inflation"** bekannt.

Nun ist jedoch zu sehen, daß das Ergebnis des einfachen neoklassischen monetären Wachstumsmodells von der Inflationsneutralitätsthese der neoklassischen allgemeinen Gleichgewichtstheorie nur deshalb abweicht, weil eine **"theoriefremde"**, empirisch-historische **Annahme** eingeführt worden ist. Und zwar wird Geld in dem neoklassischen monetären Wachstumsmodell in der Form von Außengeld eingeführt, das kostenlos produzierbar ist und nicht verzinst wird. Die **Nichtverzinsung von Außengeld**, das ja eine reale Staatsverschuldung darstellt, ist nun letztlich Grundlage für den Rückgang der erwarteten Ertragsrate der Realkassenhaltung bei erwarteter Inflationszunahme, der dann zu einer Vermögensumschichtung mit der Folge realer Inflationseffekte führt[230]. Es ließe sich aber demgegenüber sehr wohl eine Verzinsung der Geldhaltung vorstellen, wenn man die Möglichkeit in Betracht zieht, das staatliche Geldausgabemonopol abzuschaffen, was in den letzten Jahren auch verschiedentlich gefordert worden ist (z.B. von Hayek [1977]). Eine andere

---

[228] Zu den grundlegenden Arbeiten zählen Tobin [1965] und Sidrauski [1967].

[229] Die *Begründung* lautet vereinfacht wie folgt: Bei einer steigenden erwarteten Inflationsrate steigt auch der Nominalzins. Ein steigender Nominalzins führt jedoch zu einem Rückgang der realen Geldnachfrage, da die Opportunitätskosten der Geldhaltung pro Geldeinheit gestiegen sind. Das Sparen in Form der Realkasse sinkt, und es bleibt ein größerer Teil des verfügbaren Einkommens für das Sparen in Form von Realkapital übrig. Zu den Modellannahmen im einzelnen siehe z.B. Wagner [1985].

[230] Entscheidend für die Existenz dieser Effekte sind die Zinsabhängigkeit der realen Geldnachfrage und die Reaktion des Nominalzinses auf die erwartete Inflation.

Möglichkeit wäre die freiwillige Zahlung einer marktentsprechenden Verzinsung der (Außen-)Geldhaltung durch den Staat. Durch eine Marktverzinsung von Innengeld wie auch von Außengeld würde der Opportunitätskostenanstieg der Realkassenhaltung bei einer Inflationszunahme absorbiert und die Inflationsneutralität - im neoklassischen Modell - wiederhergestellt.

Hiermit soll beispielhaft ausgedrückt werden, daß erst durch die Einführung empirisch-historischer Tatbestände in die traditionelle neoklassische Gleichgewichtsmodellanalyse deren Inflationsneutralitätsthese widerlegt und die einzelnen **Entstehungsgrundlagen für reale Effekte von Inflation** herausgearbeitet werden können. Die hierfür wesentlichen empirisch-historischen Tatbestände sind:

1. Regulierungen (institutionelle Starrheiten)
2. Transaktionskosten
3. Unvollkommene Information
4. Strukturheterogenitäten.

Zu 1.: Unter "**Regulierungen**" werden hier administrative Verordnungen, Gesetze und gewisse formale längerfristig geltende Kontrakte und Vereinbarungen verstanden. Im Prinzip sind solche Regulierungen jederzeit abschaffbar. Gesellschaftlich erfüllen sie jedoch eine wichtige, manchmal bestandsnotwendige Funktion. Inflationskosten, die wegen solcher Regulierungen entstehen, kann man im weitesten Sinne als Kosten der Regulierungen auffassen. Die wesentlichen Regulierungen in Bezug auf Inflationseffekte sind

a. die *staatliche Monopolisierung der Geldausgabe*

(Dies ist - zusammen mit der Nichtverzinsung der Geldhaltung - auch die zentrale Grundlage der Theorie der Seignioragefinanzierung!)

b. eine *nominalwertorientierte Steuer- und Abschreibungsgesetzgebung*

Vor allem zwei Inflationseffekte sind hier zu nennen: (1) Die in vielen Ländern gegebene Steuerprogression führt dazu, daß mit der Inflation die Steuerbelastung steigt, was entweder die Konsumnachfrage oder die Spartätigkeit der privaten Haushalte oder beides reduziert. (2) Die verbreitete Besteuerung von "Scheingewinnen" führt zu Substanzverlusten bei den Unternehmen.[231]

c. *feste Wechselkurse*

Wenn durch formale Kontrakte oder Vereinbarungen zwischen verschiedenen Staaten feste Tauschverhältnisse der Währungen festgelegt werden, vermindern sich die Exportchancen und damit die Realkapitalbildung der Länder, deren Inflationsrate höher ist als die Inflationsrate anderer Länder, sofern nicht eine totale Arbeitsteilung zwischen diesen Ländern gegeben bzw. festgelegt ist.

---

[231] Man muß hier berücksichtigen, daß es sich bei den genannten Effekten um *Umverteilungen zugunsten des Staates* handelt. Ob diese Umverteilungen gesamtwirtschaftlich zu "Kosten" oder "Erträgen" führen, hängt auch von der *Verwendung* dieser Inflationsgewinne durch den Staat ab. (Dies gilt auch für den vorhergehenden Punkt a. bzw. die Seignioragefinanzierung des Staates.) A priori läßt sich darüber nicht viel aussagen. Und auch die ganzen Berechnungen von entsprechenden "Inflationskosten" sind nur bei Akzeptanz vieler Modellannahmen aussagekräftig (vgl. hierzu auch Orphanides und Solow [1990]).

Zu 2.: Unter "**Transaktionskosten**" werden hier Aufwendungen verstanden, die in der Vorbereitung, in der Durchführung und als Folgewirkung von ökonomischen Tauschhandlungen anfallen. Als wichtigste *Arten* von Transaktionskosten kann man (1) die Kosten im Zusammenhang mit der Geldhaltung[232], (2) die Absatzkosten und (3) die Kosten der Lohnverhandlungen hervorheben. Die Behauptung hier ist nun, daß mit zunehmender Inflation auch die Transaktionskosten in einer Wirtschaft steigen. Hierbei ist zu denken an die Kosten häufigeren Änderns von Preislisten, Lohnlisten etc.[233], an die Kosten der Ökonomisierung der Geldhaltung, der Optimierung des Absatzes und der Lohnfindung. Inflation ändert ja die Ausgangsdaten des Optimierungsprozesses, so daß Anpassungsprozesse und dadurch Suchkosten auftreten.

Zu 3.: "**Unvollkommene Information**" bedeutet hier *mehr als die Ungewißheit über das Eintreten von bestimmten zukünftigen Umweltzuständen.* Denn wie die neoklassische allgemeine Gleichgewichtstheorie gezeigt hat, existiert auch bei einer solchen "statistischen" Ungewißheit zumindest für eine Modellwirtschaft mit vollständiger Marktstruktur (- d.h. mit Gegenwartsmärkten für sämtliche Güter, gegenwärtige und zukünftige -) ein allgemeines und paretoeffizientes Gleichgewicht, wobei Geld in einer solchen Modellwirtschaft keine Rolle spielt. Die angesprochene "natürliche" oder "exogene" Ungewißheit über Umweltzustände würde dann durch Abschlüsse von *bedingten* Kontrakten in Abhängigkeit vom jeweiligen Umweltzustand "handhabbar" gemacht. Informationsunvollkommenheit muß also weiter gefaßt werden, um Nichtneutralität von Inflation hinreichend begründen zu können.

Zumindest zwei Erweiterungen sind denkbar und werden zur Erklärung von realen Effekten der Inflation auch herangezogen. Die *erste Erweiterung* gründet auf der zusätzlichen Annahme von unvollständigen Informationen zwischen Märkten. Beispiele der ersten Erweiterung finden sich in der monetaristischen Erklärung der kurzfristigen Phillipskurve (Friedman [1968]) und in der monetären Konjunkturerklärung innerhalb der "Neuen Klassischen Makroökonomie" (Lucas [1975]). Die *zweite Erweiterung* betont den Aspekt der "echten" Erwartungsunsicherheit im Sinne von Knight [1921], den auch Keynes [1936] in das Zentrum seiner damaligen ökonomischen Analyse gestellt hatte. Entscheidend ist hier, daß die jeweiligen subjektiven Wahrscheinlichkeiten oder Ansichten den Wirtschaftssubjekten gegenseitig nicht bekannt sind. Dementsprechend werden sie auch die Möglichkeit von "false trading" (Tausch und Produktion zu Ungleichgewichtspreisen) berücksichtigen müssen[234]. Marktpreis(verhältniss)e sind dann nicht mehr ohne weiteres als Knappheitssignale interpretierbar. Damit geht jedoch die zentrale Funktion des Preismechanismus in einer Marktwirtschaft verloren. Dies gilt insbesondere bei Inflation (siehe näher unten). Fehlinterpretationen und darauf basierende Fehlinvestitionen treten dann (häufiger) auf[235].

---

[232] - bzw. allgemeiner: der Portfoliooptimierung.

[233] Dies ist in der Literatur auch unter dem Begriff "menu costs" bekannt.

[234] Diese Unsicherheit ist auch nicht über ein Risikoprämiensystem versicherbar, da die "objektiven" Wahrscheinlichkeiten wie angenommen nicht bekannt sind. Man spricht hier auch von "strategischer" oder "Verhaltensunsicherheit".

[235] Siehe hierzu auch Leijonhufvud [1977].

Zu 4.: Unter "**Strukturheterogenitäten**" werden hier zum einen Informationsunterschiede und zum anderen Marktstrukturunterschiede verstanden.

Informationsunterschiede implizieren bei einem Teil der Wirtschaftssubjekte (zumindest vorübergehend) *falsche* Erwartungen und führen darüberhinaus zu *unterschiedlichen* Reaktionen auf (erwartete) Inflation.

Marktstrukturunterschiede wirken sich dagegen in zeitlichen und intensitätsmäßigen Unterschieden von Einzelpreisanpassungen an erwartete und laufende Inflationsraten aus. Sie bilden somit auch die Grundlage für eine (oft behauptete[236]) zunehmende Streuung von relativen Preisen bei steigender Inflation.

Unterschiede zwischen langfristigen und kurz- bis mittelfristigen Wachstumseffekten

Die in Abschnitt III.1 des Übersichtsteils erläuterte Grundsatzkontroverse in der modernen Makroökonomie bezieht sich hauptsächlich auf die *langfristigen* Wachstumseffekte von Inflation. Wenn wir uns auf die in der modernen Makroökonomie dominierende *neoklassische* Wachstumstheorie beziehen, so wird die langfristige Wachstumsrate und mithin die ökonomische Entwicklungsdynamik im wesentlichen durch die Rate des technischen Fortschritts bestimmt (siehe oben im 2. Kapitel). Wenn man also einen Einfluß von Inflation auf die langfristige Wachstumsrate begründen will, muß man letztlich eine Wirkung der Inflation auf den technischen Fortschritt nachweisen können.

Ein direkter, theoretisch überzeugend begründbarer **Zusammenhang zwischen Inflation und technischem Fortschritt** ist schwer herstellbar. Dies gilt vor allem für den exogenen Teil des technischen Fortschritts. Hinsichtlich des endogenen, im und durch den Kapitalakkumulationsprozeß selbst erzeugten, Teils des technischen Fortschritts hingegen läßt sich folgender Zusammenhang anführen. Wie oben erwähnt (vgl. ausführlicher in Wagner [1983: 3. Kap.]), nehmen bei bzw. mit Inflation die Transaktionshandlungen innerhalb gewisser notwendiger unternehmerischer Aktionsbereiche zu. Da diese Transaktionshandlungen Ressourcen verschlingen, ohne daß sie den Output steigern, kann man daraus schließen, daß dadurch die Kapitalproduktivität tendenziell mit der Inflationsrate sinkt. Dies gilt ebenso für die Arbeitsproduktivität. Über diesen indirekten Weg wird dann auch die endogene Rate des technischen Fortschritts negativ tangiert.

Insbesondere **drei Aspekte** sind **hier** relevant:

a) Da Geld das Aktivum mit den geringsten Grenzkosten der Informationsbeschaffung und des Tauschvollzugs ist, bedeutet eine *inflationsbedingte Reduzierung der realen Geldhaltung* eine Erhöhung der Transaktionskosten. Die für die Abwicklung von Tauschvorgängen erforderlichen re-

---

[236] Empirisch ist dieser Zusammenhang jedoch umstritten. (Dies gilt aber auch für andere, in diesem Abschnitt angesprochene Zusammenhänge.) Vgl. hierzu z.B. Fischer [1981] sowie (zusammenfassend) Driffill, Mizon und Ulph [1990: 1050ff]. Von daher zählt auch der Forschungsbereich der "Kosten der Inflation" noch immer zu den Bereichen mit verhältnismäßig großen Erklärungslücken. Vgl. ebda.

alen Ressourcen (Arbeitszeit und Kapital) werden größer. [Geld wird hier als Produktionsgut betrachtet.]

b) Die oben beschriebene *größere Unsicherheit bei Inflation* bezüglich der Interpretation von Preisänderungen, verstärkt noch durch die Zunahme der Streuung von relativen Preisen bei Inflation, führt ganz allgemein zu einem *Anstieg der Informationssammlungskosten*, um die gestiegene Unsicherheit bezüglich der Marktpreissignale zu kompensieren.

c) Da Inflation mit *häufigeren Preisänderungen* verbunden ist, steigen auch die Gesamtkosten der Preisänderungen (Transaktionskosten). Dieser insbesondere im Absatz- und im Beschaffungsbereich anfallende Anstieg von Transaktionskosten[237] bedeutet "produktionstechnisch"-statistisch ein Absinken der Faktorproduktivitäten. Bildlich ausgedrückt verschiebt sich die Produktionsmöglichkeitenkurve im 2-Güter-Diagramm nach innen (Richtung Koordinatenpunkt). Makroökonomisch ausgedrückt sinkt der mögliche Output einer Volkswirtschaft. Das heißt auch, die Realkapitalinvestitionen werden weniger "produktiv".

Nun muß man allerdings folgendes berücksichtigen. Zumindest ein Teil dieser Inflationswirkungen ist letztlich nicht auf eine expansive Prozeßpolitik (hier Geldmengensteigerung), sondern auf die zugrundliegenden Regulierungen (wie z.b. die Nichtverzinsung der Geldhaltung) zurückzuführen. Bei Auflösung dieser Regulierungen würden sich auch die beschriebenen Inflationswirkungen verringern. Es handelt sich also - wie oben schon gesagt - *zum Teil* um *Kosten der Regulierungen,* wobei *allerdings* zu beachten ist, daß diese Regulierungen eine notwendige Voraussetzung für die Stabilisierung des politischen und soziokulturellen Systems einer Gesellschaft sein können. Regulierungen sind jedoch nichts anderes als (der Auslöser) mikroökonomische(r) Verzerrungen. Und daß mikroökonomische Verzerrungen die langfristige Wachstumsrate beeinflussen können, ist auch innerhalb der Neuen Klassischen Makroökonomie weitgehend akzeptiert[238]. Insofern herrscht innerhalb der Neuen Klassischen Makroökonomie die Meinung vor, es handle sich bei der häufig geäußerten Behauptung, Prozeßpolitik habe Auswirkungen auf die langfristige Wachstumsrate, um eine Mißinterpretation der Tatsachen, die selbst auf einer nicht wahrgenommenen Scheinkorrelation beruht. Das bedeutet, Prozeßpolitik ist hiernach nur bei Vorliegen bestimmter Regulierungen, jedoch nicht grundsätzlich (d.h. ohne diese), wirksam.

Allerdings bleibt ein Punkt, der in der Neuen Klassischen Makroökonomie systematisch ausgeblendet wird, und das ist das **Problem** möglicher **"echter" Unsicherheit** und der darauf gründenden **Koordinationsprobleme**[239]. (Dies kann man auch als das Hauptunterscheidungsmerkmal zwischen Neoklassikern und Keynesianern bezeichnen.) Wenn es unvollkommene Information im Sinne "echter" oder strategischer Unsicherheit (siehe oben) gibt, so kommt es dadurch bei prozeßpolitisch herbeigeführter Inflation zu vermehrten Fehlinvestitionen, geringerer Produktivität und geringerem Output(wachstum).

---

[237] Auch im Finanzierungsbereich fallen zusätzliche Transaktionskosten an durch den Zwang zu häufigerer Ökonomisierung der Vermögenshaltung. Vgl. hierzu z.B. Wagner [1982].

[238] Vgl. z.B. Sala-I-Martin [1991].

[239] Dagegen wird das Problem der "menu costs" (Kosten der Preisänderungen) von den Neuklassikern anerkannt, jedoch als quantitativ eher marginal betrachtet.

"'Reale' (nachfragebedingte) Preissignale überlagern sich dann nämlich mit rein inflationsbedingten (kostenbedingten) Preisänderungen, die - verstärkt durch Verzögerungen in den Preisanpassungen - für die Wirtschaftssubjekte nicht mehr unterscheidbar sind von den ersteren. Die Wirtschaftssubjekte können sich nicht mehr in ihren Planungen auf die Informationsfunktion der Markt-Preisrelationen verlassen. Fehlinterpretationen und darauf gründende Fehlinvestitionen treten nun (häufiger) auf. Dies zwingt die Wirtschaftssubjekte, (mehr) knappe Ressourcen (Arbeitszeit und Kapital) aufzuwenden, um die Informationen zu erlangen, die die Marktpreise nicht mehr oder nicht mehr zuverlässig genug liefern. Falls auch dadurch die entstandene Informationslücke bezüglich der Signalfunktion der Preisänderungen nicht füllbar ist (...), wird diese in der Investitionsrechnung durch einen subjektiven 'Unsicherheitsabschlag' berücksichtigt werden müssen. Beides wird jedoch die erwartete unsicherheitsbereinigte Rendite einer Investition (...) verringern und damit tendenziell zu einer Einschränkung der Realkapitalbildung führen."[240]

Wir haben bislang von den prozeßpolitisch begründeten Inflationswirkungen auf die *langfristige* Wachstumsrate gesprochen, da dies auch in der besagten Grundsatzkontroverse innerhalb der modernen Makroökonomie thematisiert wird. Wichtiger oder zumindest genauso wichtig für die entwicklungspolitischen Strategien scheinen jedoch die *kurz- bis mittelfristigen* Wachstumseffekte zu sein. Denn wie im Übersichtsteil erläutert, hängt der Erfolg von entwicklungspolitischen Strategien in der politischen Praxis häufig vom kurz- bis mittelfristigen Erfolg ab. Wenn inflationäre Schübe beispielsweise mittelfristige (d.h. jahrelange) Wachstumseinbußen bewirken, wird dies auch zu Umsetzungsschwierigkeiten des ordnungspolitischen Teils von Entwicklungsstrategien führen (siehe hierzu näher im 5. Kapitel des vorliegenden Buches). Dies ist als Warnung vor einem reinen Langfristdenken bei der Entwicklung wirtschaftspolitischer Strategien zu verstehen.

Es ist hier aber auch noch ein anderer Punkt hervorzuheben, der im Zusammenhang mit der Unterentwicklungsdebatte des 2. Kapitels eine Rolle spielt. Selbst wenn durch inflationäre Wirtschaftspolitik "nur" die kurz- bis mittelfristige Wachstumsrate betroffen wird (würde), bedeute(e) dies eine Änderung des langfristigen *Outputniveaus*. Folglich kommt es auf jeden Fall zu *unterschiedlichen BSP/Kopf-Niveaus in unterschiedlichen Inflationsregimen*. Wenn also Entwicklungsländer, wie oben erläutert, im Durchschnitt eine höhere Inflation(sneigung) aufweisen, und Inflation das Outputniveau negativ beeinflußt, so würde sich (schon) hieraus ein anhaltend geringeres Outputniveau pro Kopf in diesen Ländern ableiten lassen.

Schließlich ist auch noch zu berücksichtigen, daß - wie die Praxis klar zu beweisen scheint - hohe Inflation schädliche *Auswirkungen auf die Stabilität anderer gesellschaftlicher Subsysteme* (wie das politische System und das Wertesystem) ausübt[241]. Diese Destabilisierungen können jedoch selbst wieder Rückwirkungen auf die Stabilität des Wirtschaftssystems und damit auf die ökonomische Entwicklungsmöglichkeit eines Landes haben[242].

---

[240] Wagner [1985: 213f.].

[241] Vgl. hierzu z.B. Wagner [1983] sowie Dornbusch, Sturzenegger und Wolf [1990].

[242] Vgl. auch Wagner [1992: Einführung].

E-VI. Die Weltbank zur Wirksamkeit von Reformprogrammen

In diesem kurzen Abschnitt sollen dokumentarisch aus dem 'Weltentwicklungsbericht 1991' einige Untersuchungsergebnisse und Einschätzungen der Weltbank zur Wirksamkeit von Reformprogrammen wiedergegeben werden. Diese sind u.a. auch deswegen erwähnenswert, weil hierauf die (zukünftigen) Strategieentwicklungen der Weltbank wie auch anderer entwicklungspolitischer Institutionen mit gründen.

1. Marktverzerrungen und Produktivität : Empirische Belege[243]

"Ein wirtschaftspolitisches Umfeld, das das Unternehmertum fördert - indem es Preissignale sichtbar macht und die Reaktion darauf ermöglicht - kann die Produktivität von Investitionen radikal verbessern. Die Erfahrungen der Weltbank und der internationalen Finanz-Corporation (IFC) als Kreditgeber für öffentliche und private Investitionsprojekte belegen dies.

Weltbank- und IFC-Projekte werden nach ihrer Fertigstellung mit den gängigen Methoden der Kosten-Nutzen-Analyse evaluiert. Für 1.200 solcher Projekte aus den letzten zwei Jahrzehnten wurden interne Zinssätze (IZ), die den volkswirtschaftlichen Ertrag des Projekts (oder seine Produktivität) messen, mit verschiedenen Indikatoren für Marktverzerrungen verglichen...

Die Indikatoren für Verzerrungen betreffen z.B. den Außenhandel (wie hoch sind die Zölle und wie verbreitet sind nichttarifäre Handelshemmnisse?), den Wechselkurs (wie hoch ist das Aufgeld für Devisen am Parallelmarkt?), das Zinsniveau (sind die realen Zinssätze negativ oder positiv?) und die Belastung der Finanzmärkte durch den öffentlichen Sektor (wie groß ist das staatliche Budgetdefizit?). Welchen Indikator man auch heranzieht, immer zeigt sich, daß die IZ bei unverzerrten Märkten am höchsten und bei verzerrten Märkten am niedrigsten sind. In einem verzerrungsfreien wirtschaftspolitischen Umfeld können Projekte im Durchschnitt einen mindestens 5 Prozentpunkte höheren IZ aufweisen als in einem durch Verzerrungen geprägten Umfeld ... Mit anderen Worten, eine verzerrungsfreie Politik erhöht die Produktivität von Projekten mit wenigen Ausnahmen mindestens um die Hälfte. Dies hat eindrucksvolle Konsequenzen für das Wachstum: Ein Anstieg des IZ um 5 Prozentpunkte würde eine nachhaltige Zunahme der jährlichen Wachstumsrate des BIP pro Kopf um mehr als 1 Prozentpunkt bedeuten.

Im großen und ganzen sind diese Ergebnisse unabhängig davon, welche Indikatoren für Marktverzerrungen und welche volkswirtschaftlichen Sektoren man betrachtet."

---

[243] Weltbank [1991b: 97f.].

2. "Zur Einschätzung des Effekts von Anpassungsprogrammen"[244]

"Seit Anfang der achtziger Jahre haben viele Entwicklungsländer wirtschaftliche Anpassungsprogramme eingeleitet. Diese Programme, die üblicherweise vom IWF und der Weltbank unterstützt werden, sind auf die Überwindung binnen- und außenwirtschaftlicher Ungleichgewichte ausgerichtet sowie - in unterschiedlichem Ausmaß - auf die Veränderung wirtschaftlicher Anreize und Institutionen.

Waren diese Programme erfolgreich? Diese Frage läßt sich nicht einfach beantworten. Veränderungen der externen Einflußgrößen können während des Verlaufs eines Anpassungsprogramms den Erfolg beeinflussen. Auch ohne derartige Veränderungen dürfte es schwierig sein zu sagen, wie die Wirtschaft sich entwickelt hätte, wenn das Programm nicht durchgeführt worden wäre. Und allein die Tatsache, daß ein Programm vom IWF oder von der Weltbank unterstützt wird, bedeutet nicht notwendigerweise, daß wirtschaftspolitische Reformen auch durchgesetzt worden sind.

Anpassungsprogramme umfassen in der Regel sowohl Stabilisierungsmaßnahmen als auch strukturelle Reformen. Kurzfristig kann die Stabilisierung das Produktionswachstum senken. Die Effizienzgewinne und das Produktionswachstum, die von strukturellen Reformen erwartet werden, brauchen typischerweise viel mehr Zeit.

Mehrere Untersuchungen der Effekte von Anpassungsprogrammen verglichen die Entwicklung vor und nach einem IWF-Programm, allerdings ohne Berücksichtigung des Einflusses externer Größen oder ohne die Resultate eines hypothetischen Szenarios (ohne ein derartiges Programm) abzuschätzen. Diese Studien wiesen Verbesserungen in der Zahlungsbilanz nach, doch die Ergebnisse hinsichtlich des Wachstums und der Inflation waren nicht eindeutig.

Andere Untersuchungen der Anpassungseffekte verglichen die Entwicklung in Ländern mit Anpassungsprogrammen mit der in einer Gruppe von Ländern ohne solche Programme. Diese Studien kamen zu dem Ergebnis, daß in den Zahlungsbilanzen der Programmländer Verbesserungen gegenüber der Vergleichsgruppe festzustellen waren, aber keine eindeutigen Ergebnisse hinsichtlich des Wachstums vorlagen. Eine andere Untersuchung fand moderate Verbesserungen der wirtschaftlichen Entwicklung. Der Nachteil dieses Ansatzes ist, daß die Ländergruppe, die an einem Programm teilnimmt oder ein Darlehen empfängt, keine echte Zufallsauswahl aus der Gesamtheit der Länder darstellen muß, solange nicht beide Gruppen die gleichen Ausgangsbedingungen aufweisen.

Der dritte Ansatz besteht darin, ein hypothetisches Szenario (ohne entsprechende Programm-Maßnahmen) zu entwerfen, wobei man von den historischen Erfahrungen des Landes mit ähnlichen gesamtwirtschaftlichen Ungleichgewichten ausgeht. Studien dieser Art identifizieren einen starken Zusammenhang zwischen dem Programm oder Darlehen und den Verbesserungen in der Zahlungsbilanz, sie fanden einen negativen Effekt auf die Investitionen, aber kaum einen Wachstumseffekt. Khan (1990) kam zu dem Ergebnis, daß der Wachstumseffekt unmittelbar nach dem Programm negativ ist. Untersuchungen der Weltbank stellten einen positiven Effekt auf das Wachstum fest, allerdings nur für Länder, die zu einem früheren Zeitpunkt Darlehen empfangen

---

[244] Ebda: 138.

hatten (Länder, bei denen seit Beginn der Reform drei oder mehr Jahre vergangen waren)."

3. Teil:
Umsetzung

Im 1. Teil der Arbeit hatten wir uns nach einführenden Definitions- und Konzeptionsbetrachtungen mit der Frage beschäftigt, ob internationale Entwicklungspolitik überhaupt notwendig ist und unter welchen Bedingungen Industrieländer hierzu bereit sind. Im 2. Teil sind wir dann auf die wirtschaftstheoretische Begründung moderner entwicklungspolitischer Strategien eingegangen. Im vorliegenden 3. Teil geht es nun vor allem um das **Problem der Umsetzung** adäquater Strategien. Zuerst sollen im 4. Kapitel in einer Art institutionellen Exkurses die wichtigsten organisatorischen Träger der entwicklungspolitischen Umsetzung dargestellt werden[1]. (Den mit den Institutionen der Entwicklungshilfepolitik vertrauten oder ausschließlich an den theoretischen Fundierungen interessierten Lesern sei empfohlen, dieses Kapitel zu "überspringen".) Im 5. Kapitel wird dann allgemein der Frage der Umsetzungsschwierigkeiten von entwicklungspolitischen Strategien oder Auflagensetzungen nachgegangen.

---

[1] Auch wenn dieser Institutionen-Einschub manchem Leser als eine Art "Fremdkörper" oder als "Stilbruch" erscheinen mag, ist er - so glaube ich - für Studenten doch sehr nützlich - einmal aus allgemeinem kontextuellen Interesse heraus und zum anderen, da auf einige der angesprochenen Organisationen im Laufe des Buches häufiger explizit Bezug genommen wird.

4. Kapitel:
Organisatorische Träger

(Ein institutioneller Exkurs)

Übersicht

In diesem Kapitel werden die wichtigsten Organisationen, die mit der Umsetzung internationaler Entwicklungspolitik befaßt sind, beschrieben[2]. Es wird dabei zwischen multinationalen und bilateralen Organisationen unterschieden.

Unter den **multinationalen Organisationen** werden folgende Institutionen behandelt:

- die "Weltbank",
- der "Internationale Währungsfonds" (IWF),
- die großen regionalen Entwicklungsbanken,
- das UN-Entwicklungsprogramm (UNDP),
- die FAO (Food and Agricultural Organization).

Bei den **bilateralen Organisationen** wird hauptsächlich auf die *deutschen* Institutionen abgestellt, und zwar auf

- die "Deutsche Gesellschaft für Technische Zusammenarbeit" (GTZ),
- die "Kreditanstalt für Wiederaufbau" (KfW),

sowie kurz auf

- einige weitere Institutionen wie die "Deutsche Finanzierungsgesellschaft für Beteiligungen in Entwicklungsländern" (DEG) und den "Deutschen Entwicklungsdienst" (DED).

Bei der Beschreibung dieser Organisationen wird jeweils den Gliederungspunkten "Entstehungsgeschichte", "Ziele und Aufgaben", "Organisation" sowie "Entwicklungshilfepolitik und Finanzierung" gefolgt.

Außerdem wird in diesem Kapitel zu Beginn des Abschnitts II eine kurze Übersicht über die unterschiedlichen Organisationsformen der Entwicklungshilfepolitik in einigen ausgewählten OECD-Ländern sowie ein sehr kurzer Abriß der Geschichte der (west)deutschen Entwicklungshilfe gegeben.

---

[2] Ich beschränke mich dabei - entsprechend der Fassung des Begriffs "Entwicklungspolitik" im 1. Kapitel - auf die Darstellung "öffentlicher" (Makro-)Organisationen der Geberländer. Auf die in den letzten Jahren sehr stark diskutierten "Nichtregierungsorganisationen" (NGOs) wird hier deshalb nicht eingegangen. Vgl. hierzu z.B. Paul und Israel [1991].

I. Multilaterale Organisationen

1. Die Weltbank[3]

Zur Weltbankgruppe werden die **IBRD** (International Bank for Reconstruction and Development), die **IDA** (International Development Association), die **IFC** (International Finance Corporation), und die **MIGA** (Multilateral Investment Guarantee Agency) gezählt. Unter dem Begriff Weltbank dagegen werden im offiziellen Sprachgebrauch dieser Institution nur die IBRD und ihre Schwesterorganisation IDA zusammengefaßt.

Die Weltbank ist die mit Abstand größte Institution der Entwicklungsfinanzierung.

1.1 Entstehungsgeschichte

Die Gründung der **IBRD**, die Mitte September 1992 167 Mitglieder zählte[4], erfolgte zusammen mit der des Internationalen Währungsfonds auf der Währungs- und Finanzkonferenz der Vereinten Nationen 1944 in Bretton Woods (USA). Anlaß war der für die Nachkriegszeit erwartete große Bedarf an langfristigem Kapital zum Wiederaufbau der Mitgliedsländer. In den ersten Jahren widmete sich die IBRD auch überwiegend dem Wiederaufbau Europas. Nachdem allerdings ab 1948 die sogenannte Marshallplanhilfe diese Aufgabe übernommen hatte, flossen die Kredite der IBRD in zunehmendem Maße in den Süden.

Die IBRD durfte laut ihren Statuten nur Darlehen, und diese auch nur an Regierungen oder gegen Regierungsgarantie, vergeben, jedoch keine Beteiligungen übernehmen. Dies führte 1956 zur Gründung der **IFC**. Sie ergänzt die Aktivitäten der IBRD, indem sie durch Eigenkapitalbeteiligung, Bereitstellung von Darlehen und technischer Beratung die Errichtung, Modernisierung und Erweiterung privater Industrieunternehmen fördert.

Daß es 1960 zur Gründung einer weiteren Schwestergesellschaft, der **IDA**, kam, lag daran, daß viele Entwicklungsländer nicht mehr in der Lage waren, weiterhin Kredite zu den Konditionen der IBRD aufzunehmen, die sich an kommerziellen Kriterien ausrichten (siehe unten). Mit der IDA wurde ein Finanzierungsinstrument geschaffen, das es erlaubte, Kredite zu "weicheren" Bedingungen zu vergeben: So sind die IDA-Darlehen im Gegensatz zu denen der IBRD unverzinslich; außerdem weisen sie eine längere tilgungsfreie Zeit auf.

---

3 Vgl. zur Weltbank näher z.B. "Handbuch für internationale Zusammenarbeit" [fortlaufend ergänzt] - fortan als HIZ abgekürzt -, Bundesbank [1992], Koll [1988] und Weltbank [1991a].

4 Die Mitgliederzahl hat sich in den letzten Jahren laufend erhöht durch die Integration der neuen Staaten, die nach dem Zusammenbruch der kommunistischen Länder in Osteuropa einschließlich der früheren Sowjetunion entstanden sind. Die Mitgliedschaft in der IBRD ist die Voraussetzung für die Mitgliedschaft in den anderen Schwestergesellschaften.

Voraussetzung für die Mitgliedschaft in der IBRD ist andererseits die Mitgliedschaft im IWF. Da in der Regel alle Mitglieder des IWF auch der Weltbank beitreten, ist die Mitgliedsstruktur beider Organisationen weitgehend identisch.

Als jüngstes Mitglied der Weltbankgruppe wurde 1988 die **MIGA** gegründet. Ihre Aufgabe ist es, ausländische Direktinvestitionen insbesondere in Entwicklungsländern durch Garantien gegen nicht-kommerzielle Risiken abzusichern, um so Direktinvestitionen aus den Industrieländern zu fördern.

1.2 Ziele und Aufgaben

Das gemeinsame Ziel aller Institutionen der Weltbankgruppe ist es, die wirtschaftliche Entwicklung in ihren weniger entwickelten Mitgliedsländern durch finanzielle und andere Hilfen zu fördern. Jede der Institutionen ist dabei für verschiedene Teilaspekte zuständig und verfolgt verschiedene Vergabepolitiken.

IBRD

Die IBRD betreibt Entwicklungsförderung durch die Vergabe langfristiger Darlehen und Kredite für produktive Zwecke. Sie darf Kredite nur dann vergeben, wenn die Regierungen der Empfängerländer entweder selbst Empfänger der Kredite sind oder aber ihre Rückzahlung garantieren. Da sich der von ihr geforderte Darlehenszins an den Marktkonditionen ausrichtet[5] und sie darauf zu achten hat, daß die Nehmerländer in der Lage sind, die Darlehen einschließlich der Zinsen zurückzuzahlen, sind die Kreditnehmer meist Entwicklungsländer mittleren Einkommens. Regional gesehen handelt es sich dabei im wesentlichen um die Länder Lateinamerikas und Asiens.

IDA

Die IDA vergibt Kredite mit einer längeren Laufzeit, einer längeren tilgungsfreien Zeit und "weicheren" Konditionen an Entwicklungsländer der untersten Einkommensgruppe. Für diese Länder (vornehmlich die Länder Afrikas und die armen Länder Asiens) würden die Darlehen der IBRD eine zu hohe Belastung ihres Haushalts und ihrer Zahlungsbilanz darstellen.

IFC

Die IFC sieht ihre Aufgabe darin, die privatwirtschaftliche Initiative in ihren weniger entwickelten Mitgliedsländern zu fördern. Sie mobilisiert hierfür Mittel an den internationalen Kreditmärkten, gewährt technische Hilfe und übernimmt Bürgschaften. Dadurch versucht sie, eine Katalysatorfunktion für den Mittelzufluß aus kommerziellen Quellen in die Entwicklungsländer zu übernehmen.

MIGA

Aufgabe der MIGA ist es, den Zufluß ausländischer Direktinvestitionen in ihre weniger entwickelten Mitgliedsländer zu fördern. Dazu stehen ihr ein Bürgschaftsprogramm und ein Beratungsprogramm zur Verfügung. Mit dem Bürgschaftsprogramm wird für die Anleger ein Versicherungsschutz gegen nicht-kommerzielle Risiken (wie Währungsinkonvertibilität, Enteignung, Krieg etc.) angeboten. Im Rahmen des Bera-

---

[5] Trotz der Ausrichtung des Darlehenszinses an den Marktkonditionen ergibt sich für die Darlehensnehmer immer noch ein Kostenvorteil, da die Weltbank aufgrund ihrer hervorragenden Bonität Kapital zu sehr günstigen Konditionen aufnehmen und weiterverleihen kann.

tungsprogramms werden Regierungen der sich entwickelnden Mitgliedsländer beraten, wie sie ein attraktives Umfeld für ausländische Investitionen schaffen können.

1.3 Organisation

Alle vier Institutionen der Weltbankgruppe haben zwar eine eigene Rechtspersönlichkeit, sind praktisch aber durch eine gemeinsame Leitung und Geschäftsführung integriert.

An der Spitze der Weltbank steht ein Gouverneursrat, für den jedes Mitgliedsland einen Vertreter (in der Regel den Wirtschafts- oder Finanzminister) sowie einen Stellvertreter ernennt. Der Gouverneursrat überträgt die meisten politischen Entscheidungen auf ein Exekutivdirektorium, das aus 21 Personen besteht, von denen 5 von den Mitgliedern mit den höchsten Kapitalanteilen ernannt werden. Die Exekutivdirektoren wählen den Präsidenten, der die laufenden Geschäfte nach Weisung des Direktoriums führt, für eine Amtszeit von jeweils 5 Jahren. Bei Abstimmungen richtet sich das Stimmengewicht des einzelnen Landes nach der Höhe seines Kapitalanteils, der die relative wirtschaftliche Stärke des Landes widerspiegelt. (Allerdings verfügen alle Mitglieder, unabhängig von ihren Kapitalanteilen, über eine Mindeststimmenzahl. Das gilt sowohl für die Weltbank als auch für den IWF.) Die in der OECD zusammengeschlossenen Industrieländer waren 1992 insgesamt mit rund 60 % am Gesamtkapital beteiligt, die USA hielten allein 18 %. Dementsprechend dominierend ist ihre Stellung in der Weltbank und im IWF.

1.4 Entwicklungshilfepolitik und Finanzierung

Die verschiedenen Schwesterorganisationen der Weltbankgruppe haben sowohl verschiedene Aufgaben und dementsprechend Entwicklungshilfepolitiken als auch verschiedene Finanzierungsquellen. Dies wird im folgenden kurz beschrieben.

IBRD[6]

Die IBRD kann an alle Mitgliedsländer Darlehen vergeben. Sie refinanziert sich dabei zu etwa 90 % über den internationalen Kapitalmarkt. Weitere Finanzierungsquellen ergeben sich aus den Rückflüssen aus früher vergebenen Darlehen und den erwirtschafteten Gewinnen. Die Kapitaleinzahlungen der Mitglieder spielten nur zu Anfang eine nennenswerte Rolle.

Die ausstehenden ausgezahlten Darlehen betrugen im Geschäftsjahr 1992 insgesamt 101 Mrd. US-Dollar, die gesamten Anleiheverbindlichkeiten 92 Mrd. US-Dollar.[7] Die Darlehen sind mit einem variablen Zinssatz ausgestattet, der unabhängig von der Währung ist, in der das Darlehen ausgezahlt wird bzw. zurückgezahlt werden muß. Der Zinssatz wird halbjährlich festgesetzt und errechnet sich aus dem Durchschnitt der entstehenden Zinskosten bei der Refinanzierung plus 0,5 %. Die Laufzeit beträgt 15-20 Jahre bei 3-5 Jahren tilgungsfreier Zeit. Die genaue Laufzeit richtet sich nach der Art des zu finanzierenden Projektes und dem Schuldnerland.

---

[6] Vgl. zu den Angaben den 'Jahresbericht 1992' der Weltbank bzw. HIZ [o.Jg.].

[7] Die Zahlen werden im folgenden immer auf- oder abgerundet.

Die Mitgliedsländer der IBRD hatten zum 30.6.1992 ein Kapital von 152 Mrd. US-Dollar gezeichnet, von denen gut 10 Mrd. US-Dollar eingezahlt waren. Die BRD hatte dabei 5,7 % der Anteile gezeichnet.

IDA[8]

Die IDA vergibt ausschließlich Kredite an Länder der untersten Einkommensgruppe. Die Kriterien für die Zuteilung sind zum einen der Bedarf (gemessen an der relativen Armut, der Größe des Landes und der mangelnden kommerziellen Kreditwürdigkeit) und die Fähigkeit, die Mittel effizient einzusetzen (gemessen an der "soliden" Wirtschaftspolitik, den Anstrengungen zur Erzielung von Wirtschaftswachstum und den Bemühungen um eine langfristige, dauerhafte Entwicklung)[9].

Die IDA-Kredite sind mit weichen Konditionen ausgestattet. Sie sind zinslos (bei einer Bearbeitungsgebühr von 0,75% p.a.), und ihre durchschnittliche Laufzeit beträgt 38 Jahre bei 10 tilgungsfreien Jahren. Folglich kann die Refinanzierung auch nicht wie bei der IBRD über den internationalen Kapitalmarkt erfolgen. Stattdessen erhält die IDA die Mittel aus den im dreijährigen Turnus stattfindenden Wiederauffüllungsrunden sowie aus sonstigen zinslosen Beiträgen ihrer Mitglieder, aus den zugewiesenen Gewinnen der IBRD und aus eigenen Gewinnen. Dabei ist der anfangs sehr hohe Beitragsanteil der USA und Großbritanniens an der gesamten Mittelaufbringung über die Jahre hinweg stetig gesunken, während der Beitragsanteil der BRD und insbesondere Japans stark angestiegen ist[10].

IFC[11]

Die IFC erhält ihre Mittel aus den Einzahlungen der Mitgliedsländer auf das Grundkapital, durch die Kreditaufnahme bei der IBRD und aus den laufenden Gewinnen sowie aus Verkäufen früher getätigter Beteiligungen. Außerdem erfolgte in neuerer Zeit auch eine Verschuldung auf den internationalen Kapitalmärkten[12].

Das Grundkapital der IFC betrug im Geschäftsjahr 1991 1,3 Mrd. US-Dollar, auf das 1,15 Mrd. eingezahlt waren. Die gesamte Kreditaufnahme belief sich auf 4,1 Mrd. US-Dollar, wovon auf Kredite der IBRD knapp 1 Mrd. und auf die Kreditaufnahme auf den internationalen Kapitalmärkten 3,2 Mrd. entfielen.

Mit diesen Mitteln unterstützte die IFC etwa 550 Unternehmen in rund 80 Ländern durch Kredite und Beteiligungen. Die gesamten Kreditzusagen betrugen 1991 4,7 Mrd. US-Dollar, die zugesagten Beteiligungen erreichten einen Gesamtwert von 829 Mill. US-Dollar.

---

8   Vgl. zu diesem Abschnitt ebda sowie Katz [1989] und Stern [1990].

9   Vgl. etwa den Weltbank-Jahresbericht von 1990, S. 41. Hierbei kann es sich natürlich letztlich nur um subjektive Einschätzungen der Weltbank-Mitarbeiter handeln.

10 Anfang der 1990er Jahre betrug der Anteil der USA 22%, der Japans 19%, und der der BRD 11%.

11 Vgl. hierzu IFC [1991] sowie Weltbank [1991a].

12 Laut Satzung ist die gesamte Verschuldung jedoch auf das Vierfache des Eigenkapitals beschränkt.

MIGA[13]

Da die MIGA erst vor wenigen Jahren gegründet worden ist, läßt sich bislang noch wenig über ihre bisherige Tätigkeit aussagen. Am Ende des Geschäftsjahres 1991 lagen der MIGA insgesamt 274 vorläufige Anträge auf Übernahme von Bürgschaften vor, gegenüber 116 im vorhergegangenen Geschäftsjahr. Die MIGA übernahm Bürgschaften mit einer Eventualverbindlichkeit von insgesamt 59 Mill. US-Dollar, durch die Projekte mit einem Direktinvestitionsvolumen von 922 Mill. gefördert wurden.

Nach den Standardkonditionen der MIGA werden Projekte auf 15 Jahre versichert. In Ausnahmefällen kann diese Frist aber auch auf 20 Jahre ausgeweitet werden.

2. Internationaler Währungsfonds[14]

2.1 Entstehungsgeschichte

Der Internationale Währungsfonds (**IWF** oder "Fonds") wurde zusammen mit der Weltbank 1944 ins Leben gerufen. Gemeinsames Ziel beider Institutionen ist die Förderung des weltweiten Wohlstandes. Ursprünglich sollten sich die beiden Institutionen bei der Verfolgung dieses Zieles ergänzen. Wie im folgenden aber noch deutlich wird, haben sich ihre Aufgabenfelder im Zeitablauf verschoben und die Tätigkeitsfelder einander angenähert.

Der IWF sollte ursprünglich eine stabile Weltwährungsordnung (in Form des Bretton-Woods-Systems mit an den US-Dollar indexierten Wechselkursen der Teilnehmerländer) garantieren. Hierzu sollte er Mitgliedsländern finanzielle Überbrückungshilfen bei Zahlungsbilanzstörungen zukommen lassen. Mit der Freigabe der Wechselkurse (nach dem Zusammenbruch des Bretton-Woods-Systems) 1973 verringerten sich auch die währungspolitischen Verpflichtungen der Mitgliedsländer gegenüber dem Fonds, was sich in einem verringerten Bedarf der Industrieländer an Fondsmittel ausdrückte. Gleichzeitig wurde der IWF zunehmend mit den außenwirtschaftlichen Problemen der Entwicklungsländer konfrontiert, so daß es in den 1980er Jahren hauptsächlich diese Länder waren, die auf die Fondsmittel zurückgriffen. Da sich die Zahlungsbilanzprobleme der Entwicklungsländer mit dem Ausbruch der Verschuldungskrise vornehmlich als strukturell, also längerfristiger Natur, herausstellten, wurde die bis dahin bestehende Arbeitsteilung zwischen dem IWF, der für die makroökonomischen Rahmenbedingungen zuständig war, und der Weltbank, die sich auf die mikroökonomischen Rahmenbedingungen und Strukturprobleme konzentrieren sollte, aufgeweicht. So kam es zu der oben erwähnten Annäherung der Tätigkeitsfelder beider Organisationen[15].

---

13 Vgl. näher Weltbank [1991a].

14 Vgl. zum IWF näher z.B. Bundesbank [1992], IWF [1991] oder Wagner [1991].

15 Dabei haben sich auch bei der Weltbank im Zeitablauf einige Änderungen ergeben, die eine Annäherung der Tätigkeiten an die des IWF bewirkten. Siehe hierzu auch im 3. Kapitel.

Inzwischen wird denn auch vom IWF die Notwendigkeit einer "mittelfristigen Ausrichtung von Korrekturmaßnahmen" betont. So wurde die Erweiterung der Überwachungstätigkeit auf strukturelle und "andere Fragen, die für das Verständnis der grundlegenden gesamtwirtschaftlichen Entwicklungen und des Gesamtzusammenhangs, in dessen Rahmen die Wirtschaftspolitik formuliert und durchgeführt wird, von Bedeutung sind", offiziell vom Exekutivdirektorium beschlossen[16].

2.2 Ziele und Aufgaben

Der IWF ist eine in erster Linie monetär ausgerichtete Institution, deren Aufgabe in der Überwachung der nationalen Wechselkurs- und Wirtschaftspolitiken sowie in der finanziellen Hilfe zur Überwindung von Zahlungsbilanzproblemen in den Mitgliedsländern besteht. Die in den Statuten festgelegten Ziele beinhalten die Förderung der internationalen währungspolitischen Zusammenarbeit, die monetäre Unterstützung der Ausweitung des Welthandels, die Erhaltung der Ordnung der Währungsbeziehungen und die Verringerung von Zahlungsbilanzungleichgewichten.

Neben finanzieller Hilfe gewährt der IWF auch technische Hilfe, indem er die Mitgliedsländer bei der Ausarbeitung wirtschaftspolitischer und struktureller Programme mit Expertenwissen unterstützt, Experten für eine befristete Zeit in ein Mitgliedsland entsendet und eigene Ausbildungsprogramme durchführt.

Finanzielle Hilfen gewährt der IWF je nachdem nur unter bestimmten wirtschaftspolitischen Auflagen (siehe in Abschnitt 2.4). Überhaupt muß sich jedes Land, das dem IWF beitritt, bereit erklären, die in den Statuten festgelegten Pflichten aus der Mitgliedschaft zu erfüllen. Diese Pflichten beinhalten zum einen die Durchführung einer Wechselkurspolitik und der damit verbundenen Wirtschafts- und Finanzpolitik, die im Einklang mit den IWF-Artikeln steht, sowie die Bereitstellung der zur Überwachung erforderlichen Informationen. Zum anderen erfordern sie die Zahlung von Mitgliedsbeiträgen, der sogenannten "Subskription". Diese Subskriptionsverpflichtung entspricht der "Quote" des Mitgliedslandes, nach der auch die Ziehungsrechte und die Stimmrechte berechnet werden (siehe unten)[17]. Eine marktwirtschaftliche Organisation des Wirtschaftssystems ist dagegen nicht Voraussetzung der Mitgliedschaft.

2.3 Organisation und Mitgliedschaft

Das oberste Entscheidungsgremium des IWF ist der "Gouverneursrat", in den jedes Mitgliedsland einen Gouverneur (i.d.R. den Finanzminister oder den Notenbankpräsidenten) sowie einen Stellvertreter entsendet. Er ist zuständig für die wichtigsten Fragen wie z.B. die Aufnahme neuer Mitglieder, die Festsetzung und Änderung der

---

16 Vgl. IWF [1991: 13].

17 Die "Quote" richtet sich nach der Wirtschaftskraft eines Landes, die nach bestimmten makroökonomischen Kriterien wie dem Bruttoinlandsprodukt, den Währungsreserven und dem Außenhandelsvolumen errechnet wird.

Quoten und die Zuteilung von Sonderziehungsrechten (SZR)[18]. Die laufende Geschäftsführung hat der Gouverneursrat an das aus 22 Regierungsvertretern bestehende "Exekutivdirektorium" übertragen. Sieben dieser Direktoren werden von einzelnen Ländern bestimmt, die restlichen 15 werden von zumeist regionalen Gruppen von Mitgliedsländern gewählt.

Wie bereits erwähnt, richtet sich die Anzahl der Stimmen bei Entscheidungen des IWF nach der jeweiligen Quote, also nach dem Kapitalanteil, eines Landes. Jedes Land hat 250 Grundstimmen sowie 1 Stimme je 100.000 SZR. Die Länder mit den größten Stimmenanteilen waren 1992 die USA (mit 18%), gefolgt von Großbritannien mit 6,6% und der BRD mit 5,7%.[19]

Der IWF hatte im Herbst 1992 etwa 170 Mitglieder, wobei die Mitgliederzahl - bedingt durch die Umbruchprozesse nach dem Zusammenbruch des kommunistischen Ostblocks - fließend war.

2.4 Entwicklungshilfepolitik und Finanzierung

Der IWF finanziert seine Hilfe zum überwiegenden Teil aus den Einlagen der Mitgliedsländer. Außerdem sind diese verpflichtet, dem IWF - innerhalb gewisser Grenzen - ihre Landeswährung gegen Sonderziehungsrechte zu verkaufen. Darüber hinaus besteht für den IWF die Möglichkeit, bei seinen Mitgliedern Kredite aufzunehmen, wobei diese allerdings nicht zu einer Kreditgewährung verpflichtet sind. Schließlich hat der IWF auch noch die Möglichkeit, Kapital auf dem freien Markt aufzunehmen. (Diese Möglichkeit besteht jedoch nur, wenn das Mitgliedsland, in dessen Währung der Kredit aufgenommen wird, seine Zustimmung gibt.) Die gesamten aufgenommenen Kredite beliefen sich (zum 30. April 1991) auf lediglich 4,3 Mrd. SZR, während die Subskriptionen der Mitglieder zu diesem Zeitpunkt 91,1 Mrd. SZR betrugen.

Bei der Mittelvergabe (**finanzielle Hilfe**) unterscheidet der IWF zwischen der Reservetranche und den Kreditfazilitäten. Bei der *Reservetranche* eines Landes handelt es sich um die von diesem Land in den Fonds eingebrachten Fremdwährungen. Eine Mittelvergabe aus der Reservetranche, zu der jedes Mitglied jederzeit berechtigt ist, bezeichnet also keinen Kredit des IWF. Folglich ist diese auch an keine Bedingungen geknüpft. Dagegen stellen Finanzierungsleistungen aus den *Fazilitäten* Kredite des IWF dar, an die Auflagen geknüpft sind. Diese Auflagen steigen mit der Höhe der gewährten Kredite im Verhältnis zur Quote (sog. "Konditionalität"). Die vom IWF unterschiedenen Fazilitäten heißen

- Bereitschaftskreditvereinbarungen (stand by arrangements)
- Erweiterte Kreditvereinbarungen (extended arrangements)
- Politik des erweiterten Zugangs (enlarged access policy)
- Strukturanpassungsfazilität (structural adjustment facility)

---

18 "Sonderziehungsrechte" stellen ein vom IWF geschaffenes Reservemedium dar, das unter anderem als Zahlungsmittel bei Subskriptionszahlungen, aber für den IWF auch bei Krediten und zur Auffüllung knapper Währungsbestände verwendet wird. Die Bewertung erfolgt auf der Grundlage eines gewichteten Währungskorbes, in dem die fünf wichtigsten Währungen enthalten sind. 1 SZR entsprach Ende Februar 1992 1,38 US-Dollar.

19 Nach einer inzwischen beschlossenen Quotenerhöhung ist die BRD gemeinsam mit Japan auf den zweiten Rang vorgerückt.

- Erweiterte Strukturanpassungsfazilität (enhanced structural adjustment facility)
- Fazilität zur Kompensierung von Exporterlösausfällen und externen Störungen (compensatory and contingency financing facility)
- Fazilität zur Finanzierung von Rohstoff-Ausgleichslagern (buffer stock financing facility).

Diese Fazilitäten sind wie gesagt mit unterschiedlichen Auflagen verknüpft, die im ANHANG zu diesem Kapitel näher dargestellt werden. Diese Auflagen sind denn auch der Grund dafür, daß viele Kreditangebote des IWF wie z.B. das 1993 auslaufende stark bezuschußte "Kreditfenster" der erweiterten Strukturanpassungsfazilitäten, das speziell für Länder mit sehr niedrigem Einkommen geschaffen worden war, nur von relativ wenigen Entwicklungsländern genutzt worden ist.

Die gesamten ausstehenden Mittel des IWF beliefen sich am 30.4.1991 auf 25,6 Mrd. SZR. Davon wurden unter Bereitschaftskreditvereinbarungen 9,3 Mrd. SZR ausgeliehen, unter erweiterten Kreditvereinbarungen weitere 8,4 Mrd., unter der Strukturanpassungsfazilität 1,4 Mrd. und unter der erweiterten Strukturanpassungsfazilität 1,2 Mrd. SZR. Die inzwischen beschlossene Quotenerhöhung um 50 % gibt dem IWF die Möglichkeit, die Kreditvergabe um umgerechnet 12 Mrd. US-Dollar zu erweitern.

Die **technische Hilfe** des IWF wird überwiegend von vier verschiedenen Abteilungen gewährt. Das "IMF Institute" ist für die Ausbildung von Beamten aus den Mitgliedsländern zuständig. Es veranstaltet Seminare in der Hauptverwaltung in Washington, aber auch in den Mitgliedsländern selbst. Das "Central Banking Department" gewährt technische Hilfe in den Bereichen des Zentralbankwesens und allgemein des Finanzsektors durch die Entsendung von Experten. Das "Statistical Department" unterstützt die Mitgliedsländer bei dem Aufbau eines makroökonomischen Berichtssystems. Das "Fiscal Affairs Department" schließlich gewährt Hilfe auf dem Gebiet der Fiskalpolitik.

Da die Strukturanpassungspolitik einen größeren Beratungsbedarf der Empfängerländer hervorruft als die reine finanzielle Hilfe bei Zahlungsbilanzungleichgewichten, andererseits Strukturanpassungspolitik auch im Entwicklungshilfekonzept des IWF - wie oben beschrieben - eine immer größere Rolle spielt, hat sich auch die technische Hilfe hin zu einer mehr mittelfristigen Betreuung entwickelt. Da diese technische Hilfe nicht Bestandteil eines Kredits - wie bei der Weltbank - ist, sondern vom IWF kostenlos gewährt wird, werden auch keine Angaben über die absolute Höhe dieser Leistungen bekanntgegeben. Nach Angaben des IWF sind die Leistungen aber in den letzten Jahren beträchtlich gestiegen. Hierzu hat sicherlich auch die verstärkte Inanspruchnahme des IWF durch die osteuropäischen Transformationsländer beigetragen. Diese (kostenlose) technische Hilfe ist insbesondere für diese Länder wie schlechthin für die Entwicklungsländer ganz entscheidend (siehe hierzu auch im Schlußteil).

3. Regionale Entwicklungsbanken

3.1 Asiatische, Afrikanische und Interamerikanische Entwicklungsbank[20]

Bei der Bescheibung dieser drei Banken erfolgt keine getrennte Darstellung, da sich die drei Organisationen untereinander stark ähneln. Alle drei wurden sowohl was Aufbau und Organisation anbelangt wie auch hinsichtlich ihrer Tätigkeiten der Weltbank nachgebildet.

3.1.1 Entstehungsgeschichte

Die Gründung aller drei hier beschriebenen Banken entsprang dem Willen der Gründungsmitglieder, eine Institution zu schaffen, die sich ausschließlich mit den speziellen Problemen der Mitgliedsländer der jeweiligen Region beschäftigt und diese bei ihren Entwicklungsbemühungen durch finanzielle und technische Hilfe unterstützt. Dabei sollte es sich nicht nur um reine Finanzinstitutionen handeln, sondern auch die politische und soziale Integration der Regionen gefördert werden. Bei der "Interamerikanischen Entwicklungsbank" (IDB) und besonders bei der "Afrikanischen Entwicklungsbank" (AfDB) kamen auch Autonomiebestrebungen der Gründungsmitglieder hinzu, die in dem Ausschluß von nicht-regionalen Ländern zum Ausdruck kam.

Die IDB wurde als erste der drei Institutionen von 19 lateinamerikanischen Staaten 1959 gegründet. 1963 wurde dann die AfDB durch 22 afrikanische Staaten ins Leben gerufen. Deren effektive Arbeitsaufnahme verzögerte sich jedoch bis 1966. In diesem Jahr wurde dann auch die "Asiatische Entwicklungsbank" (ADB) gegründet.

3.1.2 Ziele und Aufgaben

Allen drei Entwicklungsbanken ist das Ziel gemeinsam, die wirtschaftliche und soziale Entwicklung der jeweiligen Region zu fördern. Die Organisationen stellen hierfür finanzielle Mittel zur Verfügung und dienen als Katalysator für die Anlage ausländischen Geldes aus privaten und staatlichen Quellen. Darüber hinaus sind sie beratend tätig und leisten auch technische Hilfe. Die Katalysatorfunktion wird besonders bei der IDB deutlich, da sie normalerweise nicht mehr als 50% eines Projektes finanziert. Die Hauptaufgabe der Banken liegt in der Vorbereitung und Unterstützung von Entwicklungsprogrammen und -projekten in den regionalen Mitgliedsländern. Als übergeordnetes Ziel ist die Förderung der wirtschaftlichen Integration der jeweiligen Region in den Aufgabenkatalogen der Banken verankert.

Analog zum Aufbau der Weltbankgruppe wurden auch von den regionalen Entwicklungsbanken Tochterinstitute gegründet, die den Mitgliedsländern eine breite Palette von Hilfsleistungen anbieten sollen.

---

[20] Vgl. näher HIZ [o.Jg.], Bundesbank [1992], sowie die Jahresberichte der drei Entwicklungsbanken.

3.1.3 Organisation und Mitgliedschaft

Bei der *Organisationsstruktur* wird die **Anlehnung an die Weltbank** besonders deutlich. Die Organisationsstruktur entspricht nämlich weitgehend der der Weltbank. Folglich wird hier auf eine (nochmalige) Darstellung verzichtet.

Auch die *Stimmenanteile* der einzelnen Länder werden wie bei IWF und Weltbank zum überwiegenden Teil durch die gezeichneten Kapitalanteile der einzelnen Länder bestimmt. Die ursprüngliche Idee (bei IDB und AfDB), nicht-regionale Länder auszuschließen, konnte allerdings nicht lange aufrechterhalten werden. So zeigte sich insbesondere bei der AfDB, daß ohne die Beteiligung nicht-regionaler Industrieländer keine ausreichende Kapitalbasis zu erreichen war. Aufgrund des Fehlens von kapitalkräftigen Mitgliedsländern, die durch ihre Haftung eine gute Bonität sichern, fand die Bank keinen Zugang zu den internationalen Kapitalmärkten und konnte in der Außenfinanzierung lediglich auf staatliche Kredite zurückgreifen. Zudem herrschte ein Mangel an qualifiziertem Personal für die administrativen und technischen Aufgaben. Deshalb beschloß die AfDB 1979, auch nicht-regionalen Ländern die Mitgliedschaft anzubieten.

Im Gegensatz zu AfDB und IDB bekundete die ADB bereits bei ihrer Gründung den Willen, bei der Hilfe für die asiatischen Länder auch auf die aktive Teilnahme und die finanziellen Ressourcen entwickelter Länder außerhalb der Region zurückgreifen zu wollen. Folglich gehörten der ADB von Anfang an auch nicht-regionale Länder an.

Alle drei Organisationen haben allerdings in ihren Satzungen festgelegt, daß die regionalen Mitgliedsländer eine Stimmenmehrheit behalten sollten. Die AfDB bestand Mitte 1992 aus 50 regionalen und 25 nicht-regionalen Mitgliedern, die ADB aus 36 regionalen und 16 nicht-regionalen Mitgliedsländern. Der IDB gehörten 27 regionale Länder und 17 nicht-regionale Länder an, wobei allein die USA und Kanada zusammen einen Stimmenanteil von 33 % hielten.

3.1.4 Entwicklungshilfepolitik und Finanzierung

Wie bei der Weltbank vergeben die regionalen Entwicklungsbanken kommerzielle Kredite (wie die IBRD) und Kredite zu Vorzugsbedingungen (wie die IDA). Während die kommerziellen Kredite zum überwiegenden Teil durch Kreditaufnahme auf den internationalen Kapitalmärkten refinanziert werden, stehen für die Vergabe von Krediten zu Vorzugsbedingungen (für die ärmeren Mitgliedsländer) spezielle Fonds zur Verfügung, die auch - analog zur IDA bei der Weltbank - von den "normalen" Mitteln abgezweigt werden. Teilweise werden die Kredite direkt aus diesen Mitteln gegeben, teilweise dienen sie aber auch dazu, das Zuschußelement der Kredite zu Vorzugsbedingungen aus den ordentlichen Mitteln zu finanzieren. Kennzeichen dieser Fonds ist es, daß sie ihre Ausleihungen aus periodischen Wiederauffüllungen refinanzieren.

Das gezeichnete Kapital der **AfDB** betrug Ende 1989 18,7 Mrd. US-Dollar, von denen 2,2 Mrd. eingezahlt waren. (Der Rest kann abberufen werden, wenn es die Verpflichtungen der Bank aus Krediten oder Bürgschaften erfordern.) Die ausstehenden Kredite auf den internationalen Kreditmärkten betrugen zum gleichen Zeitpunkt 3,8 Mrd. US-Dollar.

Die **ADB** konnte 1990 auf ein eingezahltes Kapital von 2,8 Mrd. US-Dollar zurückgreifen. Die Kreditaufnahmen betrugen 8,2 Mrd. US-Dollar. Seit Aufnahme der
Geschäftstätigkeit 1966 vergab die ADB bis 1990 insgesamt 964 Kredite im Gesamt-
volumen von etwa 32,6 Mrd. US-Dollar. Für die technische Hilfe wurden insgesamt
2,4 Mrd. US-Dollar aufgewendet. Die ausstehenden Kredite betrugen bei den ordentlichen Mitteln 9,4 Mrd. und bei den speziellen Fonds-Mitteln (für Kredite zu Vorzugsbedingungen) 6,4 Mrd. US-Dollar.

Das eingezahlte Kapital der **IDB** betrug 1990 2,8 Mrd. US-Dollar. Die ausstehenden aufgenommenen Kredite beliefen sich auf 17,3 Mrd. Dollar. Der "Fund for Special Operations" konnte im gleichen Zeitraum auf 8,7 Mrd. US-Dollar zurückgreifen;
den anderen Spezialfonds standen 1,2 Mrd. Dollar zur Verfügung.

3.2 Die Osteuropabank[21]

Die Osteuropabank - oder wie ihr offizieller Titel lautet: die "Europäische Bank für
Wiederaufbau und Entwicklung ('European Bank for Reconstruction and Development' oder EBRD)" - wird hier gesondert und auch etwas ausführlicher behandelt.
Dies hängt mit ihrer speziellen Bedeutung für die osteuropäischen Transformationsländer zusammen, denen wir uns im Schlußteil näher zuwenden werden.

3.2.1 Entstehungsgeschichte

Die Osteuropabank (EBRD) wurde im April 1991 gegründet. Ihre Entstehung geht
auf eine Initiative des französischen Präsidenten Mitterand zurück. Die Intention war,
eine Entwicklungsbank zu gründen, deren ausschließliche Aufgabe die Unterstützung
der postkommunistischen Transformationsländer sein sollte.

Zu den 35 Gründungsmitgliedern gehörten neben den Mitgliedsländern der EG
auch die EG-Kommission und die Bank für internationalen Zahlungsausgleich, die
sieben Zielländer (UdSSR, Polen, Ungarn, CSFR, Rumänien, Bulgarien und Jugoslawien) sowie einige europäische Länder, die nicht Mitglied der EG sind, als auch
außereuropäische Länder.

3.2.2 Ziele und Aufgaben

Die Ziele und Aufgaben der Osteuropabank lassen sich allgemein mit der Unterstützung der osteuropäischen Länder bei der Transformation des planwirtschaftlichen
Systems in ein marktwirtschaftliches System umschreiben. Die Osteuropabank soll
bei der Privatisierung von Staatsunternehmen helfen, die Privatwirtschaft fördern und
dadurch gleichzeitig als Katalysator für weitere westliche Investitionen dienen, d.h.
eine Vorreiterfunktion ausüben. Wie die Ziele und Aufgaben jedoch im einzelnen aus-
sehen (sollen), ist in der Öffentlichkeit im Anfangsstadium noch unklar geblieben. Die
Osteuropabank selbst nennt in ihrem "Initial Action Programme" nur allgemein die
Förderung der Infrastruktur, die Reform des Finanzsektors, die Restrukturierung der
Industrieunternehmen, die Privatisierung der Staatskonzerne, die Unterstützung von
Klein- und Mittelbetrieben, die Stimulierung von Auslandsinvestitionen und die Wie-

---

21 Zur Osteuropabank vgl. näher die jährlichen 'Geschäftsberichte', von denen der erste 1992
    erschienen ist, sowie einschlägige Artikel in Fachzeitschriften.

derherstellung einer intakten Umwelt als vorrangige Aufgaben. Kritiker der Osteuropabank weisen jedoch darauf hin, daß all diese Aufgaben sehr wohl von den bereits
bestehenden Institutionen wie der Weltbank und dem IWF erfüllt werden könnten
und auch schon angepackt werden. Folglich könne die neu geschaffene Bank nur
noch eine Art "Nischenpolitik" betreiben.

3.2.3 Organisation

Oberstes Kontroll- und Entscheidungsorgan der Osteuropabank ist der
"Gouverneursrat", dessen Mitglieder die Vertreter der einzelnen Mitgliedsländer,
i.d.R. deren Finanzminister, sind. Der Gouverneursrat überträgt die Überwachung der
laufenden Geschäftsführung an ein "Exekutivdirektorium", das aus 23 Mitgliedern
besteht. Den EG-Ländern stehen dabei 11 Sitze, den anderen europäischen, den
außereuropäischen und den Zielländern jeweils 4 Sitze zu. Die Ausführung der
laufenden Geschäfte obliegt dem "Exekutivkommitee", dem der Präsident, der
Vizepräsident, der Chefökonom, der Justiziar und der Generalsekretär angehören.

Die Bank hatte Mitte 1992 annähernd 400 Mitarbeiter. Dies ist die Hälfte der von
der Bank maximal angepeilten Mitarbeiterzahl.

3.2.4 Entwicklungshilfepolitik und Finanzierung

Die Osteuropabank startete mit einem Anfangskapital von 10 Mrd. ECU. (Von dem
gezeichneten Kapital mußte allerdings nur ein geringer Betrag eingezahlt werden, so
daß sich das eingezahlte Kapital Mitte 1992 auf lediglich 600 Mill. ECU belief.)
Größter Anteilseigner ist mit 10 % die USA, gefolgt von Deutschland, Frankreich,
Großbritannien und Italien mit jeweils 8,5 %. Die EG-Länder erreichen zusammen
mit der EG-Kommission und der Europäischen Investitionsbank einen Anteil von
51%, die Zielländer dagegen zusammen nur 13,5 %. Nach diesen Anteilen am Grundkapital errechnen sich wie bei der Weltbank auch die Stimmrechte der einzelnen Länder.

Die *Kapitalbeschaffung* für die zu vergebenden Kredite soll analog zur Praxis der
Weltbank auf dem freien Kapitalmarkt stattfinden. Eine erste Anleihe über 500
Millionen ECU wurde bereits im September 1991 begeben. Die gesamte Kapital-
aufnahme betrug 1991 umgerechnet 1,6 Mrd. DM.

Die Statuten über die *Kreditvergabe* weichen jedoch stark von der Praxis der
Weltbank ab. So soll sich die Osteuropabank (EBRD) hauptsächlich auf die Privatwirtschaft konzentrieren. Höchstens 40 % der Mittel dürfen an öffentliche Projekte
fließen. Bis zu 30 % des gezeichneten Kapitals darf hingegen für Direktinvestitionen
verwendet werden, ohne dabei aber beherrschende Anteile zu erwerben oder Lei-
tungsfunktionen zu übernehmen. Die Osteuropabank hat im Gegensatz zur Weltbank
und zum IWF auch ein *politisches Mandat:* So sollen Unterstützungsleistungen nur
an solche Länder gegeben werden, die den Demokratisierungsprozeß konsequent
verfolgen.

Bei den Tätigkeiten der Osteuropabank ist zwischen dem Handelsbankbereich und
dem "Entwicklungsarm" zu unterscheiden. Beide sind auch organisatorisch voneinander getrennt. Der **Handelsbankbereich** soll wie eine kommerzielle Handelsbank in
den Transformationsländern bei der Investitionsfinanzierung tätig sein. (Dies ist für
die osteuropäischen Länder auf jeden Fall von Vorteil. Denn aufgrund des haftenden

Kapitals besitzt die Osteuropabank eine ausgezeichnete Bonität und kann dadurch den Empfängerländern bei Weitergabe der Kredite einen Zinsvorteil verschaffen.) Der **"Entwicklungsarm"** verfolgt dagegen eine längerfristige Perspektive. Durch ihn sollen Infrastrukturmaßnahmen unterstützt werden, die die Integration der osteuropäischen Länder in das (west)europäische Wirtschaftssystem ermöglichen sollen.

Im ersten Jahr der Geschäftstätigkeit hat die Osteuropabank umgerechnet 1,3 Mrd. DM für Projekte (Kredite und Investitionen) in den Zielländern vergeben und damit schätzungsweise Gesamtinvestitionen im Wert von 4,3 Mrd. DM initiiert. Mehr als die Hälfte der Projekte bezogen dabei private Unternehmen ein oder sollen die Privatisierung öffentlicher Betriebe fördern. Darüber hinaus wurde für ca. 100 Projekte technische Hilfe geleistet.

Bis zum Jahr 1995 ist zur Finanzierung von Krediten und Beteiligungen ein Zusagevolumen von rund acht Milliarden ECU geplant[22]. Neben den über den Kapitalmarkt refinanzierten Krediten hat die Osteuropabank auch Spezialfonds für die Gewährung technischer Hilfe vorgesehen.

4. Das UN-System

Hier werden nur kurz[23] das UN-Entwicklungsprogramm und als (zweitgrößte) Sonderorganisation der UN (nach der Weltbank) die FAO dargestellt. Die obigen Gliederungspunkte werden wieder so weit wie möglich durchgehalten, ohne sie hier allerdings explizit auszuweisen.

4.1 Das UN-Entwicklungsprogramm[24]

Das UN-Entwicklungsprogramm (United Nations Development Programme oder UNDP) ist 1965 durch eine Resolution der Vereinten Nationen (UN) gegründet worden. Es ist für die Entwicklungsaktivitäten der Vereinten Nationen zuständig, die ausschließlich aus **technischer Hilfe** bestehen. Das UNDP plant, koordiniert und finanziert die gesamte Entwicklungshilfe der Vereinten Nationen. Mitglieder des UNDP sind alle Mitgliedsländer der Vereinten Nationen sowie einige Länder mit Beobachterstatus. Das UNDP wird durch einen 48 Mitglieder zählenden Verwaltungsrat überwacht. Dessen Zusammensetzung erfolgt nach dem in der UN üblichen regionalen Verteilungsschlüssel. Es gilt das Prinzip "Ein Land eine Stimme". So erklärt sich auch, daß von den 48 Mitgliedern des Verwaltungsrats 27 von den Entwicklungsländern gestellt werden.

---

22 Dieser Betrag mag vielleicht etwas zu hoch gegriffen sein. Er stellt aber andererseits nur einen sehr geringen Teil des riesigen Finanzbedarfs in Osteuropa dar (siehe hierzu auch im Schlußteil).

23 Die Kürze der Darstellung ist durch den relativ geringen Umfang der finanziellen Beiträge begründet, die für die Entwicklungshilfe des UN-Systems zur Verfügung stehen.

24 Vgl. zum UNDP näher "HIZ" [o.Jg.] sowie Cassen [1990].

Das UNDP refinanziert sich durch **freiwillige Beiträge der Mitglieder**, wobei über 90 % von den Industrieländern aufgebracht werden. Der Gesamtbetrag der Zusagen für das UNDP beläuft sich derzeit jährlich auf ca. 1 Mrd. US-Dollar.

Jedes Land hat grundsätzlich einen Anspruch auf Unterstützungsleistungen aus dem UNDP. Hierbei wird den Empfängerländern eine "indikative Planungszahl" zugeordnet, die auf der Bevölkerungsgröße und dem Bruttoinlandsprodukt pro Kopf basiert. Die Schwerpunkte der Mittelvergabe liegen mit 80 % der vergebenen Mittel bei den Ländern mit einem Pro-Kopf-Einkommen von jährlich weniger als 750 US-Dollar und sektoral in den Bereichen Landwirtschaft, natürliche Ressourcen und Entwicklungsplanung. Ca. 50 % der Mittel werden für externe Experten ausgegeben.

Zur Durchführung seiner Projekte - sie umfaßten 1992 mehr als 5.000 Länder- und Regionalprojekte - schaltet das UNDP in der Regel die jeweils fachlich zuständige UN-Organisation ein. Für Projekte aus dem Bereich der Landwirtschaft beispielsweise wird die FAO einbezogen[25], mit der wir uns im folgenden beschäftigen.

4.2 Die FAO[26]

Die FAO (Food and Agriculture Organization) wurde 1945 gegründet. Sie zählt zu den unabhängigen Sonderorganisationen der Vereinten Nationen. Deshalb sind auch nicht alle Länder, die den Vereinten Nationen angehören, automatisch auch Mitglieder der FAO. Anders als in der Weltbank und im IWF allerdings ist in der FAO das Stimmrecht nicht nach dem Kapitalbeitrag gewichtet, sondern jedes Mitgliedsland hat eine Stimme.

Die **Globalziele** der FAO beinhalten die Hebung des weltweiten Ernährungsstandards, die Steigerung der Produktion land-, fischerei- und forstwirtschaftlicher Erzeugnisse und die Verbesserung der Lebensbedingungen der ländlichen Bevölkerung vor allem in den Entwicklungsländern. Dazu führt die FAO Veranstaltungen durch, die sich mit speziellen Problemstellungen auf diesem Gebiet beschäftigen, gewährt technische Hilfe und unterhält ein umfassendes Berichts- und Frühwarnsystem, durch das die Mitgliedsländer auf drohende Hungerkatastrophen hingewiesen werden sollen.

Oberstes Organ der FAO ist die Konferenz der Mitgliedsstaaten. Sie hat dem "FAO-Rat", der sich aus Repräsentanten der Mitgliedsländer zusammensetzt, die Funktion der Überwachung übertragen. Ausführendes Organ ist das "Sekretariat". Darüber hinaus bestehen weitere Ausschüsse für spezielle Fragen aus dem Tätigkeitsgebiet der FAO.

---

[25] Für Projekte aus dem Bereich der beruflichen Bildung hingegen wird die 'International Labour Organisation' (ILO) eingeschaltet, für Projekte aus dem Bereich Wirtschaft/Industrie die 'United Nations Industrial Development Organisation' (UNIDO), für Projekte aus dem Bereich Bildung und Wissenschaft die 'United Nations Educational, Scientific and Cultural Organisation' (UNESCO) und für die Beratung und Unterstützung in Verwaltungsfragen die Abteilung für Technische Zusammenarbeit des UN-Generalsekretariats.

[26] Vgl. zur FAO näher z.B. Marchisio und DiBlase [1991], HIZ [o.Jg.] sowie die diversen FAO-Publikationen.

Die **Tätigkeiten** der FAO werden in zwei verschiedene Programme eingeteilt, in das "reguläre Programm" und das "Feldprogramm". Das **"reguläre Programm"** dient als Forum für Diskussionen über gemeinsame Probleme und die Planung und Koordination von Aktionen auf dem Gebiet der Welternährung sowie der Land-, Fischerei- und Forstwirtschaft. Darüber hinaus fällt die bereits erwähnte Datenbankfunktion in dieses Programm. Auch die Übernahme von Planungs- und Beratungsaufgaben und das Angebot zur Verfügungstellung von Fachkenntnissen für einzelne Projekte gehören hierzu. Dagegen fällt die Gewährung technischer Hilfe in das sogenannte **"Feldprogramm"**. Dieses beschäftigt sich mit der Durchführung von Projekten vor Ort.

Entsprechend der Trennung dieser Tätigkeitsbereiche stammen auch die dafür zur Verfügung stehenden Mittel aus verschiedenen Quellen. Während die Mittel für das "reguläre Programm" durch (einkommensabhängige) Pflichtbeiträge der Mitglieder aufgebracht werden, kommen die Mittel für das "Feldprogramm" aus Sonderfonds, die von einzelnen Mitgliedern für die Abwicklung bilateraler Programme bereitgestellt werden, oder die aus den Mitteln des UNDP stammen, das sich wie oben erwähnt der FAO als Durchführungsorganisation bedient, sowie aus Mitteln, die andere Organisationen wie beispielsweise die Weltbank für die Durchführung technischer Hilfe zur Verfügung stellen.

Der FAO ist das **"World Food Programme"** (WFP) angeschlossen. Dieses ist für die Nahrungsmittelhilfe der Vereinten Nationen zuständig. Es untersteht gemeinsam dem Generaldirektor der FAO und dem Generalsekretär der Vereinten Nationen. Die aus diesem Programm gewährten Nahrungsmittelhilfen werden entweder als Katastrophenhilfe oder im Rahmen sogenannter "food for work"-Projekte vergeben. Mit letzteren werden in den Entwicklungsländern - über die Entlohnung von Arbeit durch Nahrungsmittel - solche Projekte gefördert, die der Verbesserung der Nahrungsmittelversorgung dienen.

Über das WFP wird ca. ein Fünftel der weltweiten Nahrungsmittelhilfe abgewickelt. Die Mittel dazu werden durch freiwillige Beiträge in Form von Waren, Dienstleistungen und finanzielle Hilfen aufgebracht[27].

II. Bilaterale Organisationen

Bevor in diesem Abschnitt näher auf die Organisationen der Entwicklungshilfe in der BR Deutschland (BRD) eingegangen wird, soll zunächst eine kurze Übersicht über die Organisationsformen in einigen ausgewählten OECD-Ländern erfolgen. Damit soll vor allem die Sonderstellung, die die BRD hinsichtlich der von ihr gewählten Organisation der Entwicklungshilfe einnimmt, verdeutlicht werden.

---

[27] Für die Periode 1991/92 wurden von der WFP Ressoucen im Wert von 2,6 Mrd. US-Dollar erwartet.

1. Die Organisation bilateraler Entwicklungshilfe in verschiedenen OECD-Ländern[28]

Wie im einzelnen der folgenden Übersicht entnommen werden kann, wird die Entwicklungshilfe in den meisten OECD-Ländern einem oder mehreren Ministerien zugeordnet. Die Streuung der Zuständigkeiten variiert dabei von Land zu Land. Während in Japan keine eindeutigen Zuständigkeiten ausgemacht werden können, bestehen in den meisten anderen Ländern Kompetenzbündelungen hinsichtlich der Projektauswahl und der Projektdurchführung. Unterstützt werden diese Kompetenzbündelungen dadurch, daß in fast allen OECD-Ländern Ausführungsorganisationen bestehen, die einzelnen Ministerien oder einzelnen Stellen innerhalb der Ministerien zugeordnet sind. Bei der Autonomie dieser Organisationen besteht aber wiederum eine große Bandbreite.

Gesetzliche Grundlagen für eine Gewährung von Entwicklungshilfe gibt es nur in wenigen Ländern. Nur in einem Land, nämlich in Schweden, wurden per Gesetz auch quantitative Maßstäbe (so dort die Steigerung des Anteils der öffentlichen Hilfe am BSP auf 1%) festgelegt.

Tabelle 4.1: Übersicht über die gesetzlichen Grundlagen und die Kompetenzverteilung in ausgewählten OECD-Ländern

Land	*Gesetzliche Grundlagen*	*Kompetenzverteilung*
USA	Foreign Assistance Act für die gesamte Auslandshilfe. Umfangreiches Gesetz, dennoch weitgehend interpretierbar.	Kompetenzen vor allem bei Außenministerium und Schatzamt. Die US-Entwicklungshilfebehörde 'AID' hat gewisse Autonomie in der Entwicklungshilfe (bestimmt das 'Wie', während das 'Wieviel' auf ministerieller/parlamentarischer Ebene festgelegt wird). Starke Stellung des Kongresses.
Japan	Keine spezifische gesetzliche Grundlage.	Kompetenzzersplitterung; Verantwortung bei vier Ministerien. Versuch zur Integration an Kompetenzwahrnehmungsinteressen der Ressorts gescheitert. Keine gemeinsame entwicklungspolitisch-konzeptionelle Klammer; Ministerien bringen eigene, eigeninteressenbehaftete Standpunkte ein. Als Entwicklungshilferessort versteht sich - seit Beginn der 80er Jahre mit zunehmender Berechtigung - das Außenministerium.

---

[28] Vgl. hierzu näher Claus u.a. [1989]. Zu konkreten Formen der bilateralen Zusammenarbeit vgl. auch Cassen [1990].

Frankreich	Keine spezifische gesetzliche Grundlage.	Weitgehende Streuung der Kompetenzen auf vier Ministerien; stärksten Einfluß hat das Finanzressort, auch in der wichtigsten Durchführungsorganisation ("Caisse Centrale"). Zusammenhalt/Koordinierung wird trotz Kompetenzstreuung gefördert durch: (a) konstante übergeordnete Ziele der Kooperationspolitik, (b) Ebene informeller Kontakte und Absprachen neben der offiziellen Ebene.
BRD	Kein spezifisch entwicklungspolitisches Gesetz. Gesetzliche Grundlage sind der jährliche Haushaltsplan sowie als Rahmenvorgabe verfassungsrechtliche Bestimmungen für den Bundeshaushalt und das Haushaltsrecht des Bundes.	Vergleichsweise hohe Kompetenzkonzentration. Das BMZ hat relativ weitgehende Entscheidungsautonomie in der Auswahl von Projekten und Programmen und ist allein für deren entwicklungspolitische Steuerung verantwortlich. Starke Stellung des Finanzministeriums bezüglich der Bretton-Woods-Institutionen.
Kanada	Keine spezifische gesetzliche Grundlage.	Relativ hohe Kompetenzkonzentration in der Canadian International Development Agency (CIDA), die als zentrale Ausführungseinheit eingesetzt wird. Anbindung - mit relativ großer Autonomie - an das Außenministerium, das auch für Außenhandelspolitik zuständig ist.
Niederlande	Keine spezifische gesetzliche Grundlage.	Zusammenfassung von Planungs-, Steuerungs- und Durchführungskompetenz in einer der drei Abteilungen des Außenministeriums. Kompetenzen anderer Ministerien vor allem bezüglich internationaler Organisationen und Haushaltspolitik.
Schweden	Spezifische gesetzliche Grundlage für die Entwicklungspolitik; gesetzliche Vorgaben sowohl zum Volumen als auch zur Konzeption der Entwicklungszusammenarbeit.	Klare Kompetenzabgrenzung und weitgehende Bündelung in einer Abteilung des Außenministeriums auf der Ressort-Ebene und in der 'SIDA' auf der Ebene der Verwaltungseinheiten. Weitere Organisationen ebenfalls unter der Verantwortung des Außenministeriums. Kompetenzen anderer Ressorts hinsichtlich der internationalen Organisationen.
Schweiz	Seit 1977 Bundesgesetz über die Entwicklungszusammenarbeit und humanitäre Hilfe.	Relativ starke Konzentration und klare Grenzziehung. Planung und Durchführung im Bereich "Entwicklungszusammenarbeit und humanitäre Fragen" liegen bei einer Direktion des Außenministeriums, während wirtschaftspolitische Maßnahmen (darunter Mischkredite und Zahlungsbilanzhilfen) in die Kompetenz des Außenwirtschaftsamtes fallen, das dem Wirtschaftsressort zugeordnet ist.

Quelle: Claus u.a. [1989]. Verkürzte (z.T. stichwortartige) Wiedergabe.

2. Die Organisation der bilateralen Entwicklunghilfe in der BRD

Die in der BRD gegebene Organisationsform der bilateralen Hilfe nimmt, wie oben schon erwähnt, im Vergleich zu der in anderen Geberländern eine Sonderstellung ein. Die Entstehung dieser Organisationsform ist auch mit der Änderung der Rolle der Entwicklungshilfe verbunden gewesen. Um dies anschaulich zu machen, soll im folgenden zunächst ein kurzer Abriß der Geschichte der (west)deutschen Entwicklungshilfe gegeben werden.

2.1 Die Entstehungsgeschichte der deutschen Entwicklungshilfe[29]

Im Jahre 1956 wurde zum erstenmal Entwicklungshilfe als eigenständiger Politikbereich in der BRD betrieben[30], und zwar vom Auswärtigen Amt mit einem Anfangsetat von 50 Mill. DM. In der Folgezeit waren dann fast alle Ministerien an dem neuen Politikbereich beteiligt. Denn die Hilfe für bestimmte Sektoren wurde von den jeweiligen Fachministerien vergeben. Jedoch kamen dem Bundeswirtschaftsministerium und dem Auswärtigen Amt eine Schlüsselrolle zu, da die zur Verfügung stehenden Mittel aus ihren Haushalten vergeben wurden und sie zudem übergreifende Kompetenzen besaßen. Trotzdem kam es immer wieder zu Kompetenzstreitigkeiten zwischen den vielen an der Entwicklungshilfe beteiligten Ministerien. So wurde bald ersichtlich, daß es einer Koordinierungsstelle bedurfte. Dies führte dann auch 1961 zur Gründung des "Bundesministeriums für wirtschaftliche Zusammenarbeit"[31] (BMZ)[32].

Zunächst war das BMZ mit keinerlei formellen und materiellen Kompetenzen für die eigentliche Projektarbeit ausgestattet. 1964 erhielt es dann die Zuständigkeit für Grundsätze, Programm, Planung, Koordinierung und Durchführung der technischen Hilfe. Seitdem hat eine kontinuierliche Ausweitung der Zuständigkeiten und Kompetenzen des BMZ stattgefunden. Heute ist das BMZ für alle Fragen, die die Entwicklungshilfe betreffen, zuständig und verwaltet den gesamten für die Entwicklungshilfe zur Verfügung stehenden Haushalt (Einzelplan 23 des Bundeshaushaltsplans)[33].

Die gesamten Mittel, die für die Entwicklungshilfe im Einzelplan 23 des Bundeshaushalts zur Verfügung stehen, beliefen sich Anfang der 90er Jahre auf jährlich rund 8 Mrd. DM. Zu den Entwicklungsleistungen der BRD werden darüber hinaus auch noch die "Entwicklungsmaßnahmen" der anderen Bundesressorts gezählt[34]. Hierunter fallen beispielsweise die kulturellen Maßnahmen des Auswärtigen Amtes und der deutsche Beitrag zur Entwicklungshilfe der EG.

---

[29] Vgl. zur Entstehungsgeschichte näher Bellers [1988], vgl. auch Pollvogt [1987].

[30] Zuvor wurden allerdings schon 1953 erstmalig ERP-Mittel als "Zuschüsse für die Förderung des Entwicklungsaustausches" eingesetzt.

[31] 1993 ist das BMZ umbenannt worden in "Bundesministerium für wirtschaftliche Zusammenarbeit und Entwicklung".

[32] Hierbei spielten allerdings auch koalitionspolitische Erwägungen eine gewichtige Rolle. Vgl. hierzu Bellers [1988].

[33] Vgl. BMZ [1991].

[34] - so in der Statistik des 'Development Assistance Committee' (DAC) der OECD.

Die kumulierten Gesamtleistungen der BRD betrugen bis Ende 1991 laut Statistik der DAC 159,1 Mrd. DM, von denen auf die bilaterale Hilfe 111,5 Mrd. und auf die multilaterale Hilfe 47,6 Mrd. DM entfielen[35].

Im folgenden werden die "Deutsche Gesellschaft für technische Zusammenarbeit" (GTZ) und die "Kreditanstalt für Wiederaufbau" (KfW) als die bedeutendsten entwicklungspolitischen Durchführungsorgane in der BRD dargestellt. Anschließend wird auch noch kurz auf drei weitere Institutionen (die DEG, DSE und DED) eingegangen.

2.2 Die Deutsche Gesellschaft für technische Zusammenarbeit (GTZ)[36]

2.2.1 Entstehungsgeschichte

Die GTZ hat 1975 ihre Geschäftstätigkeit aufgenommen. Sie entstand durch die Zusammenführung des Personals der früheren "Bundesstelle für Entwicklungshilfe" (BfE) und der "Garantieabwicklungsgesellschaft mbH" (GAWI), einer Tochtergesellschaft der "Treuarbeit". Zwischen diesen beiden Institutionen herrschte Anfang der siebziger Jahre eine derartige Konfusion hinsichtlich der Zuständigkeiten und Kompetenzen, daß auf Rat des Bundesrechnungshofes im Laufe des Jahres 1974 eine Reorganisation vorgenommen wurde, aus der die GTZ dann hervorging.

2.2.2 Aufgaben

Die GTZ wird von der Bundesregierung ausschließlich zur Durchführung ihrer **technischen Hilfe** eingeschaltet. Unter technischer Hilfe werden dabei Entwicklungsprojekte und -programme verstanden, die darauf abzielen, "technische, wirtschaftliche oder organisatorische Kenntnisse und Fähigkeiten zu vermitteln sowie die Voraussetzungen für ihre Anwendung zu verbessern"[37]. Die Durchführung technischer Hilfe beinhaltet dabei die Entsendung eigenen und die Anwerbung fremden Personals sowie deren Ausbildung und Betreuung, außerdem die Erbringung von Sachleistungen und finanziellen Leistungen sowie die fachlich-technische Steuerung der Projekte. Darüber hinaus ist die GTZ für die Projektprüfung und -überwachung zuständig. Sie erstellt regelmäßige Berichte über die von ihr durchgeführten Projekte an das Bundesministerium für wirtschaftliche Zusammenarbeit, und sie berät auch andere Träger entwicklungspolitischer Maßnahmen.

Mit Zustimmung der Bundesregierung kann die Gesellschaft auch im Auftrag öffentlicher oder anderer Geber aus den Entwicklungsländern oder aus Drittländern technische Hilfe leisten. Dies geschieht dann gegen Entgelt ("TZ gegen Entgelt"). Die so von ihr erwirtschafteten Gewinne kann die GTZ in sogenannte Eigenmaßnahmen für die Entwicklungszusammenarbeit einsetzen.

Nicht in den Aufgabenbereich der GTZ fallen hingegen die Einleitung von Projektprüfungen und die Zusage von Projektanträgen. Die Zusage der Mittel erfolgt allein

---

35 Vgl. näher z.B. BMZ [1991].

36 Vgl. zur GTZ näher z.B. Pollvogt [1987].

37 BMZ, Politik der Partner, 1991, S. 74.

durch das Bundesministerium für wirtschaftliche Zusammenarbeit. Bei der Entscheidung kommt allerdings der Stellungnahme der GTZ ein erhebliches Gewicht zu.

2.2.3 Organisation

Die bundeseigene GTZ ist ein privatrechtliches Unternehmen, das in der Rechtsform einer GmbH organisiert ist. Sie wird für die Bundesregierung auf der Grundlage eines im Dezember 1974 abgeschlossenen Generalvertrages als verselbständigte Verwaltungseinheit tätig. Nach dem Gesellschaftervertrag ist sie eine gemeinnützige Gesellschaft. Aus diesem Grunde werden die erwirtschafteten Gewinne nicht an die Gesellschafter ausgeschüttet, sondern von der GTZ in eigener Verantwortung für Zwecke der Entwicklungszusammenarbeit eingesetzt (sog. "Eigengeschäft"). Die Leitung der Geschäfte wurde einer dreiköpfigen Geschäftsführung übertragen, die nach Parteiproporz besetzt ist.

Um speziellen Aufgaben gerecht werden zu können, wurden innerhalb der GTZ zwei besondere Arbeitseinheiten gegründet, das "Deutsche Zentrum für Entwicklungstechnologien" ('German Appropriate Technology Exchange' oder GATE) und das "Centrum für Internationale Migration und Entwicklung" (CIM). Das GATE beschäftigt sich mit der Verbreitung angepaßter Technologien. Es fungiert innerhalb der GTZ als Querschnittsstelle für Umwelt- und Ressourcenschutz, indem es die Umweltschutzaktivitäten der GTZ koordiniert und sich um die Entwicklung der Umweltschutzverträglichkeitsprüfung und die Planung, Durchführung und Überwachung von Projekten der Forschung und Entwicklung kümmert. Das CIM ist eine Arbeitsgemeinschaft der GTZ mit der Zentralstelle für Arbeitsvermittlung der Bundesanstalt für Arbeit. Sie unterstützt Arbeitnehmer, die in ausländischen Entwicklungsprojekten direkt und zu ortsüblichen Bedingungen angestellt sind, indem sie ihnen einen Gehaltszuschuß sowie Zuschüsse für die Vorbereitung der Tätigkeit und die soziale Sicherung gewährt. Außerdem unterstützt sie diese nach Beendigung ihrer Tätigkeit durch Überbrückungshilfen für die berufliche (Wieder-)Eingliederung in den heimischen Arbeitsmarkt.

2.2.4 Entwicklungshilfepolitik und Finanzierung

Die GTZ ist mit einem Stammkapital von 40 Mill. DM ausgestattet. Sie hatte 1991 genau 2.222 Projekte in 112 Ländern in der Durchführung und erhielt dafür von der Bundesregierung und anderen öffentlichen Auftraggebern Mittel in einer Höhe von insgesamt rund 1,5 Mrd. DM. Die "TZ gegen Entgelt" betrug im gleichen Zeitraum 125 Mill. DM. Der gesamte Auftragsbestand belief sich 1991 auf 4,0 Mrd. DM.

In den Projekten der GTZ waren Ende 1991 genau 1.238 Mitarbeiter in der Zentrale in Eschborn und 1.536 Auslandsmitarbeiter beteiligt. Darüber hinaus schloß die GTZ 1990 etwa 2.522 Verträge mit Gutachtern und Kurzzeitexperten sowie rund 1.772 Verträge mit Beratungsfirmen ab.

2.3 Die Kreditanstalt für Wiederaufbau (KfW)[38]

2.3.1 Entstehungsgeschichte

Die KfW ist keine reine Durchführungsorganisation für die deutsche Entwicklungshilfe. Sie wurde auch schon 1949 gegründet, und zwar mit dem Ziel, den Wiederaufbau der deutschen Wirtschaft in der Nachkriegsperiode zu unterstützen - insbesondere durch die Vergabe von Krediten zu Vorzugskonditionen. Die originären Aufgaben der KfW waren die inländische Investitionsfinanzierung und die Exportfinanzierung. Die Mittel hierzu stammten zunächst aus der Marshallplanhilfe der USA. Die KfW fungierte in den ersten Jahren nach ihrem Entstehen praktisch als eine von den USA getragene Entwicklungsbank für die Wirtschaft der BRD. Nachdem der Wiederaufbau der deutschen Wirtschaft weitgehend abgeschlossen war, konzentrierte sich die KfW vorrangig auf die Förderung der deutschen Wirtschaft in den strukturschwachen Gebieten. Dies ist auch heute noch eine der beiden Teilaufgaben der KfW. (Dies läßt sich natürlich im Grunde auch als "Entwicklungshilfe" - bezogen auf "rückständige" *nationale* Gebiete - bezeichnen.)

Im Jahre 1961 wurde der KfW dann im Rahmen der entwicklungspolitischen Zusammenarbeit offiziell die *Kapitalhilfeabwicklung* übertragen. Doch schon zuvor (seit 1958) war die KfW mit dieser Aufgabe betreut gewesen[39].

2.3.2 Aufgaben

Ich gehe in diesem Abschnitt nur auf die hier interessierende entwicklungspolitische Teilaufgabe der KfW, nämlich die **Kapitalhilfeabwicklung**, ein. Als "Kapitalhilfe" wird dabei die zinsgünstige oder auf Zuschußbasis gewährte Vergabe von Finanzmitteln an Entwicklungsländer zur Förderung entwicklungspolitischer Projekte verstanden. Dies beinhaltet sowohl Projekt- als auch Programmhilfe. Im wesentlichen geht es um die Finanzierung von Sachgütern und Anlageinvestitionen sowie Leistungen zur Vorbereitung von Entwicklungsvorhaben. Darüber hinaus zählt es auch zu den Aufgaben der KfW, eine Projektvorprüfung der Anträge durchzuführen. Die Berichte hierüber dienen dem Bundesministerium für wirtschaftliche Zusammenarbeit (BMZ) als Entscheidungsgrundlage. Außerdem hat sie die laufenden Projekte zu kontrollieren und dem BMZ periodisch Berichte über den Projektfortgang zu liefern.

Nicht in den Aufgabenbereich der KfW fallen hingegen die Einleitung von Projektprüfungen und die Bewilligung von Projektanträgen. Dies wird vom BMZ selbst vorgenommen. Der KfW kommt dabei allerdings insofern eine große Bedeutung zu, als sie Empfehlungen hierzu ausarbeitet, die als Entscheidungsgrundlagen für das zuständige Ministerium dienen.

---

[38] Vgl. zur KfW näher z.B. Glagow u.a. [1985] sowie KfW-eigene Publikationen.

[39] Bereits 1958 wurden erstmalig auch Kredite an ausländische Regierungen gewährt, damals allerdings ausdrücklich zur "Förderung deutscher Exportinteressen" (vgl. den Geschäftsbericht der KfW von 1958; zitiert in Glagow u.a. [1985: 24]). Im Jahre 1960 betrugen die gesamten Auslandskredite bereits 42,5 % des Neugeschäfts. Wenn man dies um die Exportfinanzierungen für deutsche Unternehmen bereinigt, so kommt man auf einen Wert von 36,9 %, der in diesem Jahr für die Kapitalhilfe eingesetzt worden war. Vgl. ebda, S. 26.

2.3.3 Organisation

Die KfW ist eine Körperschaft öffentlichen Rechts mit Sitz in Frankfurt. Sie wird heute von sechs Direktoren geleitet, die jeweils für einen bestimmten Bereich zuständig sind und die Tätigkeiten über eine Stablinienorganisation delegieren.

Als der KfW 1961 die damals neue Aufgabe, als Durchführungsorgan für die bilaterale Kapitalhilfe der BRD zu fungieren, zugewiesen worden war, folgten zunächst keinerlei organisatorische Änderungen innerhalb der KfW. Doch stellte sich sehr bald heraus, daß es geboten war, die gesammelten länderspezifischen Kenntnisse, die über alle Abteilungen verteilt waren, zu konzentrieren. Folglich wurde die KfW zwischen 1968 und 1974 so reorganisiert, daß die beiden Tätigkeitsbereiche (Förderung der deutschen Wirtschaft und Kapitalhilfeabwicklung im Rahmen der entwicklungspolitischen Zusammenarbeit) organisatorisch getrennt wurden. Die Kapitalhilfeabwicklung wurde gegenüber den anderen Tätigkeitsbereichen verselbständigt und nach dem Regionalprinzip organisiert.

2.3.4 Entwicklungshilfepolitik und Finanzierung[40]

Die KfW ist mit einem Grundkapital von 1 Mrd. DM ausgestattet, von denen 800 Mill. DM vom Bund und 200 Mill. von den Ländern gehalten werden. Sie vergibt sowohl Kredite im Rahmen der von der BRD geleisteten Entwicklungshilfe als auch zur Förderung der deutschen Wirtschaft. Die gesamten von der KfW zugesagten Kredite beliefen sich 1990 auf 30,9 Mrd. DM. Davon entfielen nur 2,2 Mrd. auf die Förderung der Entwicklungsländer[41].

Die KfW refinanziert sich zum einen durch die vom Bund zugewiesenen Mittel, zum anderen und überwiegenden Teil aber über den privaten Kapitalmarkt. So betrug 1990 die Nettobeanspruchung des Kapitalmarktes[42] durch die KfW 13,4 Mrd. DM. (Die gesamten Mittelaufnahmen für das Kreditgeschäft beliefen sich auf 24,2 Mrd. DM.) Dagegen betrugen die Zuweisungen aus öffentlichen Mitteln im gleichen Zeitraum nur 7,5 Mrd. DM.

2.4 Weitere deutsche Entwicklungsinstitutionen

In diesem Abschnitt werden noch ganz kurz drei Institutionen vorgestellt, die direkt oder indirekt in der deutschen bilateralen Entwicklungshilfepolitik tätig sind. Es handelt sich um die DEG (Deutsche Finanzierungsgesellschaft für Beteiligungen in Entwicklungsländern mbH)[43], die DSE (Deutsche Stiftung für Internationale Entwicklung) und den DED (Deutscher Entwicklungsdienst).

---

[40] Zu den Angaben in diesem Abschnitt vgl. KfW [1991].

[41] Der größte Teil des verbleibenden Betrages wurde für Exportkredite ausgegeben, mit einem Zusagevolumen von 20,3 Mrd. DM in 1990.

1992 belief sich die Summe der zugesagten Kredite - bedingt durch die gewachsenen Aufgaben der KfW im Zusammenhang mit dem ostdeutschen Aufbauprozeß - schon auf 41,8 Mrd. DM. Dagegen sanken die Förderungsmittel für die Entwicklungsländer auf 1,9 Mrd. DM.

[42] Brutto-Mittelaufnahmen minus Tilgungen auf frühere Kredite.

[43] Die Abkürzung geht auf den früheren Namen "Deutsche Gesellschaft für wirtschaftliche Zusammenarbeit (Entwicklungsgesellschaft) mbH" zurück.

DEG

Die DEG ist eine Bank, die durch Beteiligungen und Darlehen Direktinvestitionen deutscher Unternehmen in den Entwicklungsländern finanziert. Obwohl sie keine direkten Mittel für die Entwicklungshilfe vergibt, wird sie doch zu den Entwicklungsorganisationen gezählt, da sie nur solche Projekte finanziert, die bestimmte, entwicklungspolitisch sinnvolle, volkswirtschaftliche Effekte in den Entwicklungsländern aufweisen.

Die DEG ist 1962 gegründet worden. Die Gründung ist vor dem Hintergrund der damaligen Diskussion zu sehen, in der auch von politischer Seite die Auffassung vertreten wurde, daß die Entwicklungshilfe zunächst "Angelegenheit der Wirtschaft selbst sei, der Staat also nur zu stützen, Wege zu ebnen und Risiken abzusichern habe"[44]. Entwicklungshilfe könne in einem solchen Konzept ihre Ziele auch nur in dem Rahmen verfolgen, der von der Wirtschaft vorgegeben würde.

DSE und DED

Die DSE und der DED sind nichtstaatliche Einrichtungen, die von der Bundesregierung eigens für bestimmte entwicklungspolitische Zwecke geschaffen worden sind.

Die DSE, die in der Rechtsform einer Stiftung des bürgerlichen Rechts arbeitet, ist für die Fortbildung von Fach- und Führungskräften aus Entwicklungsländern und für die Vorbereitung deutscher Fachkräfte auf ihren Auslandseinsatz zuständig. Darüber hinaus fördert sie den internationalen Erfahrungsaustausch, indem sie Tagungen und Seminare durchführt.

Der DED, der in der Rechtsform einer gemeinnützigen Gesellschaft 1963 gegründet wurde, vermittelt Fachkräfte für den Einsatz in Entwicklungsprojekten und -programmen. Im Gegensatz zur GTZ entsendet der DED aber nur Entwicklungshelfer, die sich von den Entwicklungsexperten der GTZ insofern unterscheiden, als sie ohne Erwerbsabsicht tätig werden.

III. Zusammenfassung

Wir haben uns in diesem Kapitel mit den zentralen entwicklungspolitischen Organisationen beschäftigt - dies sowohl auf internationaler Ebene als auch auf bilateraler Ebene, hier vor allem bezogen auf die BRD.

Was die internationalen Organisationen anbelangt, so kann man sie als institutionalisierte Formen der internationalen Entwicklungshilfe-Koordinierung bezeichnen. (Mit letzterer beschäftigen wir uns näher im 5. Kapitel, dort in Abschnitt III.) Sie sind genauso wie die nationalen Durchführungsorgane bilateraler Hilfe stark im eigenen Handeln eingeschränkt. Dies ist zum einen durch den stetigen direkten Druck der einzelnen finanzgebenden Nationen bzw. Ministerien auf sie bedingt, keine Entscheidungen zu treffen, die zu sehr deren nationalen oder ministeriellen Eigeninteressen

---

[44] Glagow u.a. [1985: 153].

zuwiderlaufen. Noch deutlicher wird zum anderen die Einschränkung, wenn es um grundlegende Richtlinienänderungen oder notwendig gewordene Kapitalaufstockungen geht. Dies zeigte sich zum Beispiel an der Schwierigkeit der Ratifizierung der schon vor einigen Jahren beschlossenen Kapitalaufstockung des IWF (siehe oben). Solche Entscheidungen werden weitgehend diskretionär von den jeweiligen Finanzgebern getroffen, je nach gerade herrschenden wahlpolitischen und ideologischen Kalkülen. Die internationale Koordinierung solcher grundsätzlicher Entscheidungen findet wenn dann am ehesten auf den Weltwirtschaftsgipfeln und den 'G-7'-Treffen der sieben wirtschaftlich gewichtigsten Staaten bzw. in deren Vorbereitungen statt[45].

Nichtsdestoweniger sind internationale Organisationen wie der IWF und die Weltbank sehr stark mit entscheidenden entwicklungspolitischen Weichenstellungen betraut wie beispielsweise mit der Frage der Auflagen- oder Konditionalitätensetzung. Dies wurde schon im 3. Kapitel näher erläutert. Außerdem stellen sie die zentralen organisatorischen Träger im Umsetzungsprozeß internationaler Entwicklungspolitik dar. Mit den zentralen Problemen bei der Umsetzung der entwicklungspolitischen Strategien oder Auflagen beschäftigen wir uns im folgenden Kapitel.

---

[45] Vgl. hierzu näher Wagner [1991].

ANHANG zum 4. Kapitel

Inhalt

E-I.   Fazilitäten und dazugehörige Auflagen des IWF

E-II. Die öffentliche Entwicklungshilfe der westlichen Industrieländer

E-I. Fazilitäten und dazugehörige Auflagen des IWF

Wie in Abschnitt I.2.4 des Übersichtsteils oben schon angesprochen, vergibt der IWF bestimmte Finanzmittel nur unter bestimmten Auflagen oder "Konditionalitäten", auf die sich die Nehmerländer in einem sogenannten "letter of intent" verpflichten müssen. Ausgangspunkt der Finanzhilfen des IWF sind ja außenwirtschaftliche Ungleichgewichte in den jeweiligen Nehmerländern, die mit den Finanzhilfen kurz- bis mittelfristig überbrückt werden. Um jedoch die *Ursachen* der außenwirtschaftlichen Ungleichgewichte zu beseitigen, werden die Nehmerländer in den "Konditionalitäten" zu makroökonomischen und strukturellen Anpassungen ihrer Wirtschaftspolitik verpflichtet.

Im folgenden werden die wesentlichen Finanzhilfen oder "Fazilitäten" und die dazugehörigen Auflagen oder "Konditionalitäten" des IWF kurz erläutert[46].

(1)   Bereitschaftskreditvereinbarungen *(stand by arrangements)*

Sie dienen dazu, eine angemessene makroökonomische Politik in dem kreditnehmenden Land zu unterstützen und weisen zumeist einen Zeithorizont von 1-2 Jahren auf. Vom kreditnehmenden Land muß lediglich der Nachweis erbracht werden, daß angemessene Anstrengungen zur Überwindung der Schwierigkeiten unternommen werden. Die Überwachung erfolgt dabei anhand von Erfüllungskriterien, wie z.B. Budget- und Kreditobergrenzen, die eingehalten werden müssen. Die in diesem Rahmen gewährten Kredite werden auch als *erste Tranche* bezeichnet.

(2)   Erweiterte Kreditvereinbarungen *(extended arrangements)*

Diese auch als *höhere Tranchen* bezeichneten Kredite stehen zur Unterstützung mittelfristiger (i.d.R. dreijähriger) Programme zur Verfügung, die darauf abzielen, Zahlungsbilanzprobleme zu bewältigen, die sich auf makroökonomische und strukturelle Faktoren zurückführen lassen. Für die Vereinbarung dieser Kredite wird von den Mitgliedern der Nachweis gefordert, daß die Zahlungsbilanzschwierigkeiten innerhalb eines angemessenen Zeitraums überwunden werden können.

---

[46] Siehe ausführlicher z.B. IWF [1990: 16f.]. Um Sinn und Zweck der einzelnen Auflagen besser zu verstehen, ist es angebracht, die theoretischen Argumentationen des 3. Kapitels mit heranzuziehen (bzw. sich ins Gedächtnis zurückzurufen).

(3)   Politik des erweiterten Zugangs *(enlarged access policy)*

Die hier bereitgestellten, teilweise aus externen Ressourcen finanzierten, Mittel dienen der Aufstockung der unter den Bereitschafts- und erweiterten Kreditvereinbarungen zur Verfügung stehenden Mittel. Je nachdem, wofür sie eingesetzt werden, gelten
damit verschiedene Zugangsbedingungen für diese Mittel.

(4)   Strukturanpassungsfazilität *(structural adjustment facility)*

In dieser Fazilität stellt der IWF besonders günstige Kredite (mit einem Zinssatz von
0,5%) für solche Länder zur Verfügung, die durch ein geringes Einkommensniveau
und langwierige Zahlungsbilanzprobleme gekennzeichnet sind, um mittelfristige makroökonomische und strukturelle Anpassungsbemühungen dieser Länder zu unterstützen. Voraussetzung für den Zugang zu diesen Mitteln ist ein vom Mitgliedsland in
Zusammenarbeit mit dem IWF erarbeiteter wirtschaftspolitischer Rahmen, dessen
Einhaltung auf der Grundlage von vierteljährlich definierten Grundgrößen vom IWF
überwacht wird.

(5)   Erweiterte Strukturanpassungsfazilität *(enhanced structural adjustment*
       facility)

Diese Fazilität gleicht in den Zielen und in den Bedingungen für die Inanspruchnahme
der Strukturanpassungsfazilität (4). Sie unterscheidet sich von dieser allerdings hinsichtlich der Reichweite und den Ambitionen der strukturpolitischen Maßnahmen
sowie dem Überwachungsverfahren und der Ziehungsgrenzen. Während bei der
Strukturanpassungsfazilität eine maximale Ziehung von 70% der Quote innerhalb von
drei Jahren zugelassen ist, können in der erweiterten Strukturanpassungsfazilität innerhalb des gleichen Zeitraums 250%, in Ausnahmefällen sogar 350%, gezogen werden.

(6)   Fazilität zur Kompensierung von Exporterlösausfällen und externen
       Störungen *(compensatory and contingency financing facility)*

Mit den Mitteln dieser Fazilität will der IWF einen reibungsfreien Ablauf der von ihm
unterstützten Anpassungsmaßnahmen gewährleisten, wenn ein Land von ihm nicht zu
verantwortende Exporterlösausfälle zu verzeichnen hat. Letztere dürfen allerdings
nicht permanenter Natur sein. Außerdem dienen die Mittel dieser Fazilität dazu, Mitgliedsländern, die von externen Schocks (d.h. unerwarteten Ereignissen) betroffen
sind, zu helfen.

(7)   Fazilität zur Finanzierung von Rohstoff-Ausgleichslagern *(buffer stock*
       financing facility)

Die Mittel dieser Fazilität dienen dazu, Beiträge von Mitgliedsländern an Ausgleichs-
lagern, die vom IWF befürwortet werden, mitzufinanzieren.

E-II. Die öffentliche Entwicklungshilfe der westlichen Industrieländer

Wir beschränken uns im folgenden auf die tabellarische Angabe der aggregierten Zahlen der öffentlichen Entwicklungshilfe von 15 DAC-Staaten[47].

Tabelle 4.2: Öffentliche Entwicklungshilfe (ODA) westlicher Industrieländer [48]

Land	ODA, Mill. $, 1990	ODA, in % des BIP, 1990
Norwegen	1.207	1,17
Finnland	846	0,64
Dänemark	1.171	0,93
Niederlande	2.580	0,93
Schweden	2.007	0,90
Schweiz	750	0,31
Kanada	2.470	0,44
Italien	3.395	0,32
England	2.639	0,27
Frankreich	6.277	0,52
Österreich	389	0,25
USA	10.166	0,19
Deutschland	6.320	0,42
Japan	9.054	0,31
Australien	955	0,34
Gesamthilfe der 15 DAC-Staaten	50.226	0,35

Quelle: UNDP [1992], S. 43.

Anmerkung: In den obigen Zahlen sind nicht die z.T. umfangreichen Leistungen der Industrieländer an die osteuropäischen Länder beinhaltet, da diese Länder noch nicht offiziell zu den Entwicklungsländern gezählt worden sind.

---

[47] Weitere, differenziertere Angaben zur Entwicklungshilfe der westlichen Industriestaaten findet man beispielsweise in den verschiedenen Weltbank-Veröffentlichungen sowie auch in Publikationen des Bundesministeriums für wirtschaftliche Zusammenarbeit, wie z.B. in BMZ [1991].

[48] Die ODA umfaßt bilaterale und multilaterale Zuschüsse sowie Kredite und sonstige Leistungen zu Vorzugsbedingungen (wobei der sogenannte Hilfsanteil mindestens 25 % betragen muß).

5. Kapitel:
Umsetzungsprobleme

Überblick

In der entwicklungspolitischen Praxis sieht man häufig, daß Strategien oder Anpassungsprogramme - auch wenn sie von IWF und Weltbank unterstützt und von den Regierungen der betroffenen Entwicklungsländer abgesegnet worden sind - scheitern. Nun muß dieses Scheitern nicht in einer Undurchführbarkeit oder Inkonsistenz der jeweiligen angewandten Programme gründen, sondern kann ihre Ursache in Problemen der **Umsetzung** innerhalb eines bestimmten politökonomischen und soziokulturellen Umfeldes haben. In diesem Kapitel geht es schwerpunktmäßig um solche Umsetzungsprobleme.

Zuerst (in *Abschnitt I*) werden vier grundlegende Erklärungsmöglichkeiten - politökonomischer und soziokultureller Art - für die empirisch beobachtbaren Umsetzungsschwierigkeiten vorgestellt und analysiert. Konkret geht es hier um die Erklärung des Problems, daß häufig Reformvereinbarungen nicht eingehalten oder verzögert werden. In *Abschnitt II* werden weitere Probleme, die die Zeitstruktur der erforderlichen Strategiemaßnahmen im Umsetzungsprozeß betreffen, angesprochen. So kann eine Strategie auch daran scheitern, daß die Strategieschritte - falls nicht simultan durchführbar - in der verkehrten Reihenfolge vollzogen werden. Wenn man, wie im 3. Kapitel erläutert, Liberalisierung und Stabilisierung als die beiden Hauptelemente moderner entwicklungspolitischer Auflagensetzung und Anpassungsprogramme ansieht, stellen sich vor allem zwei Fragen hinsichtlich des Zeitablaufs. Zum einen geht es darum, ob die Liberalisierungspolitik der Stabilisierungspolitik vorangehen oder ob die Reihenfolge umgekehrt sein soll, oder ob beide Programmelemente gleichzeitig durchgeführt werden sollen. Zum anderen ist zu fragen, ob eine politische Liberalisierung (Demokratisierung) der wirtschaftlichen Liberalisierung und Stabilisierung vorangehen oder mit diesen gleichzeitig vonstatten gehen soll, oder ob es besser ist, auf diese vorerst aus entwicklungspolitischen Gründen zu verzichten. Schließlich wird in *Abschnitt III* noch kurz auf die Frage eingegangen, ob bzw. warum es sinnvoll ist, Entwicklungspolitik auch international (zwischen den Helfernationen) zu koordinieren.

I. Politökonomische und soziokulturelle Erklärungen

Das Problem, um das es hier geht, ist aus der Praxis wohl bekannt. Ein von einer Krise betroffenes Land erkennt die Ursachen der Krise, sieht sich jedoch nicht in der Lage oder ist nicht gewillt, diese zu beseitigen. Oder konkreter gesagt: In einem internationalen Entwicklungshilfeprogramm sind wirtschaftspolitische Auflagen abgemacht; das Empfängerland führt die erforderlichen Maßnahmen jedoch nicht durch bzw. verzögert die Durchführung.

Im folgenden wird nach möglichen Erklärungen für ein solches Verhalten gesucht. Es werden vier Erklärungsmuster analysiert, die prinzipiell für eine moderne ökonomische Erklärung herangezogen werden können. (Die einzelnen Erklärungen schließen sich nicht aus, sondern symbolisieren in-der-Praxis-häufig-gleichzeitig-auftretende Ursachen, wobei die relative Bedeutung der einzelnen Ursachen situations- und länderspezifisch ist[1].) Die vier Erklärungsmuster lassen sich zum einen nach den Ursachen einteilen, zum anderen aber auch danach, ob die Regierung des Empfängerlandes gewillt oder nicht gewillt ist, die Strategie - der sie annahmegemäß zugestimmt hat[2] - umzusetzen. Die Ursachen selbst kann man in (A) politökonomisch-endogene und in (B) soziokulturell-exogene Ursachen gliedern. Im einzelnen sind dies:

(1) *Konflikte oder Koordinationsprobleme hinsichtlich der* **Kostenverteilung,**

(2) *strategische* **Eigeninteressen** *der Politiker,*

(3) *fehlende institutionelle Infrastruktur,* und

(4) *heterogene Präferenzen oder Strukturvorstellungen der Beteiligten.*

Die Zuteilung nach den zwei genannten Kriterien kann der folgenden **Übersichtstabelle** entnommen werden.

	Regierung gewillt	*Regierung nicht gewillt*
Politökonomische Erklärungen	(1)	(2)
Soziokulturelle Erklärungen	(3)	(4)

Insbesondere was die politökonomischen Erklärungsursachen anbelangt, so wird seit einigen Jahren auch versucht, diese innerhalb des neoklassischen Paradigmas als rationales Handlungsergebnis abzuleiten. Bei den soziokulturellen Erklärungen ist dies bislang m.W. noch nicht systematisch (stringent) geschehen. Dies wird hier versucht, durch die Begrifflichkeiten 'politökonomisch-endogene' und 'soziokulturell-exogene' Erklärungen auszudrücken. Die politökonomisch-endogenen Erklärungen, die in den letzten Jahren großen Auftrieb innerhalb der Nationalökonomie erhalten haben, werden im ANHANG auch modelltheoretisch skizziert.

---

[1] Die relative Bedeutung der einzelnen Ursachen herauszuarbeiten, ist Aufgabe der traditionellen "praxisorientierten" (Feldforschung betreibenden) Entwicklungwissenschaft.

[2] Wenn sie nicht zustimmen würde, käme es ja nicht zur Entwicklungshilfe. Von daher interessiert uns dieser Fall hier nicht weiter. Es geht uns hier ja um das Problem, daß sich Entwicklungshilfe immer wieder als ineffizient erweist, da die Auflagen - entgegen der Absprachen - nicht umgesetzt werden.

A. Politökonomische Erklärungen

1. Konflikte (Koordinationsprobleme) über die Kostenverteilung

Problemstellung

Man kann den Ausgangspunkt bzw. die **Problemstellung** wie folgt umschreiben: Manche Länder (hier: Entwicklungsländer) wissen, daß bestimmte bisher verfolgte Politiken nicht auf Dauer weiterbetrieben werden können, sondern eine Politikänderung einsetzen muß. Trotzdem wird die Politik nicht (sogleich) geändert. Zum **Beispiel** werden weiterhin große Budgetdefizite, die eine sich-ausweitende Staatsverschuldung implizieren, hingenommen, obwohl den verantwortlichen Politikern klar ist, daß diese Defizite früher oder später doch beseitigt werden müssen. Die **Frage** ist, wieso diese Länder nicht sofort stabilisieren. Wir abstrahieren im folgenden von Ländern, die so arm sind, daß ausreichende Budgetkürzungen oder Steuererhöhungen entsprechend der vorherrschenden Armut nicht durchführbar sind. Sondern wir betrachten ein typisches Schwellenland, in dem es prinzipiell möglich wäre, solche Budgetdefizite durch Sparmaßnahmen oder Steuererhöhungen abzubauen. (Dies ist hier der analytisch einzig interessante Fall.) Wenn es offenbar ist, daß die gegenwärtige Politik nicht aufrechterhaltbar ist und eine Politikänderung letztlich doch durchgeführt werden muß, wieso wird diese dann hinausgezögert? Eine solche Verzögerung ist besonders problematisch, wenn die Politikumstellung - wie häufig der Fall - um so kostspieliger wird, je länger man damit wartet (wie bei einer instabilen Inflations- und Schuldendynamik). Als Ergebnis rationalen Verhaltens scheint man so etwas kaum ableiten zu können, solange man die beschriebene Situation, wie häufig in der Makroökonomie, als Spiel zwischen einem gemeinwohlmaximierenden Staat und einem repräsentativen privaten Individuum betrachtet. Wenn man dabei nicht auf die Annahme irrationalen Verhaltens zurückgreifen möchte - was wenig befriedigend und in der modernen Ökonomie inzwischen auch weitgehend "tabuisiert" ist -, scheinen nur **zwei Alternativen** zu verbleiben: Entweder man läßt die Annahme des gemeinwohlmaximierenden Staates fallen (wie in Abschnitt 2 unten) oder man verzichtet auf die Annahme des repräsentativen privaten Individuums (wie in diesem Abschnitt). Daneben gibt es aber, wie gesagt, auch noch zwei alternative (soziokulturell-exogene) Erklärungen, die in den Abschnitten 3 und 4 dargestellt werden.

In diesem Abschnitt verzichten wir auf die Annahme eines repräsentativen privaten Individuums. Stattdessen nehmen wir an, daß es mehrere Individuen oder Gruppen gibt, die im wesentlichen ihre Eigeninteressen verfolgen. Außerdem unterstellen wir, daß es Verteilungskonflikte darüber gibt, wer welchen Teil der Entwicklungs- oder (hier: der) Stabilisierungskosten tragen soll.

Wie aus verschiedenen **Untersuchungen über Stabilisierungsprozesse** (älteren und neueren Datums) hervorgeht, gab es in den jeweiligen Ländern sehr wohl einen Konsens darüber, daß eine fiskalpolitische Änderung notwendig war. Nur gab es einen politischen Streit darum, wie die Last der höheren Steuern und der Ausgabenkürzungen aufgeteilt werden sollte. Diese **Verteilungsfrage** war in allen politischen Debatten über Stabilisierungsprogramme **von zentraler Bedeutung** (vgl. z.B. Alesina [1988] oder Eichengreen [1989] zu den Auseinandersetzungen um die

Lastenverteilung für die Stabilisierungsprozesse nach dem 1. Weltkrieg in den betroffenen Ländern; oder Roubini und Sachs [1989] für die Periode nach 1973 in OECD-Ländern). Zudem gingen erfolgreichen Stabilisierungen gewöhnlich mehrere Fehlschläge voran (vgl. Dornbusch [1991]), und sie wurden anscheinend erst möglich, nachdem eine Verteilungskonfliktseite politisch dominierend wurde, z.B. nach klaren Wahlsiegen einer Gruppe (vgl. Maier [1975]).

a) Erklärung mithilfe des "Zermürbungskrieg"-Modells

Aus dem oben Dargestellten läßt sich ableiten, daß man eine "rationale" Verzögerung erforderlicher Stabilisierungsprozesse am besten durch die **Modellvorstellung eines "Zermürbungskriegs"** *(war of attrition)* zwischen verschiedenen sozio-ökonomischen Gruppen mit konfligierenden Verteilungszielen analysieren kann. Das heißt: Wenn eine Stabilisierung bedeutende Verteilungsimplikationen hat - wie im Fall von Steuererhöhungen, um ein großes Budgetdefizit zu beseitigen -, so werden verschiedene sozio-ökonomische Gruppen mit konfligierenden Verteilungszielen versuchen, die Stabilisierungskosten auf andere Gruppen abzuwälzen. Daraus kann sich ein "Zermürbungskrieg" ergeben, in dem es jede Gruppe rational findet, abzuwarten, bis die anderen auf- oder nachgeben. Stabilisierung findet nur dann statt, wenn eine Gruppe nachgibt und einen unverhältnismäßig hohen Lastenanteil auf sich nimmt.

Das "Zermürbungskrieg-Modell" wurde zuerst auf die Biologie angewandt (vgl. Riley 1980) und bald darauf auch auf die Ökonomie, dort vor allem bezogen auf dynamische Spiele zwischen einer Geld- und einer Fiskalbehörde mit konfligierenden Zielen (vgl. Sargent [1986], Tabellini [1986, 1987], und Loewy [1988])[3]. Dort wurde davon ausgegangen, daß sehr wohl für eine gewisse Dauer eine langfristig-nicht-aufrechterhaltbare Kombination zwischen Geld- und Fiskalpolitik bestehen kann, bis eine Seite nachgibt. Ein Problem mit den eben genannten Ansätzen (bezogen auf das Spiel zwischen Geld- und Fiskalbehörde) besteht darin, daß sie annehmen, daß die Geldbehörde unabhängig von der Fiskalbehörde ist. Dies ist eher unrealistisch für die meisten Länder, insbesondere für die Entwicklungsländer, um die es hier geht.

Im **ursprünglichen Modell eines "Zermürbungskriegs"** (Riley 1980), an das hier angeknüpft wird, kämpfen zwei Kontrahenten um eine Beute. Kämpfen wird als kostspielig betrachtet, und der Kampf endet damit, daß ein Kontrahent aussteigt. Es wird angenommen, daß sich die beiden Kontrahenten unterscheiden, entweder in den Kosten, die sie auf sich nehmen müssen, wenn sie im Kampf bleiben, oder in dem Nutzen, den sie der Beute zuordnen. Desweiteren wird unterstellt, daß diese Kosten- oder Nutzenwerte nur dem jeweiligen Kontrahenten selbst bekannt sind, der Gegner dagegen nur die Verteilung dieser Werte kennt. Das Problem des einzelnen ist dann, eine Aufgabezeit auszuwählen, die seinem Typ (beschrieben durch die obige Kosten-Nutzen-Informationen-Charakterisierung) entspricht, wobei er davon ausgeht (oder weiß), daß der andere das gleiche Problem löst. Im Gleichgewicht ist die Aufgabezeit dadurch bestimmt, daß bei der optimalen Zeit die Kosten, für eine weitere Zeiteinheit im Kampf zu bleiben, gerade gleich sind dem erwarteten Gewinn aus dem Bleiben. Letzterer Gewinn entspricht der Wahrscheinlichkeit, daß der Kontrahent zu diesem Zeitpunkt aussteigt, multipliziert mit dem Gewinn, wenn dieser aufgibt.

Entscheidend für die Erklärung einer endlichen Verzögerung im Kontext eines Zermürbungskriegs zwischen heterogenen Individuen bei unvollkommener Information ist, daß es erstens kostspielig sein muß, im Kampf zu bleiben, und zweitens, daß

---

3   Backus und Driffill [1985] sowie Tabellini [1988] diskutieren auch Zermürbungskriege zwischen Gewerkschaften und der Zentralbank.

der Gewinn für den Sieger größer sein muß als für den Verlierer. Die Verzögerung dauert um so länger, je ungleich-verteilter die Kosten und/oder die Einkommen sind[4].

Alesina und Drazen [1992] formulieren solch ein Modell, um die Verzögerung von Stabilisierungsprozessen zu erklären. (Das heißt, sie leiten die erwartete Stabilisierungszeit als eine Funktion der Charakteristika der Volkswirtschaft ab.) In dem Zermürbungskrieg ist es dort rational für alle Beteiligten, zu warten, bis die anderen aufgeben; und der Zeitablauf und die Anhäufung von Kosten führt eine Gruppe dazu, aufzugeben und ein vorher abgelehntes Stabilisierungsprogramm ökonomisch und politisch zu ermöglichen.

Genauer gesagt ist die Idee der Studie von Alesina und Drazen wie folgt: Nehmen wir an, die Last der Stabilisierung - in Form von Politiken, die den Verteilungsanteil einer Gruppe reduzieren - sei ungleich verteilt. Die Gruppe, die zuerst nachgibt, trage den größeren Anteil der Kosten. Wenn sich die rivalisierenden Parteien in ihrer Fähigkeit unterscheiden, die Kosten der Inflation auf sich zu nehmen, aber doch unsicher sind über die Fähigkeit der anderen, die Kosten zu tragen, wird jede Partei sich weigern nachzugeben - in der Hoffnung, die anderen "auswarten" zu können. Mit der Zeit werden die Kosten der Inflation steigen und mit ihnen die wahrgenommene Wahrscheinlichkeit, daß die anderen Parteien tatsächlich geduldiger sind als vorher angenommen. Letztlich wird die Verteilungsinteressengruppe, die am wenigsten in der Lage ist, die Kosten zu tragen, aufgeben und die Stabilisierung findet statt. Die Verzögerung ist hier rational: Selbst wenn die Inflation letztlich angehalten wird durch die Politiken, die ursprünglich als nicht-akzeptabel betrachtet worden sind, haben verschiedene Gruppen doch einen Anreiz, auszuhalten, so lange wie die Kosten der Stabilisierung ungleich getragen werden und Unsicherheit besteht über die Aushaltefähigkeit der anderen Gruppen. Bis zum Augenblick, an dem eine Gruppe nachgibt, ist die subjektive Wahrscheinlichkeit, daß die anderen zuerst nachgeben und die Stabilisierungskosten tragen, hinreichend, um den anhaltenden Verlust aus der Inflation zu rechtfertigen. (Die Modellstruktur wird im ANHANG, dort im Abschnitt E-II.2 noch näher erläutert.)

Es handelt sich hier um ein nicht-internalisierbares **Koordinationsproblem**, das sehr hohe Kosten für die Gesellschaft mit sich bringt. Letztere sind Kosten der Verwendung allokationsverzerrender Methoden der öffentlichen (Budget-)Finanzierung. Bei einer Inflationsfinanzierung sind dies eben die Inflationskosten (siehe hierzu in Abschnitt E-V des 3. Kapitels). Weitere Wohlfahrtskosten (neben den Inflationskosten) sind Kosten der "Lobbytätigkeit", wobei (auch) diese Kosten unterschiedlich auf einzelne Gruppen verteilt sind. Der Wohlfahrtsverlust insgesamt steigt mit der öffentlichen Verschuldung, und die öffentliche Verschuldung steigt mit dem Budgetdefizit. Das Budgetdefizit wiederum nimmt mit der Inflation zu, und die Inflation steigt mit der allokationsverzerrenden Finanzierung, sprich hier: der Monetisierung des Budgetdefizits. (Es wird dabei angenommen, daß es eine Beschränkung der Schuldenanhäufung - insbesondere der Auslandsverschuldung - gibt. Siehe hierzu wie zu Obigem näher auch im 3. Kapitel, dort in Abschnitt III.2.)

Die Gesellschaft verharrt so in einem paretoinferioren Zustand (in einem sogenannten "Gefangenendilemma"), der über den Marktmechanismus anscheinend nicht

---

4   Vgl. näher z.B. Roubini und Sachs [1989] oder Cukierman, Edwards und Tabellini [1992].

gelöst werden kann. Eine sofortige Stabilisierung wäre (pareto-)optimal; sie wird jedoch nicht durchgeführt. Es handelt sich hier um ein empirisch eindeutig beobachtbares Verhalten (stylized fact). Ob die obige Erklärung jedoch theoretisch überzeugt, ist eine andere Frage. Zum einen sind die Modellannahmen etwas "gekünstelt" (siehe näher im Abschnitt E-II.2 des ANHANGs zu diesem Kapitel). Zum anderen stellt sich die Frage, ob der erwartete Verlust eines u.U. andauernd niedrigeren Volkseinkommens (potentielle Wohlstandslücke) nicht für **alle** - also auch für den Sieger im "Zermürbungskrieg" - größer ist als der erwartbare Gewinn aus einem Sieg, der auch nicht ewig anhält[5]. Schließlich bleibt die Frage, ob es nicht doch institutionelle Möglichkeiten gibt, um das obige Gefangenendilemma zu beseitigen. Rational ist das oben beschriebene Verhalten nämlich nur dann, wenn die (erwartbaren) Folgekosten sowie die Zeitpräferenzraten nicht zu hoch sind. Insofern mag der obige Ansatz bezogen auf Industrieländer und relativ stabile Entwicklungsländer als kurz- bis mittelfristige Erklärung von Stabilisierungsverzögerungen angebracht sein. Er scheint aber schlecht(er) anwendbar zu sein auf von Hyperinflation geschüttelte Länder (siehe näher im nächsten Abschnitt).

6) *Notwendigkeit von Krisen für strukturelle Änderungen?*

Anknüpfend an die obige Erklärungsvariante könnte man - makropolitisch - auch behaupten, daß die für Entwicklungsprozesse in der Regel notwendigen Änderungen von Politikregimen erst nach dem Durchlaufen längerer Krisenprozesse durchführbar sind. Diese These wird gelegentlich (und hauptsächlich) von Soziologen und Geschichtswissenschaftlern vertreten - insbesondere bezogen auf Stabilisierungsprozesse und auf der Grundlage der Erfahrungen mit der Beendigung von Hyperinflationen (vgl. z.B. Maier [1975], Hirsch [1978], oder Hirshman [1985]). So schreibt beispielsweise *Albert Hirshman* [1985; eigene Übersetzung, H.W.]:

"Wenn die Ausgaben fortwährend die Einnahmen übersteigen, kann die resultierende Inflation den Effekt haben, die Öffentlichkeit und die Regierung davon zu überzeugen, daß Steuern erhöht werden müssen, um öffentliche Investitionen zu finanzieren. In den fortgeschrittenen Industrieländern wurden Einkommensbesteuerung und große Steueranhebungen allgemein nur möglich unter dem Einfluß großer Notstände und Krisen, meistens in Kriegszeiten. In einer Anzahl von Entwicklungsländern hat Inflation als ein Äquivalent von Krieg gewirkt, um den Boden für eine stärkere Besteuerung vorzubereiten."

Krisen, wie z.B. eine extrem hohe Inflation, die allgemein als Notstandssituation empfunden wird, sind danach notwendig, um strukturelle Änderungen herbeizuführen. (Mikro-)Ökonomisch ausgedrückt - und bezogen auf die Argumentation im vorhergehenden Abschnitt - müssen die Kosten, die die Krise (sprich hier: die Inflation) den Gesellschaftsmitgliedern auferlegt, erst höher werden als die erwarteten Erträge des "Auswartens" in einem "Zermürbungskrieg". Krisen und Notstände sind nach dieser Sichtweise wohlfahrtssteigernd und daher erwünscht, da sie erst den Übergang zu einem wohlfahrtsüberlegenen Gleichgewicht ermöglichen. Höhere Inflation, in unserem Beispiel, ist hier wohlfahrtssteigernd - zumindest für eine Weile. Der Grund ist: sie steigert die Lebenshaltungskosten in der Wirtschaft und verkürzt so die Verzögerung bis zum Erreichen einer Vereinbarung. Zu Ende gedacht bedeutet dies, daß

---

[5] Letzteres ist in Alesina und Drazen [1992] nicht hinreichend modelliert. Es dürfte sinnvoll bzw. notwendig sein, hierfür ein Mehrperiodenspiel zu analysieren.

es ein positives, aber endliches Inflationsniveau gibt, das den erwarteten Nutzen maximiert[6].

Dahinter steckt der Gedanke, daß eine **verzerrende Budgetfinanzierung**, wie z.b. über Seigniorage, **wohlfahrtsverbessernd** sein kann, da sie erst eine Steuerreform möglich werden läßt. Wenn nämlich ein sozialer Konsens darüber fehlt, wer welchen Teil der Lasten einer Steuerreform tragen soll, ist die Monetisierung des Budgetdefizits, und damit Inflation, die letzte Zuflucht, um einen öffentlichen Bankrott zu vermeiden. Inflation übernimmt dann die Rolle eines automatischen sozialen Stabilisators. Die einzelnen sozio-ökonomischen Gruppen lassen sich erst durch die zunehmende Last einer immer höheren Inflation davon überzeugen, daß ein sozialer Konsens über die Verteilung der Stabilisierungslasten gefunden und der "Zermürbungskrieg" beendet werden muß, um das Budgetdefizit und damit die Inflation zu reduzieren (zu einer Diskussion der "Kosten der Inflation" siehe im ANHANG E-V des 3. Kapitels[7]). Zuvor versuchen Individuen oder einzelne soziale Gruppen, erstmal die anderen "auszuwarten", und benutzen dazwischen die Inflationssteuer, um die Wirtschaft in Gang zu halten, die dann aber die ganze Gesellschaft - wenn auch unterschiedlich stark - trifft. (D.h. hier wird wieder das oben erläuterte "Zermürbungskrieg-Modell" verwendet.)

Dem liegt die Vorstellung einer Gesellschaft zugrunde, in der sozioökonomische Gruppen mit konfligierenden Interessen existieren, und in der kein Konsens über die Wirtschaftspolitik und die Verteilung der Nutzen und Kosten, die mit einer Politikänderung verbunden wären, besteht. In solch einer Gesellschaft, die häufig als typisch für Lateinamerika angesehen wird[8], im Prinzip aber für alle Gesellschaften gilt, kann eine notwendige Politikänderung, hier in Richtung einer Stabilisierung, für eine lange Zeit hinausgeschoben werden. (Dies hatten wir ja schon oben erläutert.) Anders gesagt, wenn ein andauernder sozialer Konflikt die Wirtschaft in ein paretoinferiores Gleichgewicht gedrängt hat, werden oft drastische Änderungen benötigt, um die Sackgasse zu durchbrechen und die Wirtschaft in ein paretoüberlegenes Gleichgewicht und damit auf einen höheren Wohlfahrtspfad zu bringen.

Drazen und Grilli [1991] entwickeln entsprechend dieser Gedankengänge ein Modell, in dem die Regierung eine höhere Inflation benutzt, um eine wohlfahrtsverbessernde Änderung der Wirtschaftsstruktur herbeizuführen, die sonst (ohne die höhere Inflation) nicht erreichbar gewesen wäre. Das Ziel ist hier nur erreichbar, weil die verfolgte Politik den Individuen Kosten (in Form der Inflation) aufbürdet. Eine positive Inflation ist hier optimal.

Demgegenüber sind allerdings die **extrem hohen Kosten eines Abgleitenlassens in die Hyperinflation** zu beachten. Eine Hyperinflation stellt in der Regel das zukünftige Wachstum in Frage, da die relativen Preise völlig verzerrt werden, die Produktionstätigkeit zugunsten der Spekulationstätigkeit erlahmt, Unregierbarkeit einsetzt, politische Aufstände hervorgerufen werden (meistens wegen der willkürlichen Umverteilungen der Einkommen und des Vermögens im Zuge der Geldentwertung), Steuerverwaltung und -erfüllung ausgehöhlt werden, und die Finanzinstitutio-

---

6 Das Problem hier ist: Die Inflation tangiert nicht alle im gleichen Ausmaß.

7 Siehe auch Wagner [1983, 1985].

8 Vgl. Sachs [1989]; vgl. auch Dornbusch und Edwards [1990].

nen in einer ineffizienten Weise geändert werden - empirische Phänomene, die sehr wohl noch lange über die Hyperinflationsphase hinaus nachwirken können[9]. Das heißt, das obige Verhalten dürfte nur rational sein für relativ kurzsichtige Personen/Gruppen. Anders gesagt, ein solches Verhalten müßte eher politisch-soziologisch denn ökonomisch erklärt werden. Ansonsten müßten die Gruppen sehen, daß die zu erwartenden Kosten selbst für den Fall eines effizienten Auswartens der anderen (auch) den (eigenen) Nutzen weit übertreffen. Dies spricht dafür, daß ein solches Verhalten kaum die Ursache für eine "rational begründbare" Verzögerung sein kann[10].

Drazen und Grilli nahmen in ihrem Modell an, daß die Regierung die Wohlfahrt der einzelnen Interessengruppen gleich stark gewichtet. Dies dürfte, wie im nächsten Abschnitt argumentiert wird, in der Realität nur selten der Fall sein. Wenn allerdings die Politikbehörde eine der **Interessengruppen bevorzugt**, würde sie die verzerrenden (Inflations-)Steuern nicht nur benutzen, um eine Einigung über einen Lastenausgleich der Stabilisierung zu erreichen, sondern auch um ein Ergebnis zu erzeugen, das für ihre eigene Klientel günstig ist. In diesem Fall wäre die eben abgeleitete soziale Wünschbarkeit von Krisen in Frage gestellt.

2. Strategisches Eigeninteresse der Politiker

Es gibt in der Theorie der Wirtschaftspolitik derzeit **drei Regierungsmodelle**, die alternativ gebraucht werden:

(1) das Modell des **allmächtigen Gemeinwohlmaximierers**,

(2) das Modell der gemeinwohlorientierten, jedoch **schwachen Regierung**,

(3) das Modell der **eigennutzorientierten Regierung**.

Das **Modell (1)** des allmächtigen Gemeinwohlmaximierers ist das bis heute in der Nationalökonomie dominierende Modell. Es unterstellt, daß die Regierung Interessenkonflikte und Koordinationsprobleme, die im privaten Sektor auftauchen, im Gesamtinteresse der Gesellschaft überwinden/lösen will und auch kann. Implizit ist dies in der älteren keynesianischen Theorie der Wirtschaftspolitik[11] immer unterstellt worden. Man spricht hier auch vom Modell des "wohlwollenden Diktators". Diesem "homogenen" Entscheidungsträger würde es keine Schwierigkeiten bereiten, die im 3. Kapitel diskutierten gesamtwirtschaftlich-optimalen Stabilisierungs- oder Entwicklungsstrategien auch durchzusetzen.

Das **Modell (2)** der gemeinwohlorientierten, jedoch schwachen Regierung geht davon aus, daß die Regierung wohl im Gesamtinteresse die Interessenkonflikte und

---

[9] Vgl. z.B. Dornbusch, Sturzenegger und Wolf [1990]; vgl. auch Fischer und Modigliani [1978] sowie Wagner [1983].

[10] Andererseits ist, wie schon in Abschnitt IV.3 des 3. Kapitels angesprochen, nicht von der Hand zu weisen, daß das dort erwähnte Koordinationsproblem im Fall multipler Gleichgewichte nur bei hinreichend hohen privaten Kosten auch privat überwunden werden kann (durch freiwillige Institutionenänderungen).

[11] Vgl. hierzu z.B. Wagner [1992: 2. Kapitel].

Koordinationsprobleme im privaten Sektor überwinden will, es jedoch nicht kann, weil sie "zu schwach" ist. Die gesamtwirtschaftlich-optimale Strategie kann folglich nicht (sofort) verwirklicht werden. Dies ist der in dem vorhergehenden Abschnitt diskutierte Fall. Dahinter steckt die Vorstellung (und das ist mit "zu schwach" gemeint), daß die Regierung oder der Staat keine einzelne oder homogene Einheit darstellt, sondern eine Ansammlung von verschieden(artig)en Entscheidungsträgern ist, die *nichtkooperativ* handeln, und die jeweils verschiedene, sich überlappende Teilbereiche der Politik kontrollieren. Insofern können sie sich in ihrem Tätigkeitsdrang auch gegenseitig blockieren oder behindern. Politik ist in diesem Ansatz das Ergebnis eines "Spiels" zwischen verschiedenen Politikern oder Politikbehörden. Das Spiel kann in alternativer Weise modelliert werden, entweder als "Zermürbungskrieg" (siehe im vorhergehenden Abschnitt und näher im ANHANG, Abschnitt II.2) oder als ein "Steuerwettbewerb" zwischen verschiedenen Steuerbehörden (vgl. z.B. Aizenman [1990]) oder als ein "Verband von besteuernden und ausgebenden Behörden" (vgl. z.B. Sanguinetti [1991]). Auf jeden Fall ist die Gleichgewichtspolitik in diesen Modellen ineffizient und vertraut auf "zu viel" Seigniorage als Quelle der Regierungseinnahmen. Außerdem ist die Ineffizienz allgemein um so stärker, je mehr Konflikt und Polarisierung zwischen den verschiedenen Politikträgern herrscht und je schwächer die zentrale Regierungsbehörde ist.

Das **Modell (3) der eigennutzorientierten Regierung** - das im Zentrum dieses Abschnitts steht - geht dagegen davon aus, daß die Regierung gar kein Interesse daran hat, das Gesamtinteresse (d.h. hier: die gesamtwirtschaftlich optimale Strategie) zu verfolgen. Die Nichtdurchführung einer gesamtwirtschaftlich-optimalen Strategie ist hier das Ergebnis einer **strategischen Entscheidung** der Regierung, die gerade an der Macht ist. Insbesondere mag eine Regierung (oder eine legislative Mehrheit) gezielt ein ineffizientes Steuersystem aufrechterhalten oder schaffen, um so das Verhalten zukünftiger konkurrierender Regierungen, mit denen sie in wesentlichen ideologischen (vor allem auch nichtökonomischen) Fragen nicht übereinstimmt, zu beschränken. Ein ineffizientes Steuersystem - d.h. eines, das z.B. Steuerhinterziehung erleichtert und hohe Steuereinsammlungskosten auferlegt - fungiert nämlich wie eine Beschränkung der Einnahmesammlungsfähigkeiten der nachfolgenden Regierung (siehe auch im Abschnitt E-I des ANHANGs unten).

Je instabiler das politische System ist, um so ineffizienter ist die Gleichgewichtsmischung der Regierungseinnahmen und desto höher ist das Vertrauen auf die Inflationssteuer. (Vergleiche hierzu z.B. Cukierman, Edwards und Tabellini [1992]. Zu dem dort verwandten Modellansatz siehe im ANHANG des vorliegenden Kapitels, dort Abschnitt E-II.1. Das Neue an diesem politökonomischen Ansatz ist, daß er die Evolution des Steuersystems eines Landes als abhängig von den institutionellen Charakteristika des politischen Systems und nicht nur von denen des Wirtschaftssystems betrachtet.) Der Grund hierfür ist, daß eine Regierung in einem instabilen politischen System nicht bzw. nur mit einer geringen Wahrscheinlichkeit erwarten kann, daß sie die Erträge der Investitionen in ein effizientes Steuersystem, die erst in der Zukunft anfallen, für sich in Anspruch nehmen kann. Mit anderen Worten: die Regierung, die sich gerade an der Macht befindet, ist unsicher über ihre Wiederwahl. Folglich wird sie auch die Kosten eines Budgetdefizits, die in der Zukunft anfallen, gar nicht voll internalisieren. Die Regierung wird sich über das gesamtwirtschaftliche Optimum hinaus verschulden und die Nachfolgeregierung "die Rechnung bezahlen" lassen. **Politische Instabilität und Polarisierung führen hier zu einer ineffizienten Alloka-**

tion, selbst wenn Politiker und Wähler individuell-rational und vorwärtsblik-kend handeln[12]. Technisch ausgedrückt, wird der (mit einer gewissen Wahrscheinlichkeit erwartete) politische Regierungswechsel die Regierung, die sich an der Macht befindet, dazu anleiten, auf strategische Weise den Zeitpfad der Zustandsvariablen zu wählen. Der obige Fall eines ineffizienten Steuersystems ist nur ein Beispiel. Die Problematik läßt sich auch auf andere Wahlentscheidungen übertragen (vgl. zu einer ausführlicheren Kennzeichnung dieses Theorieansatzes im ANHANG dieses Kapitels, dort Abschnitt E-I).

Der Ansatz (3) ist der sogenannten Schule der **"Neuen Politischen Ökonomie"** zuzuordnen. (Alternative Bezeichnungen für 'Neue Politische Ökonomie' sind "Ökonomische Theorie der Politik" und - im angelsächsischen Bereich - "Public Choice"[13].) Diese Schule ist entstanden aus der Kritik an der in der Nationalökonomie immer noch gebräuchlichen mechanistischen Sichtweise des politischen Systems, d.h. an Modell (1) oben. Ökonomen in dieser Modelltradition betrachten - bildlich gesprochen - die Politikbehörde (den Staat) in der Regel wie eine Maschine, die programmiert werden kann. Wenn einmal das richtige Programm (die richtige Strategie) herausgefunden ist, ist die Aufgabe für den Ökonomen vorbei: es wird als die Sache der "Staatsmaschine" angesehen, das Programm (die Strategie) umzusetzen.

Die Neue Politische Ökonomie betont demgegenüber, daß Politiker genauso wie die anderen Wirtschaftssubjekte auch zweckgebunden handeln und auf Anreize und Restriktionen reagieren. Sie versucht[14], mithilfe des neoklassischen Analyseinstrumentariums die wechselseitigen, dynamischen Beziehungen zwischen Wirtschaft und Politik zu erfassen. Das Forschungsprogramm der Neuen Politischen Ökonomie gründet im wesentlichen auf drei Annahmen: dem methodologischen Individualismus, dem rationalen Verhalten der Individuen, und der Anwendbarkeit des Austauschmodells auf soziale Beziehungen (d.h., soziale Beziehungen werden als Tausch von Leistung und Gegenleistung betrachtet). Außerdem geht die Neue Politische Ökonomie davon aus, daß Regierungen bzw. die Politiker versuchen, ihren eigenen Nutzen (gemessen durch Indikatoren wie Macht, persönliches Einkommen u.a.) zu maximieren. Dabei werden die Anreize für politisches Verhalten erst durch die jeweiligen institutionellen Bedingungen geschaffen. Die Einführung des Institutionenbegriffs bzw. von Institutionen als bestimmende und zu bestimmende Variable ist zentral für diesen Forschungsansatz. Das Regierungsverhalten wird folglich mithilfe eines Modells der Nutzenmaximierung unter Nebenbedingungen beschrieben, wobei sowohl administrativ-legale Nebenbedingungen wie auch wirtschaftliche und politische Nebenbedingungen unterschieden werden[15]. Implizit wird in den Modellen der Neuen

---

[12] - wie in den besagten Modellen unterstellt. Vgl. auch Alesina und Tabellini [1989, 1992].

   Politische Instabilitäten, d.h. das Haupterklärungselement des obigen Ansatzes, gehören in vielen Entwicklungsländern zum Alltag. So gab es seit 1948 je Entwicklungsland zumindest alle fünf Jahre einen versuchten Staatsstreich (vgl. Weltbank [1991b: 156]). Doch umfassen politische Instabilitäten mehr als nur (versuchte) Staatsstreiche. Zur Beschreibung der dominierenden politischen Spannungen in Entwicklungsländern siehe die Weltbankberichtauszüge in Abschnitt E-IV des ANHANGs zu diesem Kapitel.

[13] Vgl. z.B. Frey [1980].

[14] Vgl. hierzu näher z.B. Kirsch [1983] oder Clapham [1989].

[15] Vgl. hierzu z.B. Luckenbach [1986: 271-2].

Politischen Ökonomie unterstellt, daß der Konkurrenzmechanismus auch im politischen System wirkt. Dies ist natürlich nur in gut funktionierenden repräsentativen Demokratien gewährleistet. Folglich ist auch verstehbar, daß dieser Forschungsansatz bislang nur vereinzelt auf die Entwicklungsländerforschung angewandt worden ist[16] (dort auch wieder meist nur bezogen auf die Entwicklungshilfe der *industrialisierten* Länder oder der internationalen Organisationen[17]). Insofern Studien zum Regierungsverhalten in Entwicklungsländern existieren, verwenden sie überwiegend den "Interessengruppen-Erklärungsansatz". Dieser erklärt das Verhalten der politischen Akteure innerhalb der gegebenen Institutionen im Hinblick auf Entscheidungen, die zur Entstehung oder Veränderung von "Renten"[18] für Interessengruppen führen (vgl. Tollison [1982: 588ff.] oder Rowley, Tollison und Tullock [1988])[19].

Von Politikwissenschaftlern wird der Ansatz der Neuen Politischen Ökonomie oft als "ideologisch" bezeichnet. Insbesondere die Nutzenmaximierungsannahme bezüglich der Politiker, die eine zentrale Annahme dieses Theoriezweiges darstellt, wird häufig als zu simpel oder mechanistisch kritisiert. Jedoch stellt die Nutzenmaximierungsthese gerade das Herzstück des (neo)klassischen Rationalitätspostulats dar, auf das eine auch auf Beurteilung zielende wirtschaftswissenschaftliche Methode kaum wird verzichten können[20]. Aber auch Vertreter der Gemeinwohlmaximierungsthese des Staates stehen der Neuen Politischen Ökonomie kritisch gegenüber. Insbesondere werfen sie den Vertretern dieses Ansatzes vor, daß ihre Analyse nicht hinreichend theoretisch-konsistent sei. Der Konkurrenzmechanismus müsse im politischen Sektor als genauso wirksam wie im ökonomischen Sektor unterstellt werden - zumindest in Demokratien, wo Vortäuschungen falscher Tatsachen und Nichtverfolgen der Wählerinteressen durch Regierungsentzug sanktioniert würden. Dem kann allerdings entgegengehalten werden, daß aus vielen Public Choice-Studien bekannt ist, daß die restriktiven Annahmen, unter denen dies nur der Fall sein wird, in der Realität nicht vorliegen. Insbesondere darf die Zeitpräferenzrate bzw. der Vergeßlichkeitsgrad der Wähler nicht zu hoch sein. Empirische Anschauungen offenbaren aber anscheinend immer wieder solch hohe Zeitpräferenzraten und Vergeßlichkeitsgrade.

Aber auch von grundsätzlichen Befürwortern dieses Forschungsansatzes (z.B. Clapham 1989) wird, insbesondere im Kontext der Anwendung des Interessengruppen-Modells in Entwicklungsländerstudien, auf zentrale Erklärungslücken hingewiesen (die allerdings meist auch die alternativen Forschungsansätze aufweisen). Vor al-

---

[16] Es gibt ja bislang nur wenige Entwicklungsländer mit einer gut funktionierenden Demokratie (im westlichen Sinne).

[17] Vgl. - bezogen auf internationale Organisationen - z.B. Vaubel und Willett [Hrsg., 1991].

[18] Unter "Renten" sind hier - allgemein ausgedrückt - Einkommen zu verstehen, die unter marktwirtschaftlichen Bedingungen nicht anfallen würden.

[19] Ein verwandter Ansatz ist der von Mancur Olson [1982]. Dort fungiert Wirtschaftspolitik - wie in der Theorie des "rent-seeking" - als eine Arena für die Konkurrenz um Sozialproduktanteile. Olson führt die Wachstumsunterschiede zwischen den einzelnen Volkswirtschaften auf die Anzahl und die Macht von sogenannten "Verteilungskoalitionen" zurück. Stark kartellierte Gesellschaften verlieren an ökonomischer Leistungsfähigkeit, weisen eine hohe soziale Ungleichheit auf und sind politisch instabil.

[20] Vgl. hierzu auch Vogt [1992].

lem wird die Nichterfassung der institutionellen Besonderheiten demokratisch orga-
nisierter Entwicklungsländer und der internationalen Einflußgrößen hervorgehoben.
Diese Kritik läuft parallel zu der des strukturalistischen Ansatzes (siehe im 3. Kapitel,
Abschnitt III.3) an der Neoklassik schlechthin sowie auch zu der Kritik mancher po-
litikwissenschaftlicher Ansätze (siehe im folgenden Abschnitt).

Nichtsdestotrotz ist der Grundgedanke sowie der Grundansatz der 'Neuen Politischen Ökonomie' (oder 'Public Choice') ein wesentlicher Fortschritt gegenüber der in
der Nationalökonomie immer noch dominierenden (oben beschriebenen) "Staatsma-
schinen"-Sichtweise. Deshalb werden sie im ANHANG in Abschnitt E-I noch näher
erläutert.

B. Soziokulturelle Erklärungen

3. Fehlende institutionelle Infrastruktur

Die obigen beiden politökonomischen Ansätze, die in der modernen Volkswirtschaftslehre zunehmende Beachtung finden, sind relativ "allgemeine" und "stilisierte"
Erklärungen. Demgegenüber verweisen Politikwissenschaftler meist auf sehr konkrete, länderspezifische Schwierigkeiten, wenn sie das Scheitern von Entwicklungsprogrammen zu erklären versuchen[21]. Nichtsdestoweniger wird auch in den
Politikwissenschaften die Notwendigkeit gesehen, allgemeine Ursachen herauszuarbeiten. Allerdings liegt der Schwerpunkt der kritischen Betrachtung in den Politikwissenschaften meistens auf dem Entwurf von Reformvorschlägen und der Ent-
scheidungsfindung. Dagegen zeigt die Praxis - wie u.a. Thomas und Grindle [1990]
betont haben -, daß die meisten Reformversuche am vielschichtigen Widerstand
während der Umsetzung scheitern. Von daher sollten deren Meinung nach auch die -
länderspezifischen - Umsetzungsprobleme ins Zentrum der Betrachtung gerückt
werden. Diese lassen sich im groben wie folgt kennzeichnen. Reformen bedürfen
politischer, finanzieller, Manager- und technischer Ressourcen. Hierbei kann es zu
Restriktionen (d.h., einer fehlenden institutionellen Infrastruktur) kommen, so daß zu
anspruchsvolle Reformprogramme nicht umsetzbar sind[22].

Ein **Beispiel** hierfür ist das Problem der Institutionalisierung eines **effizienten Steuersystems**,
das ja, wie im 3. Kapitel erläutert, notwendig ist für den Abbau eines sich tendenziell inflationär
auswirkenden strukturellen oder andauernden Budgetdefizits. "Ideale" Steuersysteme, wie sie
von der modernen Theorie der öffentlichen Finanzierung für Entwicklungsländer entwickelt

---

[21] Vgl. z.B. Thomas und Grindle [1990] oder Lane und Ersson [1990].

[22] Auch Ökonomen stellen manchmal den institutionellen Infrastrukturmangel ins Zentrum ihrer
       Erklärung einer Unterentwicklung. So weist Harberger [1988] in einer empirischen Analyse
       darauf hin, daß kleine Entwicklungsländer relativ wenig gutausgebildete Staatsbeamte haben.
       Hieraus zieht er die Schlußfolgerung, daß diese Länder den Staatsumfang minimieren sollten.

worden sind (siehe als Überblick z.B. Newbery und Stern [Hrsg. 1987] oder Stern [1991a])[23], sind in vielen Entwicklungsländern aufgrund der oben betonten fehlenden institutionellen Infrastruktur nicht umsetzbar (siehe hierzu auch Bliss [1992] und Tanzi [1991a]).

Die in Entwicklungsländern oft fehlenden finanziellen, öffentlichen Manager- und technischen Ressourcen werden von Thomas und Grindle auch als die "bürokratischen" Hindernisse bezeichnet. Sie würden von den Reformplanern (national und international, also auch von den die Auflagen setzenden Geberländern) nicht hinreichend berücksichtigt[24]. Sie sollten aber bei der Suche nach einem "optimalen" Entwicklungsprozeß schon im Reformansatz mit berücksichtigt bzw. in ihn integriert werden. Die zentrale These von Thomas und Grindle ist die: Die Ursache für ein Scheitern von Reformprogrammen in Entwicklungsländern ist oft nicht so sehr fehlender politischer Wille, wie häufig unterstellt[25], sondern fehlende institutionelle Infrastruktur.

Auch die Weltbank [1991b: 165] betont: "Die Unterstützung institutioneller Entwicklungen verlangt einen Staat mit ausgebauten Verwaltungsstrukturen und Behörden, die auf die Marktbedürfnisse reagieren. Die politischen Schwächen der Entwicklungsländer manifestieren sich jedoch oft in der Leistung ihrer Bürokratien." Es fehle allzu häufig "an kompetenten Managern, technischen Kenntnissen und einer ausreichenden Buchführung. Eine Überprüfung von siebenhundert Projekten der Weltbank in den späten achtziger Jahren ergab, daß nur ein Drittel das institutionelle Ziel einer Stärkung der projektbezogenen Organisationen und Dienststellen im wesentlichen erreicht hatte; fast ein Viertel der Projekte zeigte in dieser Hinsicht nur geringfügige Ergebnisse. Die Schwächen der durchführenden Dienststellen waren bei Landwirtschaftsprojekten in Afrika von besonderer Bedeutung, und dies vor allem bei komplexen Vorhaben wie integrierten ländlichen Entwicklungsprogrammen. Diese Schwächen sind - neben anderen Faktoren - eine Erklärung für das schlechte Abschneiden einer Vielzahl solcher Projekte."[26]

---

[23] Als Beginn dieser modernen Theorie kann man Diamond und Mirrlees [1971] betrachten. Dasgupta und Stiglitz [1974] stellt eine erste Erweiterung dieser Theorie auf die offene Volkswirtschaft dar.

[24] Man könnte auch sagen, sie spiegeln sich nicht hinreichend in den makroökonomischen Modellstrukturen, die den Reformvorschlägen zugrundeliegen, wider. Hier ist wieder der Anknüpfungspunkt zur strukturalistischen Schule zu sehen.

[25] Auf einen solchen "Mangel an politischem Willen" verweist z.B. der "Human Development Report 1991" der UNDP - auf dem Hintergrund der dort beschriebenen Erfahrungen von ver schwendeten Ressourcen, verpaßten Gelegenheiten, sinnlosen Militärausgaben, unwirtschaftlichen öffentlichen Unternehmen, Prestigeobjekten, wachsender Kapitalflucht und verbreiteter Korruption. Siehe hierzu auch den Abschnitt E-IV im ANHANG zum vorliegenden Kapitel.

[26] Ebda: S. 100. Insbesondere die "Schwierigkeit, qualifiziertes Personal einzustellen und zu behalten, wirkt sich erheblich auf die Leistung der durchführenden Organisationen aus" (ebda), was wiederum als Resultat der Arbeitsmarkt- und Finanzpolitik betrachtet wird.

Ebenso heben Lall und Kell [1991] in ihrer Analyse der enttäuschenden Leistungen in den
afrikanischen Ländern die Relevanz fehlender Infrastruktur hervor. Sie führen diese vor allem
darauf zurück, daß in diesen Ländern die erforderlichen Fähigkeiten und Institutionen zum
Umgang mit den neuen Technologien nicht existierten. Der "Lernprozeß" zur Erzielung dieser
Fähigkeiten, den wir im 2. Kapitel im Zusammenhang mit den Erklärungen der "Neuen
Wachstumstheorie" angeführt hatten, ist - wie Lall und Kell betonen - selbst wieder abhängig
vom Zusammenwirken von Unternehmen, Märkten und Institutionen. Er würde nur dann
wirksam, wenn geeignete wirtschaftspolitische Interventionen getätigt würden, die

1. die Anreizstrukturen so ändern, daß Unternehmen freiwillig die benötigten Fähigkeiten
    (capabilities) aufbauen,

2. Fähigkeiten entwickeln, um auf Anreize überhaupt reagieren zu können (Erziehung und
    Ausbildung),

3. Institutionen schaffen, um das Funktionieren der Märkte zu erleichtern (insbesondere hin-
    sichtlich der Informationsbeschaffung).

Hierzu bedürfte es allerdings - worauf Lall und Kell nicht hinreichend hinweisen - gleichzeitiger
soziokultureller Anpassungsprozesse. Denn bekanntlich sind die meisten (schwarz-)afrikani-
schen Staaten durch **"patrimoniale" Regime** gekennzeichnet. Hierunter ist ein auf
"Reziprozität" (oder 'Gegenseitigkeit') aufgebautes Werte- und Verhaltensgefüge mit Rechtsunsi-
cherheit und Repression zu verstehen[27]. Ineffiziente, da korrupte Verwaltungen sind hier an der
Tagesordnung. Korruption wird nämlich in einer solchen Gesellschaft, soweit sie der Befriedigung von (groß-)familiären Ansprüchen dient, auch nicht als verwerflich angesehen (vgl. hierzu
z.B. Waller [1991]). Ohne eine effiziente Administration wird die Umsetzung "an-sich-wir-
kungsvoller" Strategien scheitern müssen. Darauf weist auch die *"neue 'soziokulturelle' Schule
der Kritik des Staates in der Dritten Welt"* hin (vgl. z.B. Kennedy [1988] oder Hyden [1983]).
Diese Schule argumentiert, daß der Staat in Ländern der Dritten Welt aufgrund der soziokulturellen Bedingungen, in die er eingebettet ist, nicht die Zielsetzung wirtschaftlicher Entwicklung verfolgen kann. (Siehe hierzu auch die "Weltbank-Schilderungen" in Abschnitt E-IV des
ANHANGs.)

Als **weiteres** wesentliches **Beispiel** für die fehlende institutionelle Infrastruktur in
Enttwicklungsländern[28] kann man - über die von Thomas und Grindle angespro-

---

Geringe Infrastruktur kann - und das müßte auch berücksichtigt werden - aber selbst das
Ergebnis einzelwirtschaftlich-optimaler Entscheidungsprozesse der Individuen oder sozialen
Gruppen in einem Entwicklungsland sein, wobei bei der Begründung der Ausgangspunkt
ungleicher Ausgangsverteilung eine relevante Rolle spielen dürfte. Erste solcher Ansätze
wurden ja schon kurz im 2. Kapitel, dort in Abschnitt I.2.3.4, vorgestellt. Dies würde dann auch
erklären können, warum der Infrastrukturmangel andauernd ist (bezugnehmend auf die
augenscheinlich andauernde Unterentwicklung in vielen Entwicklungsländern). Ohne eine
solche Erklärung würden Ökonomen immer wieder auf bestimmte *Lernprozesse* tippen, die den
Infrastrukturmangel mittel- bis langfristig beseitigen müßten.

27 Anders gesagt, die Gesellschaften sind durch Beziehungen unter Reziprozität geprägt, bei denen
    über Bande von Familie, Freundschaft, Ethnizität oder Ehre die Zuteilung von Sicherheit und
    Zugang zu Einkommen und Macht geregelt wird. Der Begriff 'Patrimonialismus' ist
    ursprünglich von Max Weber [1919] eingeführt worden.

28 Hierunter muß man generell auch die in Abschnitt II.4 des 3. Kapitels beschriebenen rechtlich-
    institutionellen Rahmenbedingungen, insbesondere die politisch-behördliche Infrastruktur,
    zählen. Wenn diese nicht gegeben sind, so ist - wie im 3. Kapitel beschrieben - die Strategie
    "zeitinkonsistent", und folglich wird sie auch schon deshalb nicht erfolgreich sein.

chenen Elemente hinaus - auch die **mangelnden Informations- und Kommuni-** ✓
kationsstrukturen sowie (folglich) das **Fehlen von Kooperationsmöglichkeiten**
fassen, die eine "Konfliktgesellschaft" kennzeichnen.

Mit **"Konfliktgesellschaft"** möchte ich hier eine Gesellschaft bezeichnen, die
geprägt ist durch unüberwindliches Mißtrauen zwischen sozialen Gruppen oder Klassen ("Klassenantagonismus"), was erfolgreiche Bargaining-Prozesse verhindert.
Voraussetzung hierfür ist nicht nur unvollkommene Information über die Präferenzen
der potentiellen Bargaining-Partner (dies existiert z.T. auch in "Konsensgesellschaften", s.u.), sondern auch Mißtrauen gegenüber Informationen von offiziellen Statistiken usw., von denen angenommen wird, daß sie ja doch "gefälscht" seien. Lernprozesse, wie sie in der Leitidee der rationalen Erwartungstheorie unterstellt werden,
können so nicht in Gang gebracht werden. Die Haupthindernisse für erfolgreiche
Bargainingprozesse sind hier die folgenden: *Erstens* sind die Informationskosten aufgrund der mangelnden Kommunikationsmöglichkeiten relativ hoch, man kann auch
sagen: restriktiv hoch. Hierbei kann man nicht nur Mißtrauen gegen offizielle Statistiken, sondern auch tatsächlich mangelhafte Statistiken, unzureichende Informations-
systeme und fehlende fachliche Kompetenzen bis hin zu Analphabetentum innerhalb
der Bevölkerung anführen. *Zweitens* unterliegen die politischen Institutionen und
Entscheidungsregeln in Entwicklungsländern häufig kurzfristigen Änderungen, so daß
echte Unsicherheit im Sinne von Knight [1921] hinsichtlich der Realisierbarkeit von
Bargaininggewinnen vorherrscht, was den oben angesprochenen Lernprozeß erschwert (vgl. Wagner [1981]). *Drittens* werden die Regierenden von den Wäh-
lern/privaten Individuen nicht als Gemeinwohlmaximierer eingeschätzt, sondern als
Vertreter bestimmter Interessengruppen. (Insofern ist die Regierung auch nicht in der
Lage, die bei der Anwendung einer Einkommenspolitik notwendige Schiedsrichter-
funktion zu übernehmen[29].) Dies ist in Diktaturen ganz offensichtlich und selbst in
westlichen Demokratien häufiger anzutreffen[30]. (Die wenigsten Entwicklungsländer
sind nun allerdings offene Demokratien "westlichen" Typs.)

Diese Restriktionen kann man sehr wohl als institutionelle Rigiditäten im Sinne
der strukturalistischen Schule bezeichnen, die u.U. - wie dort behauptet - geringe
Preiselastizitäten bewirken, d.h. die Funktionsfähigkeit des Preismechanismus in
solchen Gesellschaften beeinträchtigen. Letzteres wiederum kann auch den Erfolg
von Reformprogrammen, die auf die Funktionsfähigkeit des Preismechanismus
gesetzt haben (wie in der "orthodoxen Strategie" der Fall, siehe im 3. Kapitel oben),
in Frage stellen.

In einer **"Konsensgesellschaft"** findet dagegen ein stetes Bargaining um Vorteile
aus Paretogewinnen statt. Die Bargaining-Partner sind hier offen für Verhandlungen,
da weitgehend offene Informationsstrukturen gegeben sind. Die Grundlagen hierfür

---

[29] Zur Rolle der Einkommenspolitik in der entwicklungspolitischen Strategie(diskussion) siehe im
3. Kapitel oben, dort in Abschnitt IV.

[30] Als ein Land mit extremen derartigen Problemen kann man Italien ansehen (Vernetzung von
Mafia und Politik beispielsweise). Doch auch die BR Deutschland ist nicht frei von solchen
Problemen; siehe die "Parteienschelte" des deutschen Bundespräsidenten 1992, die große
Schlagzeilen in der Presse gemacht hatte, und die im Grunde nichts anderes war als das
öffentliche Zugeständnis der Politik-Sichtweise der "Neuen Politischen Ökonomie"; siehe auch
die Ergebnisse neuerer Umfragen über die Ansichten der Jugend (z.B. die sogenannte "Shell-
Jugendstudie" von 1992).

sind: Bildung, verläßliche Statistiken, "gelernte" Demokratie und funktionierender Wettbewerb. (Dies sind selbst wiederum die Grundlagen, die in der Theorie rationaler Erwartung, die heute in der Nationalökonomie eine bedeutende Stellung einnimmt, implizit unterstellt wird!) Doch selbst wenn einige dieser Grundlagen fehlen, kann Bargaining dann stattfinden, wenn zumindest ein normativer Hintergrund für korporatives Verhalten (wie z.B. der Konfuzianismus in Ostasien) vorhanden ist. Dementsprechend funktionieren auch (marktkonforme) Einkommenspolitiken oder "Sozialpakte" in diesen "Konsensgesellschaften".

Anknüpfend hieran ist es vielleicht sinnvoll, die Entwicklungsländer in "Konflikt-gesellschaften" und "Konsensgesellschaften" einzuteilen. [Aufgrund "stilisierter empi-rischer Fakten" spricht vieles dafür, die ostasiatischen Länder als typische "Konsens-gesellschaften" zu bezeichnen, während die lateinamerikanischen Staaten eher als "Konfliktgesellschaften" eingestuft werden könnten[31].] Wenn z.B. in Konfliktge-schaften marktkonforme Einkommenspolitik nicht möglich ist, eine solche politische Ergänzung jedoch ein notwendiges Stabilisierungsinstrument darstellt - wie von Ver-tretern der heterodoxen Strategie behauptet (siehe im 3. Kapitel) -, so könnte dies ein Anhaltspunkt dafür sein, warum in einem Teil der Entwicklungsländer Stabilisie-rungsprogramme wiederholt scheitern, während sie in anderen Ländern erfolgreich sind. [Man könnte hier auch eine Parallele ziehen zu den Industrieländern, und zwar insofern, als es auch dort Länder gibt, in denen die institutionellen oder genauer: die normativen Voraussetzungen für eine erfolgreiche marktkonforme Einkommenspoli-tik oder einen "Sozialpakt" vorliegen (Beispiel: Japan[32]), während die Voraussetzun-gen in anderen Ländern (Beispiel: Deutschland) weniger und in wieder anderen Län-dern (Beispiel: USA) aufgrund der dortigen normativen Grundstruktur des Individua-lismus überhaupt nicht gegeben sind[33].]

Der Hauptunterschied zu "konfliktorischen" Entwicklungsländern besteht hier je-doch in folgendem: In industrialisierten Ländern wie den USA garantieren die institu-tionellen Voraussetzungen, daß der Preismechanismus zumindest mittelfristig funk-tioniert, so daß Stabilisierungsprogramme auch ohne Einkommenspolitik erfolgreich sind - wenn auch mit höheren Kosten als bei einer Strategie, die einen Sozialpakt bzw. marktkonforme Einkommenspolitik mitumschließen würde. Außerdem ist hier die Ausgangsposition wie z.B. die Inflationshöhe in der Regel nicht so dramatisch und nicht so instabil wie in jenen Entwicklungsländern, in denen Stabilisierungspro-gramme häufig scheitern. Daraus würde folgen, daß letztlich **strukturelle Hin-dernisse** bezüglich des Funktionierens des Preismechanismus **entscheidend** sind für das häufige Scheitern von Stabilisierungsprogrammen in konfliktorischen Ent-wicklungsländern. Mithin wären wiederum **Strukturanpassungsmaßnahmen** gefor-dert, so wie im 3. Kapitel beschrieben.[34]

---

31 Eine ähnliche, theoretisch allerdings etwas anders fundierte, Einteilung unternimmt Shams [1991].

32 Entscheidend ist hier das Wertesystem des Konfuzianismus. Vgl. hierzu z.B. Morishima [1985].

33 Zu einem Vergleich zwischen Japan und Deutschland siehe Wagner [1989].

34 Die obigen Passagen zu Konflikt- und Konsensgesellschaften in diesem Abschnitt stellen nur erste vorläufige Gedanken dar, die theoretisch und empirisch erst noch erhärtet werden müßten. Die theoretischen Grundlagen zu diesen Aspekten sind generell noch sehr vage, was z.T. an der Materie selbst liegt.

4. Heterogene Präferenzen und Strukturvorstellungen

Heterogene Präferenzen

Die vielleicht für neoklassische Ökonomen naheliegendste Erklärungsmöglichkeit für ein Scheitern von Entwicklungsprogrammen ist die, daß die Präferenzen der Empfänger- und Geberländer[35] (von Entwicklungshilfe) unterschiedlich sind. Hierüber scheint es denn auch gewisse, dies bestätigende Anhaltspunkte zu geben. So betont beispielsweise Feldsieper [1988: 277]: "Entwicklungshilfe ist überwiegend, wenn nicht ausschließlich von politischen Faktoren bestimmt. [...] Politische Interessen und Präferenzen der Empfängerländer bestimmen jedes Gesuch nach Projekthilfe oder Kapitalhilfe, ebenso wie die politischen Präferenzen und Interessen der Geberländer die Gewährung oder Ablehnung solcher Gesuche bestimmen. Ökonomische Analysen werden überwiegend als Feigenblätter benutzt, um für das politisch Gewünschte oder Nicht-Gewollte, für Gewährung oder Ablehnung von Entwicklungshilfe ökonomische Gründe, deren größere Rationalität als gegeben angenommen wird, vorschieben zu können."

Diese Aussage kann man auch so uminterpretieren, daß vielleicht Empfängerländer ihre Übereinstimmung bezüglich Wirtschaftsreformen (Auflagenkriterien) nur "vorspielen", in Wahrheit aber gar nicht daran denken, die Abmachungen (vollständig) einzuhalten. Allerdings kann dies in der Regel nur in einem Einperioden-Spiel funktionieren, vorausgesetzt die Geberländer haben kein "kurzes Gedächtnis". Folglich müßte man ein solches Verhalten als kurzfristig-orientiert bezeichnen, da es in wiederholten Spielen sanktioniert wird, die Empfängerländer sich also mittelfristig selbst dadurch schädigen[36]. Dies ist mit ein Grund, daß dies in modernen ökonomischen Analysen nicht im Zentrum steht. Dies schließt allerdings nicht aus, daß Entwicklungsländer, die sich so verhalten, strategisch handeln. So weisen politikwissenschaftliche Untersuchungen darauf hin, daß Entwicklungsländer strategisch vorgehen, und zwar mit dem Ziel, die internationale Machtlücke zwischen der Ersten und der Dritten Welt zu reduzieren (vgl. hierzu z.B. die Studie von Krasner [1985]). Strategisches Fehlverhalten ist hierin mit einzubeziehen, noch dazu, da ja die wahre Ursache des Scheiterns der Umsetzung bestimmter Abmachungen nie genau kausal nachvollziehbar ist, von daher "vernebelt" werden kann, indem exogene Einflußfaktoren vorgeschoben werden. Geberländer sind hier dann unter Beweisnot. Nichtsdestoweniger kann natürlich die Reputation und damit die zukünftige Kreditwürdigkeit eines Empfängerlandes unter der Nichteinhaltung von Abmachungen leiden. Nur ist die lokale Optimalität einer solchen Strategie auch in einem Mehrperioden-Spiel nicht von vornherein auszuschließen. Sie hängt im wesentlichen von der Zielsetzung und den Zeitpräferenzraten der betroffenen Länder sowie dem (erwarteten) Sanktionsmuster ab.[37]

---

35 - einschließlich der internationalen Organisationen -

36 Das Problem ist allerdings, daß - wie in Abschnitt 2 oben angesprochen - es unter Umständen gar keine organisatorischen Verfechter des "Gesamtinteresses" gibt!

37 Zu allgemeinen Aspekten solcher Spielsituationen siehe z.B. Ordeshook [1986], Persson und Tabellini [1990] oder Wagner [1990a].

Die beschriebene Situation konfliktorischer Präferenzen ist ein analytischer Extremfall, der jedoch in der Praxis gar nicht so selten vorzukommen scheint (vgl. Krasner 1985). Das diese Interpretation prägende Weltbild kann man als "konfliktorisches Modell" bezeichnen. Dieses Modell wird von Politikwissenschaftlern und Soziologen häufig als Ausgangspunkt ihrer Betrachtung favorisiert. Dagegen unterstellen Ökonomen oft einen anderen Extremfall, den man als "Konsensmodell" bezeichnen kann. Und zwar wird hier davon ausgegangen, daß die Präferenzen der beiden Parteien, hier der Empfänger- und Geberländer, die gleichen sind (bezogen auf die Überwindung des zur Kapitalhilfe führenden Wirtschaftsproblems), so daß es gar nicht zu Koordinationsproblemen kommt. Dies kann man damit begründen, daß die ökonomischen (markttheoretischen) Analysemodelle besser auf diesen Fall passen.

Heterogene Strukturvorstellungen

Unter heterogenen Strukturvorstellungen wird hier verstanden, daß verschiedene Verhandlungsteilnehmer oder "Spieler" (Geber- versus Empfängerland; IWF versus Entwicklungsland; verschiedene sozioökonomische Gruppen im Entwicklungsland) unterschiedliche Vorstellungen über die Wirtschaftsstruktur (im Lande sowie international) und über die Politikwirkungen haben. Daß dies in der Praxis so ist, ist weitgehend unbestritten. Man denke nur an den im 3. Kapitel erläuterten Wettstreit zwischen orthodoxen Stabilisierungskonzepten internationaler Entwicklungsbehörden und heterodoxen Stabilisierungskonzepten einzelner Entwicklungsländer (z.B. in Lateinamerika), die auf unterschiedlichen Strukturvorstellungen der Spieler gründen[38].

Wenn nun das Entwicklungsland davon ausgeht, daß die Diagnose bzw. die ihm auferzwungene Strategie des Geberlandes oder z.B. des IWF falsch ist, wird es wenig Neigung verspüren, den geforderten wirtschaftspolitischen Änderungen nachzukommen (höchstens bedingt durch den Anreiz, an die versprochenen Gelder zu kommen, aber nicht grundsätzlich). Zumindest ist die Neigung wesentlich geringer als wenn das Entwicklungsland davon ausgeht, daß die vereinbarte Strategie auch die richtige ist.

Dagegen könnte man annehmen, daß im Falle, daß Entwicklungshilfe-Geber und -Empfänger sich über Diagnose und Therapie (Strategie) einig sind, keine Umsetzungs- oder Implementierungsprobleme auftreten. Zumindest sind Umsetzungsprobleme dann schwieriger zu erklären. Insofern ist dies der theoretisch eigentlich interessante Fall. Man kann sogar des Arguments willen noch weiter gehen und unterstellen, daß die Strukturvorstellung des Geberlandes vom Empfängerland - per Einsicht - übernommen wird, das Empfängerland also auch ein inhärentes Interesse hat, der vereinbarten Strategie Folge zu leisten. Unter dieser Ausgangsannahme wurde denn auch in den Abschnitten 1 und 2 oben gefragt, warum trotzdem Umsetzungsprobleme auftauchen können bzw. wie man solche erklären könnte. Zudem wurde dort auch angenommen, daß innerhalb des Entwicklungslandes Einigkeit besteht, die vereinbarte Strategie zu verfolgen, es also keine unterschiedlichen Strukturvorstellungen

---

[38] Es gibt natürlich theoretisch die Möglichkeit, daß unterschiedliche Strukturvorstellungen nur "vorgetäuscht" werden, doch erscheint dies - bezogen auf den obigen Fall - als nicht überzeugend.

zwischen den verschiedenen sozioökonomischen Gruppen dort gibt[39]. Denn ansonsten (bei unterschiedlichen Strukturvorstellungen einzelner Gruppen) könnte der Umsetzungsprozeß verhindert/verzögert werden, weil eine Gruppe oder verschiedene Gruppen die (volkswirtschaftliche) Sinnhaftigkeit der vereinbarten Strategie nicht (an)erkennen.

Anmerkung: Für die theoretische Analyse ist es nicht nur wichtig zu wissen, ob heterogene Strukturvorstellungen vorherrschen, sondern auch wie die "Unsicherheit" über die "Richtigkeit" der jeweiligen Strukturvorstellung beschaffen ist. Das heißt, man muß unterscheiden (im exemplarisch angenommenen Fall von zwei Akteuren), ob eine der beiden[40] Strukturvorstellungen richtig ist, und dies auch beiden bekannt ist, oder ob eine richtig ist, diese aber einem oder beiden Spielern nicht bekannt ist, oder ob keine der Vorstellungen richtig ist (und keiner von beiden dies weiß oder aber beide dies wissen). Je nachdem wird dies unterschiedliche Konsequenzen für den Umsetzungsprozeß von Strategien haben, wie in neueren Studien zur internationalen Politikkoordinierung gezeigt worden ist[41]. [Im allgemeinen muß oder sollte hier auch Begrenztheit der Lernfähigkeit (in endlichen Lebens-Zeiträumen) unterstellt werden.]

II. Zeitstrukturprobleme

Offene (ungeklärte) Fragen in der Theorie der Reformansätze bestehen auch bezüglich der zeitlichen Priorität von (1) Stabilisierungspolitik und Liberalisierungspolitik (oder allgemeiner: von Prozeßpolitik und Ordnungspolitik[42]), und von (2) politischer Liberalisierung und ökonomischer Liberalisierung. Hier gibt es Pro- und Contra-Argumente theoretischer wie empirischer Art. Das heißt, es ist umstritten, ob eine politische Liberalisierung (Demokratisierung) der ökonomischen Liberalisierung vorangehen sollte oder umgekehrt, und ob Stabilisierungspolitik vor einer Liberalisie-

---

39 Zum besseren Verständnis wurde die Problematik dort an einem konkreten Fallbeispiel erläutert. Und zwar wurde der Fall betrachtet, wo ein Stabilisierungsprogramm von beiden Seiten als unbedingt notwendig angesehen wird, es aber trotzdem nicht zustande kommt bzw. "unnötig" verzögert wird (siehe oben). "Neuklassische" Modelle haben Schwierigkeiten, solche realen Probleme zu erklären. Diese Probleme (Ungleichgewichte) dürften nach der neuklassischen Theorie eigentlich gar nicht auftreten, da sie sich mit der Zeit aufgrund von Lernprozessen auflösen müßten. (Die Frage ist allerdings, wie lange der Zeitfaktor ist.) "Keynesianische" Ökonomen schließen manchmal sarkastisch daraus: Alle realen, den Leuten auf den Nägeln brennenden Probleme (Ungleichgewichte) sind für die "neuklassischen" Ökonomen anscheinend nicht interessant/erklärbar. Der Kern der Sache ist jedoch, daß von den neuklassischen Ökonomen implizit angenommen wird, daß die richtige Strukturvorstellung allgemein bekannt oder (durch Erfahrung) erlernbar ist. Es tauchen dann auch - bei gleichen Präferenzen - keine Koordinationsprobleme auf. Auf diesen Theoriestreit sind wir ja näher in Abschnitt III.1 des 3. Kapitels eingegangen.

40 - bei zwei Spielern. Ansonsten können es auch mehrere Strukturvorstellungen sein.

41 Vgl. z.B. Frankel und Rockett [1988].

42 *Zur Klarstellung:* Stabilisierungspolitik ist nicht gleichbedeutend mit Prozeßpolitik, sondern nur eine bestimmte Art davon (siehe näher oben im 3. Kapitel). Genauso ist Liberalisierungspolitik nicht gleichbedeutend mit Ordnungspolitik, sondern nur ein (allerdings wesentlicher) Teil von *marktwirtschaftlicher* Ordnungspolitik.

Sequenzierung

rungspolitik in Angriff genommen werden sollte oder umgekehrt. Jeweils besteht natürlich noch die dritte Alternative einer gleichzeitigen Einführung. Die Reihenfolge kann den Erfolg einer Reformpolitik, d.h. die Umsetzung der wirtschaftspolitischen Auflagen/Reformschritte, aber auch im weiteren Sinne die (Gesamt-)Transformation von einem autoritären plan- zu einem demokratischen marktwirtschaftlichen System, entscheidend beeinflussen.

Ein zusätzliches Zeitstrukturproblem existiert hinsichtlich des Tempos der Reformen. Hier besteht die Wahl zwischen einem schrittweisen Vorgehen und einer Schocktherapie.

Im folgenden werden nur einige zentrale Thesen zu diesen wichtigen Thematiken erläutert. Dies ist zum einen in der (selbstgesetzten) Platzrestriktion und zum anderen darin begründet, daß sich die Forschungen hierüber noch weitgehend im Anfangsstadium befinden.

1. Zeitstruktur von Stabilisierungspolitik und Liberalisierungspolitik

Stabilisierung und (ökonomische) Liberalisierung sind die beiden Hauptelemente moderner entwicklungspolitischer Auflagen, wie wir im 3. Kapitel sahen. Erst bei Einführung dieser beiden wirtschaftspolitischen Voraussetzungen wird den Entwicklungsländern eine Chance zur Verringerung der Entwicklungslücke eingeräumt. Auch wenn dies heute in weiten Kreisen unbestritten sein mag, so besteht andererseits große Unsicherheit hinsichtlich der Frage, welche dieser beiden Maßnahmen im Bedarfsfalle - falls beide nicht gleichzeitig eingeführt werden können - vorrangig/zuerst angegangen werden sollte. [Diese Frage ist auch eminent wichtig (gewesen) für die osteuropäischen Reformländer; siehe hierzu im Schlußteil!]

Die geschichtlichen Erfahrungen mit Liberalisierung allein wie auch mit Stabilisierung allein sind nicht sehr ermutigend, wie u.a. J. Sachs [1989a] in einer historisch-analytischen Auswertung bisheriger Versuche betont hat. Die Schwierigkeiten, beide Politikinitiativen miteinander zu verbinden, sind jedoch extrem groß. Die Geschichte zeigt, daß es praktisch unmöglich war, Inflation unter Kontrolle zu bringen, während gleichzeitig versucht wurde, die Wirtschaft zu liberalisieren. Allein Süd-Korea und Brasilien 1964 sowie Indonesien 1967 könnte man als Ausnahmen anführen, wo dies gelungen ist. Allerdings waren die Programme dort durch strenge Militärregierungen unterstützt, die bedeutende Reallohnsenkungen zu Beginn der Programme durchsetzten (zumindest in Brasilien und Süd-Korea). Außerdem trafen die Programme dort auf günstige Weltmarktbedingungen, z.B. auf wachsenden Welthandel sowie - nach einigen Jahren - den Zugang zu beträchtlichen Auslandskrediten[43].

Im folgenden werden einige Erläuterungen zu der aufgeworfenen Zeitstrukturfrage gegeben, wobei bei Liberalisierung zwischen Handelsliberalisierung, Kapitalliberalisierung und Preisliberalisierung unterschieden wird.

---

[43] Vgl. näher Sachs [1989a].

Handelsliberalisierung

Es hat sich in den letzten Jahren unter den Ökonomen ein weitgehender Konsens darüber ergeben, daß in Hochinflationsländern eine Stabilisierung der *Handelsliberalisierung* vorhergehen sollte[44]. Die Hauptargumente sind folgende: (1) Es ist einfacher, *ein* Programmelement durchzusetzen als zwei Elemente, insbesondere wenn man die Komplexität der Interaktionen zwischen beiden in Betracht zieht. (2) Liberalisierung ist in einer stabilen makroökonomischen Umgebung, in der Preissignale ihre volle Wirkung entfalten können, erfolgreicher (vgl. hierzu auch den Abschnitt E-V im Anhang des 3. Kapitels).

Entgegen dieser Empfehlungen sind aber die meisten Liberalisierungsversuche in Entwicklungsländern während der letzten 40 Jahre *gleichzeitig* mit Stabilisierungsanstrengungen unternommen worden[45]. Das typische Stabilisierungs-plus-Liberalisierungs-Programm wurde zudem inmitten makroökonomischer Schwierigkeiten initiiert und in einer Krisenatmosphäre sowie häufig unter ausländischem Druck durchgeführt[46].

Kapitalliberalisierung

Was die *Kapitalliberalisierung* anbelangt, so haben viele Ökonomen aus der historischen Erfahrung in Lateinamerika Ende der 1970er Jahre den Schluß gezogen, daß auch der Kapitalverkehr nicht liberalisiert werden sollte, bevor eine Stabilisierung im Inland erreicht ist[47]. Dieser Ratschlag knüpft an die großen Budgetdefizite an, die in diesen Ländern bestanden haben. Die angesprochenen Länder in Lateinamerika versuchten damals, ihre Wirtschaften durch restriktive Geldangebotspolitik zu stabilisieren. Der dadurch ausgelöste heimische Zinsanstieg löste aber große Kapitalzuflüsse aus, die wiederum mit einer Aufwertung und gleichzeitigen "Überbewertung" der Währung verbunden war. Die Überbewertungen verschlimmerten jedoch die Schuldenkrise, als diese (Anfang der 80er Jahre) kam. Dagegen hätten Regierungen, die vor einer Kapitalverkehrsliberalisierung ihre Wirtschaft erstmal stabilisiert und damit Kontrolle über ihre Defizite bekommen hätten, ihre Fiskalpolitik restriktiver gestalten können, um so die inländischen Zinssätze zu reduzieren und dadurch den Kapitalzuflüssen entgegenzuwirken. (Die "Fiskalpolitik restriktiver gestalten" bedeutet hier, daß die staatlichen Ausgaben gesenkt[48] und damit der Kapitalmarkt - oder alternativ die Notenpresse - weniger stark in Anspruch genommen werden. Dadurch kommt es zu einer Reduktion des inländischen Zinsniveaus.) Anders gesagt, es ist nur dann angeraten, sofort zu liberalisieren, wenn die Fiskalpolitik eines Landes unter Kontrolle ist. Dies ist aber in Entwicklungsländern nur selten der Fall.

---

[44] Vgl. z.B. Fischer [1991a], Sachs [1989a] und Krueger [1986].

[45] Siehe z.B. Krueger [1978] und Sachs [1989a].

[46] Siehe für einen Überblick z.B. Nabli [1990].

[47] Siehe z.B. Fischer [1991a], Dornbusch [1988a], Obstfeld [1986] und Edwards [1984].

Die internationale Kapitalliberalisierung sollte sogar erst nach der Handelsliberalisierung erfolgen. Zur näheren Begründung siehe z.B. Bruno [1988].

[48] Durch die Reduktion des Budgetdefizits vermindern sich auch die staatlichen Ausgaben zur Bedienung des entsprechenden Schuldendienstes.

Dieses Argument für das Vorziehen des Stabilisierungsprozesses scheint stärker zu sein als ein anderes "Glaubwürdigkeitsargument", das in die entgegengesetzte Richtung weist und das lautet: Regierungen, die freie internationale Kapitalbewegungen zulassen, signalisieren ihr Vertrauen, daß ihre Wirtschaft gut geführt sein wird und unterwerfen sich der Disziplin der Marktbeurteilung der wahrscheinlichen Entwicklung der Leistungsbilanz oder des Wechselkurses. Falls dies Glaubwürdigkeit erzeugt, steigt die Bonität der Regierung auf den Kapitalmärkten, was zu sinkenden Zinssätzen für Kapitalaufnahme führt. Wird jedoch die angestrebte Glaubwürdigkeit nicht hergestellt - und warum sollte sie hergestellt werden, solange die ökonomischen Fundamentalfaktoren, sprich hier: das Budgetdefizit und die Inflation nicht geändert werden -, so treten die oben angeführten negativen Effekte bei einer nicht-rechtzeitig-unter-Kontrolle-gebrachten Fiskalpolitik ein.

Preisliberalisierung

Es gibt auch starke Argumente dafür, eine *Preisliberalisierung* nicht vor einer Stabilisierung durchzuführen. Dies ist auch ein zentraler Punkt in der laufenden Transformationsdiskussion in Osteuropa (siehe im Schlußteil). Falls nämlich die Preise vor einer Stabilisierung freigegeben werden, entsteht die Gefahr einer inflationären Dynamik, die bis hin zu einer Hyperinflation führen kann (siehe näher ebda).

Auch die Weltbank schreibt in ihrem Weltentwicklungsbericht [1991b: 184]: "Anhaltende Haushaltsungleichgewichte können Reformen zum Scheitern verurteilen. An der Instabilität der Gesamtwirtschaft ist mehr als ein Programm zur Liberalisierung des Außenhandels und der Finanzmärkte gescheitert. In einem hoch inflationären Umfeld ist es absolut vordringlich, daß das Staatsdefizit unmittelbar und drastisch gekürzt wird."[49] Sie fügt allerdings auch hinzu: "Dabei können viele strukturelle Reformen hilfreich sein: Liberalisierung der Vermarktung von Agrarprodukten, Ablösung quantitativer Handelsbeschränkungen durch Zölle, Privatisierung defizitärer Staatsunternehmen und Verbesserung der Steuerverwaltung."

2. Zeitstruktur von Demokratisierung und ökonomischer Liberalisierung/Stabilisierung

Im folgenden geht es um die Frage, ob die notwendigen Strukturanpassungen und Stabilisierungsmaßnahmen in den Entwicklungsländern leichter und/oder effizienter durchführbar sind, wenn auf eine politische Demokratisierung vorübergehend (während dieses Anpassungsprozesses) verzichtet wird. Die Alternative hierzu ist, daß eine Demokratisierung gleichzeitig oder gar vorher in Angriff genommen wird. Die obige Frage (ja schon die Fragestellung selbst) ist sehr umstritten, und es vermischen sich in der Diskussion häufig analytische und moralische Argumente. Für die

---

49   An anderer Stelle (S. 137) heißt es: "Es ist möglich, strukturelle Reformen während des Stabilisierungsprozesses zurückzustellen, doch gilt dies kaum für den umgekehrten Fall: Strukturelle Reformen werden wahrscheinlich kaum erfolgreich sein, wenn ihnen nicht eine Stabilisierung vorausgeht oder sie begleitet."

entwicklungspolitischen Instanzen der Geberländer und internationalen Organisationen ist diese Frage jedoch besonders relevant, da es für sie um die Entscheidung geht, ob sie ihre Auflagen auch in Richtung politischer Demokratisierung erweitern sollen (- das politische System ist in den meisten Entwicklungsländern bislang noch autoritär gelenkt -), oder ob sie im Vertrauen auf den langfristigen ökonomischen Nutzen für die Bevölkerung dort auch mit Diktaturen, die meist auch die Menschenrechte verletzen, zusammenarbeiten sollen. Hierfür muß jedoch erstmal geklärt werden, ob denn autoritäre Regime wirklich die wirtschaftspolitischen Auflagen der entwicklungspolitischen Organisationen effizienter umsetzen (können).

Als **Begründung für die Beibehaltung autoritärer politischer Systeme** in Entwicklungsländern - während der Stufe der Umsetzung der wirtschaftspolitischen Auflagen - werden häufig die empirischen Erfahrungen der letzten Jahrzehnte in Entwicklungsländern wie Süd-Korea, Taiwan, Singapur, Chile oder auch China angeführt[50]. Die wirtschaftlichen Wachstumserfolge in diesen Ländern werden darauf zurückgeführt, daß die politisch-autoritären Rahmenbedingungen dort - wie eine straffe Ein-Parteien-Herrschaft oder eine Militärdiktatur - die in Übergangsprozessen unausweichlichen Unsicherheiten, Turbulenzen und (insbesondere!) Verteilungskonflikte minimierten. [Jede Stabilisierungspolitik und jede Strukturanpassungspolitik und erst recht jede Systemtransformation ist - in der Realität - mit großen Umverteilungen verbunden, die selbst wiederum nur makroökonomisch oder makropolitisch legitimiert werden können, den einzelnen - zumindest den negativ - Betroffenen jedoch ungerecht erscheinen.] Entscheidender Vorteil einer "Reformdiktatur" ist sicherlich, daß sie die Möglichkeit besitzt, Reformen auch ohne bzw. gegen den Widerstand von partikularen Interessengruppen (der im Verteilungsprozeß von Macht und Vermögen negativ Betroffenen) durchzusetzen. Das in Abschnitt I.1 oben erläuterte Umsetzungsproblem könnte so ausgeschaltet werden. Demokratien wird dagegen zugeschrieben, daß sie einen systematischen Hang zu populistischen Maßnahmen hätten (vgl. hierzu auch den Abschnitt E-IV im ANHANG). Dementsprechend war in den fünfziger bis siebziger Jahren auch nachdrücklich die Ansicht vertreten worden[51], daß eine erfolgreiche Entwicklungspolitik, die Zeit brauche, bis sie Früchte trägt, mit den politischen Implikationen kurzfristiger Wahlzyklen unvereinbar ist (vgl. hierzu auch den Abschnitt E-III im ANHANG).

In den achtziger Jahren hat jedoch eine **starke Ernüchterung** gegenüber autoritären Regimen eingesetzt. Wie sich zeigte, haben sich autoritäre Regime in vielen Ländern als äußerst schädlich für die Entwicklung erwiesen[52]. Seitdem wird stärker hervorgehoben, daß in Demokratien Reformen in mehrfacher Hinsicht eher durchführbar sind. Durch politische Kontroll- und Ausgleichsmechanismen, eine freie Presse und eine offene Debatte über die Kosten und Nutzen der Regierungspolitik könnte die Zustimmung einer größeren Öffentlichkeit zu den Reformmaßnahmen erreicht werden. Die Notwendigkeit, gute Ergebnisse vorzuweisen, um wiedergewählt zu werden, würde den wirtschaftlichen Wandel eher fördern als behindern. Denn das Interesse

---

50 - obwohl diese sich ja zum Teil auch lange geweigert haben, die geforderte Marktöffnung stringent zu betreiben. Vergleiche in diesem Kontext auch die Beiträge im 'Summer 1990'-Heft des 'Journal of Economic Perspectives'. Vgl. auch Weltbank [1991a: 156ff.].

51 Siehe Weltbank [1991b: 161].

52 Siehe hierzu ebda.

der Regierung an guten Leistungen wird gesteigert, und räuberisches Verhalten wird in Grenzen gehalten.

Zusätzlich ist die Frage zu stellen, ob nicht das in Abschnitt I.3 oben beschriebene Umsetzungsproblem einer fehlenden Infrastruktur besser in einer politisch-offenen, demokratischen Umgebung angegangen werden kann. Zumindest könnte man vermuten, daß Bildung, Wissenschaft und Kreativität schlechthin - was ja mit zur zentralen institutionellen Infrastruktur gehört (siehe im 2. Kapitel) - eher in einer offenen, demokratischen Umgebung gefördert werden. Auch kann man davon ausgehen, daß der konstitutionelle Schutz der Menschenrechte und der Eigentumsrechte in Demokratien die Bereitschaft ausländischer und inländischer Anleger fördert, Investitionen in diesem Land zu finanzieren. Doch ist dies auch nur eine singuläre Einflußgröße. Eine andere, mindestens genauso relevante Einflußgröße ist die erwartbare innenpolitische Stabilität. Diesbezüglich läßt sich nicht generell feststellen, daß Reformdiktaturen diese Stabilität fördern oder mindern. Auch hier spielen wieder spezifische soziokulturelle Rahmenbedingungen eine entscheidende Rolle (siehe unten).

Die Erfahrungen gestatten - wie die Weltbank betont hat [1991b: 162] - denn auch kein klares und schnelles Urteil, obwohl sich aus empirischen Analysen "durchaus überzeugende Belege für eine positive Verbindung zwischen den Eigenschaften demokratischer Systeme und den Gesamtaspekten der Entwicklung und der Wohlfahrt" ableiten ließen (ebda)[53].

Wichtig erscheint in diesem Zusammenhang noch ein anderes (theoretisches) Argument: Nicht nur Politiker in parlamentarisch-demokratischen Systemen sind eigennutzorientiert - vgl. die Analyse in Abschnitt I.2 oben -, sondern ebenso Politiker in nichtdemokratischen Systemen (wobei Ausnahmen die Regel bestätigen!)[54]. Folglich muß man die Frage stellen, ob denn eine wirtschaftliche Entwicklung im Interesse eines Diktators oder einer sich autoritär verhaltenden politischen Führungsgruppe liegt. Auf den ersten Blick - oder kurzfristig - spricht nichts dagegen. Doch wenn man bedenkt, daß mit einer wirtschaftlichen Entwicklung - mittelfristig - auch die Bedürfnisse nach einer politischen Liberalisierung bei der Bevölkerung immer stärker werden (wie die geschichtliche Entwicklung zeigt)[55], stellt sich die Frage, wie z.B. ein Diktator die rationale Erwartung seiner Machtenthebung nach einer erfolgreichen Umsetzung der notwendigen entwicklungspolitischen Auflagen bewertet. Ob er die Umsetzung der wirtschaftspolitischen Auflagen wirklich verfolgt, hängt vor allem von seinen Zeitpräferenzen sowie von seiner Einschätzung hinsichtlich der späteren "Bestrafung" durch die von ihm politisch Unterdrückten nach seiner (antizipierten) Machtenthebung ab. Außerdem spielt auch noch seine Einschätzung hinsichtlich der Zeitdauer bis zum Eintritt seiner Machtenthebung (als Diktator) eine Rolle. [Statt

---

53 Dabei scheint als wichtige dritte Größe der *Grad der Polarisierung* in einer Gesellschaft eine Rolle zu spielen. Siehe einige Abschnitte weiter sowie im Anhang, Abschnitt E-III.

54 Dies gilt auch und insbesondere in "patrimonialen" Systemen (siehe oben in Abschnitt I.3 sowie im folgenden). Siehe auch Shams [1991: 145].

55 Man kann dies durchaus auch in Einklang mit der Pawlow'schen Bedürfnistheorie bringen. Vgl. in einem ähnlichen Kontext Wagner [1987].

Systemtheoretisch kann man dies auch so interpretieren, daß ein autoritäres Regime für die ersten Stufen der wirtschaftlichen Entwicklung förderlich ist, jedoch ab einer gewissen Stufe hinderlich wird, da es dann beginnt, die weitere Entwicklung der Produktivkräfte zu behindern.

Diktator kann man auch oben den Begriff "politische Führungsschicht" verwenden.] Außerdem gibt es in Reformdiktaturen nicht nur den Vorteil, Reformen ohne, oder auch gegen, den Widerstand von partikularen Interessengruppen durchsetzen zu können. Sondern es besteht auch der Nachteil, daß Reformen auch ohne bzw. auch gegen den Widerstand der Bevölkerung wieder rückgängig gemacht werden können. [Vergleiche das Beispiel in China 1989.]

Als eine Art "**Zwischenresümee**" kann man folgende Schlußfolgerung ziehen: *Zum einen* besitzen wohl autoritäre Regierungen eher die Möglichkeit, Koordinationsprobleme zwischen partikularen Verteilungsgruppen zu überwinden sowie die für eine wirtschaftliche Entwicklung hinderliche hohe Zeitpräferenzrate privater (vor allem armer) Individuen[56] zu ignorieren. Dadurch können sie den Umsetzungsprozeß gesamtwirtschaftlich effizienter Strategien auch eher durchsetzen. *Zum anderen* aber unterliegen sie auch der Versuchung, das eben beschriebene (Macht-)Potential nicht im "Gesamtinteresse" einzusetzen, sondern dafür zu nutzen, Eigeninteressen zu folgen und "in die eigene Tasche zu wirtschaften" bzw. ihre Klientel zu versorgen. Dies wiederum würde volkswirtschaftliche Ineffizienz (der Mittelverwendung), Korruption usf. zur Folge haben und dadurch den Entwicklungsprozeß behindern[57]. In den meisten Entwicklungsländern mit autoritären Regimen scheinen diese auch der Versuchung zu erliegen, zuallererst ihre Eigeninteressen zu verfolgen[58]. Dies würde bedeuten, daß autoritäre Regime überwiegend die Entwicklung eher behindern.

Allerdings läßt sich dies nicht generell behaupten. Letztendlich entscheidend dürfte das die politische Kultur prägende Werte- und Normensystem in dem jeweiligen Land sein, das auch autoritäre Herrscher in gewissem Sinne "bindet"[59]. Diese soziokulturellen Rahmenbedingungen prägen jedoch ebenso die "Effizienz" und den "politischen Willen zur Reform" in Wahldemokratien. So wird gerade **in Lateinamerika** die gesamte Entwicklungspolitik dominiert von den Verteilungskonflikten, was wiederum dort in Ländern, die sich dem Demokratisierungsprozeß geöffnet haben, zu "populistischen" Strömungen führt. So schreibt beispielsweise Jeffrey Sachs [1990b: 87] in Bezugnahme auf die von ihm untersuchten lateinamerikanischen Erfahrungen in den 1980er Jahren "that a fragile democratic opening combined with a deep economic crisis is a fertile brew for populist polities. Only decisive actions by a reformist government can keep these populist pressures in check."[60] Dies kann so gedeutet werden, daß in bestimmten "konfliktorischen" Ländern eine "zu frühzeitige"[61] Liberalisierung im politischen System für die Umsetzung der erforderlichen Reformmaß-

---

56 Die Annahme, daß von Hunger geplagte Individuen Kurzfristinteressen voranstellen (um nicht zu hungern), ist mehr als plausibel, noch dazu, da die Erwartung höherer Einkommen in der Zukunft (bei zusätzlichem "Verzicht") in politisch instabilen Systemen sehr unsicher erscheint. Anders gesagt, ein solches Verhalten ist durchaus ökonomisch rational. Siehe auch die Argumentation in Abschnitt II des 2. Kapitels.

57 Vgl. auch die Schilderungen im ANHANG, Abschnitt E-IV.1, des vorliegenden Kapitels.

58 Vgl. ebda.

59 Dies läßt sich auch im Kontext des in Abschnitt E-I des ANHANGs formulierten analytischen Rahmens interpretieren.

60 Vgl. auch ausführlich Dornbusch und Edwards [1990; Hrsg. 1991].

61 Empirisch festzumachen, was hier "zu frühzeitig" bedeutet, ist jedoch ex ante äußerst schwierig, wenn nicht unmöglich.

nahmen nicht förderlich ist. Allerdings scheint nach einer gewissen Zeit oder Stabilisierungsphase Demokratisierung nicht mehr hinderlich, sondern eher förderlich zu sein: So steht beispielsweise Chile, das über eineinhalb Jahrzehnte den autoritärdiktatorischen Weg beschritten hatte, Anfang der 90er Jahre - nach der Demokratisierung - als der von Weltbank und IWF hochgelobte Musterschüler da.

In Afrika[62] dagegen wird der Entwicklungsprozeß im wesentlichen durch die besondere soziokulturelle Grundlage des "patrimonialen" Staates behindert. Diese zeigt sich in der großen Bedeutung der Familie und daher des "Nepotismus" ('Vetternwirtschaft') und der persönlichen Herrschaft, im Fehlen einer "ehrlichen" Administration und in der Dominanz von Patronage- und Klientelbeziehungen mit der Begleiterscheinung von Korruption[63]. Dieses Werte- und Verhaltensgefüge dominiert dabei nicht nur in Einparteienstaaten und Militärdiktaturen, sondern auch in formal demokratischen Regimen (wobei das Konzept der Demokratie in diesen Gesellschaften oft wie ein eingepflanzter "Fremdkörper" erscheint!)[64].

Demgegenüber könnte man vermuten, daß die autoritären Regime **in Ostasien** stärker durch die dort vorherrschenden soziokulturellen Rahmenbedingungen - aufbauend vor allem auf der Ethik des Konfuzianismus u.ä. - "gebunden" werden, mit der Konsequenz, daß sie das gesamtwirtschaftliche, nationale Interesse vergleichsweise stärker berücksichtigen.

Die obigen Interpretationen sind natürlich mit großer Vorsicht zu genießen - so plausibel sie auch klingen mögen. Doch deuten sie darauf hin, daß *keine eindeutige allgemeine* Aussage über die Rolle eines Demokratisierungsprozesses gemacht werden kann[65]. Es spielen zu viele andere Faktoren mit eine Rolle. Darauf weisen auch Alesina und Rodrick in einer neueren Modellstudie [1991] hin. [Zum Modellansatz von Alesina und Rodrick siehe im ANHANG, Abschnitt E-III.] Aus ihrer Studie ergibt sich, daß die Frage, ob ein demokratisches oder ein nicht-demokratisches System eine höhere Wachstumsrate aufweist, nicht ohne gleichzeitige **Berücksichtigung der Verteilungsaspekte** sinnvoll behandelt werden kann. Ein wesentliches Ergebnis ihrer empirischen Untersuchung lautet, daß in Ländern, die weniger demokratische Politiken verfolgen, für die Wachstumsbestimmung entscheidend ist, welches Gewicht der politische Entscheidungsträger der Wohlfahrt der verschiedenen Klassen zuordnet: Regierungen, die mehr "pro-kapitalistisch" sind (wie z.B. Süd-Korea), weisen tendenziell ein höheres Wachstum auf als populistische "pro-Arbeiter"-Regierungen (wie z.B. in einigen lateinamerikanischen Ländern). In letzteren wird Kapital höher besteuert und ein Umverteilungsprozeß zuungunsten der Kapitalbesitzer eingeleitet. Die Verteilung selbst spielt allerdings - nach den Ergebnissen von Alesina und Rodrick - in nicht-demokratischen Systemen keine signifikante Rolle für die Wachstumsbestimmung, während sie in Demokratien entscheidend ist: Demokratien mit einer gleichmäßigeren Einkommensverteilung wachsen in der Regel schneller (siehe näher im ANHANG).

---

[62] - genauer gesagt: in "Schwarz-Afrika", d.h. dem Afrika südlich der Sahara.

[63] Vgl. z.B. Kennedy [1988: 80]. Siehe auch in Abschnitt I.3 oben.

[64] Vgl. auch Weiss [1991: 219].

[65] Auch hinsichtlich der postkommunistischen Transformationsländer ist die Ausgangssituation wiederum unterschiedlich. Siehe hierzu im Schlußteil.

Zu einer hierzu vergleichsweise undifferenziert *günstigen Beurteilung der Wachstumsentwicklung in Demokratien* gelangte Scully [1988]. Er fand in einer empirischen Untersuchung von 115 Marktwirtschaften über den Zeitraum 1960-1980, daß "politisch offene" Gesellschaften mit einem Durchschnitt von 2,7% pro Jahr gewachsen sind, während "repressive" Gesellschaften nur eine Wachstumsrate von 0,9% pro Jahr aufwiesen.

Hier muß allerdings immer das oben schon angesprochene Problem der "**gemeinsamen Endogenität**" (oder "endogener Simultaneität", wie es manchmal auch genannt wird) mit berücksichtigt - und soweit möglich: getestet - werden. Das heißt, eine empirische Korrelation kann immer in zwei verschiedenen Richtungen interpretiert werden. Wenn die Daten zum Beispiel darauf hinweisen, daß eine positive Korrelation zwischen geringem Wachstum (oder Unterentwicklung) und Diktaturen besteht, so kann daraus nicht automatisch geschlossen werden, daß Diktaturen zu Unterentwicklung führen, sondern die Kausalkette kann auch und gleichzeitig(!) umgekehrt sein, in dem Sinne, daß niedriges Wachstum erst Diktaturen erzeugt.

3. Tempo der Reformen

Die Umsetzung eines Entwicklungsprogramms kann nicht nur wegen einer falschen Reihenfolge der Reformschritte, sondern auch wegen eines falsch gewählten Tempos scheitern. Die Alternativen sind in der Literatur unter dem Stichwort "Schocktherapie" versus "Gradualismus" bekannt[66]. **Schocktherapie** bedeutet hier, daß die Reformen schnell durchgeführt werden. Wenn man "schnell" mit einem Zeitraum von weniger als zwei Jahren definiert[67], so haben in neuerer Zeit Bolivien, Ghana, Mexiko und Polen, aber auch Chile, eine Schocktherapie angewandt. **Gradualismus** bedeutet dagegen "schrittweises Vorgehen", bei dem die Reform über einen Zeitraum von (hier) mehr als zwei Jahren gestreckt wird. Länder wie Indonesien, Süd-Korea, Marokko und die Türkei haben beispielsweise diese Variante gewählt. Auch die Handelsliberalisierung durch das GATT war ein stetiger, aber gradueller Prozeß.

Ein schrittweises Vorgehen kann gerechtfertigt sein, wenn die Reformen besonders großen Unsicherheiten ausgesetzt sind oder/bzw. Preis- und Lohnrigiditäten und andere strukturelle Verzerrungen eine (markt-)optimale Anpassung verhindern[68]. Eine Schocktherapie würde hier möglicherweise zu zahlreichen Unternehmenszusammenbrüchen und hoher Arbeitslosigkeit führen. Zum anderen schafft ein schrittweises Vorgehen Raum für politische Feinsteuerung[69]: Die politischen

---

[66] Vgl. hierzu auch Wagner [199?: 241f.].

[67] Vgl. Weltbank [1991b: 142].

[68] Hierzu zählen auch verwaltungsmäßige Engpässe.

Ein anderes *Beispiel*: Wenn die Kapitalmärkte nicht hinreichend funktionieren, könnte eine plötzliche **Privatisierung** eine Unterbewertung und eine suboptimale Allokation von Vermögenswerten zur Folge haben. Siehe hierzu auch im Schlußteil.

[69] Dies ist ein Argument, das die Weltbank in ihrem 'Weltentwicklungsbericht 1991' zugunsten schrittweiser Anpassung vorgebracht hat. Siehe hierzu und zu anderen Argumenten ebda.

Entscheidungsträger haben dann Zeit, sich ein Bild über die voraussichtlichen Gewinner und Verlierer im Übergangsprozeß zu verschaffen und potentielle Gegner (da Verlierer) durch vorübergehende Transferzahlungen zu kompensieren und damit zu besänftigen. Viele schrittweise durchgeführte Reformen waren erfolgreich (siehe oben)[70].

Ein schrittweises Vorgehen kann jedoch von den privaten Entscheidungsträgern auch als zögerliches Verhalten ausgelegt werden. Dies kann zu einem Verlust der Glaubwürdigkeit der Reformpolitik oder des Reformwillens der Regierung führen. Folglich werden dann auch die durch staatliche Reformmaßnahmen angestoßenen Privatinitiativen erlahmen. Die Umsetzung der Reformmaßnahmen kann dadurch scheitern.

Unter bestimmten Umständen sprechen analytische (wirtschaftstheoretische) Gründe für eine Schocktherapie - und zwar dann, wenn die Zeitdiskontierungsrate "der" Gesellschaft nicht allzu hoch ist und wenn eine schnelle Reform einen anhaltenden Entwicklungsvorsprung (gegenüber einer gradualistischen Vorgehensweise) verschafft bzw. erwarten läßt. In diesem Fall werden auch sehr hohe vorübergehende Anpassungskosten bis zum Wirksamwerden der "schockhaften" Reform kein Hindernis darstellen; denn sie werden dann durch den anhaltenden Entwicklungsvorsprung, der sich ja in stetig aufsummierenden Mehreinnahmen oder Wohlfahrtsgewinnen gegenüber der gradualistischen Variante niederschlägt, überkompensiert. Die Reformen sollten in diesem (speziellen) Fall möglichst unverzüglich durchgeführt werden[71]. Insbesondere aber dürfte eine Schocktherapie für jene Länder unabdingbar sein, in denen die politische Chance für eine Reform voraussichtlich nicht lange vorhält oder die sich in akuten Krisensituationen befinden (sowie allgemein für Regierungen mit eingeschränkter Glaubwürdigkeit). Außerdem kann eine Schocktherapie die politische Tragfähigkeit einer Reform verbessern, sofern sie - durch schnelles Handeln - verhindert, daß sich spezielle Interessengruppen formieren, die vehement gegen Veränderungen agieren, die im allgemeinen Interesse sind.

Jedoch ist zu berücksichtigen, daß eine Schocktherapie die wirtschaftliche und politische Belastbarkeit (oder, besser gesagt, die Bereitschaft der Belastungshinnahme) weiter Kreise der Bevölkerung überschreiten kann. In diesem Falle kann das Reformprogramm insgesamt eine Ablehnung erfahren, so daß seine Umsetzung scheitert. Folglich kann man auch feststellen, daß ökonomisch sinnvolles Vorgehen (was, wie gesagt, häufig eine Schocktherapie ist) und politisch machbares Vorgehen oft zweierlei sind. Dies zeigt sich derzeit auch am Reformprozeß in Osteuropa ganz deutlich (siehe hierzu näher im Schlußteil). Die letztliche Entscheidung, das richtige Tempo zu finden, basierend u.a. auf der Einschätzung des Vorliegens der oben aufge-

---

[70] Einige schrittweise Reformen (wie z.B. in Japan, Süd-Korea oder Thailand) dürften, wie die Weltbank betont hat, deshalb erfolgreich gewesen sein, weil sie in relativ starken und stabilen Volkswirtschaften durchgeführt wurden. Das heißt, der Erfolg ist abhängig von bestimmten Rahmenbedingungen, die sich von Land zu Land unterscheiden (können).

[71] Dies kann natürlich nur eine Schlußfolgerung aus *gesamtwirtschaftlicher* Sichtweise sein. Bestimmte Wertmaßstäbe, die die Umverteilung zuungunsten von Personengruppen, die durch eine Schocktherapie vorübergehend schlechtergestellt werden und am späteren Wohlfahrtsgewinn aus irgendwelchen Gründen (z.B. ihres bereits hohen Alters wegen) aber nicht mehr teilhaben können, sehr stark gewichten, können zu einer anderen Einschätzung bzw. Schlußfolgerung führen.

führten Anwendungsbedingungen, kann letztlich sowieso nur mithilfe des "politischen Fingerspitzengefühls" der Regierenden vor Ort getroffen werden.

[*Hinweis:* Einen kurzen informativen Einblick in die Ansichten der Weltbank zu den Umsetzungsproblemen sowie zu adäquaten Konzepten der Umsetzung liefert der Abschnitt E-IV im ANHANG!]

III. Zur Frage internationaler Koordinierung der Entwicklungspolitik

In diesem Abschnitt soll noch auf eine weitere mögliche Ursache für das Scheitern von Entwicklungsprogrammen kurz eingegangen werden: Ein Entwicklungsland kann sich genötigt sehen, unterschiedlichen, nicht-zueinander-passenden Auflagen von verschiedenen Entwicklungshilfeorganisationen gleichzeitig ein Stück weit nachzukommen, um sich so die gleichzeitige Hilfe dieser verschiedenen Stellen zu sichern. Umgekehrt kann man sagen, daß es damit keinem der Auflagenprogramme ganz nachkommt, so daß die Entwicklungsanstrengungen unter Umständen deswegen scheitern.

Während manche internationale Organisationen per Statut gehalten sind, gleichgerichtete Aktivitäten untereinander abzustimmen - so gibt es zum Beispiel seit 1974 einen "Gemeinsamen Entwicklungsausschuß von Weltbank und IWF" -, bleibt die bilaterale Entwicklungshilfe der verschiedenen Industrieländer in der Regel unkoordiniert. Dies hat einen guten Grund; und dies ist der gleiche Grund, warum überhaupt noch der Großteil der Entwicklungshilfetätigkeit bilateral organisiert wird, obwohl dies sicherlich nicht die kostengünstigste Art ist. Dies kann man so interpretieren, daß die individuellen Länder ihre alleinige Einflußnahme auf die von ihnen vergebenen Hilfen sicherstellen wollen. (Vergleiche zur Begründung auch die Funktionsbestimmung der Entwicklungspolitik im 1. Kapitel, Abschnitt II.) Sie verzichten bewußt auf eine international koordinierte Organisation, obwohl wie gesagt multilaterale Hilfe durch internationale Organisationen nichts anderes als eine Transaktionskosten sparende Form international koordinierter Entwicklungspolitik darstellt. Von daher spräche eigentlich vieles dafür, aus Kostengründen diese Form verstärkt zu wählen. Dem steht entgegen, daß die einzelnen Länder so viel Einfluß wie möglich auf die Vergabe ihrer Hilfe und insbesondere auf die daran gebundenen Auflagen - die nicht nur wirtschaftlicher, sondern auch außenpolitischer und anderer Art sein können (siehe im 3. Kapitel) - behalten möchten. In internationalen Organisationen verflüchtigt sich dieser Einfluß (und zwar um so mehr, je kleiner ein Land ist) durch Gemeinschafts- bzw. Mehrheitsbeschlüsse und auch durch die bürokratische Eigenentwicklung solcher Organisationen.

Wenn die Einrichtungen der bilateralen Hilfe nun unkoordiniert handeln und miteinander konkurrieren, können sie inkompatible Techniken sowie widersprüchliche Projekte und Ratschläge vermitteln. Um so etwas auszuschalten, kann man zum einen den eben beschriebenen Weg gehen und einen größeren Teil der bislang bilateralen Hilfe auf internationale Organisationen übertragen. Ein anderer Weg, der die erläuterten Eigeninteressen der Geberländer eher berücksichtigt und gleichzeitig die Entwicklungshilfe effizienter gestalten und gleichzeitig die Wahrscheinlichkeit des Scheiterns der Programmumsetzung vermindern würde, wäre eine internationale Zusammenarbeit oder Koordinierung von bilateraler Hilfe[72]. Hierbei erscheint insbesondere eine Koordinierung der Auflagensetzungen, vor allem hinsichtlich wirtschaftspolitischer und *(allgemein)politischer* Auflagen, von zentraler Bedeutung. Inwieweit dies von Seiten der ihre speziellen Eigeninteressen verfolgenden Geberländer praktisch erwünscht und damit realisierbar ist, steht auf einem anderen Blatt und soll hier nicht näher untersucht werden. (Zu den grundsätzlichen Problemen einer diskretionären internationalen Politikkoordinierung siehe näher in Wagner [1991].) Im Kontext der 'GUS'-Hilfe zumindest ist eine solche internationale Koordinierung auf den 'G7'-Treffen und dem 'Weltwirtschaftsgipfel' versucht worden.

Wie die Weltbank [1991b: 57] berichtet, resultiert die oben angesprochene Problematik widersprüchlicher bilateraler Hilfskonzepte zum Teil aus der verbreiteten Praxis, die Hilfe an den Einkauf von Ausrüstungen, Transportleistungen und technischer Beratung im jeweiligen Geberland zu binden, was den Nettomitteltransfer beträchtlich vermindert. So sei beispielsweise kürzlich im Fall Pakistans der Transport der aus Hilfsleistungen finanzierten Ausrüstungen durch die von den Entwicklungseinrichtungen bestimmten Schiffahrtslinien um 50 bis 115 Prozent teurer als bei Inanspruchnahme der billigsten Transportmöglichkeit gewesen[73].

IV. Zusammenfassung

In diesem Kapitel wurden sinnvolle Erklärungen für die in Entwicklungsländern beobachtbaren Umsetzungsprobleme von Reformprogrammen gesucht. *Im ersten Teil* wurden verschiedene Erklärungen vorgestellt für die empirisch beobachtbare Tatsache, daß entwicklungspolitische Reformvereinbarungen in den Entwicklungsländern häufig nicht eingehalten werden oder deren Umsetzung verzögert wird. Die einzelnen Erklärungen schließen sich gegenseitig nicht aus, sondern trennen nur aus analytischen Gründen einzelne Ursachen, die in der Realität mehr oder minder stark gleichzeitig auftreten können. Die betrachteten politökonomischen und soziokulturellen Erklärungen bezogen sich auf Verteilungskonflikte, Eigennutzorientierung der Politiker, fehlende institutionelle Infrastruktur und auf Heterogenität der Präferenzen oder Strukturvorstellungen.

---

[72] Hier wird nur die *internationale* Politikkoordinierung behandelt. Genauso ist natürlich auch die Notwendigkeit einer *nationalen* Politikkoordinierung gegeben. Diese Notwendigkeit wird ausgelöst durch die innerstaatlichen Kompetenzstreitigkeiten, die selbst wieder bedingt sind durch eine (in den einzelnen OECD-Ländern unterschiedliche) Kompetenzstreuung der Entwicklungshilfevergabe. Dies wurde ja schon näher im 4. Kapitel, dort in Abschnitt II.1, erläutert.

[73] Weitere Beispiele sowie Einschätzungen der Weltbank zu Umsetzungsvoraussetzungen und -problemen von Reformprogrammen sind in Abschnitt E-IV des ANHANGs wiedergegeben.

Im zweiten Teil des Kapitels wurden Sequenzprobleme hinsichtlich der Reformschritte - insbesondere bezüglich der zeitlichen Abfolge von Liberalisierung und Stabilisierung sowie von ökonomischer und politischer Liberalisierung - untersucht.

Im dritten Teil schließlich wurde noch kurz auf die Notwendigkeit und Arten internationaler Koordinierung von Entwicklungspolitik eingegangen.

Im folgenden ANHANG werden einzelne Erklärungen modelltheoretisch näher erläutert und ergänzende Einschätzungen der Weltbank hinsichtlich der politischen Ökonomie des Entwicklungsprozesses vorgestellt.

ANHANG zum 5. Kapitel

Inhalt

E-I.   Ergänzungen zum Grundansatz der 'Neuen Politischen Ökonomie der
        makroökonomischen Politik'

E-II.   Zu den politökonomischen Erklärungen des Scheiterns von Reformen:
        Anhaltende Ineffizienz des Steuersystems

        1. Politische Instabilität und kollektive Kurzsichtigkeit
        (Cukierman/Edwards/Tabellini)

        2. Verteilungskonflikte und Koordinationsprobleme
        (Alesina und Drazen)

E-III. Demokratie, Wachstumsunterschiede und Verteilung
        (Zum Ansatz von *Alesina und Rodrick*)

E-IV.   Politische Ökonomie des Entwicklungsprozesses aus der Sicht der Weltbank

E-I. Ergänzungen zum Grundansatz der 'Neuen Politischen Ökonomie der makroökonomischen Politik'

Die in Abschnitt I.A oben skizzierten neueren Regierungsmodelle (2) und (3) gehen davon aus, daß die Politikbetreiber typischerweise rationale und nutzenmaximierende Entscheidungseinheiten (oder eine Sammlung von solchen Entscheidungsträgern) sind, die auf Anreize und Restriktionen in gleicher Weise reagieren wie der Rest der Wirtschaft. Anders gesagt, auch das Verhalten der Regierung wird als die Lösung eines wohldefinierten Optimierungsproblems behandelt. Politik wird hier ausgewählt von Individuen oder Gruppen mit wohlspezifizierten Zielen, die strategisch mit anderen wirtschaftlichen und politischen Entscheidungsträgern interagieren. **Wirtschaftspolitik** wird folglich analysiert als die **Lösung eines gemeinsamen Optimierungsproblems**, oder - falls es sich um ein "Spiel" handelt - als ein Gleichgewichtsergebnis.

Die Aufgabe der Theorie der Wirtschaftspolitik wird darin gesehen, die Ziele und Restriktionen, die das Optimierungsproblem der Regierung definieren, im Detail herauszuarbeiten und die Gleichgewichtlösung(en) darzustellen. Über diese 'positiven' Analysen hinausgehend werden auch normative Vorschläge erwartet und erarbeitet, die angeben, wie die Anreize und Restriktionen modifiziert werden sollten, um im Gleichgewicht erwünschtere Regierungspolitiken zu erhalten. Geeignete Institutionenentwürfe diesbezüglich stehen also mit im Zentrum der 'Neuen Politischen Ökonomie der makroökonomischen Politik'[74].

Zwei Arten von **Anreizrestriktionen** des obigen Optimierungsproblems kann man unterscheiden: einmal **politische Restriktionen** (Interessenkonflikte zwischen dem Politikbetreiber und den Bürgern über die letztlichen Ziele der Politik) und zum anderen ökonomische oder **Glaubwürdigkeitsrestriktionen.** *Letztere* drücken Anreize des Politikbetreibers zu Politiküberraschungen aus. Sie wurden schon im Anhang des 3. Kapitels (in Abschnitt E-III) unter dem Stichwort "Zeitinkonsistenz" behandelt. Wie wir dort sahen, kommen solche Anreize erst dann zum Tragen, wenn sich die Bürger (privaten Akteure) zeitlich *vor* den Politikern in ihren Entscheidungen festlegen müssen. Dann nämlich sind die Kosten des Abweichens von einer vorher angekündigten Politik erstmal relativ gering - falls die Bürger für eine gewisse Zeit an ihre Entscheidungen gebunden sind. Abweichrestriktionen treten auch erst durch anreizabhängige, auf rationalen Erwartungen beruhende, Reaktionen der privaten Akteure auf. Einen Anreiz zu Politiküberraschungen kann es aber nur geben, wenn irgendwelche Interessenkonflikte zwischen den Politikbetreibern und dem Rest der Wirtschaft bestehen. Wenn wir vorerst politische Interessenkonflikte (politische Restriktionen) ausschließen, kann es sich nur um 'ökonomische Externalitäten' handeln. Das heißt, es kann für einen einzelnen (repräsentativen) Konsumenten oder Produzenten individuell rational sein, die Externalitäten zu ignorieren, während es für den Politikbetreiber rational ist, sie zu internalisieren. Doch selbst dann begründet dies noch keinen Anreiz zu Politiküberraschungen, solange der Politikbetreiber über genügend Politikinstrumente verfügt[75]. Erst bei einem Mangel an Politikinstrumenten (bzw./insbesondere bei unsicheren Politikwirkungen) tritt ein solcher Anreiz auf. Politiküberraschungen können dann als das Bereitstellen zusätzlicher Politikinstrumente angesehen werden.

Gehen wir noch kurz auf die **'politischen Restriktionen'** ein, d.h. auf Interessenkonflikte zwischen dem Politikbetreiber und den Bürgern wegen der Uneinigkeit über die letztlichen Politikziele. Eine solche Uneinigkeit kann natürlich nur aus der *Heterogenität* zwischen den Bürgern (Individuen) abgeleitet werden, die diese dazu bringt, die Wirkungen bestimmter Politiken unterschiedlich zu bewerten. Politische Institutionen sind nun dazu da, um diese konfligierenden Interessen in aktuelle politische Entscheidungen zu kanalisieren. Sie bilden andererseits Anreizrestriktionen für den Politikbetreiber. Durch eine Änderung politischer Institutionen werden auch die Anreizrestriktionen für den Politikbetreiber geändert. Dies beleuchtet die Bedeutung politischer Institutionen sowie institutioneller Innovationen. Ein *Beispiel* für eine herausragende politische Institution stellen *demokratische Wahlen* dar. Zum einen bringen Wahlen Politikbetreiber dazu, dem Erscheinungsbild von Politikmaßnahmen auf die Wähler Aufmerksamkeit zu schenken. Wenn die Wähler nicht vollkommen informiert sind, kann dieser Anreiz jedoch zu wahlbedingten Politikzyklen führen. Zum

---

74 Dieser Ansatz kann auch als die Analyse eines **'principal-agent'-Problems** beschrieben werden, mit vielen Prinzipalen (das sind hier die individuellen Bürger) und möglicherweise mehr als einem Agenten (hier die Politikbetreiber). Das normative Problem besteht darin, solche Anreize zu entwerfen, daß der Agent eine Politik umsetzt, die die kollektiven Interessen der Prinzipale maximiert.

75 Mit genügend vielen Instrumenten kann dagegen der Politikbetreiber eine 'allerbeste' Situation entsprechend seiner Präferenzen erreichen. Vgl. Tinbergen [1952].

anderen können Wahlen zu einem Wechsel zwischen Politikbetreibern mit unterschiedlichen Zielen führen. Diese "politische Instabilität" kann intertemporale Politikentscheidungen beeinflussen, wie weiter unten noch näher gezeigt werden wird.

Der im 3. Kapitel angesprochene **Unterschied zwischen diskretionärer und regelgebundener Politik** spielt hier eine entscheidende Rolle. Bei einer regelgebundenen Politik legt sich der Politikbetreiber auf eine bestimmte Politik(sequenz) fest, noch bevor die privaten Akteure ihre Entscheidungen treffen. Dagegen wartet der Politikbetreiber im Falle einer diskretionären Politik die Entscheidungen der privaten Akteure ab, bzw. er reoptimiert zu Beginn jeder Periode aufs Neue. Dies führt zu einem Unterschied zwischen ex ante- und ex post-Restriktionen und zu einem damit verbundenen Glaubwürdigkeitsproblem. [Allgemein sind die ex ante- und ex post-Restriktionen der Politikbetreiber unterschiedlich, wenn die politischen Wahlkandidaten nicht bindende Verpflichtungen eingehen können über die Politiken, die sie im Falle eines Wahlsieges verfolgen werden. Diese Differenz zwischen ex ante- und ex post-Restriktionen erzeugt dann einen Anreiz für Politiküberraschungen. Über die rationale Erwartungsanpassung der Bürger wird jedoch der Politik eine Anreizrestriktion aufgelegt.] Bei Heterogenität und politischen Konflikten bedeutet Diskretionarität auch, daß der gegenwärtige Politikbetreiber keine bindenden Verpflichtungen hinsichtlich der Politiken der zukünftigen Politikbetreiber mit möglicherweise sehr unterschiedlichen politischen Zielen eingehen kann. Dies führt zu einer zusätzlichen Anreizrestrikton. Wenn nämlich der gegenwärtige Politikbetreiber Politikmaßnahmen ergreift, so zieht er in Betracht, daß zukünftige Politikbetreiber verschiedene Ziele verfolgen werden. Diese politische Restriktion verzerrt seine intertemporalen Präferenzen. Hierauf baut zum Beispiel die Analyse von Cukierman, Edwards und Tabellini auf, auf die im Übersichtsteil schon eingegangen worden ist und die im folgenden Abschnitt noch näher (modelltheoretisch) betrachtet werden wird.

Neben (vorwiegend) statischen Modellen der Geldpolitik werden in der 'Neuen Politischen Ökonomie der makroökonomischen Politik' insbesondere auch dynamische Modelle der Fiskalpolitik studiert, in denen Zustandsvariable - wie Kapital oder Schuldenstand - intertemporale Verbindungen zwischen Perioden herstellen. Diese können als Erklärung für das Scheitern von Stabilisierungsprogrammen wie auch allgemein als Erklärung für andauernde Unterentwicklung herangezogen werden, wie im Laufe des Buches schon häufiger erläutert worden ist. Außerdem ermöglichen sie, Institutionen zu entwickeln, die die Glaubwürdigkeitsrestriktionen abschwächen. Institutionen können Glaubwürdigkeitsrestriktionen abschwächen, indem sie beispielsweise der Regierung bei einer Überraschungsbesteuerung von Vermögen soziale Kosten aufbürden.

E-II. Zu den politökonomischen Erklärungen des Scheiterns von Reformen: Anhaltende Ineffizienz des Steuersystems

Im 2. Kapitel hatten wir gesehen, daß die Ineffizienz des Steuersystems eine zentrale Erklärungsgröße im neoklassischen Erklärungsmuster anhaltender Unterentwicklung darstellt[76]. In der Praxis der Entwicklungsländer kann man auch eindeutig eine Ineffizienz des Steuersystems feststellen (siehe hierzu im 3. Kapitel sowie im Abschnitt E-IV unten). Das Problem besteht jedoch darin zu erklären, warum dieses Problem - obwohl als zentrales Problem erkannt - anscheinend nicht erfolgreich angegangen werden kann. Dies wird, wie schon im Übersichtsteil erwähnt, neuerdings innerhalb der 'Neuen Politischen Ökonomie der makroökonomischen Politik' zu erklären versucht - und zwar sowohl im Kontext des Regierungsmodells (3) als auch des Regierungsmodells (2) des Abschnitts I.A oben. Zu beiden Ansätzen wird im folgenden ein modelltheoretisches Beispiel gegeben.

1. Politische Instabilität und kollektive Kurzsichtigkeit
(Cukierman/Edwards/Tabellini)   *(zusammenfassende Darstellung)*

Bevor ich diesen Modellansatz, der auf dem obigen Regierungsmodell (3) aufbaut, im einzelnen darstelle, möchte ich zuerst einige grundsätzliche Bemerkungen zur Problembetrachtung dieses Ansatzes anführen. Dies ist als Ergänzung zu dem im vorhergehenden Abschnitt I Gesagten zu verstehen.

1.1 Grundsätzliche Vorbemerkungen

Es wird in diesem Ansatz davon ausgegangen, daß vorwärtsblickende Wähler und Regierungen in einer dynamischen Umgebung in Betracht ziehen, wie zukünftige Politikentscheidungen von Zustandsvariablen abhängen, die unter der Kontrolle der gegenwärtigen politischen Mehrheit stehen. Diese Idee wird angewandt, um zu erklären, warum politische Mehrheiten, die antizipieren, daß sie von ideologisch-unterschiedlichen politischen Mehrheiten ersetzt werden, Staatsverschuldung als eine strategische Variable benutzen. Staatsverschuldung ändert die Anreize zukünftiger Politikbetreiber, indem sie die staatliche Budgetrestriktion tangiert[77]. Folglich hilft die Möglichkeit, so zukünftige Politikanreize zu beeinflussen, der gegenwärtigen Regierung, einer zukünftigen Regierung mit unterschiedlichen Präferenzen ihre bevorzugte Politik aufzuzwingen. Die gewählte Schuldenpolitik ist dabei von der genauen Art der politischen Instabilität abhängig. (Hier ist zu beachten, daß die ökonomisch effiziente

---

[76] Die zweite zentrale Erklärungsgröße ist in der traditionellen neoklassischen Wachstumstheorie der Unterschied in den Zeitpräferenzen. Siehe näher im 2. Kapitel.

[77] Allgemein ist zu berücksichtigen, daß *erstens* Glaubwürdigkeitsprobleme beinahe allen dynamischen Besteuerungsproblemen inhärent sind, und *zweitens* die gegenwärtige Regierung zukünftige Politik beeinflussen kann, wenn sie einige Zustandsvariable kontrolliert, die in zukünftige Politikprobleme eingehen.

Schuldenpolitik unter einer Mehrheitsregel kein Gleichgewicht sein kann, wenn die politische Mehrheit über die Zeit hinweg wechselt.)

1.2 Der Ansatz von Cukierman/Edwards/Tabellini

Im folgenden werden nur die zentralen Linien dieses Modellansatzes skizziert [78].
(Ein Symbolverzeichnis ist am Schluß des Abschnitts E-II angefügt.)

Ökonomisches System

Betrachten wir eine Volkswirtschaft, die durch zwei einfache Gleichungen beschrieben wird: die Budgetrestriktion der Regierung (Gleichung (1)) und die Budgetrestriktion des privaten Sektors (Gleichung (2)).

(1) $g_t + f_t \leq z_t(1-\theta_{t-1}) + s_t$

(2) $c_t \leq 1 - z_t - s_t - \delta(z_t) - \gamma(s_t)$.

Jedes Individuum ist mit einer Outputeinheit in jeder Periode ausgestattet. g_t und f_t sind zwei verschiedene öffentliche Güter in Pro-Kopf-Einheiten, und c_t ist privater Konsum, auch pro Kopf. Die Regierung sammelt von jedem Individuum einen Betrag s_t in Form von "Seigniorage" und einen Betrag z_t in Form einer 'regulären' Steuer. Der Hauptunterschied zwischen Steuern und Seigniorage wird darin gesehen, daß ein Teil θ_{t-1} der 'regulären' Steuereinnahmen wegen Steuereinsammlungskosten verloren geht, wogegen Seigniorage keine administrativen Kosten aufweist. Steuern und Seigniorage bringen beide für den privaten Sektor Verluste in Höhe von $\delta(z_t)$ bzw. $\gamma(s_t)$ mit sich. Diese Verzerrungen nehmen mit einer steigenden Rate zu; d.h.: $\delta'(z_t)>0$, $\delta''(z_t)>0$; und $\gamma'(s_t)>0$, $\gamma'(s_t)>0$.

θ_{t-1} ist hier ein Ausdruck für die *Effizienz* des Steuersystems. Ein geringer Wert von θ impliziert ein effizientes Steuersystem im Sinne geringer Administrationskosten. Eine Steuerreform bedeutet in diesem einfachen Modell folglich eine andere Wahl von θ, während Fiskalpolitik die Wahl der pro-Kopf-Menge öffentlicher Güter (g und f) und der Finanzierung (z und s) bezeichnet. Um die größere Trägheit bei der Reform des Steuersystems gegenüber einer Änderung der Fiskalpolitik zu erfassen, wird angenommen, daß θ, im Gegensatz zu den anderen Politikvariablen, eine Periode im voraus gewählt werden muß. Folglich wird θ zum Zeitpunkt t-1 gewählt, übt aber erst zum Zeitpunkt t einen Einfluß auf die Steuereinsammlungskosten aus (wie in Gleichung (1) ausgedrückt).

Politisches System

Die Interessen heterogener Gruppen der privaten Individuen werden durch zwei Typen von Politikbetreibern, L und R, organisiert. Diese zwei Politikertypen wechseln nach dem Zufallsprinzip im Amt. Der Politiker vom Typ i (i=L,R) maximiere

(3) $W_t^i = E_t \left\{ \sum_{k=0}^{\infty} \beta^k [U(c_{t+k}) + H^i(g_{t+k}, f_{t+k})] \right\}, \quad 1 > \beta > 0,$

---

[78] Näher siehe Cukierman, Edwards und Tabellini [1992].

wobei $E_t(\cdot)$ den Erwartungsoperator und β den Zeitdiskontierungsfaktor bezeichnet. $U(\cdot)$ ist eine konkave und zweifach kontinuierlich differenzierbare Nutzenfunktion, und $H^i(\cdot)$ ist wie folgt definiert:

Für i=L gilt

(3') $H^L(g,f) = \{\alpha(1-\alpha)\}^{-1} \text{Min}[\alpha g, (1-\alpha)f], \quad 1 > \alpha > 0.$

Für i=R dagegen ist $H^R(\cdot)$ wie in (3') definiert, nur daß α durch $(1-\alpha)$ ersetzt ist. Folglich unterscheiden sich die beiden Politikbetreiber nur durch die gewünschte Zusammensetzung der öffentlichen Güter. Aus Einfachheitsgründen ist ihre Uneinigkeit durch α parametrisiert. Je weiter α von 1/2 entfernt ist, um so stärker ist die Uneinigkeit. Die erwünschte Aufteilung zwischen privatem und öffentlichem Konsum ist dagegen nicht von α abhängig.

Die Dynamik des politischen Systems ist durch einen Markov-Prozeß mit Übergangswahrscheinlichkeiten λ und $(1-\lambda)$ beschrieben. Das heißt, die Regierung, die sich gerade im Amt befindet, sieht sich zum Zeitpunkt t einer gegebenen Wahrscheinlichkeit $(1-\lambda)$ gegenüber, daß sie in der nächsten Periode wiedergewählt wird. Dagegen wird sie mit einer Wahrscheinlichkeit λ aus dem Amt geworfen und durch den anderen Politikertyp ersetzt.

Das politische System hat hier zwei wesentliche Kennzeichen: seine *Instabilität*, dargestellt durch die Wahrscheinlichkeit λ, das Regierungsamt zu verlieren; und den Grad der *Polarisierung* zwischen den wechselnden Regierungen, dargestellt durch den Uneinigkeitsparameter α.

Ergebnisse

Cukierman, Edwards und Tabellini zeigen, daß sich aus diesem Modell zwei interessante Ergebnisse ableiten lassen.

1. Ergebnis: Ein ineffizienteres Steuersystem (ausgedrückt durch einen höheren Wert von θ) zwingt die Regierung, sich stärker auf Seigniorage als Einnahmequelle zu verlassen.

2. Ergebnis: Ein instabileres politisches System (ausgedrückt durch einen höheren Wert von λ) veranlaßt die Regierung, einen ineffizienteren Steuerapparat zu akzeptieren.

Kombiniert man beide Ergebnisse, so ergibt sich, daß im Gleichgewicht politische Instabilität mit mehr Seigniorage verbunden ist. Das heißt, Länder mit instabileren und polarisierteren politischen Systemen verlassen sich stärker auf Seigniorage als eine Einkommensquelle als stabile und homogenere Gesellschaften. Intuitiv interpretiert bedeutet dies, daß ein ineffizientes Steuersystem (d.h. eines, das Steuerhinterziehung erleichtert und hohe Steuereinsammlungskosten aufweist) wie eine Restriktion auf die Einnahmenerhebungspolitiken der Regierung wirkt. Dieser Zusammenhang kann - wie Cukierman, Edwards und Tabellini betonen - von einer Regierung (oder einer legislativen Mehrheit) so ausgenutzt werden, daß sie sich freiwillig dafür entscheidet, ein ineffizientes Steuersystem aufrechtzuerhalten oder zu schaffen, um dadurch das Ausgabeverhalten zukünftiger Regierungen, mit denen sie nicht übereinstimmt, zu beschränken.

Anders ausgedrückt: Politische Instabilität kann so "kollektive Kurzsichtigkeit" hervorrufen. Je instabiler das politische System, um so wichtiger ist diese strategische Komponente einer Steuerreform, um so ineffizienter ist dann die Gleichgewichtsmischung der Regierungseinnahmen und um so höher ist der Anteil der Inflationssteuer (mit den im Anhang des 3. Kapitels beschriebenen Folgen).

Ableitungsskizzen zu den beiden Ergebnissen

Zur Ableitung des 1. Ergebnisses: Man bestimme die Gleichgewichtswerte von z_t, s_t, g_t und f_t für einen gegebenen Wert von θ_{t-1}. Da θ hier die einzige (vom Staat kontrollierbare) Zustandsvariable ist, findet man die besagten Gleichgewichtswerte als eine Funktion von θ, indem man das statische Maximierungsproblem von $[U(c) + H^i(g,f)]$ unter den Nebenbedingungen (1) und (2) löst. Man erhält so die Gleichgewichtswerte $s^* = S(\theta)$ und $z^* = Z(\theta)$ mit $S'(\theta) > 0$ und $Z'(\theta) < 0$.

Zur Ableitung des 2. Ergebnisses: Man bestimmt den Gleichgewichtswert von θ, θ^*, bei dem die mit den Übergangswahrscheinlichkeiten gewichteten erwarteten Nutzenfunktionen (für die Fälle des Im-Amt-Bleibens und des Nicht-im-Amt-Bleibens) maximiert werden. Aus der zugehörigen 'first order condition' (notwendige Optimumbedingung) und den Eigenschaften der Zeitdiskontierungsfunktion wird θ^* als eine Funktion der Stabilität und der Polarisierung des politischen Systems abgeleitet: $\theta^* = \theta(\lambda,\alpha)$.

Die 'first order condition' drückt dabei aus, daß der Gleichgewichtswert von θ so ausgewählt wird, daß der erwartete Grenzgewinn aus der Beschränkung zukünftiger Regierungen durch ineffiziente Steuersysteme gerade den Grenzkosten, die durch die ineffiziente Besteuerung verursacht werden, entspricht.

Wenn λ steigt oder α sich von 1/2 weiter entfernt, sinken die Grenzkosten eines ineffizienten Steuersystems, da die gegenwärtige Regierung dann mit geringerer Wahrscheinlichkeit wiedergewählt wird (höheres λ), oder der Möglichkeit einer Nichtwiederwahl ein größeres Gewicht zumißt, da sie ihrer Politikkonkurrentin unähnlicher ist (α weiter von 1/2 entfernt). Als Ergebnis steigt θ^*.

2. Verteilungskonflikte und Koordinationsprobleme
(Alesina und Drazen)

2.1 Grundsätzliche Vorbemerkung

Politische Instabilität ist in dem in Abschnitt 1 erläuterten Ansatz das Haupterklärungselement für das Nichtumsetzen entwicklungspolitisch notwendiger Reformen. Wie u.a. Edwards und Tabellini [1990] gezeigt haben, weisen gerade Entwicklungsländer und unter diesen die bei der Umsetzung von Reformprogrammen nichterfolgreichen Länder eine relativ hohe politische Instabilität auf[79]. (Methodisch ist hier allerdings anzumerken, daß dabei immer noch das Problem "endogener Simultaneität" auftauchen kann, wie in Abschnitt II des 2. Kapitels schon grundsätzlich angesprochen wurde[80].)

Es gibt jedoch noch andere Erklärungselemente, mit denen andere Vertreter einer 'Neuen Politischen Ökonomie der makroökonomischen Politik' das Scheitern entwicklungspolitisch notwendiger Reformen zu begründen versuchen. Hierbei wird insbesondere auf die Heterogenität der dezentralen politischen Organisationen[81] oder auf die Verteilungskonflikte zwischen privaten Gruppen hinsichtlich der Aufteilung der Reformkosten Bezug genommen. Letztere Erklärungsvariante wurde schon im Übersichtsteil dargestellt. Sie ist gekoppelt an die zusätzliche Annahme, daß die Regierung zu "schwach" ist, um wirksame Koordinationsinstrumente zur Überwindung dieser Verteilungskonflikte bereitzustellen. Der Ansatz, der im Übersichtsteil schon kurz erläutert worden ist und der im folgenden etwas näher beschrieben werden soll, stammt von Alesina und Drazen [1992]. Ich verzichte allerdings darauf, das formale Modell von Alesina und Drazen auszuschreiben, da es relativ kompliziert und überdies von jedem nachlesbar ist. Andererseits sollen doch einige erläuternde Anmerkungen zu den Modellannahmen gemacht werden, die insbesondere den Lesern, die nicht in die Publikation selbst blicken möchten, einen Eindruck von der Vorgehensweise der beiden Autoren geben sollen.

2.2 Zum Ansatz von *Alesina und Drazen*

Es geht, wie im Übersichtsteil oben erwähnt, in Alesina und Drazen [1992] um die Frage, warum notwendige Stabilisierungen verzögert werden. "Stabilisierung" wird als eine Anhebung der Steuern gefaßt, die das Budgetdefizit auf ein Niveau von Null bringt. Es wird angenommen, daß die Staatsfinanzierung *vor* der Stabilisierung durch höchst ineffiziente und verzerrende Methoden wie einer Monetisierung der Defizite (Inflationsfinanzierung) geschieht, während die Steuern nach einer Stabilisierung als nichtverzerrend unterstellt werden. Es wird von einer kleinen offenen Volkswirtschaft ausgegangen, in der es heterogene Interessengruppen gibt, die sich dadurch voneinander unterscheiden, daß der Wohlfahrtsverlust, den sie jeweils aus der verzerrenden Budgetdefizitfinanzierung vor der Stabilisierung erleiden, unterschiedlich groß ist. Der Wohlfahrtsverlust einer Gruppe i ist ϕ_i, wobei ϕ aus einer Verteilung $F(\phi)$ mit unteren und oberen Grenzen $\underline{\phi}$ und $\overline{\phi}$ gezogen wird[82]. ϕ_i ist nur der Gruppe selbst bekannt; andere Gruppen kennen nur die Verteilung $F(\phi)$.

---

79 Dies wurde, mit anderen und vielfältigen sozialwissenschaftlichen Methoden, auch von Politikwissenschaftlern nachgewiesen. Siehe hierzu z.B. Lane und Ersson [1990].

80 Siehe näher hierzu z.B. Londregan und Poole [1990].

81 - insbesondere hinsichtlich konfligierender Ziele. Siehe z.B. Sargent [1986], Tabellini [1986, 1987] oder Loewy [1988].

82 Dabei wird als untere Grenze $\underline{\phi} > \varepsilon - \frac{1}{2}$ unterstellt, wobei ε den Grad der Polarisierung in einer Gesellschaft mißt (siehe näher weiter unten).

Eine Stabilisierungsvereinbarung beinhaltet die Einigung darüber, wie die zusätzlichen Steuern, die zu einem Abbau des Budgetdefizits notwendig sind, auf die verschiedenen Interessengruppen verteilt werden. Es wird in dem hier besprochenen Modellansatz davon ausgegangen, daß - bei zwei Gruppen - der "Verlierer" aus dem Zermürbungskrieg einen Anteil $\varepsilon > 1/2$ zu tragen hat, während der "Gewinner" den Anteil $(1-\varepsilon)$ übernehmen muß. (ε bezeichnet hier einen gegebenen Parameter, der den Grad der Polarisierung in der Gesellschaft ausdrückt, und über den selbst nicht verhandelt wird. Vor der Stabilisierung zahlt jede der beiden Gruppen je die Hälfte der Steuern, d.h. $\varepsilon = 1/2$.) Wenn es nur ein repräsentatives Individuum gäbe oder alle Gruppen identisch wären, gäbe es keine Einigungsprobleme, d.h. (hier) keinen Zermürbungskrieg und keine Verlierer und Gewinner. Auch wenn die ϕ_i allen bekannt wären, würde Stabilisierung - in diesem Modell - sofort eintreten. Die Annahme unvollkommener Information gepaart mit der Annahme der Heterogenität der Gruppen stellen hier erst ein hinreichendes Annahmenbündel für das Zustandekommen eines Zermürbungskriegs dar. Anschaulich gesagt: Stabilisierung wird deshalb zurückgestellt, weil jede Gruppe an die Möglichkeit glaubt, daß die/eine andere Gruppe zuerst nachgibt (da diese ja einen höheren Wohlfahrtsverlust ϕ haben könnte[83]) *und* sie selbst dann einen geringeren Anteil der Stabilisierungskosten zu tragen hat. Eine Verzögerung ist nämlich nur dann rational begründbar, wenn - wie oben unterstellt - die nachgebende Gruppe einen höheren Anteil der Steuererhöhung tragen muß. Nur dadurch hat ja jede Gruppe erstmal einen Anreiz abzuwarten.

Jede (annahmegemäß unendlich lang lebende) Gruppe maximiert ihren erwarteten abgezinsten Lebenszeit-Nutzen durch die Wahl eines Konsumzeitpfades und eines Zeitpunkts des Nachgebens, wobei sie zustimmt, einen Anteil $\varepsilon > 1/2$ der Steuern zu tragen[84], wenn die andere Gruppe zu diesem Zeitpunkt noch nicht nachgegeben hat.

Wie gesagt, möchte ich hier darauf verzichten, das formale Modell hinzuschreiben. Stattdessen werde ich einige Ergebnisse oder Thesen, die Alesina und Drazen [1992] innerhalb dieses Modellrahmens im Kontext der Fragestellung, warum einige Länder schneller stabilisieren als andere, bewiesen haben, angeben. Es handelt sich dabei um folgende (komparativ-statische) **Ergebnisse**[85]:

- Wenn der Nutzenverlust aus verzerrender (Inflations-)Besteuerung dem Steuerniveau proportional ist, impliziert die Finanzierung eines größeren Anteils des Vorstabilisierungsdefizits über verzerrende Besteuerung einen früheren Zeitpunkt der Stabilisierung[86].

---

[83]   Der wirkliche Wohlfahrtsverlust ϕ_i ist ja nur der Gruppe i bekannt.

[84]   - während sie vor der Stabilisierung einen Anteil $\varepsilon = 1/2$ getragen hat.

[85]   Die Ergebnisse sollen zeigen, wie sich der erwartete Zeitpunkt der Stabilisierung in Volkswirtschaften mit unterschiedlichen Kennzeichen unterscheidet.

[86]   Der Grund ist folgender: Eine höhere Monetisierung der Budgetdefizite beispielsweise hat den Effekt, daß die Kosten der Verzerrungen in der nichtstabilisierten Wirtschaft höher sind relativ zu dem Gewinn, der daraus entsteht, daß eine andere Gruppe zu irgendeinem Zeitpunkt stabilisiert (nachgibt). Dieses Resultat steht auch im Einklang mit der Erfahrung, daß Hyperinflationen leichter stabilisiert werden können als "nur" hohe Inflationen (siehe hierzu näher im 3. Kapitel, dort insbesondere im Anhang E-IV.5).

- Ein Anstieg der Kosten, die mit dem Leben in einer instabilen Volkswirtschaft bei einer nichtveränderten Verteilung der φ verbunden sind, wird den erwarteten Zeitpunkt einer Stabilisierung früher eintreten lassen. Umgekehrt wird eine Verringerung der Kosten (beispielsweise durch Indexierung) den Zeitpunkt der Stabilisierung hinausschieben.

- Wenn $\varepsilon = 1/2$, wird die Stabilisierung sofort geschehen. Je weiter ε über 1/2 liegt, desto später liegt der erwartete Zeitpunkt der Stabilisierung.

- Wenn der auf die verzerrende Besteuerung zurückführbare Wohlfahrtsverlust φ eine abnehmende, konvexe Funktion des Einkommens (y) darstellt, und das Einkommen nichtbeobachtbar ist, impliziert eine das Mittel erhaltende Ausweitung der Einkommensverteilung G(y), die das erwartete Minimum der y konstant hält, einen späteren erwarteten Zeitpunkt der Stabilisierung. (Wenn ungleiche Verteilung der Besteuerungslast ein Indikator für politische Polarisierung ist, folgt hieraus, daß politisch polarisiertere Länder längere Instabilitätsperioden erfahren. Außerdem werden es - wie Alesina und Rodrick auch betonen - bei einem $\varphi'(y)<0$ die "Armen" sein, die den Zermürbungskrieg verlieren, da die "Reichen" weniger stark unter den Vorstabilisierungsverzerrungen leiden und deshalb auch länger aushalten können.)

Symbolverzeichnis (zu Abschnitt E-II):[87]

c:	privater Konsum (pro Kopf)
E:	Erwartungsoperator
g:	öffentliches Gut 1 (pro Kopf)
f:	öffentliches Gut 2 (pro Kopf)
H:	Nutzen durch öffentliche Güter
s:	Seigniorage (pro Kopf)
U:	Nutzen aus privatem Konsum
W:	erwarteter Gesamtnutzen
z:	'reguläre' Steuer (pro Kopf)
α:	Uneinigkeitsparameter
β:	Zeitdiskontierungsfaktor
ε:	Polarisierungsparameter (gleichzeitig Übernahmeanteil an Stabilisierungskosten)
φ_i:	Wohlfahrtsverlust einer Gruppe i aus der Seignioragefinanzierung vor der Stabilisierung
λ:	Übergangswahrscheinlichkeit (bezüglich Regierungswechsel)
θ:	Steuereinsammlungskosten (bezogen auf z)

---

[87] Wie auch in den vorhergehenden Kapiteln, werden hier im Symbolverzeichnis nur Kurzkennzeichnungen angegeben. Siehe näher im Text.

$\delta(z)$:   Verluste aus Steuerfinanzierung des Budgetdefizits für den privaten Sektor

$\gamma(s)$:   Verluste aus Seignioragefinanzierung des Budgetdefizits für den privaten Sektor

F,S,Z: Funktionswerte.

E-III. Demokratie, Wachstumsunterschiede und Verteilung
(Zum Ansatz von *Alesina und Rodrick*)

Wir hatten im Abschnitt II.2 oben angemerkt, daß die Frage, ob ein demokratisches oder ein nicht-demokratisches System eine höhere Wachstumsrate aufweist, nur bei gleichzeitiger Berücksichtigung von Verteilungsaspekten sinnvoll behandelt werden kann. Dabei hatten wir auf eine neuere Studie von Alesina und Rodrick [1991] Bezug genommen. Im folgenden soll die dort zugrundeliegende Modellstruktur kurz beschrieben werden.

Alesina und Rodrick [1991] analysieren ein einfaches endogenes (neoklassisches) Wachstumsmodell mit Verteilungskonflikten zwischen Arbeit und Kapital. Die Wachstumsrate der Wirtschaft wird durch Politikentscheidungen bestimmt, die selbst durch den Kampf um Verteilungsanteile geformt werden. Die Regierung hat zwei Entscheidungen zu treffen: (i) die Rate der Kapitalbesteuerung (z) festzulegen[88]; und (ii) die Verteilung der Staatsausgaben zwischen produktiven öffentlichen Investitionen und Pauschaltransfers an die Arbeiter zu bestimmen.

In einem *ersten politischen Modelltyp* wird von den beiden Autoren angenommen, daß die Regierung der Wohlfahrt der zwei betrachteten Gruppen (Arbeiter und Kapitalbesitzer), U^L und U^K, bestimmte Gewichte (q und 1-q) zuweist[89]. Diese Gewichte werden als durch Lobbytätigkeit oder andere politische Aktivitäten der zwei Gruppen bestimmt angesehen. Das Optimierungsproblem, dem die Regierung gegenübersteht, läßt sich dann formal wie folgt beschreiben:

Maximiere $\{(1\text{-}q)U^K + qU^L\}$ unter bestimmten, hier nicht weiter ausgeführten Nebenbedingungen gruppenbezogener Optimierungseigenschaften!

Die verwendete Rechentechnik zur Lösung dieses Optimierungsproblems entspricht der im Abschnitt über optimales Wachstum im Anhang des 2. Kapitels erläuterten Technik.

In diesem Abschnitt soll nur auf die hier interessierenden Ergebnisse eingegangen werden. Solange die Wohlfahrt der Arbeiter von der Regierung mit in Betracht gezogen wird (d.h. solange q>0), werden die Kapitalsteuern *über* das wachstumsmaximierende Niveau gesetzt. Das Wachstum wird dann folglich *nicht* maximiert. Dies wird von Alesina und Rodrick so interpretiert, daß in einer Volkswirtschaft mit Verteilungskonflikten Wachstumsmaximierung nicht Wohlfahrtsmaximierung entspricht. [Dies scheint darauf hinzudeuten, daß die Opportunitätsnutzen einer Alternativverwendung der konsumtiven Transfers in produktive Investitionen und die daraus entstehenden Mehrverteilungsmöglichkeiten nicht hinreichend berücksichtigt

---

[88] Arbeiter werden dagegen annahmegemäß nicht besteuert. Das heißt, die Regierung hat hier nur ein einziges Steuerinstrument. Gleichzeitig wird angenommen, daß die Regierung in jeder Periode ihr Budget ausgleicht.

[89] In diesem ersten Modelltyp ist folgendes angenommen: Arbeiter sparen und leihen nicht und konsumieren in jeder Periode ihr gesamtes Einkommen; das Arbeitsangebot ist unelastisch. Die Kapitalisten besitzen den Kapitalstock, arbeiten nicht, konsumieren und sparen. Dies ähnelt - am Rande bemerkt - dem "Kaldor'schen" Verteilungsmodell (Kaldor 1956).

werden[90]; oder daß implizit Koordinationsprobleme bezüglich der Verteilung von Paretogewinnen unterstellt werden; oder daß von nicht-explizit-formulierten und - begründeten nichtökonomischen Nutzenelementen wie relative Verteilungspositionen o.ä. ausgegangen wird.] Die ökonomische Begründung der beiden Autoren selbst lautet [jedoch] wie folgt: In der Ausgangssituation, in der die Kapitalsteuerrate bei dem wachstumsmaximierenden Niveau z^* liegt, wird die Wohlfahrt beider Gruppen maximiert. Ein geringer Anstieg von z (von z^* aus) wird jedoch Auswirkungen erster Ordnung auf das Konsum- und damit Nutzenniveau der Arbeiter haben, aber nur eine Wirkung zweiter Ordnung auf die Wachstumsrate und auf die Wohlfahrt der Kapitalbesitzer. Folglich werden die Arbeiter durch die Kapitalsteuererhöhung besser dastehen[91], während die Kapitalbesitzer praktisch unbetroffen davon bleiben.[92]

In einem *zweiten Modelltyp* gehen Alesina und Rodrick davon aus, daß es viele Gruppen und Individuen gibt, die alle etwas Kapital besitzen und sparen, und die sich nur durch ihre ursprüngliche relative Faktorausstattung (ihr Arbeitsangebot-Kapitalangebot-Verhältnis) voneinander unterscheiden. Es wird die entsprechend der Mehrheitsregel getroffene Wahl der Kapitalsteuer analysiert. Aus dem Modell ergibt sich[93], und durch empirische Untersuchungen wird dies auch untermauert, daß Demokratien mit sehr ungleicher Verteilung der Kapitaleignerschaft weniger schnell wachsen als eher "egalitäre" Demokratien[94]. Dies ist dadurch begründet, daß der Medianwähler eine relativ geringe Kapitalausstattung besitzt, wenn das Kapitalvermögen sehr ungleich verteilt ist, und deshalb hohe Kapitalsteuern favorisiert, die das Wirtschaftswachstum niedrig halten[95]. Gleichzeitig zeigt sich aber in der empirischen Untersuchung von Alesina und Rodrick, daß ein klarer Unterschied zwischen Demokratien und Nicht-Demokratien besteht. Während in Demokratien die Koeffizienten der Einkommensverteilungsvariable signifikant in der oben beschriebenen, theoretisch vorhergesagten, Weise ausfallen, sind sie in Nicht-Demokratien insignifikant. In Nicht-Demokratien spielen eher die Gewichte, die die Regierung der Wohlfahrt der

---

[90] - wenn man es vergleicht mit einem Mehrperiodenansatz und einbezogener dynamischer Systementwicklung.

[91] - obwohl die Arbeiter annahmegemäß auch Wachstum anstreben. Der Punkt ist, daß die Arbeiter aus der durch die Kapitalsteuererhebung sich ergebenden Staatseinnahmenerhöhung einen bestimmten Teil als Pauschaltransfer erhalten. Sie präferieren deshalb auch eine niedrigere Wachstumsrate als die Kapitalbesitzer. Ansonsten erhalten beide Gruppen Grenzproduktivitätsentlohnungen.

Inwieweit diese Präferenz einer niedrigeren Wachstumsrate in einem dynamischen Kontext bei rationalen Erwartungen aufrechterhalten würde, ist wie oben schon angemerkt fraglich bzw. hängt stark von den Zeitpräferenzen der Arbeiter ab.

[92] Gesamtwirtschaftlich dagegen sind die Effekte natürlich "erster Ordnung" und damit größer. Insofern sind die mittelfristig eintretenden Auswirkungen auf das Einkommen der Arbeiter u.U. beträchtlich. Hierauf bezieht sich der letzte Satz der vorhergehenden Fußnote.

[93] Das Modell selbst ist - dies sollte hinzugefügt werden - allerdings von den Annahmensetzungen her sehr "vereinfachend".

[94] Daraus wird gefolgert, daß eine Einkommensumverteilung von den sehr Reichen zur Mittelschicht die Wachstumsleistung einer Wirtschaft steigert.

[95] Hier kann man wieder den gleichen Einwand anführen wie gegenüber der Schlußfolgerung aus dem ersten Modelltyp. Siehe hierzu die entsprechenden vorhergehenden Fußnoten.

einzelnen Gruppen zuordnet (der obige Parameter q), die entscheidende Rolle hinsichtlich des Einflusses auf das Wirtschaftswachstum.

Doch auch hier gilt es, wie schon im Übersichtsteil oben erwähnt, zu berücksichtigen, daß die Möglichkeit "endogener Simultaneität" besteht. Die methodische Ausschaltung bzw. Überprüfung dieser Möglichkeit ist allerdings relativ schwierig[96].

E-IV. Politische Ökonomie des Entwicklungsprozesses aus der Sicht der Weltbank

Im folgenden sollen dokumentarisch einige zentrale Aussagen der Weltbank zu den politischen Bedingungen und Umsetzungsschwierigkeiten von Reformprogrammen wiedergegeben werden. Dies mag insbesondere angesichts der vielen praktischen Erfahrungen, die die Weltbank mit entwicklungspolitischen Reformprogrammen gesammelt hat, für die Abrundung einer Gesamteinschätzung hilfreich sein. Die anschließenden Passagen sind wörtlich (in Zitierform) dem 'Weltentwicklungsbericht 1991', der den Titel "Entwicklung als Herausforderung" trägt, entnommen.

1. Wählerschaft, Staatseingriffe und ihre Kosten[97]

"Wählerschaft und Staatseingriffe

In vielen Entwicklungsländern ist der gesellschaftliche Konsens durch politische und wirtschaftliche Instabilitäten Spannungen ausgesetzt. Derartige Schwierigkeiten sind alles andere als neu. Über viele Jahre hinweg wurde die Wirtschaftspolitik tendenziell der Aufgabe unterstellt, den Einfluß mächtiger Gruppen zugunsten der Regierung sicherzustellen. Die stumpfen wirtschaftspolitischen Instrumente, die den Regierungen infoge dieser verschobenen Prioritäten häufig nur zur Verfügung stehen, haben zusammen mit der oft unzureichenden Verwaltungsfähigkeit das Problem verschärft, und es wurde potentiell größerer Schaden verursacht. Die Regierungen tendierten im Regelfall dazu, die wirtschaftlichen Ressourcen und die Entscheidungskompetenzen zu zentralisieren. Diese Tendenz wurde während der fünfziger, sechziger und siebziger Jahre durch die bei vielen Politikern, Entwicklungsökonomen und manchmal bei internationalen Hilfs- und Finanzorganisationen dominierende Auffassung gestärkt, daß die Entwicklungsländer bei der Entwicklung ihrer Industrien nicht allein auf die Märkte und den Privatsektor vertrauen könnten.

In den fünfziger und sechziger Jahren wurden Versorgungsunternehmen, Ölgesellschaften, Plantagen und ausgewählte Betriebe des Verarbeitenden Gewerbes in vielen Entwicklungsländern verstaatlicht... Die Regierungen sahen sich zu dieser Zeit selbst als verwaltungsmäßig zu schwach an, um die Privatunternehmen unter Marktbedin-

---

96 Siehe hierzu Londregan und Poole [1990].

97 Weltbank [1991b: 157f.].

gungen besteuern und regulieren zu können. Die Verstaatlichung der größten privaten Minengesellschaften in Bolivien im Jahr 1952 folgte nach jahrzehntelangen Versuchen seitens der Regierung, die Eigentümerfamilien dieser Bergwerke zu besteuern.
Die Unfähigkeit, das Bankensystem zu regulieren und zu überwachen, führte in vielen
Entwicklungsländern zur Verstaatlichung der Banken oder zu direkten Eingriffen in
die Allokation der Kredite. (...)

In vielen Entwicklungsländern sind Zölle, Steueranreize oder besondere Regulierungen üblich, die auf den Schutz von speziellen Gruppeninteressen abgestellt sind. In
einigen Fällen hat ein "räuberischer" Staat zu Maßnahmen und Programmen gegriffen, um Mittel auf sehr eng definierte Interessengruppen zu übertragen, und er hat zu
Zwangsmaßnahmen Zuflucht genommen, wenn die Legitimität solcher Schritte in
Frage gestellt wurde. Die Stärke städtischer Interessen in Lateinamerika und Afrika
hilft mit zu erklären, warum die Industrialisierungsstrategien vieler Länder in diesen
Regionen die Landwirtschaften stark benachteiligten.

Viele Regierungen haben die Rolle eines Arbeitgebers "letzter Instanz" übernommen, teilweise in Sorge über die sozialen und politischen Implikationen der Arbeitslosigkeit... Nach Ansicht der Zentralregierungen von Argentinien und Sri Lanka sind
ein Fünftel ihrer Beschäftigten überflüssig. Die brasilianische Regierung beziffert diesen Anteil auf die Hälfte.

Staatseigene Unternehmen (SEU) wurden dazu herangezogen, Beschäftigungs-
möglichkeiten zu schaffen (wenngleich in seltenen Fällen für die ärmsten Schichten
der Bevölkerung), die Einkommen in bestimmten Regionen zu steigern oder den Bedürfnissen machtvoller Gruppen nachzukommen, wie dem Militär...

Öffentliche Ausgabenprogramme haben die zu niedrigen Preise für Versorgungs-
leistungen finanziert - für Wasser, Elektrizität, das Fernsprechwesen, die Eisenbahn
oder das innerstädtische Transportwesen - und generell Lebensmittelsubventionen
unterstützt... Von diesen Subventionen profitierte in der Regel die politisch aktive
Stadtbevölkerung, und zwar auf Kosten der landwirtschaftlichen Gebiete, in denen
der Großteil der Armen lebt. Unwirtschaftliche staatliche Investitionsprojekte sind
häufig politisch motiviert: zum Beispiel zielte ein sehr umfangreiches Kraftwerkspro-
jekt in Zaire darauf ab, die Regierungskontrolle über eine aufsässige Region zu vergrößern. In einigen Fällen ist auch die Korruption bei der Durchführung von Entwicklungsprojekten ein Problem..., worin manchmal auch ausländische Lieferanten
verwickelt sind.

Die Kosten

In den achtziger Jahren deckten die andauernden Schwierigkeiten bei der Finanzierung außenwirtschaftlicher und staatlicher Defizite die Kosten dieser Staatseingriffe
für jedermann sichtbar auf. Als das Angebot ausländischer Finanzmittel nach 1982
versiegte, überstieg die Nachfrage nach Vorzugsbehandlungen die Fähigkeit der
Volkswirtschaft, diesen Wünschen nachzukommen.

Der Kauf von Stimmen auf Kosten der wirtschaftlichen Effizienz richtete sich zu
guter Letzt gegen das eigene Interesse. Die Regierungen reagierten auf steil anstei-
gende Lohnkosten im öffentlichen Dienst damit, daß sie den Anstieg der Nominal-
löhne unterhalb der Inflationsrate hielten; dies schuf Verdruß bei öffentlichen Bedien-
steten und führte zu einer niedrigen Arbeitsmoral und schlechten Leistungen. Zusam-

men mit diskretionären Eingriffen förderte ihre Lage die Korruption. In einigen Ländern schließlich führte die Korruption zur Ablösung der Regierung. Die Hoffnung auf eine Beschäftigung beim Staat verstärkte die Abwanderung aus ländlichen in städtische Regionen und verschärfte das Problem der Arbeitslosigkeit in den Städten. Zu niedrige Preise und zu viele Beschäftigte bei den Versorgungsunternehmen waren gleichbedeutend mit schlechter Qualität der Dienstleistungen - chronologische Stromabschaltungen, tote Telephone, mangelhafte öffentliche Transporteinrichtungen. Dies verursachte weitere Unzufriedenheit. Allgemeiner gesprochen, verlangsamte dieser hochinterventionistische Ansatz das Wachstum, was wiederum in vielen Ländern die politische Stabilität untergrub."

2. "Populistische Experimente"[98]

"Die populistischen Experimente in Lateinamerika - Allende in Chile (1971-1973), Peron in Argentinien (1946-1949) und Garcia in Peru (1985-1988) - sind Extrembeispiele für das Zusammenspiel zwischen politischen und wirtschaftlichen Prozessen. Populistische Politik betonte das Wachstum und kurzfristige Verteilungsziele, vernachlässigte völlig die Risiken der Inflation und exzessiver Staatsdefizite und ignorierte die außenwirtschaftlichen Beschränkungen und die Reaktionen von Unternehmen und Haushalten auf ihre aggressive, gegen den Markt gerichtete Politik. Die Bekämpfung des Problems der Armut und der Einkommensverteilung, die populistische Regime als Ursache sozialer Konflikte und politischer Instabilität ansahen, war jedoch durch eine auf Dauer nicht tragfähige Wirtschaftspolitik unmöglich.

Im Verlauf eines typischen populistischen Zyklus setzt die neue Regierung zunächst eine markante politische Wende in Gang. Anfangs unterstützen Überkapazitäten und die Verfügbarkeit von Devisenreserven ein höheres Produktionswachstum, das in vielen Fällen von einem Anstieg der Reallöhne begleitet wird. Die Inflation wird durch Preiskontrollen in Zaum gehalten. Bald aber werden Engpässe erkennbar, und zwar infolge der starken Ausweitung der Inlandsnachfrage; aufgrund schwindender Devisenreserven lassen sich diese nicht durch eine Steigerung der Einfuhr überwinden. Knappheiten, eine sich beschleunigende Inflation und rückläufige Reserven führen zu einer Kapitalflucht und einer Demonetarisierung der Volkswirtschaft. Das Haushaltsdefizit vergrößert sich, da die Subventionen steigen und die Steuereinnahmen real betrachtet sinken. In dieser nicht durchhaltbaren Lage ist die Regierung zur Abwertung der Währung und zur Beschneidung der Subventionen gezwungen. Die Inflation beschleunigt sich, und die Reallöhne fallen.

Die chilenischen Erfahrungen der Jahre 1970 bis 1973 demonstrieren diese Abfolge deutlich. Zur Steigerung des Wachstums und der Verbesserung der Lebensbedingungen der Gruppen mit niedrigem Einkommen erhöhte die Regierung die Staatsausgaben. Die Löhne im öffentlichen Sektor wurden erhöht, was das Haushaltsdefizit weiter vergrößerte. Die Agrarreform wurde verstärkt vorangetrieben, und die Bergwerke und Banken wurden ebenso verstaatlicht wie Teile der Industrie. Die Kombination von Preiskontrollen und expansiver Nachfragepolitik verstärkte eine unterdrückte Inflation; die Parallelmärkte blühten. Die Devisenreserven waren derart nied-

---

98 Ebda: S. 161.

rig, daß es nicht möglich war, den Nachfrageanstieg durch höhere Einfuhren zu befriedigen. 1972 schließlich war die Regierung gezwungen, den Escudo abzuwerten und die staatlichen Preise anzupassen. Sie war jedoch nicht zur Kontrolle der Löhne in der Lage. Zwischen 1970 und 1973 stieg die Inflation von 35 Prozent auf rund 600 Prozent jährlich, und das Haushaltsdefizit schnellte von 2,7 Prozent auf 24,7 Prozent des BIP in die Höhe. Das Wachstum des BIP beschleunigte sich 1971 auf 9 Prozent, wurde aber 1972 und 1973 negativ, als die Produktion um 5,6 Prozent fiel."

3. "Allen Wirtschaftspolitikern zur Kenntnis: Sieben Lektionen über Reformen"[99]

"Erfolge zeigen, was zu tun ist, Mißerfolge, was zu vermeiden ist. Die Besonderheiten von Reformprogrammen mögen von Region zu Region oder entsprechend der Entwicklungsstufe unterschiedlich ausfallen. Hier werden jedoch sieben generelle Fehler vorgeführt, die man vermeiden muß - oder, von der anderen Seite betrachtet, sieben Lektionen, wie man wirksamer vorgehen und bessere Resultate erzielen kann.

- **Fehlendes Engagement untergräbt die Programme.** Programme, die hauptsächlich wegen der dafür bereitgestellten Auslandsgelder in Angriff genommen wurden - statt aus Überzeugung von ihren Vorteilen -, unterlagen oft einer allmählichen Auszehrung, weil das staatliche Engagement zu ihrer Durchführung fehlte. Damit ein Programm als ein nationales Anliegen betrachtet wird, müssen Vertreter des jeweiligen Landes an seiner Planung und Entwicklung beteiligt werden. Entscheidend ist, daß zwischen den beteiligten Stellen ein Konsens erzielt wird.

- **Ein Zickzack-Kurs schadet der Glaubwürdigkeit.** In der Politik ist Flexibilität wichtig. Wenn die Politik sprunghafte Kursänderungen vollzieht - wenn beispielsweise auf eine Reform des Zolltarifs eine Importabgabe folgt -, verlegt sich der private Sektor aufs Abwarten. Anstatt auf eine neue Reform schwungvoll zu reagieren, verhalten sich die privaten Wirtschaftsakteure zurückhaltend und es ist offen, ob sie überhaupt agieren. Flexibilität ist wichtig, doch mutige und ersichtlich irreversible Schritte der Regierung schaffen Vertrauen. In Ländern, deren Politik notorisch unstetig ist, sind solche Schritte besonders notwendig.

- **Die institutionellen Anforderungen müssen ernst genommen werden.** In vielen Ländern konnten ehrgeizige Reformmaßnahmen nicht zu Ende geführt werden, weil dem jeweiligen Land ausgebildetes Personal fehlte und die institutionellen Voraussetzungen - eine unabhängige Rechtsprechung, eindeutige und durchsetzbare Eigentumsrechte sowie eine starke Zentralbank - nicht gegeben waren. Die Reform ist ein komplexer Prozeß mit ineinandergreifenden Aufgaben, und es muß Mechanismen der interministeriellen Zusammenarbeit geben, um diese zu gewährleisten. Der Aufbau von Institutionen muß von Anfang an betont werden, da dieser Prozeß seine Zeit braucht und sich nicht sofort Ergebnisse einstellen. Bis sich Erfolge beim Aufbau von Institutionen einstellen, ist es nützlich, Maßnahmen durchzuführen, die knappe administrative Kapazitäten freisetzen - wie die Deregulierung der Inlandsmärkte, die Liberalisierung der

---

[99] Ebda: S. 184.

Vermarktung von Agrarprodukten und der Abbau von quantitativen Beschränkungen im Außenhandel.

- **Die Beachtung der gesamtwirtschaftlichen Stabilität ist entscheidend.** Anhaltende Haushaltsungleichgewichte können Reformen zum Scheitern verurteilen. An der Instabilität der Gesamtwirtschaft ist mehr als ein Programm zur Liberalisierung des Außenhandels und der Finanzmärkte gescheitert. In einem hoch inflationären Umfeld ist es absolut vordringlich, daß das Staatsdefizit unmittelbar und drastisch gekürzt wird. Dabei können viele strukturelle Reformen hilfreich sein: Liberalisierung der Vermarktung von Agrarprodukten, Ablösung quantitativer Handelsbeschränkungen durch Zölle, Privatisierung defizitärer Staatsunternehmen und Verbesserung der Steuerverwaltung.

- **Besonders betroffene Gruppen dürfen nicht vergessen werden.** Die sozialen Kosten des Nichtstuns sind im allgemeinen erheblich höher als die der Anpassung; es ist jedoch nötig, die Anpassungseffekte bei den am stärksten betroffenen Bevölkerungsgruppen abzufedern. Kürzungen der Staatsausgaben können exponierte Gruppen besonders treffen. Reformen, die einen Anstieg der Agrarpreise ermöglichen, kommen den armen Bauern zugute, doch schaden sie oft den nicht über Grundbesitz verfügenden Landbewohnern und den Armen in den Städten. Somit werden während einer Reform besondere Hilfsprogramme für die Armen gebraucht. Häufig muß auch auf die Anliegen politisch einflußreicher Gruppen Rücksicht genommen werden, damit die Reformen Bestand haben. Wenn der öffentliche Sektor abgebaut wird, sind zudem oft Programme zur Abfindung und Umschulung der entlassenen Beamten notwendig.

- **Partielle Ansätze schlagen oft fehl.** Partielle Bemühungen waren ohne Durchschlagskraft. Wenn die Liberalisierung des Außenhandels nicht mit einer Deregulierung der Binnenwirtschaft einherging, reagierten die Investitionen und die Produktion nur langsam. Wenn umgekehrt die Deregulierung der Binnenwirtschaft nicht von einer Handelsliberalisierung begleitet wurde, flossen die Investitionen in die falschen Sektoren. Wurden Zollsenkungen nicht durch eine Verbreiterung der inländischen Steuerbasis und einen Abbau von Steuervergünstigungen und Subventionen ergänzt, so stellten sich Budgetdefizite ein, die die Handelsliberalisierung gefährdeten. Es lohnt sich somit, Maßnahmen, die sich gegenseitig ergänzen, zur gleichen Zeit durchzuführen.

- **Realismus macht sich bezahlt.** Bei der Vorbereitung des Finanzierungsplans zur Unterstützung der Reformen müssen die Wirtschaftspolitiker und die Entwicklungsinstitutionen Realismus walten lassen. Viele Länder werden wohl auch Mittel von Bereichen mit niedriger Priorität in Bereiche mit höherer Priorität umwidmen müssen, zum Beispiel durch die Verlagerung gewisser Ausgaben vom Militärbereich in die Infrastruktur und in Sozialprogramme. Auch die Erwartungen bezüglich der möglichen Erträge der Reform müssen realistisch sein. Es lohnt sich, wenn darauf geachtet wird, daß man nicht zuviel in kurzer Zeit verspricht, aber nachdrücklich und eindeutig die Wichtigkeit der Reformen herausgestellt wird - und wenn die Ergebnisse der Reformen der Alternative eines Reformverzichts gegenübergestellt werden. Realistische Erwartungen hinsichtlich der Vorteile und der Kosten der Veränderungen erhöhen die Chancen, daß das Programm durchgehalten wird."

Schlußteil

In diesem Schlußteil sollen die besonderen entwicklungspolitischen (Strategie- und Umsetzungs-)Probleme der postkommunistischen Transformationsländer erläutert werden[1]. Dies geschieht in einer Art *"Anhang"*; d.h.: die Ausführungen in diesem Teil bauen auf den Analysen der vorhergehenden Buchteile auf. Von daher wird auch laufend mit Rückverweisen auf einzelne Abschnitte in den vorhergehenden Kapiteln gearbeitet.[2]

Anhang :
Besondere Probleme der
postkommunistischen Transformationsländer

Überblick

Die besonderen Probleme der postkommunistischen Transformationsländer sind seit dem Zusammenbruch der kommunistischen Planwirtschaften des sogenannten "Ost-blocks" (der früheren "Zweiten Welt") mit ins Zentrum der Entwicklungstheorie gerückt. Zum einen kann man diese Länder zum Großteil den Entwicklungsländern zuordnen - zumindest nach dem Kriterium des Pro-Kopf-Einkommens.[3] (Dies wurde ja

---

[1] Unter "postkommunistische Transformationsländer" fasse ich hier nur diejenigen der ehemals zentralwirtschaftlich organisierten Länder, die den Übergang zu einer westlichen oder *"kapitalistischen" Marktwirtschaft* anstreben. [Hierunter wird, ganz allgemein, ein dezentrales Wirtschaftssystem mit Privateigentum an Produktionsmitteln verstanden.] Die besonderen Probleme von Ländern, die einen anderen, sogenannten "dritten Weg" anstreben, werden hier - aus konzeptionellen sowie Platz-Gründen - nicht herausgearbeitet.

[2] Die Ausführungen in diesem Teil wurden relativ kurz gehalten. Der Hauptgrund war, daß der Umfang des Buches nicht zu groß werden sollte. Außerdem erscheinen die analytisch-theoretischen Kenntnisse über Transformationsökonomien für ein Lehrbuch noch nicht weit genug konsolidiert.

[3] Dies mag verwunderlich klingen angesichts der Tatsache, daß sich die Entwicklungsländer und die postkommunistischen Transformationsländer bis zum Beginn der Reformen in Osteuropa noch als Empfänger- und Geberländer gegenüberstanden. Heute dagegen sind diese ehemaligen Geberländer selbst zu Konkurrenten der traditionellen Entwicklungsländer um die (zu) knappen Entwicklungshilfemittel geworden.

im 1. Kapitel näher erläutert.) Zum anderen wünschen viele dieser Länder auch die offizielle Anerkennung als Entwicklungsland nach dem DAC-Muster, um so eher an Hilfen der Industrieländer zu kommen[4]. (Ziel dieser Länder ist nicht nur die Systemtransformation, sondern auch und vor allem ein wirtschaftliches Aufholen im Sinne einer Verringerung der Entwicklungs- und Wohlstandslücke zu den westlichen Industrieländern.[5])

Wenn wir hier von den "besonderen" Problemen dieser Länder sprechen, so sollte natürlich nicht vergessen werden, daß **die grundlegenden Aufgaben** oder Strategieelemente, die diese Länder in ihrem Entwicklungsbemühen zu erfüllen/umzusetzen haben, **die gleichen** sind **wie bei allen anderen Entwicklungsländern**. Dies sind - global gesagt -:

(1) *makroökonomische Stabilisierungsmaßnahmen*, um das innere und äußere Gleichgewicht (wieder) herzustellen, sowie

(2) *strukturelle Änderungen* in der Politik und in den Institutionen, um die Wirtschaft effizient und flexibel zu machen und dadurch das Wachstum zu steigern.

Das Besondere in den postkommunistischen Transformationsländern liegt jedoch *zum einen* und vor allem in der **"Totalität" des notwendigen strukturellen Wandels**. Das heißt, das gesamte Wirtschafts- und Gesellschaftssystem muß möglichst gleichzeitig geändert werden. Man kann mithin auch von einer "institutionellen Revolution" sprechen. Dies wirft selbst wieder besondere Umsetzungsprobleme auf. *Zum anderen* gestaltet sich aber auch die Umsetzung der makroökonomischen Stabilisierungsmaßnahmen in diesen Ländern schwieriger, da die Ausgangssituation anders, man könnte auch sagen "ungleichgewichtiger", ist. [Hierbei ist allerdings zu berücksichtigen, daß die makroökonomische Ausgangssituation in den osteuropäischen Reformländern sehr unterschiedlich gewesen ist (vgl. z.B. Fischer und Gelb [1991]). Von daher wird hier auch nur auf ein gemeinsames makroökonomisches Hauptproblem eingegangen, nämlich auf das Problem des anfänglichen "**Geldüberhangs**" und die Schwierigkeiten seines Abbaus.]

Im folgenden werden zuerst (in Abschnitt I) die institutionellen Anforderungen (die notwendigen strukturellen Änderungen) in den postkommunistischen Transformationsländern dargestellt und die Sequenzprobleme angesprochen. In Abschnitt II kommen wir dann auf die besonderen makroökonomischen Ungleichgewichte (hier

---

4   Die DAC (i.e., der entwicklungspolitische Ausschuß der OECD) ist diesem Wunsch inzwischen auch in einigen Fällen - z.B. bei den zentralasiatischen GUS-Ländern - schon nachgekommen.

5   Dies geht auch aus Aussagen von Politikern in diesen Ländern hervor (vgl. z.B. entsprechende Berichte in Fachzeitungen wie dem 'Handelsblatt' oder der 'Financial Times'). Außerdem kann dieser Wunsch nach einem wirtschaftlichen Aufholen letztlich auch als die entscheidende Ursache für die "Revolution" in den vormals kommunistischen Staaten angesehen werden (vgl. hierzu z.B. Wagner [1991b]). Es geht hier also auch um ein Problem der *Entwicklung(spolitik)*.

Allerdings ist anzumerken, daß das Ziel der Reformen - über das oft unterschiedlich verstandene Schlagwort 'Marktwirtschaft' hinaus - noch keineswegs klar definiert und auch nicht für alle Transformationsländer einheitlich festgelegt ist. Am ehesten mag als vage Umschreibung "So wie Westeuropa" für die meisten osteuropäischen Länder zutreffen (vgl. Sachs [1989b] oder Gelb und Gray [1991]).

auf das Problem des Geldüberhangs) und die stabilisierungspolitischen Schwierigkeiten in den Transformationsländern zu sprechen. In Abschnitt III werden die unterschiedlichen politisch-soziokulturellen Bedingungen und ihre Bedeutung für die Umsetzung der notwendigen Entwicklungsmaßnahmen beleuchtet. Schließlich werden in Abschnitt IV die wesentlichen Unterschiede oder Besonderheiten des ostdeutschen Transformationsprozesses angesprochen.

I. "Totalität" der Strukturanpassung und Sequenzproblematik

1. Notwendige Strukturanpassungen in den Transformationsländern

In diesem Abschnitt werden die (gemeinsamen) drängendsten institutionellen Erfordernisse in den postkommunistischen Transformationsländern einschließlich ihrer ökonomischen Begründungen aufgeführt[6]. Die hier aufgelisteten Erfordernisse können als eine Art "Minimalkonsens" unter den derzeitigen "Experten"[7] angesehen werden. Folgende Institutionen oder strukturelle Voraussetzungen gilt es zu schaffen[8]:

(a) ein stabiles Rechtssystem

Das klassische System sowjetischer Art arbeitete praktisch in der Abwesenheit ökonomischer Legalität. (Der Begriff "ökonomische Legalität" bezieht sich hier auf Gesetze auf dem Wirtschaftsgebiet, insbesondere das Handelsrecht, Steuerrecht und Konkursrecht.) Ökonomische Legalität ist jedoch eine Vorbedingung, um einen erfolgreichen Übergang in eine Marktwirtschaft - die das erklärte Ziel aller postkommunistischen Transformationsländer ist - zu schaffen (siehe hierzu näher Litwack [1991]). Bei Abwesenheit ökonomischer Legalität wird es nicht möglich sein, eine glaubwürdige Verpflichtung auf Eigentumsrechte oder irgendeinen anderen wirksamen Marktanreizmechanismus einzuführen.

---

[6] Die Darstellungen bzw. Begründungen sind hier relativ kurz gehalten, da die Funktion der meisten Institutionen schon im 3. Kapitel erläutert worden sind. In gewissem Sinne handelt es sich hier um eine "Zusammenfassung" der entwicklungspolitisch notwendigen Strukturanpassungen.

[7] Ob man bei dem bislang erreichten Stand der Forschung überhaupt schon von "Experten" sprechen kann, sei dahingestellt. Auf jeden Fall kann man die oben angeführten institutionellen Erfordernisse in den meisten Quellen der einschlägigen Literatur zur Transformationspolitik osteuropäischer Staaten erwähnt finden. Vgl. z.B. Blanchard u.a. [1991], Calvo und Frenkel [1991a, 1991b], Fischer und Gelb [1991] oder Nordhaus [1991]. Vgl. auch Wagner [1992d] und Krueger [1992: Appendix] sowie IWF [1991] und das Sonderheft des "Oxford Review of Economic Policy", vol. 8, No.1 (Spring 1992).

[8] Es handelt sich hier um die Voraussetzungen, die *alle* Transformationsländer erfüllen müssen, wollen sie eine erfolgreiche Transformation und eine zügige Entwicklung einleiten. Damit ist natürlich nicht gesagt, daß alle Transformationsländer als völlig identisch behandelt werden könnten oder identische Strategien zu befolgen hätten. Es handelt sich bei der obigen Auflistung wie gesagt auch nur um "Kernerfordernisse".

Man kann die Funktion eines stabilen Rechtssystems im Übergangsprozeß (ebenso wie innerhalb eines Marktsystems) auch wie folgt charakterisieren: Die Institutionalisierung eines stabilen Rechtssystems reduziert das Investitionsrisiko und damit die geforderte Risikoprämie. Dies ist wichtig, da die Höhe der Risikoprämie die erwartete Rendite aus Investitionen, sowohl inländischen als auch ausländischen, negativ beeinflußt (siehe auch die Ausführungen im 3. Kapitel, dort in Abschnitt II.4).

(b) eine autonome Zentralbank

Transformationsländer brauchen eine autonome Zentralbank, um eine ungewollte Inflationsdynamik zu verhindern (siehe auch in Abschnitt II unten)[9]. Eine glaubhafte Verpflichtung auf Gelddisziplin kann nämlich nur eine *autonome* Zentralbank eingehen. Denn nur durch die Unabhängigkeit der Zentralbank kann das (Außen-)Geldangebot exogen gemacht werden[10]. Dies ist wiederum die Voraussetzung, um die Inflationsrate auf ein niedriges Niveau drücken zu können. Die Gleichgewichts- oder Kerninflationsrate ist nämlich von der Glaubwürdigkeit eines Preisniveaustabilitätsversprechens abhängig. Die Glaubwürdigkeit ist dabei aber durch die institutionellen Absicherungen dieses Versprechens bestimmt (siehe näher im 3. Kapitel, dort insbesondere in den Abschnitten III und IV sowie im ANHANG E-III)[11].

(c) ein gut-funktionierendes Steuersystem

Transformationsländer brauchen dringend ein breitgefächertes Steuersystem und den Aufbau von Fachkapazität für die Steuerverwaltung. Dies ist - wie näher im 3. Kapitel erläutert - eine Voraussetzung dafür, um eine Destabilisierung (d.h. hier: eine stetige Vergrößerung des Budgetdefizits und des Preisniveauanstiegs) zu vermeiden.

(d) einen gut-funktionierenden Kapitalmarkt

Den Kredit- und Finanzmärkten fehlt es in den Transformationsländern an Tiefe und an Breite[12]. Das komplexe Informationssystem, das in einer Marktwirtschaft notwendig ist, um Risiko und Kreditwürdigkeit von Investitionen einschätzen zu können, ist in den Transformationsländern unterentwickelt. In den zentralgeplanten Wirtschaften gab es keine Anreize, um solche Informationen zu sammeln. Unternehmensverluste wurden automatisch finanziert, und die Regierung als eine letzte Refinanzierungsinstanz stellte hierfür ausgedehnte Versicherungen bereit, ohne aber hierfür die entsprechende Prämie zu verlangen (vgl. näher hierzu im nächsten Abschnitt II).

Diese "vererbte" unvollkommene Informationsstruktur stellt zusammen mit dem aus der zentralwirtschaftlichen Vergangenheit herrührenden komplizierten Netz von Zwischenfirmen-Krediten, das die Schicksale effizienter und ineffizienter Unterneh-

---

[9] Vgl. näher Wagner [1992b].

[10] Ob so das Geldangebot wirklich exogen gemacht wird, ist umstritten. Hier geht es jedoch nur darum, daß ohne eine Autonomie der Zentralbank das Geldangebot völlig der Willkür der Fiskalpolitik unterworfen ist (vergleiche hierzu auch Abschnitt III des 3. Kapitels).

[11] Dies zeigt wieder die Abhängigkeit der (Wirksamkeit der) Prozeßpolitik von den ordnungspolitischen Rahmenbedingungen.

[12] Vgl. näher z.B. Calvo und Frenkel [1991a] oder BIZ [1991].

men verbindet, das Haupthindernis für einen erfolgreichen Transformationsprozeß dar. Dies kann - wie Calvo und Frenkel [1991a] betont haben - in einem "schlechten", paretoinferioren Gleichgewicht resultieren, in dem gesellschaftlich profitable langfristige Investitionen durch gesellschaftlich weniger profitable kurzfristige Investitionen verdrängt werden. Diese Betrachtung unterstreicht den Nutzen einer frühen Entwicklung heimischer Kapitalmärkte wie auch die Notwendigkeit, Wege zu finden, um die Bilanzen der Unternehmen und der Banken von uneinbringlichen Forderungen zu "bereinigen".

Ein anderes Problem bei unterentwickelten Kapitalmärkten wurde schon im vorhergehenden Kapitel erwähnt: Eine plötzliche Privatisierung könnte dann eine Unterbewertung und eine suboptimale Allokation von Vermögenswerten zur Folge haben.

Schließlich ist zu betonen, daß zu einer Installierung eines effizienten Finanzierungssystems natürlich zuallererst die Einrichtung eines "zweigliedrigen Bankensystems"[13] gehört (im Gegensatz zu dem Monobankensystem in den zentralverwalteten Planwirtschaften).

(e) Privatisierung und Restrukturierung

Privatisierung und Restrukturierung sind die zwei Phasen einer Unternehmensreform, die das Herzstück des Transformationsprozesses von einer Plan- zu einer Marktwirtschaft darstellen[14]. Die Kontrollübergabe bedeutender Unternehmen in private Hände (**Privatisierung**) hat zum einen einen symbolischen Wert als ein Signal für eine weitgehend irreversible Bindung an eine marktwirtschaftliche Transformation. Zum anderen vergrößert sie die Verfügbarkeit von Produkten insbesondere dadurch, daß sie die Anreize schafft, um effizient zu produzieren und Marktungleichgewichte so schnell wie möglich zu verringern. (Allerdings kann es Jahre dauern, bis reale Gewinne aus der privaten Eigentümerschaft abfallen.) Privatisierung wird oft als das schwierigste und neuartigste Reformpaket für Transformationsländer eingeschätzt (so z.B. Lipton und Sachs [1990a]). Die derzeitigen Erfahrungen in Ostdeutschland und anderswo scheinen diese Einschätzung zu bestätigen (besonders was die Privatisierung großer Unternehmen anbelangt; siehe hierzu auch Fischer [1991b]).

Eine erfolgreiche **Restrukturierung** kann sogar noch länger dauern als eine Privatisierung. Restrukturierung bezeichnet die Aufgabe, Firmen, die sich in Staatseigentum befinden, wettbewerbsfähig zu machen. Die künstliche Preisstruktur in der früher zentral geplanten Volkswirtschaft führte zu systematischen Verzerrungen und zu einer falschen Produktionsmischung. Diese falsche Mischung impliziert, daß - nach einer Preisliberalisierung - einige Firmen schließen müssen. Zudem stellt auch der Mangel an marktwirtschaftlich trainierten Managern und anderem Fachpersonal ein Haupthindernis für einen schnellen Erfolg dar.

---

13 "Zweigliedriges Bankensystem" heißt hier, daß neben einer (staatlichen) Zentral- oder Notenbank auch ein autonomes (privates) Geschäftsbankensystem besteht.

14 Siehe hierzu auch die Ausführungen im 3. Kapitel, dort in Abschnitt II.2.

(f) Deregulierung und Liberalisierung

Wie eben erwähnt, ist das Preissystem in zentralgeplanten Volkswirtschaften künstlich verzerrt. Der "schnellste" Weg, um ein wirtschaftlich rationales Preissystem zu errichten, besteht darin, die Volkswirtschaft dem Außenhandel zu öffnen. Heimische Produzenten dem ausländischen Wettbewerb auszusetzen, ist besonders wichtig in Volkswirtschaften (wie denen in Transformationsländern), wo Industrien zum Großteil noch monopolisiert sind. Bei einem angemessenen Wechselkurs schafft Handelsliberalisierung auch den richtigen Anreiz für potentielle Exporteure. Wie die geschichtlichen Erfahrungen vielfältig gezeigt haben, kann Preisliberalisierung eine schnelle Zunahme an verfügbaren Produkten auslösen. Hierzu jedoch muß Preisliberalisierung von Deregulierung und Demonopolisierung ergänzt werden, um Wettbewerbsmärkte zu entwickeln. Während Preisregulierung verhindert, daß Preise Knappheiten auf den jeweiligen Märkten reflektieren und so nützliche Informationen für Vermögensanleger liefern, setzen Monopole ineffizient hohe (oder - unter Berücksichtigung der internationalen Wettbewerbsfähigkeit - zu hohe) Preise. Zu näheren Ausführungen siehe auch im 3. Kapitel, dort in Abschnitt II.

(g) eine Antimonopolbehörde (Kartellbehörde)

Die Wirtschaften der Transformationsländer sind in einem viel größeren Umfang konzentriert oder monopolisiert als anderswo (auch als in den traditionellen Entwicklungsländern). Um die großen Konglomerate aufbrechen und zukünftige Kartelle verhindern zu können, ist es notwendig, eine Antimonopol- oder Kartellbehörde aufzubauen. Es würde allerdings unrealistisch sein zu erwarten, daß eine Antimonopolbehörde in den Transformationsländern über genügend Wissen und Macht verfügen würde, um die großen Konglomerate, die noch in Staatseigentum sind, daran hindern zu können, ihre Monopolmacht auszuüben und Preise (überproportional) anzuheben. Gerade deshalb ist es - wie oben betont - wichtig, daß diese Unternehmen der ausländischen Konkurrenz ausgesetzt werden.

(h) ein breites Erziehungs- und Ausbildungssystem

Wie schon erwähnt, gibt es in den Transformationsländern einen weitreichenden Mangel an ausgebildeten Managern, Bankern und anderen Fachleuten, die mit marktwirtschaftlichen Erfahrungen ausgestattet sind. Dies stellt für die Transformationsländer ein großes Hindernis dar in ihrem Versuch, auf dem Weltmarkt konkurrenzfähig zu werden und die Entwicklungs- oder Einkommenslücke zu den westlichen Industrieländern in einer kurzen Zeit zu schließen. Von daher kommen den Investitionen in das Erziehungs- und Ausbildungswesen eine wesentliche Relevanz im Entwicklungsprozeß zu. (Dies gilt, wie wir sahen, aber auch für die traditionellen Entwicklungsländer.)

(i) ein soziales Sicherheitsnetz

Die Transformationsländer sind gezwungen, ein soziales Sicherheitsnetz zu installieren - insbesondere für diejenigen, die von dem dort neuen Phänomen der offenen Arbeitslosigkeit betroffen sind -, um die notwendige politische Unterstützung für den schmerzvollen Transformationsprozeß zu bekommen oder aufrechtzuerhalten. Dies erlaubt zudem, die soziale Unterstützung von den Schultern der Firmen zu nehmen und dadurch die Ressourcen-Reallokation zu erleichtern. Das soziale Sicherheitsnetz sollte dabei nicht nur auf die Arbeitslosenunterstützung ausgerichtet sein, sondern auch auf von der Regierung unterstützte Umschulungsprogramme und auf soziale Versicherungssysteme.

2. Totalität des Wandels und Sequenzproblem

Ein Großteil der eben genannten institutionellen Voraussetzungen ist auch schon im 3. Kapitel angesprochen worden. Dies ist ganz verständlich, da es sich hier ja nicht um ausschließliche Anforderungen für die postkommunistischen Transformationsländer handelt. Diese Anforderungen gelten für alle Entwicklungsländer wie auch für die Industrieländer. Und auch in diesen fehlen die einen oder anderen der aufgeführten Institutionen, so daß auch dort partielle Reformen für eine erfolgreiche Entwicklung notwendig sind. Das Besondere bzw. der Unterschied zu den traditionellen Entwicklungsländern besteht eben darin, daß es in den Transformationsländern um eine *komplette* **Umwandlung des gesamten Wirtschafts- und Gesellschaftssystems** geht. Insbesondere die Notwendigkeit der Etablierung eines stabilen Rechtssystems (Punkt a oben) sozusagen aus dem Nichts stellt den Hauptunterschied zu den traditionellen Entwicklungsländern dar[15].

Die Totalität des Wandels bedeutet an sich schon eine größere Anforderung an die Transformationsländer hinsichtlich der Umsetzung einer erfolgversprechenden Transformations- oder Entwicklungsstrategie. Die eigentliche Schwierigkeit besteht jedoch darin, daß die einzelnen Strukturelemente nicht gleichzeitig oder gleich schnell umgesetzt oder eingeführt werden können. [Zwei Gründe sind hierfür entscheidend: einmal die staatliche Budgetrestriktion, die eine gleichzeitige -hinreichende- Finanzierung beispielsweise der obigen Institutionen (h) und (i) verhindern kann; zum anderen die grundsätzlich unterschiedliche Zeitdauer der Umsetzung der obigen institutionellen Anforderungen innerhalb des soziokulturellen Umfeldes partikularer Interessen: So dauert es eben beispielsweise länger, ein stabiles Rechtssystem aufzubauen, als den politischen Beschluß zu fassen/umzusetzen, die Märkte zu öffnen/Zollschranken abzubauen.] Von daher stellt sich die **Frage nach der optimalen Sequenz** der Einführung der oben erläuterten Institutionen. Eine falsch gewählte Abfolge kann das gesamte Programm zum Scheitern bringen (siehe hierzu Fischer und Gelb [1991]). Die *gleichzeitige* Notwendigkeit vieler Strukturänderungen mit unterschiedlichen Wirkungsverzögerungen wird zum Hauptproblem wegen der *Interdependenz* der institutionellen Änderungen. Alle Strukturänderungen benötigen eigentlich schon Dienstleistungen von anderen noch nicht abgeschlossenen institutionellen Einrichtungen. Wenn einige Institutionen, deren Funktionieren sehr stark vom Input anderer Institu-

---

15 So schreibt z.B. Anne Krueger [1992: 170]: " The more striking difference, however, from that in developing countries is the necessity for the creation of laws and institutions which will provide adequate incentives for the rapid development of new earnings streams. While it is true that government ownership has been widespread in developing countries, and that government controls over prices, conditions of work, investment, and other aspects of private sector behavior have been a major determinant of profitability, property rights have been legally defined, laws of contract exist, and litigation procedures are in place."

tionen abhängig ist, zu früh eingeführt werden, bricht u.U. der gesamte Prozeß zusammen[16]. Hierin spiegelt sich das besondere Umsetzungsproblem einer vielschichtig-komplexen Strategie in den postkommunistischen Transformationsländern im wesentlichen wider.

II. Geldüberhang und Stabilisierungspolitik

1. Funktion der Stabilisierungspolitik

Stabilisierungspolitik beinhaltet hier - wie schon im 3. Kapitel erläutert - die Setzung und Stabilisierung eines "nominellen Ankers" durch Reduzierung des Budgetdefizits und Knapphaltung des Geldangebots ("Potentialorientierung"[17]). [Dies bedeutet: Stabilisierungspolitik zielt hier vor allem auf Inflationsbekämpfung.] Stabilisierungspolitik wird allerdings nur dann wirksam sein, wenn sie durch die Installierung geeigneter institutioneller Rahmenbedingungen unterstützt wird. Letztere wurden oben in Abschnitt I dargestellt. (Zur Rolle der Einkommenspolitik siehe dagegen in Abschnitt III unten.)

Die **Funktion** von Stabilisierungspolitik bezieht sich in Transformationsländern erstmal gar nicht so sehr auf die Kontrolle offener Inflation, sondern - *vor* einer Preisliberalisierung - darauf, eine latente Inflation nicht manifest werden zu lassen. Eine latente Inflation ist in den Transformationsländern vor einer Preisliberalisierung immer gegeben. Sie gründet aus dem Erbe der zentralverwalteten Planwirtschaft mit dauerhaften administrativen Lohn- und Preissetzungen. Hier ist es regelmäßig in den subventionierten Produktionsbereichen mit künstlich niedrig gehaltenen Preisen zu einer Übernachfrage auf den Gütermärkten gekommen. Da der Nachfrage kein hinreichendes Angebot gegenüberstand, wurde ein Geld- oder Liquiditätsüberhang geschaffen, den es nun in den Transformationsländern abzubauen gilt, ohne eine andauernde Inflationsdynamik entstehen zu lassen. Gerade dies ist jedoch besonders schwierig, wie im folgenden erläutert wird.

---

[16] Man kann den Übergangsprozeß zu einer funktionierenden Marktwirtschaft - wie Fischer und Gelb anmerken - auch als die schrittweise Einführung von Paketen komplementärer institutioneller Reformen fassen. Der Inhalt jeder dieser Pakete hängt in kritischer Weise von den Anfangsbedingungen ab, denen das jeweilige Land gegenübersteht, wobei die Strategieelemente aus dem Zusammenspiel von Politik und Wirtschaft entstehen.

[17] D.h., die umlaufende Geldmenge soll nicht stärker steigen als die bei gegebenem effizienten Arbeits- und Kapitalangebot mögliche Produktion. Hinzu kommt - wie beispielsweise bei der nominellen Anker-Bestimmung der Deutschen Bundesbank - die monetäre Finanzierung einer politisch als hinnehmbar oder unvermeidlich angesehenen Preissteigerungsrate. Siehe hierzu auch die entsprechende Analyse im Kontext der "Quantitätsgleichung" im 3. Kapitel, Abschnitt III, oben.

2. Grundlage des Geldüberhangs

Die Situation in den zentralverwalteten Planwirtschaften, insbesondere was das Finanzsystem anbelangt, läßt sich kurz wie folgt umschreiben:

Die Staatsbank hatte eine signifikante Monopolmacht über Bank- und Kredittätigkeit. Sie konnte praktisch unbegrenzt Kredite schaffen. Es gab keinen bedeutenden sekundären Kreditmarkt. Die Hauptfunktion des Finanzsystems bestand in der Finanzierung des Produktionsplans. Die Staatsbank garantierte den staatlichen Unternehmen die Kredite, die diese brauchten, um die Pläne auszuführen. Zinssätze spielten in dieser Allokation keine Rolle. Kredite wurden zu sehr niedrigen und fixierten Zinsraten - unabhängig vom Risiko - vergeben. Praktisch die gesamte Ersparnis wurde vom Staat erbracht (über die staatlich gesteuerte Einkommensverteilung). Von den privaten Individuen wurde gar nicht erwartet, daß sie sparen. Der Beitrag der Individuen zur Ersparnis resultierte weitgehend aus den Rücklagen für die beabsichtigten Käufe kostspieliger dauerhafter Konsumgüter (wie z.B. Autos). Diese Rücklagen waren nicht durch Zinsanreize bedingt, sondern ergaben sich gezwungenermaßen aus dem chronischen Mangel auf den Märkten für Konsumgüter, der die Möglichkeit zur vollen Ausgabe des Geldeinkommens nicht zuließ. Diese angehäuften **"Zwangsersparnisse"** bildeten die Grundlage für den in den Transformationsländern vorgefundenen **"Geldüberhang"**. Dieser Geldüberhang trug aber nicht direkt zur Finanzierung von Investitionen der Unternehmen bei. Diese Investitionen wurden durch den staatlichen Produktionsplan vorgegeben, und die Ressourcen wurden von der Regierung bzw. der Staatsbank über Umverteilung oder Geldmengenausdehnung bereitgestellt.[18]

3. Alternativen eines Abbaus des Geldüberhangs

Es gibt im Prinzip **vier Alternativen**, um den Geldüberhang abzubauen:

(1) die Erhöhung der **Attraktivität der inländischen Geldanlagen**

(2) eine **Währungsreform**

(3) die **Privatisierung**

(4) eine **Preisliberalisierung**.

Zu (1): Die erste Alternative bedeutet, daß erzwungene Ersparnisse in freiwillige Ersparnisse umgewandelt werden. Das geschieht eben durch den Zinsanreiz, der die Opportunitätskosten der Geldhaltung erhöht. Der Geldüberhang der privaten Haushalte fließt dann nicht in vollem Umfang in Konsumnachfrage. Folglich kommt es zu einer weniger starken Übernachfrage auf diesen Märkten, was den Inflationsdruck verringert. Die offene Inflation nach einer Preisliberalisierung wird somit begrenzt.

---

[18] Siehe näher hierzu z.B. Tanzi [1991b]. Vgl. auch Wagner [1992c].

Das **Problem**, das mit dieser Variante verbunden ist, liegt darin, daß es zu **unerwünschten Folgen für das staatliche Budget** führt. Denn das Bankensystem in den Transformationsländern ist noch weitgehend in staatlicher Hand. Von daher bedeutet ein Anstieg der Zinsen, die von den Banken in Staatshand gezahlt werden müßten, eine Bürde für das staatliche Budget. Die Staatsverschuldung würde weiter steigen und unter Umständen eine explosive Schuldendynamik auslösen. Dies würde auf jeden Fall negative Implikationen für die Glaubwürdigkeit des Stabilisierungsprogramms haben. (Eine explosive Schuldendynamik könnte dann entstehen, wenn gleichzeitig die Geldmenge aus Stabilitätsgründen begrenzt gehalten würde und es folglich dazu käme, daß die Realzinsen über die reale Wachstumsrate der Wirtschaft hinaus anstiegen. Siehe näher im ANHANG E-IV.5 des 3. Kapitels.)

Zu (2): Die zweite Alternative läuft auf eine direkte Konfiszierung von Einkommen hinaus. Anders gesagt, Geldvermögen (bisher akkumuliertes Geldeinkommen) würde per staatlichem Dekret zu einem gewissen Zeitpunkt für wertlos erklärt bzw. zu staatlich festgelegten Umtauschkursen in neue Währung überführt. Vergleiche hierzu zum Beispiel die westdeutsche Währungsreform von 1948 oder die ostdeutsche Währungsreform in der damaligen DDR von 1990.[19]

Das **Problem** mit dieser Strategie liegt vor allem darin, daß die Konfizierung oder schematische Wertloserklärung von Geldvermögen **zu 'ungleichen' Verlusten bei den privaten Individuen** führt (da der Geldvermögensanteil an den Gesamtvermögen der Individuen unterschiedlich groß ist und außerdem Schuldner "gewinnen"). Daß diese Verluste zum großen Teil nur Scheinverluste darstellen, da/wenn dem bisherigen Geldvermögen zuletzt sowieso keine Kaufkraft mehr gegenübergestanden hat, ist hier sekundär. Primär ist, daß die betroffenen Individuen den ungleichen "Verlust" als ungerecht empfinden. Von daher ist ein Rückgang der politischen Unterstützung für das (u.U. gesamte) Reformprogramm zu befürchten.

Zu (3): Die dritte Variante gründet auf Offenmarktverkäufen von Vermögensanteilen im Zuge der Privatisierung. Dadurch könnte ein Großteil des Geldüberhangs in Sachvermögen (Immobilien, Vermögensanteile usw.) umgewandelt werden. Zudem würde eine breitgestreute Privatisierung gefördert.

Das **Problem** mit dieser Alternative liegt darin, daß eine **effiziente Durchführung** dieser Offenmarkttransaktionen **nur bei funktionierenden Finanz- und Kapitalmärkten** vorstellbar ist. Der Aufbau funktionierender Finanz- oder Kapitalmärkte ist jedoch in den Transformationsländern erst im Entstehen[20].

Allerdings könnte man argumentieren, daß der Staat in diesen Ländern noch den Großteil der bestehenden Vermögen besitzt, so daß er im Kontext eines Privatisierungsprogramms Offenmarktverkäufe von Immobilien und Staatsunternehmensantei-

---

[19] Zur westdeutschen Währungsreform von 1948, deren "Gelingen" im Zusammenhang mit der gleichzeitig in Kraft getretenen Wirtschaftsreform unter Ludwig Erhard sowie mit der Marshallplan-Hilfe der USA betrachtet werden muß, siehe näher z.B. Möller [1976]. Zur DDR-Währungsreform von 1990 siehe z.B. Bundesbank [1991], S. 116-129.

[20] Vgl. hierzu z.B. Heft 4/1993 des 'Journal of Banking and Finance'.

len organisieren könnte (so wie dies ja in den osteuropäischen Ländern, so z.B. in Polen, Ungarn und der früheren Tschechoslowakei, auch versucht wurde). Zwei Einwände sind hier jedoch zu berücksichtigen: Einmal können dadurch Erwartungen im privaten Sektor hinsichtlich einer Nichtsterilisierung[21] der Verkaufserlöse durch den Staat entstehen, die sich selbst wieder in Inflationserwartungen niederschlagen und die Glaubwürdigkeit des Stabilisierungsprogramms zunichte machen können. Zum anderen dauert die Durchführung dieser Variante einige Zeit (wie die Praxis in den osteuropäischen Ländern auch zeigt), während der die Preise nicht liberalisiert werden dürften, will man den unerwünschten Inflationsschub vermeiden. Dies könnte man vielleicht aber dadurch umgehen, daß man die *Varianten (2) und (3) miteinander verbindet*. Und zwar könnte man das Geldvermögen über einem gewissen Niveau (pro Person) einfrieren, um die spätere Benutzung zum Kauf von Vermögensanteilen im Zuge der eben eine gewisse Zeit dauernden Privatisierung zu erlauben. Dann könnten auch die Preise liberalisiert werden, ohne den befürchteten Inflationsschub zu erhalten.

Durchführbar ist diese Variante, die - in der beschriebenen Verbindung mit der Variante (2) - ökonomisch gesehen die sinnvollste Vorgehensweise zu sein scheint, aber nur, wenn die privaten Individuen auch Interesse an einem Kauf dieser Vermögensanteile zeigen. Aus den bisherigen Erfahrungen mit den Privatisierungsversuchen in den osteuropäischen Transformationsländern wird jedoch häufig der Schluß gezogen, daß dieses Interesse nicht sehr ausgeprägt ist[22]. Von daher wird nicht selten von den verantwortlichen Politikern in den Transformationsländern die Alternative (4) bevorzugt.

Zu (4): Eine Preisliberalisierung bedeutet, daß der Geldüberhang durch eine Preisanpassung abgebaut wird. Sie verursacht theoretisch nur einen einmaligen *Preisniveauanstieg* bis zu dem Preisvektor, der die Märkte ausgleicht. Damit ist auch nur eine einmalige Geldvermögensabwertung impliziert; d.h. die Realkasse sinkt in einem Schritt, bis sie ihr Gleichgewichtsniveau erreicht hat. In der Praxis jedoch verursacht diese Alternative *Inflation*, wobei Inflation *anhaltende* Preisniveausteigerungen ausdrückt. Die Ursache liegt im wesentlichen in den *verzögerten* Lohn- und Preisanpassungen (siehe näher Wagner [1992: 1. und 5. Kapitel]).

Das eigentliche **Problem** besteht jedoch darin, daß sich hieraus nicht nur anhaltende Preisniveausteigerungen, sondern eine **Inflationsdynamik** hin zur Hyperinflation entwickeln kann. Dies wird dann möglich, wenn die Inflationserwartungen steigen und die damit verbundene Spekulationstätigkeit überhandnimmt. Ein Hauptkanal der Inflationsdynamik besteht in dem Sich-gegenseitig-Hochziehen von Inflationserwartungen und Geldumlaufgeschwindigkeit, das besonders ausgeprägt bei gering entwickelten Finanzmärkten und folglich einem Mangel an alternativen Finanzan-

---

21 "Nichtsterilisierung" bedeutet hier, daß der Staat die aus den Vermögensverkäufen erzielten Einnahmen nicht dem wirtschaftlichen Kreislauf entzieht, sondern für eigene Güternachfrage oder für Transferzahlungen (z.B. an die Käufer der Vermögensanteile) verwendet.

22 Es gibt sicherlich noch andere Schwierigkeiten, auf die jedoch im einzelnen hier nicht eingegangen werden soll. (Es soll sich hier ja nur um einen kurzgehaltenen Überblick über die wesentlichen Aspekte der Umsetzungsprobleme der Entwicklungsstrategien in den Transformationsländern handeln.) Siehe zu den vielfältigen anderen Problemen und Argumenten im Kontext der Privatisierung z.B. Fischer [1991a]. Siehe auch Bös [1992].

lagemöglichkeiten ist[23]. (Siehe hierzu genauer im 3. Kapitel, dort insbesondere in den Abschnitten III und E-IV.) Zudem wird dann der Druck von der Fiskalseite her immer größer, Seignioragefinanzierung zu betreiben, da/wenn die Steuereinnahmen aufgrund des Olivera-Tanzi-Effekts sinken (siehe ebda).

Wenn erst einmal eine sehr hohe oder **Hyperinflation** eingetreten ist, sind die beiden verbleibenden Handlungsalternativen politisch sehr problematisch. *Die eine Handlungsalternative* ist ein Akzeptieren der Hyperinflation. Wie man aus bisherigen Erfahrungen mit Hyperinflation weiß, stellt dies jedoch das zukünftige Wachstum in Frage, da die relativen Preise völlig verzerrt werden, die Produktionstätigkeit zugunsten der Spekulationstätigkeit erlahmt, Unregierbarkeit einsetzt, politische Aufstände hervorgerufen werden (meistens wegen der willkürlichen Umverteilungen der Einkommen und des Vermögens im Zuge der Geldentwertung), Steuerverwaltung und Steuermoral ausgehöhlt werden, und die Finanzinstitutionen in einer ineffizienten Weise geändert werden - Phänomene, die sehr wohl noch lange über die Hyperinflationsphase hinaus nachwirken können[24]. Einige der aufgeführten Folgen sind allerdings für postkommunistische Transformationsländer in gewissem Sinne weniger gravierend als für Marktwirtschaften, da sie schon die Ausgangslage in Transformationsländern kennzeichnen (so z.b. die völlig verzerrten Preise, ein ineffizientes Steuerwesen und Finanzsystem)[25]. Gleichwohl stellt sich in Transformationsländern diesbezüglich das Problem so dar, daß Hyperinflation ineffiziente Institutionen konserviert und den Aufbau effizienter Institutionen behindert.

Die zweite Handlungsalternative wäre, eine sehr restriktive Geldmengenpolitik einzuführen. Dies würde allerdings mit der Folge zahlreicher Unternehmenszusammenbrüche[26] und sehr hoher Arbeitslosigkeit verbunden sein (wie seinerzeit in Polen[27]). [Doch selbst die Sicherstellung einer sehr (oder "zu") restriktiven Geldmengenpolitik kann Inflationserwartungen und damit eine Inflationsdynamik auslösen, die tendenziell zu einer Hyperinflation führt! Dies ist als "Sargent-Wallace-Paradoxon" bekannt. Siehe näher in Abschnitt E-IV.5 des ANHANGs zu Kapitel 3.]

Beide Handlungsalternativen laufen von daher Gefahr, die politische Unterstützung für den Transformationsprozeß aufs Spiel zu setzen. Dies ist der eigentliche und

---

23 Dort geht dann der Großteil der nicht-mehr-in-Geld-angelegten Vermögen direkt in Konsumnachfrage, was die Inflation weiter anheizt.

Voraussetzung ist natürlich, daß die Geldbehörde dies zuläßt. Prinzipiell kann nämlich die Geldbehörde jederzeit durch Geldmengeneinschränkung den Inflationsprozeß austrocknen, was allerdings mit z.T. extrem hohen Arbeitslosigkeitskosten verbunden ist. Zum analytischen Wirkungsmechanismus siehe z.B. Wagner [1990c; 1992: 234ff.]

24 Vgl. z.B. Dornbusch, Sturzenegger und Wolf [1990]; vgl. auch Fischer und Modigliani [1978] sowie Wagner [1983].

25 Vgl. hierzu z.B. Commander [Hrsg., 1991].

26 Dies kann selbst wieder durch Kredit(ketten)zusammenbrüche in den Transformationsländern begründet sein, die durch eine restriktive Geldmengenpolitik ausgelöst werden, wie kürzlich Calvo und Coricelli [1992] hervorgehoben und analysiert haben. Der sich hieran anschließende Outputrückgang hat einen negativen Effekt auf die Fiskaleinnahmen des Staates, was die politische Standhaftigkeit aufweicht und damit die Glaubwürdigkeit des Programms schwächt. So kann der gesamte Transformationsprozeß in Gefahr geraten.

27 Vgl. hierzu ebda oder z.B. Lipton und Sachs [1990a].

zentrale Grund, um nach Lösungen zu suchen, Inflationsdynamiken von vornherein zu unterbinden. Nur durch die Etablierung geeigneter institutioneller Rahmenbedingungen, die in Abschnitt I.1 oben beschrieben wurden, kann diese Gefahr der Inflationsdynamik bei einer Preisliberalisierung gestoppt oder verhindert werden.

Die Furcht vor einer solchen Hyperinflation hat einige der Transformationsländer dazu gebracht, die **Preise nur Schritt für Schritt** zu **liberalisieren**, um so die Inflationsdynamik in Grenzen zu halten[28]. Dies hat den **Vorteil**, daß den Ländern Zeit gegeben wird, erstmal die strukturellen Rahmenbedingungen oder Reformpakete einzuführen, die für eine anhaltende Stabilisierung der Wirtschaft notwendig sind. (Erst die entsprechenden institutionellen Rahmenbedingungen machen nämlich die durch prozeßpolitische Maßnahmen begleiteten Stabilisierungsankündigungen glaubhaft.) Der **Nachteil** ist dagegen, daß weiterhin Preisverzerrungen und damit verbundene Fehlinvestitionen in Kauf genommen werden. Außerdem kann eine langwierige Verzögerung zwischen der politischen Entscheidung, institutionelle Reformen durchzuführen, und dem Zeitpunkt ihrer aktuellen Umsetzung zu destabilisierenden Spekulationsbewegungen führen. Wie Calvo und Frenkel [1991b] am Beispiel der Erfahrungen der Transformationsländer erläutert haben, wird das Verhalten des privaten Sektors während der Phase, die der Umsetzung vorausgeht, von *Erwartungen* über die Reform geleitet und weniger von den aktuellen Politikmaßnahmen selbst. Solche *antizipatorischen* Elemente spiegeln sich wider in Preisen, Wechselkursen, Zinssätzen und anderen wichtigen ökonomischen Variablen; und letztere können sehr wohl in einer Weise beeinflußt werden, die die Wirtschaft insgesamt destabilisiert. So schlagen sich beispielsweise Inflationserwartungen hinsichtlich der Zukunft schon in der heutigen Inflationsrate nieder. Außerdem ist zu berücksichtigen, daß Inflationserwartungen nicht nur bzw. weniger durch die aktuelle Politik oder durch die Ankündigung der zukünftigen Politik bestimmt werden als vielmehr durch die wahrgenommene (Un-)Möglichkeit, daß ein angekündigter oder erwarteter Politikkurs mit Stabilität vereinbar und damit glaubhaft ist.

Hier gilt auch wieder, daß einige der beschriebenen grundlegenden Probleme und Aufgaben ebenso in den traditionellen Entwicklungsländern auftauchen (siehe in den Kapiteln 3 und 5). Jedoch machen die Ausgangslage (insbesondere der Geldüberhang[29]) sowie vor allem die in Abschnitt I.2 oben erläuterte Interdependenz der verschiedenen, zahlreichen Reformpakete in Transformationsländern die Umsetzung von Stabilisierungsankündigungen und -programmen dort schwieriger.

---

[28] Man denke hier zum Beispiel an Ungarn. Das Gegenbeispiel wäre Polen, das seine Preise sofort liberalisiert hatte und auch für einige Zeit mit einer Hyperinflation zu kämpfen hatte (siehe hierzu ebda).

[29] Ein Geldüberhang existiert allerdings auch in jenen traditionellen Entwicklungsländern, die langjährige Phasen administrativer Preis- und Lohnkontrollen hinter sich haben, und in denen die Finanzmärkte auch noch wenig entwickelt sind. Die Begründung läuft genauso wie oben bezüglich der Transformationsländer.

III. Besondere politökonomische und soziokulturelle Voraussetzungen

Dieser Abschnitt wird hier trotz der grundsätzlichen Bedeutung der politökonomischen und soziokulturellen Voraussetzungen für den Transformationsprozeß relativ kurz gehalten. Der Grund liegt darin, daß es bislang nur sehr wenig konkrete Kenntnisse über diese Aspekte gibt und man weitgehend auf Vermutungen angewiesen ist. Das eigentliche Analyseproblem gründet allerdings darin, daß bisherige Kenntnisse - bezogen auf das frühere Gesellschaftssystem - nicht ohne weiteres übertragbar sind auf das neue - transformatorische - Gesellschaftssystem. Der Systemwandel führt selbst zu Änderungen der Verhaltens- und Denkweisen, der Präferenzen und Technologien. Auf Extrapolationen beruhende Prognosen können daher sehr in die Irre führen. (Dies ist ja auch der Hauptpunkt der berühmten "Lucas-Kritik" in der empirischen Makroökonomie gewesen[30].)

Nichtsdestoweniger sollen - mit aller Vorsicht - bestimmte **Vermutungen hinsichtlich der besonderen Umsetzungsschwierigkeiten** oder auch -möglichkeiten in den postkommunistischen Transformationsländern geäußert werden. Dabei beschränken wir uns auf die osteuropäischen Reformländer, da hierüber derzeit noch am ehesten Informationen erhältlich sind[31]. Der logischen Konsistenz wegen werden die diesbezüglichen Ausführungen nach den vier Erklärungsansätzen gegliedert, die oben in Abschnitt I des 5. Kapitels für das Scheitern von Entwicklungs- oder Stabilisierungsstrategien angeführt worden waren. Es wird auch die dortige Reihenfolge beibehalten. Als Kurzfassungen dieser Erklärungsansätze werden die Bezeichnungen "Problem 1-4" benutzt.

Problem 1 ("**Koordinationsprobleme der Kostenverteilung**") taucht auch in den osteuropäischen Transformationsländern auf. Doch wird diesen - im Vergleich z.B. mit den lateinamerikanischen Ländern - manchmal eine größere Einmütigkeit bezüglich des Ziels des Transformations- und Entwicklungsprozesses zugesprochen[32]. Durch eine solche größere Einmütigkeit würde es diesen Ländern erleichtert, das "Problem 1" institutionell zu überwinden (vgl. näher bei der Diskussion des "Problems 4" unten).

Problem 2 ("**Strategische Eigeninteressen der Politiker**") dürfte in den Transformationsländern zu Beginn weniger akut sein als in den traditionellen Entwicklungsländern, die zum Teil bereits auf langjährige wahldemokratische Erfahrungen zurückblicken können. Jedoch gilt es zu bedenken, daß mit dem Kopieren des

---

[30] Vgl. Lucas [1976].

[31] Die Informationen, auf die ich mich hier stütze, sind Fachzeitungen wie dem 'Handelsblatt', einschlägigen Fachzeitschriften sowie den oben schon angegebenen Buchpublikationen entnommen. Außerdem gründen die obigen Vermutungen auch auf Eindrücken und Informationen aus persönlichen Gesprächen mit osteuropäischen Kollegen und Osteuropa-Experten während meiner Zeit als Visiting Fellow an der Princeton University (1991/92) und während einer Osteuropa-Konferenz an der Universität von Rom (1992), auf der auch der oben erwähnte Aufsatz Wagner [1992c] vorgestellt wurde.

[32] Vgl. z.B. Sachs [1989b] oder Mármora [1991].

westlichen Demokratisierungsprozesses in den Transformationsländern auch neue soziale, politische und ökonomische Bedürfnisse entstehen, die eine populistische Politik dort geradezu einladen.

Problem 3 ("**Fehlen institutioneller Infrastruktur**") schlägt kurzfristig in den Transformationsländern sicherlich noch stärker als in den meisten traditionellen Entwicklungsländern zu Buche, da - wie in Abschnitt I oben erklärt - fast alle marktwirtschaftlich relevanten Institutionen erst noch aufgebaut werden müssen. Außerdem -bzw. damit zusammenhängend- mangelt es auch an jeglicher breiterer marktwirtschaftlicher Erfahrung[33]. Mittel- bis langfristig jedoch dürfte dies in den meisten osteuropäischen Transformationsländern behebbar sein, so daß "Problem 3" dort kein langfristiges Entwicklungshindernis darstellen sollte. Denn, wie schon im 1. Kapitel erwähnt, sind die "Humankapital"-Grundlagen (berufliche Grundausbildung, Alphabetisierungsgrad usw.) in diesen Ländern wesentlich fortgeschrittener als in den traditionellen Entwicklungsländern. Dies wird ja häufig auch als das zentrale Argument benutzt, um die postkommunistischen Transformationsländer nicht der Gruppe der Entwicklungsländer zurechnen zu müssen. Sicherlich richtig ist, daß diese Humankapital-Grundlagen es den Transformationsländern erleichtern, das institutionelle und technologische Wissen zu erwerben, das notwendig ist, um die Entwicklungs- oder Einkommenslücke zu den Industrieländern in einer kürzeren Zeitperiode als die traditionellen Entwicklungsländer schließen zu können (vgl. hierzu auch im 2. Kapitel). Zudem können sie aufgrund ihrer geographisch und außenpolitisch strategischen Position auch relativ mehr Entwicklungshilfe von den Industrieländern erwarten als die traditionellen Entwicklungsländer ("der Süden")[34].

Problem 4 ("**Heterogenität der Präferenzen und Strukturvorstellungen**") scheint in gewissem Sinne in den Transformationsländern auch vergleichsweise geringer zu sein. Zumindest kann man derzeit noch davon ausgehen, daß in den meisten osteuropäischen Transformationsländern eine weitgehende Einigkeit darüber besteht, wo der Transformations- und Entwicklungsprozeß hingehen soll - nämlich in Richtung Westeuropa (Europäischer Gemeinschaft). Weiterhin gibt es in den osteuropäischen Transformationsländern eine gleichmäßigere Einkommensverteilung - verglichen beispielsweise mit lateinamerikanischen Ländern[35]. Von daher sind die internen gesellschaftlichen Trennungen, die es lateinamerikanischen Ländern so schwer gemacht haben, Stabilität zu ereichen und einen gemeinsamen politischen Ausgangspunkt zu finden[36], in den osteuropäischen Transformationsländern nicht so massiv. Mit anderen Worten könnte man - in Anbindung an die in Abschnitt I.3 des 5. Kapi-

---

33 Eine gewisse Ausnahmestellung nimmt hier vielleicht Ungarn ein, wo marktwirtschaftliche Elemente schon seit vielen Jahren "zugelassen" worden sind.

34 Vgl. hierzu im 1. und 2. Kapitel jeweils Abschnitt II. Siehe auch Przeworski [1991].

35 Vgl. zu beiden Punkten z.B. Sachs [1989b] und Mármora [1991].

36 Man kann die großen Einkommensungleichheiten dort als die fruchtbarste Basis für selbstzerstörerischen Populismus ansehen, und als eine der größten Hindernisse für eine effektive Besteuerung der Eliten. (Die Steuereinsammlungsquote ist in vielen dieser Länder verschwindend gering.) Die anscheinende Unmöglichkeit, eine "gerechte" Besteuerung einzuführen, bleibt einer der Gründe, warum lateinamerikanische Regierungen immer wieder bankrott gehen und bei ihrer Staatsfinanzierung auf das Gelddrucken zurückgreifen. Vgl. hierzu auch Dornbusch und Edwards [1990; Hrsg. 1991] sowie Sachs [1989c].

tels entwickelten Konzepte - dies so ausdrücken, daß die osteuropäischen Transformationsländer in geringerem Umfang "Konfliktgesellschaften" sind. Allerdings kann es sein, daß aufgrund der sozialistischen Tradition die "Toleranz" gegenüber ungleichen Opfern für die Transformation/Entwicklung in den osteuropäischen Transformationsländern geringer und der Neid oder Unmut über die Übergangsgewinne der alten Eliten größer ist. Dies würde das vorhergehende Argument etwas relativieren.

Nichtsdestoweniger kann man aufgrund der oben angesprochenen Argumente damit rechnen, daß sich das stabilitätspolitisch wichtige Instrument des "Sozialpakts" oder der marktkonformen Einkommenspolitik in den osteuropäischen Ländern eher durchsetzen läßt (oder zustandekommt) als in den meisten nicht-asiatischen Entwicklungsländern[37]. [Die Bedeutung dieses institutionellen Konzeptes wurde ja schon im 3. Kapitel, dort in Abschnitt IV, erläutert.] Die Frage ist nur, ob dies in Europa in gleicher Weise wie in ostasiatischen Ländern mikroökonomisch (auf Firmenbasis) organisiert werden kann. Soziokulturelle Traditionen scheinen eher dagegen zu sprechen[38]. Die Alternative - eine zentralisierte Organisation auf Verbandsebene - kann aber wahrscheinlich in den osteuropäischen Ländern erst mittelfristig wirksam sein, da dort bislang noch keine glaubwürdigen und stabilen Institutionen wie Gewerkschaften und Unternehmensverbände existieren, die effizient verhandeln könnten. (Kurzfristig ist jedoch von staatlicher Seite her schon zu Beginn der Transformation in den meisten osteuropäischen Ländern eine moderne, marktkonforme Variante der Einkommenspolitik installiert worden: die sogenannte "steuerliche Einkommenspolitik" oder "TIP"[39]. Der Grund ist der, daß die Lohnregulierung nicht über Wettbewerb beseitigt werden kann, solange die Unternehmensreform und die Privatisierung noch nicht weit genug gediehen sind. Bis dahin besteht nämlich noch kein firmeninternes Gegeninteresse, das dem Druck hin zu Lohnerhöhungen entgegenwirken könnte, zumindest solange die Budgetrestriktion nicht "härter" wird.)

IV. Ausnahmestellung des ostdeutschen Transformationsprozesses

Man mag geneigt sein, als Beispiel für die Wirkungsweise und die Wirkungsprobleme der Transformationspolitik in postkommunistischen Ländern den Fall Ostdeutschlands (der früheren DDR) heranzuziehen - schon allein wegen des vergleichsweise fortgeschrittenen Transformationsstadiums und der dort vorhandenen empirischen Erfahrungen. Doch sollte man hierbei sehr vorsichtig sein: Der Fall Ostdeutschlands ist nämlich ein ganz außergewöhnlicher, aus dem sich nur sehr begrenzt

---

[37] Wie im 5. Kapitel beschrieben, haben ostasiatische Länder den strukturellen Vorteil, daß aufgrund ihres Wertesystems (insbesondere des Konfuzianismus) der korporatistische Gedanke bei der Institutionenbildung viel bestimmender als in den anderen (Entwicklungs-)Ländern ist.

[38] Siehe zu einem analytisch-empirischen Vergleich z.B. Wagner [1989] und die dort angegebene Literatur.

[39] Vgl. auch Fischer und Gelb [1991]. Zur genaueren Kennzeichnung dieser Variante siehe z.B. Wagner [1992: 5. Kapitel].

Schlußfolgerungen hinsichtlich des Ablaufs und der Probleme in anderen Transformationsländern ziehen lassen. Im folgenden werden nur die wesentlichen Unterschiede aufgeführt.

Global gesagt, liegt der zentrale Unterschied zwischen Ostdeutschland und den anderen Transformationsländern darin, daß Ostdeutschland einen **riesigen kostenlosen Transfer** notwendiger technischer und finanzieller Ressourcen (einschließlich Institutionen) von Westdeutschland empfangen hat. Dieser Transfer hat vergleichsweise stabile und risikoarme Bedingungen für den Transformationsprozeß in Ostdeutschland geschaffen. Die **wichtigsten transferierten Ressourcen und Institutionen** waren:

(1) ein stabiler Rechtsrahmen

(2) eine stabile Währung

   aufbauend auf

   (2a) einer glaubwürdigen autonomen Zentralbank

   (2b) einem funktionierenden Steuersystem

   (2c) riesigen Subventionen und Transfers

(3) eine effiziente Arbeits- und Kapitalausstattung

   - basierend auf Direktinvestitionen und einem von Westdeutschland
   bereitgestellten Sicherheitsnetz.[40]

Die Relevanz dieser einzelnen Transfers für den Transformations- und Entwicklungsprozeß[41] wird im folgenden kurz erläutert (ausführlicher siehe Wagner [1992c]).

Zu (1): Die grundsätzliche Bedeutung eines stabilen Rechtsrahmens wurde schon in Abschnitt I.1 oben erläutert.

Hier soll dagegen der **Vorteil der sofortigen Übernahme eines ausgereiften Rechtssystems** betont werden[42]. Im Gegensatz zu Ostdeutschland versuchen die anderen Transformationsländer, ein eigenes Rechtssystem mühsam aus dem Boden zu stampfen. Dies dauert eine ganze Weile. Währenddessen wird der Investitionsprozeß

---

[40] Wenn von "stabil" oder "effizient" die Rede ist, sind dies keine absoluten Bewertungen, sondern relative (vor allem verglichen mit den anderen Transformationsländern).

[41] Entwicklungsprozeß wird hier - wie auch sonst in diesem Buch - verstanden als ein Konvergenzprozeß (oder das Ingangkommen eines Konvergenzprozesses) hin zum ökonomischen Entwicklungsstand der Industrieländer.

[42] Diesem Vorteil steht natürlich - wie fast immer - auch ein Nachteil gegenüber. Dieser **Nachteil** besteht darin, daß durch die sofortige und "kritiklose" Übernahme des westdeutschen Systems die einmalige Chance ausgelassen worden ist, revisionsbedürftige Gesetze grundlegend neu zu gestalten - was bei einem Neubeginn einfacher ist als in traditionellen Institutionen. Die zentrale und umstrittene Frage ist jedoch, ob hierfür genügend Zeit vorhanden gewesen wäre.

durch große Unsicherheiten über die mittlere bis lange Frist behindert. Solange kein stabiles Rechtssystem in Kraft ist, werden private Investitionen von den potentiellen Vermögensanlegern als sehr riskant eingeschätzt. Dies betrifft logischerweise vor allem die mittel- bis langfristigen Investitionsprojekte, die jedoch letztlich entscheidend für den Wirtschaftsaufbau sind. Folglich werden relevante heimische Investitionen zurückgestellt, und auch dringend benötigte ausländische Direktinvestitionen unterbleiben vorerst.

Noch ein *spezielles Beispiel:* Die Erfahrungen in Osteuropa zeigen, daß das Fehlen rigider Bankgesetze und strikter Konkursgesetze und -verfahren das Problem unkontrollierter Kreditexpansion in "informellen Kreditmärkten" erzeugt oder fördert (vgl. z.B. BIZ [1991]). Dieses Problem beruht zum einen auf dem komplexen Netz von Zwischen-Firmen-Krediten, die das Schicksal effizienter und ineffizienter Unternehmen miteinander verbindet[43]. Zum anderen ist es verbunden mit dem Problem des großen Gewichts der historisch zurückreichenden Forderungen an eigentlich konkursreife staatliche Firmen im Kreditportfolio staatlicher und auch schon privatisierter Banken. Dies schafft den Anreiz oder Zwang für die Banken, die Kredite an diese quasi-bankrotten (noch staatlichen) Unternehmen stetig zu verlängern, um nicht selbst bankrott zu gehen. Damit wird jedoch die Stabilitätspolitik der Regierung unterlaufen.

Zu (2): Mit der Bedeutung einer stabilen Währung für die Entwicklung einer Gesellschaft und mit den ordnungs- und prozeßpolitischen Voraussetzungen hierfür haben wir uns schon ausführlich im 3. Kapitel beschäftigt (siehe auch die Abschnitte I und II in diesem Schlußteil). Ganz wesentlich in diesem Zusammenhang sind die Errichtung einer glaubhaften autonomen Zentralbank sowie der Aufbau eines funktionierenden, breitangelegten Steuersystems (die **Punkte 2a und 2b** oben). Die Errichtung einer autonomen Zentralbank ist in der Regel der einzige Weg, um das Geldangebot exogen zu machen und dadurch die Glaubwürdigkeit der Zentralbank herzustellen, wodurch die Inflationserwartungen des privaten Sektors reduziert werden, die ihrerseits die Lohn- und Preiskontrakte und dadurch auch den Wechselkurs mit bestimmen[44]. Zum anderen ist der Aufbau eines funktionierenden Steuersystems die Voraussetzung, um den Zwang und den Anreiz, Staatsausgaben über die Notenpresse zu finanzieren (Seigniorage- oder Inflationsfinanzierung), zu begrenzen.

Ostdeutschland hat nun den Vorteil gehabt, daß es mit der Vereinigung auch die Erfahrung und die internationale Glaubwürdigkeit der Deutschen Bundesbank in Anspruch nehmen konnte. Gleichzeitig zog es einen weiteren Nutzen daraus, daß es sofort das westdeutsche Steuersystem übernahm. Und schließlich wurde es durch die

---

[43] Dies wurde schon oben in Abschnitt I angesprochen. Vgl. auch Calvo und Frenkel [1991a].

[44] Zu einer Übersicht über die Analyse der Glaubwürdigkeitsvoraussetzungen von Zentralbanken siehe z.B. Blackburn und Christensen [1989].

Wirtschafts- und Währungsunion mit Westdeutschland automatisch mit in die Europäische Gemeinschaft und in die internationalen Kapitalmärkte integriert[45].

Die anderen Transformationsländer haben dagegen versucht bzw. versuchen müssen, selbst ein zweigliedriges Bankensystem mit einer autonomen Zentralbank aufzubauen. Die Glaubwürdigkeit oder Geltung als eine strikte Inflationsbekämpferin aufzubauen, gelingt jedoch nicht von einem Tag zum anderen, sondern dauert eine geraume Weile und ist zudem abhängig von anderen Rahmenbedingungen wie z.B. der Reduktion des Budgetdefizits. Letzteres ist wiederum nur möglich, wenn ein funktionierendes, breitangelegtes Steuersystem und ein funktionierender Kapitalmarkt aufgebaut wird[46]. Hier stehen diese Länder wieder dem *Dilemma interdependenter wechselseitiger Ausgangsvoraussetzungen* gegenüber. Der eigentliche unschätzbare Vorteil Ostdeutschlands lag und liegt somit in dem *gleichzeitigen Bereitstellen aller (oder zumindest der meisten[47]) notwendigen Ausgangsvoraussetzungen* für einen erfolgreichen Transformationsprozeß durch Westdeutschland. Hierzu zählen aber nicht nur die eben genannten institutionellen Voraussetzungen, sondern auch der Ressourcentransfer finanzieller wie technischer Art (die Punkte 2c und 3 oben).

Zu (2c): Die in Ostdeutschland getätigten Ausgaben für den Transformations- und Entwicklungsprozeß betragen ein Vielfaches der dortigen Einnahmen aus Steuern und aus der Privatisierung staatlicher Unternehmen und Immobilien. Dieses strukturelle Budgetdefizit wird von den westdeutschen Bundesländern durch Transferzahlungen (finanziert über Umverteilungen und Neuverschuldung) ausgeglichen. So betrugen die finanziellen Transfers der öffentlichen Haushalte von West- nach Ost-

---

45 Demgegenüber wird von Kritikern der "schockartigen" Wirtschafts- und Währungsunion häufig der damit aufgegebene "Vorteil" einer (zeitlich begrenzten) Abschottung der ostdeutschen Wirtschaft über den Wechselkurs beklagt. (Vergleiche hierzu auch im 3. Kapitel, Abschnitt II.3.) Ein anderer gewichtiger Kritikpunkt betrifft den bei der Einführung der Wirtschafts- und Währungsunion gewählten Umstellungskurs zwischen ost- und westdeutscher Währung, der einer starken realen Aufwertung in Ostdeutschland gleichkam und sich negativ auf die internationale Wettbewerbsfähigkeit ostdeutscher Produzenten sowie auch auf die Preisniveaustabilität und die Finanzbelastung der öffentlichen Haushalte in Westdeutschland auswirkte (vgl. näher hierzu z.B. Wagner [1992c] oder Sinn und Sinn [1991]). Schließlich wird auch hinsichtlich der angesprochenen sofortigen, "kritiklosen" Übernahme des westdeutschen Steuersystems manchmal beklagt, daß hiermit die Chance der Neugestaltung und Überarbeitung des inzwischen äußerst komplex gewordenen westdeutschen Steuer- und Subventionssystems verpaßt worden ist.

46 Die Ableitungen dieser Zusammenhänge wurden ja im Laufe des Buches, insbesondere in den Anhängen zu den Kapiteln 3 und 5, schon im einzelnen dargelegt.

47 Es gab und gibt natürlich noch einzelne Lücken oder Hindernisse für einen noch effizienteren oder schnelleren Transformations- und Entwicklungsprozeß (Entwicklungs- = Konvergenzprozeß). Ein Teil dieser Hindernisse sind staatlich "verschuldet" - wie die falsche Weichenstellung durch das sogenannte "Restitutionsgesetz" (d.h. die Regelung "Rückgabe vor Entschädigung" alten Eigentums) oder auch die in der vorvorhergehenden Fußnote erwähnte Wahl eines wettbewerbsbehindernden Umstellungskurses der ostdeutschen in westdeutsche Währung bei Einführung der Wirtschafts- und Währungsunion. Andere Hindernisse sind tarif- oder verteilungspolitisch bedingt, wie die sich nicht an der Produktivitätszuwachsrate orientierende Lohnzuwachspolitik in den neuen Bundesländern, die meist entweder "moralisch" oder mit der Befürchtung einer sonst zunehmenden Abwanderung von Arbeitskräften in die alten Bundesländer begründet wird. Vgl. zu einer ausführlichen Analyse dieser und weiterer Probleme z.B. Sinn und Sinn [1991].

deutschland 1991 nach Berechnungen der 'Deutschen Bundesbank'[48] 139 Mrd. DM.[49] Dies entspricht etwa 5 $^1/_2$ % des damaligen westdeutschen Bruttosozialprodukts. Allein die Transferzahlungen des Bundes betrugen netto (nach Abzug der Steuereinnahmen aus den neuen Bundesländern) über 50 Mrd. DM.[50] Die Gesamttransfers während der neunziger Jahre werden auf annähernd 2 *Billionen* DM geschätzt. (Das dürfte - unter Berücksichtigung der Diskontierung - schätzungsweise ungefähr dem entsprechen, was in den letzten ein bis zwei Jahrzehnten insgesamt an *alle* Entwicklungsländer *zusammen* an finanzieller Entwicklungshilfe geleistet worden ist!)

Ein großer Teil der bisherigen Finanztransfers floß allerdings in den Konsum[51]. Man könnte hier wieder die im 1. und 2. Kapitel behandelten Fragen aufwerfen, inwieweit dies den Entwicklungsprozeß behindert, ob man von "freiwilliger" Unterentwicklung im Sinne "falscher" (Zeit-) Präferenzen sprechen kann, und wie der enorme Transfer aus Gebersicht im Sinne einer Kosten-Nutzen-Analyse gefaßt werden kann. Da jedoch die theoretischen *Grundlagen* zur Beantwortung dieser Fragen schon in den vorhergehenden Buchteilen entwickelt worden sind, wird hier aus Platzgründen auf eine erneute, explizite Analyse dieser Fragen - bezogen auf Ostdeutschland - verzichtet.[52]

Zu (3): Ein schneller und erfolgreicher Umbau des Wirtschaftssystems ist nur realistisch vorstellbar, wenn es von ausländischen (Direkt-)Investitionen unterstützt wird. Denn erst durch letztere kann eine massive Zufuhr von qualifizierten Arbeitskräften, Kapital und Manager-Know-how gleichzeitig eintreten[53]. In Ostdeutschland hat nach der Vereinigung mit Westdeutschland ein großer Schub von vor allem westdeutschen Direktinvestitionen stattgefunden. Dies war verbunden mit einem Zufluß an West-Kapital, vorübergehenden "Abordnungen" westlicher Manager und Fachkräfte und systematischem Training des Ost-Personals. Hierdurch war und ist es möglich, dringend benötigtes Humankapital (d.h. Ausbildungswissen) zu produzieren, um mit dem transferierten Kapital auch auf modernem technischen Niveau produzieren zu können. Durch die weitgehende Übernahme der Altschulden ostdeutscher Unternehmen durch die Treuhandanstalt und damit durch die westdeutschen oder "alten" Bundesländer wurde auch der Knappheitsfaktor Kapital bzw. Kreditwürdigkeit "künstlich" bereitgestellt.

---

[48] Siehe Bundesbank-Monatsbericht 3/92, S. 15ff.

[49] 1992 stiegen diese Transfers weiter kräftig an. Siehe z.B. das Jahresgutachten 1992/93 des deutschen 'Sachverständigenrats zur Begutachtung der gesamtwirtschaftlichen Entwicklung'.

[50] Vgl. wiederum Bundesbank-Monatsbericht 3/92, S. 15ff.

[51] - und zwar 1991 ungefähr 70% und 1992 rund 75 %. Vgl. ebda ('Sachverständigen-Jahresgutachten').

[52] Für - theoretisch untermauerte - Hintergrundinformationen zum Transformations- und Entwicklungsproblem in Ostdeutschland, insbesondere zu den damit verbundenen (z.T. unnötig) hohen Anpassungskosten, siehe z.B. Sinn und Sinn [1991]. Siehe auch Neumann [1992].

[53] Das "gleichzeitig" ist hier relevant, da sich neue Produktionsprozesse in der Praxis nur mit Qualifikationsverbesserungen aller drei Inputs erzielen lassen. Vgl. hierzu auch die Unterentwicklungserklärungen (insbesondere die der 'Neuen Wachstumstheorie') im 2. Kapitel.

Auf all dies (d.h. die in den obigen Punkten 1-3 aufgeführten Transfers) können die anderen postkommunistischen Transformationsländer nicht zurückgreifen. Dort fehlen zum einen noch die oben angeführten institutionellen Voraussetzungen. Aber auch die nötigen ausländischen Direktinvestitionen und damit der Zufluß von qualifiziertem Know-how (einschließlich des Humankapitals und der modernen Technologien) sowie des fehlenden Kapitals fließen dort nur spärlich. Und von den riesigen Transfersummen, die Ostdeutschland erhält und die den Transformationsprozeß dort ökonomisch wie politisch stabilisieren, können die anderen Transformationsländer nur träumen. Dies heißt, die Ausgangslage ist völlig unterschiedlich. Von daher macht es nicht viel Sinn, Ostdeutschland als ein Paradebeispiel für einen erfolgreichen Transformations- und Entwicklungs- oder Konvergenzprozeß heranzuziehen. Dies bedeutet aber nicht, daß die anderen Transformationsländer nicht aus der Analyse der (verbleibenden politischen) Fehler in Ostdeutschland lernen können, um zumindest diese Fehler zu vermeiden, wenn sie schon nicht die günstigen Ausgangsbedingungen kopieren können[54].

---

[54] Ein Teil dieser Fehler wurde schon in der Fußnote 47 angesprochen.

Die obigen Argumentationslinien sind - insbesondere bezogen auf den Aufbau des Finanzsystems in Ostdeutschland und den anderen Transformationsländern - wie schon gesagt näher in Wagner [1992c] ausgeführt.

Literaturverzeichnis

ABRAMOVITZ, M. [1979]: Rapid Growth Potential and its Realisation: The Experience of Capitalist Economies in the Postwar Period. In: E. Malinvaud (Hrsg.), Proceedings of the Fifth World Congress of the International Economic Association, vol. 1, London. S. 1-51

ADDICKS, G. und BÜNNING, H.-H. [1979]: Strategien der Entwicklungspolitik. Stuttgart

AGHION, P. und HOWITT, P. [1992]: A Model of Growth through Creative Destruction. In: Econometrica, vol. 60, S. 323-351

AIZENMAN, J. [1990]: Debt and Contingencies. Mimeo, Hebrew University

ALCHIAN, A. [1965]: Some Economics of Property Rights. In: Il Politico, vol. 37, S. 816-829

ALESINA, A. [1988]: The End of Large Public Debts. In: F. Giavazzi und L. Spaventa (Hrsg.), High Public Debt: The Italian Experience. Cambridge

ALESINA, A. und DRAZEN, A. [1991]: Why are Stabilizations Delayed? In: American Economic Review, vol. 81, S. 1170-1188

ALESINA, A. und RODRICK, D. [1991]: Distributive Politics and Economic Growth. NBER Working Paper No. 3668

ALESINA, A. und TABELLINI, G. [1989]: External Debt, Capital Flights and Political Risk. In: Journal of International Economics, vol. 27, S. 199-220

ALESINA, A. und TABELLINI, G. [1992]: Positive and Normative Theories of Public Debt and Inflation in Historical Perspective. In: European Economic Review, vol. 36, S. 337-344

ALMOND, G.A. und COLEMAN, J.S. [Hrsg., 1960]: Politics of the Development Areas. Princeton

ALT, G. und EISENMANN, P. [Hrsg., 1988]: Von der Entwicklungshilfe zur Entwicklungspolitik. Akademie für Politik und Zeitgeschehen, München

ANGERER, R. [1990]: "...Eine Hand mehr stiehlt als die andere gibt". Die Entwicklungspolitik der Europäischen Gemeinschaft (EG). In: Journal für Entwicklungspolitik, VI. Jg., Heft 3, Wien, S. 83-97

ARIADA, P. und TAYLOR, L. [1988]: Short-Run Macroeconomics. In: H. Chenery und T.N. Srinivasan (Hrsg.), Handbook of Development Economics, Amsterdam, Vol. II, S. 855-884

ARNDT, H.W. [1987]: Economic Development. The History of an Idea. Chicago und London

ARROW, K.J. [1962]: The Economic Implications of Learning by Doing. In: Review of Economic Studies, vol. 29, S. 155-173

ASAKO, K. und WAGNER, H. [1992]: Nominal Income Targeting versus Money Supply Targeting. In: Scottish Journal of Political Economy, vol. 39, S. 167-187

AUERNHEIMER, L. [1974]: The Honest Government's Guide to the Revenue from the Creation of Money. In: Journal of Political Economy, vol. 82, S. 598-606

BACKUS, D. und DRIFFILL, J. [1985]: Inflation and Reputation. In: American Economic Review, vol. 75, S. 530-538

BAILEY, M.J. [1956]: The Welfare Cost of Inflationary Finance. In: Journal of Political Economy, vol. 64, S. 93-110

BALASSA, B. [1989]: Outward Orientation. In: H. Chenery und T.N. Srinivasan (Hrsg.), Handbook of Development Economics, Amsterdam, Vol. II, S. 1645-1690

BALDWIN, R.E. [1989]: The Political Economy of Trade Policy. In: The Journal of Economic Perspectives, vol. 3, No. 4, S. 119-135

BALDWIN, R.E. [1992a]: Are Economists' Traditional Trade Policy Views Still Valid? In: Journal of Economic Literature, vol. 30, S. 804-829

BALDWIN, R.E. [1992b]: Measurable Dynamic Gains from Trade. In: Journal of Political Economy, vol. 100, S. 162-174

BALL, L. und CECCHETTI, S.G. [1990]: Inflation and Uncertainty at Short and Long Horizons. In: Brookings Papers on Economic Activity, 1, S. 215-254

BANURI, T. [Hrsg., 1991]: Economic Liberalization: No Panacea. The Experiences of Latin America and Asia. Oxford

BARAN, P.A. [1957]: The Political Economy of Growth. New York

BARDHAN, P.K. [1970]: Economic Growth, Development and Foreign Trade. New York

BARDHAN, P.K. [1988]: Alternative Approaches to Development Economics. In: H. Chenery und T.N. Srinivasan (Hrsg.), Handbook of Development Economics, Amsterdam, Vol. I, S. 39-72

BARDHAN, P.K. [1990]: Symposium on the State and Economic Development. In: Journal of Economic Perspectives, vol. 4, No. 3, S. 3-7

BARDHAN, P.K. und LEWIS, S. [1970]: Models of Growth with Imported Inputs. In: Economica, vol. 37, 373-385

BARNEY, G.O. [1980]: The Global 2000 Report to the President of the U.S. Entering the 21st Century. New York

BARRO, R.J. [1972]: Inflationary Finance and the Welfare Cost of Inflation. In: Journal of Political Economy, vol. 80, S. 978-1001

BARRO, R.J. [1982]: Measuring the Fed's Revenue from Money Creation. In: Economics Letters, S. 327-332

BARRO, R.J. [1986]: Recent Developments in the Theory of Rules versus Discretion. In: Economic Journal, Conference Papers, vol. 96, S. 23-37

BARRO, R.J. [1991]: Economic Growth in a Cross Section of Countries. In: Quarterly Journal of Economics, vol. 106, S. 407-444

BARRO, R.J. und GORDON, D. [1983]: Rules, Discretion and Reputation in a Model of Monetary Policy. In: Journal of Monetary Economics, vol. 12, S. 101-122

BARRO, R.J. und SALA-I-MARTIN, X. [1991]: Convergence across States and Regions. In: Brookings Papers on Economic Activity, 1991: 1, S. 107-182

BARRO, R.J. und SALA-I-MARTIN, X. [1992]: Convergence. In: Journal of Political Economy, vol. 100, S. 223-251

BASU, K. [1984]: The Less Developed Economy, A Critique of Contemporary Theory. Oxford

BASU, K. [1990]: Agrarian Structure and Economic Underdevelopment. Chur

BATES, R.H. [1990]: Macropolitical Economy in the Field of Development. In: J.E. Alt und K.A. Shepsle (Hrsg.), Perspectives on Positive Political Economy, Cambridge, S. 31-54

BAUER, P.T. [1971]: Dissent on Development. London

BAUMOL, W., BATEY BLACKMAN, S.A. und WOLF, E. [1989]: Productivity and American Leadership: The Long View, Cambridge/Mass.

BAUMOL, W., PANZER, J.C. und WILLIG, R.D. [1982]: Contestable Markets and the Theory of Industry Structure. New York

BECKER, G.S., MURPHY, K.M. und TAMURA, R. [1990]: Human Capital, Fertility, and Economic Growth. In: Journal of Political Economy, vol. 98, S. S12-S37

BEENSTOCK, M. [1984]: The World Economy in Transition. 2. Aufl. London

BEIRAT FÜR WIRTSCHAFTS- UND SOZIALFRAGEN [1988]: Entwicklungspolitik. Wien

BELL, C. [1987]: Development Economics. In: J. Eatwell u.a. (Hrsg.), The New Palgrave: A Dictionary of Economics. vol.1. S. 818-826

BELLERS, J. [Hrsg., 1988]: Entwicklungshilfepolitik in Europa. Studien zur Politikwissenschaft, Bd. 21. Universität Münster

BENDER, D. [1985]: Entwicklungspolitik. In: Vahlens Kompendium der Wirtschaftstheorie und Wirtschaftspolitik, Band 2, 2. Aufl., München, S. 493-535

BERY, S.K. [1990]: Economic Policy Reform in Developing Countries: The Role and Management of Political Factors. In: World Development, vol. 18, S. 1123-1131

BHAGWATI, J. [1978]: Foreign Trade Regimes and Economic Development. Anatomy and Consequences of Exchange Control Regimes. Cambridge

BHAGWATI, J. [1990]: Geschützte Märkte. Protektionismus und Weltwirtschaft. Frankfurt

BIENEN, H. und WATERBURY, J. [1989]: The Political Economy of Privatization in Developing Countries. In: World Development, vol. 17, S. 617-632

BIZ [1991]: Bank für internationalen Zahlungsausgleich (Bank of International Settlements), 61. Jahresbericht, Basel

BLACKBURN, K. and CHRISTENSEN, M. [1989]: Monetary Policy and Policy Credibility: Theories and Evidence. In: Journal of Economic Literature, vol. 27, S. 1-45

BLANCHARD, O. u.a. [1991]: Reform in Eastern Europe. Cambridge/Mass. und London

BLANCHARD, O.J. und FISCHER, S. [1989]: Lectures on Macroeconomics. Cambridge/Mass.

BLETSCHACHER, G. und KLODT, H. [1991]: Braucht Europa eine neue Industriepolitik? Kieler Diskussionsbeiträge, Nr. 177, Dezember, Institut für Weltwirtschaft, Kiel

BLISS, Ch. [1989]: Trade and Development. In: H. Chenery und T.N. Srinivasan (Hrsg.), Handbook of Development Economics, Amsterdam, Vol. II, S. 1187-1240

BLISS, Ch. [1992]: The Design of Fiscal Reforms in Revenue-Constrained Developing Countries. In: Economic Journal, vol. 102, S. 940-951

BLOMSTRÖM, M., LIPSEY, R.E. und ZEJAN, M. [1992]: What Explains Developing Country Growth?. NBER Working Paper No. 4132

BMZ [1990]: Achter Bericht zur Entwicklungspolitik der Bundesregierung. Bonn

BMZ [1991]: Bundesministerium für wirtschaftliche Zusammenarbeit: Journalistenhandbuch Entwicklungspolitik 1991-92. Bonn

BÖS, D. [1991]: Privatization: A Theoretical Treatment. Oxford

BÖS, D. [1992]: Privatisation in Europe: A Comparison of Approaches. Manuskript, Bonn. Erscheint in: 'Oxford Review of Economic Policy' 1993

BORNER, S. und WEDER, R. [1990]: Entwicklungstheorien versus moderne Mainstream-Ökonomie. Übersicht und kritische Gegenüberstellung. In: WiSt, 19. Jg., S. 158-164

BRANDER, J.A. und SPENCER, B.A. [1981]: Tariffs and the Extraction of Foreign Monopoly Rents under Potential Entry. In: Canadian Journal of Economics, vol. 14, S. 371-389

BRANDER, J.A. und SPENCER, B.A. [1983]: International R&D Rivalry and Industrial Strategy. In: Review of Economic Studies, vol. 50, S. 707-722

BROLL, U. und GILROY, B.M. [1989]: Außenwirtschaftstheorie. Einführung und Neuere Ansätze. München und Wien

BRUNO, M. [1988]: Opening Up: Liberalization with Stabilization. In: R. Dornbusch und F.L.C.H. Helmers (Hrsg.), The Open Economy. Tools for Policymakers in Developing Countries, Oxford, S. 223-248

BRUNO, M. u.a. [Hrsg., 1988]: Inflation Stabilization. The Experience of Israel, Argentina, Brazil, Bolivia and Mexico. Cambridge/Mass. und London

BRUNO, M. u.a. [Hrsg., 1991]: Lessons of Economic Stabilization and Its Aftermath. Cambridge/Mass. und London

BRUNO, M. und FISCHER, S. [1990]: Seigniorage, Operating Rules and the High Inflation Trap. In: Quarterly Journal of Economics, vol. 105, S. 353-374

BRUTON, H. [1989]: Import Substitution as a Development Strategy. In: H. Chenery und T.N. Srinivasan (Hrsg.), Handbook of Development Economics, Amsterdam, Vol. II, S. 1601-1644

BUITER, W.H. [1988]: Some Thoughts on the Role of Fiscal Policy in Stabilization and Structural Adjustment in Developing Countries. NBER Working Paper 2603, Cambridge/Mass.

BULOW, J. und ROGOFF, K. [1989a]: A Constant Recontracting Model of Sovereign Debt. In: Journal of Political Economy, vol. 97, S. 155-178

BULOW, J. und ROGOFF, K. [1989b]: Sovereign Debt: Is to Forgive to Forget? In: American Economic Review, vol. 79, S. 43-50

BUNDESBANK [1991]: Geschäftsbericht der Deutschen Bundesbank für das Jahr 1990. Frankfurt

BUNDESBANK [1992]: Internationale Organisationen und Abkommen im Bereich von Währung und Wirtschaft. Sonderdruck der Deutschen Bundesbank Nr. 3, 4. Aufl. Frankfurt

CAGAN, P. [1956]: The Monetary Dynamics of Hyperinflation. In: M. Friedman (Hrsg.), Studies in the Quantity Theory of Money, Chicago

CALVO, G.A. [1978]: Optimal Seigniorage from Money Creation. In: Journal of Monetary Economics, vol. 4, S. 503-517

CALVO, G.A. und CORICELLI, J.A. [1992]: Stabilizing a Previously-Centrally-Planned Economy: Poland 1990. In: Economic Policy, vol. 7, No. 14 (April), S. 175-226

CALVO, G.A. und FRENKEL, J.A. [1991a]: From Centrally Planned to Market Economy. The Road from CPE to PCPE. In: IMF Staff Papers, vol. 38, S. 268-299

CALVO, G.A. und FRENKEL, J.A. [1991b]: Obstacles to Transforming Centrally Planned Economies: The Role of Capital Markets. NBER Working Paper No. 3776

CANZONERI, M.B. und HENDERSON, D.W. [1991]: Monetary Policy in Interdependent Economies: A Game-Theoretic Approach. Cambridge/Mass. und London

CARDOSO, E.A. [1989]: Hyperinflation in Latin America. In: Challenge, vol. 32, Jan.-Feb., S. 11-19

CARDOSO, F.H. und FALETTO, E. [1976]: Abhängigkeit und Entwicklung in Lateinamerika. Frankfurt a.M.

CASS, D. [1965]: Optimum Growth in an Aggregative Model of Capital Accumulation. In: Review of Economic Studies, vol. 32, S. 233-240

CASSEN, R. [Hrsg., 1982]: Rich Country Interests and Third World Development. London

CASSEN, R. [1990]: Entwicklungszusammenarbeit. Bern und Stuttgart (Originaltitel: Does Aid Work?)

CHENERY, H. [1986]: Growth and Transformation. In: H. Chenery, S. Robinson und M. Syrquin (Hrsg.), Industrialization and Growth: A Comparative Study, New York, S. 13-36

CHENERY, H. und SRINIVASAN, T.N. [Hrsg., 1988, 1989]: Handbook of Development Economics. Amsterdam, 2 Bände

CHIPMAN, J. [1965]: A Survey of the Theory of International Trade: Part 2, The Neo-Classical Theory. In: Econometrica, vol. 33, S. 685-761

CHIPMAN, J. [1970]: External Economies of Scale and Competitive Equilibrium. In: Quarterly Journal of Economics, vol. 84, S. 347-385

CHOKSI, A.M. und PAPAGEORGIOU, D. [Hrsg., 1986]: Economic Liberalization in Developing Countries. Oxford

CHRIST, C.A. [1987]: Government Budget Restraint. In: The New Palgrave. A Dictionary of Economics, hrsg. von J. Eatwell u.a., Vol. 2, S. 554-556

CLAPHAM, R. [1973]: Marktwirtschaft in Entwicklungsländern. Zur Anwendung und Leistungsfähigkeit des marktwirtschaftlichen Konzepts. Freiburg

CLAPHAM, R. [1989]: Erklärungsansätze der Neuen Politischen Ökonomie für entwicklungspolitische Entscheidungen. In: H. Körner (Hrsg.), Zur Analyse von Institutionen im Entwicklungsprozeß und in der internationalen Zusammenarbeit, Berlin, S. 17-36

CLAUS, B. u.a. [Hrsg., 1989]: Koordinierung der Entwicklungszusammenarbeit wichtiger OECD-Geberländer. Schriften des Deutschen Instituts für Entwicklungspolitik, Bd. 96, Berlin

COASE, R.H. [1960]: The Problem of Social Cost. In: Journal of Law and Economics, vol. 3, S. 1-44

COHEN, D. [1991]: Growth Theory: Lessons for Eastern Europe. In: A.B. Atkinson und R. Brunetta (Hrsg.), Economics for the New Europe, Houndmills und London, S. 75-88

COLLIER, P. und GUNNING, J.W. [1992]: Trade and Development: Protection, Shocks and Liberalization. In: D. Greenaway und A. Winters (Hrsg.), Surveys of International Trade. Basingstoke

COMMANDER, S. [Hrsg., 1991]: Managing Inflation in Socialist Economies in Transition. Washington, D.C.: Weltbank

COOPER, R. N. [1992]: Economic Stabilization and Debt in Developing Countries. Cambridge/Mass. und London

CORBO, V., CORICELLI, F. und BOSSAK, J. [Hrsg., 1991]: Reforming Central and Eastern European Economies. Initial Results and Challenges. Washington, D.C.: Weltbank

CORBO, V. und DE MELO, J. [1985]: Overview and Summary: Liberalization with Stabilization in the Southern Cone of Latin America. In: World Development, vol. 13, S. 863-866

CORNWALL, J. [1987]: Inflation and Growth. In: The New Palgrave. A Dictionary of Economics, hrsg. von J. Eatwell u.a., Vol. 1, S. 839-841

CUKIERMAN, A. [1988]: Rapid Inflation - Deliberate Policy or Miscalculation?. Carnegie-Rochester Conference Series on Public Policy, vol. 29, S. 11-76

CUKIERMAN, A., EDWARDS, S. and TABELLINI, G. [1992]: Seigniorage and Political Instability. In: American Economic Review, vol. 82, S. 537-555

DAM, K.W. [1982]: The Rules of the Game: Reform and Evolution in the International Monetary System. London

DASGUPTA, P. und STIGLITZ, J.E. [1974]: Benefit-cost Analysis and Trade Policies. In: Journal of Political Economy, vol. 82, S. 1-33

DASGUPTA, P. und STIGLITZ, J.E. [1980]: Industrial Structure and the Nature of Innovative Activity. In: Economic Journal, vol. 90, S. 266-293

DE GREGORIO, J. [1992]: The Effects of Inflation on Economic Growth. In: European Economic Review, vol. 36, S. 417-425

DE LONG, J.B. und EICHENGREEN, B. [1991]: The Marshall Plan: History's Most Successful Structural Adjustment Program. NBER-Working Paper No. 3899, Cambridge/Mass.

DE MENIL, G. und SOLOMON, A.M. [1983]: Weltwirtschaftsgipfel. Arbeitspapiere zur Internationalen Politik 26. Bonn

DENISON, E.F. [1974]: Accounting for United States Economic Growth. Washington, D.C.

DE VRIES, M. [1976]: The International Monetary Fund, 1966-1971: The System under Stress. 2 Bände. Washington, D.C.

DE VRIES, M. [1985]: The International Monetary Fund, 1972-1978: Cooperation on Trial. 3 Bände. Washington, D.C.

DIAMOND, P.A. und MIRRLEES, J.A. [1971]: Optimal Taxation and Public Production. I. Production and Efficiency; II. Tax Rules. In: American Economic Review, vol. 61, S. 8-27, 261-278

DIXIT, A.K. [1984]: International Trade Policy for Oligopolistic Industries. In: Economic Journal, vol. 94 (suppl.), S. 1-16

DIXIT, A.K. [1990]: Optimization in Economic Theory. 2. Aufl. Oxford

DOMAR, E.D. [1946]: Capital Expansion, Rate of Growth and Employment. In: Econometrica, vol. 14, S. 137-147

DONGES, J.B. [1981]: Außenwirtschafts- und Entwicklungspolitik. Berlin

DORNBUSCH, R. [1986]: Dollars, Debts, and Deficits. Leuven und Cambridge/Mass.

DORNBUSCH, R. [1988a]: Inflation Stabilization and Capital Mobility. In: ders., Exchange Rates and Inflation, Cambridge/Mass. und London, Chapter 20

DORNBUSCH, R. [1988b]: Balance of Payments Issues. In: R. Dornbusch und F.L.C.H. Helmers (Hrsg.), The Open Economy. Tools for Policymakers in Developing Countries, Washington D.C., S. 37-53

DORNBUSCH, R. [1991]: Notes on Credibility and Stabilization. In: Quarterly Journal of Economics, vol. 106, S. 837-850

DORNBUSCH, R. [1992]: The Case for Trade Liberalization in Developing Countries. In: Journal of Economic Perspectives, vol. 6, S. 69-85

DORNBUSCH, R. und DRAGHI, M. [Hrsg. 1990]: Public Debt Management: Theory and History. Cambridge

DORNBUSCH, R. und EDWARDS, S. [1990]: Macroeconomic Populism. In: Journal of Development Economics, vol. 32, S. 247-277

DORNBUSCH, R. und EDWARDS, S. [Hrsg., 1991]: The Macroeconomics of Populism in Latin America. Chicago und London

DORNBUSCH, R. und FISCHER, S. [1986]: Stopping Hyperinflations Past and Present. In: Weltwirtschaftliches Archiv, vol. 122, S. 1-14

DORNBUSCH, R. und FISCHER, S. [1990]: Macroeconomics. 5. Aufl., New York

DORNBUSCH, R. und MARCUS, S. [Hrsg., 1991]: International Money and Debt. Challenges for the World Economy. San Francisco

DORNBUSCH, R. und SIMONSEN, M. [1987]: Inflation Stabilization with Incomes Policy Support. New York: Group of Thirty

DORNBUSCH, R., STURZENEGGER, F. and WOLF, H. [1990]: Extreme Inflation: Dynamics and Stabilization. In: Brookings Papers on Economic Activity, 2:1990, S. 1-64

DOSI, G. [1988]: Sources, Procedures and Microeconomic Effects of Innovation. In: Journal of Economic Literature, vol. 26, S. 1120-1171

DRAZEN, A, und GRILLI, V. [1991]: The Benefits of Crises for Economic Reforms. Working Paper No. 27-91, Foerder Institute for Economic Research, Faculty of Social Sciences, Tel-Aviv University

DRIFFILL, S., MIZON, G.E. und ULPH, A. [1990]: Costs of Inflation. In: B.M. Friedman und F.H. Hahn (Hrsg.), Handbook of Monetary Economics, Vol. II, Amsterdam, S. 1013-1066

DRISCOLL, D.D. [o.Jg.]: Der Internationale Währungsfonds. Washington, D.C: IWF

DRISCOLL, D.D. [o.Jg.]: IWF und Weltbank - Ihre Aufgaben in der Weltwirtschaft. Gemeinsamkeiten und Unterschiede. Washington, D.C.: IWF

DUDLEY, L. [1979]: Foreign Aid and the Theory of Alliances. In: Review of Economics and Statistics, vol. 61, S. 564-571

DÜRR, E. [1977]: Wachstumspolitik. Bern und Stuttgart

DÜRR, E. [Hrsg., 1991]: Soziale Marktwirtschaft in Entwicklungs- und Schwellenländern. Bern und Stuttgart

DUTT, A.K. [1990]: Growth, Distribution, and Uneven Development. Cambridge

DUTT, A.K. und JAMESON, K. [Hrsg., 1992]: New Directions in Development Economics. Aldershot

EASTERLY, W.R. und WETZEL, D.L. [1989]: Policy Determinants of Growth. Policy, Planning and Research Working Paper, Dec., World Bank: Washington, D.C.

EATON, J. und GROSSMAN, G.M. [1986]: Optimal Trade and Industrial Policy under Oligoply. In: Quarterly Journal of Economics, vol. 101, S. 383-406

EDWARDS, S. [1984]: The Order of Liberalization of the External Sector in Developing Countries. Princeton Essays in International Finance, No. 156

EDWARDS, S. [1989]: Real Exchange Rates, Devaluation, and Adjustment. Exchange Rate Policy in Developing Countries. Cambridge/Mass. und London

EDWARDS, S. [1992]: Trade Orientation, Distortions and Growth in Developing Countries. In: Journal of Development Economics, vol. 39, S. 31-57

EDWARDS, S. und TABELLINI, G. [1990]: Explaining Fiscal Policies and Inflation in Developing Countries. NBER Working Paper No. 3493

EDWARDS, S. und TABELLINI, G. [1991]: Political Instability, Political Weakness and Inflation: An Empirical Analysis. NBER Working Paper No. 3721

EICHENGREEN, B. [1989]: The Capital Levy in Theory and Practice. CPER Working Paper

EICHENGREEN, B. und LINDERT, P.H. [Hrsg., 1989]: The International Debt Crisis in Historical Perspective. Cambridge/Mass. und London

EL-SHAGI, E.-S. [1986]: Wandel der Konzeption deutscher Entwicklungspolitik. In: Barbier, H.-D. u.a., Entwicklungspolitik im Spannungsfeld von Solidarität und Eigeninteresse, Stuttgart und New York, S. 5-32

ESHAG, E. [1987]: Fiscal and Monetary Policies in Developing Countries. In: J. Eatwell u.a. (Hrsg.), The New Palgrave: A Dictionary of Economics, vol. 2, S. 363-365

FALVEY, R. und KIM, C.D. [1992]: Timing and Sequencing Issues in Trade Liberalisation. In: Economic Journal, vol. 102, S. 908-924

FEI, J.C. und RANIS, G. [1984]: Development of the Labour Surplus Economy: Theory and Policy. Homewood (Ill.)

FELDSIEPER, M. [1975]: Zollpräferenzen für Entwicklungsländer. Tübingen

FELDSIEPER, M. [1988]: Entwicklungstheorie, Entwicklungspolitik und Politikdialog - Einige Anmerkungen zu den Auswirkungen einer dreißigjährigen Politikver(w)irrung -. In: Jahrbuch für Sozialwissenschaft, Bd. 39, S. 272-283

FISCHER, S. [1981]: Towards an Understanding of the Costs of Inflation: II. In: K. Brunner und A.H. Meltzer (Hrsg.), The Costs and Consequences of Inflation, Carnegie-Rochester Conference Series on Public Policy, vol. 15, S. 5-41

FISCHER, S. [1982]: Seigniorage and the Case for a National Money. In: Journal of Political Economy, vol. 90, Tabelle A2

FISCHER, S. [1987]: Economic Growth and Economic Policy. In: V. Corbo u.a. (Hrsg.), Growth oriented adjustment programs, Washington, D.C., S. 151-178

FISCHER, S. [1988]: Real Balances, the Real Exchange Rate, and Indexation: Real Variables in Disinflation. In: Quarterly Journal of Economics, vol. 103, S. 27-49

FISCHER, S. [1990a]: Rules versus Discretion. In: B.M. Friedman und F.H. Hahn (Hrsg.), Handbook of Monetary Economics, Vol. II, Amsterdam, S. 1155-1184

FISCHER, S. [1990b]: Comment on 'Dornbusch, R., Sturzenegger, F. and Wolf, H.: Extreme Inflation: Dynamics and Stabilization'. In: Brookings Papers on Economic Activity, 2:1990, S. 65-68

FISCHER, S. [1991a]: Issues in International Economic Integration. Working Paper No. 579, Department of Economics, MIT

FISCHER, S. [1991b]: Privatization in East European Transformation. NBER Working Paper No. 3703, Cambridge/Mass.

FISCHER, S. [1991c]: Growth, Macroeconomics, and Development. In: NBER Macroeconomics Annual 1991, Cambridge/Mass. und London, S. 329-364

FISCHER, S. und EASTERLY, W. [1991]: The Economics of the Government Budget Constraint. In: The World Bank Research Observer, vol. 5, S. 127-142

FISCHER, S. und GELB, A. [1991]: The Process of Socialist Economic Transformation. In: Journal of Economic Perspectives, vol. 5, no. 4, S. 91-105 (Eine längere Version ist unter dem Titel "Issues in the Reform of Socialist Economies" in Corbo, Coricelli und Bossak [Hrsg., 1991] - siehe oben - dort S. 67ff., veröffentlicht.)

FISCHER, S. und MODIGLIANI, F. [1978]: Towards an Understanding of the Real Effects and Costs of Inflation. In: Weltwirtschaftliches Archiv, vol. 114, S. 810-33.

FISHLOW, A. [1990]: The Latin American State. In: Journal of Economic Perspectives, vol. 4, No. 3, S. 61-74

FISHLOW, A. [1991]: Review of *Handbook of Development Economics*. In: Journal of Economic Literature, vol. 29, S. 1728-1737

FRANKEL, J.A. und ROCKETT, K. [1988]: International Macroeconomic Policy Coordination When Policymakers Do Not Agree on the True Model. In: American Economic Review, vol. 78, S. 318-340

FREY, B.S. [1980]: Ökonomische Theorie der Politik. In: W. Albers u.a. (Hrsg.), Handwörterbuch der Wirtschaftswissenschaft, Band 5, Stuttgart, S. 658-667

FREY, B.S. [1985]: Internationale Politische Ökonomie. München

FREY, B.S. und SCHNEIDER, F. [1986]: Competing Models of International Lending Activity. In: Journal of Development Economics, vol. 20, S. 225-245

FRIEDMAN, M. [1953]: Discussion of the Inflation Gap. In: ders., Essays in Positive Economics, Chicago

FRIEDMAN, M. [1960]: A Program for Monetary Stability. New York

FRY, M.J. [1988]: Money, Interest and Banking in Economic Development. Baltimore und London

✗✗✗ GAHLEN, B., HESSE, H. und RAMSER, H.J. [Hrsg., 1991]: Wachstumstheorie und Wachstumspolitik. Ein neuer Anlauf. Tübingen

GALOR, O. und ZEIRA, J. [1988]: Income Distribution and Macroeconomics. Brown University Working Paper 89-25

GALTUNG, J. [1976]: Eine strukturelle Theorie des Imperialismus. In: D. Senghaas (Hrsg.), Imperialismus und strukturelle Gewalt. Analysen über abhängige Reproduktion, Frankfurt a.M., S. 29-104

GAMBETTA, D. [Hrsg., 1988]: Trust. Making and Breaking Cooperative Relations. Oxford

GELB, A.H. und GRAY, C.W. [1991]: The Transformation of Economies in Central and Eastern Europe. Issues, Progress, and Prospects. Washington, D.C.: Weltbank (Policy and Research Series No. 17)

GERTLER, M. und ROGOFF, K. [1989]: Developing Country Borrowing and Domestic Wealth. NBER Working Paper No. 2887, Cambrige/Mass.

GLAGOW, M. u.a. [1985]: Die deutschen Entwicklungsbanken. Bielefelder Studien zur Entwicklungssoziologie Bd. 28. Saarbrücken und Fort Lauderdale

GOLDSMITH, R.W. [1985]: Comparative National Balance Sheets. Chicago und London

GÖRGENS, E. [1983]: Entwicklungshilfe und Ordnungspolitik. Eine theoretisch-empirische Wirkungsanalyse unter besonderer Berücksichtigung Schwarzafrikas. Bern und Stuttgart

GREENAWAY, D. und MILNER, C. [1991]: Fiscal Dependence on Trade Taxes and Trade Policy Reform. In: The Journal of Development Studies, vol. 27, S. 95-132

GRIFFIN, K. und GURLEY, J. [1985]: Radical Analysis of Imperialism, the Third World, and the Transition to Socialism. In: Journal of Economic Literature, vol. 23, S. 1089-1143

GROSSMAN, G.M. [Hrsg., 1992]: Imperfect Competition and International Trade. Cambridge/Mass. und London

√7 ✗✗✗ GROSSMAN, G.M. und HELPMAN, E. [1990]: Comparative Advantage and Long-Run Growth. In: American Economic Review, vol. 80, S. 796-815

GROSSMAN, G.M. und HELPMAN, E. [1991a]: Innovation and Growth in the Global Economy. Cambridge/Mass. und London

GROSSMAN, G.M. und HELPMAN, E. [1991b]: Quality Ladders and Product Cycles. In: Quarterly Journal of Economics, vol. 56, S. 557-586

GROSSMAN, H.I. und VAN HUYCK, J.B. [1988]: Sovereign Debt as a Contingent Claim: Excusable Default, Repudiation, and Reputation. In: American Economic Review, vol. 78, S. 1088-1097

GUITIAN, M. [1981]: Fund Conditionality. Evolution of Principles and Practices. Washington, D.C.: IMF

HAASS, R. [1990]: Conflicts Unending. New Haven

HABERLER, G. [1959]: International Trade and Economic Development, The Cairo Lectures. Reprinted in: International Trade and Economic Development, Washington, D.C., S. 17-54

HAGEN, E.E. [1962]: On the Theory of Social Change. How Economic Growth Begins. Homewood (Ill.)

HAMILTON, E.J. [1977]: The Role of War in Modern Inflation. In: Journal of Economic History, vol. 37, S. 13-19

HARBERGER, A.C. [1959]: Using Resources at Hand More Effectively. In: American Economic Review, vol. 40, S. 134-146

HARBERGER, A.C. [1988]: Policymaking and Economic Policy in Small Developing Countries. In: R. Dornbusch und F.L.C.H. Helmers (Hrsg.), The Open Economy. Tools for Policymakers in Developing Countries, Oxford, S. 249-263

HARRISON, A. [1991]: Openess and Growth: A Time-Series, Cross-Country Analysis of Developing Countries. Mimeo, World Bank

HARROD, R.F. [1939]: An Essay in Dynamic Theory. In: Economic Journal, vol. 49, S. 14-33

HAYEK, F.A. von [1977]: Entnationalisierung des Geldes. Tübingen

HEIDUK, G. [1973]: Die weltwirtschaftlichen Ordnungsprinzipien von GATT und UNCTAD. Baden-Baden

HELPMAN, E. [1990]: Monopolistic Competition in Trade Theory. Special Papers in International Economics, No. 16, International Finance Section, Princeton

HELPMAN, E. [1992]: Endogenous Macroeconomic Growth Theory. In: European Economic Review, vol. 36, S. 237-267

HELPMAN, E. und KRUGMAN, P.R. [1985]: Market Structure and Foreign Trade. Brighton

HELPMAN, E. und KRUGMAN, P.R. [1989]: Trade Policy and Market Structure. Cambridge/Mass.

HEMMER, H.-R. [1988]: Wirtschaftsprobleme der Entwicklungsländer. Eine Einführung. 2. Aufl. München

HEMMER, H.-R. [1990]: 40 Jahre Entwicklungstheorie und -politik. Ein Rückblick aus wirtschaftswissenschaftlicher Sicht. In: Zeitschrift für Wirtschafts- und Sozialwissenschaften, Bd. 110, S. 505-570

HESSE, H., KEPPLER, H. und PREUSSE, H.G. [1985]: Internationale Interdependenzen im weltwirtschaftlichen Entwicklungsprozeß. Göttingen

HESSE, H. und SAUTTER, H. [1977]: Entwicklungstheorie und -politik, Bd. 1. Tübingen

HEUBES, J. [1991]: Konjunktur und Wachstum. München

HIEMENZ, U. [1989]: Development Strategies and Foreign Aid Policies for Low Income Countries in the 1990s. Kieler Diskussionsbeiträge, Institut für Weltwirtschaft, Kiel, August

HILLMAN, A. [1989]: The Political Economy of Protection. London

HIRSCH, F. [1978]: The Ideological Underlay of Inflation. In: F. Hirsch und J. Goldthorpe (Hrsg.), The Political Economy of Inflation, Cambridge/Mass.

HIRSHMAN, A.O. [1958]: The Strategy of Economic Development. New Haven

HIRSHMAN, A.O. [1985]: Reflections on the Latin American Experience. In: L. Lindberg und C. Maier (Hrsg.), The Politics of Inflation and Economic Stagnation. Theoretical Approaches and International Studies. Brookings Institution: Washington, D.C.

HIRSHMAN, A.O. [1990]: The Case against "One Thing at a Time". In: World Development, vol. 18, S. 1119-1122

HIZ [o.Jg.]: Handbuch für internationale Zusammenarbeit (laufend aktualisiert). Baden-Baden

HOFFMANN, L. und SANDERS, H. [1979]: Entwicklungspolitik, I: Strategien. In: W. Albers u.a. (Hrsg.), Handwörterbuch der Wirtschaftswissenschaft, Band 2, Stuttgart, S. 393-407

HUNT, D. [1989]: Economic Theories of Development: An Analysis of Competing Paradigms. New York

HYDEN, G. [1983]: No Shortcuts to Progress: African Development Management in Perspective. London

ILO [1976]: International Labour Office, Employment Growth and Basic Needs: A One-World Problem. The International Basic-Needs Strategy Against Chronic Poverty. Genf

IMF [1969]: The International Monetary Fund, 1945-1965: 20 Years of International Monetary Cooperation. 3 Bände. Washington, D.C.

IWF [1990]: Der Internationale Währungsfonds, Übersetzung einer überarbeiteten Beilage zum 'IMF Survey' vom August 1990, hrsg. von der Informationsabteilung des IWF, Washington, D.C., Februar 1991

IWF [1991]: Internationaler Währungsfonds, Jahresbericht 1991. Washington, D.C.

JONES, L.E. und MANUELLI, R. [1990]: A Convex Model of Equilibrium Growth. In. Journal of Political Economy, vol. 98, S. 1008-1038

JORGENSON, D.W. [1961]: The Development of a Dual Economy. In: Economic Journal, vol. 71, S. 309-334

KAISER, M. und WAGNER, N. [1986]: Entwicklungspolitik. Heidelberg und Wien

KALDOR, N. [1956]: Alternative Theories of Distribution. In: Review of Economic Studies, vol. 23, S. 83-100

KAPPEL, R. [1990]: Orthodoxe und heterodoxe Stabilisierungsprogramme in Lateinamerika: Erfahrungen und Lehren für die Zukunft. In: Aussenwirtschaft, vol. 45 (II), S. 201-235

KATZ, J. A. [1989]: The Evolving Role of IDA. In: Finance and Development, June, vol. 26, S. 16-19.

KELSEY, D. [1988]: The Economics of Chaos or the Chaos of Economics. In: Oxford Economic Papers, vol. 40, S. 1-31

KENDRICK, J.W. [1980]: Total Investment, Capital, and Economic Growth. In: R.C.O. Matthews (Hrsg.), Economic Growth and Resources, Vol. 2, New York

KENNEDY, P. [1988]: African Capitalism: The Struggle for Ascendency. Cambridge

KEYNES, J.M. [1936]: The General Theory of Employment, Interest and Money. London

KFW [1991]: Kreditanstalt für Wiederaufbau: Bericht über das Geschäftsjahr 1990. Frankfurt/Main

KHAN, M.S. [1990]: The Macroeconomic Effects of Fund-Supported Adjustment Programs. In: IMF Staff Papers, vol. 37, S. 195-231

KHAN, M.S., MONTIEL, P. und HAQUE, N.U. [1990]: Adjustment with Growth. Relating the Analytical Approaches of the IMF and the World Bank. In: Journal of Development Economics, vol. 32, S. 155-179

KIGUEL, M.A. [1989]: Budget Deficits, Stability, and the Monetary Dynamics of Hyperinflation. In: Journal of Money, Credit, and Banking, vol. 21, S. 148-157

KIGUEL, M.A. und LIVIATAN, N. [1988]: Inflationary Rigidities and Orthodox Stabilization Policies: Lessons from Latin America. In: The World Bank Economic Review, vol. 2, S. 273-298

KILLICK, T. u.a. [1984]: The Quest for Economic Stabilization. London

KING, R.G. und REBELO, S. [1990]: Public Policy and Economic Growth. In: Journal of Political Economy, vol. 98, S. S126-S150

KIRSCH, G. [1983]: Neue Politische Ökonomie. (2. Aufl.) Düsseldorf

KLEIN, M. und NEUMANN, M.J.M. [1990]: Seigniorage: What Is It and Who Gets It? In: Weltwirtschaftliches Archiv, vol. 106, S. 205-221

KNALL, B. [1979]: Entwicklungstheorien. In: W. Albers u.a. (Hrsg.), Handwörterbuch der Wirtschaftswissenschaft, Band 2, Stuttgart, S. 421-435

KNALL, B. und WAGNER, N. [1986]: Entwicklungsländer und Weltwirtschaft. Eine Einführung. Darmstadt

KNIGHT, F.H. [1921]: Risk, Uncertainty, and Profit. Boston

KÖRNER, H. [Hrsg., 1989]: Zur Analyse von Institutionen im Entwicklungsprozeß und in der internationalen Zusammenarbeit. Berlin

KOHOUT, F. u.a. [1988]: Problemfelder Internationaler Beziehungen. Internationale Umweltprobleme. Tübingen (DIFF-Studie)

KOLL, U. [1988]: Die Weltbank: Struktur, Aufgaben und Bedeutung. Berlin

KOOPMANS, T.C. [1965]: On the Concept of Optimal Economic Growth. In: The Economic Approach to Development Planning, Amsterdam

KRASNER, S. [1985]: Structural Conflict. The Third World Against Global Liberalism. Berkeley

KRAUSS, M.B. [1979]: The New Protectionism. The Welfare State and International Trade. Oxford

KRUEGER, A. E. [1978]: Foreign Trade Regimes and Economic Development. Liberalization Attempts and Consequences. Cambridge

KRUEGER, A. E. [1986]: Problems of Liberalization. In: A. Choksi and D. Papageorgiou [Hrsg., 1986]

KRUEGER, A. E. [1990]: Comparative Advantage and Development Policy Twenty Years Later. In: dies. (Hrsg.), Perspectives on Trade and Development, New York, S. 49-70

KRUEGER, A. E. [1990]: Government Failures in Development. In: Journal of Economic Perspectives, vol. 4, No. 3, S. 9-23

KRUEGER, A. E. [1992]: Economic Policy Reform in Developing Countries. Oxford und Cambridge/Mass.

KRUGMAN, P. [1984]: Import Protection as Export Promotion: International Competition in the Presence of Oligopoly and Economies of Scale. In: H. Kierzkowski (Hrsg.), Monopolistic Competition and International Trade, Oxford

KRUGMAN, P. [1987]: The Narrow Moving Band, the Dutch Disease, and the Competitive Consequences of Mrs. Thatcher: Notes on Trade in the Presence of Dynamic Scale Economies. In: Jounal of Development Economics, vol. 27, S. 41-55

KRUGMAN, P. [1989]: New Trade Theory and the Less Developed Countries. In: G. Calvo u.a. (Hrsg.), Debt, Stabilization and Development, Oxford und Cambridge/Mass., S. 347-365

KRUGMAN, P. [1990]: Rethinking International Trade. Cambridge/Mass.

KUZNETS, S. [1959]: Economic Growth. New York

KYDLAND, F.E. und PRESCOTT, E.C. [1977]: Rules rather than Discretion: The Inconsistency of Optimal Plans. In: Journal of Political Economy, vol. 85, S. 473-492

LACHMANN, W. [1988]: Die Deutsche Entwicklungspolitik - Eine Beurteilung aus marktwirtschaftlicher Sicht. In: E.-S. El-Shagi (Hrsg.): Deutsche Entwicklungspolitik, Bochum, S. 107-136

LALL, S. und KELL, G. [1991]: Industrial Development in Developing Countries and the Role of Government Interventions. In: Banca Nazionale del Lavoro - Quarterly Review, No. 178, S. 271-292

LANDMANN, O. und PFLÜGER, M.P. [1992]: Handelspolitik bei unvollkommener Konkurrenz - Einsichten aus der 'neuen' Außenhandelstheorie. In: WISU (Wirtschaftsstudium) 6/92, S. 494-501

LANE, J.-E. und ERSSON, S. [1990]: Comparative Political Economy. London und New York

LEE, D.H.K. [1957]: Climate and Economic Development in the Tropics. New York

LEIBENSTEIN, H. [1957]: Economic Backwardness and Economic Growth. New York

LEIBENSTEIN, H. [1978]: General X-Efficiency Theory and Economic Development. New York

LEIJONHUFVUD, A. [1977]: Costs and Consequences of Inflation. In: G.C. Harcourt (Hrsg.), The Microeconomic Foundations of Macroeconomics. London und Basingstoke

LEWIS, W.A. [1954]: The Theory of Economic Growth. London

LEWIS, W.A. [1984]: The State of Development Theory. In: American Economic Review, vol. 74, S. 1-10

LEWIS, W. A. [1988]: The Roots of Development Theory. In: H. Chenery und T.N. Srinivasan (Hrsg.), Handbook of Development Economics, Amsterdam, Vol. I, S. 27-38

LIPTON, D. und SACHS, J. [1990a]: Creating a Market Economy in Eastern Europe: The Case of Poland. In: Brookings Papers on Economic Activity, 1, Washington, S. 75-147

LIPTON, D. und SACHS, J. [1990b]: Privatization in Eastern Europe: The Case of Poland. In: Brookings Papers on Economic Activity, 2, Washington, S. 293-341

LITWACK, J.M. [1991]: Legality and Market Reform in Soviet-Type Economies. In: Journal of Economic Perspectives, vol. 5, no. 4, S. 77-89

LOEWY, M. [1988]: Reagonomics and Credibility Revisited. In: Economic Inquiry, vol. 26, S. 253-263

LONDREGAN, J.B. und POOLE, K.T. [1990]: Poverty, the Coup Trap, and the Seizure of Executive Power. In: World Politics, vol. XLII, S. 151-183

LUCAS, R.E.Jr. [1975]: An Equilibrium Model of the Business Cycle. In: Journal of Political Economy, vol. 83, S. 1113-1144

LUCAS, R.E.Jr. [1976]: Econometric Policy Evaluation: A Critique. In: K. Brunner und A. Meltzer (Hrsg.), The Phillips Curve and Labor Markets, Carnegie-Rochester Conference Series on Public Policy, vol.1, S. 19-46

LUCAS, R.E.Jr. [1988]: On the Mechanics of Economic Development. In: Journal of Monetary Economics, vol. 22, S. 3-42

LUCAS, R.E.Jr. [1990]: Why Doesn't Capital Flow from Rich to Poor Countries? In: American Economic Review, P.a.P., vol. 80, Nr. 2, S. 92-96

LUCKENBACH, H. [1986]: Theoretische Grundlagen der Wirtschaftspolitik. München

LUHMANN, N. [1969]: Legitimation durch Verfahren. Neuwied und Berlin

LUHMANN, N. [1984]: Soziale Systeme. Grundriß einer allgemeinen Theorie. Frankfurt

MACKSCHEIDT, K. [1988]: Die Präferenzen der Bürger für staatliche Entwicklungshilfe - Rang und Bestimmungsgründe -. In: Jahrbuch für Sozialwissenschaft, Bd. 39, S. 259-271

MADISON, A. [1982]: Phases of Capitalist Development. Oxford und New York

MADISON, A. [1987]: Growth and Slowdown in Advanced Capitalist Economies: Techniques of Quantitative Assessment. In: Journal of Economic Literature, vol. 25, S. 643-698

MAIER, Ch. [1975]: Recasting Bourgeois Europe: Stabilization in France, Germany, and Italy in the Decade After World War II. Princeton

MAIZELS, A. und NISSANKE, M.K. [1984]: Motivations for Aid to Developing Countries. In: World Development, vol. 12, S. 879-900

MAKINEN, G.E. [1984]: The Greek Stabilization of 1944-46. In: American Economic Review, vol. 74, S. 1067-1074

MALTHUS, T.R. [1798]: An Essay on the Principle of Population, As it Effects the Future Improvement of Society, With Remarks on the Speculation of Mr. Goodwin, M. Condorcet and Other Writers. London (Neuauflage: Harmondsworth 1979)

MANKIW, N.G. [1987]: The Optimal Collection of Seigniorage. In: Journal of Monetary Economics, vol. 20, S. 327-341

MANKIW, N.G. und ROMER, D. [Hrsg., 1991]: New Keynesian Economics. 2 Bände, Cambridge/ Mass.

MANKIW, N.G., ROMER, D. und WEIL, D.N. [1992]: A Contribution to the Empirics of Economic Growth. In: Quarterly Journal of Economics, vol. 107, S. 407-437

MARCHISIO, S. und DI BLASE, A. [1991]: The Food and Agriculture Organization. Dordrecht

MARMORA, L. [1991]: Osteuropa und Lateinamerika im Vergleich. In: 'Nord-Süd aktuell', Jg. V, S. 518-529

MARTY, A.L. [1967]: Growth and Welfare Cost of Inflationary Finance. In: Journal of Political Economy, vol. 75, S. 71-76

McCALLUM, B.T. [1989]: Monetary Economics. Theory and Policy. New York and London

McCLELLAND, D.C. [1961]: The Achieving Society. Princeton

McKINNON, R.I. [1991]: The Order of Economic Liberalization. Financial Control in the Transition to a Market Economy. Baltimore und London

McMILLAN, J. [1986]: Game Theory in International Economics. Chur

MEIER, G.M. [1989]: Leading Issues in Economic Development. 5. Aufl. New York und Oxford

MELTZER, A.H. und RICHARDS, S.F. [1981]: A Rational Theory of the Size of the Government. In: Journal of Political Economy, vol. 89, S. 914-927

MELVIN, M. [1988]: The Dollarization of Latin America as a Market-enforced Monetary Reform: Evidence and Implications. In: Journal of Economic Development and Cultural Change, vol. 36, S. 543-558

MICHAELY, M., PAPAGEORGIOU, D. und CHOKSI, A.M. [1991]: Liberalizing Foreign Tade. Lessons of Experience in the Developing World. Oxford

MIKESELL, R.F. [1968]: The Economics of Foreign Aid. London

MISES, L. v. [1935]: Economic Calculation in the Socialist Commonwealth, in: F.A. von Hayek (Hrsg.), Collectivist Economic Planning, London, S. 87-130

MÖLLER, H. [1976]: Die westdeutsche Währungsreform von 1948. In: Deutsche Bundesbank (Hrsg.), Währung und Wirtschaft in Deutschland 1876-1975, Frankfurt, S. 433-483 (siehe auch eine Kurzfassung mit demselben Titel in 'Wirtschaftswissenschaftliches Studium', Juni 1988)

MORISHIMA, M. [1985]: Warum Japan so erfolgreich ist. Westliche Technologie und japanisches Ethos. München

MOSLEY, P., HARRIGAN, J. und TOYE, J. [1991]: Aid and Power. The World Bank and Policy-based Lending. Volume 1: Anaysis and Policy Proposals. London und New York

MULLIGAN, C.B. und SALA-I-MARTIN, X. [1992]: Transitional Dynamics in Two-Sector Models of Endogenous Growth. Manuskript, Chicago und Yale

MUNDELL, R. [1963]: Inflation and Real Interest. In: Journal of Political Economy, vol. 71, S. 280-283

MUNDELL, R. [1965]: Growth, Stability and Inflationary Finance. In: Journal of Political Economy, vol. 73, S. 97-109

MURPHY, K.M., SHLEIFER, A. und VISHNY, R.W. [1989]: Industrialization and the Big Push. In: Journal of Political Economy, vol. 97, S. 1003-1026

MYRDAL, G. [1944]: An American Dilemma - The Negro Problem and Modern Demo-cracy. New York

MYRDAL, G. [1957]: Economic Theory and Under-developed Regions. London

NABLI, M.K. [1990]: The Political Economy of Trade Liberalization in Developing Coun-tries. In: Open Economies Review, vol. 1, S. 111-145

NELSON, J. [1984]: The Political Economy of Stabilization: Commitment, Capacity, and Public Response. In: World Development, vol. 12, S. 983-1006

NELSON, J. [Hrsg., 1990]: Economic Crisis and Policy Choice: The Politics of Adjustment in the Third World. Princeton

NELSON, R.R. [1956]: A Theory of the Low-Level Equilibrium Trap in Underdeveloped Economies. In: American Economic Review, vol. 46, S. 894-908

NEUMANN, M. [1990]: Zukunftsperspektiven im Wandel. Tübingen

NEUMANN, M.J.M. [1991]: German Unification: Economic Problems and Consequences. In: Carnegie-Rochester Conference Series on Public Policy, vol. 36, S. 163-210

NEWBERY, D. und STERN, N. [Hrsg., 1987]: The Theory of Taxation for Developing Countries. Oxford

NITSCH, M. [1989]: Vom Nutzen des institutionalistischen Ansatzes für die Entwicklungs-ökonomie. Korreferat zum Vortrag von Ronald Clapham. In: H. Körner (Hrsg.), Zur Analyse von Institutionen im Entwicklungsprozeß und in der internationalen Zusam-menarbeit, Berlin, S. 37-51

NOHLEN, D. [Hrsg., 1984]: Lexikon Dritte Welt. Reinbek

NORDHAUS, W.D. [1991]: Stabilizing the Soviet Economy. Cowles Foundation Working Paper, New Haven

NURSKE, R. [1953]: Problems of Capital Formation in Under-developed Countries. Oxford

NUSCHELER, F. [1987]: Lern- und Arbeitsbuch Entwicklungspolitik. 2. Aufl. Bonn

NUSCHELER, F. [1988]: Problemfelder Internationaler Beziehungen. Migration - Flucht - Asyl. Tübingen (DIFF-Studie)

OBSTFELD, M. [1986]: Capital Flows, the Current Account, and the Real Exchange Rate: The Consequences of Stabilization and Liberalization. In: S. Edwards und L. Ahamed (Hrsg.), Economic Adjustment and Exchange Rates in Developing Countries, Chicago

OECD [1989]: Development Co-operation, 1989 Report. Paris

OECD [1990]: Development Co-operation, 1990 Report. Paris

OECD [1991]: Geographical Distribution of Financial Flows to Developing Countries 1986-89. Paris

OECD [1992]: Trade Liberalization: What's at Stake?. Paris

ÖKONOMIE UND GESELLSCHAFT [1987]: Jahrbuch 4: Entwicklungsländer und Welt-markt. Frankfurt und New York

OHR, R. [1992]: Strategische Wechselkurspolitik in Entwicklungsländern. In: Wirtschafts-wissenschaftliches Studium (WiSt), 21. Jg., S. 291-297

OLIVERA, J. [1967]: Money, Prices and Fiscal Lags: A Note on the Dynamics of Inflation. In: Banco Nazionale del Lavoro, vol. 20, S. 258-267

OLSON, M. [1968]: Die Logik des kollektiven Handelns. Tübingen

OLSON, M. [1982]: The Rise and Decline of Nations: Economic Growth, Stagflation and Social Rigidities. New Haven und London

OMAN, Ch.P. und WIGNARAJA, G. [1991]: The Postwar Evolution of Development Thinking. London und New York

OPPENLÄNDER, K.H. [1989]: Zum Verständnis der neueren Wachstumspolitik. In: B. Gahlen u.a. (Hrsg.), Wirtschaftswachstum, Strukturwandel und dynamischer Wettbewerb, Heidelberg, S. 63-74

ORDESHOOK, P.C. [1986]: Game Theory and Political Theory. An Introduction. Cambridge

ORPHANIDES, A. und SOLOW, R. [1990]: Money, Inflation and Growth. In: B.M. Friedman und F.H. Hahn (Hrsg.), Handbook of Monetary Economics, Vol. II, Amsterdam, S. 223-261

OZLER, S. und TABELLINI, G. [1991]: External Debt and Political Instability. NBER Working Paper No. 3772, Cambridge/Mass.

PACK, H. [1988]: Industrialization and Trade. In: H. Chenery und T.N. Srinivasan (Hrsg.), Handbook of Development Economics, Amsterdam, Vol. I, S. 333-380

PANTHER, S. [1991]: Die ehemalige DDR, Osteuropa und die 'Neue Wachstumstheorie'. In: J. Backhaus (Hrsg.), Systemwandel und Reform in östlichen Wirtschaften, Marburg, S. 41-58

PARSONS, T. [1969]: Evolutionäre Universalien. In: W. Zapf (Hrsg.), Theorien des sozialen Wandels, Köln und Berlin, S. 55-74

PASTOR, M.Jr. [1990]: Capital Flight from Latin America. In: World Development, vol. 18, S. 1-18

PAUL, S. und ISRAEL, A. [Hrsg., 1991]: Nongovernmental Organizations and the World Bank: Cooperation and Development. Washington, D.C.: World Bank

PERROUX, F. [1948]: Esquisse d'une théorie de l'économie dominante. In: Economie Appliquée, S. 243-300

PERSSON, T. und TABELLINI, G. [1990]: Macroeconomic Policy, Credibility and Politics. Chur

PERSSON, T. und TABELLINI, G. [1991]: Is Inequality Harmful for Growth: Theory and Evidence. UC Berkeley Working Paper

PETHIG, R. [1976]: Pollution, Welfare, and Environmental Policy in the Theory of Comparative Advantage. In: Journal of Environmental Economics and Management, vol. 2, S. 160-169

PLOSSER, C.I. [1989]: Understanding Real Business Cycles. In: Journal of Economic Perspectives, vol. 3, S. 51-57

POLAK, J.J. [1988]: The Changing Nature of IMF Conditionality. Essays in International Finance, No. 184, Princeton

POLLVOGT, R. [1987]: Zur Anatomie einer entwicklungspolitischen Organisation - Die GTZ. Bielefelder Studien zur Entwicklungssoziologie Bd. 38. Saarbrücken und Fort Lauderdale

POPPER, K.R. [1970]: Die offene Gesellschaft und ihre Feinde. Bd. 2: Falsche Propheten, 2. Aufl. Bern

PREBISCH, R. [1950]: The Economic Development of Latin America and its Principal Problems. In: Economic Bulletin for Latin America, Vol. VII, S. 1-22

PREBISCH, R. [1959]: Commercial Policy in the Underdeveloped Countries. In: American Economic Review, P.a.P., vol. 49, S. 251-273

PRESCOTT, E.C. und BOYD, J.H. [1987]: Dynamic Coalitions: Engines of Growth. In: American Economic Review, vol. 77, S. 63-67

PRZEWORSKI, A. [1991]: Democracy and the Market. Political and Economic Reforms in Eastern Europe and Latin America. Cambridge

PUTNAM, R.D. und BAYNE, N. [1985]: Weltwirtschaftsgipfel im Wandel. Bonn

RADKE, D. [1985]: Auflagenpolitik und Politik-Dialog in der entwicklungspolitischen Zusammenarbeit. Berlin

RAMSER, H.-J. [1990]: Wachstumstheorie nach Keynes. In: G. Bombach und H.-J. Ramser (Hrsg.), Der Keynesianismus VI, Berlin

RAMSEY, F.P. [1928]: A Mathematical Theory of Savings. In: Economic Journal, vol. 38, S. 543-559

RANIS, G. [1988]: Analytics of Development: Dualism. In: H. Chenery und T.N. Srinivasan (Hrsg.), Handbook of Development Economics, Vol. I, Amsterdam, S. 73-92

RANIS, G. und MAHMOOD, S.A. [1992]: The Political Economy of Development Policy Change. Cambridge und Oxford

RANIS, G. und SCHULTZ, P. [Hrsg., 1988]: The State of Development Economics. Progress and Perspectives. Oxford und New York

RASCHEN, M. [1989]: Politikdialog als Element deutscher Entwicklungspolitik - Anspruch und Erfolgsaussichten. In: Zeitschrift für Wirtschaftspolitik, Jg. 38, Heft 1, S. 63-77

REBELO, S. [1991]: Long Run Policy Analysis and Long Run Growth. In: Journal of Political Economy, vol. 99, S. 500-521

REBELO, S. [1992]: Growth in Open Economies. In: Carnegie-Rochester Conference Series on Public Policy, vol. 36, S. 5-46

RICARDO, D. [1812]: Principles of Political Economy and Taxation. London

RICARDO, D. [1815]: Essay on the Influence of a Low Price of Corn on the Profits of Stocks. Reprinted in P. Sraffa (Hrsg.), The Works and Correspondence of David Ricardo, vol. 4, Pamphlets and Papers, 1815-1823, Cambridge 1951

RICHARDSON, J.D. [1989]: Empirical Research on Trade Liberalization with Imperfect Competition: A Survey. In: OECD-Economic Studies, vol. 12, S. 237-244

RILEY, J. [1980]: Strong Evolutionary Equilibrium and the War of Attrition. In: The Journal of Theoretical Biology, vol. 82, S. 383-400

RINGER, K. [1966]: Zur Begriffsbestimmung der Entwicklungsländer. In: H. Besters und E.E. Boesch (Hrsg.), Entwicklungspolitik. Handbuch und Lexikon. Stuttgart

RIVERA-BATIZ, L.A. und ROMER, P.A. [1989]: International Change with Endogenous Technical Change. Working Paper, University of Chicago and University of California at Berkeley

ROBERTS, K.W.S. [1977]: Voting over Income Tax Schedules. In: Journal of Public Economics, vol. 8, S. 329-340

RODRICK, D. [1991]: Closing the Technology Gap: Does Trade Liberalization Really Help? In: G.K. Helleiner (Hrsg.), Trade Policy, Industrialization and Development: A Reconsideration, Oxford

RODRICK, D. [1992a]: Political Economy and Development Policy. In: European Economic Review, vol. 36, S. 329-336

RODRICK, D. [1992b]: The Limits of Trade Policy Reform in Developing Countries. In: Journal of Economic Perspectives, vol. 6, S. 87-105

ROMER, D. [1991]: Openness and Inflation: Theory and Evidence. NBER Working Paper Nr. 3936

ROMER, P.M. [1986]: Increasing Returns and Long-run Growth. In: Journal of Political Economy, vol. 94, S. 1002-1037

ROMER, P.M. [1987]: Growth Based on Increasing Returns Due to Specialization. In: American Economic Review, vol. 77, S. 56-62

ROMER, P.M. [1989]: Capital Accumulation in the Theory of Long Run Growth. In: R. Barro (Hrsg.), Modern Business Cycle Theory, Cambridge/Mass., S. 51-127

ROMER, P.M. [1990]: Endogenous Technological Change. In: Journal of Political Economy, vol. 98, S. S71-S102

ROMER, Th. [1975]: Individual Welfare, Majority Voting, and the Properties of a Linear Income Tax. In: Journal of Public Economics, vol. 14, S. 163-185

ROSENSTEIN-RODAN, P.N. [1943]: Problems of Industrialization of Eastern and South-Eastern Europe. In: Economic Journal, vol. 53, S. 202-211

ROSENSTEIN-RODAN, P.N. [1951]: Notes on the Theory of the Big Push. In: H.S. Ellis (Hrsg.), Economic Development for Latin America, London, S. 119-127

ROSS, A.C. [1991]: Economic Stabilization for Developing Countries. Hants und Brookfield

ROSTOW, W.W. [1960], The Stages of Economic Growth. London

ROUBINI, N. und SACHS, J. [1989]: Political and Economic Determinants of Budget Deficits in Industrial Democracies. In: European Economic Review, vol. 33, S. 903-938

ROUBINI, N. und SALA-I-MARTIN, X. [1992]: Financial Repression and Economic Growth. In: Journal of Development Economics, vol. 39, S. 5-30

ROWLEY, C.K., TOLLISON, R.D. und TULLOCK, G. [1988]: The Political Economy of Rent-Seeking. Boston

SACHS, J.D. [1984]: Theoretical Issues in International Borrowing. Princeton Studies in International Finance, No. 54, Princeton

SACHS, J.D. [1989a]: Conditionality, Debt Relief, and the Developing Country Debt Crisis. In: ders. (Hrsg.), Developing Country Debt and Economic Performance. Vol. 1: The International Financial System, Chicago und London, S. 255-295

SACHS, J.D. [1989b]: Charting Poland's Economic Rebirth. In: Challenge, January-February, S. 22-30

SACHS, J.D. [1989c]: Social Conflict and Populist Policies in Latin America. In: R. Brunetta und C. Dell'Aringa (Hrsg.), Labour Relations and Economic Performance, London und Basingstoke

SACHS, J.D. [Hrsg., 1990]: Developing Country Debt and Economic Performance, Vol.2: Country Studies - Argentina, Bolivia, Brazil, Mexico. Chicago und London

SAINT-PAUL, G. [1992]: Technological Choice, Financial Markets and Economic Development. In: European Economic Review, vol. 36, S. 763-781

SALA-I-MARTIN, X. [1990a]: Lecture Notes on Economic Growth (I): Introduction to the Literature and Neoclassical Models. NBER Working Paper Nr. 3563

SALA-I-MARTIN, X. [1990b]: Lecture Notes on Economic Growth (II): Five Prototype Models of Endogenous Growth. NBER Working Paper Nr. 3564

SALA-I-MARTIN, X. [1991]: "Comment" zu Fischer [1991]. In: NBER Macroeconomics Annual 1991, Cambridge/Mass. und London, S. 368-378

SALVATORE, D. und HATCHER, T. [1988]: Inward Oriented and Outward Oriented Tade Strategies. In: Journal of Development Studies, vol. 27:3, S. 7-25

SANGUINETTI, P. [1991]: Fiscal Deficits and Federal Government. Mimeo, UCLA

SARGENT, T.J. [1977]: The Demand for Money During Hyperinflations Under Rational Expectations: I. In: International Economic Review, vol 18, S. 59-82

SARGENT, T.J. [1982]: The Ends of Four Big Inflations. In: R. Hall (Hrsg.), Inflation: Causes and Effects, Chicago

SARGENT, T.J. [1986]: Reagonomics and Credibility. In: ders. (Hrsg.), Rational Expectations and Inflation. New York

SARGENT, T.J. und WALLACE, N. [1981]: Some Unpleasant Monetarist Arithmetic. In: Federal Reserve Bank of Minneapolis Quarterly Review, vol. 6, S. 1-17

SAUTTER, H. [Hrsg., 1991]: Wirtschaftspolitische Reformen in Entwicklungsländern. Berlin

SAUTTER, H. [Hrsg., 1992]: Entwicklung und Umwelt. Berlin

SCHUMACHER, D. [1988]: Entwicklungshilfe, Ausfuhr und Beschäftigung - Eine empirische Untersuchung aus der Sicht der Bundesrepublik Deutschland. Deutsches Institut für Wirtschaftsforschung, Beiträge zur Strukturforschung, Heft 101

SCHUMPETER, J. [1911]: Theorie der wirtschaftlichen Entwicklung. 6. Aufl. Berlin 1964

SCHWEITZER, J. [1990]: Transition in Eastern Europe - The Social Dimension. In: Finance and Development, December, vol. 27, S. 6-8

SCOTT, M.F. [1989]: A New View of Economic Growth. Oxford

SCULLY, G. [1988]: The International Framework and Economic Development. In: Journal of Political Economy, vol. 96, S. 652-662

SEGERSTROM, P.S. und DINOPOULOS, E. [1990]: A Schumpeterian Model of the Product Life Cycle. In: American Economic Review, vol. 80, S. 1077-1091

SELL, F.L. [1990]: Beharrungsinflation und "heterodoxe" Stabilisierungspolitik: Erfahrungen aus Argentinien, Brasilien und Israel. In: Kredit und Kapital, vol. 23, S. 60-85

SEN, A. [1988]: The Concept of Development. In: H. Chenery und T.N. Srinivasan (Hrsg.), Handbook of Development Economics, Vol. I, Amsterdam, S. 9-26

SENGHAAS, D. [Hrsg., 1974]: Peripherer Kapitalismus. Analysen über Abhängigkeit und Unterentwicklung. Frankfurt

SEWELL, J. und MATHIESON, J. [1982]: The United States and the Third World - Tics That Bend. In: Cassen u.a. [Hrsg., 1982]

SHAMS, R. [1991]: Hemmnisse der wirtschaftspolitischen Reformpolitik in Entwicklungsländern. In: H. Sautter (Hrsg.), Wirtschaftspolitische Reformen in Entwicklungsländern, Berlin, S. 135-154

SHESHINSKI, E. [1967]: Optimal Accumulation with Learning by Doing. In. K. Shell (Hrsg.), Essays on the Theory of Optimal Economic Growth, Cambridge/Mass.

SIDRAUSKI, M. [1967]: Rational Choice and Patterns of Growth in a Monetary Economy. In: American Economic Review, vol. 57, S. 534-544

SIEBERT, H. [1977]: Environmental Quality and the Gains from Trade. In: Kyklos, vol. 30, S. 657-673

SIMONIS, U.-E. [1984]: Umweltkrise in den Entwicklungsländern. In: Jahrbuch der Dritten Welt 2. München

SINGER, H.W. [1950]: The Distribution of Gains between Investing and Borrowing Countries. In: American Economic Review, P.a.P., vol. 40, S. 473-485

SINGER, H.W. [1965]: Social Development: Key Growth Sector. In: International Development Review, March

SINN, G. und SINN, H.-W. [1991]: Kaltstart. Volkswirtschaftliche Aspekte der deutschen Vereinigung. Tübingen

SOETE, L. und ZIESEMER, Th. [1992]: Gains from Trade and Environmental Policy under Imperfect Competition and Pollution from Transport. MERIT (Limburg University) Working Paper Nr. 92-022

SOLOW, R. [1956]: A Contribution to the Theory of Economic Growth. In: Quarterly Journal of Economics, vol. 70, S. 65-94

SOLOW, R. [1957]: Technical Change and the Aggregate Production Function. In: Review of Economics and Statistics, vol. 39, S. 312-320

SOLOW, R. [1991]: New Directions in Growth Theory. In: B. Gahlen u.a. (Hrsg.), Wachstumstheorie und Wachstumspolitik. Ein neuer Anlauf, Tübingen, S. 3-16

STERN, E. [1990]: Mobilizing Resources for IDA: The Ninth Replenishment. In: Finance and Development, June, S. 20ff.

STERN, N. [1989]: The Economics of Development: A Survey. In: Economic Journal, vol. 99, S. 597-685

STERN, N. [1991a]: Public Policy and the Economics of Development. In: European Economic Review, vol. 35, S. 241-271

STERN, N. [1991b]: The Determinants of Growth. In: Economic Journal, vol. 101, S. 122-133

STIGLITZ, J.E. [1988]: Economic Organization, Information, and Development. In: H. Chenery und T.N. Srinivasan (Hrsg.), Handbook of Development Economics, Amsterdam, Vol. I, S. 93-160

STOLPE, M. [1992]: Ansätze der neuen Wachstumstheorie - ein Literaturüberblick. Institut für Weltwirtschaft (Kiel), Arbeitspapier Nr. 508

STRAUBHAAR, T. [1990]: Kontingente als Mittel der Einwanderungspolitik. In: WiSt, Heft 9, S. 442-448

SUMMERS, R. und HESTON, A. [1988]: A New Set of International Comparisons of Real Product and Price Levels: Estimates for 130 Countries, 1950-1985. In: Review of Income and Wealth, S. 1-25

SURA, R.C. [1990]: Stabilitätsbedingungen für Verschuldungsprozesse in ausgewählten Schwellenländern. Dissertation, Universität Hamburg

SVEJNAR, J. [1991]: Microeconomic Issues in the Transition to a Market Economy. In: Journal of Economic Perspectives, vol. 5, no. 4, S. 123-138

SVINDLAND, E. [1992]: Das Sequenzing-Problem der Systemtransformation in Mittel- und Osteuropa. In: Kredit und Kapital, vol. 25, S. 65-93

TABELLINI, G. [1986]: Money, Debt, and Deficits in a Dynamic Game. In: Journal of Economic Dynamics and Control, vol. 8, S. 427-442

TABELLINI, G. [1987]: Central Bank Reputation and the Monetization of Deficits. In: Economic Inquiry, vol. 25, S. 185-201

TABELLINI, G. und ALESINA, A. [1990]: Voting on the Budget Deficit. In: American Economic Review, vol. 80, S. 17-32

TANZI, V. [1978]: Inflation, Real Tax Revenue, and the Case of Inflationary Finance: Theory with an Application to Argentina. In: International Monetary Fund Staff Papers, vol. 25, S. 417-451

TANZI, V. [1991a]: Public Finance in Developing Countries. Aldershot

TANZI, V. [1991b]: Mobilisation of Savings in Eastern European Countries: The Role of the State. In: A.B. Atkinson und R. Brunetta (Hrsg.), Economics for the New Europe, Houndmills und London, S. 175-195

TAYLOR, L. [1983]: Structuralist Macroeconomics. Applicable Models for the Third World. New York

TAYLOR, L. [1988]: Varieties of Stabilization Experience. Towards Sensible Macroeconomics in the Third World. Oxford

TAYLOR, L. [1989]: Stabilization and Growth in Developing Countries: A Structuralist Approach. London

TAYLOR, L. [1991]: Income Distribution, Inflation, and Growth. Lectures on Structuralist Macroeconomic Theory. Cambridge/Mass. und London

TETZLAFF, R. [Hrsg., 1992]: Perspektiven der Demokratisierung in Entwicklungsländern. Hamburg

THOMAS, J.W. und GRINDLE, M.S. [1990]: After the Decision: Implementing Policy Reforms in Developing Countries. In: World Development, vol. 18, S. 1163-1181

TICHY, G. [1991]: Wachstumstheorie und moderne Makroökonomik: (K)ein neuer Anlauf. In: B. Gahlen, H. Hesse und H.J. Ramser (Hrsg.), Wachstumstheorie und Wachstumspolitik. Ein neuer Anlauf, Tübingen, 91-109

TIMMERMANN, V. [1982]: Entwicklungstheorie und Entwicklungspolitik. Göttingen

TINBERGEN, J. [1952]: On the Theory of Economic Policy. Amsterdam

TIROLE, J. [1989]: The Theory of Industrial Organization. Cambridge/Mass.

TOBIN, J. [1965]: Money and Economic Growth. In: Econometrica, vol. 32, S. 671-684

TOBIN, J. [1980]: Stabilization Policy Ten Years After. In: Brookings Papers on Economic Activity, 1, S. 19-71

TOBIN, J. [1986]: On the Welfare Macroeconomics of Government Financial Policy. In: Scandinavian Journal of Economics, vol. 88, S. 9-24

TODARO, M.P. [1989]: Economic Development in the Third World. 4. Aufl., New York

TOLLISON, R.D. [1982]: Rent Seeking: A Survey. In: Kyklos, vol. 35, S. 575-602

UNDP [1992]: United Nations Development Programme: Human Development Report 1992. New York und Oxford

VAUBEL, R. [1984]: Wozu IWF-Kredite? In: Wirtschaftsdienst, S. 371-375

 VAUBEL, R. und WILLETT, Th.D. [Hrsg., 1991]: The Political Economy of International Organizations. A Public Choice Approach. Boulder

VENABLES, A.J. [1985]: Trade and Trade Policy with Imperfect Competition: The Case of Identical Products and Free Entry. In: Journal of International Economics, vol. 19, S. 1-19

VENABLES, A.J. [1987]: Trade and Trade Policy with Differentiated Products: A Chamberlinian-Ricardian Model. In: Economic Journal, vol. 97, S. 700-717

VICKERS, J. und YARROW, G. [1988]: Privatization: An Economic Analysis. Cambridge/Mass. und London

VINER, J. [1952]: International Trade and Economic Development. Glencoe

VOGL, F. [o.Jg.]: Die Weltbank. Washington, D.C.: Weltbank

VOGT, W. [1968]: Theorie des wirtschaftlichen Wachstums. Frankfurt-Berlin

VOGT, W. [1990]: Zum Zusammenhang von Vollbeschäftigung, Inflation und Arbeitslosigkeit. In: H.-P. Spahn (Hrsg.), Wirtschaftspolitische Strategien, Regensburg, S. 33-55

VOGT, W. [1992]: Über die Rationalität der ökonomischen Theorie. Mimeo, Universität Regensburg (erscheint in: 'Ökonomie und Gesellschaft': Jahrbuch 10)

WAGNER, H. [1981]: Wirtschaftspolitik im Lichte rationaler Erwartungen. In: Konjunkturpolitik, 27. Jg., S. 1-11

WAGNER, H. [1982]: Inflation und Vermögensanlage. Ein Portfoliomodell. In: Zeitschrift für Wirtschafts- und Sozialwissenschaften, 102. Jg., S. 135-154

WAGNER, H. [1983]: Inflation und Wirtschaftswachstum. Berlin

WAGNER, H. [1985]: Einfluß der Inflation auf die Realkapitalbildung. In: W. Ehrlicher und D.B. Simmert (Hrsg.), Der volkswirtschaftliche Sparprozeß, Beihefte zu Kredit und Kapital, 9, Berlin, S. 201-233

WAGNER, H. [1987a]: Arbeitsangebot, Freizeitarbeit und Folgen einer Rationierung. In: Jahrbücher für Nationalökonomie und Statistik, Bd. 203, S. 138-151

WAGNER, H. [1987b]: Kurz- und längerfristige Wirkungen einer Disinflationspolitik: Keynesianische Ängste und Neoklassischer Optimismus. In: Jahrbuch für Sozialwissenschaft, Bd. 38, S. 159-187

WAGNER, H. [1988a]: Reducing the 'NAIRU' by Building New Socio-Economic Institutions? In: The Indian Economic Journal, vol. 35, No.3, S. 95-111

WAGNER, H. [1988b]: Soll die Bundesbank eine nominelle BSP-Regelpolitik betreiben? In: Kredit und Kapital, vol. 21, S. 8-33

WAGNER, H. [1989]: Alternatives of Disinflation and Stability Policy. Costs, Efficiency and Implementability: A Comparsion between Japan and West Germany. In: Bank of Japan. Monetary and Economic Studies, vol. 7, no. 1, S. 41-97

WAGNER, H. [1990a]: Demokratie und Inflation - Eine "rationale" wahlpolitische Theorie eines Inflationsbias. In: Jahrbücher für Nationalökonomie und Statistik, Bd. 207, S. 356-373

WAGNER, H. [1990b]: Zur wirtschaftspolitischen Strategiediskussion in der modernen Makroökonomie. In: H.-P. Spahn (Hrsg.), Wirtschaftspolitische Strategien, Regensburg, S. 8-32

WAGNER, H. [1990c]: Can Purely Monetary Disinflation Policy Produce Long-Run Involuntary Unemployment? In: Jahrbuch für Sozialwissenschaft, Bd. 41, S. 198-216

WAGNER, H. [1991]: Einführung in die Weltwirtschaftspolitik. Internationale Wirtschaftsbeziehungen - Internationale Organisationen - Internationale Politikkoordinierung. München und Wien

WAGNER, H. [1991b]: Einige Theorien des Systemwandels im Vergleich - und ihre Anwendbarkeit für die Erklärung des gegenwärtigen Reformprozesses in Osteuropa. In: J. Backhaus (Hrsg.), Systemwandel und Reform in östlichen Wirtschaften, Marburg, S. 17-40

WAGNER, H. [1992]: Stabilitätspolitik. Theoretische Grundlagen und institutionelle Alternativen. 2. Aufl., München and Wien [1. Aufl.: 1989]

WAGNER, H. [1992b]: Seigniorage und Inflationsdynamik. Einige grundlegende Zusammenhänge. In: Kredit und Kapital, vol. 25, S. 335-358

WAGNER, H. [1992c]: Reconstruction of the Financial System in East Germany. Erscheint in: Journal of Banking and Finance, vol. 17 (1993), Heft 4

WAGNER, H. [1992d]: Why Do Stabilization Programs in Developing Countries Fail So Often? - Lessons for Eastern Europe. Research Program on Development Studies Seminar Discussion Paper 03/92, Princeton University

WAGNER, H. [1992e]: Dynamic Aspects of Disinflation - On the Determinants of the Sacrifice Ratio -. In: G. Feichtinger (Hrsg.), Operations Research 1990, XV. Symposium, Methods of Operations Research 64, Meisenheim

WAGNER, N., KAISER, M. und BEIMDIECK, F. [1989]: Ökonomie der Entwicklungsländer. 2. Aufl. Stuttgart

WALLER, P.P. [1991]: Internationale Unterstützung des Reformprozesses in Entwicklungsländern im Rahmen von Auflagenpolitik und Politikdialog - das Beispiel patrimonialer
Regime in Afrika. In: H. Sautter (Hrsg.), Wirtschaftspolitische Reformen in Entwicklungsländern, Berlin, S. 191-212

WALTER, H. [1983]: Wachstums- und Entwicklungstheorie. Stuttgart und New York

WALTER, H. [1988]: Die Auflagenpolitik des internationalen Währungsfonds. In: Jahrbuch
für Sozialwissenschaft, Bd. 39, S. 245-255

WAN, H.Y. [1971]: Economic Growth. New York

WATRIN, Ch. [1990]: Der schwierige Weg von der sozialistischen Planwirtschaft zur
marktwirtschaftlichen Ordnung. In: J.-M. Graf von der Schulenburg und H.-W. Sinn
(Hrsg.), Theorie der Wirtschaftspolitik. Festschrift zum 75. Geburtstag von Hans
Möller, Tübingen, S. 26-46

WATRIN, Ch. [1991]: Der Weg zur Freiheit. Friedrich A. von Hayek-Vorlesung 1990.
Freiburg i. Br.

WEBER, M. [1904]: Die protestantische Ethik und der Geist des Kapitalismus. In: Archiv
für Sozialwissenschaft und Sozialpolitik, 20. Band (1904), S. 1-54, sowie 21. Band
(1905), S. 1-110

WEBER, M. [1919]: Wirtschaft und Gesellschaft, Studienausgabe, hrsg. von J. Winckel-
mann, Köln und Berlin 1964

WECK-HANNEMANN, H. und FREY, B.S. [1987]: Was erklärt die Entwicklungshilfe? In:
Jahrbücher für Nationalökonomie und Statistik, Bd. 203/2, S. 101-121

WECK-HANNEMANN, H. [1987]: Politisch-ökonomische Bestimmungsgründe der Vergabe
von Entwicklungshilfe: Eine empirische Untersuchung für die Schweiz. In: Schweizeri-
sche Zeitschrift für Volkswirtschaft und Statistik, Heft 4, S. 501-529

WECK-HANNEMANN, H. und SCHNEIDER, F. [1989]: Vergabe von bilateraler und
multilateraler Entwicklungshilfe: Eine positive Analyse. Diskussionsbeiträge des Son-
derforschungsbereich 178 "Internationalisierung der Wirtschaft", Serie II - Nr. 89,
Universität Konstanz

WEISS, D. [1989]: Volkswirtschaftliche Beratung und Politikdialog - Die institutionelle
Dimension. In: H. Körner (Hrsg.), Zur Analyse von Institutionen im Entwicklungsprozeß und in der internationalen Zusammenarbeit, Berlin, S. 53-76

WEISS, D. [1991]: Korreferat zum Referat von Peter P. Waller. In: H. Sautter (Hrsg.), Wirtschaftspolitische Reformen in Entwicklungsländern, Berlin, S. 213-224

WELSH, B.W.W. und BUTORIN, P. [Hrsg., 1990]: Dictionary of Development. London
und New York

WELTBANK [1991a]: Jahresbericht. Washington, D.C.

WELTBANK [1991b]: Weltentwicklungsbericht 1991: Entwicklung als Herausforderung.
Washington, D.C.

WELTBANK [1992]: Weltentwicklungsbericht 1992: Entwicklung und Umwelt. Washington, D.C.

WESTPHAL, L.E. [1990]: Industrial Policy in an Export-Propelled Economy: Lessons from South Korea's Experience. In: Journal of Economic Perspectives, vol. 4, No. 3, S. 41-59

WHALLEY, J. [1989]: The Uruquay Round and Beyond. London

WHITEHEAD, L. [1990]: Political Explanations of Macroeconomic Management: A Survey. In: World Development, vol. 18, S. 1133-1146

WIESEBACH, H.P. [1979]: Entwicklungspolitik, II: Entwicklungshilfe. In: W. Albers u.a. (Hrsg.), Handwörterbuch der Wirtschaftswissenschaft, Band 2, Stuttgart, S. 407-421

WILBER, Ch.K. [Hrsg., 1988]: The Political Economy of Development and Underdevelopment. New York

WILLIAMSON, J. [1988]: Voluntary Approaches to Debt Relief, Washington, D.C.: Institute for International Economics

WILLIAMSON, J. [Hrsg., 1990]: Latin American Adjustment: How Much Has Happened?. Washington, D.C.

WILLIAMSON, O.E. [1985]: The Economic Institutions of Capitalism. New York

WINIECKI, J. [1992]: The Transition of Post-Soviet-Type Economies: Expected and Unexpected Developments. In: Banca Nazionale del Lavoro - Quarterly Review, No. 181, S. 171-190

YOUNG, A. [1991a]: Learning by Doing and the Dynamic Effects of International Trade. In: Quarterly Journal of Economics, vol. 106, S. 369-405

YOUNG, A. [1991b]: Invention and Bounded Learning by Doing. Mimeo, MIT

ZIESEMER, Th. [1987]: Economic Theory of Underdevelopment. Regensburg

ZIESEMER, Th. [1990]: Public Factors and Democracy in Poverty Analysis. In: Oxford Economic Papers, vol. 42, S. 268-280

Sachregister

Abhängigkeitstheorien, 49

Ad-hoc-Annahmen, 137

adaptive Erwartungen, 168; 172ff.

Altruismus, 9ff.

andauernde Unterentwicklung, 34ff.

Auflagenpolitik, 94f.

Auflagensetzung, 93ff.; 97ff.; 148ff.

Ausgangsmotivation, 12

Außenhandelstheorien, 47f.; 115ff.; 153ff.

außenpolitische Interessen, 12f.

außerökonomische Erklärungsansätze, 39ff.

Autozentrismus, 49

beiderseitige Kausalität, 66

Bevölkerungsfalle, 46

Bevölkerungstheorie, 46f.

big push, 45

bilaterale Organisationen, 188; 203ff.

binnenmarktorientierte Strategie, 43

BSP-Indikator, 2

Budgetdefizit, 141; 166

Cagan-Nachfragefunktion, 165

Chaos-Theorie, 25

crawling peg, 146

DAC, 5; 268

Demokratisierung, 238ff.; 259ff.

Dependenztheorien, 49

Deregulierung, 111; 272

Diskretionarität, 157

Divergenzthese, 79

Dritte Welt, 6

Dualismus, 42

Dualismus-Modelle, 42ff.

Eigeninteressen, 218; 224ff.

Eigennutz, 9ff.; 225

eigennutzorientierte Regierung, 225

Einkommensdisparität, 36

Einkommenspolitik, 139ff.

Entwicklung, 1ff.

Entwicklungsdivergenz, 36

Entwicklungsfinanzierung, 129

Entwicklungshilfe, 8; 29

Entwicklungshilfepolitik, 8

Entwicklungsindikatoren, 27; 29

Entwicklungsländer, 4ff.

Entwicklungspolitik, 5ff.

Entwicklungsstrategien, 39; 97

Entwicklungstheorien, 38ff.

Entwicklungszusammenarbeit, 8

Evolution, 1; 41

Evolutionstheoretiker, 41

Exportdiversifizierung, 48

Exportförderung, 13; 19f.

Externalität, 54

FAO, 202ff.

Fazilitäten, 195; 213f.

Fortschritt, 1

Freihandel, 112

Freiwilligkeit, 65ff.

GATT, 65; 243

Geldangebotsstabilisierung, 145

Geldüberhang, 274ff.

gemeinsame Endogenität, 66; 243

Gemeinwohlmaximierer, 224

Gewissensberuhigung, 10

Gipfeltreffen, 11ff.

Glaubwürdigkeit, 100; 160; 249

Glaubwürdigkeitsrestriktionen, 249

Gradualismus, 243

Grundbedürfnisstrategie, 63

Handelsliberalisierung, 113ff.; 237

Herrscherrisiko, 151f.

heterodoxe Strategie, 133ff.

heterogene Präferenzen, 233f.

heterogene Strukturvorstellungen, 234f.

Humankapital, 60; 85

Hyperinflation, 143; 278

Hysteresis, 57; 161f.

IBRD, 189

IDA, 189

IFC, 189

Importsubstitution, 43

Indexierung, 146f.

Industrieländer, 4f.

Industriepolitik, 97

Ineffizienz des Steuersystems, 251

Inflationsdynamik, 163ff.; 277f.

Inflationseffekt, 130

Inflationsproblem, 127

Inflationsstabilisierung, 163ff.

Inflationssteuer, 129

Infrastrukturinvestitionen, 58

innenpolitische Motive, 13

institutionelle Infrastruktur, 228ff.

internationale Abhängigkeiten, 21

internationale Kollektivgüter, 18

Internationaler Währungsfonds (IWF), 193ff.

Jorgenson-Modell, 51

Kapitalliberalisierung, 237

Keynesianische Probleme, 80

Keynesianische Wachstumsmodelle, 50

Klassik, 51

Klimatheorien, 39f.

Konditionalitäten, 213

Konfliktgesellschaft, 231

Konkurrenzsituation, 14; 29ff.

Konsensgesellschaft, 231f.

Konvergenzthese, 52; 78f.

Koordinationsprobleme, 67; 182; 219ff.; 254ff.

Kosten der Inflation, 177ff.

Kosten-Nutzen-Analyse, 16

Kreditanstalt für Wiederaufbau, 209f.

Laffer-Kurven-Eigenschaft, 165

learning by doing, 55

Liberalisierung, 96; 272

Liberalisierungspolitik, 236

Lieferbindung, 19

Lucas-Kritik, 25

Markterweiterung, 59

Marktfehler, 105f.

Marktlogik, 4

Marktöffnung, 97; 101; 111

Markttheorie, 105

Marktvertrauen, 112

Marktverzerrungen, 184

Marshallplan-Hilfe, 12; 99

Menschenrechte, 11; 239

MIGA, 190

Migrationsbewegung, 20f.

Migrationsproblem, 13

Modelle der Erfindung, 55

Modernisierungstheorien, 41f.
moralisches Risiko, 151f.
multinationale Organisationen, 188ff.

Nationale Interessen, 12
natürliches Monopol, 110
Neoklassik, 50
Neoklassische Ansätze, 49ff.
Neue Handelstheorie, 115ff.; 153ff.
Neue Institutionelle Ökonomie, 107
Neue Politische Ökonomie, 226
Neue Wachstumstheorie, 54ff.
Neue Weltwirtschaftsordnung, 48
Neukeynesianismus, 138
Neuklassik, 137
Neutralitätsthese, 177
nomineller Anker, 144; 176
Nord-Süd-Disparität, 28; 35
Nord-Süd-Konflikt, 22

OECD, 203f.
Olivera-Tanzi-Effekt, 130
optimales Wachstum, 73ff.
Ordnungspolitik, 103ff.
orthodoxe Strategie, 126ff.
Ost-West-Konflikt, 14; 32
ostdeutscher Transformationsprozeß, 282ff.
Osteuropabank, 199f.

öffentliche Entwicklungshilfe, 215
öffentliches Gut, 54; 119f.
ökologische Motive, 13f.
Ölkrise, 127

Patrimonialismus, 230
Planwirtschaften, 275
Polarisierung, 240

Politikdialog, 98
Politikmischung, 126
Politikregimeänderung, 16
politische Restriktionen, 249
populistische Experimente, 263f.
Preisbildung, 135
Preiskontrollen, 140
Preisliberalisierung, 277f.
Privatisierung, 106ff.; 275f.
Pro-Kopf-Einkommen, 5
Protektionismus, 65
Prozeßpolitik, 120ff.
Public Choice, 24; 226

rationale Erwartungen, 168
Rechtssicherheit, 119
Regelbindung, 62; 157
Regionale Entwicklungsbanken, 197ff.
Regulierungen, 111; 179
rent seeking, 227
Reputation, 162
Restrukturierung, 271
Ricardo-Modell, 44
Rohstoffquellen, 20
Rohstoffsicherung, 13; 20

Sargent-Wallace-Paradoxon, 175
Schocktherapie, 243
Schuldendynamik, 130
Schuldenkrise, 102; 128
Seigniorage, 129
Seignioragefinanzierung, 135; 266
Sequenzproblem, 273
Sklaverei-Reparationen, 17
Solow-Modell, 69ff.
Solow-Residuum, 52
soziale Indikatoren, 1; 6
soziale Sanktionierung, 11

...alpakt, 232; 280

sozialpsychologische Theorien, 40

soziokulturelle Anpassungsprozesse, 230

Spieltheorie, 160

Spillover-Effekte, 54

staatliche Budgetgleichung, 128

Staatsfehler, 106

Staatsmißtrauen, 112

Stabilisierungspolitik, 160

Stabilisierungsprogramm, 173

Stabilitätspolitik, 156ff.

Stagnationstheorien, 51f.

Steady State, 164

stilisierte Fakten, 123; 137

Strategie des gleichgewichtigen Wachstums, 45

Strategie des ungleichgewichtigen Wachstums, 46

Strukturalismus, 4; 133

strukturalistische Erklärungsansätze, 42ff.

strukturelle Anpassungsprogramme, 42; 53; 93ff.

Strukturheterogenitäten, 181

Süden, 6

Technischer Fortschritt, 77ff.; 181

Technologietransfer, 58

Technologiewahl, 102

Terms of Trade, 48

Teufelskreis-Modell, 44f.

theoretisches Erklärungsdefizit, 37

Theorie der politischen Modernisierung, 41

TIP, 280

Totalindikatoren, 2

Transaktionskosten, 107; 180

Transformationsländer, 6; 267ff.

Transformationsprozeß, 269

Umsetzungsprobleme, 217ff.

Umweltverschmutzung, 14; 21f.

Umweltverträglichkeit, 3

UN-Entwicklungsprogramm (UNDP), 201f.

Unfreiwilligkeit, 33f.; 65ff.

Unterentwicklung, 5; 33ff.

Unterentwicklungserklärungen, 38ff.

Unterentwicklungsgleichgewicht, 34

unvollkommene Information, 180

Überbewertung (Wechselkurs-), 146

Vereinte Nationen, 5

verkappter Eigennutz, 11

Vierte Welt, 6

Wachstum, 2

Wachstumspolitik, 8

Währungsreform, 275f.

Währungssubstitution, 131

Wechselkurs, 129

Wechselkursstabilisierung, 145f.

Weltbank, 189ff.

Weltwirtschaftspolitik, 8f.

Wettlauf der Systeme, 12

WIDER-Studien, 118; 136

Wiedergutmachung, 14f.

wirtschaftliche Indikatoren, 5; 7

wirtschaftliche Motive, 13

wirtschaftspolitische Auflagen, 93ff.

Wirtschaftsstufentheorie, 41f.

Wohlfahrtskosten der Inflation, 178

X-Ineffizienz, 108

Zeitinkonsistenz, 159ff.

Zeitpräferenzen, 19; 53

Zeitstrukturprobleme, 235ff.
Zermürbungskrieg-Modell, 220ff.
Zwangsersparnisse, 275